AF547354

BERND HARTMANN

Die da und wir hier

Biografie eines Betroffenen

BAND 1:

Kindheit und Jugend im Weltkrieg und im Kalten Krieg

BERLINER FAMILIENGESCHICHTEN
ANIKKÄNBRÖ & KNETEMELK

Berliner Familiengeschichten: 1
Bernd Hartmann. Die da und wir hier. Biografie eines Betroffenen.
Anikkänbrö & Knetemelk. Berlin.
Bände 1 & 2:
ISBN 978 3 941936 30 0

Band 1: Kindheit und Jugend im Weltkrieg und im Kalten Krieg.
ISBN 978 3 941936 31 7

Band 2: Politische Allmacht und privater Alltag.
ISBN 978 3 941936 32 4

Bibliografische Information der Deutschen Nationalbibliothek:
Die Deutsche Nationalbibliothek verzeichnet diese Publikation in der Deutschen Nationalbibliografie; detaillierte bibliografische Daten sind im Internet über dnb.dnb.de abrufbar.

Ungekürzte Ausgabe
1. Auflage 2020

Anikkänbrö & Knetemelk. Berlin. http://k500.de

ISBN 978 3 941936 31 7

Manuskript & Lektorat: Luise Mirow
Satz: Carsten Brandes
Schrift: ITC Mendoza
Illustrationen: Bernd Hartmann
Umschlagfotos: Vorderseite: IMAGO./ZUMA/Keystone (2), Archiv Bernd Hartmann (7);
Rückseite: IMAGO./Gerhard Leber; Buchrücken: IMAGO./Everett Collection
Druck & Bindung: BoD Norderstedt
Printed in Germany

114 H B401
ISBN 978 3 941936 31 7

1
Die da und wir hier

Die da oben und wir hier unten haben wenig gemein. Die leben in Palästen und wir in Hütten und Mietskasernen. Unsere verwöhnten gekrönten Häupter verfügen über mehr Schlösser zum Residieren und Repräsentieren als wir Quadratmeter zum Wohnen haben. Die leben in Saus und Braus und die meisten von uns am Rande des Existenzminimums. Die da oben leben von ihrem Vermögen, unserer Arbeit und unseren Steuern. Und sie führen uns in den Krieg und den Tod. Nach Möglichkeit zetteln sie mindestens einen Krieg pro Generation an, damit wir das Sterben nicht verlernen. Sie machen Geschichte und wir machen mit, müssen mitmachen, ob wir wollen oder nicht – und viele wollen sogar, weil sie entsprechend erzogen wurden in Schulen, Kirchen und Kasernen, und sich einreden ließen, mit Gott für König und Vaterland zu kämpfen sei überhaupt das Größte und der eigentliche Sinn unseres Lebens.

Wir hier unten sind sehr, sehr viele und die da oben ganz wenige, dennoch begehren wir nicht auf, weil wir den Unterschied von oben und unten für natürlich halten und für gottgewollt, denn schließlich ist unser oberster Kriegsherr Kaiser von Gottes Gnaden. Außerdem sind die Grenzen zwischen reich und arm, mächtig und ohnmächtig, verehrt und verachtet nicht immer eindeutig auszumachen, sondern irgendwie fließend. Der elende Prolet, der in der Schule, beim Barras, in der Fabrik das Kuschen erlernen musste, hat sich dort auch das Befehlen abgeguckt und spielt sich in der Familie der Frau und den Kindern gegenüber genüsslich als Herr und Herrscher auf. Ebenso genießen der subalterne Beamte am Schalter, der militante Schutzmann auf der Straße, der uniformierte Schaffner in der Bahn ihren kleinen Anteil an der staatlichen Allmacht. Man ist also nicht bloß wehrloser Untertan, man darf auch ein ganz klein wenig mitregieren. Überhaupt rechnet der Mensch sich viel lieber zu den Siegern als zu den Verlierern, und deshalb distanziert er sich von denen, die unter ihm stehen und es noch schlechter haben, und identifiziert sich mit denen über ihm und kopiert ihren Lebensstil. Am Sonntag trägt der Prolet seinen schwarzen Anzug, auch wenn's nur der einzige für's ganze Leben ist. Unter den Linden spaziert er wie die Bürger und Barone – und selbst wenn er am 1. Mai demonstriert, geschieht das in Anzug und Zylinder. Man verdrängt die Standesunterschiede, und irgendwann wird der Kaiser ja auch verkünden, er kenne keine Parteien, er kenne nur noch Deutsche. Wir alle sind eine große Familie.

Im Übrigen gleicht die Gesellschaft einer Leiter, auf deren Sprossen jeder nach oben klettern kann, obgleich der Aufstieg nicht ins eigene Ermessen gestellt ist, denn man befördert sich ja nicht selber, sondern wird befördert, als passives Objekt, dank der Gnade und des Wohlwollens der Vorgesetzten. Aber aufwärts geht es auch, wenn man unten bleibt, ab und zu gibt es eine bescheidene Lohnerhöhung, und der große Bismarck, der uns die deutsche Einheit bescherte, gewährte uns auch so einige staatliche Sozialleistungen im Falle von Krankheit, Arbeitsunfällen und Invalidität. Ab 70, so lange musste man nämlich arbeiten, und dieses biblische Alter erreichte kaum einer, ab 70 also gab es sogar eine kleine Rente von 10 Mark monatlich. Da es aber nichts auf Erden umsonst gibt, mussten die Arbeiter sich an den ihnen gewährten Wohltaten finanziell beteiligen und zuvor gemeinsam mit den Arbeitgebern Beiträge in die Krankenversicherung und die Rentenkasse einzahlen. Für die Unfallversicherung kamen allein die Unternehmer auf, und das aus gutem Grund, denn so wurden sie angereizt, für mehr Sicherheit am Arbeitsplatz zu sorgen. Was aber völlig fehlte, war eine Arbeitslosenhilfe. Zwar trugen die Arbeiter keine Schuld daran, wenn die Firma Absatzprobleme bekam, es sei denn, sie hatten zu schnell und zu gut gearbeitet. Verantwortlich für die Krise waren vielmehr die Fehlentscheidungen an der Spitze der Unternehmen und/oder des Staates. Aber entlassen wurden eben nicht die Manager und Politiker, sondern der Mann an der Maschine. Der lag nun ohne Lohn und Brot auf der Straße, auch im wörtlichen Sinne, denn ohne einen Pfennig in der Tasche verlor er postwendend seine Wohnung und wurde vor die Tür gesetzt. Ohne familiären Zusammenhalt und proletarische Solidarität wäre das Elend der Arbeiterschaft noch viel größer gewesen.

Dennoch und immerhin: Bismarcks Sozialgesetze bedeuteten einen Anfang, sie waren ein erster Schritt, und das lange bevor die anderen Industriestaaten wie England, Frankreich und die USA Vergleichbares unternahmen. Aber das darf man nicht übersehen, der Eiserne Kanzler hatte kaum aus christlicher Nächstenliebe gehandelt und auch nicht im Geiste eines gnädigen ostelbischen Junkers, der er ja war und der sich verantwortlich fühlte für das Wohl seiner Bauern und Knechte, die er natürlich lieber gesund und dankbar als kränklich und aufmüpfig sah.

Vielmehr betrieb Bismarck Sozialpolitik aus Angst vor dem Sozialismus. Dieser war erstarkt, seit die beiden rivalisierenden Richtungen, eine an Marx und Engels orientierte radikale und revolutionäre und eine von Lassalle geprägte pragmatisch-reformerische, sich 1875 in Gotha zur Sozialistischen Arbeiterpartei Deutschlands (SAP) vereinigt hatten.

Als die junge Partei erste bescheidene Wahlerfolge verbuchte, sah Bismarck den inneren Frieden seines jungen Reiches bedroht und reagierte, und das gleich doppelt, mit Zuckerbrot und Peitsche, mit Gnade und Gewalt. Nach zwei missglückten Attentaten auf Kaiser Wilhelm, an denen Sozialisten aber gar nicht beteiligt waren, brachte er nach intensiver Panikmache 1878 die sogenannten Sozialistengesetze durch den Reichstag, was einem Verbot der Partei gleichkam, denn ihre politische Arbeit, also ihre Zeitungen, Versammlungen und jegliche Werbung wurden verboten und unter Strafe gestellt. Nur an den Wahlen, aber ohne vorherigen Wahlkampf, durfte sie sich beteiligen und gewann trotz dieser erschwerten Bedingungen von Mal zu Mal, von Wahl zu Wahl mehr Stimmen. Folglich versuchte es Bismarck nun mit einer Art Sozialbestechung, eben mit den Sozialgesetzen. Er wollte den Arbeitern beweisen, dass der Staat mehr für sie tue als ihre Parteifunktionäre, er wollte die Proletarier an den Staat binden und verhindern, dass sie, wie er im Reichstag sagte, zum *sozialistischen Wunderdoktor* laufen. Aber auch diese Taktik führe zu nichts. Der Aufstieg der SAP schien unaufhaltsam.

1871 erhielten die Sozialisten (noch in zwei Parteien gespalten) 3,2% der Stimmen und 2 Reichstagssitze, 1874 schon 6,8% und 9 Sitze, 1877 als die eine SAP 9,2% und 12 Sitze. 1890 errang die SAP erstmals die meisten Wählerstimmen, nämlich 19,7%, aber nur 35 Sitze von insgesamt 397. Dieses Missverhältnis von Sitzen (knapp 9% des Reichstags) und Stimmen (knapp 20% der Wähler) erklärt sich aus dem in Deutschland geltenden Wahlsystem, dem absoluten Mehrheitswahlsystem. Jeder Wahlkreis schickt einen Abgeordneten nach Berlin, und zwar den, der die absolute Mehrheit der Stimmen erhielt, also über 50%. Reichte es nur zur relativen Mehrheit, zum Beispiel 40% gegenüber seinen Gegnern mit 30, 20, 10%, dann wird ein zweiter Wahlgang fällig, in dem der Erste und Zweite zur Stichwahl antreten. Und nun passiert immer das Gleiche: Die Konservativen, die Liberalen, die katholische Zentrumspartei schließen ein Wahlbündnis und sprechen sich für den nicht-sozialistischen Stichwahlkandidaten aus. Der SAP-Kandidat aber, von niemandem unterstützt, bekommt im zweiten Wahlgang genauso viele Stimmen wie im ersten, bleibt also unter 50%. Die SAP wird folglich Wahl für Wahl unter Wert geschlagen.

Da die Wahlkreise zudem unterschiedlich geschnitten waren, in den Großstädten und Industrierevieren bewohnten über 100000 Wähler einen Kreis, in den ländlichen (also konservativen) Regionen nur 10000, brauchte ein SAP-Abgeordneter zum Wahlsieg viel mehr Stimmen als sein konservativer Konkurrent auf dem Land, das heißt die Stimmen der Arbeiter waren wesentlich weniger wert. Gerechtigkeit sieht anders aus.

Im Jahre 1888 hatte es oben an der Spitze der Monarchie allerlei Veränderungen gegeben. Es war das Drei-Kaiser-Jahr, in dem der greise Wilhelm verstarb und sein Sohn Friedrich die Nachfolge antrat, aber bereits nach 100 Tagen seinerseits verschied und den Thron seinem Sohn Wilhelm überlassen musste. Dieser junge Mann war eitel und ehrgeizig, nicht unbegabt, aber auch unberechenbar. Er gab sich fortschrittlich, sozial und dynamisch, er wollte sein eigener Herr sein und entließ seinen Kanzler Bismarck. Er wollte populär sein, eine Art Volkskaiser, und er begrüßte es, dass der RT dem Sozialistengesetz ein schnelles Ende bereitete. Er wollte sein Volk herrlichen Zeiten entgegenführen, strahlte Stolz und Optimismus aus und sah der Jahrhundertwende, sein Volk anführend, mit Zuversicht entgegen. Wir werden noch viel von ihm hören, denn schließlich waren Carl Martin Hartmann und Eva Eleonore Zweig, meine späteren Eltern, seine treuen Untertanen und er ihr verehrter, verklärter Kaiser.

Im Folgenden will ich erzählen, was die da oben im 20. Jahrhundert so alles veranstalteten und wie wir hier unten damit zurechtkommen mussten. Anders gesagt: Es geht um die große Politik und um die kleinen Leute. Früher glaubte man, dass die Götter das Schicksal der Menschen bestimmen. Heute wissen wir, dass, wenn gewürfelt und gepokert wird, das nicht die Götter im Himmel tun, sondern die hohen Herren in ihren Schlössern, Konferenzsälen und Kabinetten. Das Wort *Schicksal* kommt von *schicken*, und wo geschickt wird, gibt es einen Absender und das sind die Landesherren, Gutsherren und Feldherren, deren Geschick und Ungeschick unten bei uns als Schicksal ankommen. Napoleon hatte ganz recht, als er zu Goethe sagte: *Die Politik ist das Schicksal.* Wenn die Politik sich verrechnet, müssen wir die Zeche bezahlen. Die Misswirtschaft und das aufwendige Wohlleben der Herrscher bekommen wir hier unten als Hungersnot zu spüren. Wenn deren Ehrgeiz, Ruhmsucht, Machtstreben und Habgier nur aggressiv genug ausgelebt werden, dann sprechen alsbald die Waffen, denn der Krieg ist die Fortsetzung der – schlechten – Politik mit anderen Mitteln, wie Clausewitz sagt. Den Größenwahn der Großen haben die kleinen Soldaten dann auszubaden, in ihrem eigenen Blut, das auf den Schlachtfeldern unbedenklich vergossen wird.

Aber wir kleinen Leute sind nicht nur hilflose Opfer. Wir entwickeln Überlebensstrategien. Wir kommen trotz allem irgendwie über die Runden, mit List und Tücke oder Glück und Humor.

Allerdings muss ich einwenden, dass mir die Redewendung *über die Runden kommen* nicht behagt. Das hört sich so an, als wollten wir unser Leben schnell hinter uns bringen wie eine beschwerliche und unangenehme Wegstrecke. Dabei macht das Leben doch Spaß und wir wollen jede einzelne Runde genießen, jeden Tag, jede Nacht, mit Freude und mit Freunden, bei der Arbeit und in der Freizeit, zu

Hause in der Familie und auf Reisen in der Ferne, bei der zufriedenen Erfüllung der Pflichten oder beim Ausleben unserer ganz persönlichen Neigungen.

Aber genug der Einleitung. Kommen wir zur großen Geschichte da oben und zu den kleinen Geschichten der kleinen Untertanen hier unten, zu den politischen Ausschweifungen und den privaten Anekdoten.

2

1900 – Lebensmitte und Geburtstag

Als das Jahr 1899 zur Neige ging, freute die Menschheit sich auf das neue Jahrhundert. Überall bereitete man grandiose Silvesterfeiern vor, man wollte das Jahrhundert der Wissenschaft, der Technik, des Fortschritts, des Wohlstands, das Jahrhundert des Friedens, das Jahrhundert der Frau, das Jahrhundert des Kindes gebührend begrüßen. Dabei begann, mathematisch gesehen, am 1. Januar 1900 noch gar nicht das 20. Jahrhundert, sondern erst mit dem Jahre 1901.

Aber egal. In ihrer Hektik und Erregung und in ihrem überschwänglichen Optimismus hatten die Menschen nicht die Geduld, den korrekten Beginn des neuen, vielversprechenden, großartigen Jahrhunderts abzuwarten. Dahinter steckte, ohne dass es der optimistischen Mehrheit klar wurde, ein fataler Fatalismus. Man glaubte allen Ernstes, dass der Zufall einer runden Zahl mit zwei Nullen die Macht des Schicksals verkörperte. Ab 1900 wird alles besser, muss alles besser werden. Nicht die Entscheidungen und Leistungen der Menschen bestimmen unser Leben, sondern der Kalender. Ein seltsamer Aberglaube – gerade im Zeitalter der hochgeschätzten Wissenschaft.

1900 war auch für Kaiser Wilhelm II. und für meinen Vater, für beide ganz persönlich, ein höchst bedeutendes Jahr. Der Kaiser, Jahrgang 1859, wurde am 27. Januar 41, und mein Vater wurde wenige Tage später, am 7. Februar, geboren, ebenfalls in Berlin wie Wilhelm. Der eine hatte damit, ohne dass er es wusste, genau die Hälfte seines Lebensweges zurückgelegt, denn 1941 sollte er sein Leben beschließen. Dann würde mein Vater 41 sein, wie jetzt der Kaiser, und auch er hätte dann unbewusst Halbzeit und seine zweiten 41 Jahre bis 1982 vor sich.

Diese Verbindung zwischen meinem Vater und seinem Kaiser ist nur ein Zahlenspiel. Die beiden haben sich nie kennengelernt, dafür stand der eine viel zu weit oben und der andere viel zu weit unten. Aber sicher hat mein Vater seinen Kaiser und König mehrfach gesehen und bejubelt, denn Wilhelm präsentierte sich gern in der Öffentlichkeit. Umgekehrt hat dieser jenen bestimmt nicht zur Kenntnis genommen, denn kleine Leute übersieht man. Dennoch waren die beiden sich ähnlich. Beide legten, dem Geist (oder Ungeist) der Zeit entsprechend, größten Wert auf Äußerlichkeiten, auf korrekte Kleidung, korrektes Auftreten, korrektes Benehmen, korrekte Sprache. Sie suchten Halt an diesen Äußerlichkeiten, weil sie noch nicht so recht Fuß gefasst hatten, wo man sie hingestellt hatte, mein Vater in der Großstadt Berlin, wo meine ländlichen Großeltern erst seit Kurzem lebten und sich einlebten, und Wilhelm an der Spitze eines Reiches, das fast noch in der politischen Pubertät war bei seinem Machtantritt im Jahre 1888, gerade erst 17 Jahre alt, ein Neureich und irgendwie neureich zwischen den etablierten Staaten Europas. Das Reich musste sich beweisen im Konzert der Mächte, was Bismarck auch ganz gut gelang, zum Beispiel auf dem von ihm gelenkten Berliner Kongress von 1878, und der Kaiser musste sich beweisen vor seinen gekrönten Kollegen, was er dann auch durch forsches Auftreten, große Worte und militantes Muskelspiel versuchte, was allerdings gar nicht gut ankam und statt der erwünschten Bewunderung das Gegenteil bewirkte, nämlich Misstrauen und entsprechende Gegenmaßnahmen Im Jubeljahr 1900, nach 12 Jahren Regierung, hatte der Kaiser dann auch, wie wir noch sehen werden, bereits reichlich politisches Porzellan zerschlagen.

Schon als Kind und Kronprinz sah Wilhelm sich genötigt, sich zu beweisen, und ähnlich wie mein Vater suchte er Anerkennung durch so äußerliche Erfolge, wie sie der Sport beschert. Während mein Vater dem Volkssport Turnen anhing, vervollkommnete sich Wilhelm in so aristokratischen Disziplinen wie Reiten, Schießen und Jagen – und das trotz seiner schmerzlich empfundenen Behinderung. Wer war nun dieser Wilhelm, der mit 29 Jahren auf den Thron kam, einer der mächtigsten Männer Europas war und für Jahrzehnte maßgeblichen Einfluss auf das Leben und zuletzt auch auf das Sterben von Millionen Menschen hatte?

Um ihn zu verstehen, muss man seine Kindheit kennen, ja, seine Geburt. Die war schwer, dauerte viele Stunden und hinterließ bei dem erstgeborenen Baby bleibende Schäden. Die Steißlage des Thronfolgers zog die Geburt in die Länge, machte die Anwendung von Gewalt notwendig, das heißt der verantwortliche Professor Martin benutzte den linken Arm des Babys als eine Art Hebel, mit der Folge, dass dieser Arm, unter der Geburt unterversorgt, zeitlebens weder recht wuchs noch richtig zu bewegen war. Der Kronprinz ein Krüppel – und die Eltern maßlos enttäuscht. Gegenmaßnahmen en masse. Die waren für das Kind eine Folter, blieben aber ohne Erfolg. Der arme Kleine musste kalte und heiße Bäder, Gymnastik, Stromstöße und Streckapparate erdulden, alles vergeblich.

Im Laufe der Zeit bekam Wilhelm sieben gesunde Geschwister, er aber, der spätere Thronfolger, war, wenn auch nur leicht und partiell, behindert. Als zukünftiger Monarch sollte er aber wenigstens das körperliche Handicap durch geistige Leistungen ausgleichen. Folglich wurde auf seine Erziehung größter Wert gelegt, wieder – wie bei den medizinischen Maßnahmen – meinten die Eltern es gut mit ihm (oder meinten sie es nur gut mit ihrer eigenen Eitelkeit und ihrem eigenen Ehrgeiz?) und quälten ihn. Sie lieferten ihn dem strengen, pedantischen, humorlosen Dr. Hinzpeter aus, der von seinem Schüler viel verlangte, ihn aber nicht begeistern konnte und weder liebte noch lobte. Der kleine Prinz besuchte keine Klasse, nur sein Bruder lernte mit ihm zusammen, er hatte also keine Klassenkameraden, keine Freunde, war einsam und litt. Sozialkompetenz, wie wir heute sagen, erwarb er nicht. Zu den Eltern, die doch hinter all dem standen, entwickelte er kein herzliches Verhältnis; zumal der Mutter gegenüber, Tochter der englischen Queen Victoria, wurde seine Abneigung immer größer. Da er unter Zwang lernte, lernte er schlecht, und Victoria, die wie ihre Mutter hieß, machte aus ihrer Enttäuschung keinen Hehl. Am besten zurecht kam er noch mit seinem Großvater, dem Kaiser Wilhelm, und mit dem teilte er auch die Begeisterung für alles Soldatische. Der Versuch der an England und am Liberalismus orientierten Eltern, ihrem Sohn ihre eigenen Ideale nahezubringen, musste scheitern. Er übernahm nicht die Inhalte seiner Erziehung, sondern verinnerlichte die Methoden, die medizinischen Gewaltmaßnahmen und den pädagogischen Druck.

Macht, ob wirklich ausgeübt oder nur demonstriert, wurde ihm wichtig. Er suchte, da von seinen Eltern und dem Erzieher zu wenig angenommen und gelobt, außerhalb der schulischen Erfolge Anerkennung. Er lernte, mit Ehrgeiz und Ausdauer, mit einer Hand zu reiten und zu kutschieren und auch zu schießen. Er wollte der Welt zeigen, dass er ein ganzer Kerl war. Zumal auf der Jagd konnte er seine Macht und sein Geschick beweisen. 1898 schoss er seinen 1000. Hirsch, und bis 1902 hatte er sage und schreibe 47443 Stück Wild erlegt. Er war also kein wahrer Waidmann, sondern ein Schlachter und Vielschießer, der Bewunderung suchte. Die hatte er auch bitter nötig, eben weil ihm in seiner Kindheit zu wenig Zuwendung und Anerkennung zuteilwurden. Deshalb auch war er sein Leben lang von Schmeichlern und Jasagern umgeben. An wenigen Menschen ist die Wechselbeziehung von Komplex und Kompensation so deutlich erkennbar wie an dem letzten deutschen Kaiser. Wirkliche oder vermeintliche Mängel galt es um jeden Preis auszugleichen, und sei es nur durch den äußeren Schein, durch große Manöver, große Paraden, große Worte und durch pompöse Uniformen, die er bis zu sechs Mal am Tage wechselte. Wilhelm verstand etwas von *public relation,* und die Nation, große Teile der Nation, bewunderten ihn und folgten ihm. Die Männer kopierten ihn, trugen den Kaiser-Wilhelm-Bart und Uniform, schließlich galt der Reserve-Offizier in der Öffentlichkeit mehr als die Promotion. Militärisches Imponiergehabe bestimmte das gesellschaftliche Leben genauso wie die deutsche Politik. Der Kaiser prägte und spiegelte zugleich seine wilhelminische Epoche. Wilhelm war in. Er war der prominenteste Promi.

Man kann mit Fug und Recht sagen, eigentlich hatte die Mehrheit der Deutschen keinen anderen Kaiser verdient. Die paar kritischen Sozialdemokraten, die sich um Bebel und Liebknecht scharten, fielen kaum ins Gewicht. Das aufstrebende Bürgertum, ob Großbürger oder Kleinbürger, und erst recht der Adel, waren sich mit ihrem Kaiser einig, man muss Stärke demonstrieren, man muss Männlichkeit demonstrieren. Diese Mentalität erklärt auch Wilhelms Liebe zu exklusiven Männerbünden. Dort fühlte er sich heimisch, so in dem studentischen *Corps Borussia* in Bonn, wo er zwei Jahre studierte (oder genauer: immatrikuliert war), so in seinem Regiment in Potsdam, wo er *diente*, so später während der Sommertörns mit der Yacht *Hohenzollern*, von denen Damen ausgeschlossen waren. Zu seiner betonten Männlichkeit passte es auch, dass er, wie Bismarck sagte, eine starke sexuelle Entwicklung besaß, und schon mit 22 Jahren heiratete, und zwar, auch das typisch, die zwar üppige, aber ansonsten eher unbedarfte Auguste-Viktoria von Schleswig-Holstein-Sonderburg-Augustenburg-Koburg. Mit ihr hatte er sieben Kinder, darunter sechs Söhne (was denn sonst!), und demonstrierte glückliche Ehe.

Und dieser Mann sollte nun Deutschland regieren – und wollte es, wollte es viel machtvoller als sein Großvater, der sich gelegentlich darüber beklagt hatte, dass es nicht einfach sei, unter Bismarck Kaiser zu sein. Wilhelm II. aber wollte selber regieren, also ohne einen starken Kanzler und ohne einen starken Reichstag oder doch fast ohne diese. Ob das gut gehen würde, gut gehen konnte, musste die Zukunft erweisen. Der Jüngling Wilhelm hatte den Eisernen Kanzler, den Schöpfer des Deutschen Reiches, fast abgöttisch verehrt, aber es ist etwas anderes, als Prinz einen mächtigen Mann zu bewundern und als Monarch mit diesem mächtigen Mann die Macht teilen zu müssen. Es war nur eine Frage der Zeit, wann die beiden aneinander geraten würden, und eine Sache des Zufalls, was zu Bismarcks Sturz führen würde. Anlass des letzten und ausschlaggebenden Streits war die soziale Frage: Wie sollte der Staat mit seinen Arbeitern umgehen? Bismarck war für Härte. Er wollte das Sozialistengesetz vom Reichstag verlängern und verschärfen lassen, Wilhelm war für Versöhnung und setzte sich für Arbeiterschutzgesetze ein. Da er in seinem Leben zu wenig geliebt worden war, wollte er wenigstens beliebt sein. In seinem Bemühen um Popularität widerstrebte es ihm, seine Amtszeit mit Militäreinsatz und Blutvergießen zu beginnen. Er suchte sogar das Gespräch mit den Arbeitern. Als im Mai 1889 an der Ruhr 150000 Bergmänner die Arbeit niederlegten – es war der größte Streik des 19. Jahrhunderts – war der Kaiser zwar entsetzt, dass die bisher so lammfrommen und frommen Katholiken, die keiner Gewerkschaft angehörten und immer treu und brav ihr Zentrum gewählt hatten, sich plötzlich derart schlecht benahmen, aber er gab sich jovial, empfing gegen Bismarcks Einwände eine gewählte Streikdeputation, hörte sich ihre Sorgen an und verspricht, im Streit mit den Arbeitgebern zu vermitteln.

Gleichzeitig drohte er: *Merke ich, dass sich sozialdemokratische Tendenzen in die Bewegung mischen und zu ungesetzlichem Widerstand anreizen, so werde ich mit unnachsichtiger Strenge einschreiten und die volle Gewalt, die mir zusteht – und die ist eine große – zur Anwendung bringen. Denn für mich ist jeder Sozialdemokrat gleichbedeutend mit Reichs- und Vaterlandsfeind.* Viel brachte die kaiserliche Vermittlung nicht, aber der Streit ebbte ab, und der Kaiser konnte weiterhin vom sozialen Frieden träumen.

Als Anfang 1890 der Reichstag die erneute Verlängerung des Sozialistengesetzes ablehnt und bei den Reichstagswahlen die Sozialistische Arbeiterpartei erstmals die meisten Stimmen erhält, sind Bismarcks Tage gezählt.

Das Wahlergebnis ist paradox und geradezu bismarckfeindlich. Die beiden bisher, besonders auch vom Eisernen Kanzler, im sogenannten Kulturkampf beziehungsweise durch die Sozialistengesetze bekämpften und diffamierten Parteien, sind die großen Wahlsieger, das Zentrum mit den meisten Sitzen (nämlich 106), die SAP mit den meisten Stimmen (1,4 Millionen = knapp 20%).

Wie üblich bei der Entlassung verdienter Persönlichkeiten, dürfen sie selbst um ihren Abschied bitten. So auch hier. Bismarck schreibt an seinen Kaiser und König: *Nach meinen Eindrücken der letzten Wochen ... darf ich in Ehrfurcht annehmen, dass ich mit diesem meinem Entlassungsgesuche den Wünschen Eurer Majestät entgegenkomme und also auf eine huldreiche Bewilligung meines Gesuches mit Sicherheit rechnen darf.* Höflicher noch als Bismarcks Abschiedsgesuch ist Wilhelms Antwortschreiben: *Mein lieber Fürst, mit tiefer Bewegung habe ich aus Ihrem Gesuche vom 18. d. M. ersehen, dass Sie entschlossen sind, von den Ämtern zurückzutreten, welche Sie seit langen Jahren mit unvergleichlichem Erfolge geführt haben. ... Ihre Verdienste vollwertig zu belohnen, steht nicht in meiner Macht. Ich muss mir daran genügen lassen, Sie meines und des Vaterlandes unauslöschlichen Dankes zu versichern. Als Zeichen dieses Dankes verleihe ich Ihnen die Würde eines Herzogs von Lauenburg. Auch werde ich Ihnen mein lebensgroßes Bildnis zugeben lassen.*

Überhöflich bis zur Ironie dann Bismarcks Dankschreiben: *Euer Majestät danke ich in Ehrfurcht für die huldreichen Worte, mit denen Allerhöchst dieselben meine Verabschiedung begleitet haben, und fühle mich hochbeglückt durch die Verleihung des Bildnisses, welches für mich und die Meinigen ein ehrenvolles Andenken an die Zeit bleiben wird, während derer Eure Majestät mir gestattet haben, dem Allerhöchsten Dienste meine Kräfte zu widmen.* Was lernt man aus dieser Korrespondenz? Vor allem doch wohl dies, dass, wenn ganz oben, an der Spitze des Staates, gestritten wird, dies unter peinlichster Einhaltung der Formen geschieht.

Nicht mit Wilhelms Krönung am 15. Juni 1888, sondern eigentlich erst mit Bismarcks Entlassung im März 1890 begann die wilhelminische Ära. Jetzt wurde vieles anders, und der Altkanzler, der sich in die Wälder von Friedrichsruh zurückgezogen hatte, grollte und haderte mit seinem Nachfolger Leo Graf von Caprivi, also indirekt auch mit Wilhelm. Der Kaiser hatte einen Mann zum Kanzler ernannt, der in den Strukturen von Befehl und Gehorsam zu Hause war, also einen praktizierenden General. Mit dem, so hoffte Wilhelm, könne er besser als mit dem eigensinnigen Bismarck das angestrebte *persönliche Regiment* verwirklichen. Mehr Soldat als Diplomat war Caprivi, wie übrigens auch sein Chef, weder willens noch fähig, Bismarcks komplizierte Bündnispolitik fortzusetzen. Der frischgebackene Reichskanzler hatte nach der Reichsgründung alles daran gesetzt, das Erreichte zu sichern. Jedem, ob er es hören wollte oder auch nicht hören wollte, versicherte er wieder und wieder, das Reich sei saturiert, das heißt so vollständig gesättigt, dass es nicht den geringsten Appetit hätte auf die Einverleibung irgendwelcher Landstriche. Sogar an dem Wettlauf der europäischen Mächte um die letzten verfügbaren Kolonien beteiligte er sich nur widerwillig und zurückhaltend. Sollten sich doch die anderen um ferne Länder schlagen, umso eher hielten sie Frieden in Europa. Da Deutschland in der Mitte des Kontinents lag, konnte es im Ernstfall von allen Seiten angegriffen werden. Folglich musste ein europäischer Krieg auf jeden Fall vermieden werden, vor allem durften die Großmächte sich nicht verbünden und Deutschland in die Zange nehmen. Die Angst vor einem Zweifrontenkrieg verursachte dem Kanzler regelrechte Alpträume, den *cauchemar des coalitions,* wie er sagte. Es galt also, alle Mächte zu beruhigen und mit keiner Macht in Konflikt zu geraten. Lediglich mit Frankreich war ein dauerhafter Friede undenkbar, denn unser westlicher Nachbar hatte noch eine Rechnung offen, er wollte unbedingt das 1871 vom Reich annektierte Elsass-Lothringen zurück haben. Für Bismarck war es folglich logisch, Frankreich zu isolieren, damit es keinen Verbündeten gegen Deutschland gewinnen könne. Und dieses politische Konzept funktionierte, zumindest so lange wie Bismarck Kanzler war.

Alle Großmächte hatten Probleme miteinander. Russland und Österreich-Ungarn konkurrierten um den Einfluss auf dem Balkan. Die Doppelmonarchie und Italien waren uneins über Südtirol und Triest, die sogenannte *Irredenta,* das aus italienischer Sicht unerlöste Gebiet, auf das man unbedingt Anspruch zu haben meinte. Mit Frankreich stritt sich Italien um den Einfluss in Nordafrika. England und Frankreich waren koloniale Konkurrenten, und das überall in der Welt. Zwischen England und Russland ging es um den Einfluss auf die (türkischen) Meerengen und um den persischen Raum mit seinem Erdöl. Nur das Reich saß saturiert und friedfertig in der Mitte und sah sich nur mit Frankreichs Korrekturwünschen konfrontiert. Ausgehend von diesem Konflikttableau knüpfte Bismarck nun ein Bündnisnetz, an dem alle wichtigen Staaten beteiligt waren. Nur Frankreich wurde ausgeschlossen und stand abseits. Mit

Österreich und Italien (trotz deren Differenzen) schloss das Reich den Dreibund, England, Italien und Österreich bildeten die von Bismarck geförderte Mittelmeerentente, und das Reich und Russland schlossen den Rückversicherungsvertrag. *(Eine Skizze mag die Logik dieses Bündnissystems veranschaulichen.)*

ABBILDUNG 01:

Bismarcks Bündnissystem. Gegensätze und Bündnisse der europäischen Staaten.

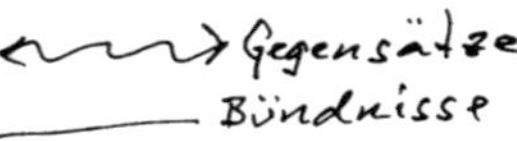

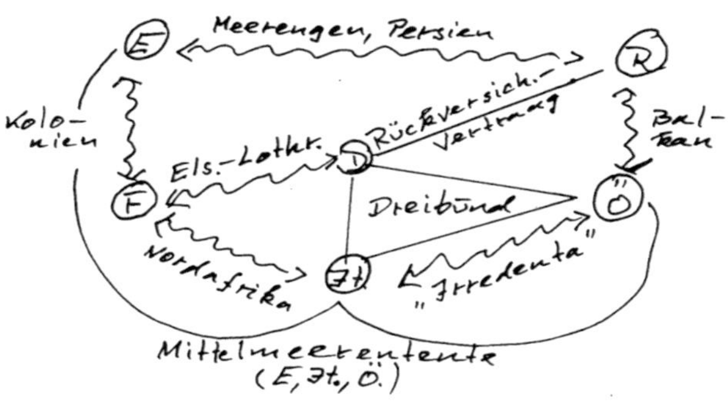

Zu dieser Friedenssicherung durch Bündnisse, die offiziell alle Defensivbündnisse waren, muss man Bismarck dennoch einige kritische Fragen stellen.

1 • War es politisch vernünftig, Frankreich Elsass-Lothringen zu entreißen und es damit zum Erbfeind zu machen? Wäre es nicht sinnvoller gewesen, da man sich selbst bei der deutschen Wiedervereinigung auf das Nationalprinzip berief, auch die Elsässer und Lothringer, die zwar Deutsch sprachen, sich aber der französischen Kultur zugehörig fühlten, selber entscheiden zu lassen, ob sie in Zukunft in Frankreich, im Reich oder in einem eigenen unabhängigen Staat leben wollte, so wie die Schweizer, die Belgier, die Luxemburger und die Niederländer? Das hätte den Frieden sicher mehr geschützt als die Annexion, zumal dann zwischen Frankreich und Deutschland eine Pufferzone kleinerer Staaten entstanden wäre.

2 • War es Erfolg versprechend, ein Friedenssystem zu schaffen, in dem eine Großmacht ins Abseits gestellt, isoliert, quasi gemobbt wird? Wird die betroffene Macht nicht alles daran setzen, dieses künstliche System zu korrigieren, Keile in die Bündnisse zu treiben und eigene Partner zu finden?

3 • Kann ein System von Dauer sein, das laut der öffentlichen Verträge nur aus Defensivbündnissen besteht, wenn aber geheime Zusatzabkommen den angeblichen Friedenswillen unterlaufen? Während zum Beispiel die Mittelmeerentente die Meerengen in türkischer Hand lassen und vor einem russischen Zugriff schützen wollte, versprach das Reich in einem geheimen Zusatz zum Rückversicherungsvertrag, das Interesse der Russen an den Meerengen wohlwollend zu unterstützen.

4 • Kann ein Bündnisnetz mittelfristig oder gar langfristig den Frieden sichern, das so kompliziert ist, dass wenige gewiefte Politiker es kaum mit Erfolg handhaben können? Konkreter gesagt: Werden Wilhelm und Caprivi in der Lage sein, die Politik eines Bismarck fortzusetzen?

Nein, sie werden es nicht können und sie werden es auch nicht wollen. Von einem Bündnis mit Russland hielten sie nichts, sie sahen darin einen Verrat an Österreich-Ungarn, dem natürlichsten und engsten Partner des Reiches. Also ließen sie den Rückversicherungsvertrag auslaufen, obgleich Russland sein ausdrückliches Interesse an einer Verlängerung bekundete. Statt alle diplomatischen Mittel zur Verhinderung eines Zweifrontenkrieges einzusetzen, wie Bismarck es getan hatte, begnügte sich der neue Kanzler mit einer fatalistischen Einschätzung der Lage. Ihm sei das Spiel mit den fünf Kugeln (den fünf anderen Mächten) zu kompliziert und die Einkreisung eh unausweichlich. Wörtlich prophezeite er im Reichstag, *dass wir mit dem Krieg an zwei Fronten zu rechnen gezwungen sind, und zwar nicht als Ausnahme, sondern als den wahrscheinlichsten Fall!* Natürlich. Denn nach der Abkehr von Russland war ein Bündnis zwischen Frankreich und Russland nur noch eine Frage der Zeit. Schon 1893 ist es soweit. Paris und Petersburg legen vertraglich fest: Wird einer der beiden Partner von einem Dreibund-Staat angegriffen, dann muss der andere ihm mit vollem militärischen Einsatz zu Hilfe kommen.

Die Lage des Reiches hat sich erheblich verschlechtert. Frankreich ist nicht mehr isoliert, sondern hat einen starken Verbündeten gefunden, man selber aber muss sich mit dem schwachen Österreich und dem sowohl schwachen als auch unzuverlässigen Italien begnügen. Auf zwei Wegen versucht Caprivi nun, Deutschland zu stärken, zum einen militärisch, durch eine mehrfache Vergrößerung des Heeres, zum anderen diplomatisch, durch eine Verbindung mit England. Das war nicht illusorisch. Das Verhältnis zu Großbritannien war gut. Und das nicht nur wegen der engen verwandtschaftlichen Beziehungen zwischen den beiden Herrscherhäusern (Queen Victoria war die Großmutter Kaiser Wilhelms), sondern auch wegen des gerade erst im Juli 1890 abgeschlossenen Helgoland-Sansibar-Vertrags. Gegen Zugeständnisse in Afrika überließ England dem Reich die seestrategisch wichtige Insel Helgoland. Koloniale Konflikte mit England gab es nicht. Das Reich hält sich weltpolitisch zurück. Nach dem Gewinn der afrikanischen Kolonien kommt es in den Neunzigerjahren nur noch zu unbedeutenden Erwerbungen und auch das nur noch durch Kauf (für 16 Millionen Mark die Marianen und die Karolinen von Spanien) oder durch Pacht (Kiautschou mit dem Hafen Tsingtau von China). Die deutsche Außenpolitik war also durchaus vorsichtig und maßvoll, aber die Reden, die man aus Deutschland hörte, waren es nicht. Und hier ging der Kaiser mit schlechtem Beispiel voran. Seine leichtfertigen Sprüche sind bis heute in Erinnerung: *Ich führe euch herrlichen Zeiten entgegen ... Unsere Zukunft liegt auf dem Wasser ... Der Dreizack* (gemeint ist Poseidons militantes Logo) *gehört in unsere Faust ... Volldampf voraus!* Das letzte Zitat zeigt, wie taktlos und zynisch es bei diesem verbalen Imponiergehabe zuging. Es stammt aus einem Telegramm, das Wilhelm nach einem Schiffsunglück der Kriegsmarine verfasst hatte: *Ich werde den Gefallenen zur Erinnerung eine Gedächtnistafel in der Garnisonskirche zu Kiel stiften, und im Übrigen: Volldampf voraus!* So also kann man die Angehörigen der ertrunkenen Matrosen auch trösten.

Damit sind wir beim Thema Marine, und das ist ein ganz dunkles Kapitel der neueren deutschen Geschichte. Wilhelms Begeisterung für Seefahrt und Seemacht führte zum Aufbau einer martialischen

Kriegsmarine, wodurch die führende Seemacht England sich herausgefordert fühlte, so dass die bisher freundschaftlichen Beziehungen sehr schnell abkühlten. Noch schlimmer kommt es, als zu Beginn der Auseinandersetzungen zwischen dem Oranjefreistaat und England, das sich wegen der Diamantenvorkommen den Süden Afrikas einverleiben wollte, der Kaiser nach einigen Anfangserfolgen der Buren dem Präsidenten Ohm Krüger telegrafisch seine Glückwünsche ausspricht, dass es gelungen sein, *die Unabhängigkeit des Landes gegen Angriffe von außen zu wahren.* Das stolze Albion war verärgert und reagierte entsprechend. Nicht nur, dass ein deutsch-englisches Bündnis an Stelle des deutsch-russischen Rückversicherungsvertrags jetzt nicht mehr zu erhoffen war, auch das bestehende Bündnis zwischen England, Österreich und Italien, die Mittelmeerentente, wurde von England nicht verlängert. Das Zusammenspiel der Mächte hatte sich wenige Jahre nach Bismarcks Abgang zuungunsten des Reiches verschoben.

Inzwischen hatte sich der Kaiser – nach viereinhalb Jahren Amtszeit – von seinem Kanzler Caprivi getrennt, der ihm nicht forsch und fordernd genug war, und statt seiner Chlodwig Fürst von Hohenlohe-Schillingsfürst zum Kanzler ernannt. Der schien dem Kaiser geeigneter, weil er gänzlich ungeeignet war. Wilhelm wollte einen fügsamen Regierungschef und den glaubte er in dem 75-jährigen Greis gefunden zu haben. Dieser war sich auch darüber im Klaren, dass er weniger gebraucht als missbraucht wurde. Er sollte im Reichstag vertreten, was der Kaiser ohne ihn entschieden hatte. Wilhelm fühlte sich als starker Mann und konnte einen starken Kanzler nicht brauchen. Dieser Wilhelm präsentierte sich mit unbeugsamem Willen und funkelndem Hohn, in Wahrheit war er eher unsicher und wenig selbstbewusst. Er war wechselnden Stimmungen unterworfen und leicht zu beeinflussen. Von Bismarck hatte er sich befreit und vom persönlichen Regiment geträumt, aber stattdessen geriet er unter den Einfluss der zum Teil rivalisierenden Männer seiner Umgebung. Drei Herren taten sich hier besonders hervor, die aus dem Hintergrund wirkende *Graue Eminenz* Friedrich von Holstein, der ehrgeizige Diplomat Bernhard von Bülow und ein gewisser Alfred Tirpitz, dessen Marinebegeisterung 1900 mit dem Adelstitel belohnt wurde. Bülow und Tirpitz waren Männer so ganz nach Wilhelms Geschmack, jener, weil er Wilhelms Weltmachtpolitik unterstützte und ähnlich werbewirksame Sprüche wie sein Chef erfand (dem Reich stehe *ein Platz an der Sonne* zu), dieser als Propagandist des Flottenbaus (durch die Gründung des Flottenvereins, einer von Staat und Industrie geförderten Massenorganisation) und dazu als Planer und Leiter der maritimen Rüstung. Warten wir ab, wohin das alles führen wird.

Kehren wir zuvor noch einmal zurück zur Überschrift dieses Kapitels, zum Jahre 1900. Dies Jahr hat ein Janusgesicht, es blickt nach zwei Seiten – nach vorne und zurück. Man versuchte sich an Bilanzen und an Prognosen. Man pflegte Erinnerungen und hegte Erwartungen, wobei der Blick ins neue Jahrhundert eigentlich auch ein Janusblick war, ein Blick voller Widersprüche. Wer scharfe Augen hatte, konnte sehen und musste sehen, dass nicht nur die vom Kaiser versprochenen herrlichen Zeiten vor uns lagen, sondern auch Krisen und Gefahren. Wer sich nichts vormachte, musste eher mit einem weinenden und einem lachenden Auge in die Zukunft blicken. Und in dieser schizophrenen Zeit werden meine Eltern ihre Kindheit verleben.

3

Die gute alte Zeit auf dem Weg in den Weltkrieg

Im 19. Jahrhundert hat sich so viel verändert wie in keinem anderen Jahrhundert zuvor. Das Leben der Menschen um 1800 unterschied sich kaum von dem um 1700, 1600 oder auch um 1100 oder 1000. Man lebte sehr eng mit der Natur zusammen, die Mehrzahl der Menschen lebte auf dem Lande und von der Landwirtschaft. Wer reisen wollte oder musste, der ging zu Fuß oder bestieg ein Pferd oder eine Kutsche. Die Arbeit wurde mit der Muskelkraft von

Mensch und Tier verrichtet und war schwer genug. Arbeit war Handarbeit.

Im Laufe des 19. Jahrhunderts wurde aber alles anders. Die Technik revolutionierte das Leben. Die Menschen zogen vom Land in die großen Städte, teilten sich die Arbeit mit den Maschinen und steigerten die Produktivität. Dennoch lebte die Masse der Arbeiter in Not und Elend. In den Fabriken wurde mehr, schneller und billiger produziert als in den herkömmlichen Handwerksbetrieben, aber die meisten Arbeiter mussten bis zu 15 Stunden täglich arbeiten, konnten mit ihrem kärglichen Lohn kaum ihre Familie ernähren, wohnten auf engstem Raum in menschenunwürdigen Mietskasernen, bekamen niemals Urlaub, konnten sich nur im äußersten Notfall ärztliche Hilfe leisten, so dass die durchschnittliche Lebenserwartung 30 Jahre kaum überstieg. Einen sozialen Fortschritt hatte der technische Fortschritt nicht gebracht.

Die Menschen waren enttäuscht und verunsichert. Die Maschinen hatten die Arbeit erleichtert, aber auch komplizierter gemacht. Man blickte nicht mehr durch. Unmut und Widerspruch machten sich breit. Dem optimistischen Fortschrittsglauben stand die pessimistische Zukunftsangst gegenüber. Der christliche Glaube – zumindest bei den unteren Schichten – verlor seine Bedeutung als glaubwürdiger Trostspender und Orientierungshilfe. Die Proletarier liefen den Pastoren davon, während die oberen Stände die Religion weiterhin zur ideologischen Absicherung ihrer gottgewollten Privilegien missbrauchten. Man denke nur an das Gottesgnadentum. Ersatzreligionen verdrängten die jahrhundertealte Frömmigkeit. Der Sozialismus versprach in Form revolutionärer Utopien einen Ausweg aus dem sozialen Elend, und der Nationalismus versprach dem verspießerten Bürgertum Sinngebung, Ruhm, Erfolg und Ehre beim Kampf um die nationale Einheit und dann die Weltherrschaft. Bei aller Friedenssehnsucht, die zweifellos sogar auch der Kaiser hatte, kokettierte man zugleich mit der Gewalt in Form patriotisch motivierter Kriege oder in Form einer politisch-sozialen Weltrevolution. Das waren die großen Ziele, aber wie sah der Alltag aus? Da es mit der deutschen Wirtschaft seit der Reichseinigung, von kleineren Krisen abgesehen, aufwärts ging, ging es auch den Menschen besser.

Vieles, was in der Vergangenheit gesät worden war, in den Bereichen Wissenschaft, Bildung, Ausbildung und Technologie, konnte um die Jahrhundertwende geerntet werden. Das junge Reich erlebte weniger durch Wilhelm, aber doch unter Wilhelm ein regelrechtes Wirtschaftswunder und entwickelte sich weltweit zum wissenschaftlichen Primus. Zwischen 1901 und 1932 (also bis zum Ende der Weimarer Republik) räumten deutschsprachige Naturwissenschaftler (inklusive einiger Schweizer und Österreicher) 38% der Nobelpreise ab, mehr als Engländer (16%), Franzosen (13%) und Amerikaner (5%) zusammen. Deutsche Erfinder und Unternehmer konzentrierten sich auf die Zukunftsindustrien, auf Elektrotechnik, Optik, Chemie, Pharmazie, Maschinenbau und Feinmechanik, während die Briten bei den klassischen Branchen verharrten, also Schwerindustrie, Textilindustrie und Schiffbau. Hinzu kam, dass die alten protestantisch-preußischen Tugenden, die auch den Wehrpflichtigen beigebracht wurden, nämlich Gehorsam, Ordnung, Pünktlichkeit, Zuverlässigkeit, Fleiß und Leistungswille in der industriellen Arbeitswelt von großer Bedeutung sind. Auch das ausgiebig geschulte und korruptionsfreie Beamtentum sorgte für reibungslose Abläufe in Wirtschaft, Verwaltung und im gesellschaftlichen Leben überhaupt.

Der deutsche Staat funktionierte so gut, dass er mit weniger Steuern als England und Frankreich auskam, nämlich mit durchschnittlich 4%. Kontinuierlich stieg der Lebensstandard, und zwar in allen Schichten. Zwar ging es dem Arbeiter noch nicht wirklich gut, aber doch besser von Jahr zu Jahr. Dank der künstlichen Düngung, übrigens von dem Deutschen Justus von Liebig entwickelt, verdoppelten sich die Getreideerträge zwischen 1880 und 1912, und die Kartoffelerträge verdreifachten sich fast. Hungersnöte gab es also nicht mehr. Der Deutsche war unter Wilhelm satt und zufrieden.

Das zeigte sich auch daran, dass Deutsche kaum noch auswanderten. 1882 hatten noch 200000 die Heimat verlassen, im neuen Jahrhundert waren es nur noch 20000 jährlich. Und das trotz eines gewaltigen Anstieges der Bevölkerungszahl. Anders in den anderen Ländern. Aus Großbritannien wanderten 1912 eine halbe Million aus, aus Italien eine Dreiviertel Million. Die fortgeschrittene deutsche Wirtschaft war also in der Lage, das deutsche Volk zu ernähren.

Noch stärker als die Agrar-Erträge nahm die Industrieproduktion zu. Von 1891 bis 1912 stieg die Steinkohlenförderung auf das Zweieinhalbfache, Braunkohle auf das Vierfache, ebenso die Eisenerzeugung. Auch der Außenhandel wuchs, die USA und Frankreich wurden überholt, England fast eingeholt. Die deutsche Handelsflotte hatte sich in den genannten Zeiträumen verdreifacht und lag deutlich vor den USA. Nur die klassische Seefahrernation England war dem Reich überlegen, das allerdings deutlich – mit der vierfachen Tonnage.

Die deutschen Industrieprodukte waren auch deshalb auf dem Weltmarkt so erfolgreich, weil sie von hoher Qualität waren. Als England, das Land des Liberalismus, 1887 seine Industrie vor der ausländischen Konkurrenz schützen wollte, errichtete es zwar keine Zollmauern, verlangte aber, dass die angeblich minderwertigen Importwaren mit einer Herkunftsbezeichnung versehen werden. Das erwies sich jedoch, bezogen auf die deutschen Produkte, als Bumerang. Denn das *Made in Germany* wurde weltweit zum Gütesiegel. Aus dem Makelzeichen wurde ein Markenzeichen. Solinger Messer schnitten besser als die aus Sheffield. Deutschland beziehungsweise das deutsche Volk wurde immer reicher. 1892 wurden bei den preußischen Sparkassen 3,5 Milliarden Mark eingezahlt, 1911 knapp 12. Zwar war das Vermögen sehr ungleich verteilt, die Mehrheit der Menschen hatte noch immer ein bescheidenes Einkommen, wenig Freizeit (nur am Sonntag), wenig oder gar keinen Urlaub, aber man war doch zuversichtlich. Es ging schließlich Schritt für Schritt und Jahr für Jahr vorwärts. Die Wohnverhältnisse besserten sich, die Arbeitszeit sank, die Löhne stiegen, zum Beispiel im Bereich von Industrie, Handel und Verkehr zwischen 1871 und 1913 von 500 auf 1100 Mark jährlich, und auch der Reallohn hatte sich (bei sehr geringer Inflationsrate) fast verdoppelt. Auch der Arbeiter konnte sich jetzt Industrieprodukte wie Fahrrad oder Nähmaschine leisten und auch nutzen, denn die tägliche Arbeitszeit ging (unter Beibehaltung der Sechs-Tage-Woche) auf 9-10 Stunden zurück. Dass es noch keine Arbeitslosenunterstützung gab, erwies sich kaum als soziales Problem, da es so gut wie keine Arbeitslosen gab, weil Vollbeschäftigung herrschte. Die Folge des auskömmlichen Lebensstandards war, dass die SPD sich nur noch in Sonntagsreden revolutionär gebärdete, im Alltag aber gemeinsam mit den Gewerkschaften bei den Tarifverhandlungen um Pfennige und Minuten feilschte.

Im Übrigen konnten die Arbeiter nicht nur auf einen allgemeinen Fortschritt bauen, sondern auch auf einen persönlichen Aufstieg hoffen oder doch auf den ihrer Kinder. Zwar war die soziale Mobilität gering, unten blieb unten und oben blieb oben, aber doch denkbar und möglich. In den Fabriken brauchte man Vorarbeiter und das sich verbessernde Bildungssystem gab jedem Begabten, zumindest theoretisch, eine Chance. Allerdings kamen 1887 nur 0,7% der preußischen Studenten aus der Unterschicht. Dennoch ging es mit der Volksbildung langsam voran. 1871 kamen auf einen Volksschullehrer 83 Schülerinnen und Schüler, 1911 *nur* noch 51.

Immerhin konnte seit der Jahrhundertwende praktisch jeder erwachsene Deutsche lesen und schreiben. Bei 14 Millionen Privathaushalten gab es 13 Millionen verkaufte Zeitungen, das heißt durch alle Schichten waren die Menschen aktuell informiert. Und – am wichtigsten! – die Jahrzehnte nach der Reichsgründung waren eine Zeit des Friedens, auch das ein Grund für den steigenden Lebensstandard. 43 Jahre war Deutschland in keinen Krieg verwickelt, 43 Jahre gab es keine Gefallenen zu beklagen, keine Verluste an Hab und Gut. Es war, wie es unseren Eltern und Großeltern in Erinnerung ist, die gute alte Zeit, oder hätte es bei vernünftiger Politik doch sein können. Aber leider ist die beschönigende Erinnerung nur die halbe Wahrheit. Die Kehrseite der Medaille bietet ein ganz anderes Bild. Die gute alte Zeit war nämlich auch die Zeit, in der die Völker Europas auf den Weltkrieg zu marschierten.

Für diesen scheinbar zwangsläufigen (unaufhaltsamen, unabwendbaren, unumgänglichen) Marsch in den Krieg sind vier Gründe zu nennen, die von den verantwortlichen (oder exakter: unverantwortlichen) Politikern als notwendige Maßnahmen deklariert wurden:

1 • Das von Jahr zu Jahr beschleunigte Wettrüsten der Großmächte.
2 • Die Umwandlung des von Bismarck geknüpften defensiven Bündnisnetzes in ein System zweier sich feindlich gegenüberstehender Blöcke.

3 • Die Verlagerung der Konflikte aus den fernen Kolonien (nach der scheinbar *endgültigen Verteilung der Erde*) zurück in die Nähe Europas (Marokko) und schließlich Europa selbst (Balkan).
4 • Die undiplomatische Ungeschicklichkeit und Großmachtpolitik der deutschen Politikelite, die aber durchweg nicht aus Elitepolitikern bestand.

1 • ERSTENS: Der technische Fortschritt hatte die Großmächte einerseits reich gemacht, ermöglichte es andererseits folglich auch, immer effektivere Waffen zu entwickeln. Ein paar nüchterne Zahlen mögen das belegen. Zwischen 1900 und 1913 gaben die vier stärksten Mächte (in Prozent des Staatshaushaltes) bei weitem das meiste Geld für ihre vermeintliche Sicherheit (oder auch einkalkulierte Angriffskriege) aus:

% für:	Deutschland	England	Frankreich	Russland
HEER/FLOTTE	36	49	37	36
BILDUNG	7	14	8	4
SOZIALES	3	-	-	-
SCHULDEN	17	25	30	26

Statistisch gesehen steht das Reich also glänzend da. Es hat die wenigsten Schulden, leistet als einziges Land soziale Unterstützung und rüstet nicht mehr als Frankreich und Russland, aber wesentlich weniger als England. Doch die Zahlen sind nur relativ (eben in Prozent des Etats). Da aber Deutschland die stärkste Volkswirtschaft ist, sieht die Rüstung in absoluten Zahlen ganz anders aus. Das zeigt die Tabelle mit den Ausgaben (in Millionen Mark) aus den drei Jahren 1905, 1910 und 1913:

Rüstungsausgaben (in Mio.):	**1905**	**1910**	**1913**
FRANKREICH	991	1177	1327
RUSSLAND	1069	1435	2050
ENGLAND	1263	1367	1491
DEUTSCHLAND	1064	1377	2111
ÖSTERREICH-UNGARN	460	660	720

Am Vorabend des Großen Krieges hat das Deutsche Reich also die militärische Poleposition erreicht. Besonders teuer wurde die deutsche Rüstung, weil man immer mehr Geld in den kostspieligen Flottenbau steckte. Führender Marinefan war Tirpitz, und eben deshalb vom Kaiser gefördert, befördert und geadelt. Wilhelm fühlte sich als oberster deutscher Seemann. Er war der Chef der gesamtdeutschen kaiserlichen Reichsmarine, während das Heer unterteilt war in ein königlich-preußisches, königlich-bayerisches, königlich-sächsisches und so weiter. Wilhelm liebte die See wegen seiner Hassliebe zu England, das er bewunderte und beneidete wie seine Großmutter Queen Victoria – dass er ein Viertel-Engländer war, war ihm peinlich, aber auch maritimer Ansporn. Hinzu kam seine Begeisterung für alles Technische, und die Marine stand für Modernität. Infanterie und Kavallerie waren die traditionellen Waffengattungen, die Marine dagegen war der Parvenu innerhalb des Militärs, so wie das Reich unter den Staaten Europas. Hier konnten auch Bürgerliche Karriere machen, auch deshalb erfreute sich die Marine in der breiten Öffentlichkeit großer Beliebtheit. Im Reichstag aber stieß der Flottenbau auf Skepsis, weil das kaiserliche Hobby doch allzu teuer war und man sich England zum Feind machte. Das sah Tirpitz aber ganz anders. Er wollte die politischen Gefahren einer deutschen Flottenverstärkung nicht wahrhaben. Mit einer starken Flotte, so verkündete er, würde man sich England nicht zum Feind, sondern zum Partner machen. Um einer großen und verlustreichen Seeschlacht mit Deutschland aus dem Wege zu gehen, müsste es sich im eigenen Interesse mit uns verbünden. Aber selbst wenn England in seiner traditionellen Neutralität, der *splendid isolation,* verharrte, müsste es den Seekrieg gegen uns vermeiden – denn eine starke deutsche Flotte, auch wenn etwas kleiner, wäre für England ein zu großes Risiko. Die geplante deutsche Armada bezeichnete Tirpitz auch als Risikoflotte. Die flotten Flottensprüche des Kaisers, die aufwendige Propaganda des Flottenvereins, Tirpitz' penetrantes Predigen veranlassten endlich den Reichstag, in mehreren Flottengesetzen der forcierten Seerüstung zuzustimmen. Dadurch sahen die Briten ihre Seeüberlegenheit in Gefahr, genauer: den sogenannten Two-Power-Standard, der vorsah, dass die englische Flotte größer sein müsse als die zweit- und drittgrößte (also die deutsche und die französische) zusammen. Also baute England immer neue Kriegsschiffe und Deutschland natürlich auch, ein ungehemmtes Wettrüsten setzte ein. Tirpitz' Risikoflotte erwies sich nicht für England, sondern für Deutschland als Risiko. Denn den Flottenbau musste das deutsche Volk nicht nur finanziell, sondern auch politisch teuer bezahlen.

2 • Damit sind wir beim ZWEITEN GRUND, der zum Kriege führen sollte, angelangt, bei der Umstrukturierung des Bündnissystems. Die Nichtverlängerung des Rückversicherungsvertrags hatte Russland an die Seite des bis dato isolierten Frankreich getrieben. Italien fühlte sich nicht mehr wohl im Dreibund, verlängerte 1902 zwar den Bündnisvertrag, schloss aber zugleich ein Geheimabkommen mit Frankreich, in dem sich beide Staaten versprachen, neutral zu bleiben, falls einer der beiden in einen kriegerischen Konflikt verwickelt würde.

England überdachte seine ungebundene Position in einer Welt sich immer mehr verfestigender Bündnisse und hätte, wenn überhaupt, am liebsten mit dem Reich koaliert, lieber jedenfalls als mit dem rückständigen und reaktionären Zarenreich, lieber auch als mit den beiden zweitklassigen Mächten Österreich-Ungarn und Italien (die Mittelmeerentente hatte London ja gerade erst verlassen), lieber auch als mit der konkurrierenden Kolonialmacht Frankreich, mit der es 1898 fast zum Krieg gekommen wäre, als sich in Faschoda im Süden Ägyptens die Interessen der beiden Mächte im wahrsten Sinne des Wortes kreuzten, weil die Engländer ein durchgehendes Kolonialgebiet von Kairo bis zum Kap anstrebten, die Franzosen aber eines vom Atlantik bis zum Roten Meer.

Die Grande Nation zuckte zurück und gab nach, das stolze Albion setzte sich durch, der Frieden blieb erhalten, aber das Verhältnis war gestört. Mit dem Reich konkurrierte England zwar auch, aber doch friedlich, auf dem Weltmarkt, also rein wirtschaftlich. Im Übrigen wurde dieser Gegensatz mehr als wettgemacht durch die Tatsache, dass die britische und die deutsche Volkswirtschaft jeweils der wichtigste Handelspartner der anderen Seite waren. Aber die Chance eines Land-See-Bundes, der auch im Interesse der europäischen Stabilität gelegen hätte, verspielte das Reich, weil es selber Seemacht spielen wollte. Zur Zeit Friedrichs des Großen war Preußen der *Festlanddegen* Englands gewesen, und beide waren gut damit gefahren, zum Beispiel im Siebenjährigen Krieg. Jetzt aber wollte Deutschland (beziehungsweise seine Führung) mehr als Englands Festlandsverbündeter sein und der Seemacht ins maritime Handwerk pfuschen. Das war taktisch unklug und taktlos zugleich, taktlos, weil es einer Beleidigung der Seefahrerinsel gleich kam, taktisch unklug, weil man das mögliche Bündnis eben dadurch unmöglich machte.

Und so ging England anderweitig auf Brautschau, während Wilhelm und sein neuer Kanzler Bernhard von Bülow, der 1900 den inzwischen 81-jährigen Hohenlohe-Schillingsfürst abgelöst hatte, Bündnisse, ob mit England oder Russland, für unnötig hielten und glaubten, sich eine *Politik der freien Hand* leisten zu können. Sie verzichteten also auf verbindliche Bündnisse, weil sie ihre Macht überschätzten – und das just in dem Augenblick, als England im Begriff stand, von seiner splendid isolation Abschied zu nehmen. Das Reich kopierte die englische Ungebundenheit, die das Inselreich sich jahrhundertelang leisten konnte, die aber für ein Land im Zentrum des Kontinents viel zu riskant ist. Zu Tirpitz' Irrtum, dass eine starke deutsche Flotte England einschüchtern werde, kam der Kaiser-und-Kanzler-Irrtum, dass die Gegensätze zwischen England und Frankreich beziehungsweise zwischen England und Russland viel zu gravierend seien, als dass es zwischen diesen jemals zu einem Bündnis kommen könne. Es kam aber dazu. Und zwar schon sehr bald. 1904 fanden sich England und Frankreich zur Entente cordiale zusammen, ganz einfach deshalb, weil man in kolonialen Fragen einen Kompromiss fand, der Marokko französisch und Ägypten englisch machte. Und 1907 schlossen England, Frankreich und Russland die Triple-Allianz. Ein Blick auf die veränderte Bündniskonstellation musste jedem Realisten die Haare zu Berge stehen lassen. Was war nur in anderthalb Jahrzehnten aus Bismarcks Sicherheitssystem geworden? Im Falle eines erneuten Konfliktes hätte das Reich nicht nur einen Zweifrontenkrieg führen müssen, sondern es auch noch mit der stärksten Seemacht zu tun gehabt. Auf Italien wäre aber nur wenig Verlass gewesen, und vom Vielvölkerstaat Österreich-Ungarn war auch nicht viel zu erwarten. Die folgende Skizze, die man mit der in Kapitel 2 vergleichen möge, macht deutlich, wie schlecht es um Deutschlands Sicherheit stand. Gnade uns Gott, wenn es zum Krieg kommt, oder wenn unsere Führer es zum Krieg kommen lassen oder ihn für unabwendbar oder sogar für notwendig ansehen!

ABBILDUNG 02.

Europa 1914.
Bündnisse am Vorabend des 1. Weltkriegs.

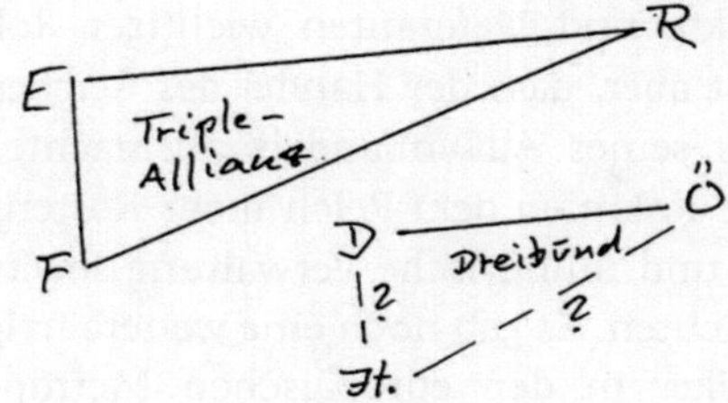

3 • Der DRITTE GRUND, der Europa dem Weltkrieg näher brachte, hat mit dem Imperialismus zu tun. Seit dem letzten Drittel des 19. Jahrhunderts versuchten die europäischen Mächte sowie die USA und Japan, die ganze Welt unter ihre Herrschaft zu bringen, sei es durch den Erwerb von Kolonien, die mit dem Mutterland zu Imperien zusammengeschlossen wurden (daher der Ausdruck *Imperialismus* zur Kennzeichnung dieser Epoche), sei es durch die Schaffung von politisch-ökonomischen Abhängigkeiten.

Das Wesen des Imperialismus besteht in seinen Irrtümern und in seiner ideologischen Verlogenheit; die sogenannten Mutterländer (treffender: Stiefmutterländer) täuschen allein schon durch diesen Begriff vor, dass sie die unmündigen Eingeborenen wie liebevolle Eltern mit Fürsorge und Verantwortung behandeln. Die unterworfenen Völker sollten daher dankbar sein, dass sie mit dem Segen der christlichen Religion, der modernen Hygiene, der abendländischen Arbeitsmoral und überhaupt der europäischen Kultur und Zivilisation beglückt werden.

In Wahrheit dachten die Mutterländer nur an das Wohl des eigenen Vaterlandes. Mithilfe der Kolonien sollten die wirtschaftlichen Probleme gelöst werden. Die übervölkerten Industriestaaten glaubten, der Bevölkerungsexplosion dadurch Herr werden zu können, dass sich die überzähligen Menschenmassen in den eigenen Kolonien ansiedeln. Was für ein Irrtum! In den deutschen Schutzgebieten, deren Gesamtfläche ein Vielfaches des Reiches ausmachte, lebten am Vorabend des Weltkrieges gerade 30000 deutsche Staatsbürger – so viel wie in einer mittleren Kleinstadt. Ähnlich illusorisch war die Annahme, dass die Kolonien als Handelspartner eine bedeutende Rolle spielen könnten, dass sie Abnehmer deutscher Industrieprodukte und Lieferanten wichtiger Rohstoffe sein könnten. Richtig ist aber, dass der Handel des Reiches mit seinen Kolonien nur 0,5% seines Außenhandels ausmachte. Summa summarum haben die Kolonien dem Reich mehr Kosten verursacht (Ausgaben für zivile und militärische Verwaltung sowie Transportkosten), als sie einbrachten. Es gab noch eine weitere irrige Annahme. Die Herren Politiker in den europäischen Metropolen waren felsenfest davon überzeugt, dass um 1900 die Erde endgültig verteilt wird. Wer jetzt nichts abbekommt, wird niemals Kolonien besitzen, bis in alle Ewigkeit. Folglich schicken die Mächte, auch mittlere Staaten wie Holland und Belgien, ihre Truppen in die entlegensten Winkel unseres Planeten, um nur ja nicht zu kurz zu kommen. Dass sämtliche Kolonien 100 Jahre später unabhängig sein werden, ahnte damals niemand. Der ganze Einsatz war also für die Katz und die Kolonialpolitik doppelt unsinnig. Sie war gekennzeichnet durch Arroganz, Unrecht und Unterdrückung, gleichzeitig haben diese Verstöße gegen Menschen- und Völkerrecht nicht einmal den Kolonialherren wirtschaftlichen Nutzen gebracht. Der Imperialismus war Ausbeutung ohne Profit.

Für die Völker Europas hatte diese zweifelhafte Politik aber vorübergehend und ungewollt einen großen Vorteil. Über Jahrzehnte gab es keinen Krieg. Man engagierte sich draußen in der weiten Welt, in Europa aber schwiegen die Waffen. Ja, die europäischen Staaten arbeiteten sogar zusammen, wenn es galt, unbotmäßige Völker zur kolonialen Räson zu bringen. Als im Jahre 1900 in China ein oppositioneller Geheimbund, genannt die *Boxer,* einen Aufstand gegen die zunehmende Einflussnahme der Kolonialmächte wagte und sogar den deutschen Gesandten in Peking ermordete, unternahmen Deutsche, Engländer, Franzosen, Russen, Österreicher, Italiener, Amerikaner und Japaner einen gemeinsamen Rachefeldzug. Die sehr schnell besiegten Chinesen mussten 1,4 Milliarden Goldmark Kriegsentschädigung zahlen (davon 20% ans Reich), und zwar bis 1940, und einen kaiserlichen *Sühneprinz* nach Berlin schicken, damit er dort Abbitte tue. Die Sieger teilen China zwar nicht in Teilkolonien ein, festigen aber ihren Einfluss auf das Reich der Mitte.

Doch die Eintracht der großen Acht währte nicht lange. Nachdem die Welt nun – scheinbar endgültig – verteilt war, wenden sich die europäischen Mächte den ungelösten Fragen in ihrer unmittelbaren Nähe zu. Als Frankreich 1905 das Sultanat Marokko unter seinen Einfluss bringen und zum Protektorat machen wollte (Tunesien und Algerien hatte es ja schon), da wollte das Reich sein Mitspracherecht geltend machen. Kaiser Wilhelm besuchte den Sultan, um die deutschen Interessen deutlich zum Ausdruck zu bringen. Eine internationale Konferenz zeigte dann aber, dass Deutschland außer Österreich-Ungarn keinen Parteigänger mehr hatte, auch der Dreibundpartner Italien hatte sich auf die Seite der Franzosen und Engländer geschlagen. Als sich ein paar Jahre später (1911) das Spielchen wiederholte, und die Reichsregierung das Kanonenboot *Panther* nach Agadir schickte (man sprach stolz vom *Panthersprung*), musste man diese Kraftmeierei abermals mit einer diplomatischen Niederlage bezahlen, da England fest zu Frankreich hielt, und wurde mit ein paar Brotsamen vertröstet (minimale Ausweitung der deutschen Kolonie Kamerun).

Einen scheinbaren Erfolg verbuchte das Reich im Jahre 1908, als es seinem Verbündeten Österreich-Ungarn dazu verhalf, sich gegen den Widerspruch anderer Mächte das bisher von der Doppelmonarchie lediglich besetzte und verwaltete Bosnien-Herzegowina einzuverleiben. Der Coup konnte aber nur glücken, da Russland, das sich aus slawischer und christlich-orthodoxer Solidarität als Schutzmacht der Balkanvölker verstand, nach seiner überraschenden und vernichtenden Seeniederlage gegen Japan bei Tsushima (1905) und der anschließenden Revolution noch zu geschwächt war, als dass es hätte militärisch eingreifen können. Aber aufgeschoben ist nicht aufgehoben. Das Pulverfass Balkan behielt seine Brisanz. Zwar hatte Bismarck noch beteuert, der Balkan sei nicht den Tod eines einzigen pommerschen Grenadiers wert, aber jetzt ließ sich das Reich aus Prestige-Ehrgeiz und Bündnistreue von Wien in die Balkankonflikte hineinziehen. Über Jahrzehnte hatten die Türken den Balkan beherrscht, zeitweise sogar Ungarn, und zweimal hatten sie vor den Toren Wiens gestanden. Das Osmanische Reich war aber im Allgemeinen so tolerant, den unterworfenen Völkern ihren christlichen Glauben zu lassen. Seit Prinz Eugen wurden die Türken dann jedoch peu á peu zurückgedrängt. Der einstige Schrecken Europas wurde zum kranken Mann am Bosporus. Immer mehr Nationen machten sich selbstständig. Zu Beginn des neuen Jahrhunderts verfügten die Türken nur noch über einen schmalen Streifen im mittleren Balkan und über die Nordküste der Ägäis, im Süden gab es schon seit Beginn des Jahrhunderts das befreite Griechenland, und im Norden hatten sich Ende des Jahrhunderts Serbien, Rumänien, Bulgarien und Montenegro die Unabhängigkeit erstritten. Diese Staaten (bis auf Rumänien, das nicht an die Türkei grenzte) schlossen 1912 den Balkanbund, um die noch unter türkischer Oberhoheit lebenden Landsleute zu befreien und ihr eigenes Staatsgebiet zu vergrößern. Die Rechnung ging auf. Noch im gleichen Jahr kam es zum Krieg und die Türkei musste im Londoner Frieden vom 30. Mai 1913 fast alle ihre europäischen Besitzungen abtreten. Aber es bleibt nicht bei dem einen Balkankrieg, denn der zweite folgt sogleich. Wie so oft bei der Verteilung der Beute kam es auch hier zum Streit. Im zweiten Balkankrieg sieht sich Bulgarien seinen ehemaligen Verbündeten gegenüber, auf deren Seite nun auch Rumänien und sogar die gerade erst besiegte Türkei kämpfen. Der Übermacht seiner Gegner kann Bulgarien nicht standhalten und verliert im zweiten Krieg fast alles, was es im ersten gewonnen hat. Alle Nachbarn (Serbien, Griechenland, Rumänien und auch die Türkei) profitieren von dem am 10. August 1913 in Bukarest geschlossenen Frieden.

Der *Balkan* war (also) gut für immer neue Konflikte. Und da auch Österreich-Ungarn und Russland ihren Einfluss auf die Region behalten oder gar vergrößern wollten, war ein Waffengang zwischen diesen beiden Mächten für die nahe Zukunft nicht auszuschließen. Ein europäischer Krieg stand also vor der Tür, und die verantwortlichen Regierungen taten nichts, den unliebsamen und aggressiven Eindringling wegzuschicken, sondern luden ihn geradezu ein, sein brutales Spiel zu spielen. Sie liebäugelten mit dem Krieg, der nach allgemeiner Meinung kurz und schmerzlos verlaufen würde – ein flotter Feldzug, nicht mehr. Eine günstige Gelegenheit zu schaffen, ihn zu führen, war wichtiger als eine Politik, die ihn verhindern würde. Frankreich wollte dem Reich nach wie vor Elsass-Lothringen abjagen und hatte mit der Triple-Allianz ja auch schon Erfolg versprechende Voraussetzungen geschaffen. Das Zarenreich und Österreich waren innerlich instabil, das rückständige Russland hatte soziale Probleme und sogar schon eine Revolution erlebt. Der Habsburger Vielvölkerstaat hatte nationale Probleme, aber in Petersburg und Wien hoffte man, von den inneren Schwierigkeiten durch einen Krieg nach außen abzulenken. Ein Krieg, der allerdings schnell und siegreich verlaufen müsste, würde die Untertanen bei der Stange halten und der Liebe zum Vaterland und väterlichen Monarchen dienlich sein. Großbritannien hatte noch die geringsten Kriegsambitionen, da es mit seinen Kolonien hinreichend beschäftigt war, beobachtete jedoch mit zunehmender Skepsis, ja Feindseligkeit, die deutsche Seerüstung.

Dem Deutschen Reich und dem deutschen Volk ging es eigentlich gut. Man hatte die nationale Einheit verwirklichen können und erfreute sich eines wachsenden Wohlstandes. Man konnte also zufrieden sein, im wörtlichen Sinne: zu Frieden sein. Eine aggressive Politik zu treiben, war völlig unnötig. Kanzler Bülow, Kaiser Wilhelm und Marinechef Tirpitz taten aber genau das. Damit standen sie nicht allein. Große Teile des Bürgertums dachten ähnlich. Selbst die doch eher zu kritischer Distanz verpflichteten Wissenschaftler äußerten sich in diesem Sinne. Der bekannte Soziologe Max Weber zum Beispiel verkündete 1895: *Wir müssen begreifen, dass die Einigung Deutschlands ein Jugendstreich war, den die Nation auf ihre alten Tage beging und seiner Kostspieligkeit halber besser unterlassen hätte, wenn sie der Abschluss und nicht der Ausgangspunkt einer deutschen Weltmachtpolitik sein sollte. Weltmachtpolitik* wurde zum Modewort und zum deutschen Traum und Anspruch. Und was im Volk angesagt war, das sagte auch der Kaiser in seinen Reden. Insofern war Wilhelm ein Abbild seiner Zeit, er war kein Vordenker, sondern ein Mitläufer im allgemeinen Trend. Wilhelm hat die wilhelminische Zeit nicht geprägt, sonder nur repräsentiert. Er sprach der Mehrheit der Deutschen aus dem Herzen, nur sprach er eben zu laut und zu vorlaut und von exponierter Stelle aus, so dass er im Ausland Furcht und Misstrauen weckte. Er war der Demoskop auf dem Kaiserthron, er forderte, was ohnehin in war. Sein Uniformkult spiegelte und förderte zugleich die verbreitete Militärbegeisterung. So wie er sich in Admiralsuniform zeigte, trugen die deutschen Jungen ihren Kieler Matrosenanzug. Die deutsche Politik war eine Vogelpfau- und eine Vogelstraußpolitik. Man legte Imponiergehabe an den Tag und steckte zugleich den Kopf in den Sand. Durch diese ungeschickte Politik geriet das Reich mehr und mehr ins Abseits. Hatte Bismarck Frankreich isoliert, so Wilhelm das Reich. Es war paradox. Der vorsichtige Bismarck hatte dem saturierten Reich trotz des bündnispolitischen Sicherheitsnetzes eine äußerst zurückhaltende Außenpolitik verordnet, Wilhelm und seine Mannen agierten umso aggressiver, je ungünstiger die Bündniskonstellation wurde. Und waren noch stolz darauf. Sie kramten den alten friderizianischen Spruch hervor *Viel Feind viel Ehr* und verkauften die fehlende Bündnissicherheit als *Politik der freien Hand.* Der letzte verbliebene Verbündete war der militärisch schwache und an inneren Krisen kränkelnde Vielvölkerstaat. Dem wollte man unbedingt die Treue halten und mit ihm durch dick und dünn gehen. Man sprach von *Nibelungentreue* und wählte damit einen Begriff, der in seiner Bedeutung viel zutreffender war, als die Herren Herrscher sich wohl klarmachten, denn die burgundischen Nibelungen bezahlten ihre Treue bekanntlich mit dem Tode und mit dem Untergang der ganzen Sippe.

Uns allen ist damals wie heute immer wieder die lateinische Weisheit gepredigt worden *Wenn du den Frieden willst, bereite den Krieg vor!* (Si vis pacem, para bellum). Also rüste für den Frieden. Erst recht rüsten muss man natürlich für den Krieg. Der Haken an der Sache ist nur, dass man die Friedensrüstung von der Kriegsrüstung nicht unterscheiden kann. Wenn die deutschen Werften und Waffenschmieden auf Hochtouren arbeiten, kann das gut für den Frieden sein, aber eben auch für den Krieg. Es kann auch bedeuten: Si vis bellum, para bellum. Aber so oder so. Alles Militärische wurde in Deutschland großgeschrieben, es war populär bei den Massen und für die da oben das A und O der Politik. Militär gab es nicht nur in den Kasernen und auf den Truppenübungsplätzen, Militär war auch überall im Alltag präsent, es gab Paraden, Wachablösungen, öffentliche Konzerte der Militärkapellen. Die spielten bei jeder passenden und unpassenden Gelegenheit. 500 dieser Kapellen mit jeweils 40 Mann, zusammen also 2000 Soldaten, unterhielten und indoktrinierten die dankbaren Zuhörer. So wie heute die Jeans, so prägten damals die Uniformen das Bild der Öffentlichkeit. Auf der Straße, auf Bällen, im Theater zeigten sich die Männer, wenn sie nur ein Anrecht dazu hatten, zum Beispiel als Reserveoffizier, in Uniform. Mitten im Frieden spielte man also ein bisschen Krieg. Und der Kaiser ging da mit modischem Beispiel voran. Er besaß die Admirals- und Gardeuniformen fast aller europäischen Mächte, dazu die von sämtlichen preußischen Regimentern, und das waren über 300. Der Unterbau in Uniformen war dem Kaiser näher als in Zivil und er hatte Teil an der allerhöchsten Autorität oder bildete es sich doch ein. In Uniform beeindruckte man die Damen, erst dann war man ein Mann, in Zivil nur ein Mensch zweiter Klasse. Nicht ohne Grund gab Carl Zuckmayer seiner Uniform-Komödie *Der Hauptmann von Köpenick* den Untertitel *Ein deutsches Märchen.* Denn wirklich ging von der Uniform ein Zauber aus, und wer sie trug, konnte zaubern, wie Wilhelm Voigt es der Welt vorgespielt hat.

Es ist eine Ironie des Schicksals, wie sich die beiden Wilhelme ähneln, der Kaiser und König und der Schuster und Gauner, der an der Spitze und der ganz unten, der ruhelose Reisekaiser und der Vorbestrafte ohne festen Wohnsitz (sofern er nicht gerade einsitzt). Beide lieben Militär und Uniformen, und das obgleich beide nicht gedient haben, der königliche Prinz, weil er wegen seines verkrüppelten Armes nicht k.v. war (kriegsverwendungsfähig), und der arme Schuster nicht, weil er, seit er volljährig und strafmündig war, wegen Diebstahls, Einbruchs und Urkundenfälschung fast immer eingesperrt war, zusammen 29 Jahre. Aber gerade dieses Manko, nicht Soldat gewesen zu sein, kompensieren die beiden, indem sie die Uniform dazu benutzen, Autorität und Macht zu demonstrieren, der große Wilhelm auf dem diplomatischen Parkett und der kleine Wilhelm im Köpenicker Rathaus. Der erstand bei einem Trödler eine abgelegte Hauptmannsuniform vom vornehmen Ersten Garderegiment zu Fuß, zog sie an, obgleich sie nicht recht passte, gab sich selbst den Befehl zu seinem Kommandounternehmen und führte ihn perfekt aus. Im Norden Berlins unterstellte er erst einen Gefreiten und drei Soldaten, die vom Schwimmen kamen, und dann einen Gefreiten mit fünf Mann, die vom Schießen kamen, seinem Kommando, und zwar, wie er sagte, auf *Allerhöchsten Befehl!* Mit der Stadtbahn (er selber abgesondert in der ersten Klasse) fuhr er mit seiner kleinen Armee quer durch Berlin nach Köpenick und führte sie mit aufgepflanzten Bajonetten zum Rathaus. Dort verhaftete er, wiederum auf *Allerhöchsten Befehl*, ohne auf Misstrauen und Widerstand zu stoßen, den Bürgermeister, den Kassierer und den Oberstadtsekretär, ließ die beiden ersten von seinen Soldaten nach Berlin zur Neuen Wache bringen, beschlagnahmte die Stadtkasse (3557,45 Mark) und verschwand mit derselben. Bereits nach zehn Tagen wurde der steckbrieflich gesuchte Hauptmann festgenommen, ein ehemaliger Mithäftling hatte ihn verraten, Voigt war ja erst seit einem halben Jahr wieder auf freiem Fuß.

Das allgemeine Vergnügen über das Eigentor des Militarismus nahm noch zu, als die Öffentlichkeit erfuhr, was für ein mickriges, kleines, ältliches Männlein mithilfe der Uniform und des *Allerhöchsten Befehls* das Rathaus von Köpenick erobert hatte. Die Geschichte trieb ihre Ironie aber noch weiter. Wilhelm Voigt stammte aus Tilsit, also aus der Stadt, in der Preußen den schmählichsten Frieden seiner Geschichte schließen musste, nachdem es ein Jahr zuvor am 14. Oktober 1806 von Napoleon bei Jena und Auerstedt vernichtend geschlagen worden war. Und am 16. Oktober 1906, also fast auf den Tag genau ein Jahrhundert später, trumpfte Voigt in Köpenick auf und brachte dem preußischen Militär erneut eine schwere, wenn auch ganz anders geartete Niederlage bei. Der Kaiser soll übrigens zunächst über den Vorfall gelacht haben, weil er fasziniert davon war, welche Macht die Uniform hat, und weil er stolz darauf war, wie groß die Disziplin in seinem Reiche ist. Aber dann begriff er die Blamage und empörte sich über den Spott nicht nur der Deutschen, sondern auch der Weltöffentlichkeit. *Mehr sein als scheinen* hatte 1903 der Generalstabschef Alfred von Schlieffen zur Devise des Generalstabs erhoben. In Köpenick aber hatte der Schein triumphiert. Das Bemühen um Schein und Glanz und Pomp und Eindruck kennzeichnet leider auch den Charakter und das Verhalten des Kaisers. Deshalb seine großen Worte, sein militantes Auftreten, sein immer wieder geäußerter Anspruch auf Weltgeltung, Weltmacht und Weltherrschaft. Und das war leider gefährlich und brachte die Welt gegen uns auf und isolierte uns.

Bedenklich ist nicht nur die Vergötterung der Uniform, sondern auch die kritiklose Hinnahme und Ausführung *Allerhöchster Befehle.* Kaiserliche Befehle wurden nicht hinterfragt, in Köpenick nicht und auch sonst nicht. Deutschland ist, trotz des demokratisch gewählten Reichstags, immer noch absolutistisch. Das letzte Wort hat der Kaiser, er und nicht der Reichstag setzt den Kanzler ein und es sind immer Adlige. Das Urteil des Kaisers ist absolut – und zwar in allen Lebensbereichen, nicht nur in der Politik, sondern zum Beispiel auch in der Kunst. *Eine Kunst, die sich über die von mir bezeichneten Grenzen und Schranken hinwegsetzt, ist keine Kunst.* Punkt, Schluss, Basta. Der Kaiser hatte eine Art Narrenfreiheit, er konnte sagen, was er wollte, und er tat es auch.

Er hatte sogar das Talent, zwei entgegengesetzte Äußerungen zu machen und dennoch mit beiden ungeschickt und taktlos zu sein. 1898 hatte er dem Buren Ohm Krüger zu seinem Sieg über die Engländer gratuliert und diese verärgert, zehn Jahre später behauptete er in einem Interview in der britischen Zeitung *Daily Telegraph,* dass er im Gegensatz zur Mehrheit seiner Untertanen die Engländer so sehr liebe, dass er ihnen im Burenkrieg einen Feldzugsplan zugeschickt habe, den diese prompt befolgten und folglich siegten. Wieder, wie 1898, waren die Engländer verärgert, obgleich er sich jetzt, wenn auch allzu anmaßend, als ihr Freund ausgab. Verärgert war auch die deutsche Öffentlichkeit. So langsam hatte sie von Wilhelms eigenmächtigen Entgleisungen genug. Schuld an dieser Affäre war allerdings auch der Kanzler. Der hätte die Veröffentlichung des brisanten Interviews verhindern können und müssen, war aber zu faul, es zu lesen, und gab es an einen untergeordneten Beamten weiter, der sich über die Tragweite der kaiserlichen Auslassungen nicht im Klaren war, so dass der Text publiziert und zur Affäre wurde. Bülow bekannte sich nicht zu seiner Verantwortung und Mitschuld und schützte seinen Chef nicht vor der massiven Kritik an seinem persönlichen Regiment. Der Kanzler ließ den Kaiser im Regen stehen und dieser rächte sich, sobald sich eine Gelegenheit fand, und entließ ihn. Zum Nachfolger ernannte er am 14. Juli 1909 Theobald von Bethmann Hollweg. Im Gegensatz zu Wilhelm, Bülow und Tirpitz war er kein Pokerspieler, sondern setzte auf Vernunft und Verhandlungen und bekam deshalb von seinen Gegnern, den zahlreichen Scharfmachern und Militärfanatikern, den Spitznamen *Bußund Betmann*. Angesagt war die Politik der Stärke, vor allem zu Wasser. Und gegen diese Herren konnte der Kanzler nicht an.

Das zeigte sich 1912, als ein letzter Versuch, die Differenzen zwischen dem Reich und England aus der Welt zu schaffen, scheiterte. Ein deutsch-britisches Nichtangriffsabkommen lag im Bereich des Möglichen, dann hätte das Reich aber seine Seerüstung bremsen müssen, dazu aber waren der Kaiser und Tirpitz nicht bereit. Der Flottenbau war für beide Männer eine Prestigefrage, und wo es um Prestige geht, ist keine Seite zum Nachgeben bereit. Europa blieb explosiv.

Und dann begann das Unglücksjahr 1914. Eigentlich war dieses Jahr, zumindest die erste Hälfte, nicht besser und nicht schlechter als die vorangegangenen. Eher sogar besser. Mitte Juli einigten sich Deutschland und England über den Bau der Bagdadbahn. Das vom Reich finanzierte und in Angriff genommene Projekt (geplant war eine Verbindung von Istanbul bis Bagdad) berührte englische Interessen. Aber man fand Kompromisse, und das sprach doch eigentlich für die Vernunft der beiden Großmächte. Aber dann fiel mit den Schüssen von Sarajewo der Startschuss zum Weltkrieg. Doch davon erst im übernächsten Kapitel.

4
Kinder unterm Kaiser

Mein Vater ist so alt wie sein Jahrhundert, Jahr für Jahr, er geht mit den Jahren, er ist Toilettenjahrgang, 00. Er hat fast alles miterlebt, was dieses Jahrhundert zu bieten hatte, mal aus unmittelbarer Nähe, mal aus gebührender Entfernung. Er wurde im tiefsten Frieden geboren, zumindest in einer Zeit ohne erklärten und geführten Krieg. Er wuchs auf als Landratte im Matrosenanzug. Seine Zukunft lag in Wilhelms Hand und er lebte herrlichen Zeiten entgegen. Wie mit dem Reich, so ging es mit der Familie aufwärts. Die Großeltern hatten noch auf dem Lande gelebt, hinter der Oder und hinterm Mond, die einen im Warthebruch, die anderen in Hinterpommern. Omas Eltern hatten einen Hof in *Gottsegen-Neudorf*, das jedenfalls hörte ich heraus, wenn sie von ihrer Kindheit und Heimat erzählte. Das Warthebruch, wie auch Oder- und Netzebruch, hatte Friedrich der Große nach dem Siebenjährigen Krieg trockenlegen und besiedeln lassen und so, wie er stolz sagte, eine Provinz im Frieden gewonnen. Eines der neugegründeten Dörfer wurde nach Friedrichs Justizminister Samuel Cocceji benannt, und dort, eben in Cocceji-Neudorf, erblickte meine Großmutter das Licht der Welt.

Der andere Zweig meiner väterlichen Ahnen stammte aus Falkenburg. Das Städtchen hatte noch zu Anfang des Jahrhunderts zur Neumark gehört, war aber dann im Zuge einer Verwaltungsreform der preußischen Provinzen Hinterpommern zugeschlagen worden. Opas Eltern waren Kleinbürger oder Ackerbürger und hatten ihr Auskommen. Ende des Jahrhunderts heirateten Opa und Oma und verließen die Heimat. Elisabeth Ferch, so ihr Mädchenname, hatte als eine von zehn Töchtern auf dem Lande nichts zu erwarten und Opa Otto, als soundsovielter Sohn, ebenso nicht – also ging's auf in die Stadt, und wenn schon Stadt, dann Berlin, die Hauptstadt, das Amerika des Reiches, der Melting-Pot aller Unzufriedenen, aller Optimisten, aller Landflüchtigen, aller derer, die ein halbes Jahrtausend nach der Ostkolonisation zurück nach Westen strömten.

Opa blieb als Großstadtbürger der Landwirtschaft treu, er wurde Kaufmann und handelte vor allem mit Getreide. Was die Industrie produzierte, war ihm nicht ganz geheuer. Damit wollte er keine Geschäfte machen. Warum Opa, geboren 1869, und Oma, geboren 1873, als Landkinder nicht elende Proleten wurden mit 12 oder 14 Stunden Arbeit, Hinterhofwohnung und roter Gesinnung, sondern bessere Leute, Opa gut genährt und beide gut gekleidet und konservativ, kann ich nur vermuten. Vielleicht hatten sie aus dem elterlichen Besitz ihren Erbteil gezogen, und mit dem Kapital arbeitete Opa, und das Kapital arbeitete für ihn. Allerdings kann die Aussteuer seiner jungen Frau nicht sehr groß gewesen sein, bei zehn Schwestern. Kinderreichtum war typisch für das 19. Jahrhundert, bedingt durch die verbesserten medizinischen und hygienischen Voraussetzungen. In Omas Familie war darüber hinaus ein Grund für die immer wieder herbeigeführte gute Hoffnung meiner Urgroßmutter die verzweifelte Hoffnung, das nächste Mal werde sich bestimmt ein Sohn einstellen, der dann später den Hof übernehmen würde. Aber eben dieser Hof wurde nun verkauft, die Töchter zogen nach Berlin und heirateten wie Millionen andere auch.

Alle, die sich auf die Landflucht begaben, nahmen die Standesunterschiede vom Land mit in die großen Städte, die mittellosen Knechte und die Mägde gingen in die Fabrik oder *in Stellung* bei einer gutbürgerlichen Herrschaft und sie gehörten hinfort zum Proletariat. Wer ein gewisses Kapital mitbrachte, ein Erbe, eine Aussteuer, konnte sich eine bürgerliche Existenz aufbauen und achtete auf Distanz zur Arbeiterklasse. Die Angst vor dem Abstieg saß jedem Bürger im Nacken. Dieses gemischte Gefühl (der Stolz, zur Mittelschicht zu gehören, und die Besorgnis, diesen stolzen Status zu verlieren) hat mein Vater sein Leben lang behalten. Wenn er auf die Auswahl meiner Freunde Einfluss nahm oder es doch versuchte, dann ging es ihm immer darum, dass ich mit Akademikerkindern spielte und mich nach oben orientierte, die Kinder *einfacher Leute* aber lieber meiden sollte.

Zurück zu Oma und Opa. Sie lebten also bürgerlich, wenn auch nicht vornehm im Berliner Westen, so doch auskömmlich im Vorderhaus in Moabit oder Schöneberg. Man zog um, so oft es ging, von einer guten Wohngegend in eine etwas bessere, ein paar Querstraßen weiter. Möbel waren damals noch Möbel, nämlich mobil, immer in Bewegung und unterwegs, aber auch stabil, sie mussten schließlich einiges aushalten. Jeder Berliner kannte das Bonmot *Dreimal umziehen ist wie einmal abgebrannt*. Aber man zog trotzdem um. Als Anlass genügte bereits eine Gehaltserhöhung oder Familienvergrößerung. Umziehen war wohl so eine Arte Vorstufe unseres modernen Tourismus, Umziehen gehörte zum Prestige, wie heute Mallorca. Was blieb einem ohne Urlaub auch übrig, als wenigstens auf diese Weise öfter mal zu einem Tapetenwechsel zu kommen? Mein Vater hat immer wieder davon erzählt, mir ist aber nur eine Adresse in Erinnerung geblieben, besser gesagt eine Straße, denn die genaue Hausnummer und also das Haus kenne ich nicht. *Am Park* hieß die Straße, vielleicht haben sie dort mal etwas länger gewohnt, vielleicht war es dort besonders schön, vielleicht verlebte mein Vater dort seine besten Jahre. Diese Straße gibt es heute noch, sie trägt aber einen anderen Namen. Sie ist nur einseitig bebaut, auf der anderen Seite erstreckt sich der Stadtpark Schöneberg. Eine ideale Wohngegend für Kinder und eine Adresse, mit der die Großeltern renommieren konnten. *Wir waren wer*, konnte Opa mit Stolz und Recht behaupten, und so war man sich einiges schuldig. Oma gab sich vornehm, und zwar so lange, bis sie es auch wirklich war. Sie wohnte in Berlin und berlinerte nicht, sie trug schwarz, ohne zu trauern, sondern weil es schlank und elegant macht. Sie warf nicht ein knappes Dutzend Gören wie ihre Mutter und Schwiegermutter, sondern beschied sich damit, zwei Kindern das Leben zu schenken, Söhnen, versteht sich, Kurt, 1898 und Martin, 1900. Ihre Schwestern nannten meine elegante Großmutter neidisch, bewundernd und kritisch *unsere Potsdamer Schwester*.

Man ließ sich nicht porträtieren, das wäre zu teuer geworden, aber immerhin fotografieren. Man wusste, wo man hingehörte, schließlich war die Gesellschaft streng geordnet und also in Ordnung. Der Adel hatte seine Ahnengalerie, seine Präposition vor dem Namen, seine Generäle und Offiziere, aber Kaufmann war doch etwas. Preußische Bescheidenheit, gewiss, aber keine falsche Bescheidenheit. Auch ein Kaufmann hat das Recht, auf einem Bild für die Ewigkeit festgehalten zu werden.

Auf dem Foto geht es schwarz-weiß zu, und auch ein Farbfoto hätte kaum bunter ausgesehen. Vornehme Blässe, gestärkte Hemden und Blusen, schneeweiße Manschetten und Kragen, der Rest war schwarz, die Röcke der Damen und die der Herren, die Hosen, die Schuhe, auch wenn sie glänzten.

Das Fotografieren passte zur Zeit: Man musste still halten. Kein *Rührt euch!* oder *Bitte recht freundlich*, sondern Haltung bewahren, standhaft sein, stramm stehen. Augen geradeaus. Da lebt nichts auf den Bildern, es sind keine Momentaufnahmen, keine Schnappschüsse, alles ist erstarrt. Es kann der Betrachter nicht durch das Gesicht in den Charakter sehen, die Blicke prellen ab wie die Sonnenstrahlen von den blanken Uniformknöpfen der Garde, die vor der Neuen Wache Wache steht. Das Gesicht ist zum Gesichtsausdruck geworden, und was drückt es aus? Nur dies: *Hab Acht!,* das Unteroffiziere und Fotografen benötigen zur Disziplinierung ihrer Objekte. Mit einem Wort: Die alten Familienfotos geben wenig her. Ein Opa wie der andere, ein Anzug wie der andere – eine Ziviluniform. Und die Damen unterschieden sich von einander nur durch ihren Umfang.

Wie perfekt die Menschen damals Statue spielen konnten, bezeugt das erste Erlebnis, dessen mein Vater sich erinnert. Die Familie ging, wahrscheinlich an einem sonnigen Sonntag, Unter den Linden spazieren. Die Posten vor der Neuen Wache standen regloser als die vielbesungenen Bäume entlang der Prachtstraße, deren *Laub* sich doch wenigstens rührte. Der kleine Martin, ausgehend von der naiven Annahme, dass nicht lebt, was sich nicht regt, wollte, da Vater und Bruder das Gegenteil behaupteten, die Probe aufs Exempel machen, schlich sich an das vermeintliche Soldatendenkmal heran, berührte vorsichtig die eine Hand des Soldaten, die andere hielt natürlich den Karabiner – und was tat der Soldat? Er fasste zu. Der Schreck fuhr dem armen Knaben in die Knochen, mit Mühe riss er sich los und rannte um sein Leben, und während die Familie lachte, verzog der Soldat keine Miene.

Mein Vater muss ein hübsches Kind gewesen sein, der geborene Liebling, blondgelockt, blauäugig, dazu, als der zweite Sohn immer der Kleine, der Niedliche, dazu, weil körperlich kränklich, besonders hilfs- und liebebedürftig, alles ideale Voraussetzungen, um verzogen zu werden. In der Elektrischen (also der Straßenbahn), so erzählte Oma, hat er sie einmal mit lauter und heller Stimme gefragt: *Ich bin doch ein süßes Kind, nicht?*, so dass Oma, stolz und blamiert zugleich, nicht wusste, ob sie aussteigen sollte oder weiterfahren. Da muss dem Älteren, dem Kurt, das Leben sauer geworden sein. So einfach wie Kain konnte er es sich nicht machen, einfach dreinzuschlagen, er musste den Abel, den Joseph, den Liebling, ertragen, den Kleinen, der immer vorgezogen wurde.

Dann die Schulzeit. Erst die Vorschule, drei Jahre, dann die Hohenzollernoberrealschule. Man hatte was vor mit den Söhnen. Und nun kam die Zeit für Kurt, sich zu rächen, die Zeit der Genugtuung. Er wurde der bessere Schüler, kein guter, aber ein besserer als der kleine Bruder. Kein Genie, kein Streber, kein Primus, aber am Ende jedes Jahr versetzt. Mein Vater blieb schon bald auf der Strecke. Einmal ist keinmal, hieß es beim ersten Sitzenbleiben. Man beschönigte. Die Krankheiten, die Lehrer, die Fremdsprachen, wozu überhaupt dieser unpatriotische Aufwand, die Mathematik, wozu denn das unpraktische Rechnen mit Buchstaben, wo doch der Kaufmann Otto Hartmann mit Zahlen so gut Geld machte?

Man weiß, wie schlechte Schüler sich benehmen: schlecht. Wer in Latein nichts leistet, will wenigstens gute Streiche ausdenken, schließlich ist der Leistungswille dem Menschen angeboren, egal, auf welchem Gebiet sich die Erfolge einstellen. Und ein Tadel ist besser als gar keine Kenntnisnahme und Anerkennung. Des Beifalls und auch der Bewunderung seiner Mitschüler kann man sicher sein. Auch wenn es auf Kosten der Noten geschieht, die Schule nimmt Notiz von einem, die Klassenkameraden und auch der Lehrkörper. Auf 23 Tadel hat es mein Vater einmal gebracht. Es war dies übrigens die einzige Mitteilung, die er mir je über ein Zeugnis gemacht hat.

Aber dumm kann mein Vater nicht gewesen sein. Er kam nur der Schule dumm, weil die ihm dumm kam. Er lernte, was er wollte, aber nicht, was er sollte, die Parodien, aber nicht die Balladen selbst. Von diesen höchstens die erste Strophe. Und wenn er rankam? Dann ging er nach vorne, selbstbewusst, ließ sich nichts anmerken und legte los. Der Lehrer saß auf der Fensterbank und sah auf die Straße, auf die Frauen, auf die Mädchen, die vorübergingen, und mein Vater sagte die erste Strophe auf, laut und deutlich, zackig, ohne zu stottern. Kurze Kunstpause, dann war die zweite Strophe dran, und mein Vater setzte seinen Vortrag fort, zackig, ohne zu stottern, die erste Strophe noch mal. Wieder die kurze Pause, und wieder die erste Strophe. Der Studienrat sah aus dem Fenster, er trommelte mit den Fingern mechanisch den Jambus oder Trochäus mit, also er war nicht recht bei der Sache, das Leben auf der Straße war viel interessanter, er hörte meinem Vater gar nicht zu, die Ballade hatte er schon hundert-, wenn nicht tausendmal gehört, inzwischen war sie nur noch Geräuschkulisse. Mein Vater sagte zum vierten Mal, zum fünften Mal die erste Strophe auf, und weiter und weiter auf diese Weise, bis er das Ziel erreicht hatte, alle 12 Strophen oder alle 17 oder alle 23. Und dann keine Pause mehr, denn dann war endgültig Schluss. Mein Vater stand aufrecht und erhobenen Hauptes, und wartete. Der Studienrat begriff, dass mein Vater seinen Vortrag abgeschlossen hatte, zackig und ohne zu stottern. *Gut, Hartmann!* Der so Gelobte ging auf seinen Platz zurück und setzte sich. Keiner seiner Kameraden hatte gelacht und ihn dadurch verraten, denn damals herrschten in den Klassen noch Disziplin und Selbstbeherrschung.

Doch solche Erfolge blieben Eintagsfliegen. Mein Vater blieb ein zweites Mal sitzen. Der Liebling der Eltern war nicht der der Lehrer. Die schulische Schande bedurfte umso mehr des häuslichen Trostes. Die Mutter erfüllte ihm jeden Wunsch, und der Vater und der Kleine verstanden sich bestens, trotz oder gerade wegen ... Aber ich will nicht philosophieren. Jedenfalls standen sie einmal mitten im Winter auf dem Balkon, inzwischen waren sie längst schon wieder umgezogen, hoch über dem Portal der gegenüberliegenden Fortpflanzungsschule, wie sie die Fortbildungsschule für Lehrlinge arrogant nannten, was meine Großmutter regelmäßig zu pikiertem Protest veranlasste. Die männlichen und weiblichen Azubis strömten nach Schulschluss auf die Straße, standen in Gruppen zusammen und warteten auf die Elektrische. Schon waren oben auf dem Balkon die Schneebälle geformt, schon wollte mein Vater die Mädchen aufs Korn nehmen, da hielt Opa ihn zurück: *Nicht auf die Mädchen, das bleibt ohne Folgen.* Also verpasste mein Vater den Jungen ein paar Treffer, die fühlten sich angegriffen und wehrten sich, und jetzt begann der Kampf gegen die unschuldigen Mädchen, und Vater und Sohn sahen von ihrer Loge aus dem Schauspiel mit Vergnügen zu. Wenn das Reich schon keine Kriege führte, dann musste man eben mit Schneeballschlachten vorliebnehmen.

Die vornehme Gattin und Mutter hatte für solche brachialen Scherze wenig übrig, sie hielt es an der Zeit, ihre Liebe und Fürsorge endlich in den Dienst einer gezielten Einrichtung zu stellen. Und damit ging es jetzt los. Geigenunterricht. Konfirmandenunterricht. Besserer, also kontrollierter Umgang zwecks besserer Umgangsformen. Die neuen und reiferen Freunde musste Kurt beschaffen, Klassenkameraden aus besseren Häusern. Die waren zwei Jahre älter als mein Vater und sollten ihm zum Vorbild gereichen. So führte er eine Art Doppelleben. War er am Vormittag, als zweifacher Wiederholer, der Älteste, so war er nachmittags der Kleinste, dort war er Star und Alphatier, hier Underdog, eben noch Kommandeur, dann plötzlich Rekrut. Nie war er mit den anderen auf du und du und Augenhöhe, sondern entweder befehlen oder gehorchen, preußischer geht's nicht. Als besonders gelungene Errungenschaft sahen es seine Eltern an, als es Kurt glückte, den kleinen Martin mit den Brüdern Gentz bekannt zu machen. Die Familie stellte was dar, sie waren reich, superreich und machten daraus auch kein Geheimnis. Im Gegenteil. Sie zeigten, was sie hatten. Ihre Villa sah aus wie ein Rathaus, mit Türmchen und Erkern, mit gotischen und romanischen Fenstern, einem Renaissanceportal und barocken Skulpturen im Garten. Sie hatten einen Großhandel oder waren Millionenbauern. So hießen die Bauern am Rande Berlins, vor allem in Schöneberg, die zu Geld gekommen waren, als sie ihre sandigen Äcker als teures Bauland verkauften. Denn die deutsche Hauptstadt platzte aus allen Nähten und wuchs über die alte Stadtmauer hinaus in alle Himmelsrichtungen. Der Familie Gentz ging es nicht anders, auch die gingen in die Breite, die Söhne nicht anders als die Eltern. Wer wenig arbeitet, weil er in der Firma seine Leute und im Haus ausreichend Personal hat, der isst eben oft und üppig, und er präsentiert wie seine Villa so seinen Bauch als Symbol seines Reichtums. Steinreich und neureich, wie die Familie Gentz war, und stolz auf beides, machte sie aus ihrer Herkunft keinen Hehl und berlinerte wie Heinrich Zilles Top-Models. Sie waren nicht Bürger von Besitz und Bildung, sondern nur von Besitz – und das reichte ihnen. Dass mein Vater hier, anders als von seinen Eltern erhofft, schulisch nicht profitieren konnte, lag auf der Hand. Umso lieber war er hier zu Gast. Einmal, als die Eltern Gentz ausgegangen waren und das Mädchen Ausgang hatte, nachdem Minna zuvor den nimmersatten Brüdern noch etliche Portionen Eisbein zubereitet hatte, wurde mein Vater Zeuge des Fest- und Fettessens. Das Berliner Leib- und Magengericht war im Nu verschlungen, mehr geschluckt als gekaut im brüderlichen Konkurrenzkampf. Die Kraft und den Willen und auch die Verpflichtung zum Abräumen hatten die Jungen nicht, immerhin brachten sie die Knochen in die Küche und warfen sie, der Bequemlichkeit halber, einfach in den Ausguss. Dann legten sie sich in die Sessel und verdauten. Nicht allen gelang das. Einer sprang plötzlich aus dem Sessel, hatte es zumindest vor, schaffte es aber nur, sich behäbig aus seinem Sitzmöbel zu quälen, schlich in die Küche, erreichte sie rechtzeitig und übergab sich. In den Ausguss, über die Knochen, wohin sonst? Mochte das Mädchen morgen sehen, wie es damit fertig wird.

Als die Eltern heimkamen, roch die Mutter sofort den Braten und sah die Bescherung und war schlagfertig genug zu folgendem Kommentar: *Ihr Schweine, kein Wunder, wenn ihr ooch die Knochen mitfresst.* Um diese Erfahrung reicher, beendete mein Vater seinen Villabesuch und schlenderte nach Hause.

Seiner Reifung und Frömmigkeit sollte auch der Konfirmandenunterricht dienen, kurz Konfer. Aber den schwänzte mein Vater erst einmal. Dazu war ihm der Frühling zu schade, der Sommer zu sonnig und der Herbst zu schön. Ende November bequemte er sich erstmals, zu den christlichen Unterweisungen zu erscheinen. Die kleine Paul-Gerhardt-Kirche in der Hauptstraße in Schöneberg gibt es noch heute. Ein sparsamer klassizistischer Bau mit einem bescheidenen Türmchen. Sehr kostengünstig errichtet, wie es sich für Preußen gehört.

Bist du neu?, fragte Pastor Delbrück. Mein Vater blickte sich um, neugierig, wen der Geistliche wohl meinte. *Du, genau, Blondschopf, der du dich umdrehst, du bist gemeint. Also noch mal: Bist du neu?*

Ich?, fragte mein Vater. *Ja, du,* sagte der Pastor.

Der?, fragten und riefen die Jungen im Chor, *Der? Der war doch schon immer hier!* Der Pastor war verunsichert, aber dann glaubte er ihnen, der großen Mehrheit, was blieb ihm auch übrig? Wie kann er den Jungen glaubhaft den Glauben schmackhaft machen, wenn er selbst ihnen nicht glaubt? Also glaubte er, und mein Vater wurde im folgenden Jahr eingesegnet! 1914 – im Jahr, als der Weltkrieg begann.

Über die Kindheit meiner Mutter kann ich viel weniger berichten als über die meines Vaters. Das ist auch logisch, denn dafür gibt es zwei Gründe. Erstens hat meine Mutter weniger erzählt und zweitens hatte sie weniger zu erzählen. Denn Mädchen unternehmen und erleben weniger, und das sollen sie auch. Und wenn sie schon etwas erleben, dann haben sie bescheiden zu schweigen und dürfen sich nicht wortreich in Szene setzen. Mädchen müssen morgens zur Schule gehen, natürlich, aber am Nachmittag schlau wie brav zu Hause sitzen, ihre Schulaufgaben erledigen, der Mutter in der Küche zur Hand gehen, denn schließlich werden sie selber dermaleinst einen Haushalt führen. Sie müssen sich der Handarbeit widmen, wie man damals die textilen Tätigkeiten nannte, und nach all dem dürfen sie ein bisschen lesen, sich aber auf keinen Fall draußen herumtreiben wie die Jungen.

Was Schiller im *Lied von der Glocke* schrieb oder gar vorschrieb *(Der Mann muss hinaus ins feindliche Leben … Und drinnen waltet die züchtige Hausfrau)*, das gilt auch noch gut 100 Jahre später. Die Mädchen haben geduldig zu warten, bis sie ins heiratsfähige Alter kommen und bis endlich der kommt, der sie *nimmt*, wie man das Ergebnis des kritischen Abwägens und Prüfen seitens der Jungmannen nannte. Da dieses weibliche Warten kein spannender Vorgang ist und zugleich etwas Demütigendes hat, wird frau sich später daran kaum erinnern und auch nichts erzählen. So also auch meine Mutter.

Meine Ahnen mütterlicherseits (wie es standesamtlich-hölzern heißt) waren ebenso wie meine Ahnen väterlicherseits Rücksiedler oder Ostflüchtlinge, auch wenn wir heute etwas anderes darunter verstehen. Wo genau sie herkamen, weiß ich nicht, meine Mutter hat es mir nie erzählt oder auf dem Atlas gezeigt. Sie stammten irgendwo aus dem Grenzbereich zwischen Neumark und Hinterpommern. Mein Großvater, neuntes und jüngstes Kind in einer bunten Reihe aus Jungen und Mädchen, auch ein Otto wie mein anderer Opa, war von Beruf Strommeister, worunter ich mir allerdings nichts vorstellen kann. Auf jeden Fall hatte er mit der Regulierung der großen Flüsse zu tun, wahrscheinlich der Oder, auf keinen Fall aber mit dem anderen Strom, der Elektrizität. So weit ging sein technisches Verständnis noch nicht, wahrscheinlich war er eine Art Deichgraf oder Schleusenwärter, was weiß ich. Gleichviel, Bauer war er nicht, eher ein Büromensch.

Mit dieser Qualifikation kam er nach Berlin und verdiente sein Brot hinfort in einer Bank. Am Prenzlauer Berg wurde er ansässig und regelrecht sesshaft, denn anders als andere zog er niemals um; bis zu seinem Lebensende blieb er seiner Wohnung in der Chodowieckistraße Ecke Winsstraße treu, lag sie doch in unmittelbarer Nähe seiner Bank. In dieser Dauerwohnung schenkte seine Frau Emilie, geborene Deltmann, deren silbernes Aussteuerbesteck mit dem Monogramm E.D. wir heute zu feierlichen Anlässen noch benutzen, zwei Kindern das Leben, meiner späteren Mutter, Eva Eleonore und meinem späteren Onkel Wilhelm (wie sonst sollte ein staatstreuer Beamter oder Angestellter seinen Erstgeborenen nennen?). Bei zwei Kindern blieb es.

Wie Otto Hartmann und Elisabeth stellten auch Otto Zwieg und Emilie, nach Erreichung der für die bürgerliche Kleinfamilie normalen Vierzahl die weitere biologische Produktion ein. Wie man damals ohne die heutigen Verhütungsmittel diese Geburtenkontrolle hinkriegte, ist mir ein Rätsel. Es ist sicher auf ein Höchstmaß an preußisch-puritanischer Enthaltsamkeit und Disziplin zurückzuführen. Da waren die Proletarier ganz anders. Enthaltsamkeit in der

Liebe war nicht ihre Sache, hatten sie doch überall sonst zu knappsen. Ihnen blieben nur zwei Formen der Lebensfreude, wie sie es auch in einer Art ethischem Imperativ zum Ausdruck brachten: *Des kleinen Mannes Sonnenschein, ist Beischlaf und Besoffensein,* wobei das eine das andere oft beflügelte. Übrigens wurde das bürgerliche Wort *Beischlaf* in dem volkstümlichen Vers natürlich durch ein viel deftigeres, eben vulgäres Tätigkeitswort ersetzt.

Der Prenzlauer Berg war ein Arbeiterquartier, wie der Wedding oder der Kreuzberg. Hier war das Proletariat heimisch, zumindest auf den Hinterhöfen. Zur Straße hin, im Vorderhaus, wohnten die besseren Leute, Kleinkrämer, kleine Beamte, kleine Angestellte – wie meine Großeltern. Auf den Hinterhöfen tummelten sich die Arbeitergören, immer im Schatten, denn bis auf den Boden des engen Hofes kam die Sonne nie. Das kleine Quadrat war nur so groß – das war Vorschrift – , dass der Feuerwehrwagen, eine von Pferden gezogene Spritze, wenden konnte, nämlich 5,34 Meter mal 5,34 Meter. Wie ein Boulevard mutete im Vergleich mit den Höfen die Straße an. So eng es hinten war, so großzügig war es vorne. Schauten die Proleten aus ihren Fenstern auf die mit Kindern überfüllten Höfe, so beobachteten die Bürger das Leben auf der Straße. Die war, auch in den dicht besiedelten Bezirken mit Mietskasernen von vier oder fünf Stockwerken, mindestens 20 Meter breit. Nicht um den Verkehr zu bewältigen, denn den gab es damals noch kaum, sondern um den Soldaten ihr Eingreifen zu erleichtern, wenn es zu Aufständen kommen sollte und Barrikaden gebaut wurden. Die kann man natürlich viel schneller und effektiver in engen Gassen errichten. Die Angst vor der 48er-Revolution, obgleich über 50 Jahre her, beherrschte noch immer die herrschende Klasse, und bestimmte ihre städtebaulichen Konzepte. Der Unterschied zwischen den Klassen war nicht nur sichtbar an den Wohngegenden, natürlich sah es in Schöneberg und Charlottenburg anders aus als im Friedrichshain und am Prenzlauer Berg. Der Unterschied zeigte sich in den Arbeiterbezirken selbst, wenn man Vorderhaus und Hinterhaus verglich. Die Hinterhäuser waren reine Zweckbauten. Wegen der hohen Grundstückspreise baute man in die Höhe. Auf begrenzter Grundfläche mussten möglichst viele Mieter untergebracht, quasi kaserniert werden. Es gab von vier Straßen eingerahmte Planquadrate, kaum größer als zwei Fußballfelder, mit über 30 Innenhöfen, und hier wohnten bis zu 2000 Menschen. Die Investitionen ins Wohnen sollten sich lohnen, hier konnte sich das Kapital optimal vermehren.

Die Hauseigentümer selbst, denen das Vorderhaus und die anschließenden Hinterhäuser gehörten, residierten allerdings in Charlottenburg wie der *Stille Portier* verriet. Das war eine große Tafel, die in dem breiten Flur hing, von dem aus man geradeaus zu den Höfen gelangte und von dem seitlich das Treppenhaus zu den Herrschaften im Vorderhaus abging. Und auf diesem *Stillen Portier* waren die Namen des Eigentümers, des Portiers und aller Bewohner verzeichnet, fein säuberlich geordnet nach Vorderhaus sowie Seitenflügeln und Hinterhäusern am ersten, zweiten, dritten Hof.

Dort waren die Wohnungen winzig. Sie bestanden im Allgemeinen nur aus drei Räumen, einer Wohnküche, einem Schlafzimmer und einem Kinderzimmer, einem einzigen nur, trotz des für das Proletariat typischen Kinderreichtums – des einzigen Reichtums, über den die Arbeiterfamilien verfügten. Dass im Wort *Kinderzimmer* die Kinder im Plural vorkommen, hat hier in den Mietskasernen also durchaus seine Berechtigung, ist aber kaum zutreffend für die großbürgerlichen Wohnungsverhältnisse im Westen der Stadt.

Ein Badezimmer kannten die Hinterhäuser nicht, die Familie reinigte sich üblicherweise am Sonnabend in der Wohnküche in einem Zuber mit Warmwasser, schön diszipliniert einer nach dem anderen. Auch eine Toilette gab es in der Wohnung nicht, die befand sich bei den älteren Bauten noch auf dem Hof, später, seit Ende des Jahrhunderts zwar im Hause, jeweils zwischen zwei Stockwerken. Diese *Bequemlichkeit auf halber Treppe* musste, und das war ja schon ein hygienischer Fortschritt und eine gewisse Erleichterung, von den über und unter der Toilette wohnenden *Parteien* benutzt werden. Im Vorderhaus gab es eine solche Zumutung selbstredend nicht. Hier befand sich die Toilette in der Wohnung.

Die Fenster zum Hof waren schlichte, kleine, rechteckige Löcher. Kostengünstig zu bauen und gewinnbringend zu vermieten war schließlich das ungeschriebene Gesetz des Wohnungsmarktes. Die großen und teureren Wohnungen des Vorderhauses wurden denn auch mit einer ganz anderen Fassade belohnt. Rechts und links des pompösen Eingangs, den allerdings auch die Hinterhäusler notgedrungen benutzen durften und mussten, mühten sich zwei Karyatiden, den üppigen Architrav zu tragen; die Fenster waren eingerahmt von Pilastern oder Säulen, gekrönt von unterschiedlichen Kapitellen, Anleihen aus der europäischen Architekturgeschichte. Aufwendig waren die Fensterstürze und Gesimse gestaltet, eine Etage schöner als die andere. Außerdem war die Fassade verziert mit Ornamenten, florale, abstrakte oder streng-geometrische, dazwischen zeigten sich Köpfe oder ganze Skulpturen, das Ganze erinnerte (und sollte es auch ganz bewusst) an die repräsentative Schauseite aristokratischer Paläste. Zudem gab es zur Straße hin häufig Balkone. Wollte der Arbeiter einmal frische Luft schnappen, dann musste er auf den Hof voller Kinder und Mülltonnen, wer aus dem Vorderhaus ein bisschen ins Freie wollte, der betrat seinen Balkon. So war es auch in der Chodowieckistraße 32, wo meine Mutter und mein Onkel ihre Kindheit und Jugend verbrachten. Vorne war mehr als hinten, anders gesagt: Vorne hui – hinten pfui.

Der Kontakt zwischen den Kindern des Vorder- und des Hinterhauses war sicher nicht sehr ausgeprägt. Der Klassengegensatz fand seinen Ausdruck in der Architektur und wurde von dieser zusätzlich verschärft. Ich glaube kaum, dass meine Mutter sich auf den Hinterhof verirrte und mit den rachitischen Arbeitergören spielte beziehungsweise spielen durfte. Vorne und hinten, das waren zwei Welten, auch wenn nur wenige Meter voneinander entfernt. Später, als ältere Schülerin oder junge Berufstätige, spielte meine Mutter Tennis und verbrachte ihre Freizeit nicht etwa mit denen von hinten.

Bezeichnend für den Unterschied von Bürgertum und Arbeiterschaft, Bildung und Unbildung, ist die folgende Erfahrung, die meine Mutter immer wieder machte. Fragte man sie, wo sie wohne, so antwortete sie korrekt *Cho-dow-jets-ki-Straße*.

Wat? Wo wohnste? Ko-do…? Ach, jetzt weeß ick, die meint Schodowikki-Straße! Das nächste Mal wollte sie schlauer sein und wählte die volkstümliche Aussprache. Nun war sie aber leider an einen gebildeten Bürger geraten, der sie mit tadelnder Stimme korrigierte:

Aber Mädchen! Wie kannst du nur? Das heißt doch Cho-dow-jets-ki-Straße. Das war ein ganz berühmter Künstler, geboren in Danzig, daher der polnische Namen. Kam dann nach Berlin. Der hat zum Beispiel ...

Und nun erhielt meine Mutter von dem pädagogischen Herrn zeitraubenden und gut gemeinten Geschichtsunterricht. In Zukunft achtete meine Mutter, wenn sie von ihrer Straße sprach, immer darauf, welcher sozialen Schicht ihr Gesprächspartner angehörte, um den lästigen Korrekturen zu entgehen. Aber nicht immer gelang ihr das.

Abschließen will ich dieses Kapitel mit einer Anekdote, die im Zusammenhang mit der Geburt meiner Mutter steht. Als sie am 15. August 1908 das Licht der Welt erblickte und ihr Vater abends nach der Arbeit davon erfuhr, war es längst zu spät, um die neue Erdenbürgerin auf dem Standesamt amtlich anzumelden. Am nächsten Tag aber warteten in der Bank wichtige Aufgaben auf ihn, auch hätte er vor seinem Behördengang bei seinem Vorgesetzten um ein paar Stunden Urlaub bitten müssen. Am folgenden Tag aber war der Chef nicht zu sprechen, mein Großvater bemühte sich vergeblich um einen Termin und ging treu und geduldig seiner Arbeit nach, bis plötzlich Feierabend war.

Als pflichtbewusster Untertan, Beamter beziehungsweise Angestellter war er hin- und hergerissen, er musste seiner Bank dienen und erlaubte sich deshalb keine unerlaubte Entfernung von der Dienststelle, gleichzeitig aber musste er der zuständigen Behörde Mitteilung über die Geburt seiner Tochter machen. Er schwankte zwischen der Pflicht dem Staat und der Bank gegenüber, aber welche Pflicht hatte Priorität? Er war durch und durch Preuße, wollte unbedingt zuverlässig sein, nun aber war er in eine ausweglose, ja tragische Lage geraten, so oder so würde er sich schuldig machen.

Und dann kam auch noch ein Sonntag dazwischen, so dass es bis zum 19. August dauerte, bis er endlich den von der Bank genehmigten Weg aufs Standesamt fand und dort, um der Behörde gegenüber pünktlich und korrekt zu erscheinen, die Geburt meiner Mutter auf den Tag seines Vorstelligwerdens vorverlegte, meine Mutter also ganz offiziell vier Tage jünger machte, als sie war. Dieser 19. August wurde dann auch immer, ihr ganzes Leben lang, als ihr Wiegenfest gefeiert. Was von Staats wegen amtlich war, das behielt Gültigkeit, denn die Autorität des Staates war allmächtig und unumstößlich, auch, wie wir im nächsten Kapitel sehen werden, wenn es um Krieg und Frieden ging.

5

Die größte Dummheit der Menschheit

Kriege sind die größte Dummheit, die Menschen begehen können. Auch das größte Verbrechen. Alles, was die zehn Gebote und das Strafrecht verbieten, ist plötzlich erlaubt, ja notwendig und sogar erstrebenswert: Vorsätzliches Töten im Rahmen der Kampfhandlungen, organisierter Diebstahl seitens der Staaten in Form von Eroberung und Annexion, seitens der Söldner und Soldaten beim Plündern, Ehebruch und Vergewaltigung als Belohnung für die siegreiche Truppe, Verleumdung in Form ausgeklügelter Propaganda. Krieg ist legale Kriminalität. Dennoch: Der Krieg ist nicht nur ein böses Geschäft, er ist auch ein schlechtes Geschäft, das sich nicht lohnt. Er fordert nicht nur Opfer an Menschen und Gütern, und zwar auf beiden Seiten, er bringt nicht einmal dem Sieger einen wirklichen Gewinn. Wer triumphiert, muss genauso seine Toten und Verwundeten beklagen wie der Unterlegene, von den materiellen Verlusten und Kosten ganz zu schweigen. Der den Krieg beendende Friedensvertrag, und mag er noch so rücksichtslos und habgierig sein, gleicht die Verluste nicht aus. Der Alltag des Volkes ist nach dem Sieg nicht besser als vorher, mehr Lebensqualität bring der militärische Erfolg den breiten Massen nicht. Dem Volk beschert der Krieg nur gefallene oder verstümmelte *Helden*, wie die Kriegsopfer zwecks Verklärung, Vertröstung und Beschwichtigung offiziell bezeichnet werden. Der Krieg ist ein von oben geplanter

Massenmord unter Einkalkulierung eigener Opfer. Er ist es umso mehr, je länger er sich hinzieht, je mehr Regierungen sich versucht fühlen, ihre Völker an dem Gemetzel teilnehmen zu lassen, und je perfekter und fanatischer er geführt wird. Der Krieg ist in jeder Hinsicht eine Fehlinvestition. Sein Verlauf, sein Ergebnis, seine Folgen sind nichts als eine Kette von Katastrophen.

Das kennzeichnet auch den Weltkrieg, der 1914 begann und der noch nicht der Erste hieß, weil die Machthaber eine Wiederholung zunächst noch nicht ins Auge fassten und an eine Nummerierung nicht dachten. An beiden Weltkriegen war das Deutsche Reich maßgeblich beteiligt. Beide Kriege kamen nicht aus heiterem Himmel, sie waren kein unabwendbares Schicksal. Sie brachen nicht aus, wie die beschönigende Redewendung lautet, sie kamen nicht über uns wie ein Unwetter, sondern sie wurden gemacht, gemacht von verantwortlichen oder eher unverantwortlichen Politikern und Militärs.

Sicher gab es Unterschiede zwischen 1914 und 1939. Am Ersten Weltkrieg waren viele schuldig, am Zweiten eigentlich nur einer. 1914 war viel Ungeschicklichkeit, Fehleinschätzung, Imponiergehabe und Prestigedenken im Spiel, die Herrscher hofften durch einen kleinen, niedlichen, siegreichen und schnellen Krieg den inneren Frieden zu sichern, 1939 hat im Wesentlichen die krankhafte Aggressivität *eines* Diktators die Katastrophe verursacht.

Aus heiterem Himmel kamen die beiden Weltkriege auch insofern nicht, als sie nicht plötzlich und überraschend begonnen wurden. Sie waren von langer Hand vorbereitet. Der Zweite sowieso, aber im Prinzip auch der Erste. Auch der hatte sein militantes und riskantes Vorspiel. Es wurde auch damals schon – im wahrsten Sinne des Wortes – auf Teufel komm raus gerüstet, und es wurden bedrohliche Bündnisse geschmiedet, auch wenn sie scheinbar und auf dem Papier offiziell defensiven Charakter hatten. Denn Rüstung wie Bündnisse hatten letztendlich nicht das Ziel, den Frieden sicherzustellen, sondern den Sieg. Es ging allen darum, den kommenden Krieg für sich zu entscheiden, weniger darum, ihn zu vermeiden. Man kalkulierte ihn ein, und da man mit ihm rechnete, kam er auch. Es war der Teufelskreis einer *self fulfilling prophecy*, einer sich selbst erfüllenden Prophezeiung. Die Bereitschaft, sich auf den Krieg einzulassen, hatte zwei Ursachen. Man glaubte an das Fatum seiner Unabwendbarkeit und an das Faktum seiner Sinngebung. Im Krieg hofften viele, einen neuen Lebenssinn zu finden. In Kampf, Ruhm, Ehre, Abenteuer, Kameradschaft, Selbstverwirklichung, Solidarität, Männlichkeit, Opferbereitschaft und zugleich Befreiung von der öden Routine des Alltags. Und das alles ganz besonders bei den zu Konsequenz und Pflichtbewusstsein neigenden Deutschen. Alles, was mit Krieg und Militär zu tun hatte, erfreute sich besonderer Wertschätzung. Schließlich war die langersehnte deutsche Einheit durch Kriege (und zwar gleich drei) erzwungen worden und war das Reich durch seine gefährliche Mittellage zu militärischer Stärke gezwungen. Das Reich wurde nicht mehr, wie von Bismarck angestrebt und vorgelebt, als saturiert und selbstzufrieden wahrgenommen, sondern als Unruheherd. Der wirtschaftliche Aufstieg, die Eroberung der Weltmärkte, die Errichtung eines Kolonialreiches, die verstärkte Rüstung zu Lande und zu Wasser, das undiplomatische Imponiergehabe – das alles machte die anderen Mächte misstrauisch.

Umgekehrt fühlte Deutschland sich eingekreist und bedroht. Eines bewirkte das andere. Mit Deutschlands wirtschaftlicher und militärischer Stärke wuchs das Misstrauen der anderen und zwang zu immer neuen Rüstungsanstrengungen. Deutschland machte sich stark, weil es sich in Gefahr glaubte, aber es vergrößerte die Gefahr gerade dadurch, dass es sich stark machte und stark stellte. Im Sommer 1913 war Kaiser Wilhelm 25 Jahre im Amt und ließ sich als Friedenskaiser feiern. Wahrscheinlich war er wirklich so naiv und mit ihm die meisten seiner politischen und militärischen Gefolgsmannen, zu glauben, dass nur eine Politik der Stärke den Frieden sichern könne. So friedlich oder doch kriegsfrei wie das letzte Vierteljahrhundert werde auch die Zukunft verlaufen.

Das Reich war so stark zu Lande und zu Wasser, dass niemand den Waffengang mit ihm wagen würde. Aber es war nicht an dem. Die Veränderung der bündnispolitischen Konstellation zu Ungunsten des Reiches kennen wir bereits. Hatte Bismarck Frankreich isoliert und zwischen den übrigen Großmächten ein Netz von Defensivbündnissen geschaffen, so war jetzt das Reich isoliert, während

Frankreich, England und Russland sich in der Triple-Allianz verbündet hatten. Da Italien sich mehr und mehr aus dem Dreibund zurückzog, war Deutschland nur noch ein einziger Partner verblieben, der militärisch schwache Vielvölkerstaat Österreich-Ungarn, der von nationalen Unruhen, ja sogar von Zerfall bedroht war und auf dem Balkan vor ungelösten Problemen stand oder sich diese selber schuf. Während man innerhalb der gegebenen Grenzen die unruhigen Nationalitäten kaum bei Stange halten konnte, versuchte man dennoch den Einfluss auf den Balkan zu vergrößern. Eine Politik der Flucht nach vorn.

Und genau hier, auf dem Balkan, begann die große Katastrophe. Am 28. Juni 1914 fiel mit den Schüssen von Sarajewo der Startschuss zum Weltkrieg, zumindest erfolgte das Kommando: *Auf die Plätze!* Kaltblütig erschoss der 19-jährige Schüler Gavrilo Princip den österreichischen Erzherzog und Thronfolger Franz Ferdinand sowie seine ihm morganatisch (also halboffiziell und standesuntauglich) angetraute Gattin. Wer nun waren Franz Ferdinand und Gavrilo Princip?

Franz Ferdinand, 1863 geboren, Neffe des Kaisers Franz Joseph, war zunächst nicht Thronfolger, schließlich hatten der Kaiser und seine Sissi einen Sohn. Aber Kronprinz Rudolf, einziges Kind des Kaiserpaares, beging 1889 in Damenbegleitung (gemeinsam mit einer Baronin) Selbstmord, so dass sein Cousin zum Thronfolger aufrückte. Der wusste um die Probleme des Vielvölkerstaates, vor allem um die rebellische Unzufriedenheit der Slawen. Ihm schwebte deshalb ein neues Konzept vor, der sogenannte *Trialismus*. Er wollte die Doppelmonarchie in einen dreigegliederten Staat umwandeln, in dem die slawischen Völker eine Deutsch-Österreich und Ungarn vergleichbare Autonomie erhalten sollten. Das stieß aber auf den Widerstand der Ungarn, die den Verlust von Gebieten und Einfluss fürchteten. Noch stärker bekämpfte Serbien diesen Plan, denn Belgrad strebte ein südslawisches Großreich unter eigener Führung mit Zugang zur Adria und Vorherrschaft im nördlichen Balkan an. Kroaten, Slowenen, Bosniaken und so weiter sollten nicht länger unter den Habsburgern leben, sondern in einem großserbischen Reich. Der unter dem Einfluss des russischen Panslawismus stehende serbische Nationalismus war also ein Todfeind der Habsburger und vor allem Franz Ferdinands, der durch gewisse Zugeständnisse seine slawischen Untertanen an die Donaumonarchie binden wollte.

Es bildeten sich nationalistische Terrorgruppen, eine mit Namen *Schwarze Hand*. Und die bildeten in Serbien junge Männer im Bombenwerfen und Pistolenschießen aus, also quasi zu Selbstmordattentätern. Als Franz Ferdinand Bosnien einen Besuch abstattete, ein Manöver inspizierte und am 28. Juni zum Abschluss der Reise mit seiner Gattin im offenen Wagen durch Sarajewo fuhr, waren die Terroristen zur Stelle. Was dann im Einzelnen geschah, telegrafierte der Landeschef für Bosnien-Herzegowina nach Wien: *Bei heutiger Fahrt Sr. k. u. k. Hoheit Herrn Erzherzog Franz Ferdinand und Ihrer Hoheit der Herzogin Hohenberg gelang es trotz aller umfassend getroffenen Sicherheitsvorkehrungen einem hiesigen serbischen Typographen während der Fahrt ... zunächst ein kleines Geschoss und dann eine größere Bombe gegen das Auto zu werfen, in welchem sich Se. k. u. k. Hoheit, Ihre Hoheit und ich befanden. Die Explosion ging fehl und wurden nur in einem folgenden Auto mein Flügeladjutant Oberstleutnant von Merizzi sowie Graf Boos-Waldeck ... leicht verletzt. Bei der weiteren Fahrt wollte seine k. u. k. Hoheit den sogleich in das Garnisonsspital gebrachten Oberstleutnant Merizzi besuchen. Auf dieser Fahrt schoss ein serbischer Mittelschüler aus unmittelbarer Nähe gegen das Auto und traf sowohl Se. k. u. k. Hoheit als auch Ihre Hoheit. ... Sowohl Se. k. u. k. Hoheit als auch Ihre Hoheit verschieden im Laufe der nächsten Viertelstunde. Die beiden Attentäter sind sofort nach ihren abscheulichen Taten verhaftet und von der umgebenden Volksmenge fast erschlagen worden ...* Auch die Hintermänner der Attentäter telegrafierten, diesmal nach Belgrad: *Beide Pferde gut verkauft*.

Der Name des Attentäters, Princip, ist nicht ohne historische Ironie, und zwar gleich doppelt. Er verweist sowohl auf den nationalistischen Prinzipien-Fanatismus der europäischen Mächte als auch auf das lateinische Wort *principium*, Anfang. Denn mit Gavrilo Princip fing alles an.

Dass Wien reagieren musste, war klar. Aber wie? Und gegen wen und wann? Und wie scharf und wie schnell? Dass hinter dem Attentat die *Schwarze Hand* steckte, war bald klar, dass der serbische Generalstab mit ihr zusammenarbeitete, wahrscheinlich. Aber auch die serbische Regierung? Gerne hätte Österreich – oder zumindest einige wie der Generalstabschef Conrad von Hötzendorf – mit Serbien abgerechnet. Aber würde ein Vergeltungsangriff Österreich-Ungarns auf Serbien nicht Russland auf den Plan rufen und müsste dann nicht Deutschland der Doppelmonarchie zu Hilfe kommen? Würde dann nicht Frankreich die günstige Gelegenheit ergreifen, im Bündnis mit den Russen gegen Deutschland zu ziehen? Und was würde England tun, das in die Triple-Allianz eingebunden war? Gab es überhaupt noch einen Ausweg aus dem Automatismus der Bündnisverpflichtungen? Gab es in den Metropolen Europas überhaupt noch Handlungsspielraum? Hatten die Regierungen sich nicht durch ihre Garantieversprechungen längst um jede Handlungsfreiheit gebracht?

Keine Nation gab am Vorabend des Weltkrieges ein einheitliches Bild. Immer gibt es sone und solche, Falken und Tauben, Hasardeure und Vernünftige, Voreilige und Abwägende. Die einzelnen Maßnahmen werden dann aber nicht im luftleeren Raum getroffen, man agiert nicht nur, man reagiert auch, die Staatsspitzen sind auf Tuchfühlung miteinander. Was tut der eine, was der andere, was tut dieser, wenn jener jenes tut, was dann der Dritte, der Vierte? Welcher Schritt ist ernst gemeint, welcher nur eine Finte?

Gerade dieses Pokern hatte zur Folge, dass zwischen dem Attentat von Sarajewo vom 28. Juni und der ersten Kriegserklärung vom 28. Juli ein voller Monat verstrich. So lange brauchten die Mächte, um sich militärisch und moralisch in Stellung zu bringen, ja auch moralisch, schließlich ging es darum, im Recht zu sein und den anderen den Schwarzen Peter, die Schuld nämlich, zuzuschieben. Denn nur wer im Recht war oder doch schien, konnte seine Bündnispartner an seiner Seite halten (es gab ja offiziell nur Defensivbündnisse), nur wer im Recht war oder schien, konnte das eigene Volk zum Mitmachen begeistern. Andererseits versuchten die Militärs mit ihrer Meinung durchzudringen, dass Angriff die beste Verteidigung sei und dass man sich durch einen Präventivkrieg, mit dem man dem ohnehin ebenfalls kriegsbereiten Gegner zuvorkommt, erhebliche Vorteile verschafft. Durch die schnellen Überraschungserfolge wird der Krieg in Feindesland getragen, die Heimat geschont, die Zustimmung der siegestrunkenen Bevölkerung gewonnen und Bündnishilfe sichergestellt.

Denn auch wenn es sich um Defensivbündnisse handelt, werden die Partner dem Angreifer gerne zu Hilfe kommen, falls er nur Erfolge vorweisen kann und der erhoffte Endsieg allen Beteiligten reiche Beute, sprich Annexionen, verspricht. Denn nichts ist so erfolgreich wie der Erfolg und der zählt dann auch mehr als die politische Moral.

Zum Verlauf der sogenannten Juli-Krise: Zunächst waren die Habsburger am Zuge. Ihr zweithöchstes Familienmitglied – nach Kaiser Franz Joseph – war ermordet worden, und da war Vergeltung angesagt. Sie waren zweifellos im Recht, wenn sie empört waren und scharf reagierten und sich dabei an Serbien hielten, wo die Mordbuben ja herkamen. Aber was heißt Serbien?

War Serbien die *Schwarze Hand* oder der Generalstab, der sie reinwusch, oder die Regierung, die mit der ganzen Sache nichts zu tun haben wollte? Gegen wen sollte Österreich vorgehen, auf welche Weise, und welche Genugtuung konnte man fordern?

Einen recht genauen Eindruck von der Stimmung in Wien vermittelt der Bericht des deutschen Gesandten von Tschirschky. Wie bei den Hohenzollern seit Jahrhunderten üblich versieht der Monarch den Text mit Randbemerkungen, sogenannten Marginalien. Der Gesandte schrieb: *Hier höre ich auch bei ernsten Leuten vielfach den Wunsch, es müsse einmal gründlich mit den Serben abgerechnet werden... Ich benutze jeden solchen Anlass, um ruhig, aber sehr nachdrücklich und ernst vor übereilten Schritten zu warnen.*

Wilhelm kommentiert: *Wer hat ihn dazu ermächtigt? Das ist sehr dumm! Geht ihn gar nichts an, da es lediglich Österreichs Sache ist, was es hierauf zu tun gedenkt. Nachher heißt es dann, wenn es schief geht, Deutschland hat nicht gewollt. Tschirschky soll den Unsinn gefälligst lassen. Mit den Serben muss aufgeräumt werden und zwar bald.*

Während sich der Diplomat diplomatisch verhält, will der Kaiser, dass gehandelt wird und Wien Stärke demonstriert. Aber was kann dabei herauskommen? Serbien bekriegen, besiegen, aber was dann? Die Lage spitzt sich militärisch zu, die politischen Ziele sind aber nicht erkennbar. Ein Krieg droht, aber keiner weiß so recht, wofür. Eigentlich geht es in dieser Juli-Krise weniger um konkrete Kriegsziele als vielmehr darum, die Bündnisse festzuklopfen. Russland steht zu Serbien, Deutschland zu Österreich, und diese Treue wird noch einmal ausdrücklich beschworen. Mehr noch, Kaiser Wilhelm ermuntert Wien sogar zu einem Krieg gegen Serbien. Gegenüber dem k. u. k. Botschafter in Berlin, der das Gespräch nach Wien übermittelt, äußert er: Nach seiner Meinung muss aber mit dieser Aktion ... *nicht zugewartet werden. Russlands Haltung werde jedenfalls feindselig sein, doch sei er hierauf schon seit Jahren vorbereitet, und sollte es sogar zu einem Krieg zwischen Österreich-Ungarn und Russland kommen, so könnten wir davon überzeugt sein, dass Deutschland in gewohnter Bundestreue an unserer Seite stehen werde. Russland sei übrigens, wie die Dinge heute stünden, noch keineswegs kriegsbereit und werde es sich gewiss noch sehr überlegen, an die Waffen zu appellieren ... Er begreife sehr gut, dass es seiner k. und k. Apostolischen Majestät bei seiner bekannten Friedensliebe schwerfallen würde, in Serbien einzumarschieren; wenn wir aber wirklich die Notwendigkeit einer kriegerischen Aktion gegen Serbien erkannt hätten, so würde er es bedauern, wenn wir den jetzigen, für uns so günstigen Moment unbenützt ließen.*

Zu fragen ist aber: Rechtfertigt ein günstiger Moment einen Krieg? Und: Ist der Moment überhaupt günstig? Ist Russland wirklich nicht kriegsbereit und wird es sich wie 1908 so einfach einschüchtern lassen? Wilhelm spielt mit dem Feuer, aber er will nicht den großen Weltbrand. Er will den sofortigen, schnellen, kleinen Krieg, einen lokal begrenzten dritten Balkankrieg – ohne Russland und ohne Deutschland. Aber das war ein Vabanquespiel mit hohem Einsatz. Was, wenn Russland nicht mitspielt, nicht noch einmal, wie vor sechs Jahren, den Schwanz einzieht, sondern im Interesse seiner Ehre und im Interesse des Panslawismus den Serben militärisch zu Hilfe kommt? Dann müsste auch Deutschland eingreifen und die beteuerte Bündnistreue wäre nicht nur graue Theorie, sondern blutige Praxis. Aber Wilhelm war so naiv, an den Erfolg seiner Friedenssicherung durch Drohung und Pokern zu glauben, denn einen Tag nach seiner Ermunterung des Österreichischen Botschafters fuhr er nach Kiel und begab sich, wie jedes Jahr, mit seiner Yacht *Hohenzollern* auf Nordlandstörn! Der Kaiser im Urlaub, das kann doch nur Frieden bedeuten ...

Während Wilhelm und sein Kanzler Bethmann Hollweg glaubten, es würde reichen, mit dem Krieg zu drohen statt ihn zu führen, wollten der Generalstab in Wien und der in Berlin ihn haben. Sowohl der jüngere Moltke, Neffe des Siegers der drei Einigungskriege, als auch Conrad von Hötzendorf plädierten für einen Präventivkrieg, solange die Triple-Allianz, vor allem Russland, ihre Rüstung – angeblich – noch nicht abgeschlossen hätte. Hier zeigt sich, was sich noch mehrfach wiederholen wird, dass militärische Erwägungen die politische Vernunft außer Kraft setzen.

Eine besondere Spielart eines Präventivkrieges, wie Wien ihn jetzt plante, war der scheinbar gerechtfertigte Präventivkrieg. Man greift nicht einfach aus heiterem Himmel an, sondern schickt ein Ultimatum voraus, dessen Ablehnung dann den Angriff moralisch begründet. Dazu muss das Ultimatum lediglich so verfasst sein, dass es für die Gegenseite unannehmbar ist. Genau eine solche *Begehrnote* ging dann am 23. Juli nach Belgrad ab, nicht ohne dass der Text zuvor mit Berlin genauestens abgestimmt worden war.

In diesen kritischen Tagen waren auch Frankreich und Russland nicht untätig. Vom 20. bis 23. Juli hielten sich der französische Staatspräsident Poincaré und Ministerpräsident Viviani in Petersburg auf und demonstrierten Schulterschluss mit dem Verbündeten. Der republikanische Präsident und der autokratische Zar waren ein Herz und eine Seele. Genau wie Deutschland, dass Wien nicht mäßigte, sondern zum Kampf gegen Serbien ermunterte, stachelte Frankreich durch seine Beistandsgarantie die Russen an. Beide, Deutschland wie Frankreich, garantierten eine bedingungslose Unterstützung, das heißt die Tatsache, dass die Bündnisse eigentlich defensiven Charakter hatten, spielte keine Rolle mehr. Auch Berlin und Paris trugen also einen erheblichen Teil zur Vorbereitung des Krieges bei.

In Wien wartete man die Abreise Poincarés und Vivianis ab, um dann sofort die Begehrnote in Belgrad zu überreichen. Während Präsident und Ministerpräsident noch auf hoher See und damit handlungsunfähig waren, setzte Österreich den Serben die Pistole auf die Brust und verlangte viel – zu viel und zu spät. Dreieinhalb Wochen nach dem Attentat wirkte die Empörung nicht mehr überzeugend. Welchen Sinn hatte es jetzt noch, von der serbischen Regierung zu fordern, das Attentat zu verurteilen und zu bedauern und bei der Verfolgung der Teilnehmer an dem Verbrechen vom 28. Juni die Mitwirkung österreichischer Organe zu gestatten? Anfang Juli hätte die Welt Österreich noch verstanden, Ende Juli nicht mehr. Wien hatte einfach zu viel Zeit damit vertan, sich der deutschen Rückendeckung zu vergewissern.

Serbien reagierte flexibel. Pünktlich am 25. Juli kurz vor 18 Uhr wurde die Antwort auf das auf 48 Stunden befristete Ultimatum übergeben. Der Text war höflich und sachlich und gab den Wiener Forderungen in fast allen Punkten nach, mit einer Ausnahme: *Die Königliche Regierung hält es selbstverständlich für ihre Pflicht, gegen alle jene Personen eine Untersuchung einzuleiten, die an dem Komplott vom 28. Juni beteiligt waren oder beteiligt gewesen sein sollen, und die sich auf ihrem Gebiet befinden. Was die Mitwirkung von hierzu speziell delegierten Organen der k. und k. Regierung an dieser Untersuchung anlangt, so kann sie eine solche nicht annehmen, da dies eine Verletzung der Verfassung und des Strafgesetzes wäre. Doch könnte den österreichisch-ungarischen Organen in einzelnen Fällen Mitteilung von dem Ergebnis der Untersuchung gemacht werden.*

Die Ablehnung ist verständlich. Die hoheitliche Tätigkeit fremder Organe verletzt die eigene Souveränität und damit die eigene Ehre. Aber warum ist die serbische Regierung nicht dennoch nachgiebig gewesen? Sie hätte dadurch den Frieden retten können. Denn was hätten österreichische Justiz- und Polizeibeamte in Serbien groß ausrichten können? Jetzt, einen Monat nach dem Attentat? Der Mörder war eh verhaftet und verurteilt und die Drahtzieher längst in Russland und in Sicherheit. Irgendwann hätten die österreichischen Beamten unverrichteter Dinge und mehr oder weniger blamiert wieder abziehen müssen.

Aber völlig klein beigeben wollte Serbien eben doch nicht. Schließlich wusste es Russland auf seiner Seite und Frankreich auf Russlands Seite. Sicher ist der Frieden ein hohes Gut, aber von einem Krieg konnte sich Serbien einiges versprechen. Ein Krieg würde über kurz oder lang zum Zerfall des Vielvölkerstaates führen und dann könnte Serbien von der Habsburger Konkursmasse profitieren und das erträumte großserbische Jugoslawien gründen. Kann man den

Serben ihren Nationalismus verübeln? Haben nicht auch wir Deutsche zur Erreichung unserer nationalen Ziele den Krieg als Mittel der Politik benutzt – sogar dreimal?

Immerhin schien die serbische Antwort, die Zugeständnisse machte und zugleich die eigene Ehre und Souveränität verteidigte, durchaus geeignet, den Frieden – wie bei den vielen vorangegangenen Krisen – abermals in letzter Minute zu retten. So sah es auch der inzwischen heimgekehrte Wilhelm: *Eine brillante Leistung für eine Frist von bloß 48 Stunden. Das ist mehr, als man erwarten konnte. Ein großer moralischer Erfolg für Wien; aber damit fällt jeder Kriegsgrund weg.*

Europa atmete auf, und der Kaiser beauftragte seinen Außenminister Jagow, in Wien zum Frieden zu raten. Die serbischen Einwände könnte man durch Verhandlungen ausräumen, er selber, Wilhelm, wolle gerne den Frieden vermitteln. Aber die Regierungen in Berlin und Wien und erst recht die Generalstäbe waren anderer Meinung, sie hatten sich bereits auf Krieg eingestellt. Bethmann Hollweg verzögerte die Übermittlung der kaiserlichen Botschaft und wies den deutschen Botschafter, der den Text in Wien zu überreichen hatte, an: *Sie werden es sorgfältig zu vermeiden haben, dass der Eindruck entsteht, als wünschten wir, Österreich zurückzuhalten.* Auch der russische Kronrat stellte sich dem Krieg nicht mehr entgegen und beschloss, Serbien zu unterstützen und die Mobilmachung anlaufen zu lassen. Die Lawine war losgetreten und nicht mehr aufzuhalten.

Am 28. Juli, genau einen Monat nach dem Attentat von Sarajewo, erklärte Österreich den Serben den Krieg und begann mit der Beschießung Belgrads. Noch – für wenige Tage – standen nur zwei Mächte im Krieg, aber es war bloß eine Frage der Zeit, wann die anderen folgen würden. Eine Woche lang gab es, neben letzten Rettungsversuchen, ein hektisches Hin und Her aus Mobilmachungen, Ultimatum und Kriegserklärungen. Kaum hatte Österreich den Krieg erklärt, befahl der Zar die Mobilmachung. Ein Telegramm von Willy an Nicki (Kaiser Wilhelm II. und Zar Nikolaus II. waren Vettern) konnte die russische Mobilmachung kurz unterbrechen, aber nicht aufhalten.

Am 31. Juli folgt das deutsche auf 12 Stunden befristete Ultimatum und fordert die sofortige Einstellung der Kriegsvorbereitungen. Gleichzeitig verlangt das Reich von Frankreich ultimativ – mit einer Frist von 18 Stunden – eine verbindliche Neutralitätsgarantie. Da beide nicht antworten, erklärt Deutschland, wie nach einem Ultimatum nicht anders zu erwarten, erst Russland den Krieg, am 1. August, und dann mit einer kleinen Verzögerung auch Frankreich.

Wieso diese Verzögerung? Nun, das Reich nutzte die Zeit nicht etwa, um den Krieg im Westen doch noch abzuwenden, im Gegenteil, es wollte den Krieg besonders effektiv führen. Man glaubte sich im Besitz eines perfekten Feldzugplanes, dessen Durchführung jedoch einige Vorarbeit voraussetzte. Die deutsche Führung litt unter einer Zwangsneurose, sowohl die zuständigen Politiker als auch die hohen Militärs hatten sich bedingungslos und kritiklos dem strategischen Konzept unterworfen, das der inzwischen verstorbene Generalstabschef Alfred von Schlieffen im Jahre 1905 für den Fall eines Zweifrontenkrieges ausgearbeitet hatte.

Der sogenannte Schlieffenplan sah vor, in einem Verteidigungskrieg gegen Russland an der Ostfront nur 10% des Heeres einzusetzen und mit der großen Masse der deutschen Armee im Westen gegen Frankreich eine schnelle Entscheidung zu suchen. Da die Franzosen ihre Grenze zu Deutschland mit einer Vielzahl von Festungen gesichert hatten, nicht aber ihre Grenze zu Belgien, von dem, da neutral, nicht die geringste Bedrohung ausging, hatte Schlieffen den völkerrechtswidrigen Plan ausbaldowert, an den Vogesen mit wenigen Einheiten hinhaltenden Widerstand zu leisten und mit 85% der deutschen Truppen über Belgien in Frankreich einzufallen, sodann im Bogen von Norden aus Paris zu nehmen und das an der deutschen Grenze stehende französische Heer von Westen aus von hinten aufzurollen. *Macht mir den rechten Flügel stark!*, war Schlieffens Parole, eine Maxime, die dann das ganze Jahrhundert hindurch und im Allgemeinen auch die politische Haltung der Deutschen bestimmte.

In einem Ultimatum an Brüssel forderte Deutschland am 2. August das Durchmarschrecht, das es natürlich nicht erhielt, erklärte am 3. August Belgien den Krieg und marschierte am 4. August ein. Der militärische Vorteil, wie ihn der Schlieffenplan versprach, zählte in Berlin mehr als der politische Nachteil, den die Verletzung der international garantierten Neutralität Belgiens nach sich ziehen musste. Der politische Nachteil und folglich dann auch der militärische bestand in der voraussehbaren Feindschaft Englands und dessen Kriegserklärung. Zuvor hatte London – vergeblich – vom Reich die Einstellung der Kampfhandlungen gefordert.

Großbritannien war gleich mehrfach gefordert, als Verbündeter Frankreichs (nach der deutschen Kriegserklärung vom 3. August), als Garantiemacht der belgischen Neutralität, als bedrohte Insel, die die belgische Gegenküste nicht in die Hände der aufstrebenden Seemacht Deutschland fallen lassen durfte.

Damit waren alle fünf Großmächte in den Krieg eingetreten, der somit zum Weltkrieg wurde. Da aber noch nicht jeder aus jedem Lager jedem aus dem anderen Lager den Krieg erklärt hatte, wird das in der folgenden Woche – Ordnung muss sein – nachgeholt. Österreich den Russen am 6. August, Serbien dem Reich am 6. und Frankreich und England der Donaumonarchie am 11. und 12. August.

Mit der Beschießung Belgrads und dem Einmarsch in ein neutrales Land hatten Österreich und Deutschland gleich zu Beginn des Krieges schwere moralische Schuld auf sich geladen. Und das ohne Not. Das belgische Abenteuer war die pure Dummheit. Dass man in einem Zweifrontenkrieg Prioritäten setzen muss, ist klar, aber warum musste die Entscheidung im Westen gesucht werden, wo man das Völkerrecht verletzte und sich die Großmacht Großbritannien zum Feinde machte? Warum nicht den Schwerpunkt des Kampfes nach Osten verlagern? Russland war zwar groß, aber schwach, innerlich instabil, und wirtschaftlich und technologisch relativ rückständig. Es war noch keine zehn Jahre her, dass es vom Newcomer Japan zu Land und zu Wasser vernichtend geschlagen worden war und prompt eine Revolution über sich ergehen lassen musste. Warum hätten schnelle deutsche Erfolge 1914 nicht zu einem ähnlichen Ergebnis führen können? Der Zarenthron stand auf wackeligen Füßen. Die Zeit der Romanows, der Zarensippe, war abgelaufen, schon drei Jahre später gab es gleich zwei Revolutionen. Da hatte dann Deutschland seine Hand im Spiel, wie wir noch sehen werden. Warum hat man diesen Weg nicht schon im August

'14 gewählt? Aus monarchischer und vetterlicher Solidarität? Aus Angst vor der ansteckenden Wirkung der Revolutionsepidemie? Wegen fehlender Fantasie? Wegen des sklavischen Hängens am Schlieffenplan?

Eine russische Niederlage und Revolution hätte den Zweifrontenkrieg sehr schnell zur Hälfte beendet und im Westen nach hinhaltenden Anfängen und bei britischer Zurückhaltung (England musste ja nicht für Belgien in den Krieg ziehen) schnell zu Verhandlungen, einem Waffenstillstand und Kompromissfrieden führen können. Aber das ist graue Theorie. Wenden wir uns also wieder den Tatsachen zu, dem Krieg und seinen Ursachen.

Krieg ist ein Hobby hoher Herren. Ihre strategischen und taktischen Planungen nehmen sie auf abstrakten Generalstabskarten vor und schieben Armeeeinheiten wie Schachfiguren hin und her, ohne sich konkret klarzumachen, dass Millionen Soldaten aufgrund ihrer Schachzüge Leben und Gesundheit verlieren werden. Und wenn Monarchen, Politiker und Generäle schon an *ihre* Soldaten denken, dann sehen sie in ihnen keine Menschen, sondern Manövriermasse, Menschenmaterial, Kanonenfutter. Sie kalkulieren, wie viele Opfer verlangt die und die strategische Maßnahme, z. B. ein Sturmangriff, unseren Truppen und wie viele dem Gegner ab. Beim Schachspiel nimmt man ein Bauernopfer gerne in Kauf, wenn es nur den erwünschten Erfolg zur Folge hat. Und im Krieg ist es nicht anders. Im Großen Hauptquartier, im königlichen Schloss, im Kanzleramt wird geplant und befohlen, an der Front gehorcht und gestorben. Dem würdelosen Krepieren im Schützengraben geht die würdevolle Grandezza voraus, mit der die Herrschenden das Abenteuer eines Krieges verabreden. Als Beispiel mag die deutsche Kriegserklärung an Frankreich dienen:

An den Ministerpräsidenten, Paris, den 3. August 1914.
Ich bin beauftragt und habe die Ehre, Euer Exzellenz zur Kenntnis zu bringen, dass das Deutsche Reich sich als im Kriegszustand mit Frankreich befindlich betrachtet …
Da somit meine diplomatische Mission beendet ist, erübrigt mir nur, Eure Exzellenz zu bitten, mir meine Pässe verabfolgen zu lassen und

die Ihnen geeignet erschließenden Maßnahmen zu treffen, um meine Rückkehr nach Deutschland mit dem Personal der Botschaft ... sicherzustellen.
Genehmigen Sie, Herr Ministerpräsident, den Ausdruck meiner vorzüglichen Hochachtung.
v. Schön

Ähnlich schöne Worte fand Kaiser Wilhelm angesichts des nahenden Krieges. Begleitet von der Kaiserin trat er auf den Balkon des Berliner Schlosses und – hoch über der kriegsbegeisterten Masse – rief er aus: *Neider überall zwingen uns zur gerechten Verteidigung. Man drückt uns das Schwert in die Hand,* so als stehe er dem Krieg mit Abscheu gegenüber, wo doch ganz Deutschland den kommenden Schlachten mit froher Erwartung entgegensieht. Ebenso paradox war es, dass der Krieg, der von den fanatischen und berauschten Massen als Erfüllung ihres Daseins und Sinn ihres Lebens begrüßt wurde, vom Kaiser zu einem kurzen Feldzug verniedlicht wurde. Aber warum ist nur von einem kurzen Abenteuer die Rede, wenn Krieg doch etwas so Großartiges ist? Den ausrückenden Truppen verspricht der Kaiser, ihr oberster Kriegsherr, ein paar Tage später, dass sie wieder zu Hause sein werden, wenn die Blätter fallen. In Wahrheit werden die Soldaten fallen, zu Millionen und über Jahre, und wer nicht fällt, wird die Blätter fünfmal fallen sehen, bevor er heimkehrt. Die kaiserliche Balkonrede gipfelt in dem einprägsamen Slogan, den ein schlauer Ratgeber seinem Chef vorgesagt hat: *Ich kenne keine Parteien mehr, ich kenne nur Deutsche.* Hatte Bismarck durch seine Politik und seine Kriege die deutschen Stämme geeint, so würde der kommende Weltkrieg die endgültige Verbrüderung aller Deutschen bewirken, über alle Klassen und Stände hinweg. *In Friedenszeiten hat mich zwar die eine oder andere Partei angegriffen,* beklagte sich Wilhelm, *das verzeihe ich ihr aber jetzt von ganzem Herzen,* fügte er großmütig hinzu und reichte die Hand zur Versöhnung, bereit, erlittenes Unrecht zu vergessen. Dabei war er es doch, der die Arbeiter diffamiert und schikaniert hatte, wenn er sie und ihre SPD als *vaterlandslose Gesellen* bezeichnete. Aber jetzt brauchte er sie als Kanonenfutter, bot einen Burgfrieden an und machte aus Proletariern Patrioten.

Es ist eine propagandistische Legende, dass der Krieg quer durch alle Schichten mit Zustimmung und Jubel begrüßt wurde. Sicher gingen Tausende auf die Straße, stimmten patriotische Lieder an und sangen nach der Rede des Kaisers den Choral *Nun danket alle Gott mit Herzen, Mund und Händen, der große Dinge tut an uns und allen Enden…,* als ob der Waffengang ein Kirchgang wäre.

In den anderen Ländern war es kaum anders. Der Patriotismus überschlug sich, Massenhysterie erfasste die Völker. In den Metropolen, ob Paris, Petersburg, London oder Berlin und Wien, drehten die Menschen durch und stürmten die feindlichen Botschaften. Freiwillige stürmten die Kasernen, um ihre Haut zu Markte zu tragen, in Deutschland zwei Millionen junge Männer, in England, das aber keine Wehrpflicht kannte, drei Millionen, die aber gar nicht alle genommen werden konnten, weil nicht genügend Gewehre zur Verfügung standen.

So einmütig und klassenübergreifend, wie es uns bis heute, auch in unseren Schulbüchern, weisgemacht wird, war die Kriegsbegeisterung jedoch nicht. Die War-Fans beherrschten die Straße. Aber hinter den Kulissen, in den Hinterhöfen und den Katen der Knechte, war die Stimmung eine ganz andere. Nur sahen die Meinungsmacher in den Regierungen und Redaktionen nicht hinter die Kulissen und wollten es auch nicht. Euphorie war in und wurde kolportiert. Von Herzen jubelten aber nur Adel und Bildungsbürgertum, also eine kleine Minderheit. Die Fabrikarbeiter und die Landarbeiter hatten genug Vorstellungsvermögen, sich auszumalen, was der Krieg für sie und ihre Angehörigen bedeuten würde. Wie sollten die Familien in den Mietskasernen und Schnitterkasernen überleben, wenn der Ernährer zu Hause fehlte, weil er an der Front focht und dann sogar fiel? So ist es nur konsequent, dass zwischen dem 26. und 30. Juli, als die Sarajewo-Krise sich zuspitzt, in 60 deutschen Städten eine halbe Million Menschen, meist Arbeiter, an Friedensdemonstrationen teilnehmen, zu denen der SPD-Vorstand aufgerufen hatte: *Deutsches Blut darf nicht dem Machtkitzel der österreichischen Gewalthaber und den imperialistischen Profitinteressen geopfert werden.* Ihre Friedensliebe hat den Arbeitern nicht genützt, treu und brav zogen sie ein paar Tage später in den Krieg. Die Arbeiterführer und dann die Arbeiter selbst hatten sich einwickeln lassen. Der Krieg werde ein harmloses kurzes Vergnügen sein, so wie die Feldzüge von 1864, 1866 und 1870/71, bei denen es auf preußischer beziehungsweise deutscher Seite nur 31000 Tote gegeben hatte.

In Wahrheit sollte der Weltkrieg 10 Millionen Tote fordern, davon 2 Millionen Deutsche. Aber zunächst wurde der Krieg den Menschen schmackhaft gemacht, Deutschland führe einen gerechten Krieg und werde ihn deshalb auch gewinnen. Selbst den Überfall auf das neutrale Belgien versuchte Bethmann Hollweg in eine moralische Notwendigkeit umzudeuten, indem er ihn als Notwehr hinstellte. Dem bedrohten und eingekreisten Reich bleibe gar nichts anderes übrig, denn anders sei Frankreich nicht zu besiegen. Not kennt kein Gebot und die Neutralitätsgarantie für Belgien sei nur ein Fetzen Papier.

Am meisten ließ sich die Führung der SPD und der Gewerkschaften (weniger die misstrauische Basis) von dem Burgfriedensangebot beeindrucken und beeinflussen. Endlich werden wir für voll genommen, der Krieg stellt uns gleichberechtigt neben alle anderen Klassen. Dabei wurde das preußische Dreiklassenwahlrecht überhaupt nicht zur Disposition gestellt. Dennoch glaubten viele Sozis, für Menschenrechte und Demokratie zu kämpfen und sahen im Krieg gegen das rückständige Russland mit seiner mittelalterlichen Leibeigenschaft eine Art Befreiungskrieg. Dass die deutsche Regierung als Erstes dem Zar den Krieg erklärte, war (neben dem Burgfrieden) ein geschickter Schachzug bei dem Versuch, die Arbeiter für den Krieg zu gewinnen. Die SPD schwankte zwischen Pazifismus und Patriotismus, zwischen den wiederholten Beschlüssen der Internationale (dem Zusammenschluss aller linken Parteien), den drohenden Krieg durch Demonstrationen, Streiks, Sabotage zu verhindern, und der jetzt notwendigen Verteidigung des Vaterlandes. Vor allem den Funktionären war in diesen emotional aufgeladenen Tagen das nationale Hemd näher als der internationale Rock, der Sieg wichtiger als der Frieden. Mit der großen Mehrheit von 78:14 Stimmen beschloss deshalb die sozialdemokratische Reichstagsfraktion, den von der Regierung geforderten Kriegskrediten in Höhe von 154 Milliarden Goldmark zuzustimmen.

Die kritische Minderheit (unter ihnen Karl Liebknecht) unterwarf sich der Mehrheit, übte ganz im Geiste preußischer und sozialdemokratischer Tradition Fraktionsdisziplin und plädierte dann im Plenum wie das gesamte Parlament für die Kredite. Die SPD windet sich und ist zugleich gegen und für den Krieg, wie ihre Erklärung im Reichstag deutlich macht: *Die Sozialdemokratie hat ... noch bis in die letzten Stunden hinein durch machtvolle Kundgebungen in allen Ländern, namentlich im innigen Einvernehmen mit den französischen Brüdern, für die Aufrechterhaltung des Friedens gewirkt. Ihre Anstrengungen sind vergeblich gewesen. Jetzt stehen wir vor der ehernen Tatsache des Krieges, uns drohen die Schrecknisse feindlicher Invasion ... Da machen wir wahr, was wir immer betont haben: Wir lassen in der Stunde der Gefahr das Vaterland nicht im Stich.* Der ganze Reichstag applaudiert, für die Sozialisten ist dieser Beifall absolut neu und ungewöhnlich, und wohl auch schmeichelhaft.

Damit war der Krieg legitimiert und finanziert und nahm seinen Lauf. Er begann, aus deutscher Sicht, wie vorhergesehen. Getreu dem Schlieffenplan drangen die deutschen Truppen durch Belgien in Frankreich ein. Aber man hatte das ursprüngliche Konzept verändert, worunter die Wucht des sogenannten Sicherschnitts leiden musste. Wesentlich mehr Einheiten als von Schlieffen geplant, wurden zur Sicherung der Ostgrenze gegen die Russen und zur Stabilisierung der Front in Elsass-Lothringen gegen die Franzosen eingesetzt. Die Folge war, dass der deutsche Vormarsch schon Mitte September zum Stehen kam. Das anfängliche Kriegsglück hatte Deutschland verlassen und der voreilige Siegesjubel in der Heimat erwies sich als verfrüht und unbegründet. Die 1. und die 2. Armee hatten bei ihrem schnellen Vormarsch die Tuchfühlung mit einander verloren, so dass die Alliierten in die so entstandene 40 Kilometer breite Lücke vorstoßen konnten und die Gefahr bestand, dass die beiden deutschen Armeen in den von ihnen selbst verschuldeten Kessel laufen und dann aufgerieben würden – wie 1870 die Franzosen in Sedan. Der jüngere Moltke – Neffe des alten und Nachfolger Schlieffens – verlor die Nerven und zog seine Truppen, deren Spitzen bereits den Eiffelturm gesichtet hatten, um etwa 80 Kilometer auf eine verkürzte und damit stabilere Frontlinie zurück. Der Neffe wollte nicht so verlieren, wie sein großer Onkel gesiegt hatte, durch eine Kesselschlacht. Was ihn zusätzlich verunsicherte, war die mangelhafte Versorgung der kämpfenden Truppe mit Proviant und

Munition, weil der Nachschub mit dem Vormarsch nicht Schritt halten konnte. In Frankreich sprach man vom *Wunder an der Marne* und bejubelte die Schnelligkeit und Kampfbereitschaft der Soldaten, die zum Teil mit Taxis an die Kampflinie gebracht worden waren. Von nun an trat der Krieg auf der Stelle und stieg in die Schützengräben hinab, um sich dort auf Dauer einzurichten. Die Feinde auf beiden Seiten gruben sich ein und schützten das Vorfeld der Schützengräben zusätzlich durch Stacheldrahtverhaue und Minen. Zwei parallel verlaufende Verteidigungslinien erstreckten sich vom Ärmelkanal bis zur Schweizer Grenze, über 700 Kilometer. Es gab kein Vor und kein Zurück mehr, der Bewegungskrieg war zum Stellungskrieg geworden. Dabei waren die Verteidiger im geschützten Schützengraben in einer wesentlich günstigeren Position als die Angreifer. Sie konnten mit ihren schnell feuernden Maschinengewehren auf die während des Vorstürmens durch die verminten Stacheldrahtfelder wehrlosen Feinde gezielt schießen. Es erwies sich, dass im modernen MG-Krieg die Verteidigung dem Angriff überlegen ist. Das hatten schon die jungen deutschen Freiwilligen, meist unzureichend ausgebildete Studenten, am 10. November 1914 beim Sturm auf den nordbelgischen Ort Langemarck erfahren müssen. Mit dem Deutschlandlied auf den Lippen fanden über 2000 Mann im Kugelhagel den Tod.

Auch an der Ostfront kam der Krieg nach wenigen Wochen zum Stehen. Nachdem Russland – dank des inzwischen auch hier vorhandenen Eisenbahnnetzes – seine Truppen schneller, als vom deutschen Generalstab erwartet, zum Einsatz gebracht hatte, drangen sie zunächst in Ostpreußen ein. Dort aber wurden sie von den zahlenmäßig unterlegenen Deutschen vom 26. bis 30. August bei Tannenberg und vom 5. bis 15. September an den Masurischen Seen vernichtend geschlagen. Unter Führung des greisen, seit 1911 pensionierten Hindenburg und seines Stabschefs Ludendorff gelang es, die Russen einzukreisen und ihnen schwere Verluste zuzufügen, zusammen 120000 Tote und Verwundete sowie 140000 Gefangene. Auf deutscher Seite fielen etwas über 20000 Soldaten und Offiziere. Nackte Zahlen, die von den Stäben als Erfolge oder Misserfolge angesehen werden, als Statistik, aber nicht als Hunderttausende von Schicksalen.

Für Deutschland waren die beiden Siege nach dem Scheitern der Westoffensive psychologisch von größter Wichtigkeit. Aber entschieden war der Krieg gegen Russland damit noch lange nicht. Er wurde auch hier zum Stellungskrieg, eine starre Front verlief im Winter 1914/15 von Memel über Warschau bis an die rumänische Grenze.

Im Südosten erwies sich Österreich-Ungarn als die schwache Großmacht, für die man es schon seit Langem gehalten hatte, denn den meisten Völkern des Vielvölkerstaates fehlte es an der Begeisterung, mit der die Deutschen, Russen, Engländer und Franzosen in den Krieg zogen. Dieser Krieg war nicht ihr Krieg. Was lag Tschechen, Slowaken, Kroaten und Bosniaken an einem Sieg der Habsburger? Zum klassischen Defätisten der Weltliteratur ist der *brave Soldat Schwejk* geworden. Schwejk steht für das ganze tschechische Volk und seine politische Einstellung. Im ersten Kapitel seines Romans macht Jaroslaw Hašek deutlich, wie distanziert die Tschechen den Habsburgern beziehungsweise Franz Ferdinand gegenüberstehen. Im Gespräch mit einer Kellnerin kommentiert Schwejk das Attentat aus der Perspektive der Attentäter, aber doch so, dass man ihn nicht der Majestätsbeleidigung und Schadenfreude bezichtigen kann. *Mancher Revolver geht nicht los, wenn Sie sich auf den Kopf stellen. Aber auf den Herrn Erzherzog haben sie sich gewiss etwas Besseres gekauft, und ich möchte wetten, dass sich der Mann, der das getan hat, dazu schön angezogen hat. Nämlich auf einen Herrn Erzherzog schießen ist eine sehr schwere Arbeit. Das ist nicht so, wie wenn ein Wilddieb auf einen Förster schießt. Da handelt sich's darum, wie man an ihn herankommt, auf so einen Herrn kann man nicht in Lumpen kommen. Da müssen Sie im Zylinder kommen, damit Sie nicht ein Polizist schon vorher abfasst.* Angesichts ihrer militärischen Schwäche nimmt es nicht Wunder, dass die Donaumonarchie sogar gegen das kleine Serbien zunächst keinen entscheidenden Sieg erringen kann, durch die Russen in arge Bedrängnis gerät und deutscher Hilfe bedarf. Das Ergebnis war, dass auch auf dem Balkan der Krieg zum Stellungskrieg erstarrte.

Jetzt war also die Politik gefordert. Wenn die Militärs keine Entscheidung herbeiführen konnten, mussten die Regierungen nach Lösungen suchen. Warum sollte Clausewitz' Wort nicht einmal umgedreht werden: Beendigung des Krieges mit politischen Mitteln? Die logischste und humanste Antwort auf die militärische Pattsituation wären Friedensverhandlungen gewesen, und zwar mit dem Vorkriegszustand als Verhandlungsgrundlage. Aber dazu war keine Seite bereit. Abgesehen davon, dass ein Friedensangebot als Schwäche gedeutet worden wäre und die Gegenseite zum Weiterkämpfen animiert hätte, hatten alle ihre Kriegsziele inzwischen so hoch geschraubt, dass man einen Verzicht vor dem eigenen Volk nicht glaubte verantworten zu können. Im Übrigen, so paradox es klingt, musste der Krieg gerade deshalb fortgesetzt werden, weil er bereits Millionen Opfer gefordert hatte.

Der hohe Preis war nur zu rechtfertigen durch den erhofften hohen Gewinn. Man konnte doch nicht einfach vor das Millionenheer der trauernden Mütter, Witwen und Halbwaisen treten und kaltschnäuzig verkünden: *April, April. Der Krieg war ein Irrtum, tut uns leid, wir machen jetzt Schluss, ohne Sieg und ohne Gewinne. Euer Sohn, Gatte, Vater ist leider umsonst gefallen.* So konnte man das Volk nicht foppen. Die Angehörigen konnten ihr Leid nur verkraften, wenn sie im Tod ihrer Lieben ein sinnvolles Opfer sahen – und keinen Irrtum. Also forderten die Toten quasi die Fortsetzung des Krieges, damit ihr Tod nicht sinnlos war. Und so bezog der Krieg seinen Sinn und seine Berechtigung aus sich selbst, und ging weiter. Der Krieg gebiert den Krieg.

Die Kriegsherren hatten ihre Völker in eine Sackgasse getrieben, man hatte ihnen schnelle Erfolge versprochen, zumal ja alle Staaten angeblich im Recht waren. Und so waren die Armeen mit Begeisterung und Optimismus und angeblich auch mit Gott in den Krieg gezogen. Und jetzt das. Krieg ohne Sieg. Als ob der Weltgeist oder der liebe Gott durchblicken lassen wollte, dass keine Seite so richtig im Recht war und den Sieg nicht verdiente. Aus dem Patt, so glaubten die politischen und militärischen Führer, gab es nur einen Ausweg: Der Krieg musste ausgeweitet werden. Da man den Krieg mit einem Sieg nicht beenden konnte und mit einem Frieden nicht beenden wollte, musste die Zahl der kriegsführenden Staaten vergrößert werden. Durch neue Verbündete sollte die Gegenseite endlich bezwungen werden.

Wie oben bereits angedeutet, entschlossen sich die neuen Kriegsteilnehmer zu ihrem militanten Schritt nicht etwas aus moralischen Gründen, sondern aus purem Egoismus, aus heiligem Egoismus, wie Rom ganz unverblümt bekannte. Denn Moral allein tut's freilich nicht. Es lohnt sich ja nicht, auf der Seite, die im Recht ist, zu kämpfen, man will auf der siegreichen Seite stehen, nur das zahlt sich aus. Es ging in Europa zu wie bei einer Versteigerung. Die Mittelmächte und die Alliierten boten um die Wette, und wer mehr Beute bot, bekam den Zuschlag. Da Japan mit den deutschen Besitzungen in China und im Pazifik rechnen darf, erklärt es schon Ende August dem Reich den Krieg. Da Deutschland der Türkei ihre Machtposition, zumal die Macht über die Meerengen belassen will, genau das aber die Alliierten, besonders Russland, nicht wollen, fühlt sich die Türkei zu den Mittelmächten hingezogen; noch im Spätherbst 1914 ist das Bündnis perfekt. Da die Alliierten Italien sowohl Südtirol bis zum Brenner als auch Dalmatien, Libyen und Eritrea versprechen, treten die Italiener im Mai 1915 auf alliierter Seite in den Krieg ein. Den Bulgaren versprechen die einen Mazedonien (auf Kosten Serbiens), den Rumänen die anderen das Banat und Siebenbürgen (auf Kosten Ungarns), so dass Sofia im Oktober 1915 den Alliierten und Bukarest im August 1916 Österreich-Ungarn den Krieg erklärt. Und wer nicht freiwillig mitmacht, dem kommt man mit der Parole: *Und willst du nicht mein Bruder sein, so schlag ich dir den Schädel ein.* Griechenland wird von den Alliierten nach Blockade und anschließender Hungersnot sowie der Absetzung des Königs zum Krieg an ihrer Seite gezwungen.

Derartig überspannte Kriegsziele machen einen Verständigungsfrieden immer unwahrscheinlicher. Ein Versprechen ist aber immer nur so gut, wie seine Einlösung wahrscheinlich. Ohne Sieg keine Beute. Also setzten die Mittelmächte und die Alliierten alles daran, zu schnellen und beeindruckenden Erfolgen zu kommen. Und das um jeden Preis. Dabei heiligt der Zweck die Mittel, schon gleich zu Beginn des Krieges. Schlagende Beispiele sind der deutsche Überfall auf das neutrale Belgien und der englische Angriff auf den neutralen Seehandel. Mithilfe seiner überlegenen Flotte errichtete England eine Seeblockade gegen Deutschland und schnitt das Reich vom

Welthandel ab. Ohne Rohstoffe und Nahrungsmittel (Deutschland konnte seinen Lebensmittelbedarf nur zu 80 % aus eigenen Ernten decken) konnte das Reich auf lange Dauer keinen Krieg führen, und das Volk sollte regelrecht ausgehungert werden. Der Krieg war keine Sache allein des Militärs, auch die Zivilbevölkerung, Frauen, Kinder, Greise, mussten leiden. Gegen diese Blockade wehrte sich Deutschland mit einer Gegenblockade, indem es seinerseits den englischen Seehandel mit seinen im Atlantik manövrierenden U-Booten störte. Handelsschiffe, die England ansteuerten, wurden, sofern sie kriegswichtiges Material geladen hatten, nach dem Umsteigen der Besatzung in die Rettungsbote versenkt. Als sich die Handelsschiffe bewaffneten und die zwecks Durchführung ihrer Kontrolle auftauchenden U-Boote sofort beschossen, verzichteten diese auf jede Vorwarnung und Durchsuchung und bohrten die verdächtigen Schiffe ohne Vorankündigung in den Grund. Das konnte auf Dauer nicht gut gehen. Da die Engländer – ganz bewusst – auf den gleichen Schiffen Waffen und Passagiere aus den USA beförderten, war es nur eine Frage der Zeit, wann es zur Katastrophe kommen würde. Das geschah am 7. Mai 1915. Das deutsche U-Boot U20 versenkte den englischen Passagierdampfer *Lusitania* nördlich von Irland, wobei 1198 Menschen, darunter 124 Amerikaner, ertranken. Deutschland versuchte, die Torpedierung damit zu begründen, dass der Dampfer auch 173 Tonnen Sprengstoff geladen hatte, musste aber nach einem Notenwechsel mit den USA aus Angst vor deren Kriegseintritt auf Seiten der Alliierten den U-Bootkrieg im September einstellen.

Aber es gab ja neben Blockade und U-Bootkrieg auch noch ganz andere Mittel und Wege zur beschleunigten und siegreichen Beendigung des Krieges. Sowohl an der West- also auch an der Ostfront versuchten beide Seiten immer wieder, mit massiven Offensiven zum Erfolg zu kommen. Diese waren verlustreich, aber wenig erfolgreich. Technische Neuerungen brachten nicht die erhoffte Entscheidung, sondern nur immer neue Opfer. Mithilfe von Flugzeugen, die erst der Aufklärung und dann der Bombardierung dienten, sowie mit lang anhaltendem Artilleriebeschuss der feindlichen Schützengräben und dem Einsatz von Giftgas wurde der Sturmangriff vorbereitet. Im Februar 1916 griffen die Deutschen die Franzosen bei Verdun an, im Juni die Russen die Österreicher auf einer 300 Kilometer breiten Front, gleichzeitig die Engländer und Franzosen die Deutschen an der Somme.

Der Plan des deutschen Oberbefehlshabers Erich von Falkenhayn, durch eine Ermattungsstrategie den Gegner *auszubluten* unterschied sich kaum vom Konzept der Gegner. Überall glaubte die militärische Führung, dass die Verluste dieser Massenschlachten die Gegenseite stärker schwächen würde als die eigenen Truppen. Der massive Einsatz von Menschen und Material würde sicher auch eigene Verluste fordern, aber das waren Investitionen, die sich letztlich auszahlen würden. Nicht nur das Material, auch die Menschen waren nichts als statistische Größen. Wenn die Verluste der Gegenseite größer sind, hat sich der Einsatz gelohnt, und wenn man den Feind in die Flucht treibt und zu einem Geländegewinn kommt, dann erst recht. Aber dazu kam es nicht. Bei keiner der drei Offensiven gelang der entscheidende Durchbruch. Das Ergebnis der Angriffe war, dass es kein strategisches Ergebnis gab. Bei Verdun bewegten sich die Fronten wie eine Ziehharmonika hin und her, und das fast das ganze Jahr 1916 hindurch. An der Somme war es nicht anders, und die russische Brussilow-Offensive konnte nach einigen Anfangserfolgen zum Stehen gebracht werden, nachdem deutsche Hilfstruppen zum Einsatz gekommen waren. Nichts zeigt die Sinnlosigkeit des Krieges so deutlich wie seine Erfolglosigkeit. Das einzige Ergebnis waren die Millionenverluste an Menschen.

Die da oben führten den Krieg, als habe das Leben der einzelnen Menschen nicht den geringsten Wert, schließlich rechnet man mit Bataillonen und Divisionen und nicht mit Personen. Die Verluste der Deutschen (Gefallene, Gefangene und Verwundete vor Verdun) beliefen sich auf 338000 Menschen, die der Franzosen auf 364000, zusammen also über 700000. An der Somme mussten die Deutschen Verluste von 500000 Soldaten, die Engländer von ebenfalls 500000 und die Franzosen von 200000 hinnehmen. Die österreichischen Verluste betrugen 511000 Mann, davon waren 378000 Gefangene beziehungsweise kriegsmüde Überläufer. Den 85000 Mann Verlusten auf deutscher Seite standen 1,2 Millionen auf russischer Seite gegenüber. Insgesamt wurden über 3,5 Millionen Männer getötet, verwundet oder gefangengenommen. Aber die herrschenden Herren kamen nirgends auf den Gedanken, den Krieg auf dem Verhandlungswege zu beenden. Sie wollten den Siegfrieden, nicht einfach bloß Frieden. Sie brauchten den Sieg, weil sie scharf auf die Beute waren und weil der besiegte Gegner die eigenen Kriegskosten bezahlen sollte. Genug vom Krieg hatten nur die Menschen in der Heimat und die Soldaten in den Schützengräben. Die sogenannte Kampfmoral ließ (aus Sicht der politischen und militärischen Führer) zu wünschen übrig, wobei eigentlich Kampfmoral das Gegenteil von Moral ist, denn Kampfmoral will töten, und Moral will das Leben erhalten und verbessern. Endlich macht sich Moral statt Kampfmoral bei den Mannschaften breit, Kriegsmüdigkeit wird zur vorherrschenden Stimmung. Wären sie doch alle schon vor Beginn des Krieges kriegsmüde gewesen!

Die Soldaten wollen nicht mehr. Die Tschechen desertieren aus der kaiserlichen und königlichen Armee der Habsburger, unter russischen und französischen Soldaten kommt es zu ersten Meutereien, bei den deutschen nimmt der allgemeine Unmut zu – und der Mut ab. Neben den fehlenden Erfolgen und den großen Verlusten sorgt die unterschiedliche Behandlung von Offizieren und Mannschaften für Ärger – die ungleiche Besoldung, Verpflegung und Ausrüstung sowie die ungleiche Versorgung der Angehörigen in der Heimat. *Gleiche Löhnung, gleiches Essen, und der Krieg wär längst vergessen,* hieß es unter den einfachen Soldaten. Empörung rief auch das Missverhältnis zwischen Front und Etappe hervor. Nur ein gutes Drittel der Soldaten kämpfte an der Front, unter dauernder Gefahr für Leib und Leben. Über die Hälfte führte ein sicheres und angenehmes Leben in den Stäben, den Transport- und Versorgungseinheiten und als Besatzungstruppen fern der Front. Nur wenige sahen im Krieg noch etwas Großartiges. Eine verschwindend kleine Minderheit der Frontsoldaten genoss das Töten und Sterben, verklärte zumindest nach dem Krieg in ihrer Erinnerung das Fronterlebnis. So zum Beispiel ein gewisser Ernst Jünger, der in seinem Buch *In Stahlgewittern* den Krieg verherrlichte, so ein gewisser Adolf Hitler, der später sogar einen eigenen Krieg führte. Ganz anders, nämlich ehrlicher, menschlicher ist die Schilderung Remarques in seinem Roman *Im Westen nichts Neues*. Er beschreibt das Elend, die Angst, das

Leiden und Sterben und das letzte Fünkchen Hoffnung: *Vielleicht kommen wir durch.* Dieser Satz sagt alles, es geht nur noch ums Überleben.

Genau das Gegenteil haben Kaiser, Kanzler und Kommandeure im Sinn. Sie kümmert nicht das Sterben und Überleben, sondern die Verdoppelung Deutschlands nach Osten und Westen sowie die deutsche Weltherrschaft. Und das um jeden Preis, koste es, was es wolle. Als Falkenhayn mit seiner Strategie des Ausblutens vor Verdun erfolglos blieb, wird er abgelöst. Jetzt setzt der Kaiser seine Wunderwaffe ein, die Sieger von Tannenberg und den Masurischen Seen, die Retter Ostpreußens, Hindenburg und Ludendorff, die Helden des Weltkrieges. Aber kann man als Helden feiern, die der Krieg nie in Lebensgefahr brachte, die nur befehlen, aber nie fallen? So oder so, Helden oder nicht, Hindenburg und Ludendorff bilden die Oberste Heeresleitung, die 3. OHL, und nun wird der Krieg noch konsequenter geführt als zuvor. Nun werden die letzten Kräfte mobilisiert, an der Front und in der Heimat.

Friedrich II., auch *der Große* genannt, hatte die Zielthese vertreten: *Der Bürger soll gar nicht merken, wenn der Soldat sich schlägt.* Krieg war eine Sache von Spezialisten und fand irgendwo abseits auf einem Schlachtfeld statt. Die Bürger sollten unbehelligt weiterarbeiten, anständig Steuern bezahlen und damit den Krieg und die Heere finanzieren, die dafür die Städte in Ruhe ließen.

Im Weltkrieg war es anders. Man führte jetzt statt des normalen den totalen Krieg. Jetzt bekam auch die Zivilbevölkerung den Krieg zu spüren, von Anfang an und je länger, je mehr. Um den Sieg gerungen wurde nicht nur an der Front, sondern auch an der *Heimatfront.* Männer, sofern sie nicht im Kampf standen, mussten zunehmend Waffen produzieren statt überflüssiger Konsumgüter. Immer mehr Frauen mussten in der Rüstung schaffen, zumal ihre Familien von dem Sold der eingezogenen Männer nicht satt wurden. Und die Witwen mussten es erst recht. Es war demütigend, mit welch kümmerlicher Unterstützung die Familien der gefallenen Helden abgespeist wurden. Der Staat hatte mit den Arbeitern seinen Burgfrieden geschlossen, sie kämpften oder sie produzierten Waffen, aber sie forderten nicht, sie demonstrierten und streikten nicht mehr, sie und ihre Familien hungerten nur.

Ohne ausreichende Arbeitskräfte, ohne genügend Dünger gingen die Erträge der deutschen Landwirtschaft zwischen 1913 und 1918 auf die Hälfte zurück, durch die englische Seeblockade und den Krieg mit den osteuropäischen Getreideländern fehlten außerdem die Importe. Die Rationen der Lebensmittelkarten waren Hungerrationen, statt der notwendigen 3000 Kalorien gab es nur 1000 pro Person. Das deutsche Volk nahm in mehrfachem Sinne ab, zwei Millionen Soldaten fanden den Tod, an Hunger, Kälte und Mangelkrankheiten starb eine große – statistisch nicht greifbare – Zahl von Zivilpersonen, die Zahl der Neugeborenen ging zurück, und im Durchschnitt verlor jeder Deutsche im Laufe des Krieges 20% seines Gewichts. Die staatliche Unterstützung für ihre Arbeiterfamilien ohne Ernährer reichte gerade für die Miete. Für Zukäufe auf dem Schwarzen Markt fehlte das Geld, hier wurde für die etwas besser gestellten Bürger zwischen 30 und 50% der Lebensmittel zu überhöhten Preisen verschoben. Nicht einmal Kartoffeln standen in ausreichender Menge zur Verfügung, im Winter 1916/17 mussten sich die Menschen, zumal die ärmeren, ausschließlich von Kohlrüben ernähren.

Dagegen machte die Rüstungsindustrie glänzende Geschäfte, viel bessere als zu Friedenszeiten. Die Gewinne explodierten wie die Granaten, mit denen die Industrie diese Gewinne erzielte. Die Profite der großen Waffenproduzenten, wie zum Beispiel Krupp, verdreifachten sich innerhalb der ersten drei Kriegsjahre. Unten wurden Opfer gebracht, oben Gewinne gemacht. Auf die Idee, sich an den Kriegskosten zu beteiligen, kamen die Konzernherren nicht. Sie wehrten sich leidenschaftlich dagegen, dass ihre Kriegsgewinne angemessen besteuert wurden. Einer der Herren bekannte ganz freimütig (oder auch zynisch): *Die Nutzung der Landesnot im eigenen Interesse bedeutet keine Entartung des Kapitalismus.* Der Patriotismus des Kapitals konzentrierte sich auf die Profite. Dieser Krieg war ein Krieg der Eliten gegen die untere Hälfte des Volkes. Rosa Luxemburg fand die passenden Worte: *Die Dividenden steigen, die Proletarier fallen.*

Unter der 3. OHL (Hindenburg, Ludendorff) trat der Krieg in seine entscheidende Phase. 1917 wurde zum Jahr der Wende, aber nicht durch das militärische Genie der beiden Dioskuren, sondern durch deren – von Kaiser Wilhelm geteilten und gebilligten – Größenwahn. Aber vom Anfang vom Ende, vom Ende selbst und vom Neuanfang soll im übernächsten Kapitel die Rede sein.

6
Kriegskinder

1914 wurde mein Vater eingesegnet und meine Mutter eingeschult. Just als sie mit den geistigen Gütern und Kulturtechniken des Abendlandes vertraut gemacht werden sollte, waren die Völker Europas von allen guten Geistern verlassen und schlugen kulturlos aufeinander ein. Und just als mein Vater vollgültiges Mitglied der Christenheit wurde, religionsmündig, wie man so schön sagt, da schickten sich die Völker Europas an, ohne Rücksicht auf religiöse Gebote und christliche Ideale im gegenseitigen Völkermord ihre vornehmste Aufgabe zu sehen. Als mein Vater in die Pubertät kam, pubertierten auch die Herren Politiker und Generäle. Unreif, eitel und rechthaberisch, wie sie durch die Bank waren, erschienen ihnen Konflikte ehrenhafter als Kompromisse und Kriege ruhmreicher als Frieden. Die Völker akzeptierten diesen Mangel an Vernunft und Moral als unabwendbares Schicksal. Die Untertanen hatten nicht die Freiheit oder den Mut oder die Einsicht, über Krieg und Frieden zu entscheiden. Dazu reichte ihr beschränkter Untertanenverstand bei Gott nicht aus. Zu entscheiden, mitzuentscheiden gab es nur etwas über Sieg und Niederlage, je nachdem, ob der Patriot sein Leben tapfer in die Schanze – und damit in die Pfanne schlug (oder doch wenigstens Kriegsanleihen zeichnete) – oder ob jemand als feiger vaterlandsloser Geselle auf den Krieg fluchte und Wehrkraft zersetzte.

Der Krieg war da. Man hatte kein Recht, ihn zu kritisieren, sondern die Pflicht, ihn zu gewinnen. Und das, indem man sich bewährte. Man war ja auch gut vorbereitet auf das große Ereignis. Die Schule hatte in nimmermüder Missionstätigkeit den Zusammenhang zwischen Soldatenmartyrium und lukullischer Feinschmeckerei gepredigt: Es sei doch so süß, fürs Vaterland zu sterben. Das verlange Mut, und Mut wurde schon in der Schule geprobt, bis jeder ihn hatte. Man turnte. Da galt es zu fliegen, zu kreisen, den Boden unter den Füßen zu verlieren, sich zu überschlagen und dabei immer Haltung zu bewahren, gestreckt bis in die Zehenspitzen, korrekt, akkurat, gleichsam stramm stehend in der Luft, und einen Salto mortale im Stechschritt zu vollführen. Und wer hinschlug, weinte nicht, sondern war ein Mann. Wer in der Turnstunde gelernt hatte, zu stürzen, ohne zu murren, der fiel auch im Felde, ohne zu meutern.

Insofern war die Schule die Schule der Schule der Nation, wie der Militärdienst gerne genannt wurde. Die Schule bereitete auf die Kaserne vor, weil sie selbst eine war. Die Schule entließ keine Menschen, sondern Männer. Die Schüler hatten gelernt, freundliche, menschliche, sensible, nachgiebige Lehrer zu verachten, weil sie schlapp und schwächlich waren. Sie waren gefälligst zu ärgern, so wie man die scharfen und starken zu fürchten hatte. Ordnung muss sein. Schwächlinge sind unordentlich. Menschlichkeit auch. Mitleid ist dekadent. Weibisch. Liebe ist Luxus. Es bestand Übereinkunft, dass man mitleidige Lehrer mitleidslos zu piesacken hatte. Sie waren abschreckende Beispiele und störten. Also: Attacke! Hier war mein Vater nicht faul. Als *Klassenältester* leitete er eine Art Schattenkabinett für alternative Unterrichtsgestaltung. Er beschaffte Mäuse, Frösche, Maikäfer und Wespen und ließ sie in den Stunden der Lehrer frei, die ihm zu viel Freiheit ließen. Im Winter – er musste sich ja bei seinen Streichen dem Angebot der Jahreszeiten anpassen – drückte er während der Pause, das Damoklesschwert zum Vorbild nehmend, einen Schneeball an die Decke, genau über dem Stuhl des Lehrers, und wenn der das Katheder betreten und seinen Thron eingenommen hatte, dann begann der Schnee zu schmelzen und zu tropfen, mal auf die Schulter, mal auf das Buch, und wenn präzise Arbeit geleistet worden war, aufs Haupthaar und bei betagten Herren direkt auf die Kopfhaut. Gelang es dem Schneeball, bevor der Herr Studienrat die Ursache der Störung bemerkt und diese und sich entfernt hatte, sich von der Decke zu lösen, dann gab's einen Volltreffer und Begeisterungsstürme und Donnerwetter und Strafen – oder doch Strafandrohungen und immer die Frage: *Wer war das?* Na, wer wohl? Der Verdacht reichte nicht aus, und im Schmelzwasser finden sich keine Fingerabdrücke.

Streiche haben ihre eigene Psychologie. Streiche sind eine Art Notwehr. Streiche spielt der Schwache dem Starken. Streiche sind antiautoritäre Gegenmaßnahmen, die kleine Rache der Kleinen an denen, unter deren Unterdrückung und Ungerechtigkeit sie leiden. Streiche haben aber kaum mehr als symbolische Bedeutung, sie richten keinen ernsthaften Schaden an. Da meist von Kindern ausgeübt und eher als Spaß verstanden, werden Streiche nur *gespielt*, an den Machtverhältnissen und Missständen ändern sie nichts. Im Gegenteil, wird der Täter erwischt, bekommt er die ganze Macht der Mächtigen schmerzhaft zu spüren. Um der Strafe zu entgehen, sind zwei Vorsichtsmaßnahmen hilfreich: der Streich muss heimlich und anonym durchgeführt werden und der Streich muss gegen einen eher schwachen und hilflosen Vertreter der Machthierarchie geführt werden, also vorsichtshalber nur gegen den sanften Religionslehrer und nicht etwa gegen den scharfen Lateinlehrer.

Aber Streiche dienen nicht nur der Befriedigung des Rachebedürfnisses, sondern auch der Kompensation. Wenn mein Vater sich vor den Lehrern, Mitschülern und Eltern nicht in den Wissenschaften hervorheben konnte, dann doch wenigstens durch seine Leistungen auf dem Gebiet der Streiche. Ob er sich über die Ursachen seines frechen Verhaltens klar war oder nicht, es war Ausdruck seines Aufbegehrens gegen ein soziales Umfeld, das zu viel von ihm verlangte. Die 23 Tadel, auf die er es einmal in einem einzigen Jahr brachte, sind die amtliche Dokumentation seiner kleinen im Unterbewusstsein herangereiften Revolution.

Wer nichts lernt, muss wenigstens Mut haben. Den Mut der Verzweiflung. Und wo konnte er den, außer bei seinen Streichen und Frechheiten, besser zeigen als im Turnen. Für schwache Schüler ist das Turnen der ideale Ausgleichssport. Hier gab es Lorbeeren ohne Hausaufgaben, hier war mein Vater endlich auch mal Primus. Zu den Primanern schleppte der alte Gutsch, der selbst vor vielen Jahren am Reck oder am Barren Berliner Meister geworden war, den Kleinen, seinen Liebling, und ließ den Großen von dem Kleinen den großen Riesen am Reck vormachen, entließ meinen Vater unter dem teils herablassenden, teils beschämten Applaus der Herren Primaner, erhob den Zeigefinger und verkündete Sätze wie: *Man kann, wenn man will* und ähnliche Hilfsverbweisheiten.

Was seinen Mut anbelangt, ließ mein Vater sich auch am Nachmittag nicht lumpen. Als eine aufstrebende Versicherungsgesellschaft ihr neues großes Verwaltungsgebäude baute und zum Richtfest einen riesigen Kranz, aber auch die Firmenfahne aufzog, setzte mein Vater seinen Ehrgeiz daran, beide in seine Gewalt zu bringen. Kurz nach Feierabend ging er ans Werk. Er täuschte den Nacht- oder besser Abendwächter und turnte in luftiger Höhe herum, während der arglose Wächter das Erdgeschoss bewachte und immer mehr Menschen auf der Straße stehen blieben und den Kopf in den Nacken drückten, um Zeugen eines Schauspiels auf hohem Niveau zu sein. Der Kranz war zu üppig, doch Fahnen sind handlich. Da gab mein Vater kein Pardon. Die Fahne musste in seine Hand. Es galt, eine Mutprobe zu bestehen und ein Souvenir zu erbeuten.

Inzwischen hatten einige Passanten den Wächter auf die Entwicklung aufmerksam gemacht, und der begann seinen Weg nach oben. Mein Vater, mit der eingerollten Fahne unter dem Arm, hatte sich bereits an den Abstieg gemacht. Irgendwo in der Mitte mussten sich die beiden Protagonisten begegnen. Zum Glück hatte das Gebäude mehrere Treppen. Von der Straße her konnte man durch die leeren Fensterhöhlen mal diesen, mal jenen Kopf sehen. Die Passanten unterstützten den Wächter, die Freunde meines Vaters warnten vor diesem, die einen dirigierten die Verfolgung, die anderen die Flucht. Es gab ein *Happy End*. Mein Vater entkam durch einen Hinterausgang, mit der Fahne flüchtig, nicht aber fahnenflüchtig, sondern als Held.

Mit der Fahne sind wir wieder beim Thema. Beim Krieg. Ohne Fahnen wäre das Kriegführen erheblich erschwert. Man könnte Freund und Feind nicht unterscheiden und hätte es plötzlich mit Menschen zu tun. Da gäbe es dann Hemmschwellen statt Blutrausch. Die Kampfmoral verfiele und der Krieg verkümmerte. Den Generälen ein grausiger Gedanke. Also muss die Fahne hochgehalten werden, damit sich das Fähnlein unter der Fahne sammelt. Auf die Fahnen leistet man den Eid, die Fahne flattert uns voran, die Fahne ist mehr als der Tod. Lieber selber fallen, als die Fahne fallen lassen. Die Fahne hoch, die Augen fest geschlossen! Blindlings voran. Das Leben wird durch Krieg erst schön – und das Sterben beschleunigt.

Mein Vater war begeistert. Endlich war was los. Schule wurde zur Nebensache. Krieg war die Hauptsache. Es gab Anfangserfolge. Die Welt war so schön einfach. Mühelos konnte man Gut und Böse unterscheiden. Opa war bester Laune. Der Krieg frisst Kommissbrot, und wenn Kommissbrot gebraucht wird, kommt der Getreidepreis in Bewegung, nach oben natürlich. Die Großeltern konnten sich ungetrübt ihrem Patriotismus hingeben: Kurt war gerade erst 16 geworden, was man offiziell bedauerte und wofür man heimlich doch dankbar war. *Wenn wir denn ohne meine Söhne siegen sollen, ist's auch gut,* sagte der Opa. Wer konnte schon ahnen, dass dem Krieg diesmal vier Jahre nicht reichen würden, (oder genauer: den Kriegsherren), nachdem die letzten Kriege nichts als schnelle Feldzüge gewesen waren?

Alsen. Königgrätz. Sedan. K.o. in der ersten Runde. Aber der Weltkrieg hat nicht nur meinen Onkel, er hat auch meinen Vater noch eingeholt und geholt, hat ihm den grausamen grauen Rock verpasst. Genaueres weiß ich aber nicht.

Zunächst zurück zum Anfang des Krieges. August '14. Mein Opa kaufte Getreide. Auf gut Glück. Auf Kredit. Auch auf dem Halm. Er war immer auf Achse. Und auf dem *Quivive*. Er bereiste die Ostprovinzen, wo er ja herkam, und das etwas östlicher gelegene Westpreußen, wie der preußische Beuteanteil aus der polnischen Teilung offiziell hieß. Einmal durfte mein Vater ihn auf einer solchen Geschäftsreise begleiten, obgleich die Sommerferien vorüber waren. Aber da er im Herbst auf eine Internatsschule in der Provinz überwechseln sollte, brauchte man seine Berliner Schule, die Hohenzollernoberschule, nicht mehr recht ernst zu nehmen. *Außerdem,* so lehrte der Opa, *lernt man die Welt auf Reisen besser kennen als auf*

Schulen. Also auf in Richtung Bromberg oder Thorn oder Posen, immer den Truppen nach.

In einer kleinen westpreußischen Stadt, in der es von Polen nur so wimmelte, weil die dort lebten und arbeiteten, während die deutschen Deutschen und die deutschen Juden sich die Rittergüter, das Rathaus, die Arztpraxen und die Anwaltskanzleien teilten, witterte der Opa ein Geschäft. Dazu musste er aufs Rathaus. Er ließ meinen Vater draußen warten. *Es dauert nicht lange,* versprach er ihm.

Mein Vater lehnte sich an eine Hauswand und wartete. Er ließ den Blick über den Marktplatz schweifen: Klein, ärmlich, dreckig. Kopfsteinpflaster. Ein paar niedrige Häuser, eher Hütten als Häuser. Die paar Läden mit winzigen Schaufenstern. Bestimmt Juden.

Die Polen, die an ihm vorbeigingen, zogen die Mütze und verneigten sich. Die Polinnen gingen in die Knie, sie knieten nicht wirklich nieder, sie berührten mit den Knien nicht die Erde, aber deutlich angedeutet war der Knicks, den sie vollführten. Und alle, Männlein wie Weiblein, gestikulierten hektisch mit der rechten Hand, nachdem sie zuvor ihre Taschen oder Tragelasten unter den linken Arm geklemmt hatten.

Mein Vater fühlte sich geehrt. *Mein Vater muss doch ein geehrter Mann hier sein,* dachte er bei sich, *wenn die Leute sogar seinen Sohn so ehrfurchtsvoll grüßen. Oder sehen sie in mir den Deutschen? Deutsch genug sehe ich ja aus. Jedenfalls wissen sie, was sich gehört.*

Mein Vater, der Knabe von 15, genoss. Er nahm sogar Haltung an und blickte herausfordernd, ob auch alle pflichtgemäß grüßten. Das Warten verging ihm, er erwartete nicht mehr ungeduldig das Ende des Wartens, seit die Zeit so sinnvoll ausgefüllt war mit Selbstbewusstsein, und er war enttäuscht, als er seinen Vater schon bald, allzu bald, auf der Rathaustreppe sichtete.

Stolz machte er Meldung, welche Wertschätzung seinem Vater und seinem Vaterland von den Polen entgegengebracht wurde. *Dreh dich um!,* sagte der Opa, *Und sieh dir die Hauswand an. Du hast genau unter einem Kruzifix gestanden.*

Der Irrtum beirrte meinen Vater nicht. Die Liebe zu Deutschland muss ja nicht leiden, wenn die Polacken nicht uns, sondern Christus lieben. Mögen sie uns sogar hassen. Umso besser. Je mehr Feind, desto mehr Ehr. Das zeigte schließlich auch dieser Krieg, obgleich er erst wenige Wochen alt war. Ohne Belgien als Feind stände es viel schlechter um uns. Ein neutrales Belgien erschwert den Sieg über Frankreich, ein feindliches Belgien ist das Tor nach Paris. Wir brauchen einfach Feinde. Wie will man ohne Feinde Krieg führen? So dachte mein Vater und hat nicht viel dazugelernt, obgleich er zwei Weltkriege mitmachte und beide verloren hat. Warum ich dagegen Pazifist wurde, wird noch zu klären sein.

Wenige Wochen nach seinem Kruzifix-Erlebnis wurde mein Vater von meinem Großvater in den Süden der Mark Brandenburg gebracht, in ein Städtchen namens Dahme, durch das sich damals wie heute das gleichnamige Flüsschen schlängelt. Opa hatte erkannt, nicht anders als Oma, dass ihr Liebling in Berlin das Abitur nie und nimmer wird ablegen können, so dass er wohl oder übel, koste es, was es wolle, an einem Provinzinternat wenigstens gutes Benehmen lernen sollte, das ist leichter und zählt gleich viel, wenn nicht sogar mehr. Vielleicht konnte er dort doch noch das *Einjährige* schaffen, die Mittlere Reife, wenigstens die. Aus diesem mittleren Schulerfolg leitete sich damals das Recht ab, nur ein Jahr zu dienen. Jedenfalls im Frieden. Ob aber der Krieg, zumal ein so ausdauernder Weltkrieg wie dieser, auf dieses bürgerliche Privileg Rücksicht nehmen würde, war sehr zu bezweifeln.

Das Institut in Dahme war bekannt für seinen konservativ-vornehmen Zuschnitt. Es wimmelte nur so von gescheiterten Schülern aus anspruchsvollen Elternhäusern. Die Einheimischen aus der Kleinstadt, aus den umliegenden Dörfern und Gütern, begabt oder doch bauernschlau, aber wenigstens fleißig, waren in der Minderheit.

Das Ganze war kein Alumnat oder Internat mit riesigen Schlafsälen und Kasernencharakter, nein, die Zöglinge lebten in kleinen Gruppen, höchstens zu sechst, im Hause ihrer Lehrer. Die eigentliche Erziehung oblag der Frau Professor. Der Hauslehrer, der Professor, sah abends nach den Hausaufgaben, aber Frau Professor Berg wachte über die Tischsitten. Ihr Regiment muss streng und nachhaltig gewesen sein. Noch nach 30 Jahren, als ich etwa so alt wie mein Vater in Dahme war, wurden mir ihre Ratschläge vorgehalten. Nicht nur Mutter und Vater erzogen mich, auch Frau Professor Berg wirkte mit: Wie man das Besteck hält, wie man sitzt, so senkrecht nämlich wie die Lehnen, aber ohne sie zu berühren. Die Lehne weist dem Rücken die Richtung, dient aber nicht, wie der Name irrtümlicherweise vermuten lässt, zum Anlehnen. Die Oberarme fest an die Rippen zu pressen, erst vom Ellbogen an durfte man die Arme frei bewegen. Lernhilfe leisteten bei diesen Mahlzeiten und Benimmstunden zwei Bücher, die der Schüler unter die Achseln zu klemmen hatte, so dass die stramme Haltung sichergestellt war. Wehe, wenn ein Buch fiel. Mit Strafen wurde nicht gespart. Wer zum Beispiel bei Tisch auf dem Tisch einen Klecks verschuldete, *verbrach* müsste man eigentlich sagen, musste ihn mit einem Fünfpfennigstück abdecken, und war er größer, mit mehreren. Und das damals, in der guten alten Kaiserzeit, als das Geld noch etwas galt und ein Brötchen einen Pfennig kostete. Wenn mein Vater mir später von diesen Maßnahmen berichtete, war ich weniger amüsiert als vielmehr tief beeindruckt. Vielleicht spürte ich schon als Kind die Symbolik dahinter, dass Reinlichkeit, dass weiße Tischtücher, weiße Westen über alles gehen, dass aber auch mit dem Geld nachgeholfen und korrigiert werden kann. Wenn nicht alles so ist, wie es sein soll.

Mein Vater erlebte den Krieg also in einer Kleinstadtidylle, das heißt, er erlebte ihn nicht. Sicher verfolgte man auch in Dahme den Krieg mit Leidenschaft, las die Zeitung und steckte Fähnchen in Landkarten, was aber langweilig wurde, als der Krieg sich festfuhr und zum Stellungskrieg verkam. Die seltenen deutschen Erfolge wurden aufgebauscht und bejubelt, Misserfolge heruntergespielt und begründet, und an den Sieg wurde geglaubt. Aber der Kleinstadtalltag war interessanter, und dieser Alltag, das war die Erfahrung der sozialen Gegensätze. Mögen Franzosen, Briten und Russen unsere Feinde sein, geschlagen haben sich die Herren Oberschüler mit den Tabakarbeitern. Klassenkampf hört auch im Krieg nicht auf, mag auch der Kaiser Burgfrieden versprechen, mögen auch die nationalen Trompeten noch so laut schmettern. Eine Tabakfabrik war der einzige Industriebetrieb in Dahme, sie arbeitete auf Hochtouren, auch und gerade im Krieg. Denn Tabak ist im Krieg so wichtig wie Munition und Kommissbrot. Essen und schießen muss der Soldat, um überhaupt zu überleben, im Rauchen aber findet er Genuss, Trost und letzten Sinn. Der Tabakrauch gewöhnt den Soldaten an den Pulverdampf und nimmt ihm seinen Schrecken. Folglich war die Tabakfabrik, psychologisch gesehen, ein kriegswichtiger Betrieb, erfahrene Arbeiter wurden nicht eingezogen und Jungarbeiter drängten sich mit dieser Hoffnung zu dieser Arbeit.

Die Kaiserzeit neigte zur Uniform, die Kleidung war eine Art Ausweis. Während die Arbeiter Ballonmützen trugen, zierten die Gymnasiasten ihr Haupt mit Schülermützen. Es war sogar Pflicht, sie in der Öffentlichkeit zu tragen und gegebenenfalls zu ziehen. An den Farben war für Eingeweihte mühelos zu erkennen, welcher Klasse der Knabe, der – nehmen wir mal an – nicht gegrüßt hatte, angehörte. Das Donnerwetter war dann am nächsten Tag todsicher fällig.

Zwischen den Gymnasiasten und den Tabakarbeitern lagen Welten. Man kannte sich nicht, man trieb, wenn überhaupt, verschiedene Sportarten in verschiedenen Vereinen. Fußball zum Beispiel war ein Arbeitersport, der Oberschüler hatte, wenn er nicht gerade turnte, Handball oder Schlagball zu spielen. Die Oberschicht durfte auch im Spiel schlagen, und das Proletariat die Hände nur zur Arbeit gebrauchen. Wer von seiner Hände Arbeit lebte, für den war das Handspiel verboten, der Ball durfte nur mit dem Fuß gespielt werden.

Begegnete man sich, ignorierte man sich. Die anderen waren Luft. Es gab keinerlei Berührung, außer man prügelte sich. Diese Schlägereien durften natürlich nicht in der Öffentlichkeit stattfinden – ein Oberschüler tut so etwas doch nicht – und darum traf man sich hinter der Badeanstalt. Es waren regelrechte Verabredungen wie im Krieg an der Front. Mein Vater war, so oft es ging, dabei. Ohnehin sportlich und inzwischen einer der Ältesten, war er ein ausschlaggebender Schläger in diesen Schlachten. Dass man sich so begeistert schlug, war eine Folge der aggressiven, aufgeheizten Kriegsstimmung unter den Erwachsenen, überall war von Krieg und Sieg die Rede, wie sollte die Jugend da friedlich bleiben? Was hier in Dahme und sicher auch in vielen anderen Orten geschah, war eine merkwürdige Umkehr der großen Politik. Während die Herrscher und herrschenden Kreise die europäischen Völker in den Krieg trieben, um den Unmut der verelendeten Massen nach außen abzulenken, gegen die Neider und Erbfeinde, um so soziale Missstände mithilfe nationaler Begeisterung vergessen zu machen, spielte sich hier hinter der Badeanstalt das Gegenteil ab. Der Krieg, ohnehin ging die Rechnung ja nur im Falle eines Sieges auf, verdrängte nicht die Revolution, er bewirkte sie. Was hier ablief, war Klassenkampf. Die Jungarbeiter veranstalteten eine Minirebellion gegen die Angeber mit den bunten Mützen, die ihrerseits für Ordnung kämpften und für die bedrohte gute alte Zeit.

Ob mein Vater hier in Dahme das Einjährige schaffte, weiß ich nicht, halte es aber für möglich. Vielleicht hat man es ihm, der zu Beginn des letzten Kriegsjahres immerhin schon 18 wurde, ermöglicht, erleichtert, versprochen, geschenkt unter der Bedingung, dass er zu den Fahnen eilte und des Kaisers bunten Rock anzog, der inzwischen jedoch feldgrau war, grau wie die Stimmung in Deutschland, als der Krieg kein Ende nahm. Mein Vater kam also unter die Soldaten, aber nicht an die Front. Er kam nach Ostpreußen, dort wurde er stationiert und ausgebildet und das war ein Glücksfall. Im Westen verlor Deutschland den Krieg, dort musste man kapitulieren und einen bedingungslosen, also ehrlosen Waffenstillstand unterschreiben. Im Osten dagegen hatten die Russen klein beigegeben, die Deutschen waren die Sieger, ihr Stolz war ungebrochen. Der Krieg hatte aufgehört, es gab nichts mehr zu schießen, das Leben in der Kaserne war angenehm, angenehmer jedenfalls als in der Schule.

In die Kämpfe im Baltikum wird der ungeübte Rekrut nicht eingegriffen haben. Sicher waren die Bolschewisten, die Kommunisten, die Roten seine Feinde, in diesem Sinne war er erzogen worden, zu Hause, in der Schule und nun in der Kaserne, aber zu Gesicht bekommen hat er einen echten Bolschewik wahrscheinlich nicht. Auch von der deutschen Niederlage, der Kapitulation und der Revolution hat er im fernen Nordosten des Reiches wenig mitbekommen. Aus Mangel an Munition stand nicht das Schießen, sondern der Sport im Mittelpunkt der Ausbildung, schließlich mussten die jungen Leute irgendwie in Trab gehalten werden, und so wurde das Lieblingsfach meines Vaters aus der vergangenen Schulzeit zum Hauptfach in der Kaserne. Nach wie vor durfte er turnen und vorturnen, jetzt musste er auch Fußball spielen, denn das Militär vereinigt ja alle sozialen Schichten, Arbeiter-, Bauern- und Bürgersöhne, und die Sportart der Mehrheit bestimmte den Spielplan. Auch hier war mein Vater sehr bald sehr gut, er war der Kopf seiner Mannschaft, als Mittelläufer dirigierte er Abwehr und Angriff und beherzigte auch hier die wilhelminische Lebensregel, dass Angriff die beste Verteidigung ist. Außerdem avancierte er zu den besten Leichtathleten der Provinz Ostpreußen, erwarb sich Meriten als Sprinter, Springer und Mehrkämpfer, übersprang, was er mir später stolz berichtete und wohl auch vorwurfsvoll vorhielt, seine eigene Körpergröße, nämlich 1,76 Meter, und das mit dem damals allein üblichen und höchst unpraktischen Scherensprung. Natürlich erfreute er sich der Bewunderung seiner Kameraden und des Wohlwollens seiner Vorgesetzten.

Was im Westen passierte, die Grausamkeiten des Krieges, das Ausmaß der Niederlage, die Niedergeschlagenheit der Soldaten, deren Aufatmen nach dem Waffenstillstand und erst recht die Unruhen in den Hafen- und Großstädten, das alles wurde den Rekruten in Gumbinnen wohlweislich verheimlicht. Nach den Ursachen des Krieges zu fragen, hatte mein Vater umso weniger Veranlagung, als er unter den Folgen nicht zu leiden hatte. Die Ernährung im ländlichen Preußen, in der Kornkammer Deutschlands, war ausreichend, während das Volk im Reich hungerte und verhungerte. Für meinen Vater bestand also nicht die geringste Chance, aus diesem seinem ersten Krieg etwas zu lernen. Er wurde satt und trieb Sport, wie sollte er da zum Pazifisten werden? Soldatsein bedeutete Befreiung von der Schule, bedeutete Mittlere Reife ohne Abschlussprüfung, bedeutete Sport ohne Ende, musste er da dem Krieg nicht dankbar sein?

Und meine Mutter? Für sie war die Kriegszeit Schulzeit, aber ohne Angst und Schrecken. Da ihr Vater wie mein anderer Opa zu alt zum Krieg war und ihr Bruder zu jung, bekam die Familie Zweig die Furcht vor dem Krieg, also vor dem Sterben in Uniform, nicht unmittelbar zu spüren. Das Leben ging – zumindest zunächst – seinen gewohnten Gang. Mein Großvater ging Tag für Tag zu seiner Bank, meine Mutter zur Schule. Wahrscheinlich war sie eine gute Schülerin, denn gemessen an ihren Interessen für Literatur, Kunst, Geschichte und so weiter, die sie auch mir später vermittelte, wird sie schon in der Schule geistig rege und wissensdurstig gewesen sein. Aber viel erlebt hat sie wohl nicht, wie sollte sie auch? Ihr Leben spielte sich im Elternhaus und im Schulhaus ab.

Spannend wurde das Leben erst, als die Lebensmittel knapp wurden. Da mussten sich die Kinder schon mal anstellen, und dann erfuhren sie in der Schlange dies oder das, hörten die Arbeiterfrauen über die schlechte Versorgung meckern und überhaupt über die da oben. Solche Töne gab es zu Hause nicht zu hören. Dort gab es dann Lob, wenn man mit fetter Beute heimkehrte, oder Tadel, wenn man nur Ersatzstoffe erstanden hatte.

Der allgemeine Mangel bescherte den Kindern aber auch interessante Ausflüge, alle paar Sonntage fuhren die Großeltern mit meiner Mutter und meinem Onkel zu den Verwandten, die noch auf dem Lande lebten, gleich hinter der Oder. Das war wie Ferien, man konnte sich im Grünen austoben und dann satt essen und kehrte spät abends mit Butter und Speck und einem Sack Kartoffeln heim zum Prenzlauer Berg. So richtig gehungert hat meine Mutter wohl nicht, auch nicht im Steckrübenwinter 1916/17. Jedenfalls hat sie nie davon erzählt. Sogar der Mangel an Kohlen hatte sein Gutes. Da nur noch ein Zimmer geheizt werden konnte, rückte die Familie enger zusammen, Eltern und Kinder unterhielten sich mehr als sonst und sie spielten gemeinsam *Mensch ärgere Dich nicht,* was ja auch gut zur politischen Lage passte.

Als meine Mutter knapp 10 war, gegen Ende des Krieges, wagte sie, mit ihren Freundinnen erste Erkundungsausflüge in die nähere Umgebung zu unternehmen, hoch auf den Prenzlauer Berg, zum Wasserturm, meist aber in Richtung Alexanderplatz, zum belebten Zentrum des Berliner Ostens. Eines Nachmittags, als sie allein unterwegs war, hatte sie sich im Labyrinth der Großstadtstraßen verlaufen, es fing schon an zu dämmern, eigentlich hätte sie längst zu Hause sein müssen, die Mutter wartete bereits und würde schimpfen, und das umso mehr, je mehr sich das kleine Mädchen verspätete. Und wenn der Vater schon vor ihr nach Hause käme, nicht auszudenken, was einen dann erwartete. Meine Mutter hatte kein Geld, um mit der Elektrischen zu fahren und so ihren Heimweg zu beschleunigen. Sie wusste aber auch nicht, wo sich die zuständige

Haltestelle befand. Nach der Chodowieckistraße zu fragen, war sie zu schüchtern. Wildfremde Menschen anzusprechen, das traute sie sich nicht. Erst recht hatte sie nicht den Mut, sich an einen Schutzmann zu wenden. In dem grimmigen, schnauzbärtigen Polizisten, der dahinten an der Ecke die Litfaßsäule zu bewachen schien, sah sie nicht ihren Freund und Helfer, sondern das martialische Symbol staatlicher Allmacht und Autorität. *Ick den Schupo fraren? Lieba valoof ick mir,* pflegten die kessen, aber auch vorsichtigen Berliner Jungen zu sagen, und genau so dachte auch meine Mutter. Sie versuchte, sich zu erinnern: Aus welcher Richtung bin ich gekommen? Ich muss doch nur die gleiche Straße lang gehen, nur eben rückwärts.

Zum Glück entdeckte sie ein Kollege ihres Vaters aus dem Nachbarhaus. *Mensch Lore, was machst du hier, so spät und so alleine? Komm mit, nichts wie nach Hause!*

Die Mutter meiner Mutter war bei einer Nachbarin, der Vater musste – bei dem zunehmenden Arbeitskräftemangel – Überstunden machen, die merkten also nichts, und so endete der Ausflug zum Alex mit einem Happy End und ganz ohne Ärger und Mecker.

So friedlich die Kriegsjahre in Berlin vergingen, gegen Ende des Krieges wurde es immer unruhiger. Revolution, Kapitulation, Demonstrationen, Reparationen, Inflation, wie soll ein Kind diese vielen Fremdwörter begreifen, wo auch die Erwachsenen das alles nicht verstehen?

7
Revolution und Republik

Die 3. OHL, seit August 1916 im Amt, hatte zum totalen Krieg aufgerufen. Am liebsten hätten Hindenburg und Ludendorff alle Frauen und Männer zwischen 16 und 60 dienstverpflichtet, zum Kampf an der Front oder zur Arbeit in der Rüstung oder Landwirtschaft, was in dieser unerbitterlichen Konsequenz aber nicht durchsetzbar war. Das sogenannte Hindenburgprogramm, von OHL und Großindustrie entworfen, strebte eine Verdoppelung der Produktion von Munitionen an und eine Verdreifachung der Geschütze. Beides scheiterte kläglich. Immer mehr Einsatz bei immer weniger Kalorien – das war einfach unmöglich. Schließlich war der erste Hindenburgwinter der Steckrübenwinter. Aber die Durchhalteparolen wurden immer penetranter.

Die Propaganda wurde forciert und zu diesem Zweck die Universum Film AG gegründet, die UFA. Mit dem tausendfach plakatierten Werbeslogan *Die Zeit ist hart, aber der Sieg ist sicher* wurden die Menschen überredet, ihre letzten Ersparnisse für den Krieg herzugeben und Kriegsanleihen zu zeichnen, wodurch der Krieg angeblich verkürzt und der Sieg garantiert würde. Im Übrigen sei das Geld bestens angelegt, denn nach dem Sieg würde es mit Zins und Zinseszins zurückerstattet werden, bezahlt von den besiegten Franzosen, Engländern und Russen. Die Menschen nahmen derartige Finanzutopien für bare Münze. Aber der Schein trog. Ein Blick auf die Landkarte täuschte über den wahren Sachverhalt hinweg. Die Fronten verliefen überall auf Feindesland, nirgends wurde auf deutschem Boden gekämpft. Aber 23 Millionen Soldaten der Mittelmächte standen 45 Millionen der Alliierten gegenüber, von denen jedoch die 19 Millionen Russen im Laufe des Jahres 1917 an Kampfhalt verloren. Dennoch musste sich die OHL, trotz aller Siegesbeteuerungen, darüber im Klaren sein, dass die Überlegenheit an Mannschaften und Material auf Seiten der Feinde von Monat zu Monat größer wurde, nicht zuletzt wegen der amerikanischen Lieferungen, während die eigenen Verbündeten Österreich-Ungarn, die Türkei und Bulgarien erste Ermüdungserscheinungen zeigten.

Eigentlich hätte das Reich den Krieg schon nach wenigen Monaten aus Mangel an Munition einstellen müssen, denn wegen der englischen Nordseeblockade konnte das für die Pulverherstellung notwendige Chile-Salpeter nicht mehr in die deutschen Häfen gelangen. Es war dann aber ausgerechnet ein Jude, der den Krieg rettete.

Der Chemiker Fritz Haber hatte schon vor dem Krieg entdeckt, wie man – zunächst aber nur theoretisch – synthetisches Ammoniak (NH_3) herstellen könnte. Man müsste nur den Stickstoff, der zu 80% in der Luft vorkommt (als N_2) mit dem im Wasser (H_2O) gebundenen Wasserstoff (H) bei hohem Druck und hoher Temperatur zu NH_3 zusammenzwingen. Und schon hätte man eine Stickstoffverbindung, die zu Salpeter und zu Dünger und Sprengstoff weiterentwickelt werden könnte. Mit Feuereifer setzte die deutsche Großchemie (BASF) die Ideen in die Praxis um und machte sich bei gutem Verdienst ums Vaterland verdient. Der durch und durch deutsch gesinnte Jude Fritz Haber erfand auch das Giftgas, das seit 1915 an der Front (völkerrechtswidrig) zum Einsatz kam.

Da aber in Mitteleuropa Westwinde vorherrschen, schadete das Giftgas den deutschen Soldaten mehr als den Feinden, was die Entwicklung der Gasmasken notwendig machte und der Industrie zu zusätzlichen Einnahmen verhalf. Habers kriegswichtige Erfindungen hielt übrigens die Nobelpreiskommission nach dem Krieg nicht davon ab, ihm ihren honorigen und hochdotierten Preis zu verleihen, zwar nicht den Friedensnobelpreis, aber immerhin den für Chemie.

Ähnlich verdient um den Krieg wie Fritz Haber machte sich ein anderer jüdischer Patriot, der Chef der von seinem Vater gegründeten AEG, Walther Rathenau. Ihm gelang es, als Leiter der Rohstoffabteilung im preußischen Kriegsministerium, durch geschickte Rohstoffbewirtschaftung die deutsche Rüstungsindustrie einigermaßen ausreichend mit den notwendigen Energieträgern, Metallen und Chemikalien zu versorgen. Durch die Eroberung Rumäniens und seiner Ölfelder war sichergestellt, dass den deutschen Motoren der Sprit nicht ausging und der Krieg am Laufen gehalten wurde.

Aber trotz aller Eroberungen im Osten, trotz aller Notbehelfe und Zwangsmaßnahmen, trotz aller Disziplin und Einsatzbereitschaft an der Front und an der Heimatfront, litt Deutschland von Anfang an und dann von Monat zu Monat mehr an Nahrungsmangel, Waffenmangel, Munitionsmangel und Treibstoffmangel. Hindenburg und Ludendorff mussten und wollten den Krieg deshalb so schnell wie möglich siegreich beenden, um jeden Preis. Noch 1917.

Und wirklich wurde das Jahr 1917 zum Jahr der Vorentscheidung. Amerika stieg in den Krieg ein und Russland stieg aus. Für beides war Deutschland verantwortlich. Am 9. Januar 1917 beschloss der Kronrat unter dem Druck der OHL und gegen die Bedenken des Kanzlers Bethmann Hollweg, den unbeschränkten U-Bootkrieg wieder aufzunehmen, also die Versenkung auch neutraler und ziviler Schiffe, ohne Vorwarnung. Den dann mit größter Wahrscheinlichkeit erfolgenden Kriegseintritt der USA nahmen die deutschen Harakiri-Militärs auf die leichte Schulter. Man unterlag der Illusion, dass die deutschen U-Boote England in die Knie zwingen werden, bevor die amerikanische Armee k.v. sein werde und in Europa kämpfen könne. Die OHL hatte sich gegen den Kanzler durchgesetzt, das pokernde Militär gegen die abwägende Politik, blindes Wunschdenken gegen kühle Vernunft.

Die OHL bestimmte die Weltpolitik oder glaubte es doch, aber die eigenwillige und unberechenbare Weltgeschichte verhielt sich völlig anders, als die beiden vollendeten Quasidiktatoren aus Deutschland geplant hatten. Innerhalb von zehn Tagen, am 6. und am 16. April 1917 betraten Wilson und Lenin die Weltbühne, und beide sollten über die Zukunft unseres Planeten entscheiden. Beide verdanken ihren großen Auftritt der deutschen Nachhilfe. Wilson konnte dem Deutschen Reich erst den Krieg erklären, nachdem Deutschland den U-Bootkrieg erneut begonnen hatte und es zu ersten Zwischenfällen gekommen war, und Lenin konnte dem alten Russland erst den Krieg erklären, nachdem die Deutschen ihm die Heimreise aus dem Schweizer Exil ermöglicht hatten. Die USA verabschiedeten sich von ihrem Isolationismus und stiegen zur Weltmacht auf, und Russland musste zwar vorübergehend seine Rolle als europäische Großmacht aufgeben, hat aber schon bald als sowjetische Weltmacht seine Auferstehung gefeiert. Zwei Buchstaben sollten nach dem Zweiten Weltkrieg die Welt beherrschen, und nicht nur die Welt, auch den Weltraum, zwei identische Buchstaben, nur in unterschiedlicher Reihenfolge zu lesen: US und SU.

Als 1914 der Weltkrieg begann, hielten sich die Amerikaner zunächst zurück. Die strikte Neutralität verhalf dem Präsidenten Wilson 1916 dann auch zur Wiederwahl. Der Wahlslogan *He kept us out of war* sprach der Mehrheit der Menschen aus dem Herzen. Die wollten ihre jungen Söhne nicht auf den Schlachtfeldern des alten Kontinents opfern. Dennoch sympathisierten die USA mit den Alliierten. Da war die kulturelle und sprachliche Verwandtschaft mit den Briten, da war die demokratische Verfassung, die England, Frankreich und Amerika verband und die sich trefflich dazu eignete, die Willkürherrschaft der beiden Kaiser und des Sultans als inhuman und rückständig anzuprangern. Dass Russland bis zur Februarrevolution vom Zaren viel autokratischer regiert wurde als das deutsche Volk von Kaiser Wilhelm, übersah man geflissentlich.

Auch die engen Handelsbeziehungen trugen zur angloamerikanischen Harmonie bei. 54% des amerikanischen Imports stammten aus England, 63% des Exports gingen nach England. Dass die USA die Briten und dann auch Frankreich mit Waren und Waffen versorgten, war nur logisch. Der Gesamtexport der USA verdreifachte sich während des Krieges, der Krieg lohnte sich also. Da die europäischen Alliierten nicht bezahlten, sondern amerikanische Kredite in Anspruch nahmen, mussten die USA an einer Niederlage der Mittelmächte interessiert sein, denn ein deutscher Sieg, der die Alliierten zu horrenden Kriegsentschädigungen verpflichtet hätte, würde eine Rückzahlung der Schulden an Amerika durch England und Frankreich unmöglich machen. Zudem störten die deutschen U-Boote den amerikanischen Handel mit Europa und verursachten erhebliche Verluste. Ein Kriegseintritt der Amerikaner wurde also immer wahrscheinlicher, zumal sich die politisch-ideellen Motive (die demokratischen Ideale) und die ökonomisch-materiellen Motive (die guten Geschäfte) wunderbar ergänzten. All diese Aspekte bewirkten zunehmend eine antideutsche Stimmung, und so fand Wilson breite Zustimmung im Volk und Kongress, als er sich zum Krieg gegen die Mittelmächte entschloss. Die offizielle Kriegserklärung erfolgte dann am 6. beziehungsweise 7. April, erst an Deutschland, anschließend an Österreich-Ungarn.

Wie ein ausgeruhter und hochmotivierter Einwechselspieler betrat Amerika gegen Ende des Spiels die Arena, sowohl militärisch als auch moralisch bestens vorbereitet. Gegen einen müden Gegner kämpfte man mit den besseren Waffen für eine bessere Welt. *Die Welt muss für die Demokratie sicher gemacht werden (safe for democracy)* hatte Wilson vor dem Kongress verkündet und diese Zielstellung seinen Soldaten mit auf den Weg gegeben. Wer sollte diese Yankees aufhalten?

Die erschöpften und meuternden Franzosen, die entmutigten Engländer fassten wieder Mut und überwanden auch den Schock, dass die Russen als Verbündete versagten und nach ihrer zweiten Revolution ganz ausfielen.

Die USA und das Zarenreich befanden sich in einer diametral entgegengesetzten Lage. Während Amerika vom Weltkrieg profitierte und den Weltmarkt eroberte, weil ihre europäischen Konkurrenten mit ihrem Krieg beschäftigt waren, ging es den Russen immer schlechter. Die Wirtschaft lag danieder. Weder war die Landwirtschaft in der Lage, Heimat und Heer ausreichend mit Lebensmitteln zu versorgen, noch konnte die unterentwickelte Industrie genügend Kriegsmaterial an die Front schicken. Die Wirtschaft der zaristischen Regierung, der allgemeine Mangel und die Skandale am Hofe (zum Beispiel die Machenschaften des Mönchs Rasputin) zerstörten die alte Liebe des Volkes zum gottgesegneten Väterchen Zar. Unmut und Unzufriedenheit griffen immer mehr um sich. Soldaten meuterten und desertierten, und in den großen Städten kam es zu Hungerdemonstrationen und Streiks.

Dabei taten sich besonders die Frauen hervor. Am 8. März (nach russischem beziehungsweise orthodoxem Kalender war das der 23. Februar) gingen die Textilarbeiterinnen von Petrograd auf die Straße, demonstrierten und legten die Arbeit nieder. Ursache ihre Aufbegehrens war das Elend des Krieges, Anlass das Datum. Der 8. März war nämlich 1910 auf einem internationalen Frauenkongress auf Anregung der deutschen Sozialistin und Frauenrechtlerin Clara Zetkin zum Tag der Frau erklärt worden. Seitdem demonstrierten die

Frauen, zumindest die politisch aktiven, an diesem Tag für Gleichberechtigung. So auch am 8. März 1917 in Petrograd, wie die russische Hauptstadt seit Kriegsbeginn offiziell hieß, weil der alte Name Petersburg allzu deutsch klang.

Jetzt, im dritten Kriegsjahr, veränderten sich aber die Ziele der rebellischen Frauen, sie forderten nun Brot und Frieden. Die Metallarbeiter schlossen sich den Textilarbeiterinnen an, und dann meuterten auch noch die in der Hauptstadt stationierten Soldaten. Aus einer Frauendemo war eine Revolution geworden. Der Zar befahl die Unruhen zu liquidieren, aber es war niemand mehr da, der gehorchte. Dem Monarchen ohne Macht blieb nichts übrig als abzudanken. Die Duma, das 1912 aus ungleichen Wahlen hervorgegangene Parlament, setzte eine provisorische Regierung ein. Gleichzeitig entstanden sogenannte Sowjets. Das waren von Arbeitern, Soldaten und später auch Bauern spontan gewählte Räte, die neben der neuen Regierung ein zweites Machtzentrum darstellten. Diese Doppelherrschaft, hier die bürgerlich-liberale Regierung, dort die von Sozialisten dominierten Räte, war kennzeichnend für die folgenden Monate.

Eine radikale Wende bahnte sich an, als Lenin die politische Bühne betrat. Wer war dieser Mann? Wladimir Iljitsch Uljanow (so sein richtiger Name) wurde 1870 in Simbirsk an der Wolga als Sohn eines Schulbeamten geboren, orientierte sich schon früh wie fast alle bürgerlichen Intellektuellen in Russland nach links, musste miterleben, wie sein an einer Verschwörung gegen den Zar beteiligter Bruder hingerichtet wurde, entwickelte sich – nun erst recht! – zum konsequenten Marxisten und erlitt das Schicksal fast aller russischer Regimekritiker. Er wurde der Universität verwiesen, durfte aber dennoch als Externer das juristische Staatsexamen ablegen, wurde dann wegen seiner politischen Aktivitäten inhaftiert und anschließend – wie üblich – nach Sibirien verbannt. Im 20. Jahrhundert verbrachte er die meiste Zeit im Exil (1900 bis 1905 und 1907 bis 1917). Dort verfasste er seine theoretischen Schriften, betätigte sich journalistisch und wurde zum Vordenker der Bolschewisten. So nannten sich die Linksradikalen innerhalb der Russischen Sozialdemokratischen Arbeiterpartei (RSDAP), die sich 1903 auf ihrem Kongress ihn London nicht ohne Lenins Zutun gespalten hatte. Durch Zufall, weil nämlich die jüdischen Sozialisten fehlten, verfügten die Radikalen über eine knappe Mehrheit und nannten sich hinfort Mehrheitler (Bolschewiki) – im Gegensatz zu den unterlegenen gemäßigten Minderheitlern (Menschewiki).

Als Lenin in seinem Zürcher Exil von der Februarrevolution erfuhr, wollte er unbedingt nach Petrograd und die Entwicklung in seinem Sinne beeinflussen. Das war nicht einfach, denn schließlich musste er durch Feindesland, also durch Deutschland. Aber die deutsche Regierung und die OHL spielten mit. Sie ließen Lenin reisen. Sie versprachen sich davon, dass er die russische Revolution weitertreiben und Russland endgültig kampfunfähig machen würde. Das hätte Berlin schon 1914 haben können. Statt die Entscheidung im Westen zu suchen, die Neutralität Belgiens zu missachten und England in den Krieg zu ziehen, hätte man damals mit überlegenen Kräften das rückständige Russland in die Enge, in die Krise, in die Revolution und in die Niederlage treiben können. Das sollte jetzt nachgeholt werden durch die Förderung und Beförderung Lenins. Nach zähen Verhandlungen trat Lenin mit 30 Genossen die Reise vom neutralen Zürich ins neutrale Stockholm und weiter nach Petrograd an, das er am 16. April erreichte. Durch Deutschland fuhren die Revolutionäre in einem exterritorialen Eisenbahnwaggon, dessen Türen verschlossen und dessen Fenster verhängt waren. Sie waren begleitet von einigen deutschen Soldaten im letzten Abteil. Ein Kreidestrich auf dem Gang trennte Deutschland von dem rollenden Territorium der brisanten Reisegruppe.

In Petrograd wurde Lenin von seinen Anhängern begeistert empfangen, stieß sie aber sofort vor den Kopf, als er verlangte, statt mit der bürgerlich liberalen Revolutionsregierung zusammenzuarbeiten, sofort eine zweite, eine richtige, eine bolschewistische Revolution zu machen, ganz im Sinne der OHL, die dann auch vom Leiter der deutschen Abwehr in Stockholm das folgende Telegramm erhielt: *Lenins Eintritt in Russland geglückt. Er arbeitet völlig nach Wunsch.*

Lenin verstand sich zwar als Marxist und gab sich als solcher, in Wahrheit aber waren seine Methoden und Ziele ganz andere. Marx erwartete die Revolution in den führenden Industrieländern, Lenin dagegen in dem armen und zurückgebliebenen Russland, dem schwächsten Glied in der Kette der kapitalistischen Staaten. Denn hier seien der Unmut und damit das revolutionäre Potential am größten. Deshalb, so Lenin, dürfe sich die Revolution auch nicht allein auf das Industrieproletariat stützen, sondern müsse auf die Masse der armen Bauern (75 % der russischen Bevölkerung) zurückgreifen. Marx hatte in der Revolution das gesetzmäßige Ergebnis der historischen Entwicklung gesehen, die Weltrevolution würde also zwangsläufig und automatisch kommen, Lenin wollte die Revolution machen. Marx glaubte an eine spontane Erhebung der verelendeten und unterdrückten Massen, für Lenin ist die Voraussetzung der Revolution eine starke Partei mit einer kleinen Elite von Berufsrevolutionären an der Spitze. Die Massen müssen überzeugt und mitgerissen werden, nicht selber entscheiden. Zwar muss die Partei die Wünsche des Volkes kennen und auch verfolgen, hier in Russland den Wunsch nach Frieden, Brot und Land, aber die konkreten Entscheidungen hat die Parteielite zu fällen. Denn die Funktionäre an der Spitze wissen besser, was dem Volk nützt als das Volk selbst.

Trotzdem forderte Lenin immer wieder: *Alle Macht den Räten!*, was den Eindruck erweckte, als ob diese demokratisch gewählten Arbeiter-, Soldaten- und Bauernvertretungen das Sagen haben sollten. Wichtig und entscheidend war für Lenin, dass die Bolschewisten in den Sowjets die Mehrheit hatten. Schon bald gelang es Lenin, sein politisches Konzept durchzusetzen: Gewinn der Massen durch das Versprechen, ihnen Brot und Frieden zu bringen und den Bauern eigenes Land nach der Enteignung der Gutsbesitzer.

Wir hatten 1917 als das Jahr der Entscheidung bezeichnet, eigentlich aber ist es nur das Jahr der Vorentscheidungen. Denn der Krieg geht weiter und einen Sieger gibt es noch nicht. Zwar hatten die Amerikaner bis zum Sommer bereits erste Soldaten nach Frankreich gebracht, aber noch zeigte dies keine Wirkung. Erfolglos blieb auch die deutsche Offensive, mit der man im Frühling dem erwarteten Großangriff der Amerikaner zuvorkommen wollte. Ebenso scheiterten die alliierten Offensiven im Sommer und Herbst. Erst recht erwies sich die russische Offensive, die die Provisorische Regierung unter Kerenski angeordnet hatte, um zu zeigen, dass Russland auch nach der Februarrevolution treu zum Bündnis steht, als Fehlschlag.

Auch die politischen Bemühungen, endlich zu einer Entscheidung, sprich: zu einem Verständigungsfrieden zu kommen, bewirken nichts. So das Feilschen Österreichs um einen Sonderfrieden – einziges Ergebnis ist eine Verschlechterung der Beziehungen zum Deutschen Reich. Ohne Folgen bleibt auch die parlamentarische Revolte im Deutschen Reichstag, nämlich das Aufbegehren der linksliberalen Mehrheit. Unter Führung des Zentrum-Politikers Erzberger verabschieden das Zentrum, die liberale Fortschrittspartei und die SPD eine Friedensresolution (Verständigung ohne Gebietsgewinne), sie bleibt aber wie der Friedensappell des Papstes am 1. August ohne Resonanz. Ein zweimaliger Wechsel des Reichskanzlers (Michaelis löst Bethmann Hollweg, Hertling Michaelis ab) zeugen von der Ratlosigkeit an der Spitze des Reiches. Eine Besserung der Lage und der Stimmung bringt auch die Osterbotschaft des Kaisers nicht, der für die Zeit nach dem Krieg – erst dann! – in vagen Worten eine Verfassungsreform verspricht, zum Beispiel die Abschaffung des preußischen Dreiklassenwahlrechts.

Eine entscheidende Wende bahnte sich erst zum Jahreswechsel 1917/18 an – durch die immer wirksamer werdende militärische Übermacht der USA und durch die Machtergreifung der Bolschewiki nach der Oktoberrevolution.

Die zweite russische Revolution hatte sich nicht aus spontanen Demos und Streiks, also aus dem unzufriedenen Volk heraus entwickelt, wie im Februar, sondern sie war generalstabsmäßig geplant und eher ein militärischer Putsch. Nachdem die Bolschewiki den Petrograder Sowjet beherrschten und die meisten Soldaten und Matrosen auf ihre Seite gezogen hatten, konnte Lenin seine Genossen im Zentralkomitee der Partei (dem ZK) davon überzeugen, dass der Zeitpunkt zum Losschlagen gegen die unbeliebte Provisorische Regierung gekommen sei. In der Nacht vom 6. zum 7. November (nach russischem Kalender 24./25. Oktober, darum Oktoberrevolution) besetzten die zuverlässigen Arbeitermilizen, die Roten Garden, die strategisch wichtigen Punkte der Stadt, das heißt die Hauptpost, das Telefon- und Telegrafenamt, die Bahnhöfe, die Staatsbank und die Brücken. In der folgenden Nacht wurde das Winterpalais gestürmt, wo die Provisorische Regierung residierte und sich verschanzt hatte.

Den Startschuss gab der Kreuzer *Aurora*, dessen Namen nicht ohne optimistische Symbolik ist. Die Bolschewiki verloren bei ihrem Sturm lediglich sechs Mann, die Oktoberrevolution verlief also recht unblutig. Die Minister wurden gefangen gesetzt, Ministerpräsident Kerenski konnte in einem Auto der amerikanischen Botschaft fliehen.

Kaum war die Regierung gestürzt, machten die Bolschewiki ihre Politik, schnell und konsequent. Der für den 7. November, dem Tag der geplanten Revolution, einberufene gesamtrussische Sowjetkongress beschließt, um das Volk zu beglücken, das Dekret über den Frieden mit einem Waffenstillstandsangebot an alle kriegführenden Staaten und das Dekret über den Grund und Boden mit dem Ziel, die Großgrundbesitzer zugunsten der Kleinbauern entschädigungslos zu enteignen.

Zugleich wird die neue bolschewistische Regierung gebildet, der *Rat der Volkskommissare* mit Lenin als Vorsitzendem. Am 25. November werden die noch von der Provisorischen Regierung anberaumten Wahlen zur verfassunggebenden Nationalversammlung abgehalten. Da die Bolschewisten, die eine Räteverfassung anstrebten, gegen die gemäßigten Sozialrevolutionäre und Menschewiki, die für ein parlamentarisches System nach westlichem Muster waren, deutlich unterlagen und keine 25% der Stimmen erhielten, aber an der Macht bleiben wollten, störten sie im Januar 1918 das neue Parlament bei seinem ersten Zusammentritt und ließen es am zweiten Tag gar nicht erst in den Versammlungsraum. Damit lag die Macht endgültig bei der Rätediktatur beziehungsweise der bolschewistischen Partei.

Korrekte Historiker müssen fairerweise einräumen, dass der Rat der Volkskommissare mit Lenin an der Spitze die einzige Regierung war, die es mit dem Frieden ernst meinte. Sie machte Schluss mit dem Krieg, kapitulierte einfach und schloss mit dem Reich am 15. Dezember 1917 einen Waffenstillstand, und zwar um jeden Preis, der den Bolschewisten aber auch egal sein konnte, da sie fest davon überzeugt waren, dass die in Kürze ausbrechende Weltrevolution die Welt ohne Rücksicht auf bestehende Verträge und Verfassungen völlig neu ordnen werde.

Die Oktoberrevolution veränderte nicht nur Russland, sie erschütterte die ganze Welt. Alle Regierungen, ob die der Alliierten oder die der Mittelmächte (obgleich die deutsche ja die revolutionäre Suppe mit angerührt hatte), alle hatten Angst, dass die Revolution auf ihre Länder übergreifen könnte. Deshalb wartete der amerikanische Präsident mit einem Kontrastprogramm auf. Er setzte das Ideal einer freiheitlich-demokratischen Weltordnung gegen Lenins Konzept der Weltrevolution und der Diktatur des Proletariats – also der Bolschewisten. Am 8. Januar 1918 verkündete er dem amerikanischen Kongress und Volk und der Welt seine 14 Punkte. Die USA waren seit einem knappen Jahr im Krieg, sie waren also Partei und dennoch beanspruchte Wilson zugleich die Rolle eines Schiedsrichters. Er wollte Lenin moralisch überholen und führte sein Land auf den Weg zum Weltpolizisten. Er machte sich stark für eine gerechte Weltordnung. Hatte er in seiner Note vom 21. Dezember 1916 als neutraler Präsident noch zu vermitteln versucht und die Kriegsgegner um Offenlegung ihrer Kriegsziele gebeten, so legte er jetzt ein fertiges Programm vor für einen künftigen Weltfrieden: Keine Geheimdiplomatie mehr, sondern öffentliche Verhandlungen und Verträge, Freiheit der Meere und des Handels (wobei dieses Ideal ideal für den amerikanischen Welthandel war), allgemeine Abrüstung, Selbstbestimmungsrecht der Völker auf der Grundlage des Nationalitätenprinzips, Sicherung des Weltfriedens durch einen Völkerbund. Über diese allgemeinen Ziele hinaus erhob Wilson konkrete territoriale Forderungen: Räumung der von den Mittelmächten besetzten Gebiete, Abtretung Elsass-Lothringens an Frankreich, Wiederherstellung des belgischen Staates, Bildung eines polnischen Nationalstaates mit Zugang zur Ostsee, Zerschlagung des habsburgischen und des osmanischen Vielvölkerstaates und anschließend Schaffung neuer Staaten nach dem Nationalitätenprinzip.

Während die Alliierten im Wesentlichen zustimmten, wurden die 14 Punkte von der Gegenseite als völlig unrealistisch verlacht, waren doch alle von Wilson für eine Neuordnung vorgeschlagenen Gebiete noch fest in deren Hand. Ja, der deutsche Einflussbereich konnte sogar noch ausgeweitet werden, nachdem den Russen am 3. März 1918 der Frieden von Brest-Litwosk diktiert worden war. Bemühungen des Verhandlungsführers Trotzki blieben erfolglos. Als die OHL die deutschen Truppen am 18. Februar wieder in Marsch setzte, mussten die Russen auf Anraten Lenins unterschreiben. Ihm war eine Atempause zwecks Absicherung der Sowjetmacht wichtiger als, wie er glaubte, die vorübergehenden Gebietsverluste. Und diese Verluste waren gewaltig. Die russische Grenze wurde weit nach Osten verschoben, Finnland, das Baltikum, Polen, Weißrussland und die Ukraine gingen verloren, ebenso die kaukasischen Völker. Die Finnen, Polen, Ukrainer bildeten (wenn auch nur pro forma) einen eigenen Staat, der aber faktisch unter deutscher Vorherrschaft stand. Der Sowjetstaat verlor 60 Millionen Menschen, drei Viertel seiner Kohle- und Eisenproduktion, fast alle Ölquellen, die meisten Eisenbahnstrecken. Dieser *Frieden* war weit brutaler als das, was den Deutschen 1919 in Versailles und 1945 in Potsdam zugemutet wurde.

Im Osten hatte die OHL ihr Ziel erreicht, jetzt konnte man sich mit aller Kraft dem Westen zuwenden. Obgleich die Besetzung, Befriedung und Verwaltung der eroberten Gebiete fast eine Million Soldaten band, konnten fast drei Millionen an die Westfront geworfen werden, zusammen über 50 Divisionen. Für einen Augenblick war man, zumindest zahlenmäßig, den Alliierten ebenbürtig. Und diesen günstigen Augenblick wollte man nutzen, um eine Großoffensive zu starten, bevor die Amerikaner ihr volles militärisches Gewicht in die Waagschale werfen würden. Am 21. März begann die Schlacht um Frankreich, die größte Schlacht der Weltgeschichte. An der empfindlichen Stelle zwischen der britischen und der französischen Front stießen die deutschen Truppen 60 Kilometer vor, fast bis Amiens. Aber dieser Vorstoß bringt keine Entscheidung, vier weitere, den ganzen Frühling und Frühsommer hindurch, ebenso nicht. Sie führen lediglich zu kleineren Geländegewinnen, aber auch zu einem ungünstigeren Frontverlauf. Der Preis für diesen letzten, verzweifelten Versuch, den Krieg doch noch zu gewinnen, beläuft sich auf eine Million Mann.

So sinnlos jeder Krieg von Anfang an ist, am schlimmsten und sinnlosesten (wenn hier eine Steigerung überhaupt noch möglich ist) ist sein Ende. Es scheint ein historisches Gesetz zu sein, dass der Krieg die meisten Opfer fordert, wenn er bereits entschieden ist und das verzweifelte Weiterkämpfen der unterliegenden Seite absolut aussichtslos ist. Aber die Führer kennen dem eigenen Volk gegenüber kein Pardon. Für die Schuld, die sie an Krieg und Niederlage tragen, soll das Volk bezahlen. Sie selbst aber schieben die Verantwortung von sich. Schuld haben immer die anderen. Sowohl die Front als auch die Heimatfront haben versagt und es an Einsatz und Opferbereitschaft fehlen lassen.

In Wahrheit waren die Ursachen für Deutschlands Niederlage ganz andere: dass man diesen Krieg überhaupt gewollt und geführt hatte, dass man sich mit England und Amerika anlegte, dass die Amerikaner nun gegen Ende des Krieges hochmotiviert und hochgerüstet in die Kämpfe eingriffen und im Juli 1918 bereits eine Million Soldaten im Einsatz hatten. Und es wurden immer mehr.

Außerdem wurde die militärtechnische Unterlegenheit der Mittelmächte immer bedrohlicher. So hatte der immobile Stellungskrieg dazu geführt, dass man die Motorisierung vernachlässigte, während die Gegner auf die neue Panzerwaffe setzten. Mit 450 Tanks wurde die deutsche Front bei Amiens am 8. August dann auch regelrecht überrollt. Die Panzer kamen so schnell voran, dass die Briten selbst von ihrem Erfolg überrascht waren, so dass Nachschub und Infanterie gar nicht schnell genug folgen konnten und die deutsche Katastrophe sich in Grenzen hielt. Dennoch sprach Ludendorff vom *schwarzen Tag des deutschen Heeres*. Aus der Traum vom Siegfrieden und Rückzug auf die befestigte Siegfriedlinie. Man war genau dort wieder angekommen, wo man im März mit einer Million Männern mehr die Frühjahrsoffensive begonnen hatte. Und schon hatte man eine neue Illusion parat und hoffte, durch eine zähe Verteidigung den Gegner zu ermüden und zu Verhandlungen zu zwingen. In Wahrheit wissen Hindenburg und Ludendorff ganz genau, wie aussichtslos die Lage ist. Gewinnen kann man nicht, kapitulieren will man nicht, also wird sinnlos weitergekämpft – ohne jede Perspektive.

Irgendwann muss die Wahrheit auf den Tisch, das Problem für die OHL ist nur: *Wie sag' ich's meinem Kinde?* Über Jahre war das unmündige Volk unwissend gehalten worden, erst über die Kriegsursachen und die deutsche Mitschuld, dann über die militärische Lage. Man hatte den Untertanen triumphale Siege und reiche Gewinne versprochen, und nun musste man ihnen die Niederlage erklären. Sogar der Kaiser war von der OHL über den Ernst der Lage im Unklaren gelassen worden. *Alles wird dem armen Monarchen so serviert, dass er die Katastrophe gar nicht merkt,* notiert der Hamburger Reeder Ballin nach einem Gespräch mit Wilhelm am 5. September.

Erst Ende September/Anfang Oktober finden Hindenburg und Ludendorff den Mut, die wichtigsten Generäle und Politiker sowie den Kaiser über das ganze Ausmaß der Aussichtslosigkeit in Kenntnis zu setzen. Plötzlich haben es die beiden Kriegsherren und Kriegshelden furchtbar eilig. Unverzüglich sollen Kaiser und Kanzler sich bei Präsident Wilson um einen Waffenstillstand bemühen – auf der Grundlage von dessen 14 Punkten, für die man bis vor Kurzem nur Hohn und Spott übrig hatte. Die Hoffnung auf den Endsieg ist zur Hoffnung auf Wilsons Idealismus mutiert. Mehr noch. Der Kaiser soll jetzt – so Ludendorff wörtlich – *diejenigen Kreise an die Regierung bringen, denen wir es zu verdanken haben, dass wir so weit gekommen sind ... Die sollen nun den Frieden schließen ... Die sollen jetzt die Suppe essen, die sie uns eingebrockt haben.*

Gemeint waren SPD, Zentrum und Fortschrittspartei, die im Juli 1917 im Reichstag die Friedensresolution verabschiedet hatten. Jetzt, da die Herren der OHL die Hosen voll und auch vom Krieg die Nase voll haben, soll die Politik es richten und den Frieden mit den Feinden machen. Aber zunächst muss ein neuer Kanzler gesucht werden, da Graf Hertling sein Amt niedergelegt hat, denn nach so vielen Jahren in Ehre könne und wolle er als ... *alter Mann nicht sein Leben damit beschließen, dass er ein Gesuch um Waffenstillstand einreiche.*

Zum neuen Kanzler ernannte der Kaiser den Erbprinzen Max von Baden, was nicht ohne historische Ironie ist: Es war Großherzog Friedrich I. von Baden, der Wilhelm von Hohenzollern, den preußischen König, 1871 zum deutschen Kaiser ausrief, und nun nimmt Max von Baden die Abwicklung der Hohenzollern-Monarchie in die Hand. Aber noch versucht er, zu retten, was zu retten ist, auch den Hohenzollern die Kaiserkrone. Vergeblich. Wilson will nur ... *mit den Vertretern des deutschen Volkes verhandeln ... nicht mit den militärischen Beherrschern und monarchistischen Autokraten Deutschlands.*

Sollten diese weiterhin für das Reich sprechen, *dann kann Deutschland über keine Friedensbedingungen verhandeln, sondern muss sich ergeben* (Note vom 23. Oktober). Im Klartext bedeutet das: Rücktritt der OHL und des Kaisers – oder bedingungslose Kapitulation.

Das war zu viel verlangt. Das ging zu weit. Das ging gegen die Ehre. Das konnte die OHL nicht hinnehmen. Also Kommando zurück. Kehrtwendung um 180 Grad. Eben noch Waffenstillstand als Ziel, jetzt das Gegenteil.

An die kommandierenden Generäle wird telegrafiert, *es bleibe nichts übrig als Kampf bis zum Äußersten.* Inzwischen sind Hindenburg und Ludendorff in Berlin. Als es im Schloss Bellevue, wo heute der Bundespräsident residiert, wegen des Zickzackkurses der OHL (rin in den Krieg, raus aus dem Krieg, rin in den Krieg) zu einem scharfen Wortwechsel mit dem Kaiser kommt, fordert Ludendorff seinen Abschied und setzt sich durch.

Genau betrachtet ist seine Gehorsamsverweigerung nichts anderes als Meuterei und unterscheidet sich kaum von der Dienstverweigerung der kriegsmüden Soldaten. Gleichzeitig bedeutet sein Abschied aber auch, dass er genau das tut, was Wilson fordert, der nur mit demokratischen Vertretern des deutschen Volkes verhandeln will.

Das war sicher ein Fehler des Präsidenten. Statt die an Krieg und Niederlage Schuldigen an den Verhandlungstisch zu zwingen zwecks Kapitulation, schließt er sie von der Verantwortung aus, lässt sie davonlaufen und bürdet den demokratischen Politikern die Last der Friedensbedingungen auf. Eine schwere Hypothek für das im Entstehen begriffene neue, demokratische Deutschland.

Ein neues modernes Deutschland war nämlich in diesen schwierigen Wochen bereits im Werden, teils weil mehr Demokratie im Interesse des Volkes lag, teils weil der amerikanische Präsident eine demokratisch legitimierte Verhandlungsdelegation forderte. Und so bildete sich unter Max von Baden eine neue Regierung, in der auch Abgeordnete der Friedensparteien mitarbeiteten. Zugleich trat eine neue Verfassung in Kraft, die den Reichstag gegenüber Kaiser und Kanzler erheblich stärkte. Das Deutsche Reich war jetzt also eine parlamentarische Monarchie – genau wie England.

Während in Deutschland die Politik den Weg in die Moderne antrat, verharrte das Militär im alten Absolutismus. Neben Hindenburg und Ludendorff ist hier vor allem Admiral Scheer, der Chef der Seekriegsleitung, zu nennen. Der hatte am 31. Mai/1. Juni 1916 in der Schlacht vor dem Skagerrak die deutsche Flotte im Kampf gegen die englische befehligt. Einen Sieger gab es nicht, nur Opfer, wie üblich im Krieg.

Da die englischen Verluste fast doppelt so hoch wie die deutschen waren, sah Scheer in dem Unternehmen einen großen Erfolg. Da die englische Flotte aber um ein Vielfaches größer war, sind ihre Verluste prozentual wesentlich geringer als die deutschen ausgefallen. Noch einen solchen Pyrrhussieg zur See konnte sich Deutschland nicht leisten. Also blieben die deutschen Schiffe hinfort in ihren Heimathäfen. Dem liebsten Spielzeug des Kaisers wurde Passivität verordnet. Die Milliardenflotte war nur noch dazu da, nicht zu rosten, nicht zu kämpfen, nicht unterzugehen. Sie war nur noch von musealem Wert. Bis kurz vor Schluss. Aber jetzt, da alles entschieden war, sollte sie zum Endkampf gegen England auslaufen. Das verlangte die Ehre, und das verlangte Scheer. Für ihn gab es nur die Alternative: Siegen oder in Ehren untergehen. Aber die Matrosen wollten sich nicht dem brutalen Kriegsgesetz unterwerfen, dass der Kampf umso sinnloser und verlustreicher ist, je klarer der Krieg bereits entschieden ist. Sie meuterten. Den Anfang machte die Besatzung auf dem Kreuzer *Straßburg* in Wilhelmshaven.

Wie so oft wollte die Weltgeschichte nicht auf Scherz, Satire und Ironie verzichten. Gerade die kaiserliche Marine, Wilhelms gehätschelter Liebling, zeigt sich ungehorsam, und das in der Hafenstadt, die den Namen des ersten Hohenzollernkaisers (und damit auch seinen eigenen) trägt, und auf dem Kreuzer, der nach der größten Stadt des Elsass heißt, das einer der Zankäpfel und eine der Ursachen dieses Krieges war.

Die Meuterei macht Schule. Auch die Matrosen in Kiel erheben sich, verbrüdern sich mit den Werftarbeitern und bilden nach russischem Vorbild Arbeiter- und Soldatenräte. Was den Hafenstädten recht ist, ist den Binnenstädten billig. Überall Revolution. Überall Räte. Am 7. November erreichen die Unruhen München. Als erster deutscher Monarch ergreift König Ludwig III. die Flucht. Die kesse Berliner Schnauze fordert: *Lehmann muss weg.* Das war der Deckname, unter dem Wilhelms II. Großvater 1848 aus Berlin geflüchtet war.

Der Kaiser setzt sich am 10. November nach Holland ab. Die Verbündeten haben bereits die Waffen gestreckt und mit den Alliierten einen Waffenstillstand geschlossen, Bulgarien schon am 30. September, die Türkei am 30. Oktober, Österreich am 3. November. Die deutsche Verhandlungskommission unter Leitung des Zentrum-Politikers Erzberger ist unterwegs ins alliierte Hauptquartier, um endlich den Krieg zu beenden. Die Revolution bemächtigt sich der Hauptstadt Berlin, und ob in Deutschland russische Verhältnisse entstehen werden, ist eine offene Frage. Denn zwischen Deutschland und Russland gab es viele Parallelen.

Hier wie dort hatte sich gegen Ende des 19. Jahrhunderts eine von Marx beeinflusste linke Opposition gebildet. Während es in Deutschland aber zu einer geschlossenen und starken Sozialdemokratischen Partei kam, die 1912 bei den letzten Vorkriegswahlen nicht nur wie schon vorher stärkste Partei, sondern erstmals stärkste Fraktion wurde, war die linke Bewegung in Russland schwach und zerstritten, und zwar in Sozialrevolutionäre, Bolschewiki und Menschewiki, und ihre führenden Köpfe waren nach Sibirien verbannt oder lebten im Exil. In beiden Staaten war der Kaiser mächtig und das Parlament (Reichstag beziehungsweise Duma) schwach. Beide Völker litten besonders unter der Not des langen Krieges und hatten die meisten Gefallenen zu beklagen, 1,9 Millionen deutsche, 2,3 Millionen russische. Deutschland wie Russland zählten zu den Verlierern des Krieges, so dass es hier wie dort zu Demonstrationen, Streiks, Meutereien und Aufständen kam.

Während es in Russland aber zwei getrennte Revolutionen gab, erst die eher *gemäßigte* Februarrevolution mit bürgerlich-liberalen Zielen, dann die radikale, von bolschewistischen Berufsrevolutionären unter Lenins Führung generalstabsmäßig organisierte Oktoberrevolution mit kommunistischer Zielsetzung, kam es in Deutschland nur zu der einen Novemberrevolution, allerdings getrennt in vielen deutschen Städten, vor allem in den Häfen und in den Residenzstädten der deutschen Fürsten. Auch im Reich muss man aber zwischen radikalen und gemäßigten Strömungen unterscheiden. Zumal die SPD seit Beginn des Krieges in Flügelkämpfe verwickelt war.

Die Mehrheit stimmte aus patriotischer Verantwortung, wie sie meinte, immer wieder den Kriegskrediten zu, eine Minderheit unter dem Einfluss des Rechtsanwalts Dr. jur. Karl Liebknecht dagegen. Eine weitere Führungspersönlichkeit auf der linken Seite ist die polnische Jüdin Dr. phil. Rosa Luxemburg, die durch eine Scheinehe die deutsche Staatsangehörigkeit besitzt. Beide verbringen während des Krieges wegen Friedenshetze die meiste Zeit in Haft, können aber dennoch mithilfe von Kassibern an den kriegskritischen Spartakusbriefen mitarbeiten. Die illegal, aber dennoch regelmäßig erscheinenden Briefe wurden zum Organ des sogenannten Spartakusbundes. Als kleine Gruppe von Linksintellektuellen, die zudem fast alle inhaftiert waren, bleiben die Spartakisten zunächst ohne Massenbasis.

Anders die Unabhängige Sozialdemokratische Partei (USPD), die sich Anfang April 1917, als die USA dem Reich den Krieg erklärten, von der Mehrheits-SPD trennte und zur Massenpartei links von der MSPD wurde. Als die Revolution am 9. November 1918 Berlin erreichte, Arbeiter demonstrierten und Soldaten zu ihnen überliefen, kam es aber – anders als in Russland – nicht zur Machtergreifung durch irgendeine politische Gruppe. Die Macht lag quasi auf der Straße, doch keiner nahm sie sich. Liebknecht war nicht Lenin. Am 23. Oktober begnadigt, hält er jetzt zwar öffentliche Reden, aber er verfügt nicht – wie Lenin – über rote Garden, mit denen er die Schlüsselpositionen der Stadt besetzen könnte.

Reichskanzler Max von Baden verkündet am 9. November um 12:00 Uhr eigenmächtig den Rücktritt des Kaisers, noch bevor dieser selber es tut, und übergibt sein Amt an den SPD-Vorsitzenden Friedrich Ebert. Er sagt feierlich: *Herr Ebert, ich lege Ihnen das Deutsche Reich ans Herz.*

Ich habe zwei Söhne für dieses Reich verloren, antwortet der neue Kanzler. Dieser Regierungswechsel entsprach nicht der von Max von Baden selber mitentworfenen Oktoberverfassung, die den Kanzler an das Vertrauen des Reichstags band und nicht mehr an das des Kaisers und auch nicht an das seines Vorgängers.

Ebert, der erste sozialdemokratische Kanzler, begnügte sich zunächst damit, von den Massen, ob Arbeiter oder Soldaten, Ruhe und Ordnung zu verlangen. Wenn schon Revolution, dann diszipliniert und ordentlich, eben deutsch und preußisch. Lenin hatte nicht ganz Unrecht, wenn er über die deutschen Revolutionäre spottete, sie würden, bevor sie einen Bahnhof besetzen, eine Bahnsteigkarte lösen.

An diesem 9. November überschlagen sich die Ereignisse. Um die Mittagszeit berichten Extrablätter vom Rücktritt des Kaisers, die Arbeiter verlassen spontan die Fabriken, die Soldaten die Kasernen und strömen ins Stadtzentrum. Zwischen Tiergarten und Schloss drängen sich die Massen auf den Straßen, alles verläuft friedlich, nicht anders als in unseren Tagen auf der Fanmeile bei sportlichen Großveranstaltungen; man will einfach dabei sein.

Die Menschen spüren, dass jetzt über ihre Zukunft entschieden wird. Aber was für eine? Die Mehrheit, Mitglieder oder doch Stammwähler der alten SPD, neigen mehr einer parlamentarischen Demokratie nach westlichem Vorbild zu, viele waren auch fasziniert vom russischen Rätesystem, über das man jedoch wenig wusste.

Kaum gab es keinen Kaiser mehr, besetzten die Spartakisten mit Liebknecht an der Spitze das Schloss und schon verbreitete sich das Gerücht, er wolle in Kürze die Räterepublik ausrufen. Dem wollte und musste die MSPD begegnen und zuvorkommen, schließlich steht das M im Parteinamen nicht nur für Mehrheit, sondern auch für Maßhalten und Mäßigung. Entsprechend handelt der Fraktionsvorsitzende Philipp Scheidemann. Er tritt an ein Fenster des Reichstags und spricht zu den vor dem Parlamentsgebäude versammelten Massen und schließt mit den Worten: *Das Alte und Morsche, die Monarchie ist zusammengebrochen. Es lebe das Neue. Es lebe die Deutsche Republik!*

Es ist 14:00 Uhr. Zumindest verbal ist die Entscheidung für die parlamentarische Staatsform gefallen. Aber eben nur theoretisch. Denn schon meldet sich die Gegenseite zu Wort. Vor seinen Anhängern ruft Liebknecht um 16:00 Uhr, also nur zwei Stunden später, von einem Balkon des Schlosses die *freie sozialistische Republik Deutschland* aus und meint damit die Räterepublik. Zwei Kilometer und zwei Stunden trennen die zwei Republiken. Was denn nun? Parlament oder Räte, westliche Republik oder russische Republik, Sozialdemokratie oder Bolschewismus?

Am nächsten Tag kamen beide Seiten zum Zuge. In den Berliner Betrieben und Regimentern werden Delegierte, also Arbeiter- und Soldatenräte gewählt, die am Nachmittag im Zirkus Busch, dem größten zur Verfügung stehenden Versammlungsraum, tagen wollen. An seinem zweiten Amtstag, er war ja erst am 9. November ernannt worden, bildet Ebert eine parlamentarisch legitimierte Arbeiterregierung, der drei SPD- und drei USPD-Abgeordnete des 1912 gewählten Reichstags angehören. Mit dem revolutionär anmutenden Namen *Rat der Volksbeauftragten* stellt sich die neue Regierung den 3000 Arbeiter- und Soldatenvertretern vor. Diese gebärdeten sich zunächst radikal und forderten die sofortige Vergesellschaftung der kapitalistischen Produktionsmittel, also die Enteignung der großen Fabriken und Güter. Gleichzeitig bestätigten sie den Rat der Volksbeauftragten, weil sie, die mehrheitlich Sozialdemokraten waren, froh und dankbar waren, dass MSPD und USPD wieder zusammengefunden hatten und ihrerseits sozialistische Ziele verkündeten.

So paradox es erscheinen mag, die 3000 Arbeiter und Soldaten sind zwar entsprechend dem Räteprinzip an ihren *Arbeitsplätzen* von ihren Kollegen oder Kameraden bestimmt worden, aber eigentlich war ihnen der klassische Parlamentarismus sympathischer als das russische Räteexperiment. Aus zwei Gründen. Zum einen war langsam durchgesickert, dass Lenins Sowjetsystem auf dem Weg zur Parteidiktatur war, zum anderen hatte sich das Rätesystem bisher noch nirgends in der Welt bewährt. Beim amerikanischen, englischen, französischen Parlamentarismus wusste man dagegen, woran man war. Lieber wollte man, wie von der SPD seit Jahrzehnten gefordert, ein aus gleichen, geheimen und direkten Wahlen, zu denen endlich auch Frauen zugelassen waren, hervorgegangenes Parlament, das die Regierung bildet und kontrolliert sowie die Gesetze und den Haushalt bestimmt. Die so gewählten Abgeordneten folgen ihrem Gewissen und ihrem Sachverstand. Dagegen beruht das Rätesystem auf dem sogenannten imperativen Mandat. Die von den Betrieben und Regimentern bestimmten Delegierten müssen im Arbeiter- und Soldatenrat so stimmen, wie ihre Wähler es ihnen mit auf den Weg gegeben haben. Und sie können jederzeit abberufen und ersetzt werden. Kontinuität und Sachkenntnis sind also kaum möglich, Emotionen und wechselnde Stimmungen entscheiden darüber, was beschlossen wird. Kurz: Chaos droht – oder wie in Russland eine Diktatur.

Diese Gefahr sah Ebert, der eben noch Reichskanzler und jetzt Vorsitzender des Rates der Volksbeauftragten war und der gerade jetzt die Verantwortung trug, jetzt, wo es eine Fülle von Problemen zu lösen galt, Versorgung der Bevölkerung, Rückführung und Eingliederung der Soldaten, Abschluss eines Waffenstillstands und dann eines Friedens, Aussöhnung der politischen Strömungen beziehungsweise Gegner im Inneren, Aufbau einer geordneten Republik.

Genau diese Problematik sah auch General Groener, der nach Ludendorffs Fahnenflucht dessen Nachfolger geworden war; und der setzte sich über eine geheime Telefonleitung, die zwischen dem Hauptquartier in Spa und der Reichskanzlei bestand, in der Nacht vom 10. zum 11. November mit Ebert in Verbindung, der an Bismarcks Schreibtisch saß und grübelte. Die beiden unterschiedlichen Herren wurden sich sehr schnell einig über ihre Ziele, weil sie einen gleichen Gegner hatten: Chaos und Unordnung, Bolschewismus und Revolution (schließlich hatte Ebert seinen Parteifreund Scheidemann scharf kritisiert, weil der die Republik ausgerufen hatte, während Ebert die Revolution bremsen und die Monarchie retten wollte, wenn auch mit einem anderen Kaiser, nämlich dem Kronprinzen, der allerdings noch reaktionärer als sein Vater war). Groener und Ebert mussten in dieser Nacht über ihren Schatten springen. Dem General, der aus Württemberg stammte und nicht von Adel war, aber wenigstens Wilhelm hieß, waren die zahmen Sozis lieber als Bolschewisten und Spartakisten, und dem Heidelberger Sattler war eine disziplinierte Armee lieber als Spartakisten und andere Revoluzzer, die nur Unruhe stiften. Und so kam es notgedrungen zu dieser etwas unheiligen Allianz, zwischen Armee und Staat, OHL und Rat der Volksbeauftragten – oder zumindest zwischen deren Wortführern.

Am nächsten Tag, dem 11. November, musste der Zivilist Erzberger im Wald von Compiègne in einem Salonwagen der französischen Eisenbahn den Waffenstillstand unterschreiben, nachdem Hindenburg dazu geraten hatte, weil ein Weiterkämpfen nicht mehr möglich war. Die Bedingungen waren hart und dabei waren sie erst der Anfang. Das dicke Ende, der Friedensschluss, würde noch kommen. Zunächst einmal müssen sich die deutschen Truppen hinter den Rhein zurückziehen, Auslieferung der meisten schweren Waffen, Rückführung der alliierten Kriegsgefangenen ist zu garantieren, während die deutschen Gefangenen in den alliierten Lagern bleiben müssen. Der Friedensvertrag von Brest-Litowsk wird annulliert. Die Seeblockade wird von den Siegern noch nicht aufgehoben. Zwar schweigen ab 11:55 Uhr die Waffen, aber Not und Elend in der Heimat gehen weiter.

In dieser kritischen Situation muss der Rat der Volksbeauftragten nun trotz allem versuchen, zu regieren. Am 12. November veröffentlicht er in einem Aufruf an das deutsche Volk sein Programm, das sich ausdrücklich als sozialistisch bezeichnet, aber von dem traditionellen sozialistischen Hauptziel, der Enteignung und Vergesellschaftung der Produktionsmittel, abrückt. Um die geordnete Produktion aufrechtzuerhalten, soll das Eigentum gegen Eingriffe Privater geschützt werden. Zu einer Sozialisierung der Produktionsmittel zugunsten des Volkes fühlten der Legaldemokrat Ebert und Genossen sich nicht befugt. Das könnte nur eine vom ganzen Volk gewählte Nationalversammlung beschließen.

Das Programm garantiert die bürgerlichen Freiheiten, wie sie schon die Revolution von 1848 gefordert hatte, also die Meinungs-, Versammlungs- und Religionsfreiheit, es verwirklicht gewerkschaftliche Forderungen, so den Acht-Stunden-Tag ab 1. Januar, die Unterstützung von Arbeitslosen beziehungsweise Schaffung von Arbeitsgelegenheiten, es verspricht Bereitstellung von Wohnraum und Sicherung der Volksernährung. Das Programm ist liberal und sozial, aber eine sozialistische Umgestaltung der Gesellschaft wird im Moment nicht angestrebt. Darüber soll die Zukunft entscheiden. Ein Vollblutrevolutionär (wie Lenin) schmiedet das Eisen, solange es heiß ist, das heißt, solange die Massen auf der Straße und in Bewegung sind.

Ebert und der Rat der Volksbeauftragten warten, bis es politische Spielregeln gibt, bis eine gewählte Nationalversammlung eine Verfassung ausgearbeitet hat. Aber würde man in diesen unruhigen, von Demos, Streiks, Straßenkämpfen und Verelendung geprägten Zeiten überhaupt geregelte Wahlen durchführen können, zumal die Entscheidung, ob Räte oder ein Parlament das Sagen haben sollen, noch immer nicht gefallen ist? Aber der Reichsrätekongress bringt dann doch eine Entscheidung, als er vom 16. bis zum 21. Dezember in Berlin, im preußischen Abgeordnetenhaus, tagt. Von den dort vertretenen Arbeitern und Soldaten bekannten sich laut Protokoll 289 zur MSP, 90 zur USPD (darunter 10 Spartakisten), die Übrigen nannten sich einfach Demokraten oder Soldaten. Damit waren die Mehrheitsverhältnisse klar.

Mit 400:50 Stimmen sprachen sich die allermeisten für die Wahl zu einer verfassunggebenden Nationalversammlung aus, und zwar schon in einem Monat, am 19. Januar 1919. Die Räte selbst hatten sich gegen das Rätesystem und für ein Parlament ausgesprochen. Man beschloss auch nicht, in dieser ersten Phase der Revolution, im Herbst 1918, vollendet Tatsachen zu schaffen und durch Enteignung der Konzerne und Landgüter den Sozialismus durchzuführen (wie in Russland). Die Entscheidung über die Wirtschafts- und Gesellschaftsstruktur sollte erst die Nationalversammlung treffen, und ob die mehrheitlich sozialistisch sein würde, das hofften MSPD und USPD, es war aber alles andere als sicher.

Immerhin gab es jetzt eine Perspektive: Wahlen im Januar. Man konnte in Ruhe Weihnachten feiern und das neue Jahr erwarten.

EINSCHUB 7A
EIN LOGISCHER DIALOG

Wir hier unten kennen nur die Maßregeln, Gesetze und Befehle, die von oben auf uns hernieder prasseln. Was dort im Einzelnen gesprochen und besprochen wird, wissen wir nicht. Wir sind ja nie dabei. Wenn die hohen Herren zur Sache kommen, wird das Personal weggeschickt, und in der Edellimousine ist der Chauffeur durch eine schalldichte Scheibe von seinen Vorgesetzten getrennt.

Mit einiger Fantasie und Logik kann man aber mutmaßen, was hinter verschlossenen Türen so alles ausgeheckt wird, was zum Beispiel Ludendorff und Hindenburg so alles planten, als sie am 26. Oktober unterwegs zu Kaiser Wilhelm waren, nachdem sie von ihrem Hauptquartier in Spa (übrigens ein eleganter Kur- und Badeort) nach Berlin gereist waren. Die beiden mächtigsten Männer Deutschlands sitzen im Fond einer bequemen Karosse und schauen aus dem Fenster, Hindenburg mürrisch, Ludendorff heiter.

HINDENBURG *(brummt)*: Ich bin immer noch erregt. Seit ich‘s erfahren habe. Eine solche Unverschämtheit! Wahnsinnig, dieser Kerl!
LUDENDORFF *(mit scheinheiliger Neugier)*: Welcher Kerl?
HINDENBURG *(ungehalten)*: Welcher? Welcher? Wilson natürlich.
LUDENDORFF: Wilson? Warum Wilson?
HINDENBURG *(laut werdend)*: Warum? Wieso? Weshalb? Haben Sie keine Ehre im Leib? Der Lump will nicht mit uns und dem Kaiser, sondern nur mit den Zivilisten aus Berlin verhandeln. Vor uns hat er wohl Angst. Und deshalb beleidigt er uns und lädt uns schlankweg aus.
LUDENDORFF: Ich kenne die Note …
HINDENBURG: … und sind nicht empört?
LUDENDORFF: Im Gegenteil. Ich habe den Text mit größtem Vergnügen gelesen. Eine erfreulichere Meldung ist mir seit Monaten nicht unter die Augen gekommen. Die schönsten Geschenke machen einem doch immer die Feinde.
HINDENBURG: Ich verstehe Sie nicht.
LUDENDORFF: Herr Generalfeldmarschall, es ist zweifellos ein großes Vergnügen, an Friedensverhandlungen teilzunehmen, aber doch nur, wenn man gewonnen hat. Aber so? Seien wir doch froh, dass der Ami so dumm ist und uns, um uns zu strafen, von der Demütigung ausschließt. Umso besser. Da müssen wir nicht zu Kreuze kriechen. Bleibt uns alles erspart. Im Übrigen haben wir ja auch schon längst Ersatz geschaffen.
HINDENBURG: Ersatz?
LUDENDORFF: Ja, Ersatz. Und damit sind wir dem Wilson sogar noch entgegengekommen.
HINDENBURG *(begriffsstutzig)*: Was? Wie?

LUDENDORFF: Überlegen Sie doch einmal selber! Wozu haben wir denn vor vier Wochen Sozis und Zentris und andere pazifistische Schlappschwänze in das Kabinett des Prinzen Max gesteckt? Damit die den Frieden schließen und vor dem deutschen Volk als Sündenböcke dastehen. Und Wilson spielt sogar mit. Die Dinge laufen prächtig, wie abgesprochen.

HINDENBURG *(trotzig)*: Sind Sie wahnsinnig? Man bootet uns aus, man schiebt uns zur Seite. Wir sind ein Dreck, ein Nichts. Das ist doch ungezogen. Und Sie freuen sich darüber. Wir haben bei Tannenberg gesiegt, und jetzt soll die Weltgeschichte ohne uns …

LUDENDORFF *(unterbricht ihn)*: … Sehr richtig. Ohne uns. Mag doch das Reich mit Max von Baden baden gehen. Wir sind von Bord, bevor das Staatsschiff sinkt.

HINDENBURG *(entsetzt)*: Höre ich richtig?

LUDENDORFF: Allerdings. Ich trete zurück. Wilson ist mir zuvorgekommen mit seiner Forderung. Noch mal passiert mir das nicht. Ehe der schlappe Prinz auf die Idee kommt, den Kaiser vor die Alternative zu stellen: *Der oder ich!*, reiche ich meinen Abschied ein. Ich gehe.

HINDENBURG *(erbleicht)*: Sind Sie schon wieder wahnsinnig? Was soll ich ohne Sie tun? Wer soll mir in Zukunft meine Befehle befehlen?

LUDENDORFF: Kommen Sie mit! Ich jedenfalls gehe.

HINDENBURG: Muss es denn unbedingt sein?

LUDENDORFF: Allerdings. Es ist höchste Zeit. Schließlich will ich den Krieg nicht verlieren, oder genauer: ich will es nicht eingestehen. Ungeschlagen will ich aus dem Krieg und aus der Niederlage hervorgehen und auf keinen Fall kapitulieren. Verstehen Sie? *(Leise, für sich, zur Seite sprechend, fügt er hinzu)*: Ich fürchte nur, der Kaiser wird mein Abschiedsgesuch nicht annehmen. Was dann? Dann muss ich den eitlen Fatzke derart reizen, dass er mich rausschmeißt.

HINDENBURG *(versucht Ludendorff bei der Ehre zu packen und packt ihn an beiden Schultern)*: Man wird Sie einen Feigling schimpfen, die Truppe in der Stunde der Gefahr zu verlassen. Denken Sie an Ihre Ehre.

LUDENDORFF: Meine Ehre lassen Sie nur meine Sorge sein. Da hab ich schon vorgebaut. Ich verlasse die Armee als Held, ungeschlagen, aber verraten. Warum haben wir denn vor vier Wochen der neuen Regierung befohlen, um Frieden zu bitten? Damit die die Schuld hat, wenn die Kampfmoral sinkt. Wie schrieb die rechte Presse so schön über diese Pazifisten: *Jammergestalten, Miesmacher, Unglücksraben, Flaumacher, quakende Unken aus der Tiefe?* Die sind der unbesiegten Truppe in den Rücken gefallen, die haben um Frieden gewinselt und sind bereit, bedingungslos zu kapitulieren, während das deutsche Heer fest gefügt steht und alle Angriffe siegreich abwehrt.

HINDENBURG: Was aber, wenn die Regierung bekanntmacht, dass wir es waren, die forderten, um Waffenstillstand zu ersuchen?

LUDENDORFF *(selbstbewusst)*: Das kann die Regierung nicht wagen. Dann sinkt die Moral der Truppe noch mehr – und das Winseln der Herren Politiker ist schuld. Im Übrigen haben wir vorgesorgt. Ich habe in Ihrem Namen an den Kanzler telegrafiert und den Text auch der Presse übermitteln lassen, dass wir schärfstens Verwahrung einlegen gegen Gerüchte, der Generalfeldmarschall habe schon vor Wochen ein sofortiges Friedensangebot verlangt, weil die Front kurz vor dem Zusammenbruch stehe und es sich um eine Sache von Stunden handle.

HINDENBURG *(kleinmütig)*: Das habe ich auch gefordert.

LUDENDORFF: Aber in ganz kleinem Kreis, sozusagen ohne Zeugen. Das Volk erfuhr doch nichts davon und glaubt auch heute noch an den Endsieg.

HINDENBURG *(wirft sich in die Brust)*: Herr Ludendorff! Das ist doch nicht ehrlich. Dem Kaiser und dem Kanzler gestehen wir die Niederlage und verlangen Frieden, und dem Volk machen wir Mut und verlangen weitere Schlachten von der müden Truppe. Ein solches Lügengespinst widerspricht meiner Vorstellung von soldatischer Ehre.

LUDENDORFF *(respektlos)*: Dann haben Sie Ihre Ehre schon seit Jahren verletzt. Denn spätestens seit Wilhelms Kriegserklärung wissen Sie so gut wie ich, dass der Krieg nicht zu gewinnen ist.

HINDENBURG: Sie wussten das vielleicht, ich habe geglaubt. Bis zuletzt. Fast bis heute.

LUDENDORFF: Und deshalb wollen Sie lieber in Ehren untergehen wie Admiral Scheer mit seiner Flotte, als mit mir zusammen ein bisschen zu taktieren.

HINDENBURG *(fest)*: Taktieren ist das Gegenteil von Ehre.

LUDENDORFF *(ironisch)*: Ihre Ehre in Ehren, Herr Generalfeldmarschall! *(schlau)*: Aber gerade das ehrliche Taktieren rettet Ihre Ehre. Denken Sie an die Zukunft, gerade auch an Ihre eigene und an die unseres Vaterlandes. Nach dem verlorenen Krieg ist Ihre Ehre – und übrigens auch meine – notwendig, damit wir unsere bewährten preußischen Ideale retten.

HINDENBURG: Wie stellen Sie sich denn unsere Zukunft vor?

LUDENDORFF *(doziert)*: Die zivile Regierung macht auf versöhnlich und will mit Wilson flirten. Wir führen weiter Krieg und schicken Telegramme an die kommandierenden Generäle: *Kampf bis zum Äußersten!*

HINDENBURG *(skeptisch)*: Aber wie lange können wir das durchhalten?

LUDENDORFF *(selbstischer)*: Auf jeden Fall länger als notwendig. Denn die Front steht, nicht zuletzt deshalb, weil die Alliierten kurz vor ihrem Sieg keine Opfer mehr riskieren wollen und deshalb vorsichtig operieren.

HINDENBURG: Aber welchen Nutzen haben wir von dieser Verzögerung?

LUDENDORFF *(belehrend)*: Dass inzwischen in der Heimat so einiges passiert. Der Unmut wird über die Ufer treten, die Massen werden ein bisschen revoltieren, die Pazis und die Sozis werden ein bisschen regieren, vor allem aber werden sie kapitulieren, hinter unserem Rücken, ohne uns und gegen uns.

HINDENBURG *(deprimiert)*: Und dann ist alles verloren.

LUDENDORFF *(heiter)*: Von wegen. Im Gegenteil. Wir haben dann gewonnenes Spiel. Wir können sagen, wir sind verraten worden. Die Front hielt stand, sie holte sogar gerade zum entscheidenden Gegenschlag aus. Doch dann hat der unbesiegten Truppe die Heimat von hinten den Dolch in den Rücken gestoßen – wie weiland der finstere Hagen dem strahlenden und bis dato immer siegreichen Siegfried.

HINDENBURG *(dem es wie Schuppen von den Augen fällt)*: Das ist ja eine regelrechte Dolchstoßlegende.

LUDENDORFF: Und wir beide sind unbesiegt und unschuldig an der Niederlage. Denn wir haben rechtzeitig unseren Abschied genommen. Zumindest ich.

HINDENBURG *(zweifelnd)*: Kann ich Majestät das antun und ihn einfach verlassen?

LUDENDORFF: Sie müssen. Die Revolution ist unvermeidlich. Denken Sie an Russland. Eine Monarchie wird es nicht länger geben. Wilhelm wird von Glück sagen können, wenn er das nackte Leben rettet.

HINDENBURG *(verzweifelt)*: Und dann kriegen wir eine rote Republik.

LUDENDORFF *(begeistert)*: Natürlich. Zum Glück.

HINDENBURG *(vorwurfsvoll)*: Sie sind ein Zyniker.

LUDENDORFF: Mitnichten. Ich bin ein Realist und Optimist. Die Republik ist von vornherein zum Scheitern verurteilt. Die neuen Machthaber kapitulieren und werden alles unterschreiben. Und wer unterschreibt, der ist der Verlierer. Nicht wir, wir sind längst weg und fein raus. Und dann erst der Frieden, den die Sieger der jungen Republik aufzwingen, der kennt nur Rache und keine Gnade, schließlich haben wir der Welt in Brest vorgemacht, wie man mit Besiegten umgeht. Und je brutaler der Frieden, desto besser, denn ein solcher Rachefrieden wir der Republik den Rest geben.

HINDENBURG *(strahlt)*: Und dann kommen wir.

LUDENDORFF: Genau.

HINDENBURG *(dankbar)*: Und setzen die Majestät wieder auf den Thron.

LUDENDORFF *(zögerlich)*: Nicht unbedingt.

HINDENBURG *(enttäuscht)*: Nicht? Warum denn nicht?

LUDENDORFF *(apodiktisch)*: Dann regieren wir. Die Demokratie hat abgewirtschaftet, der Friedensvertrag und das Parteiengezänk ekeln die Menschen an, man sehnt sich nach einem starken Mann, wie Sie und ich es sind, denn jetzt zahlt es sich aus, dass wir unsere Ehre bewahrt haben. Das Volk wird reumütig den Dolch aus unserem Rücken ziehen und uns zu seinen neuen alten Führern machen.

HINDENBURG *(unsicher)*: Ich bin aber heute schon über 70.

LUDENDORFF *(leichthin)*: Na und? Wenn Sie in Ihrem Alter einen Krieg führen, dann können Sie auch regieren. Im Übrigen: Alter schützt vor Ämtern nicht.

HINDENBURG *(mit Skrupeln)*: Was sagen nur Majestät dazu?

LUDENDORFF: Zunächst einmal überreden wir Wilhelm, mit uns ins Hauptquartier nach Spa zu kommen. Da kann er eine Kur antreten und sich auf seine letzten Tage noch ein bisschen erholen, und wir haben ihn unter Kontrolle, als eine Art Faustpfand und befreien ihn

aus den Klauen der Berliner Politiker.
HINDENBURG *(erleichtert)*: Und Majestät befänden sich im Schoß und im Schutz der Truppe.
LUDENDORFF: Das wäre auch rein geografisch praktisch.
HINDENBURG *(neugierig)*: Wieso denn das?
LUDENDORFF *(belehrend)*: Da ist er ganz dicht an der holländischen Grenze und kann mühelos desertieren. Pardon, ich meine emigrieren.
HINDENBURG *(mit stolzem Aha-Gefühl)*: Mir geht ein Licht auf. Jetzt wird mir klar, warum wir damals den Schlieffenplan nur unvollständig in die Tat umsetzen sollten und nur durch Belgien und nicht durch Holland marschieren durften. Wir konnten uns ja Den Haag nicht zum Feinde machen, denn für den Fall, dass alles schief geht, musste für die Hohenzollern ja irgendwo eine angemessene Zuflucht bei blaublütigen Kollegen bereitstehen.
LUDENDORFF *(lehrerhaft)*: Sehr richtig. Im Falle der Niederlage ab in die Niederlande! Übrigens habe ich deshalb auch immer dafür gesorgt, dass wir uns mit Schweden gut stellten.
HINDENBURG: Von denen brauchten wir doch das Eisenerz für unsere Kanonen.
LUDENDORFF: Klar. Das auch. Aber ein neutrales Schweden ist auch von Nutzen, weil ich mich in Kürze dorthin zurückziehen will … Aber keine Angst, Herr Ehrenburg, ich tu's erst, wenn Majestät es mir vorgemacht haben und in Holland weilen. Dann bin ich frei, dann bindet mich kein Eid mehr. Es ist ja auch nur für eine kurze Übergangszeit. Dann kehre ich heim ins Reich, und dann: Gnade meinen Gegnern.

Der Wagen ist am Ziel. Den Herren werden die Türen geöffnet. Sie steigen aus, nehmen eine straffe militärische Haltung an und marschieren im Gleichschritt auf das Schloss Bellevue zu.
LUDENDORFF *(blickt auf die Inschrift über dem Portal, lächelt ironisch)*: Bellevue. Nomen est Omen. Schöne Aussichten.
HINDENBURG *(kleinlaut)*: Ich weiß nicht.

8

Weimar und Versailles

Innerhalb weniger Tage verlor Wilhelm II. den Krieg, den Thron und die Heimat. Er war ein schlechter Verlierer. Nichts von majestätischer Würde. Er drückte sich vor der Verantwortung und er verdrückte sich. *Er kapitulierte nicht* (das sollten andere tun, nämlich ein paar pazifistische Reichstagsabgeordnete, mit dem Volksschullehrer Matthias Erzberger an der Spitze), *er dankte nicht ab* (das musste der Kanzler Max von Baden für ihn erledigen, der wusste, dass nur ohne den Kaiser der Krieg zu beenden und die Revolution zu begrenzen war). Aber Wilhelm klebte an seinem Thron und war höchstens zu der kuriosen Halbheit bereit, als deutscher Kaiser, keinesfalls aber als König von Preußen zurückzutreten (und auch damit zögerte er noch so lange, bis der Kanzler auch ohne eine entsprechende Bestätigung aus Spa die Abdankung verkündete), und *er desertierte* (nachdem er am 9. November beim Abendmahl noch stolz und wirkungsvoll versprochen hatte, den Heldentod an der Front zu suchen), zog er es am nächsten Morgen vor, da sein Volk und seine Armee ihn so schamlos verraten hatten, diese seinerseits zu verlassen und nach Holland zu fahren. Er wagte es aber nicht, den bereitstehenden Sonderzug zu besteigen, denn inzwischen war nicht einmal mehr auf die Lokführer Verlass und ein Streik, wie jetzt überall üblich, nicht auszuschließen. So ließ er sich lieber im Automobil nach Holland kutschieren. Er war vom Kaiser zum Asylanten geworden und musste bescheiden und demütig die sich über Stunden hinziehenden Grenzformalitäten über sich ergehen lassen. Die Holländer hatten es nicht eilig mit ihrem Gast.

Aber ein armer Asylant war er beileibe nicht. Er war zwar gestürzt, doch nicht enterbt. Wie die zwei anderen Dutzend Reichsfürsten durften auch die Hohenzollern ihre Ländereien und Wälder, Immobilien und Aktien und selbstverständlich auch ihre Schlösser samt Innereien, als da sind Kunstwerke, Möbel und so weiter ungeschmälert behalten. Darüber hinaus bekam der in den Ruhestand versetzte

Kaiser vom deutschen Staat eine monatliche Pension von 50000 Mark. Um auch im Exil angemessen Hof halten zu können, denn an bewundernden Besuchern fehlte es nicht, erwarb Wilhelm das Schloss Doorn bei Amerongen, konnte es auch repräsentativ ausstatten, denn aus dem Reich rollten über 60 Güterwagen und 140 Möbelwagen heran, um das Notwendigste herbeizuschaffen.

Nie mehr ist der stellungslose Kaiser nach Deutschland zurückgekehrt. In Holland fühlte er sich wohl und konnte ohn' Unterlass seiner Lieblingsbeschäftigung nachgehen. Er legte Bäume um und zersägte und zerhackte die Stämme. Wie früher beim rasanten Reiten und exzessiven Jagen, so kompensierte er jetzt beim Holzhacken sein körperliches Handicap. Irgendwie war er, ohne es zu wissen, ein Abbild Deutschlands mit seiner verkrüppelten Linken und seiner aggressiv zuschlagenden Rechten.

Ach, die Linke. In diesen Wochen, als die Niederlage sich abzeichnete und endlich auch einstellte, verfügten die Sozialdemokraten plötzlich über bedeutenden Einfluss. Dabei kam die SPD zur Macht wie die Jungfrau zum Kind, überraschend, ungewollt, unvorbereitet und zum unpassenden Zeitpunkt. Nach Jahrzehnten der Opposition und ohne praktische Erfahrung sollte sie auf einmal regieren. Aber so richtig traute sie sich nicht. Sie wollte nicht im Sattel der Revolution die Macht ergreifen, sondern nur die Möglichkeit schaffen, später auf legale Weise die Macht übertragen zu bekommen. Man fühlte sich als Provisorium. Erst mal für Ruhe und Ordnung sorgen und dann, aber erst dann Politik machen. Erst den Krieg beenden, die Soldaten heimholen und ins zivile Leben zurückführen, erst die Versorgung der Bevölkerung sicherstellen und eine Nationalversammlung wählen lassen. Die mochte dann, hoffentlich mit einer linken Mehrheit, eine entsprechende Verfassung und Regierung schaffen und dann endlich die alten sozialistischen Ziele verwirklichen. Hauptsache, legal.

Keine Partei ist so sehr von preußischem Pflichtbewusstsein geprägt wie die SPD. 1914 hat sie aus Patriotismus und Staatstreue den Kriegskrediten und also dem Krieg zugestimmt, jetzt tut sie alles im Dienste des neuen Staates und zum Schutze der Republik. Lange als vaterlandslose Gesellen verunglimpft, wollen die Sozialdemokraten sich jetzt, in der Stunde der Gefahr und der Krise, als verantwortungsbewusst und staatstragend bewähren – zumindest die Mehrheit der Mitglieder und der Funktionäre. Aber viele Arbeiter wollen mehr, wollen die Revolution weitertreiben, wollen die Konzerne zerschlagen und enteignen beziehungsweise verstaatlichen und endlich und sofort den seit Jahrzehnten gepredigten Sozialismus durchführen und wie der Monarchie so auch dem Kapitalismus den Todesstoß versetzen. Es kommt zu Demonstrationen, Unruhen, Plünderungen, Aufständen, teils spontan, teils initiiert vom Spartakusbund. Was sollen Ebert, Scheidemann und Gesinnungsgenossen tun? So oder so, ob Fortsetzung der Revolution im Geiste sozialistischer Tradition oder Sicherung von Ruhe und Ordnung, so oder so brauchen sie ein Machtinstrument, also Soldaten. Und die kehren nach dem Waffenstillstand in Massen zurück in die Heimat. Aber wie zuverlässig waren diese Heimkehrer? Gewiss, viele Soldaten waren Arbeiter und Sozialdemokraten, aber die meisten wollten nur noch nach Hause zu Muttern. Den Grabenkrieg jetzt als Straßenkampf, egal auf welcher Seite, fortzusetzen, hatten die wenigsten Lust.

Aber einige doch. Junge Männer, die nichts gelernt hatten als Krieg und Kampf, konnten und wollten nicht ins zivile Leben zurückkehren und ließen sich anwerben von sogenannten Freikorps, von denen es bald ein paar Hundert Stück gab mit zusammen einer halben Million Söldnern. Für diese Mannen war der Krieg noch lange nicht zu Ende, sie kämpften im Baltikum gegen Bolschewisten, in Schlesien gegen Polen, in Berlin, an der Ruhr und in Mitteldeutschland gegen revolutionäre Arbeiter. Die Freikorps waren nationalistisch und konservativ ausgerichtet, wurden von nationalkonservativen Offizieren geführt und von nationalkonservativen Kreisen finanziert.

Ebert, Scheidemann, Noske und so weiter wussten genau, dass eine radikale Umgestaltung der Gesellschaft, vor allem der Macht- und Eigentumsverhältnisse, auf den erbitterten Widerstand der Freikorps und ihrer Führer und Hintermänner stoßen würde. Ein blutiger Bürgerkrieg wäre unvermeidlich gewesen und den konnten und wollten die verantwortlichen Sozialdemokraten nicht verantworten. Sie rangen sich zu einer Entscheidung durch, die eine Art

Patentlösung war, sie machten den Bock zum Gärtner. Sie stellten die Freikorps in den Dienst der Regierung, kurz: der revolutionäre Rat der Volksbeauftragten wurde zum Arbeitgeber der nationalkonservativen Soldateska, die dann auch wirklich, wie nicht anders zu erwarten, für die geliebte Ruhe und Ordnung sorgte. Dabei waren die Freikorps nicht zimperlich. Dass sie von Ebert und Scheidemann gegen die eigenen Leute eingesetzt wurden, veranlasste die USPD dazu, ihre drei Vertreter aus dem Rat der Volksbeauftragten zurückzuziehen. Einer der Nachrücker aus den Reihen der MSPD ist Gustav Noske, der Militärexperte der Partei, und der griff mithilfe der Freikorps noch schärfer durch. *Gewalt muss mit Gewalt beantwortet werden,* sagte er, und weiter: *Einer muss ja den Bluthund machen.* Und wirklich wird es im Januar noch schlimmer.

Zum Jahreswechsel (30.12. – 1.1.) gründeten die Spartakisten die Kommunistische Partei Deutschlands. Aber die KPD beteiligt sich nicht an den anstehenden Wahlen, sondern ruft zu deren Boykott auf, da sie sich keine Erfolgschancen ausrechnet und den westlichen Parlamentarismus ohnehin ablehnt. Stattdessen wollen sie Streiks und Aufstände anzetteln oder sich als Trittbrettfahrer an diesen, die ja schon längst im Gange waren, beteiligen. Eine Woche toben die Unruhen, dann gewinnen die Freikorps die Oberhand, und das brutal und rücksichtslos. Sie kämpfen nicht nur, sie morden auch. Nachdem sie Rosa Luxemburg und Karl Liebknecht, die führenden Köpfe der radikalen Linken, also des Spartakusbundes und der jungen KPD, in einer Wilmersdorfer Wohnung aufgespürt haben, bringen sie die beiden während der Fahrt zum Moabiter Untersuchungsgefängnis um und werfen die Leichname in den Landwehrkanal. Die Gerüchte, dass es Mordpläne gegen die populären linken Führer gab und ein Kopfgeld von je 50000 Mark ausgesetzt gewesen sei, wollen bis heute nicht verstummen.

Nach dieser blutigen Woche und dem Mord vom 15. Januar war Berlin wieder ruhig. Das deutsche Volk konnte vier Tage später, wie geplant, in aller Ruhe an die Urnen treten. Aber Ruhe um welchen Preis? 200 Opfer waren zu beklagen, und die MSPD hatte, dem Staat und der Ordnung zuliebe, auf linke Arbeiter schießen lassen. Paradox! Statt Revolution und Sozialismus voranzutreiben und ihr Glaubensbekenntnis in die Tat umzusetzen, paktierte sie mit den alten

Eliten. Sie schloss so viele Kompromisse, dass sie sich kompromittierte. Sie glaubte, ihren Frieden machen zu müssen mit den Herren von gestern, mit der kaiserlichen Armee und ihrem konservativ-monarchistischen Offizierskorps (so im Ebert-Groener-Pakt), mit der autoritär-konservativen Beamtenschaft in Justiz, Verwaltung und Bildungswesen, mit dem Adel (einschließlich der abgedankten Fürsten), der seine Latifundien ungeschoren durch die kaiserlichen Niederlagen und die Revolution brachte, mit den Wirtschaftseliten, die gegen kleine Zugeständnisse (Acht-Stunden-Tag, Anerkennung der Gewerkschaften) im Vollbesitz ihrer Konzerne, Aktien und Aktiengesellschaften blieben und die kapitalistische Wirtschaft unangetastet in die Nachkriegszeit retteten.

Die MSPD hatte einerseits verantwortungsbewusst gehandelt, hatte Staat und Gesellschaft vor einem bolschewistischen Umsturz bewahrt, aber andererseits an Glaubwürdigkeit verloren. Keiner hat es ihr gedankt, Adel und Bürgertum nicht, denn Sozis bleiben Sozis und folglich gefährlich, und ihre Anhänger, die Arbeiter, nicht, weil sie den sozialistischen Traum nicht verwirklichte, als sie es – vielleicht – konnte, sondern auf den Sankt-Nimmerleins-Tag verschob. Kein Wunder, dass schon bald der böse Vers kursierte: *Wer hat uns verraten? Sozialdemokraten.*

Das Kapital ist gut durch den Krieg gekommen, denn jeder Krieg hat vermehrte Rüstung und folglich vermehrte Profite zur Folge. Und auch die Revolution hat man gut überstanden, so dass sich schon am 10. Januar 1919 die *Crème de la crème* aus Industrie, Handel und Bankwesen, zusammen 50 Herren, darunter Stinnes, Vögler, Borsig und Siemens, zusammenfinden, um Politik in ihrem Sinne zu machen. Sie rufen einen *Antibolschewismusfond* ins Leben, beschließen eine Umlage in Millionenhöhe zum Wohle der Freikorps und anderer zuverlässiger Mitstreiter. Vor den Wahlen zur Nationalversammlung brauchten die Herren keine Angst zu haben. Mit einer linken Mehrheit war bei Gott nicht zu rechnen. Zwar war der Wahlmodus so demokratisch und gerecht wie nie zuvor, das Wahlalter wurde von 25 auf 20 Jahre gesenkt, erstmals waren Frauen wahlberechtigt, und das Verhältniswahlsystem garantierte eine gerechtere Verteilung der Sitze als im alten Mehrheitswahlsystem (die Anzahl der Mandate entsprach nun genau der prozentualen Verteilung der Stimmen), aber da die KPD kniff und die MSPD und die USPD zerstritten waren und viele ihrer Stammwähler enttäuscht hatten, war eine sozialistische Mehrheit, Verfassung und Regierung höchst unwahrscheinlich.

Trotz des KPD-Boykotts war die Wahlbeteiligung außerordentlich hoch, so hoch wie nie zu Kaisers Zeiten, nämlich 89,6%. Die Revolution hatte die Menschen politisiert, aber ihre politische Einstellung kaum verändert. Fast jeder blieb seiner Klasse, seiner Gesinnung, seiner Partei treu, auch wenn diese zum Teil ihre Namen änderten. Die alten Konservativen nannten sich jetzt Deutschnationale Volkspartei (DNVP) und erhielten mit 10,3% etwas mehr als 1912 (9,3%). Die Liberalen (damals die Fortschrittliche Volkspartei und die Nationalliberalen mit zusammen 25,9%) kommen nun als Deutsche Demokratische Partei und Deutsche Volkspartei auf 22,9%, wobei die DDP mit 18,5% wesentlich stärker wird als die DVP (4,4%). Auch das alte Zentrum lebt weiter (vorübergehend als christliche Volkspartei) und verbessert sich gegenüber 1912 (16,4%) gemeinsam mit ihrer politischen Schwester, der Bayerischen Volkspartei, auf 19,7%. Die SPD steigert sich von 34,8% auf 37,9% und erreicht zusammen mit der USPD (7,6%) sogar 45,5%, aber eben nicht die parlamentarische Mehrheit. Zusammenfassend kann man feststellen, dass die Wähler sich 1919 kaum anders als 1912 entschieden, wenn man von der bemerkenswerten, aber nicht ausreichenden Stärkung der Sozialdemokraten und dem auffälligen Linksruck innerhalb des liberalen Lagers absieht.

Für die SPD war der Traum, auf parlamentarisch-legalem Wege durchgreifende sozialistische Politik zu machen, mangels Mehrheit ausgeträumt. Um wenigstens mitzuregieren, musste man koalieren. Mit der Christlichen und der Demokratischen Volkspartei kam man auf eine stabile Mehrheit von 76%. Es waren diese drei Parteien die gleichen, die 1917 im alten Reichstag die Friedensresolution verabschiedeten hatten und schon seit Jahren zusammenarbeiteten.

Aus Angst vor Unruhen und dem Druck der Straße tagte die Nationalversammlung nicht in Berlin, sondern in Weimar. Den Rückzug aufs Land begründete man damit, dass die neue Republik eine neue politische Tradition begründen wollte. Nicht länger preußischer Militarismus, sondern Weimarer Klassik als Grundlage. Und so versammelte man sich dann seit dem 6. Februar am klassischsten aller denkbaren Orte, im Weimarer Nationaltheater – gegenüber dem Zusammentritt des Reichsrätekongress im Zirkus Busch eine deutliche topografische Steigerung.

Drei große Aufgaben stellten sich der Nationalversammlung:
1 • Ausarbeitung einer Verfassung
2 • Wahl einer Regierung zur Lösung der aktuellen Probleme
3 • Aushandeln eines Friedens mit den Alliierten

Aber leider gab es da nichts zu verhandeln, denn die Sieger wollten zunächst unter sich bleiben. Weder der von der Nationalversammlung zum Reichspräsidenten gewählte Ebert noch der Ministerpräsident Scheidemann noch überhaupt deutsche Vertreter wurden hinzugezogen. Deutschland sollte nur den fertigen Vertragstext der Sieger entgegennehmen und unterzeichnen. Ein gleichberechtigtes Verhandeln war von vornherein ausgeschlossen. Das hatte es früher gegeben, zum Beispiel auf dem Wiener Kongress. Da hatte das unterlegene Frankreich mit am Verhandlungstisch gesessen, und dem geschickten Talleyrand war es gelungen, die Sieger zu entzweien und für Frankreich Vorteile herauszuschlagen. Daran erinnerten sich die Sieger ganz genau, und deshalb sollte das besiegte Deutschland nicht mitreden, sondern vor vollendete Tatsachen gestellt werden und damit Basta.

Der Zufall oder der Weltgeist oder die Weltgeschichte bewerkstelligten es, dass an zwei benachbarten Tagen, nämlich am 18. und 19. Januar mit der Weichenstellung der Zukunft begonnen wurde. Einen Tag, nachdem die Sieger sich zu Gericht über das deutsche Volk gesetzt hatten, wählte dieses angeklagte Volk seine verfassunggebende Nationalversammlung. Die Sieger versammelten sich im Spiegelsaal von Versailles. Dort, wo ebenfalls an einem 18. Januar das Deutsche Kaiserreich proklamiert worden war, sollte über dieses Kaiserreich, das es gar nicht mehr gab, der Stab gebrochen werden. Was damals, 1871, ein Affront war, die Reichsgründung in der guten Stube des besiegten Feindes, war auch jetzt ein Affront. Deutschland sollte gedemütigt werden und die Geschichte korrigiert werden, und deshalb wählte man diesen Tag und diesen Ort.

Sowohl Versailles als auch Weimar waren symbolisch aufgeladen. Ob Weimar zu einem stabilen Reich führen würde, war zweifelhaft, dass Versailles einen harten Frieden bringen würde, war so sicher wie das Amen in der Kirche. Man will keinen Friedensvertrag, der doch mit Vertragen zu tun hat und ausgehandelt werden muss, nein, man will den Triumph auskosten, man will sich schadlos halten auf Kosten Deutschlands, man will Rache, Vernichtung oder doch wenigsten die Degradierung Deutschlands zu einer Nation zweiter Klasse.

Aber darf sich die deutsche Nation beklagen, wenn man bedenkt, wie das Reich die Russen in Brest behandelt hat und wie es im Falle eines Sieges die Weltmächte behandelt hätte? Das Pochen auf Wilsons 14 Punkte ist deshalb nicht so ganz ehrlich und berechtigt.

Bevor wir uns der Neuordnung Deutschlands, Europas und der Welt zuwenden, müssen wir eine Bilanz des mörderischen Weltkrieges ziehen. Fast 40 Staaten haben an dem Krieg teilgenommen, einige aber nur auf dem Papier, so die lateinamerikanischen, um aus ihrer Kriegserklärung das Recht auf die Einziehung deutscher Vermögenswerte abzuleiten. 65 Millionen Soldaten waren in den Krieg gezogen – oder getrieben worden. 10 Millionen fielen, darunter über 2 Millionen Russen, fast 2 Millionen Deutsche, 1,5 Millionen Franzosen, über 1 Million aus Österreich-Ungarn, eine knappe Million Engländer, 100000 Amerikaner. Über 5 Millionen waren vermisst und kehrten nicht heim, 20 Millionen waren verwundet worden, 5 Millionen blieben für den Rest ihres Lebens Krüppel (oder, wie es offiziell hieß, Kriegsversehrte), viele waren so sehr entstellt, dass sie sich in der Öffentlichkeit nicht zeigen durften und in Heimen auf ihren Tod warteten.

Der Weltkrieg hatte in vier Jahren doppelt so viele Opfer gefordert wie alle Kriege zwischen 1789 und 1913 zusammen in dem *langen Jahrhundert* zwischen der Französischen Revolution und dem Beginn des Weltkrieges. Im deutsch-französischen Krieg von 1870/71 waren zum Beispiel *nur* 225000 Soldaten gefallen. Auch unter der Zivilbevölkerung gab es kriegsbedingte Opfer, mehrere

Millionen verstarben an Hunger oder Seuchen oder erfroren. Nicht vergessen darf man die 30 Millionen Toten, die kurz nach dem Krieg Opfer einer Grippeepidemie wurden, die Europa überzog und die vom Krieg geschwächten Menschen dahinraffte. Unter ihnen waren über 300000 Deutsche.

Über die millionenfachen menschlichen Tragödien hinaus sind auch die materiellen Kosten des Krieges zu erwähnen. Experten veranschlagen die direkten Kriegskosten (*verbrauchte* beziehungsweise zerstörte Waffen und Zerstörungen im Allgemeinen) mit 732 Milliarden Mark, die indirekten Kosten (vor allem Produktionsausfälle in der zivilen Wirtschaft) mit 606 Milliarden Mark, zusammen 1338 Milliarden, eine unvorstellbare Summe. Verteilt man die Gesamtkosten auf das deutsche Volk, das ja angeblich die Alleinschuld am Weltkrieg trägt, so kommen auf jeden, ob Mann, ob Frau, ob groß, ob klein 20000 Mark, in der guten alten D-Mark mindestens das Zehnfache, also für jeden ein kleines Einfamilienhaus. So viel zum Ausmaß der Zerstörung. Bezogen auf die am Kriege beteiligten Völker Europas hätte für die Kriegskosten jede Familie ein Haus finanzieren können.

Nach vier Jahren Weltkrieg hätte die Menschheit eigentlich für immer und ewig genug haben müssen vom Kriegspielen. Die breite Mehrheit war auch wirklich zur Vernunft gekommen. Aber für die zuständigen Herren auf Seiten der Sieger und Verlierer war der geplante Frieden nur eine Fortsetzung des Krieges mit anderen Mitteln. Die führenden deutschen Militärs und Wirtschaftler sowie auch die rechten Politiker – und von denen gab es viele – dachten schon wieder an Rüstung und an Revanche und an eine durchgreifende Korrektur der momentanen Situation. Und auch den Siegern ging es nicht um Versöhnung, sondern um die Demütigung und Degradierung Deutschlands. Man wollte vom Sieg profitieren, die Kriegsbeute sicherstellen und überhaupt in Zukunft vor Deutschland sicher sein, indem man es mit allen Mitteln unten hielt – politisch, militärisch und wirtschaftlich.

Eigentlich hätten die USA, denen die europäischen Alliierten den Sieg zu verdanken hatten, in Versailles den Ton angeben müssen. Aber den gab der französische Ministerpräsident Clemenceau an, der Vorsitzende der Versailler Versammlung. Präsident Wilson, der in seinen 14 Punkten vom Januar 1918 für einen Frieden ohne Sieger und für das Selbstbestimmungsrecht der Völker eingetreten war und den Weltfrieden sichern wollte durch ein harmonisches Zusammenleben aller Nationen, die sich in einem Völkerbund zusammenfinden und als kollektives Gericht jeden Aggressor in die Schranken weisen, dieser Idealist Wilson war ein einsamer Rufer in der Wüste. Das Sagen hatte Clemenceau. Nur, so seine Prämisse, ein schwaches Deutschland ist ein friedliches Deutschland. Nur ein schwaches Deutschland würde nie wieder sein Haupt oder gar die Waffen erheben. Am besten wäre es deshalb, Deutschland zu teilen und zu verkleinern mit dem Rhein als Grenze und Verlusten im Osten. Das ging aber Präsident Wilson und dem englischen Prime Minister Lloyd George zu weit. Der Brite orientierte sich noch immer an dem bewährten Prinzip des Gleichgewichts der Mächte auf dem Kontinent *(balance of power)*, ganz verschwinden durfte Deutschland also nicht von der Landkarte, und beide Politiker waren auch deshalb gegen eine allzu radikale Schwächung Deutschlands, weil sie fürchteten, dass dieses sich dann aus Wut und Frust dem kommunistischen Russland zuwenden würde. Also lieber mit einem soliden Deutschland gegen Lenin, als Deutschland an Lenin zu verlieren. Die Sieger waren sich also alles andere als einig.

Die Verhandlungen zogen sich auch deshalb hin, weil die kleinen Verbündeten mit üppiger Beute bedacht werden wollten, die man ihnen in Geheimverträgen ja auch teilweise zugesichert hatte. So kam es also notgedrungen zu Kompromissen. Deutschland sollte zwar nicht geteilt, aber erheblich verkleinert werden. Wilson setzte zwar seinen Völkerbund durch, Deutschland durfte aber nicht Mitglied werden. Wie das Urteil über Deutschland nur von den Siegern gefällt wurde, so beschlossen auch nur diese die Völkerbundsatzung. Das ganze Projekt war ein Torso. Das russische Volk, weil rot, und die Kolonialvölker, weil schwarz, waren ausgeschlossen. Wie die Deutschen gehörten sie nicht zur Völkerfamilie. Irgendwo hatte das Selbstbestimmungsrecht dann doch seine Grenzen.

Cäsar hat einmal gesagt, dass der Sieger den Besiegten entweder vernichten oder zum Verbündeten machen müsse, alles andere würde zu neuen Konflikten führen. Die Sieger des Weltkrieges wagten aber weder das eine noch das andere.

Die fehlende Konsequenz – so oder so – kritisierte auch der französische Historiker Bainville: *Der Frieden ist zu milde für das, was er an Härten enthält.* Welche Härten waren das? Worin bestanden sie?

Ich glaube, man muss sich klarmachen, dass diese Härten auf zwei ganz unterschiedlichen Ebenen liegen. Da sind zum einen die Inhalte, die konkreten Bestimmungen, seien sie politischer, wirtschaftlicher oder militärischer Natur, und da ist zum anderen die Form, mit der die Inhalte begründet, ausgearbeitet und präsentiert werden. Und diese demütigende Form kränkte und empörte das deutsche Volk mehr als die harten Friedensregelungen. Die Sieger beriefen sich nicht einfach auf das Recht des Stärkeren, wie es früher üblich war. Da musste der Verlierer zahlen, Gebiete abtreten, abrüsten und Besatzung erdulden – das war brutal, aber normal. Jetzt aber war es anders, jetzt, 1919, galt angeblich das Recht des gerechten Richters, der den Schuldigen verurteilt und das Strafmaß beziehungsweise die Höhe des Schadensersatzes festlegt.

Die Sieger saßen auf hohem moralischen Ross und die Verlierer sollten als reuige Sünder zu Kreuze kriechen. Die Alliierten waren die Guten und die Deutschen die Bösen. Um diesen ihre Schuld auch so richtig deutlich zu machen, wurde der Prozess regelrecht inszeniert, über die bühnenwirksame Wahl des Ortes und der Termine hatten wir ja schon gesprochen, Beginn am 18. Januar, dem Tag der Reichsgründung, und Abschluss beziehungsweise Unterzeichnung am 28. Juni, dem Tag von Sarajewo, so als trage Deutschland auch noch die Schuld an der Ermordung des österreichischen Thronfolgers. Aber wenn schon Anklage und Schuldzuweisung als Vorwand der Bestrafung, dann hätte man den Deutschen die Möglichkeit zur Verteidigung einräumen müssen wie jedem normalen Angeklagten. Genau das geschah aber nicht.

Deutschland wurde von den Verhandlungen ausgeschlossen und somit zusätzlich diffamiert und gedemütigt. Die Sieger führten einen Prozess ohne Prozessrecht und machten ihn damit zur Farce. Der Kriegsschuldartikel 231 war Anklage und Urteil zugleich: *Die alliierten und assoziierten Regierungen erklären und Deutschland erkennt an, dass Deutschland und seine Verbündeten als Urheber für alle Verluste und Schäden verantwortlich sind, die die alliierten und assoziierten Regierungen und ihre Staatsangehörigen infolge des Krieges, der ihnen durch den Angriff Deutschlands und seiner Verbündeten aufgezwungen wurde, erlitten haben.*

Zwar geht es hier zunächst scheinbar nur um Schadenersatz im juristischen Sinne, so wie ein Junge oder sein Vater für die zersplitterte Scheibe des Nachbarn aufkommen muss, in die der Fußball flog. Aber dann wird Deutschland ausdrücklich moralisch verurteilt, wenn von dem aufgezwungenen Krieg die Rede ist. Und diese angebliche Alleinschuld, verbunden mit der Forderung, die verantwortlichen Politiker und Militärs einschließlich des Kaisers als Kriegsverbrecher auszuliefern, traf die Deutschen, weil es an ihre Ehre ging, fast noch mehr als die konkreten Friedensbedingungen.

Eine einleuchtende Nebenbemerkung: Da der Spiegel seit Menschengedenken (angefangen bei Narziss) das Sinnbild menschlicher Eitelkeit ist, wählten die Alliierten in ihrer Siegereitelkeit den Spiegelsaal zum Schauplatz ihres Triumphes, ohne sich allerdings der entlarvenden Symbolik ihrer Entscheidung bewusst zu sein, taten es also in Form einer freudschen Fehlleistung, mithin in ungewollter Unterwerfung unter eine von einem Österreicher entdeckte psychologische Gesetzmäßigkeit.

Als am 7. Mai 1919 das Versailler Vertragswerk den Deutschen übergeben wurde, gab es bereits eine Reichsregierung (unter Scheidemann) und die Friedensdelegation leitete der Parteilose Außenminister Ulrich Graf von Brockdorff-Rantzau. Auf Clemenceaus scharfe Worte *(Die Stunde der Abrechnung ist gekommen)* antwortete der Graf nicht minder scharf (von drei vorbereiteten Redefassungen wählte er die aggressivste). Er dreht den Spieß um, beschuldigt die Sieger ihrer inhumanen Politik, indem er ihnen die Fortsetzung der Blockade vorwirft, wodurch noch nach Kriegsende Hunderttausende zugrunde gingen. *Daran denken Sie, wenn Sie von Schuld und Sühne sprechen.*

Der Vertrag erschien den Deutschen, ob Volk oder Regierung, unannehmbar. Die Regierung Scheidemann, einschließlich des Außenministers trat zurück. Niemand wollte einen solchen Vertrag unterschreiben. Was enthielt er? Deutschland wurde gerupft wie ein Hühnchen, und das überall. Im Widerspruch zu dem von Wilson immer wieder verkündeten Ideal des Selbstbestimmungsrechts der Völker mussten ohne Abstimmung Elsass-Lothringen an Frankreich abgetreten werden, Posen-Westpreußen mit dem sogenannten Korridor (dem Zugang zur Ostsee) an Polen, während das Saarland und Danzig, ohne die Menschen zu fragen, dem Völkerbund unterstellt wurden, das Memelland der alliierten Kontrolle. Abstimmungen waren vorgesehen in Eupen-Malmedy, Nordschleswig und Oberschlesien (dort aber erst nach schriftlichen deutschen Einwänden – fast die einzige Korrektur, die Deutschland an dem Vertragswerk durchsetzen konnte), und führten, trotz einiger Unkorrektheiten, dazu, dass der Süden Ostpreußens, Teile Oberschlesiens und Teile Nordschleswigs deutsch blieben. Die Saarländer sollten nach 15 Jahren abstimmen dürfen, bis dahin sollte Frankreich die dortigen Gruben ausbeuten. Deutsch-Österreich wurde es gegen seinen Wunsch und Willen verboten, sich Deutschland anzuschließen, das dann zu mächtig geworden wäre. Die deutschen Kolonien fielen an den Völkerbund und wurden von diesem als Mandatsgebiete an die Sieger, vor allem England, weitergegeben. Die farbigen Einwohner wurden nicht gefragt, sie hielt man noch nicht für reif und fähig, das Selbstbestimmungsrecht auszuüben.

Wilsons Plan einer weltweiten Abrüstung wurde nur insofern verwirklicht, als die Verlierer abrüsten mussten, nicht aber die Sieger. Dem Reich wurde die allgemeine Wehrpflicht untersagt, das deutsche Berufsheer (die Reichswehr) auf 100 000, die Marine auf 15 000 Mann begrenzt. Schwere Waffen (Panzer, Flugzeuge, Großkampfschiffe, U-Boote) wurden verboten. Das Gebiet links des Rheins wurde in drei Zonen geteilt und für 5, 10, 15 Jahre militärisch besetzt. Mit Hinweis auf den Kriegsschuldartikel musste Deutschland Wiedergutmachung leisten und Lokomotiven, Waggons, Maschinen, Schiffe und Kohle an die Sieger liefern. Da Frankreich nach der Niederlage von 1871 seine Reparationen sehr zügig bezahlt hatte, wollten die Sieger sich jetzt noch nicht festlegen. Wie ein Damoklesschwert hingen die unbekannten Forderungen über dem deutschen Volk. Fest stand jedoch, dass Deutschland 10% seiner Bevölkerung, 13% seines Gebietes, 80% seiner Eisenerz-, 26% seiner Steinkohlenlager verloren hatte.

Den Verbündeten Deutschlands erging es nicht besser. Das Osmanische Reich und Österreich, die beiden Vielvölkerstaaten, werden zerschlagen und auf einen Nationalstaat zurückgeschnitten, schlimmer, das überwiegend von Deutschen bewohnte Südtirol wird Italien zugesprochen, eine gesamtdeutsche Vereinigung, wie schon erwähnt, verboten, Bulgarien und das von Österreich getrennte Ungarn werden auf Kosten der Nachbarn erheblich verkleinert. Getreu dem Prinzip *Teile und herrsche!* verhandeln die Sieger an getrennten Orten gegen Österreich (in St. Germain), gegen Bulgarien (in Neuilly), gegen Ungarn (in Trianon) und gegen die Türkei (in Sèvres) und kommen wesentlich später als in Versailles zu einem vertraglichen Abschluss.

Nachdem das Kabinett Scheidemann zurückgetreten war, um den Vertrag nicht unterschreiben zu müssen, drohten die Sieger mit einem Ultimatum mit allen nur denkbaren Konsequenzen: Wiederaufnahme der Kampfhandlungen, Einmarsch ins Reich in Verbindung mit unkontrollierten Demontagen und anderen Enteignungen sowie Fortsetzung der Blockade. Es gab französische Pläne, den Main entlang nach Osten vorzustoßen, Deutschland dadurch in eine Nord- und Südhälfte zu teilen und beiden Teilen einen getrennten Frieden zu verordnen.

Dem Reichstag blieb unter diesem ultimativen Druck nichts übrig, als eine neue Regierung zu bestimmen, wieder aus den Parteien der Weimarer Koalition (SPD, Zentrum und DDP), und diese Regierung zur Annahme des Vertrags zu veranlassen. Regierungschef wurde Gustav Bauer (SPD), Außenminister sein Parteikollege Hermann Müller. Und dieser reiste nun mit Johannes Bell (Zentrum) nach Versailles, unterwarf sich und unterschrieb am besagten 28. Juni. Der Reichstag hatte mit deutlicher Mehrheit, wenn auch unter Protest, den Versailler Vertrag angenommen (mit 237:138 Stimmen). Die Gegner rangen sich immerhin dazu durch, Ehrenerklärungen all denen gegenüber abzugeben, die unter dem alliierten Druck dem Vertrag zustimmten. Dabei wäre das Umgekehrte logisch gewesen, nämlich mit Mehrheit der DNVP und der DVP politische Unvernunft zu bescheinigen, weil sie aus fanatischem und dogmatischem Ehrgefühl für das deutsche Volk unermesslichen Schaden in Kauf nehmen wollten.

Während die Sieger in Versailles einen unvernünftigen Frieden ausheckten, versuchte die deutsche Nationalversammlung in Weimar, eine vernünftige Verfassung zustande zu bringen. Wichtigstes

Ziel war es, dem deutschen Volk, das seit mehr als einem Jahrtausend an seine Fürsten und seit einem halben Jahrhundert an die Hohenzollernkaiser gewöhnt war, die Republik schmackhaft zu machen.

Um den Menschen den Übergang zu erleichtern, setzte die Verfassung an die Stelle des Kaisers mit dem übermächtigen Reichspräsidenten eine Art Ersatzkaiser. Der sollte allein schon deshalb populär sein, weil das Volk ihn direkt wählte. Er sollte eine lange Zeit an der Spitze des Staates stehen, zwar nicht auf Lebenszeit wie der Kaiser, aber doch volle sieben Jahre und darüber hinaus wiederwählbar sein. Auch konnte er, wie der Kaiser, einen Mann seines Vertrauens zum Kanzler ernennen, zumindest dann, wenn sich der Reichstag nicht mit Mehrheit auf eine Person einigen konnte. In Krisenzeiten verfügte der Präsident über besondere Vollmachten, so konnte er zum Beispiel am Parlament vorbei Notverordnungen erlassen und den Reichstag nach Belieben auflösen und Neuwahlen ansetzen. Einem rechtlich denkenden Präsidenten wie Ebert, der allerdings noch nicht vom Volk, sondern vom Parlament bestimmt war, konnte man eine solche Machtfülle vielleicht noch zugestehen, aber wehe, wenn ein Präsident zwar demokratisch gewählt, aber nicht demokratisch eingestellt war.

Noch in den Wochen der Revolution hatte Ebert den späteren Innenminister Hugo Preuß, Sohn eines jüdischen Kaufmanns, Staatsrechtler, Professor an einer Fachhochschule und Mitglied der Deutschen Demokratischen Partei, mit der Ausarbeitung eines Verfassungsentwurfs beauftragt. Der hieß zwar Preuß und war als geborener Berliner auch Preuße, wollte Preußen aber an den Kragen. Das neue Deutschland, so seine Idee, sollte aus mehreren etwa gleich großen Einzelstaaten bestehen, und dazu sollte Preußen in mehrere Länder aufgeteilt und mehrere Kleinstaaten jeweils zu einem Bundesstaat zusammengelegt werden. Damit waren aber die betroffenen Bewohner und ihre inzwischen gewählten Landtage nicht einverstanden, so dass alles beim Alten blieb. Wie das Kaiserreich bestand die Weimarer Republik aus einem übermächtigen Preußen mit etwa zwei Dritteln der Fläche und der Einwohner und zwei Dutzend mittleren, kleinen und ganz kleinen Einzelstaaten sowie drei Hansestädten.

Mit deutscher Gründlichkeit – wie schon in der Frankfurter Paulskirche – wurde die Verfassung eingehend erörtert, erst die fünfte Verfassung wurde vom Plenum der Nationalversammlung beschlossen. Das geschah erst am 31. Juli, über einen Monat nach Unterzeichnung des Versailler Vertrags. Die Verfassung hatte etliche Geburtsfehler und die junge Republik musste sich durch einige beängstigende Kinderkrankheiten quälen. Der Präsident und Preußen waren zu stark, der Kanzler und der Reichstag zu schwach. Da Letzterer nach dem Verhältniswahlsystem gewählt wurde, tummelten sich in ihm immer mehr, auch sehr kleine Parteien und erschwerten die Bildung stabiler Mehrheiten. Zwar steht über dem Reichstagsgebäude in großen Lettern geschrieben: *Dem deutschen Volke*, aber dem deutschen Volke war sein Parlament schnuppe, wenn nicht gar ein Ärgernis. Die Weimarer Republik wurde je länger, je mehr eine Republik ohne Republikaner. Die diversen Krisen führten zur Demokratieverdrossenheit und diese verschärfte die Krisen. Die Republik wurde von zwei Seiten bedroht, von innen und von außen. Die Sieger verlangten, dass Deutschland für seine Schuld am Krieg büßte, und das deutsche Volk verachtete seinen Staat, teils weil es zu wenig Sozialismus, teils weil es zu viel Revolution in ihm ausmachte. Und die Schuld an der Niederlage wurde von der rechten Hälfte der Bevölkerung – nach entsprechender ideologischer Bearbeitung – nicht etwa dem Kaiser, seinen Politikern und seinen Militärs angelastet, sondern den Männern, die den Krieg beendeten und den Frieden schlossen.

Am 18. November 1919 hatte Hindenburg, in kaiserlichem Generalfeldmarschallkostüm, versteht sich, vor konservativem Publikum seinen großen Auftritt und verlas die ihm vom DNVP-Abgeordneten Helfferich vorformulierte Erklärung. Die linken Parteien hätten die Heimatfront geschwächt, Heer und Flotte zersetzt und durch die Revolution die Niederlage verursacht. Dass umgekehrt die Revolution in Wahrheit die Folge der Niederlage war, wollte er nicht wahrhaben. Wörtlich äußerte er: *Ein englischer General sagte mit Recht: Die deutsche Armee ist von hinten erdolcht worden.* Den General benannte er nicht, aber das böse Wort vom Dolchstoß beherrschte jetzt die Diffamierungsszene. Dazu kam noch ein zweites Schlagwort: *Novemberverbrecher*. Die waren mit ihrer Revolution schuld daran, dass es 1918 nicht zu dem zum Greifen nahen Endsieg kam. Viele wollten ihren *alten Kaiser Wilhelm wiederhab'n* und brachten das auch gesanglich mit der Melodie eines alten preußischen Marsches zum Ausdruck, zogen aber doch den vollbärtigen Wilhelm I. dem eitlen schnurzbärtigen Wilhelm II. vor, indem sie präzisierend hinzufügten: *Aber den mit'm Bart, aber den mit'm Bart.*

1920 kam es zur Staatskrise. Den Anstoß gab die ungeklärte Lage der Armee. Laut Versailler Vertrag war die Reichswehr auf 100000 Mann begrenzt, aber noch Ende 1919 standen 600000 deutsche Soldaten unter Waffen. Die Alliierten drückten zunächst ein Auge zu, solange die deutschen Truppen im Baltikum die Bolschewisten bekämpften. Das war in ihrem eigenen Interesse und die deutsche Armee ein willkommenes Werkzeug.

Als die Freikorps aber ihre eigene Politik machten, Riga eroberten und eine Militärdiktatur errichteten, da reichte es den Alliierten. Sie drängten die Deutschen zur Seite, bekämpften die Rote Armee mit eigenen Kräften und pochten auf die vertraglich festgelegte deutsche Abrüstung. Die sogenannten Baltikumer zogen sich zurück ins Reich und tauchten unter – vor allem auf den Gütern der ostelbischen Junker – und behielten ihre Waffen. In den Kasernen rund um Berlin standen reguläre Truppen neben den Freikorps, und sie alle, die ja nichts als das Kriegshandwerk gelernt hatten, fürchteten, entwaffnet und entlassen zu werden und vom Reichsheer ins Heer der Arbeitslosen abgeschoben zu werden. Ihre Rettung sahen sie in der Flucht nach vorn, in einem Marsch nach Berlin, Eroberung der Hauptstadt, Sturz der Regierung, Machtergreifung, Militärdiktatur. Republikfeindliche Abenteurer und Offiziere gab es genug, wobei man sich vor Augen halten muss, dass das Wort *Offizier* vom lateinischen Wort *officium* (=Pflicht) kommt, und die Herren in ihrem geplanten Putsch gegen den Staat genau das Gegenteil vorhatten.

Die Namen der Anführer sind es nicht wert, in Erinnerung zu bleiben, nur einen, weil wir ihn schon kennen, wollen wir nennen, nämlich Ludendorff, der im Hintergrund sympathisierte. Als die Soldateska sich Berlin näherte, wollte ihr der Reichswehrminister Noske reguläre Truppen entgegenstellen, aber Hans von Seeckt, der

Chef des Truppenamtes und ranghöchste deutsche Soldat, sagte dem Minister, der immerhin sein Vorgesetzter war, kühl ins Gesicht: *Truppe schießt nicht auf Truppe.* Das war Befehlsverweigerung und Meuterei – und das war nun wirklich ein Dolchstoß, aber diesmal in den Rücken der Republik. Zu feige, den Putsch zu bekämpfen oder gutzuheißen, meldete Seeckt sich krank und hat somit weder den Staat noch seine Kameraden von Amts wegen verraten. Der Regierung blieb nichts übrig, als nach Dresden und dann nach Stuttgart zu fliehen, und die Putschtruppen besetzten das Regierungsviertel und marschierten stolz durchs Brandenburger Tor. Ludendorff und seine Staatsstreichkomplizen nahmen die Parade ab. Ein gewisser Kapp – jetzt nennen wir doch einen Namen – ernannte sich zum Kanzler und schickte sich an zu regieren, indem er einige Minister ernannte. Aber damit auch genug. Kapp hing in der Luft, keiner hörte auf ihn. Der Putsch ging sang- und klanglos ein.

Zwei starke soziale Gruppen waren es, die den Staat retteten: Die Beamten und die Arbeiter. Zwar ist der preußische Beamte eher konservativ und monarchistisch als republikanisch gesinnt, in erster Linie aber ist er staatstreu. Und wenn der Staat eine Republik ist, dann ist sein oberster Chef eben der Präsident und nicht der Kaiser. Ein Putsch aber ist nicht legal und die Anweisungen von Putschisten werden folglich nicht befolgt. Als ein Mitarbeiter Kapps von der Reichsbank Geld holen sollte (die Soldateska hatte nämlich höheren Sold gefordert), da wurde ihm beschieden, ein Kanzler namens Kapp sei hier nicht bekannt. Kurz: Wenn die Verwaltung nicht verwaltet, kann die Regierung nicht regieren. Und dann kam noch hinzu, dass die Arbeiter nicht arbeiteten. Sie streikten auf der ganzen Linie und im ganzen Reich.

Nach vier Tagen war der Kapp-Spuk vorbei. Was am 13. März 1920 begonnen hatte, war am 17. März schon wieder Geschichte. Die Reichswehrgeneräle, auch die rechten, distanzieren sich von dem glücklosen Abenteuer und Abenteurer, der legt sein Amt, das er ja nie innehatte, nieder und flieht nach Schweden.

Die republikanische Reichsregierung kehrt zurück nach Berlin. Die Republik hat den Angriff auf ihre Existenz abgewehrt. Aber war sie wirklich die Siegerin? Hatte nicht vielmehr das Militär gezeigt, wer hier das Sagen hat? Und war der Staat nicht eher von seinen

Beamten abhängig als diese von ihrem Brötchengeber? Auch der Generalstreik hatte seine Kehrseite, er stand nicht nur im Dienste der Republik, sondern weitete sich im Ruhrgebiet zu regelrechten Aufständen aus. Und die Prozesse gegen die Putschisten werden schon bald deutlich machen, dass auch die Justiz nicht wirklich hinter der Republik steht, denn so gut wie alle angeklagten Republikfeinde werden freigesprochen. Was aber das Volk von der jungen Republik hält, werden die im Juni abgehaltenen Reichstagswahlen zeigen.

9

Schlechte Zeiten – gute Zeiten

Die Arbeiter und Beamten, die mit ihrer Arbeitsverweigerung die Regierung und die Republik gerettet hatten, waren aber nur halbe Freunde des Weimarer Staates. Die Beamten erfüllten, indem sie nicht arbeiteten, ihre Pflicht, und den Arbeitern war die ungeliebte bürgerlich-kapitalistische Republik trotz allem immer noch lieber als eine Militärdiktatur. Aber dann machten sie in mehreren Industrieregionen aus ihrem Streik gegen Kapp einen Streik gegen den Kapitalismus. Jetzt wollten sie nachholen, was die Arbeiter- und Soldatenräte Ende 1918 nicht geschafft und geschaffen hatten und was Weimar (ob Nationalversammlung, Regierung oder Verfassung) gar nicht ernsthaft wollte: den Sozialismus, das heißt die radikale Umgestaltung der Eigentumsverhältnisse, zum Beispiel die Verstaatlichung des Bergbaus, der Großindustrie, der Banken, des Verkehrs und die Enteignung des Großgrundbesitzes. Das Proletariat wollte nicht nur an den Wahlurnen politisch mitentscheiden, sondern auch in der Wirtschaft. Dass die Weimarer Verfassung das Recht auf Eigentum garantierte, erschien den klassenbewussten Arbeitern als

Verrat der MSPD an den alten sozialistischen Zielen. Statt dem Kapitalismus Sand ins Getriebe zu streuen, hatte die (mit-)regierende MSPD ihre roten Versprechungen längst im Sande verlaufen lassen. Und mit dem Artikel 153 der Verfassung streute man dem Volk nur Sand in die Augen: *Das Eigentum wird ... gewährleistet. Eine Enteignung kann nur zum Wohle der Allgemeinheit ... vorgenommen werden. Sie erfolgt gegen angemessene Entschädigung.*

Was hier theoretisch als möglich erscheint, ist in der Praxis kaum realisierbar. Abgesehen davon, dass eine Enteignung gegen Entschädigung gar keine wirkliche Ent-Eignung, sondern nur eine Um-Eignung ist, war ein so hoch verschuldeter Staat wie die Weimarer Republik dazu gar nicht in der Lage. Folglich griffen die Arbeiter zu Selbsthilfe, bildeten die Rote Ruhrarmee, die auf über 50000 Mann anwuchs, eroberten im Laufe des März 1920 fast das gesamte Revier und wurden dabei unterstützt von 300000 streikenden Kumpeln, etwa 75% der Bergarbeiter. Jetzt drohte der Republik nicht von rechts Gefahr wie im Kapp-Putsch, sondern von links.

Und plötzlich erschienen die im Ruhrgebiet einmarschierenden Freikorps, die eben noch geputscht hatten, als Verteidiger von Recht und Ordnung. Aber sie wurden von der Roten Ruhrarmee zurückgeschlagen, so dass die Reichsregierung reguläre Reichswehrtruppen aufbot. Der kommandierende General von Wetter erhielt *volle Freiheit des Handelns, zu tun, was die Lage gebietet,* woraus er das Recht zu standrechtlichen Erschießungen ableitete. Bergarbeiter, die bei ihrer Gefangennahme bewaffnet waren, wurden sofort füsiliert – auch Verwundete. Ebert musste das Standgericht verbieten, um die Ausschreitungen der Reichswehr in Grenzen zu halten. Bei diesem Unternehmen engagierte sich die Truppe nur zu gerne. War sie beim Kapp-Putsch passiv geblieben – *Truppe schießt nicht auf Truppe* –, so griff sie jetzt aktiv in den Konflikt ein, schließlich ging es im April 1920 gegen *Bolschewisten* und nicht wie im März von ihnen verlangt gegen *Kameraden*. Nach dem Ende der Kämpfe hatten die Aufständischen über 1000 Tote zu beklagen, Reichswehr und Freikorps etwa 250. Wieder hatte die MSPD-geführte Regierung im Interesse des Staates zur Herstellung von Ruhe und Ordnung auf Arbeiter schießen lassen, und das anderthalb Monate vor den für den 6. Juni vorgesehenen Reichstagswahlen.

Die nach den Wahlen zur Nationalversammlung gebildete Weimarer Koalition erlitt eine vernichtende Niederlage und verlor ihre bisher so klare Mehrheit von 76,2%. Die MSPD (Absturz von 37,9% auf 21,6%) büßte fast die Hälfte ihrer Wähler ein, die DDP (nur noch 8,4% statt 18,5%) über die Hälfte. Nur das Zentrum (zusammen mit seiner bayerischen Schwester) erwies sich, wie schon im Kaiserreich, als relativ stabil. Katholisch bleibt katholisch, das ist quasi angeboren und nicht Trends und Stimmungen unterworfen (17,8% statt bisher 19,7%). Profitiert haben auf der linken Seite die USPD (Steigerung von 7,6% auf 18,0%) und die erstmals antretende KPD mit (allerdings sehr dürftigen) 2%. Auf der anderen Seite erstarkte die rechtsliberale DVP (14,0% statt 4,4%) auf Kosten der linksliberalen DDP. Auch die konservative DNVP zählte zu den Siegern (Steigerung von 10,3% auf 15,1%).

Nicht Wählerwanderungen als solche sind schlimm, sie können Ausdruck der Kritikfähigkeit und Flexibilität der Wähler sein, schlimm ist aber die Wanderung an den Rand zu den Gegnern der Republik. Die aus der Novemberrevolution hervorgegangene Republik war gerade anderthalb Jahre alt und die Verfassung noch nicht einmal ein Jahr, und schon wollte die Mehrheit sie nicht mehr haben.

Eine parlamentarische Mehrheit zwecks Regierungsbildung wäre nur zustande gekommen, wenn zu der alten Weimarer Koalition entweder die USPD oder die DVP hinzugetreten wäre. Aber die politischen Differenzen waren zu groß, so dass es zu einer bürgerlichen Minderheitsregierung aus Zentrum, DDP und DVP kam mit dem fast 70 Jahre alten Konstantin Fehrenbach (Zentrum) als Kanzler. Damit überhaupt regiert werden konnte und die Republik nicht zu Bruch ging, musste die SPD das Kabinett Fehrenbach tolerieren und ihm im Reichstag zu den notwendigen Mehrheiten verhelfen.

Und diese schwache Minderheitsregierung musste nun das Problem mit den Reparationen lösen, denn die endgültige Höhe der Zahlungen war in Versailles ja noch nicht festgelegt worden. Die Alliierten hatten also einen Blankoscheck in Händen und konnten jede ihnen angemessen erscheinende Summe einsetzen. Dabei stellten sie nicht nur die bei den Kampfhandlungen in Belgien und

Frankreich entstandenen direkten Schäden in Rechnung, sondern auch die Folgekosten, zum Beispiel Pensionen für Kriegsopfer. Bis Mai 1921 hatte Deutschland bereits einen Teilbetrag von 20 Milliarden Goldmark in bar und in Sachleistungen zu entrichten. Und dann der Schock, als im Januar 1921 die endgültige Gesamtsumme bekannt wurde: 226 Milliarden Mark, verteilt auf 42 Jahre, pro Jahr zwischen 2 und 6 Milliarden an Tilgung und Zinsen. Davon sollte Frankreich 52%, England 22%, Italien 19% und Belgien 8% erhalten, womit die Sieger ihre Kriegskredite an die Amerikaner abbezahlen wollten.

Angesichts der beginnenden Inflation hatte die junge deutsche Republik ihre Schulden in Goldmark zu bezahlen, also in der Währung des untergegangenen Kaiserreiches, das heißt, eine Mark hatte den Wert von 0,36 Gramm Gold gleich 10 Euro. Die alliierten Forderungen beliefen sich also auf über 2000 Milliarden Euro. Eine unvorstellbare und unbezahlbare Summe. Wie nach Bekanntwerden des Versailler Vertrags gab es in Deutschland einen Sturm der Entrüstung. Wie damals bemühten sich die deutschen Politiker um eine Milderung der Bedingungen und stießen auf taube Ohren. Auf das Angebot, 50 Milliarden zu zahlen, erwiderte der Prime Minister Lloyd George empört: *Die Alliierten sind der Ansicht, dass die deutschen Gegenvorschläge eine ausgesprochene Herausforderung darstellen.* Und dann drohte er ultimativ mit der Besetzung Duisburgs und Düsseldorfs, was, da Deutschland fest blieb, auch prompt geschah.

Nun wiederholte sich das gleiche Spiel wie 1919. Die deutsche Regierung tritt zurück und eine neue unter Joseph Wirth (Zentrum) unterwirft sich dem Londoner Sechs-Tage-Ultimatum vom 5. Mai 1921 und akzeptiert die inzwischen noch geforderten 132 Milliarden. Anderenfalls hätten die Alliierten das gesamte Ruhrgebiet besetzt und ausgebeutet. Das Kabinett Wirth war eine Neuauflage der Weimarer Koalition aus SPD, Zentrum und DDP, aber jetzt nur noch eine Minderheitsregierung und deshalb weder stabil noch dauerhaft.

Die deutsche Taktik bestand darin, den Forderungen der Sieger so weit wie möglich nachzukommen, dabei aber zugleich zu beweisen, dass Abgaben in dieser Höhe beim besten Willen nicht zu leisten sind, so dass die Alliierten ihre Forderungen nach unten korrigieren müssen. Die waren aber misstrauisch und hielten die deutschen Zahlungsschwierigkeiten für vorgetäuscht und die beginnende Inflation für gewollt. Sie berufen eine große Weltwirtschaftskonferenz ein, an der 28 Staaten teilnehmen, zwar nicht die USA, aber die beiden Verlierer des Weltkrieges, Deutschland und Russland. Die sollten hier in Genua im Mai 1922 zur Kasse gebeten werden.

Deutschland sowieso, und der Sowjetstaat sollte die Auslandsschulden, die das Zarenreich im Westen gemacht hatte, endlich zurückzahlen. Da aber das neue Russland mit dem alten nichts zu tun haben wollte, sondern einen Neuanfang darstellte, weigerte es sich, die Verbindlichkeiten des verhassten Zarenregimes zu übernehmen. Die Konferenz ging also ohne Beschlüsse und Ergebnisse auseinander.

Wichtig war allein eine Art Nebenprodukt, zu dem es am Rande der Konferenz kam. Deutschland und Russland, die beiden abgehalfterten Großmächte, die sich wie unartige Kinder in die Ecke gestellt fühlten, die moralisch diskreditiert waren, Deutschland wegen seiner Alleinschuld am Kriege und Russland wegen seines Bolschewismus, die Ausgestoßenen und Außenseiter, die vom Völkerbund ausgeschlossen waren, diese beiden fanden sich jetzt zu einer Not- und Zweckgemeinschaft zusammen, was natürlich nicht im Sinne der Veranstalter der Konferenz von Genua war. Nach kurzem diplomatischen Vorspiel, in dem beide Seiten mit einer möglichen Annäherung an England drohten, das daran aber gar nicht interessiert war, um Frankreich nicht zu verärgern, schlossen das Deutsche Reich und die Sowjetunion in Rapallo einen Freundschaftsvertrag.

Der wurde vom Westen als Sensation und als Bedrohung empfunden, enthielt in Wahrheit aber nur völlig harmlose Abmachungen zur Normalisierung der Beziehungen: Verzicht auf Reparationen, Meistbegünstigung im Handel, Aufnahme diplomatischer Beziehungen. Geheime Zusatzabkommen schloss man nicht, auch nicht auf militärischem Gebiet. Kontakte zwischen Reichswehr und Roter Armee hatte es schon vorher gegeben, diese wurden nach Rapallo allerdings intensiviert. Davon konnten beide Seiten profitieren. Die Deutschen stellten den Russen ihr militärtechnisches Know-how zur Verfügung und produzierten im fernen Russland gemeinsam mit ihren Gastgebern klammheimlich moderne Waffen, vor allem Panzer und Flugzeuge, die ihnen der Versailler Vertrag untersagte. Was außerdem noch zur Annäherung zwischen Deutschland und Russland führte, war die gemeinsame Feindschaft zu Polen.

Jahrhundertelang hatten die Polen unter ihren Nachbarn gelitten, man denke nur an die drei polnischen Teilungen und den Wiener Kongress, der den Polen die nationale Eigenstaatlichkeit verweigerte, das sogenannte Kongresspolen dem Zaren überließ und die polnisch besiedelten Gebiete im Westen und Süden an Preußen und Österreich gab. Jetzt, nach dem Weltkrieg, drehte der neue Staat Polen den Spieß um und trieb seinerseits expansiver Politik, erweiterte sein Staatsgebiet auf Kosten der Nachbarn, teils mit Zustimmung der alliierten Siegermächte, teils eigenmächtig, also mit militärischen Mitteln, so dass Polen ein Vielvölkerstaat wurde (wie einst das verhasste Österreich-Ungarn), mit einem Drittel Nichtpolen.

Mehr noch als Deutschland verlor das Zarenreich an Polen. Im Dezember 1919 war auf den Pariser Friedenskonferenzen auf Vorschlag des englischen Außenministers Lord Curzon die polnische Ostgrenze festgelegt worden. Diese wurde aber von den Polen nicht akzeptiert und sie überfielen die durch den weiß-roten Bürgerkrieg geschwächte Sowjetunion. Die Rote Armee erwies sich jedoch als stärker als erwartet und stieß bis Warschau und Thorn vor. Nur dank französischer Unterstützung kam es unter Marschall Pilsudski – nach dem sogenannten Wunder an der Weichsel – zur erfolgreichen Gegenoffensive. Im Frieden von Riga mussten die weißrussische und die ukrainische Sowjetrepublik riesige Gebiete abtreten, so dass die neue polnische Ostgrenze über 200 Kilometer weiter östlich verlief als die Curzon-Linie.

Das Reich und die Sowjetunion fühlten sich nach ihren Gebietsverlusten als Leidensgenossen und strebten in der Folgezeit Grenzkorrekturen an. Nirgends in den strittigen Grenzregionen hatte es Volksabstimmungen gegeben, nicht östlich der Curzon-Linie, nicht im polnischen Korridor, nicht in Danzig. Und die Abstimmungen in Oberschlesien sowie die daraus abgeleiteten Konsequenzen waren alles andere als korrekt. Gutnachbarliche Beziehungen waren auf dieser Grundlage nicht zu erwarten.

Und so wie die junge Republik Schwierigkeiten mit den Nachbarn hatte, so auch mit den politischen Gegnern im Inneren. Natürlich gehört Kritik zu jeder Republik. Es ist geradezu die Aufgabe der Opposition, der Regierung Fehler vorzuhalten und Besserungsvorschläge zu machen. Aber beide, Regierung und Opposition, müssen doch auf dem Boden der Verfassung stehen. Die Regierung sowieso, und die Opposition soll zwar eine andere Politik wollen, nicht aber einen anderen Staat. Das war aber seit den Wahlen von 1920 der Fall. Die Kritiker im Reichstag, die neue Mehrheit, waren nicht nur gegen die Regierung, sondern gegen die Republik. Links wollte man Kommunismus und Revolution, rechts ein Zurück zum Kaiserreich oder eine Militärdiktatur. Dabei blieb es nicht bei verbaler Kritik, Hetze und Diffamierung, es wurde vielmehr ausdrücklich zur Gewalt aufgerufen. Gewalt sollte zum Mittel der Politik werden. Attentate wurden salonfähig. Auf den angeblichen Dolchstoß antworteten frustrierte Offiziere mit feigen Pistolenschüssen auf linke und liberale Politiker. Ermordet wurden Karl Liebknecht und Rosa Luxemburg, der bayerische Ministerpräsident Kurt Eisner (USPD), Hugo Haase, der nach der Novemberrevolution für die USPD im Rat der Volksbeauftragten gesessen hatte, der kommunistische Redakteur Leo Jogiches *(Rote Fahne)*. Im August 1921 wurde der Zentrumspolitiker Matthias Erzberger, der den Waffenstillstand unterschrieben hatte, von zwei ehemaligen Offizieren der Freikorps-Brigade Ehrhardt im Schwarzwald durch Pistolenschüsse umgebracht. Attentatsversuche auf Philipp Scheidemann (SPD), Ernst Thälmann (KPD) und den Schriftsteller Maximilian Harden scheiterten.

Und dann, am 24. Juni 1922, wurde Außenminister Walther Rathenau zum Opfer des politischen Terrors. Vorausgegangen war eine Hetze übelster und geschmacklosester Sorte: *Gott erhalte Ebert, Wirth und Scheidemann – Erzberger hat er schon erhalten ... Auch Rathenau, der Walther, erreicht kein hohes Alter. Knallt ab den Walther Rathenau, die gottverfluchte Judensau.*

Rathenau, der auch ein vielgelesener Schriftsteller war, hatte vor dem Weltkrieg von seinem Vater die Leitung der AEG übernommen, war während des Krieges im preußischen Innenministerium verantwortlich für die Rohstoffbeschaffung und setzte sich nach dem

Krieg für eine Normalisierung der Beziehungen zu unseren Nachbarn ein. Die Siegermächte versuchte er durch das vergebliche Bemühen um Erfüllung der Reparationsforderungen zu einer Mäßigung der Ansprüche zu veranlassen und wurde dafür als Erfüllungspolitiker diffamiert. Er nahm im April/Mai 1922 an den Verhandlungen in Genua und Rapallo teil und zwei Monate später muss er seine Liebe zu Deutschland mit dem Leben bezahlen.

Als er am Vormittag des 24. Juni von seiner Villa im Grunewald im offenen Wagen zum Auswärtigen Amt fuhr, überholte ihn ein von jungen Männern mit dunklen Brillen besetztes Auto. Von den beiden Mördern schoss einer mit einer Maschinenpistole auf Rathenau, der andere warf eine Handgranate in seinen Wagen. Den Schwerverletzten brachte sein Chauffeur zurück in sein Haus, wo er verstarb. Die Täter entkamen, wurden aber aufgespürt. Der eine kam beim Schusswechsel mit der Polizei um, der andere erschoss sich selbst. Beide hatten in der Brigade Ehrhardt gedient und waren nach deren Auflösung der von Ehrhardt geleiteten Organisation Consul beigetreten, einer fundamentalistischen Terrororganisation mit rechtsradikaler Zielsetzung. Viele Attentate der Weimarer Zeit gehen auf ihr Konto, obgleich Ehrhardt selbst nie als der für die Morde verantwortliche Schreibtischtäter überführt werden konnte.

Insgesamt gab es etwa 400 politisch motivierte Morde. Davon wurden 354 von rechtsradikaler Seite verübt, 22 von linksradikaler. Nicht nur die Zahl der Täter, auch ihre Verurteilung zeigt große Unterschiede. Die Richter und Staatsanwälte der Kaiserzeit waren von der Weimarer Republik übernommen worden und ihnen war – gut demokratisch – Unabhängigkeit von staatlichem Einfluss zugesichert worden, ganz im Sinne der Gewaltenteilung. Konservativ, monarchistisch, nationalistisch, wie diese Herren meist waren, sympathisierten sie mit den rechten Attentätern, jungen Männern, die von der Schulbank in die Schützengräben geraten waren und später in die Freikorps, wo sie ihre ideologische Heimat, Beschäftigung, Besoldung und Lebenssinn fanden. Hier konnten sie ihre Liebe zum Kampf und zum Vaterland ausleben. Von den 22 linken Morden blieben 4 ungesühnt, von den 354 rechten Morden blieben 326 ungesühnt durch die deutsche Rechtsprechung. 10 linke Täter wurden hingerichtet, dagegen kein einziger rechter. 23 geständige

Täter wurden freigesprochen, 3 sogar befördert. Mit einer solchen Justiz kann eine Republik wahrlich nicht funktionieren.

Dennoch zeigte der Mord an Rathenau, dass die Republik noch lebte, dass es noch Menschen gab, die hinter ihr standen. Und zwar viele. Am Tag nach dem Attentat demonstrierte über eine Million im Lustgarten und brachte ihre Sympathie für Rathenau, für seine Politik und die Republik, aber auch ihre Empörung über die feige Bluttat zum Ausdruck. Es schien, als ob dieses Opfer, fast ein Martyrium, den jungen demokratischen Staat stärken könnte. Der Kanzler Wirth ruft in seiner Reichstagsrede zum Kampf gegen die Feinde der Republik auf und schließt mit den Worten: *Darüber ist kein Zweifel. Dieser Feind steht rechts!* Und wirklich! Der Staat wehrt sich. Reichspräsident Ebert erlässt eine Notverordnung zum Schutze der Republik, die, wenn auch leider nur befristet, rechtsradikale Organisationen verbietet. Auch der Reichstag verabschiedet ein Republikschutzgesetz. Aber dieser politischen Aufbruchstimmung stehen die harten Tatsachen aus dem Bereich der Wirtschaft entgegen. Sofort nach Rathenaus Tod fallen die Aktien und zugleich der Wert der Mark. Aus der schleichenden Inflation wird eine galoppierende. Anfang 1922 kostete ein Dollar an der Berliner Börse knapp 200 Mark, im Sommer bereits über 1000, Ende des Jahres stand der Kurs bei 10000. Wie konnte es dazu kommen, und was ist überhaupt eine Inflation?

Zur Geldentwertung kommt es, wenn das Gleichgewicht zwischen dem (theoretischen) Wert der Banknoten und dem realen Wert der Waren gestört ist, wenn die Nachfrage das Angebot übersteigt und sich die Waren verteuern. Das geschieht vor allem in und nach einem Krieg, denn im Krieg wird erstens weniger produziert, weil die meisten Männer kämpfen oder fallen und so für den Produktionsprozess ausfallen, und zweitens materielle Werte gewollt (die der Feinde) oder ungewollt (die eigenen) vernichtet werden. Zivile Werte werden im Verlaufe der Kampfhandlungen absichtlich oder zufällig zerstört, Munition wird verbraucht und die Waffen des Gegners (das ist ja der Sinn der Sache) unbrauchbar gemacht. Die Heimat (überwiegend Frauen) muss für den nötigen Nachschub sorgen, und das auf Kosten der Herstellung von Konsumgütern. So sinkt in Deutschland die Produktion von Textilien zwischen 1914 und 1918 auf 17 %, der Wohnungsbau auf 4 %. Staatliche Aufträge werden fast nur noch an die Rüstungsindustrie vergeben. Aber wovon? Die Steuereinnahmen gehen drastisch zurück, denn die 13 Millionen deutschen Soldaten bringen nichts ein, im Gegenteil, sie verursachen (trotz des kargen Solds) nur Kosten. Die Schere zwischen den Einnahmen und den Ausgaben des Staates geht immer weiter auseinander. Die Frage ist also: Wie kann der Staat seinen Krieg finanzieren? Da bieten sich drei Möglichkeiten an.

Die seriöseste Methode wäre die Finanzierung aus Steuern. Das ist aber unpopulär und würde auch nicht reichen. Sogar dem reichen England gelingt das nur zu 20 %. Oder der Staat nimmt Kredite auf, im Inland oder im Ausland. Die Entente zum Beispiel erhielt Waffen und Waren auf Pump aus den USA. Die dritte Möglichkeit, und die wählte das Reich, bestand in der Finanzierung durch Kriegsanleihen. Man appellierte an die Vaterlandsliebe der Deutschen und motivierte sie zusätzlich mit dem damals sehr lukrativen Zinssatz von 5 %. Über die Rückzahlung machten sich weder die Mittelmächte noch die Alliierten große Sorgen, glaubten doch beide Seiten daran, dass sie siegen und dass die Verlierer alles bezahlen würden. Das war dann am Ende leider Deutschland, und das musste gleich doppelt bezahlen, die Schulden der Sieger (bei den Amerikanern) und die eigenen zur Ablösung der Kredite beim eigenen Volk (beziehungsweise bei den deutschen Banken und Spekulanten). Hinzu kamen die laufenden Kosten für kriegsbedingte Sozialleistungen, nämlich Renten für Invaliden, Kriegshinterbliebene und Arbeitslosenfürsorge. Das ging weit über die finanziellen Möglichkeiten der Weimarer Republik hinaus.

Man musste also neues Geld zaubern, und das geschah, wie folgt: Der Staat borgte sich Geld bei der Reichsbank und die machte es einfach, das heißt, sie druckte es. So kam immer mehr Geld in Umlauf und die Inflation galoppierte. Die Deutschen bekamen für immer mehr Papiergeld immer weniger Ware, während sich die Sieger nicht mit der immer wertloser werdenden Papiermark abspeisen ließen. Sie forderten Goldmark oder Sachleistungen, und als erstere aufgebraucht war, immer mehr Kohle (im wörtlichen Sinne), aber zum Beispiel auch Telegrafenmasten. Als die Deutschen mit deren Lieferung etwas in Verzug gerieten, sahen die Franzosen darin einen absichtlichen und böswilligen Verstoß gegen den Versailler Vertrag und marschieren im Januar 1923 zusammen mit belgischen Truppen (übrigens gegen englischen Einspruch) ins Ruhrgebet ein, um sich *produktive Pfänder* zu sichern. Mit 100 000 Mann erreichte die Besatzungsarmee die Größe der gesamten Reichswehr.

Wieder ging eine Welle der Empörung durch Deutschland, ähnlich wie nach Bekanntwerden des Versailler Vertrags und der Reparationsforderungen. Die Bergleute an der Ruhr legten spontan die Arbeit nieder und über Nacht wurde unter Tage nicht mehr gearbeitet. Neuer Kanzler war seit November 1922 der parteilose Wilhelm Cuno. Er war als Hapag-Generaldirektor ein Mann der Wirtschaft und wollte Frankreich mit allen Mitteln der Wirtschaft treffen: Generalstreik im Ruhrgebiet und keine Reparationsleistungen, solange die Besetzung anhielt. Sollten die Franzosen doch selber in die Grube fahren und mit ihren Bajonetten die Kohle fördern, Deutsche jedenfalls arbeiteten nicht mehr für sie, weder Arbeiter, noch Angestellte, noch Beamte. Kein gewaltsamer Widerstand, aber ein passiver. In den Bergwerken, Fabriken, Behörden, Häfen und Bahnhöfen wurden die französischen Anordnungen nicht befolgt. Die Wirtschaft stand still.

Die Franzosen reagierten mit drastischen Maßnahmen, erschossen bei Krupp 13 Arbeiter und verurteilten den Chef und die Chefetage zu Haft- und Geldstrafen. Die widerspenstigen Deutschen, vor allem Bahn-, Post- und Verwaltungsbeamte, wurden mit ihren Familien ausgewiesen, insgesamt zwischen 140 und 180 000 Personen.

Es war selbstverständlich, dass die Deutschen, die für Deutschland streikten, auch von Deutschland bezahlt werden mussten, obgleich die Produktion und die Steuern immer mehr zurückgingen. Der Staatsetat, zwischen 1920 und 1922 ohnehin nur zu 40% durch Einnahmen gedeckt, konnte 1923 nur noch zu 19% regulär finanziert werden. Der Rest des Geldes wurde beschafft, indem es gedruckt wurde. Und das geschah in zunehmendem Maße.

Ende 1923 arbeiteten in der Geldproduktion an die 300 Papierfabriken und 133 Druckereien mit zusammen 1783 Notenpressen. Logischerweise fiel der Wert der Papiermark ins Bodenlose. Ein Dollar kostete im Juli 350 000 Mark, im August 4,6 Millionen und im Oktober 25 Milliarden.

Sein Geld trug man nicht mehr in der Brieftasche, sondern transportierte es im Wäschekorb. Nach der Auszahlung des Lohns rannte man so schnell wie möglich zum Einkaufen, denn am nächsten Tag hätte man für das gleiche Geld wesentlich weniger bekommen. Daneben gab es einen Tauschhandel mit Naturalien, im Berliner Schlossparktheater kostete der billigste Platz zwei Eier, der teuerste ein Pfund Butter.

Die Inflation hatte aber auch eine moralische Nebenwirkung. Es gab keine Banküberfälle mehr. Das lohnte sich nicht und die Beute war ohnehin kaum transportabel.

Anders als im Krieg wird durch eine Inflation nichts zerstört. Es brennen keine Städte nieder, es stürzen keine Fabriken zusammen, nirgends gibt es Ruinen. Alles bleibt heil, und nichts geht kaputt. Zerstört werden aber Millionen von Existenzen. Was die Novemberrevolution und ihre Strategen nicht geschafft haben, die große Enteignung und Umverteilung, das bewirkt die Inflation. Fast die ganze bürgerliche Mittelschicht steht nach der Inflation vor dem Nichts – und hasst die Republik. Denn die ist schuld.

Da aber nichts zerstört wurde, muss die große Umverteilung andere zu den großen Gewinnern machen. Es ist ein Zwei-Parteien-Nullsummenspiel. Was die einen verlieren, gewinnen die anderen. Wer aber verliert und wer profitiert? Zu leiden haben zunächst sämtliche Arbeitnehmer und Rentner. Bei rapide sinkender Kaufkraft erhalten sie immer weniger für ihr Geld, Löhne und Renten hinken mit ihren Erhöhungen immer hinter der Inflation hinterher. Im Oktober 1923 bekommt ein Facharbeiter für seinen Wochenlohn gerade einen Zentner Kartoffeln. Umgekehrt profitiert aber der Arbeitgeber, er kriegt für schlechtes Geld gute Arbeit, das heißt, er kann preiswert produzieren und auf dem Weltmarkt die englische und französische Konkurrenz aus dem Felde schlagen. Insofern geht es der deutschen Wirtschaft sogar gut, und deshalb haben Regierung und Konzerne die anfangs moderate (schleichende) Inflation insgeheim sogar begrüßt. Es gab relativ wenige Arbeitslose und die Produktion erreichte fast den Vorkriegsstand, bei Stahl zum Beispiel 90%, während Frankreich nur auf 40% kam. Ihre Exporte ließen sich die deutschen Unternehmer natürlich in stabilen Devisen bezahlen. Während der Arbeiter mit Papiermark entlohnt wurde, verdiente die Industrie gute Dollars. Insofern ist der Ärger der Franzosen verständlich, die es mit einem armen deutschen Staat zu tun haben, der nicht zahlen kann und will, und einer boomenden deutschen Wirtschaft, die sich auf dem Weltmarkt breitmacht.

Bei allem Elend der Arbeiter – teils lebten sie unter dem Existenzminimum – können sie doch immerhin auf bessere Zeiten hoffen. Schlimmer, weil ihr schreckliches Schicksal endgültig ist, ergeht es den Sparern. Sie haben einst aus Liebe zum Vaterland und aus Vertrauen zum Staat Kriegsanleihen gezeichnet, oft, um so eine staatlich garantierte Altersversorgung zu haben.

Und jetzt, im Sommer 1923, können sie sich für ihre 50000 Mark gerade einmal eine Scheibe Brot kaufen – das ganze Schwarzbrot kostet nämlich eine Million, und im November 200 Milliarden.

Der große Gewinner dagegen ist der deutsche Staat. Er ist mit einem Schlag seine Schulden los (allerdings nur die innerdeutschen). Nach der Währungsreform im Herbst haben die 156 Milliarden Kriegsanleihen nur noch den Wert von 1,50 Rentenmark (der neuen Währung). Und davon ist vier Jahre Krieg geführt worden – einen billigeren Krieg hat es – finanziell gesehen – noch nie gegeben. Was der Sowjetstaat nach der Oktoberrevolution getan hatte, nämlich die Schulden des Zarenreiches einfach nicht zu übernehmen, weil man ganz neu bei null anfange, genau das geschah jetzt auch in Deutschland.

Verdient an der Inflation haben auch die Besitzer von Sachwerten – von Immobilien, von Betrieben, von Aktien – also die Industrie und die Landwirtschaft. Sie können ihre Schulden mit Papiergeld tilgen, mehr noch, sie können mit Papiergeld investieren. Der berühmteste (und berüchtigtste) Inflationsgewinner war Hugo Stinnes, der es auf 4554 Beteiligungen an Unternehmungen brachte. Er kaufte auf Inflationskredit Banken, Hotels, Fabriken und Zeitungen. Er sitzt auch für die DVP im Reichstag und tut alles, um das große Geschäft Inflation nur nicht zu einem Ende kommen zu lassen.

Aber irgendwann musste der Inflation ein Ende gesetzt werden, vor allem auch der Ruhrpolitik, die Schulden und Geldentwertung ins Unermessliche trieb. Vom passiven Widerstand war kein Erfolg zu erwarten, und erst recht nicht vom aktiven. Die unter Beteiligung der inzwischen offiziell aufgelösten Freikorps durchgeführten Anschläge (Sprengung von Eisenbahnbrücken, Angriffe auf französische Wachtposten) heizten den Hass auf beiden Seiten nur immer mehr an. Die Franzosen reagieren mit aller Härte, teils kommt es zu Schießereien (mit zuletzt über 130 Todesopfern), teils zu Prozessen. Die französischen Gerichte verhängen Geld- und Haftstrafen, darunter fünf lebenslängliche. Von den elf Todesurteilen wird aber nur eines vollstreckt, das an dem nach Verrat aus den eigenen Reihen verhafteten Albert Leo Schlageter.

Jedem vernünftigen Menschen war klar, dass der Ruhrkampf auf Dauer nicht durchzuhalten war. Aber wer würde den Mut haben, ihn abzubrechen? Kanzler Cuno jedenfalls nicht. Er tat, was auch schon mehrere seiner Vorgänger in aussichtsloser Lage getan hatten, er trat zurück. Aber was nun? Wie immer in einer kritischen Situation wurde eine Große Koalition gebildet, um für eine unpopuläre Entscheidung eine parlamentarische Mehrheit zu finden. Neuer Kanzler wurde Gustav Stresemann am 13. August 1923, obgleich seine eigene Partei, die DVP, die der Wirtschaft nahestand, eigentlich nicht mit den Sozis zusammenarbeiten wollte, und diese sich schwertaten, mit der Industriepartei zu koalieren, zumal die SPD inzwischen über einen starken linken Flügel verfügte, seit die USPD sich gespalten und aufgelöst hatte und ihre Mitglieder teils zur KPD, teils zur SPD übergewechselt waren. Wie schwach der parlamentarische Rückhalt des von Ebert ernannten Kanzlers ist, zeigt sich, als bei der Vertrauensbestimmung zwar Zentrum und DDP für Stresemann votieren, aber von seiner eigenen DVP und Eberts SPD je ein Drittel der Abgeordneten der Abstimmung fernbleiben.

Wer war dieser Gustav Stresemann? 1878 als Sohn eines Berliner Gastwirts und Bierverlegers geboren, studierte er nach dem Abitur Staats- und Wirtschaftswissenschaften und promovierte, was nahelag, jedoch immer wieder zu Hohn und Spott seiner politischen Gegner führte, über den Berliner Flaschenbierhandel. Er arbeitete dann in Industrie- und Wirtschaftsverbänden, schloss sich den Nationalliberalen an, zog mit 28 in den Reichstag ein und war seit 1917 Fraktionsvorsitzender. Er war ein waschechter Nationalliberaler mit all den Widersprüchen, die sich im Namen seiner Partei widerspiegeln. Außenpolitisch war er national, ja nationalistisch, befürwortete die Kriegsziele der OHL, war Mitglied des Alldeutschen Verbandes, stand Ludendorff nahe und bekämpfte die Friedensresolution. In der Innenpolitik dagegen war er liberal und setzte sich für Freiheit in Wirtschaft, Gesellschaft und Politik ein, so zum Beispiel für die Abschaffung des preußischen Dreiklassenwahlrechts. Nach dem Krieg war er Mitbegründer und Vorsitzender der nationalliberal orientierten Deutschen Volkspartei. Er wandelte sich zum Vernunftrepublikaner und Realpolitiker. Zwar blieb er im Herzen Monarchist, hielt auch Kontakt zum Kronprinzen, sah aber genau, was möglich war und was nicht. Daran orientierte er seine Politik, und deshalb brach er den Ruhrkampf ab. Eine andere Möglichkeit gab es nicht.

Der Generalstreik war nicht länger finanzierbar, man kann nicht Millionen von Menschen über Monate fürs Nichtstun bezahlen. Und die Franzosen dachten nicht daran, abzuziehen, trotz der Kritik der englischen Verbündeten. So stand Stresemann am 26. September vor dem Reichstag und verkündete: *Um das Leben von Volk und Staat zu erhalten, stehen wir heute vor der bitteren Notwendigkeit, den Kampf abzubrechen.*

Die Empörung über Stresemanns vermeintliches Kleinbeigeben und Zukreuzekriechen war in der rechten Hälfte der Bevölkerung größer als die über die französische Besatzung. Er wurde als Verräter diffamiert, und auch an den üblichen Morddrohungen fehlte es nicht: *Stresemann – verwese man!* Aber er stellte sich seinen Gegnern entgegen und erwiderte: *Der Mut, die Aufgabe des passiven Widerstandes verantwortlich auf sich zu nehmen, ist vielleicht mehr national als die Phrasen, mit denen dagegen angekämpft wurde.*

Die Wiederbelebung der Wirtschaft an Rhein und Ruhr war die Voraussetzung einer Stabilisierung der Währung. Der Grundgedanke der Währungsreform war verblüffend einfach. Man musste die Papiermark brutal abwerten und die neue Währung musste gedeckt sein, das heißt, für die neuen Banknoten musste es einen neuen Gegenwert geben, da das Gold der Reichsbank längst aufgebraucht war. Geld ist Vertrauenssache. Die rechteckigen bedruckten Scheine müssen vom Volk anerkannt werden, das heißt, was da drauf steht, muss man glauben. Und das gelang. Denn die neue Rentenmark war abgesichert durch den Wert der deutschen Industrieanlagen und der deutschen Anbauflächen. Ackerland und Fabriken dienten als Deckung. Natürlich war das nur eine theoretische Garantie, denn praktisch konnte man für sein neues Geld keine Quadratmeter oder Maschinenteile mit nach Hause nehmen, aber das war auch nicht der Sinn der Sache, wichtig war allein, dass das deutsche Volk an den Wert und die Wertbeständigkeit der Rentenmark glaubte. Wie viel sie wert war, wurde deutlich an dem Wechselkurs zwischen dem inflationären Papiergeld und der stabilen Rentenmark: 1:1 Billion, das sind 1000 Milliarden, eine Zahl mit zwölf Nullen.

So weit, so gut. Aber neben der Ruhr- und der Finanzkrise, die jetzt beendet werden sollten, gab es noch andere bedrohliche Probleme. Bayern war nach dem schnellen Ende der Münchener Räterepublik nach rechts gerückt. Die Politik des Landes wurde bestimmt von der klerikal-nationalkonservativen Bayerischen Volkspartei, die sich immer mehr vom Zentrum entfernt hatte. Bayern gab sich als rechte Ordnungszelle des Reiches, gewährte rechtsradikalen Überzeugungstätern, die im Reich steckbrieflich gesucht wurden, Zuflucht und ließ militant-nationalistische Gruppen, darunter eine Partei mit den fünf Buchstaben NSDAP, ungestört ihr Unwesen treiben. Wohin Bayern trieb, war unklar, zu unterschiedlich waren die Ziele der verschiedenen Gruppen: Eine bayerische Militärdiktatur oder Rückkehr zur Wittelsbacher Monarchie, Trennung vom Reich oder Marsch auf Berlin mit anschließender Machtergreifung.

Tendierte Bayern nach rechts, so Mitteldeutschland nach links. In Sachsen und Thüringen hatten sich im Oktober Koalitionen aus SPD und KPD gebildet. Erstmals in Deutschland trugen Kommunisten Regierungsverantwortung. Gegen die formal immerhin legal zustande gekommene Regierung und ihre illegalen proletarischen Hundertschaften wollte Stresemann die Reichswehr einsetzen, ebenso aber gegen Bayern, wo inzwischen der Ausnahmezustand herrschte und der von der Landesregierung zum Generalstaatskommissar ernannte Gustav Ritter von Kahr eine Militärdiktatur errichtet hatte. Die Reichswehr, man kennt das ja schon, griff gegen die Kommunisten nur zu gerne zu den Waffen, nicht aber gegen die

Kameraden in Bayern. Wie damals beim Kapp-Putsch galt für den Chef der Heeresleitung, Hans von Seeckt, die Parole: *Truppe schießt nicht auf Truppe.* Die SPD war empört über den Widerspruch im Verhalten der Reichswehr und auch des Reichskanzlers beim Umgang mit rechten und linken Bedrohungen, obgleich Stresemann kaum eine andere Wahl hatte. Gleichviel, die SPD verließ die Große Koalition in Berlin. Damit hatte Stresemann die Mehrheit und das Vertrauen des Reichstags verloren und folglich auch sein Amt. Am 23. November musste er die Reichskanzlei räumen. Reichspräsident Ebert war entsetzt über seine Genossen: *Was euch heute veranlasst, den Kanzler zu stürzen, ist in sechs Wochen vergessen, aber die Folgen eurer Dummheit werdet ihr noch zehn Jahre spüren.* Dann wird man das Jahr 1933 schreiben …

Auch im Westen des Reiches ging es 1923 dramatisch zu. In den Gebieten links des Rheins erhoben Separatisten lautstark ihre Stimme. Dabei muss man zwei Gruppen unterscheiden. Die eine, zu der der Kölner Oberbürgermeister Konrad Adenauer gehörte, wollte lediglich einen unabhängigen, von Preußen getrennten Bundesstaat innerhalb des Reiches, die andere wollte eine völlige Trennung des Rheinlands vom Reich. Der Parole *Los von Preußen* stand die Parole *Los vom Reich* gegenüber. Diese radikalen Separatisten riefen dann auch eine Rheinische und eine Pfälzer Republik aus, eifrig unterstützt von Frankreich, das nur zu gerne kleine Puffer oder besser Satellitenstaaten zwischen sich und dem Reich geschaffen hätte. Aber bei der großen Mehrheit der Bevölkerung stießen die Separatisten auf erbitterten Widerstand, wurden verprügelt und vertrieben und scheiterten kläglich.

Auch zu Putschversuchen kam es in diesen kritischen Monaten, am 1. Oktober in Küstrin und am 9. November in München. Aber in beiden Fällen stellten sich die Anführer, ein gewisser Major Bruno Buchrucker und der Ex-Gefreite Adolf Hitler, so dilettantisch an, dass ihrem Vorhaben kein Erfolg beschieden war. Letzterer ist damit aber nicht endgültig von der Bildfläche verschwunden. Wir werden später noch von ihm hören.

Doch jetzt, Ende 1923, kehrt endlich wieder Ruhe ein. Seit dem 15. November ist die Rentenmark in Umlauf. Die Einheit Deutschlands, in den letzten Monaten mehrfach bedroht, ist gesichert. Putsch- und Umsturzversuche sind gescheitert. Wirtschaftlich und politisch konnte man mit Zuversicht in die Zukunft blicken. Zu danken war das vor allem Gustav Stresemann. Er war zwar nur 100 Tage Kanzler (vom 13. August bis zum 23. November), hat aber zur Gesundung der Weimarer Republik Wesentliches beigetragen und tat es weiterhin, nun als Außenminister. In diesem Amt hat er dem Volk und dem Staat sechs Jahre lang gedient, bis zu seinem Tode 1929. Er hat, nachdem er als Kanzler Ruhrkampf und Inflation beendet hatte, als Außenminister Deutschland wieder auf die internationale Bühne geführt. Und es gelingt eine Neuregelung der Reparationsprobleme.

Die Alliierten begriffen, dass sie von Deutschland nicht mehr fordern konnten, als dieses zu leisten in der Lage war, und dass ein wirtschaftlich gestärktes Deutschland in ihrem eigenen Interesse lag. Man war bereit, sich nicht wie bisher am politisch Wünschbaren, sondern am wirtschaftlich Möglichen zu orientieren. Deshalb sollte die Reparationsfrage nicht länger den Politikern überlassen bleiben, sondern von Wirtschaftsexperten erörtert und entscheiden werden. *Business, not politics,* lautete die Devise. Mit dem amerikanischen Bankier Charles Dawes an der Spitze arbeitete ab Januar 1924 eine internationale Sachverständigenkommission einen realistischen, also realisierbaren Reparationsplan aus. Im August stimmten die Politiker, auch die deutschen – zum Beispiel Stresemann – dem Dawes-Plan zu. Wie jeder realistische Vertrag war er ein Kompromiss aus Geben und Nehmen.

Die Franzosen erklärten sich bereit, innerhalb eines Jahres das Ruhrgebiet zu räumen, sofort damit zu beginnen und ähnliche Sanktionen nicht zu wiederholen. Deutschland garantierte die jährliche Zahlung der Reparationsraten, die sich von 1 Milliarde Mark 1924 auf 2,5 Milliarden im Jahre 1928 steigern sollten. Als Starthilfe erhielt das Reich 800 Millionen Goldmark – natürlich aus den USA – wodurch die Umstellung der Rentenmark auf die stabile Goldmark sichergestellt werden sollte. Darüber hinaus flossen Kredite amerikanischer Banken nach Deutschland, wodurch die Wirtschaft kräftige Impulse erhielt und der allgemeine Lebensstandard sich verbesserte.

Ein Nachteil des Dawes-Plans bestand jedoch darin, dass die endgültige Höhe und Dauer der deutschen Reparationsleistungen noch nicht festgelegt wurde. Das führte zu massiven Protesten in der deutschen Öffentlichkeit, vor allem auf der rechten Seite, so dass der Vertrag nur knapp die notwendige Zweidrittelmehrheit in dem im Mai neu gewählten und nach rechts gerückten Reichstag fand. Einige DNVP-Abgeordnete stimmten nur deshalb zu, weil sie Angst vor der von Ebert angedrohten Reichstagsauflösung (und den dann folgenden Neuwahlen) hatten, denn inzwischen machten sich die amerikanischen Kredite bereits angenehm bemerkbar, was Gift war für die Protestpolitik der rechten Querulanten.

Weltweit spielte sich nun ein Finanzkreislauf ein; amerikanische Kredite flossen nach Deutschland, deutsche Reparationen nach England und Frankreich und deren Rückzahlungen der Kriegsanleihen wiederum in die USA. Wirtschaftlich normal und gesund war dieser Transfer nicht.

Trotz des wirtschaftlichen Aufschwungs steht die Republik weiterhin auf wackeligen Füßen. Eine von der Mehrheit des Parlaments getragene Regierung kommt nicht zustande, da SPD und DNVP nicht gemeinsam am Kabinettstisch Platz nehmen wollen. Auch die dann doch durchgeführten Neuwahlen im Dezember 1924 ändern nichts. Zwar kann die SPD sich gegenüber den Maiwahlen deutlich verbessern (131 statt 100 Sitze), bleibt aber in der Opposition. Die Mitte-Rechts-Regierung, der sogenannte Bürgerblock unter dem parteilosen Kanzler Hans Luther ist nach wie vor schwach. Ihre Stärke besteht aber immerhin darin, dass der umtriebige Stresemann Außenminister bleibt. Auf der Grundlage der Reparationsregelung versucht er, die diplomatischen Beziehungen zu den ehemaligen Kriegsgegnern zu normalisieren. Vor allem will er das Verhältnis zu Frankreich verbessern und zwar durch eine wechselseitige Garantie der Grenzen. Am 9. Februar 1925 unterbreitet er Paris und London entsprechende Vorschläge. Aber die französische Antwort lässt vier Monate auf sich warten.

Inzwischen verstirbt Reichspräsident Friedrich Ebert mit knapp 54 Jahren. Anders als Erzberger, Rathenau und so viele andere Demokraten verlor er sein Leben zwar nicht durch ein Attentat, aber indirekt wurde auch er ein Opfer seiner rechtsradikalen Gegner, die ihn pausenlos beleidigten und verleumdeten, so dass er 173 Prozesse angestrengt hat – weniger um seine persönliche Ehre als die des Amtes zu schützen. So wurde ihm zum Beispiel Landesverrat vorgeworfen, weil er Ende des Krieges angeblich einen Streik der Munitionsarbeiter organisiert habe, obgleich er in Wahrheit in die Streikleitung eingetreten war, um eine Beilegung des Arbeitskampfes herbeizuführen. In dem in dieser Sache geführten Prozess kommen die rechten Richter zu dem Urteil, dass Ebert zwar objektiv-strafrechtlich kein Landesverrat vorzuwerfen sei, man in ihm aber doch subjektiv einen Verräter sehen könne. In Erwartung des von ihm angestrengten Berufungsverfahrens verschob Ebert eine notwendige Blinddarmoperation – und verstarb am 28. Februar.

Eberts Tod machte die Wahl eines neuen Präsidenten nötig, der laut Verfassung direkt vom Volk zu bestimmen war. Fast alle Parteien stellten einen eigenen Kandidaten auf, insgesamt waren es sieben, unter ihnen auch Ludendorff. Da keiner die im ersten Wahlgang notwendige absolute Mehrheit erreichte, kam es zum zweiten Wahlgang, in dem die relative Mehrheit genügte. Einige verzichteten auf eine erneute Kandidatur, dafür warf ein neuer Bewerber seinen Hut in den Ring – oder soll man sagen: seinen Helm?

Denn dieser neue Kandidat war Paul von Hindenburg. Seine Gesinnungsfreunde, allen voran Tirpitz, hatten ihn dazu überredet. Unter zwei Bedingungen ging der 78-jährige Ex-Generalfeldmarschall darauf ein. Erstens wollte er mit Rücksicht auf sein hohes Alter nicht persönlich am Wahlkampf teilnehmen, den sollten für ihn die Politprofis von der DNVP machen, sein Name allein sollte für rechte Stimmung und Stimmen sorgen. Zweitens wollte Hindenburg erst sicherstellen, dass sein oberster Kriegsherr, der in Holland Holz hackende Ex-Kaiser, nichts gegen seine Kandidatur einzuwenden habe. Er darf, und der *Reichsblock* aus nationalistischen, monarchistischen, klerikalen und konservativen Republiksgegnern unterstützt ihn. Die Parteien der Weimarer Koalition (SPD, Zentrum und DDP) bilden den *Volksblock* und einigen sich auf den Kandidaten Wilhelm Marx. Und dann bewarb sich noch ein Dritter, der Kommunist Ernst Thälmann. Statt auf eine eigene Kandidatur zu verzichten und ihre Anhänger auf den republikanischen Kandidaten

Marx zu orientieren (der Name allein hätte ihr doch sympathisch sein müssen), stärkte die KPD indirekt das rechte Lager, weil sie linke Stimmen verschenkte. Da die Bayerische Volkspartei sich für Hindenburg aussprach und gegen Marx von der Schwesterpartei Zentrum, wird der alte Feldherr mit 48% der Stimmen gewählt, vor Marx (45%) und Thälmann (6%). Ob es aber den protestantischen Preußen geschmeckt hat, dass er sein Amt bayerischen Katholiken und Kommunisten verdankte, sei dahingestellt.

Die Wahl des greisen Generalfeldmarschalls haben viele, vor allem auch im Ausland, als Katastrophe empfunden, als Schlag gegen die Republik und bedrohlichen Rechtsruck. Einige aber sahen in der Wahl des konservativen Monarchisten die Chance, dass er die Rechte mit der Republik versöhnen würde. Wenn unser Hindenburg deren Präsident ist, dann müssen auch wir uns mit der Republik abfinden und anfreunden.

Und wirklich hat Hindenburg sein Amt im Großen und Ganzen korrekt ausgeübt und sich an die Verfassung gehalten, die er erst kurz vor Amtsantritt gelesen und *gar nicht so schlecht* gefunden hat. Als echtem Preußen war ihm der Eid heilig und damit auch die Verfassung, auf die er am 12. Mai 1925 vereidigt wurde. Die Hoffnung derer, die glaubten, dass der alte Präsident die Monarchie erneuern werde, hat er enttäuscht.

Eigene Politik hat er nicht gemacht, gelenkt wurde er von seiner Umgebung, vom Büroleiter Otto Meißner, vom Regimentskameraden Oberst Kurt von Schleicher und von Oskar, dem *von der Verfassung nicht vorgesehenen Sohn des Präsidenten*, wie Tucholsky spottete. Hindenburgs Horizont war begrenzt, sein langes Leben lang war seine Welt die der Gutshöfe, Kasernenhöfe und des Kaiserhofs. Die große weite Welt war ihm fremd, und so ließ er dem Außenminister Stresemann freie Hand, als der sich anschickte, Deutschland in das Konzert der Großmächte zurückzuführen.

Erst vier Monate nach Stresemanns Vorschlag eines Sicherheitspaktes mit Frankreich antwortete Paris (16. Juni 1925), doch dann ging alles relativ schnell. Schon bald nach der Sommerpause, genau am 5. Oktober, trafen sich die Vertreter Deutschlands (Kanzler Luther und Außenminister Stresemann) mit den führenden Politikern Frankreichs, Englands, Belgiens, Italiens, Polens und der

Tschechoslowakei, und zwar in dem kleinen Schweizer Kurort Locarno am Lago Maggiore. Schon nach zehn Tagen wurde das Schlussprotokoll unterzeichnet. Deutschland, Frankreich und Belgien bekannten sich zur Endgültigkeit der zwischen ihnen stehenden Grenzen, und England und Italien traten dem Abkommen als Garantiemächte bei. Damit verzichtete Deutschland zwar für alle Zeiten auf Elsass-Lothringen, konnte sich aber auch sicher fühlen vor dem jahrhundertealten Drängen der Franzosen zum Rhein.

Zu einem sogenannten Ost-Locarno kam es aber nicht. Deutschland weigerte sich, den Verlust seiner Ostgebiete (Korridor, Danzig, Oberschlesien, Sudetenland) als endgültig hinzunehmen, garantierte aber, auf jede einseitige Grenzkorrektur mit militärischen Mitteln zu verzichten.

Damit war, sechs Jahre nach dem Versailler Vertrag, endlich ein Frieden geschlossen, der sicher und dauerhaft schien. Deutschland, Frankreich und Belgien verpflichteten sich, eventuelle Streitpunkte durch ein Schiedsgericht, letztendlich durch den Völkerbundsrat, vergleichbar dem Sicherheitsrat der heutigen UNO, entscheiden zu lassen. Wie der Dawes-Plan war auch der Locarno-Vertrag ein Geschäft des wechselseitigen Gebens und Nehmens. Die Siegermächte sagten eine vorzeitige Räumung der drei rheinländischen Besatzungszonen zu, und Deutschland bestätigte die im Versailler Vertrag vorgesehene Entmilitarisierung des Rheinlands, doch diesmal freiwillig.

Die Verhandlungen kamen sicher auch deshalb so schnell zu einem guten Ende, weil die Gespräche in ländlich-heiterer Atmosphäre geführt wurden, man im schönen Frühherbst auf den Lago Maggiore spazieren fuhr und sich zwischen dem französischen und deutschen Außenminister Briand und Stresemann eine intensive Freundschaft entwickelte. Der Geist von Locarno war der Geist des Friedens.

Als der Vertrag in dem kleinen Rathaus paraphiert worden war und die Staatsmänner sich der Menge zeigten, begannen die Kirchenglocken zu läuten und die Schweizer, die ja unter dem Weltkrieg gar nicht gelitten hatten, riefen immer wieder voller Begeisterung: *Pace, pace!*. Frieden war wirklich das Losungswort in diesem goldenen Herbst. Aber dann holte der graue Alltag die Politik wieder ein. In den Hauptstädten musste der Vertrag die Parlamente passieren und da gab es sowohl in Paris als auch in Berlin nationalistischen Widerspruch. Letztlich aber siegten die Vernunft und Friedensliebe, und am 24. November 1925 nahm der Reichstag den Locarno-Vertrag mit 291 zu 174 Stimmen an.

Aber auch der Versöhnungsvertrag änderte nichts an der geografischen Tatsache, dass Deutschland in der Mitte Europas liegt und dass es mit dem Westen und dem Osten in Frieden leben muss. Die Angst, dass das Reich in die Zange genommen wird, hatte ja schon Bismarck umgetrieben und deshalb hatte er mit Russland den Rückversicherungsvertrag geschlossen. Ähnlich handelte Stresemann. Er wollte Deutschland nicht einseitig an den Westen binden, sondern ein gutes Verhältnis zur Sowjetunion aufbauen und darüber hinaus gemeinsam eine friedliche Korrektur der jeweiligen Grenzen zu Polen anstreben. Anknüpfend an den Vertrag von Rapallo wurde am 24. April 1926 ein deutsch-russisches Freundschafts- und Neutralitätsabkommen geschlossen.

Im September konnte Stresemann einen weiteren außenpolitischen Erfolg verbuchen. Deutschland wurde eingeladen, dem Völkerbund beizutreten und sollte neben England, Frankreich, Italien und Japan sogar einen dauernden Sitz im Völkerbundsrat erhalten, dem eigentlichen Machtzentrum der Weltorganisation. Das deutsche Volk war wieder in die Völkerfamilie zurückgekehrt und als Großmacht anerkannt.

Locarno und Genf hängen miteinander zusammen. Der Vertrag von Locarno und Deutschlands Eintritt in den in Genf angesiedelten Völkerbund bilden ein Junktim. Ohne den Geist von Locarno wäre das Reich kaum nach Genf gelangt, aber die Mitgliedschaft in der Weltorganisation war zugleich Bedingung für die Ratifizierung des Locarno-Vertrags. Nun war der Weltkrieg wirklich zu Ende, der Völkerbund war nicht länger eine reine Siegerallianz, sondern auf dem Wege zu einer wirklichen Weltorganisation, obgleich die USA und die Sowjetunion immer noch fehlten. Der neue Geist der guten Zwanzigerjahre wird deutlich an der Begeisterung, mit der die deutsche Delegation in Genf von der Bevölkerung und der Vollversammlung begrüßt wird. Die Reden der Außenminister Stresemann und Briand werden mit Ovationen bedacht, die nicht enden wollen. Briand lässt sich von der Jubelstimmung mitreißen, löst sich vom Manuskript und wendet sich direkt an Stresemann und sein Team: *Ihnen aber, meine Herren Vertreter Deutschlands, möchte ich nur noch eines sagen: Was Heldentum und Kraft anbetrifft, brauchen sich unsere Völker keine Beweise mehr zu liefern. Auf den Schlachtfeldern der Geschichte haben beide eine reiche und ruhmvolle Ernte gehalten, Sie können sich von jetzt ab um andere Erfolge auf anderen Gebieten bemühen.*

Briand und Stresemann waren ihrer Zeit und ihren Völkern voraus. Ihr Traum von einer deutsch-französischen Freundschaft – so wie sie selber Freunde waren – und ihr Traum von einem einigen Europa war schneller geträumt als getan. Die beiden großen Männer wollten den großen Wurf und Entwurf, aber der Teufel steckt im Detail. Da sie keine Wirtschaftsexperten waren, konnten sie die Reparationsprobleme nicht endgültig lösen. Aber ihr Friedenswille fasziniert uns bis heute und hat den beiden zu Recht den Friedensnobelpreis eingebracht. Überhaupt war Frieden nach dem schrecklichen Weltkrieg bei den Politikern in Mode gekommen. Am 27. August 1928 schlossen 15 Staaten, darunter die Locarno-Mächte und die USA, die ja dem Völkerbund nicht angehörten, auf Anregung Briands den nach dem amerikanischen Außenminister Kellog benannten Pakt zur Ächtung und Abschaffung des Krieges. Der Vertrag verurteilte den Krieg als Mittel zur Lösung internationaler Streitfälle. Bis 1939 waren insgesamt 63 Staaten diesem Pakt beigetreten. Zum Weltkrieg kam es trotzdem.

Gut gemeinte Friedensproklamationen schaffen natürlich noch nicht die konkreten Probleme aus der Welt. Das bekommt besonders Deutschland zu spüren. Das Reiche hatte in den letzten Jahren dank Stresemanns Geschick sehr an Ansehen gewonnen, aber die hohen Reparationen, die Ungleichheit bei Rüstung und Abrüstung, die Rheinlandbesetzung, die willkürlichen Ostgrenzen – das alles verärgerte nach wie vor die deutsche Öffentlichkeit. Dass Handlungsbedarf bestand, sahen auch die Alliierten. Wieder (wie 1924) wurde eine Expertenkommission gebildet, wieder unter Leitung eines Amerikaners, der diesmal nicht Dawes, sondern Young hieß. Wieder gab es eine amerikanische Anleihe an Deutschland als Starthilfe, und zwar 300 Millionen Goldmark. Wieder versuchten die

Experten, sich am Machbaren und Möglichen zu orientieren und trauten und muteten dem Reich jährliche Zahlungen von durchschnittlich 2 Milliarden Goldmark zu. Wieder wurde der Plan der Experten, die von Februar bis Juni 1929 in Paris tagten, von den Politikern anschließend abgesegnet. Und wieder regte sich, von Scharfmachern ganz rechts und ganz links angefacht, Empörung in der deutschen Öffentlichkeit.

Man sah und wollte auch nur sehen, welche Belastungen der Young-Plan mit sich brachte. Zahlungen bis ins Jahr 1988, also 59 Jahre. Die Vorteile ignorierte man. So die französische Zusage, das Rheinland vorzeitig und vollständig zu räumen, was 1930 auch wirklich geschah, die Vorteile der europäischen Versöhnung für den deutschen Außenhandel, die berechtigte Hoffnung auf vorzeitige Streichung der Reparationen, die 1932 bereits erfolgte. Die KPD eröffnet – so noch vor wenigen Jahren in einem DDR-Buch nachzulesen – *den Machtkampf gegen die weiter nationale und soziale Versklavung des deutschen Volkes.* Sie zieht damit am gleichen Strang wie ihre Gegner auf der Rechten, die sich zu einem *Reichsausschuss zur Einleitung eines Volksbegehrens* zusammenschließen.

Der neue Vorsitzende der DNVP, Alfred Hugenberg, reichster und einflussreichster Zeitungsverleger, stellte seine Blätter in den Dienst der Anti-Young-Plan-Propaganda und bediente sich dabei eines bis dahin unbedeutenden, aber redegewaltigen Mannes namens Adolf Hitler. Und während der sich im Sommer 1929 einen Namen machte und seine politische Karriere einleitete, verschlechterte sich Stresemanns Gesundheitszustand zusehends. Überarbeitung und immer neue Anfeindungen führten zu seinem frühen Tod am 3. Oktober 1929. Mit nur 51 Jahren. Wie nach dem frühen Tode Rathenaus und Eberts, beide wurden nur 54, beide wurden wie Stresemann ein Opfer ihres Einsatzes für die Republik, wird die Trauerfeier zu einer Demonstration für den demokratischen deutschen Staat. Hunderttausende folgen dem Sarg unter der schwarz-rot-goldenen Fahne.

Doch es kommt noch schlimmer. Drei Wochen später, am sogenannten Schwarzen Freitag, fallen an der New Yorker Börse schlagartig die Aktien. Die Weltwirtschaftskrise beginnt und die Goldenen Zwanzigerjahre gehen zu Ende.

Ja, ja, die Goldenen Zwanziger. Die sechs guten Jahre zwischen Währungsreform und Weltwirtschaftskrise. Jahre des Optimismus, weil es aufwärts ging. Dennoch, es ist nicht alles Gold, was glänzt. Vor allem die Wirtschaft war weniger glänzend, als es den Anschein hatte. Die deutsche Scheinblüte war eine Kreditblüte. Glänzend aber war unbestritten, was sich in Deutschland auf dem Felde der Kunst, der Musik, der Literatur, der Architektur und der Wissenschaft tat.

Es ist eine historische Gesetzmäßigkeit, dass politisch-militärische Niederlagen durch geistige Leistungen ausgeglichen werden. Die Römer eroberten Griechenland, aber die hellenistische Kultur prägte das Imperium Romanum. Napoleon machte sich Deutschland und fast ganz Europa untertan, aber die ohnmächtige und zerstückelte deutsche Nation galt als das Land der Dichter und Denker – dank der kritischen Philosophie Kants, dank der klassischen Werke der deutschen Dichter und Komponisten, dank der Philosophie des deutschen Idealismus und dank der schöpferischen Vielfalt der Romantik. Nach der Niederlage von 1870/71 war Paris die geistige Hauptstadt Europas, die französischen Maler gaben den Ton und den Farbton an, und nach dem Ersten Weltkrieg, als Deutschland sich mit den Folgen des verlorenen Krieges plagte, war Berlin die interessanteste und anregendste und zugleich aufregendste Stadt des Planeten, und auch die internationalste. Wie ein Magnet zog Deutschland Künstler und Intellektuelle aus der Welt an, osteuropäische Juden, Dichter aus dem zerfallenen Habsburgerreich, Emigranten aus dem bolschewistischen Russland, so dass man den Stadtteil Charlottenburg scherzhaft Charlottengrad nannte. Auch amerikanische Weltenbummler kamen in Scharen und suchten geistige und andere Abenteuer und konnten hier während der Inflation fast umsonst und danach immer noch billig leben. Und Deutsche zog es aus allen Ecken des Reiches sowieso in die durch Eingemeindung des Umlandes auf vier Millionen Einwohner vergrößerte Hauptstadt.

Die Wegbereiter der modernen Musik, Arnold Schönberg mit seiner Zwölftonmusik, sein Schüler Alban Berg sowie Paul Hindemith lebten, zumindest zeitweise, in Berlin und brachten hier ihre Werke zur Aufführung.

Von den Schriftstellern war lediglich der engagierte Satiriker Kurt Tucholsky Ur-Berliner, alle anderen waren Wahlberliner. Der Lyriker Gottfried Benn kam aus der Prignitz, Else Lasker-Schüler aus Elberfeld, Bert Brecht aus Augsburg, Georg Kaiser aus Magdeburg, Alfred Döblin aus Stettin, Erich Kästner aus Dresden, Erich Maria Remarque aus Osnabrück, Carl Zuckmayer aus Nackenheim am Rhein, Arnold Zweig aus Glogau in Schlesien. Der Dadaismus wurde zwar 1916 in Zürich erfunden, hatte aber in den Zwanzigerjahren vor allem in Berlin sein Wirkungsfeld. Auch das Bauhaus, die Hochburg moderner Architektur, verlegte ihren Sitz, allerdings erst 1932, nach Berlin. Hier fand fortschrittliches Bauen auch sein Betätigungsfeld, draußen im Grünen entstanden neben bürgerlichen Villen auch preiswerte, helle Reihenhaussiedlungen – die soziale Alternative zu den engen und düsteren Hinterhöfen. Die Maler der Dresdener Brücke zogen schon vor dem Krieg nach Berlin – und die meisten blieben. Was für die Dichter gilt, trifft auch auf die Maler zu, fast alle kamen von außerhalb, nur der impressionistische Altmeister Max Liebermann und der kritische Realist George Grosz waren geborene Berliner.

Wer neu war in der großen, fremden Stadt, fand schnell Anschluss im Romanischen Café gegenüber der Gedächtniskirche. Hier wurde auch deutlich, dass die führenden Köpfe des geistigen Lebens nicht nur aus aller Herren Länder stammten, sondern dass sie auch die unterschiedlichsten Bereiche und Richtungen der Kunst und Literatur, Musik und Bühne, Unterhaltung und Presse verkörperten. In Berlin war jede Nacht was los, Langeweile gab es nicht. Das Angebot war unbegrenzt und reichte von anspruchsvollen Aufführungen bis zu mehr oder weniger geistvoller oder frivoler Unterhaltung: Klassische Konzerte und Opern, aber auch Operetten und Revuen, Cabaret und Kabarett, das große Theater eines Max Reinhardt und das proletarische Theater Erwin Piscators. Dazu kam die technische Neuheit, der Film, erst als Stummfilm, dann als Tonfilm, der ein Millionenpublikum erreichte, 1930 waren es in Deutschland bereits 320 Millionen. Mit ihren zum Teil vom Expressionismus beeinflussten Produktionen machte die Ufa sogar dem Weltmarktführer Hollywood ernsthafte Konkurrenz. Trotz dieser Unterhaltungshektik außer Haus wurde noch immer intensiv gelesen.

Zwischen 1918 und 1933 wurden 31 Titel mehr als eine halbe Million Mal verkauft, von denen aber nur drei einem gewissen Anspruch genügen, nämlich Thomas Manns *Buddenbrooks*, Remarques *Im Westen nichts Neues* und Kästners *Emil und die Detektive.* Die meisten Erfolgsromane sind eher trivial-sentimental (Hedwig Courths-Mahler) oder aggressiv-abenteuerlich (Karl May), wenn nicht gar aggressiv-nationalistisch (Ernst Jünger, Graf Luckners *Seeteufel*). An diesen Lesegewohnheiten zeigt sich, dass es eine tiefe Kluft gab zwischen der Metropole und der Provinz wie auch zwischen den elitär-intellektuellen Künstlern und der breiten Masse. Die vielen widerstreitenden Stilrichtungen wurden vom einfachen Volk eher als Provokation denn als erhellende Daseinsdeutung empfunden.

Was gab es da nicht alles: Impressionismus und Expressionismus, Dadaismus und neue Sachlichkeit, Kubismus, Konstruktivismus, Futurismus, Verismus und Primitivismus. Auch wenn die meisten Künstler sich links gaben und oft sogar mit dem Bolschewismus kokettierten, hatten sie kaum einen Draht zum Volk. Man blieb unter sich und fand ein gewisses Interesse bestenfalls im linksliberalen Bildungsbürgertum. Nur wenige Maler und Grafiker engagierten sich sozialkritisch und wurden auch verstanden, so Heinrich Zille, Käthe Kollwitz, Otto Dix und George Grosz.

Jede geistige Epoche hat ihre Wurzeln und ihre Wirkung. So auch die Goldenen Zwanziger. Vieles hatte schon vor dem Krieg begonnen, so der Expressionismus, kam aber erst unter den freiheitlichen Bedingungen der Republik zur vollen Blüte. Eine unmittelbare Wirkung blieb dieser Epoche aber versagt. Der Nationalsozialismus hat die moderne Kunst als entartet diffamiert, und nicht besser erging es der Literatur. Es sollte schwierig, wenn nicht unmöglich sein, 1945 dort fortzufahren, wo man 1933 aufhören musste.

Wie kreativ und ertragreich die späten Zwanziger-, frühen Dreißigerjahre waren, wird daran deutlich, wie viele Werke von Weltgeltung damals entstanden, alle übrigens gleichermaßen human und kritisch: 1928 Brechts *Dreigroschenoper*, 1929 Döblins *Berlin Alexanderplatz*, 1929 auch Remarques *Im Westen nichts Neues*, 1931 Zuckmayers *Hauptmann von Köpenick*. Dazu, nicht zu vergessen, gab es in allen Jahren der Weimarer Republik mindestens einen Nobelpreis jährlich für einen deutschen Wissenschaftler, und dazu kamen noch Stresemann (Frieden) und Thomas Mann (Literatur).

Aber alles in allem war es nicht eine wirklich goldene Zeit, sondern eine ambivalente. Die fröhliche Hektik hatte etwas Gespieltes. Während Österreich pessimistisch-dekadent wirkte (man denke nur an Karl Kraus: *Die letzten Tage der Menschheit*, an Oswald Spengler: *Untergang des Abendlandes,* Robert Musil: *Der Mann ohne Eigenschaften*), war Berlin, zumindest an der Oberfläche, zuversichtlich und vergnügungssüchtig – und das trotz Versailles und trotz der Kriegsschuld und der Kriegsschulden. Man konnte den Eindruck haben, als ob Wilhelms Wort jetzt erst so richtig zur Geltung käme: *Ich führe euch herrlichen Zeiten entgegen.*

Aber dem war beileibe nicht so. Von herrlichen Zeiten keine Spur. Die Republik stand auf wackeligen Füßen, der Wohlstand ging Ende der Zwanziger nach kurzer Scheinblüte schon wieder zurück. Die Zahl der Arbeitslosen stieg, und das ist bekanntlich der wichtigste Indikator für den Zustand einer Gesellschaft. Der schöne Schein ging seinem Ende entgegen, auch wenn die Welt 1928 noch in Ordnung schien. Der Kellog-Pakt schien den Traum der Völker vom ewigen Frieden endlich zu verwirklichen. Und bei den Reichstagswahlen im Mai siegte die politische Vernunft, die Gegner der Republik erhielten eine Abfuhr durch die republiktreuen Parteien (SPD, Zentrum, DDP und DVP erhielten über zwei Drittel der Stimmen und bildeten mit dem Sozialdemokraten Herrmann Müller an der Spitze eine Große Koalition). Der Abschluss des Young-Plans ist zweifellos ein Erfolg des Kanzlers Müller und seines Außenministers Stresemann. Die im Schnitt pro Jahr zu zahlenden zwei Milliarden waren erträglich und realistisch, die Festlegung der Zahlungen auf 59 Jahre, also bis 1988, waren dagegen absolut unrealistisch, und auf ein viel früheres Ende konnten kluge Staatsmänner auch hoffen, und tatsächlich wurden die Reparationen bereits 1932 beendet.

Aber der Young-Plan gab den Feinden der Republik die Gelegenheit zu Protest und Empörung und zur Forderung eines Volksentscheids. Wieder reagiert das Volk vernünftig. Nur knapp sechs Millionen (13%) stimmen im Dezember 1929 im Schlepptau von Hugenberg und Hitler gegen den Plan, der dann im Februar 1930 endgültig vom Reichstag angenommen wird. Doch als er in Kraft trat, stimmten bereits die Geschäftsgrundlagen nicht mehr. Denn inzwischen war die Weltwirtschaft in eine Krise geraten, die sich in den folgenden Jahren immer mehr verschärfen sollte und das Leben der Menschen beeinflusste. Denn die Wirtschaft bestimmt unser Leben, unseren Lebensstandard, unsere Arbeit und eben auch unsere Arbeitslosigkeit. Sie nimmt Einfluss auf die Politik durch ihre Interessenverbände, seien es die Gewerkschaften, die die linken Parteien lenken, seien es die Unternehmerverbände, die in den bürgerlichen Parteien die Richtung vorgeben. Die Wirtschaft beeinflusst auch das Wahlverhalten der breiten Masse; wenn die Wirtschaft nicht läuft, dann treiben Unzufriedenheit und Elend die Wähler in die Arme der linken und rechten Radikalparteien mit ihren wohlfeilen Schuldzuweisungen und Patentlösungen. Parallel zur Zahl der Arbeitslosen steigen ab 1930 die Stimmen für die Kommunisten und mehr noch für die Nazis. Die seriösen demokratischen Politiker sind hilflos und ratlos. Alle Versuche, der Krise Herr zu werden, scheitern.

Die Ursachen sind vielfältig, sie liegen weiter zurück und sie sind vor allem in Deutschland und in den USA zu suchen. Letztlich sind der Weltkrieg und seine Folgen, besonders der Versailler Vertrag schuld. Die von Deutschland geforderten und geleisteten Reparationen bringen den Welthandel in Unordnung, denn da die deutschen Sachleistungen quasi verschenkt werden, ruinieren sie die Industrie der Sieger, die mit den deutschen Geschenken nicht konkurrieren kann. Umgekehrt entstehen in Deutschland Probleme durch die Kredite aus den USA. Denn diese werden meist unproduktiv verwendet, nicht als Investitionen in Industrie und Gewerbe, sondern für Vorhaben, die keinen Gewinn abwerfen, zum Beispiel für öffentliche Bauten wie Krankenhäuser, Sportanlagen, Verkehrswege und so weiter. Die junge Republik und die Kommunen wollen sich beim Volk beliebt machen, die Errungenschaften der Novemberrevolution will man nicht aufs Spiel setzen. Der Acht-Stunden-Tag, die Sozialleistungen, so die Unterstützung der Arbeitslosen, bedeuten zwar gegenüber dem Kaiserreich einen großen Fortschritt, sind aber nicht zu bezahlen. Oder nur mit fremden Krediten. Schon im Herbst 1928 hatte Stresemann gewarnt, *dass wir in Deutschland in den letzten Jahren von gepumptem Golde gelebt haben. Wenn einmal eine Krise bei uns kommt und die Amerikaner ihre kurzfristigen Kredite abrufen, dann ist der Bankrott da.* Und so kam es. Auch die USA steuerten einer Krise entgegen und rissen Deutschland mit hinein.

Während die Aktienkurse in Berlin und Frankfurt seit Sommer 1927 langsam, aber stetig sanken, stürzten sie an der New Yorker Börse ab Oktober 1929 dramatisch ab. Bis zum Jahresende fiel der Gesamtwert der Papiere von 89 auf 67 Milliarden Dollar, Anfang 1933 betrug er noch 19 Milliarden. Viele Spekulanten hatten mit geliehenem Geld Aktien erworben, die Nachfrage trieb die Kurse in die Höhe, bis die Blase platzte. Hinzu kam, dass die Modernisierung und Mechanisierung zur Überproduktion in Industrie und Landwirtschaft führte und damit zu Absatzkrisen. Entlassungen minderten die Kaufkraft und in einem Teufelskreis schraubten sich Arbeitslosigkeit und Absatzkrise wechselseitig hoch. Zum Schluss waren 30 Millionen Amerikaner arbeitslos. Um die eigene Wirtschaft vor ausländischer Konkurrenz zu schützen, errichteten alle Staaten hohe Zollmauern, so dass der Welthandel auf 30% zurückging. Die Weltproduktion (außerhalb der Sowjetunion) sank auf 64%.

Da Deutschland durch Handelsbeziehungen und Kredite eng mit der amerikanischen Wirtschaft verzahnt war, wurde die ohnehin bereits im Rückgang befindliche deutsche Wirtschaft von der amerikanischen Krise besonders schwer getroffen. Von den 25 Milliarden US-Krediten waren 15 Milliarden nur kurzfristig (mit weniger als einem Jahr Laufzeit) ausgegeben, in Deutschland aber langfristig investiert worden, und als die amerikanischen Banken ihre kurzen Kredite termingerecht zurückriefen – und das nicht nur wegen der Krise an sich, sondern auch wegen der rechtsradikalen Tendenzen in Deutschland –, da kam zur Konjunkturkrise auch noch eine Finanzkrise.

Was das Volk in Zeiten wirtschaftlicher Probleme am härtesten trifft, ist die Arbeitslosigkeit. Und die nahm in Deutschland immer schlimmere Ausmaße an. Anfang 1928 waren es zwei Millionen, Anfang '29 schon drei Millionen, Anfang '31 sogar fünf und '32/'33 über sechs Millionen. Die Arbeitslosenversicherung war schon 1929 nicht mehr in der Lage, die Unterstützung aus den Beiträgen zu bezahlen, so dass der Staat einspringen musste. Die Politiker stritten, was zu tun sei, es gab ein endloses Hin und Her in der Koalition, die bürgerlichen Parteien wollten die ohnehin kümmerliche Unterstützung senken, die SPD die Beträge, die Arbeitgeber und Arbeitnehmer zu erbringen hatten, von 3,5% auf 4% erhöhen. Da man sich über dieses halbe Prozentchen nicht einigen konnte, zerbrach die Koalition. Kanzler Müller trat zurück und Hindenburg setzte Heinrich Brüning vom Zentrum als Nachfolger ein. Aber der hatte keine Mehrheit mehr im Parlament und regierte mithilfe des Reichspräsidenten und des Artikels 48. Die Republik war auf kaltem Wege, nicht durch einen Staatsstreich, sondern auf dem Verwaltungswege, zu einer Diktatur geworden, wenn auch nur in der gemäßigten Form der Präsidialdiktatur. Die richtige Diktatur, die Terrordiktatur, ließ noch ein paar Jahre auf sich warten.

10

Junge gezwungene Republikaner

Am Anfang des Reiches war ein siegreicher Krieg und an seinem Ende ein verlorener. Aber wofür das deutsche Volk 1870/71 gekämpft hatte, die nationale Einheit nämlich, blieb erhalten. Nur war der Deutsche nicht länger Untertan, sondern Republikaner.

Als sich das entschied, war meine Mutter ein kleines Mädchen von 10 und mein Vater ein Jüngling von 18 Jahren. Wie sie mit dem Verlust ihres Kaisers fertigwurden, haben sie nie erzählt. In ihrem mehr oder weniger bürgerlich-konservativen Elternhaus wird man eher mit Skepsis zur Kenntnis genommen haben, dass jetzt die Sozis, die vaterlandslosen Gesellen, die Verantwortung für das Vaterland trugen und dass an der Spitze des Staates ein Mann stand, der zwar den schönen preußischen Namen Friedrich trug, aber doch nur ein gelernter Sattler war, während der Kaiser ein vorzüglicher Reiter war. Diese Verteilung der Funktionen sagt alles, der eine stellt den

Sattel her, der andere sitzt in demselben hoch zu Ross. Auch wird man sich zu Hause bei den Großeltern darüber amüsiert haben, dass eine illustrierte Zeitschrift den biederen Ebert und den Genossen Noske beim Baden erwischt hatte und die beiden halbnackt dem deutschen Leserpublikum präsentierte. Der Kaiser hatte sich immer nur in Uniform gezeigt, der Präsident zeigte sich in Badebekleidung, als wollte er damit andeuten, dass er und die Republik dazu verdammt sind, baden zu gehen.

Die Sozis stellten zwar den Reichspräsidenten, aber viel geändert hatte sich nicht, zumal die SPD in der Weimarer Zeit meist in der Opposition war. Auch für meine Mutter blieb alles beim Alten. Sie ging weiterhin fleißig zur Schule, wo die alten Lehrer den Geist der neuen Zeit lehren sollten, aber es durchaus nicht immer taten. Sie war eine gute Schülerin, las gerne und viel – was blieb ihr auch übrig. Denn in den unruhigen Jahren mit Demonstrationen, Prügeleien und Schießereien hatte ein Kind auf der Straße nichts zu suchen. Sie wuchs in die Weimarer Republik hinein, gewöhnte sich an den Wechsel von Wahlen und Krisen, bekam die Inflation mit, wobei die Verluste der Familie sich in Grenzen gehalten haben dürfen, jedenfalls hat meine Mutter nie davon gesprochen. Als junges Mädchen erlebte sie die guten Weimarer Jahre, beendete ihre Schulausbildung, ich weiß aber nicht, mit welchem Abschluss. Es muss aber doch ein recht anspruchsvoller gewesen sein, da sie ihr Leben lang vorzüglich Englisch und Französisch sprach und schrieb. Das Abitur werden ihr die Eltern aber wohl nicht ermöglicht haben.

Sie lebte nicht das Leben einer höheren Tochter, die zu Hause am Klavier auf den Mann fürs Leben wartete, sondern sie wählte sich einen Beruf, der ihren Interessen entsprach und ihr eine gewisse finanzielle Unabhängigkeit ermöglichte, auch wenn sie nach wie vor am Prenzelberg bei den Eltern wohnte. Sie lernte und arbeitete bei einem Verlag, was ihrer Vorliebe für Literatur entgegenkam, und im Laufe der Zeit – zwischen Lehrzeit und Ehe vergingen immerhin zehn Jahre – brachte sie eine stattliche Bibliothek zusammen, die ich noch heute dankbar und pietätvoll benutze.

In den fünf Goldenen Zwanzigerjahren, als sie vom Backfisch zu einer jungen Dame heranreifte, wurde sie mehr vom Geist und der Kultur dieser Zeit geprägt als von der Politik. Sie interessierte sich für moderne Kunst, moderne Literatur, modernes Theater. Auch ihr Life-Style-Geschmack entwickelte sich damals und gab die Richtung vor beim Erwerb von Textilien, Möbeln, Besteck und so weiter.

Auf der Suche nach einem eigenen Haus – Mitte der Dreißigerjahre – waren meine Eltern fasziniert von der Bauhaussiedlung in Zehlendorf und kauften das Reihenhaus, in dem ich dann geboren werden sollte. Das silberne (oder genauer: versilberte) Besteck, das sie sich damals anschafften und auf das wir noch heute angesichts angemessener Anlässe zurückgreifen, entsprach dem seiner Zeit herrschenden Stil des Art déco. Berlin war damals die Kulturhauptstadt der Welt und ein aufgeschlossener junger Mensch wird davon für sein ganzes Leben profitiert haben.

In dieser Zeit zog die um etliche Ecken mit den Zweigs verwandte Anna Schröter aus der Klein- und Ackerbürgerstadt Nörenberg in Hinterpommern nach Berlin. Sie hatte eine Tochter namens Elise, aber keinen Mann. Da eine unvollständige Familie auf dem flachen Lande wenig Ansehen und Anerkennung findet, die lebenslustige Reichshauptstadt über Abweichungen von der familiären Norm jedoch großzügig hinwegsieht, bot Berlin sich als neue Heimat an, und wenn Berlin, dann der Prenzlauer Berg, dann die Chodowieckistraße und just das Haus, in dem meine Großeltern, meine Mutter und mein Onkel wohnten. Meine Mutter und meine Tante, wie ich sie später nicht ganz zutreffend nannte, freundeten sich an, Lieschen und Lorchen waren ein Herz und eine Seele und blieben es, bis meine Tante meiner Mutter 1964 die Augen zudrückte.

Wie mein Vater aus dem Krieg zurück in den Frieden fand, hat er nie erzählt. Jedenfalls ging er weder zu den rabiaten Freikorps noch zu der kümmerlich kleinen Reichswehr, sondern wurde wieder Zivilist, und das bedeutete, dass er einen zivilen Beruf erlernen musste. Aber welchen? Sein Bruder, mein Onkel Kurt, hatte es leicht. Dem hatte man dafür, dass er sich vorzeitig und freiwillig mustern ließ, die Reifeprüfung geschenkt, beziehungsweise ihn ein Pro-forma-Notabitur ablegen lassen. Und der konnte 1919 sofort mit dem Studium beginnen, auf die Kapitulation folgte die Immatrikulation. Der junge Mann entschied sich für die Juristerei, als wollte er sein etwas unberechtigtes Abitur mit dem Studium der Rechtswissenschaften rechtfertigen.

Meinem Vater mit seiner mittleren Reife (wenn überhaupt) war dagegen der Zugang zur Universität verwehrt, wissenschaftliches Arbeiten, Fleiß und Strebsamkeit lagen ihm ja ohnehin nicht. Was in Frage kam, war eine praktische Tätigkeit, aber nicht etwa ein Handwerk oder – schlimmer noch – eine Arbeit in der Fabrik, das hätte Abstieg ins Proletariat bedeutet und verbot sich folglich. Aber was denn dann?

Mein Großvater fand eine großartige Lösung. Mein Vater sollte Eleve werden. Mit diesem französischen Wort für *Schüler* bezeichnete man damals die Auszubildenden in der Land- und Forstwirtschaft, die aber nicht etwa als schlichte Knechte oder Holzfäller ihr späteres Dasein fristen sollten, sondern ein gehobenes und anspruchsvolles Amt bekleiden würden. Als sogenannte Inspektoren könnten sie einen Gutsbetrieb leiten, im Auftrag eines Gutsherren, der andere Interessen hatte, als sich um Kühe, Rüben, Raps und Korn zu kümmern, und sich lieber in Berlin amüsierte.

Opas Plan entbehrte nicht einer gewissen Logik. Die Herkunft der Hartmanns aus ländlichem Milieu, die Erfahrung des Hungers, der im Krieg die Städte heimgesucht hatte, der Umgang des angehenden Inspektors mit adligen oder doch großbürgerlichen Gutsbesitzern und mit deren Töchtern, eventuell sogar eine Einheirat in diese Kreise, das alles legte es nahe, dem charmanten, attraktiven, verzogenen und bisher wenig erfolgreichen Lieblingssohn ein Zurück zur Natur und ein paradiesisches Landleben anzuraten. Als Getreidehändler hatte mein Großvater natürlich gute Beziehungen zu adligen Großagrariern und konnte meinen Vater auf wechselnden Gütern, was zwecks Vielseitigkeit der Ausbildung durchaus sinnvoll war, unterbringen.

Das Leben mit der Natur muss meinem Vater Freude und Befriedigung bereitet haben, denn gern hat er aus dieser Zeit erzählt und mir landwirtschaftliche oder wenigstens gärtnerische Ratschläge erteilt, wenn es um die Bearbeitung unseres bescheidenen Reihenhausgärtchens ging. Wie man mit Spaten, Hacke und Harke hantiert, wie man sät und pflanzt, jätet und erntet, hat er mir nicht nur beigebracht, sondern mich dafür auch zu interessieren und zu begeistern vermocht.

Auf den großen Gütern waren mehrere Eleven gleichzeitig beschäftigt, freundeten sich an und verbrachten gemeinsam ihre Freizeit. Da mein Vater noch immer seine Geige besaß und liebte, spielte er des Öfteren zum Tanz auf bei den öffentlichen Dorffesten oder den exklusiven Gutssoireen. So etwas bringt immer Ansehen und Sympathien mit sich, besonders bei den Mädchen des Dorfes und bei den Damen des Gutshofs. Aber über eventuelle Liebschaften hat er aus verständlichen Gründen sowohl meine Mutter als auch mich im Unklaren gelassen, ihr wollte er Eifersucht, mir erotische Neugierde ersparen.

Die einzige überlieferte Episode hat zwar mit einem jungen Mädchen zu tun, erzählenswert erschien meinem Vater die Geschichte aber nicht wegen der möglicherweise vorhandenen Liebe, sondern allein wegen einer textilen Kuriosität. Eines Sonnabends abends fuhren mehre Eleven und eine gleiche Anzahl Mädchen, diese jeweils im Damensitz auf dem Rade der jungen Herren, in die nahe Kleinstadt zum Tanze oder ins Kinematographentheater. Der Zufall wollte es, dass das Wollkleid der von meinem Vater beförderten Person sich in der Pedale verhakte, sodass, bedingt durch die gleichmäßige Drehbewegung derselben, das Strickleid langsam, aber sicher aufgeräufelt wurde und – solche Anekdoten werden ja immer in übertriebener Weise erzählt und von Mal zu Mal anschaulicher ausgemalt – das arme Mädchen bald nur noch einen Minirock anhatte, dann einen Blazer, dann ein knappes Bolerojäckchen und bei Erreichung des Ziels im Unterrock dastand. Mein Vater und seine Tanz- oder Kinodame mussten also, sicher unter Tränen ihrerseits, unverrichteter Dinge heimradeln. Ob mein Vater die reduzierte Bekleidung seiner Radelgefährtin zum Anlass nahm, daraus erotisches Kapital zu schlagen, und die Dame, da sie, wenn auch unfreiwillig, einen halben Striptease bewerkstelligt hatte, zu weiteren logischen Konsequenzen bereit war, oder ob er vor lauter Peinlichkeit jeden Mut zum Angriff verloren hatte, und sie, verärgert über ihren Verlust und außerdem eben wegen dieses Verlustes frierend und zitternd und alles andere als feurig, zu absoluter Enthaltsamkeit tendierte – davon ist mir nichts bekannt geworden.

Wenn es im Herrenhaus zu Tisch ging, durften auch die Eleven an der langen Tafel im Festsaal Platz nehmen, allerdings am unteren

Ende derselben, wo auch die Gouvernanten mit den herrschaftlichen Zöglingen platziert wurden. Um dem adligen Nachwuchs mit gutem Beispiel voranzugehen, gaben diese alten Jungfern sich betont vornehm, sprachen und speisten mit spitzem Mund, hielten Besteck und Weinglas mit spitzen Fingern und machten spitze Bemerkungen darüber, dass die Eleven nach des Tages harter Arbeit rücksichtslos von den reichen Angeboten der Tafel Gebrauch machten.

Eine der Gouvernanten ging in ihrer Hochschätzung von Hygiene und Kultiviertheit so weit, dass sie in Gegenwart der Eleven verkündete, sie werde sofort kündigen, falls sie erführe, dass sich auf dem Gutshof nur eine einzige Ratte befinde. Das ließen sich die jungen Männer nicht zweimal sagen und verabredeten für das nächste Wochenende eine große Rattenjagd. Unter Einsatz von Fallen, Gift und Luftgewehren kamen sie auf eine Strecke von 110 Tieren und platzierten diese spätnachts in Reih und Glied genau unter dem Fenster der besagten Erzieherin, die am nächsten Morgen beim Blick auf die Ratten einen Schreikrampf erlitt, das ganze Gut aufschreckte, aber dennoch nicht kündigte.

Von den politischen Veränderungen wird mein Vater in diesen Jahren wenig mitbekommen haben. Er war zwar Zwangsrepublikaner, aber das Leben auf dem Gut verlief kaum anders als zu Kaisers Zeiten. Die Besitzverhältnisse und die Hierarchie hatten sich auf dem Lande nicht geändert, und die konservative Gesinnung der Herrschaft war die gleiche wie eh und je. War der Gutsherr so gnädig, mit seinen Eleven zu plaudern, zu rauchen und zu trinken, dann machte er aus seiner reaktionären Gesinnung keinen Hehl und erwartete Zustimmung, die er auch erhielt. Denn den jungen Männern blieb ja nichts anderes übrig, als dem Chef aus taktischen Erwägungen beizupflichten. Meist hingen sie aber ohnehin einer ähnlichen Weltanschauung an. So auch mein Vater.

Man war sich also einig, dass die Monarchie schon bald zurückkehren werde, dass die Republik ein Provisorium sei und eine Pöbelherrschaft sowieso. Beim Schwadronieren im Herrenzimmer gehörte es zum guten Ton, sich über die Politiker an der Spitze des Staates, vor allem die Sozis, lustig zu machen, über ihre Herkunft, ihre Berufe, ihre Unbildung. Besonders Reichspräsident Ebert, der

Sattler, der ein Dienstmädchen geheiratet hatte, war Zielscheibe der konservativen Verachtung. Mit ihm als Person sollte zugleich die Republik als Staatsform getroffen werden. Typisch für die Diffamierungsmode und -methode dieser Kreise waren die Witze, die mein Vater hier aufschnappte und die er sich, wohl weil sie ihm aus dem Herzen sprachen, merkte und mir noch Jahrzehnte später mit Vergnügen erzählte: Anlässlich eines offiziellen Balles forderte Frau Ebert, die First Lady der Republik, den französischen Botschafter zum Tanze auf, nannte ihn fälschlich *Frankoa-Poncet* und wurde von ihm korrigiert. *Ich habe eine Cedille unterm C. – Ach so,* so Frau Ebert, *wenn Se wat unterm Zeh haben, können Se natürlich nich tanzen.* Und sie verzichtete. Zwar sind sowohl die Damenwahl seitens der Gattin des Präsidenten als auch ihre Unkenntnis der Namen der führenden Diplomaten als auch die taktlose und ungalante Richtigstellung durch den Botschafter höchst unwahrscheinlich, zumal besagter Botschafter erst 1931 Botschafter in Berlin wurde. Aber darum geht es ja nicht, sondern allein um den Hass und die Gehässigkeit auf Seiten der reaktionären Rechten.

Bei aller Liebe zum Landleben und zur Landwirtschaft war es meinem Vater nicht vergönnt, hier auf Dauer unterzukommen. Da es viel mehr Eleven gab als freie Inspektorenstellen, war ihm eine Agrarkarriere verbaut. Also zurück nach Berlin und etwas anderes probiert.

Inzwischen war auch die Ausbildung meines Onkels gescheitert. Sein Jurastudium hatte er geschmissen und in der aufstrebenden Filmindustrie Fuß gefasst. Und mein Vater folgte ihm. Ob gute Beziehungen dabei eine Rolle spielten, sei dahingestellt, klar ist aber, dass der Film Leute brauchte, und zwar nicht nur kreative Künstlertypen, also Drehbuchautoren, Regisseure, Schauspieler, Kameramänner, Filmarchitekten, Garderobieren, Maskenbildner und so weiter, sondern auch sachliche, ja pedantische Mitarbeiter, die während der Dreharbeiten für die äußere Organisation und die Finanzen zuständig waren. Diesem Berufsbild entsprachen mein Onkel und mein Vater, beide waren alles andere als künstlerisch begabt, hatten aber einen Sinn für Ordnung und fürs Kaufmännische – auch als Eleve hatte ja mein Vater kalkulieren, rechnen und registrieren müssen. Die beiden Brüder kamen gut voran, Kurt als Produktionsleiter, Martin als Filmgeschäftsführer und Kassierer. Als sich der Stummfilm zum Tonfilm mauserte, erwies sich die Filmindustrie als krisensichere Unterhaltungsbranche – und das gerade auch während der Weltwirtschaftskrise, denn je schlechter es den Menschen ging, desto lieber gingen sie ins Kino und suchten vor der Leinwand Trost und Ablenkung.

11

Die Agonie der Demokratie

Die drei Jahre zwischen dem Sturz des SPD-Kanzlers Herrmann Müller am 27. März 1930 und der Ernennung Adolf Hitlers zum Reichskanzler am 30. Januar 1933 waren eine Übergangszeit.

Die parlamentarische Demokratie hatte sich selber entmachtet, die Macht lag nun beim Reichspräsidenten und seinem Kanzler, aber noch war Deutschland keine Diktatur. Die Weimarer Republik brach nicht plötzlich zusammen, sondern sie siechte langsam dahin, bis die Nazis ihr den Rest gaben. Sicher haben Hitler und seine Partei es verstanden, die Massen zu faszinieren und auf ihre Seite zu ziehen, aber sie konnten es doch nur wegen der Mängel der Weimarer Verfassung und wegen der Fehler der Weimarer Politiker.

Die Weimarer Verfassung war eine Schönwetterverfassung. Solange die Wirtschaft vorankam, die Menschen ihr Auskommen hatten und auf weitere Fortschritte hoffen konnten, waren sie's zufrieden und wählten die staatstragenden Parteien, aber wenn es zu Krisen kam, dann verlor die Republik ihre Republikaner, dann wandten sie sich den Nazis oder Kommunisten zu und die schwarz-rot-goldenen Parteien wurden in der Mitte des Parlaments zusammengedrückt, hatten weniger als die Hälfte der Sitze und konnten keine stabile Mehrheitskoalition mehr bilden.

Schuld daran war auch die Verfassung, eine der demokratischsten der Welt, aber eine auch zu demokratische. Sie setzte ein zu großes Vertrauen in die politische Reife des Volkes und gewährte zu große Freiheiten. So zum Beispiel ging die Meinungs- und Pressefreiheit so weit, dass die Feinde der Republik ungehindert und ungestraft gegen den Staat, die Staatsform und die Staatsmänner agitieren konnten. Die Feinde der Freiheit hatten Narrenfreiheit und konnten die Republik – im doppelten Sinne des Wortes – zu Tode hetzen. Weimar war zu großzügig. Man beteiligte das Volk an der Gesetzgebung durch Volksbegehren und Volksentscheid und gewährte dem Volk die direkte Wahl des Präsidenten. Zwar war keinem einzigen Volksentscheid ein Erfolg beschieden, nicht dem für die Fürstenenteignung, nicht dem gegen den Young-Plan, aber die fanatisch geführten Propagandaschlachten entzweiten das Volk und vergifteten die politische Kultur. Die erste Wahl Hindenburgs war ein Votum gegen die Republik, auch wenn der greise Präsident sein Amt dann zur Enttäuschung seiner Wähler halbwegs korrekt ausübte, so dass die staatstragenden Parteien ihn 1932 zu ihrem Kandidaten machten – als republikanische Alternative zu dem Gegenkandidaten Hitler. Seine Wiederwahl wurde nun zum Votum *für* die Republik. Aber ein halbes Jahr später fiel der Präsident um und zwar nach rechts – und machte Hitler zum Kanzler. Die Verfassung hatte dem Staatsoberhaupt, dem Ersatzkaiser, einfach eine zu große Machtfülle zugestanden, so dass er der Republik den Todesstoß versetzen konnte.

Es sollte sich in der politischen Praxis auch als problematisch erweisen, dass sich Deutschland nach der Revolution für das Verhältniswahlsystem entschieden hatte. Das war wiederum gut gemeint und auch gerechter als das Mehrheitswahlsystem der Kaiserzeit, aber es ging auf Kosten der Stabilität, denn jetzt mischen auch kleine und kleinste Parteien mit und verhindern klare Mehrheiten und Koalitionen und gewinnen als Zünglein an der Waage unangemessen großen Einfluss. Wer 1932 zur Wahl ging, sah sich dem verwirrenden Angebot von sage und schreibe 29 Parteien gegenüber.

Dennoch ist das Scheitern der Weimarer Republik weniger auf ihre Verfassung zurückzuführen, die trotz der genannten Mängel so schlecht gar nicht war, sondern auf das Fehlverhalten der Menschen, nämlich auf die Engstirnigkeit der Politiker, die Unreife des

Volkes, vor allem aber auf die Aktivitäten der Republiksfeinde – in Wirtschaft und Politik, an Stammtischen und auf der Straße. Die breite Masse verlor das Vertrauen in die Republik, fühlte sich abgestoßen vom Parteiengezänk, so dass sich viele nach einem starken Mann sehnten, nach einem Kaiser oder Führer ... und um die 10% schielten bewundernd in Richtung Sowjetunion. Die Politiker schafften es nicht, der Republik beim Volk Anerkennung zu verschaffen. Statt im Interesse des Ganzen Kompromisse zu schließen, verharrten die Parteien stur auf ihrem ideologischen Standpunkt. Sie fühlten sich abhängig von ihren Wählern, die SPD von den Arbeitern, das Zentrum von den Katholiken, die bürgerlichen Parteien von der Wirtschaft, die Konservativen von Landwirtschaft und Militär. Sie vertraten im Reichstag nicht das Volk, obgleich sie doch Volksvertreter waren, sondern die Interessen einzelner Gruppen, und um diese nicht zu verärgern, ließ man lieber eine Koalition nach der anderen platzen, mit dem Ergebnis, dass es zwischen 1920 und 1932 nach insgesamt 7 (zum Teil vorgezogenen) Reichstagswahlen 17 Regierungen gab. Eine Regierung dauerte also nicht länger als eine normale Schwangerschaft. Eine gewisse Kontinuität war aber dadurch gesichert, dass sich in den Kabinetten meist dieselben Kanzler und Minister wiederfanden. Diese Kontinuität kam vor allem der Außenpolitik zugute, für die Stresemann in 9 Kabinetten zuständig war. Und solange es wirtschaftlich vorwärts ging, funktionierte die Republik. Aber dann kam die Weltwirtschaftskrise und die Republik – und das Volk – wurden auf die Probe gestellt. Nun waren durchgreifende Maßnahmen notwendig, schmerzliche Maßnahmen auf Kosten aller, genau dazu aber waren die Parteien mit Rücksicht auf ihre Klientel nicht bereit, woran, wie wir sahen, das Kabinett Müller logischerweise zerbrach.

Da es keine Reichstagsmehrheit mehr gab, musste in dieser kritischen Situation ein Regierungschef gefunden werden, der ohne Koalition, gestützt allein auf das Vertrauen des Präsidenten, des Ersatzkaisers, regierte. Und wirklich erinnerte diese Lösung an die alte Kaiserzeit, als Wilhelm (ob nun der I. oder der II.) allein bestimmte, wer Kanzler wurde. Man orientierte sich an der Bismarck-Verfassung und dazu beugte oder brach man die eigene. Doch war nicht die Einsetzung eines erfahrenen Politikers als Kanzler des Präsidenten, die beide zusammen mit den notwendigen Notverordnungen am Parlament vorbei regierten, angesichts der verfahrenen Situation die beste aller Möglichkeiten beziehungsweise das kleinere Übel – besser jedenfalls als das chaotische Weiterwursteln, besser auch als eine Revolution oder ein Staatsstreich mit anschließender Diktatur?

Seit geraumer Zeit schon waren hinter den Kulissen von den Herren, die Zutritt zu Hindenburg hatten, Pläne in Richtung auf ein Präsidialkabinett geschmiedet worden. Ein willfähriger Kanzler sollte auf Weisung des Präsidenten, ohne Koalition und mit dem Fernziel einer Rückkehr zur Monarchie die Geschäfte führen, zu dieser im doppelten Sinne unverantwortlichen Kamarilla gehörten Hindenburgs aristokratisch-agrarische Artgenossen, allen voran sein Gutsnachbar von Oldenburg-Januschau, die Reichswehrführung, vor allem General Kurt von Schleicher, Hindenburgs Bürochef Otto Meißner und natürlich der von der Verfassung nicht vorgesehene Sohn des Präsidenten, Oskar.

Der General von Schleicher, der seinem Namen alle Ehre machte und im Hintergrund heimlich intrigierte, war es dann auch, der dem Präsidenten Heinrich Brüning als Kanzler schmackhaft machte. Vorsitzender der Zentrumsfraktion, erfahrener Finanzpolitiker, zwar kein protestantischer Preuße, sondern nur katholischer Westfale, dafür aber Weltkriegsoffizier und in der Tiefe seines Herzens Monarchist, verfügte er über genug Eigenschaften, die ihn Gnade vor dem alten Herren finden ließen. Schon einen Tag nach Müllers Sturz wurde er mit der Regierungsbildung beauftragt. Die bürgerlichen Minister entstammten dem Zentrum, der DVP, der DDP, der DNVP und der Wirtschaftspartei, waren aber nicht an ihre Fraktionen gebunden, denn Brüning regierte praktisch ohne Parlament. Wenn der Reichstag den Gesetzesvorlagen nicht zustimmte, wurden diese einfach als Notverordnungen in Kraft gesetzt und für den Fall, dass er sie rückgängig macht, wird ihm mit der Auflösung gedroht, wovor die Abgeordneten natürlich Angst haben, weil sie den Verlust ihrer bequemen Sitze fürchten.

Also wird aus der Weimarer Republik peu à peu eine Art Doppeldiktatur mit dem Kanzler, der die Gesetze erarbeitet, und dem Präsidenten, der sie unterschreibt, an der Spitze. Verfassungsrechtlich waren Notverordnungen laut Artikel 48 durchaus statthaft: *Der*

Reichspräsident kann, wenn im Deutschen Reiche die öffentliche Sicherheit und Ordnung erheblich gestört oder gefährdet wird, die zur Wiederherstellung der öffentlichen Sicherheit und Ordnung nötigen Maßnahmen treffen … (Absatz 2) … Bei Gefahr im Verzuge kann die Landesregierung für ihr Gebiet einstweilige Maßnahmen der im Absatz 2 bezeichneten Art treffen (Absatz 4)… Aber, so ist zu fragen, trifft dieser Artikel auf die vorliegende Situation überhaupt zu? Gedacht waren diese Sondervollmachten eigentlich für den Fall einer erheblichen Störung der öffentlichen Sicherheit. Man hatte 1919 vor allem an Unruhen gedacht, gegen die es schnell einzugreifen galt. Gedacht war damals sicher nicht an wirtschaftliche Probleme, die es zu bekämpfen galt. Auch war im vorliegenden Falle keine unmittelbare Gefahr im Verzuge, also kein schnelles Handeln ohne vorherige Debatten im Parlament notwendig. Der Präsident und der Kanzler haben den Artikel 48 also recht willkürlich ausgelegt und genutzt.

Die Folge war, dass, wie laut Verfassung durchaus statthaft, der Reichstag – trotz der Angst vor Neuwahlen – die Notverordnungen verwarf. Und nun löste der Präsident auf Vorschlag des Kanzlers den ungehorsamen Reichstag auf. Dazu hatte er gemäß Artikel 25 durchaus die Möglichkeit. Aber ob es dem Geist der Verfassung und dem Grundgedanken des Parlamentarismus entspricht, den Einspruch der Volksvertretung zum Anlass einer Auflösung und Entmachtung zu machen, ist mehr als zweifelhaft.

Jedenfalls konnte Brüning jetzt, von Mitte Juli bis Mitte September 1930, ohne Reichstag regieren und immer neue Notverordnungen erlassen oder, wie der Volksmund spottete, *die Not verordnen.* 1930 waren es 5, 1931 bereits 44 und 1932 sogar 66. Ziel der Brüningschen Politik war es, den Staatshaushalt auszugleichen. Dazu sollten die Steuern, Zölle und Versicherungsbeiträge erhöht, die Sozialleistungen und Beamtengehälter gesenkt werden.

Im Widerspruch zu dieser Sparpolitik stand aber die großzügige und immer wieder prolongierte Finanzhilfe für die verschuldete ostdeutsche Landwirtschaft, bei insgesamt 11,5 Milliarden Schulden gab es 4 Milliarden direkte und indirekte Hilfen vom Reich und von Preußen. Die Hilfe war aber sehr unausgewogen. Großbetriebe (über 400 Morgen), Mittelbetriebe (80 bis 400 Morgen) und Kleinbauern erhielten zum Beispiel in der Provinz Ostpreußen 68%, 28% und 4%

der Unterstützung, obgleich alle drei Größenkategorien etwas ein Drittel der Gesamtnutzfläche ausmachten. Zur Osthilfe war Brüning gezwungen, denn sie war die Bedingung, dass er überhaupt Kanzler werden durfte. Dass die Osthilfe dem Präsidenten ein wichtiges Anliegen war, hat zwei Gründe. Zum einen waren die ostelbischen Gutsherren seine Standes- und Gesinnungsgenossen, zum anderen war er selber Gutsherr, seit ihm aus Spenden von Industrie- und Agrarverbänden das Gut Neudeck im Jahre 1927 geschenkt worden war. Ob das nach Dankbarkeit duftet oder nach Korruption stinkt, lassen wir offen. Halten wir uns lieber an die Weisheit des Hosenbandordens: *Honi soi, qui mal y pense* (ein Schelm, wer Böses dabei denkt).

Zurück zu Brüning. Er hatte Hindenburg zur Auflösung des Reichstags auch deshalb veranlasst, weil er hoffte, die Wahlen am 14. September würden ihm einen besseren (sprich: kooperativeren) Reichstag bescheren. Es wurde aber ein schlechterer Reichstag, ein viel schlechterer. Denn jetzt rückten die Nazis – und zwar im wörtlichen Sinne – als braune Hundertschaft in den ehrwürdigen Wallotbau an der Spree ein und provozierten das Hohe Hause mit ihrem uniformierten Outfit. Ihre Zahl war sprunghaft von 12 auf 107 angestiegen, aus einer Splitterpartei war die zweitgrößte Fraktion hinter der SPD mit 143 Abgeordneten (10 weniger als bisher) geworden. Einen solchen Erdrutsch hatte es in der deutschen Parlamentsgeschichte noch nie gegeben. Die NSDAP, die auf maximal 50 oder 60 Sitze gehofft hatte, jubelte über die Verneunfachung, aber das Ausland war entsetzt. Das Misstrauen gegenüber Deutschland, das Stresemann geschickt und beharrlich abgebaut hatte, machte sich wieder breit. Die USA zogen jetzt erst recht ihre Kredite zurück und gewährten keine neuen, und die deutsche Wirtschaftskrise verschärfte sich noch mehr.

Und Brüning? Was tat er? Er machte im alten Stile weiter und verordnete mit Hindenburgs Zustimmung die Not. Der Reichstag legte ihm keine Steine in den Weg, er fürchtete eine neue Auflösung wie der Teufel das Weihwasser, denn Neuwahlen würden die Nazis mit größter Wahrscheinlichkeit noch stärker machen. Denn keine Partei profitierte so wie die NSDAP von dem wachsenden Elend, obgleich sie selbst eine Mitschuld daran trug durch das Ausbleiben der Kredite aus den entsetzten USA. Eine Art *self fulfilling prophecy.* Was die Nazis prophezeiten, Elend, Unruhen, Unsicherheit, traf durch ihr Zutun wirklich ein.

Brüning tat wenig gegen die Arbeitslosigkeit. Er sparte und kürzte. Die Wirtschaft mit Krediten anzukurbeln, davon hielt er nichts, obgleich es schon damals die Theorie beziehungsweise das Rezept vom *deficit spending* gab, die der englische Wirtschaftswissenschaftler John Maynard Keynes entwickelt hatte. Gerade in einer Depression müsse der Staat der Wirtschaft Impulse geben, Aufträge vergeben und so Arbeitsplätze schaffen, und das über Kredite. Kehrte die Konjunktur zurück, dann könne der Staat seine Schulden begleichen. Er müsse antizyklisch wirtschaften: Geld ausgeben und investieren, wenn er keines hat und die Ausgaben drosseln, wenn und obgleich reichlich Geld da ist.

Aber diesen Weg ging Brüning nicht. Zum einen hatte er, wie alle Deutschen, Angst vor einer Inflation als Folge der Kreditaufnahmen, zum anderen nahm er die deutsche Wirtschaftskrise bewusst in Kauf, um den Alliierten zu zeigen, dass Deutschland zahlungsunfähig sei, der Young-Plan nicht zu erfüllen sei und überhaupt die Reparationen nicht aufzubringen seien. Sein Ziel war in erster Linie ein außenpolitisches: Revision des Versailler Vertrags, Ende der Reparationen. *Ihr seht doch,* so wollte er der Welt zeigen, *wir sparen und sparen und schnallen den Gürtel enger und enger und haben sechs Millionen Arbeitslose – wir sind am Ende.*

Und Brüning hatte mit seiner Taktik wirklich Erfolg. Am 20. Juni 1931 verkündete der amerikanische Präsident Hoover ein Schuldenmoratorium, das heißt, für ein Jahr sollten alle zwischenstaatlichen Schuldenzahlungen ausgesetzt werden, und Deutschland konnte hoffen, dass dies der Anfang vom Ende der Reparationen sei – und wirklich wurden sie 1932 in Lausanne endgültig gestrichen. Aber was nützte dieser außenpolitische Erfolg, wenn die Arbeitslosigkeit blieb und stieg? Schließlich war jedem Deutschen das Hemd näher als der Rock, Arbeit oder Sozialhilfe wichtiger als die große Politik.

Brünings Erfolge waren also nur von begrenztem Wert und ihr Zustandekommen ohnehin problematisch. Er regierte mit Notverordnungen, und der Reichstag kuschte aus Angst vor Neuwahlen. Der Parlamentarismus hatte in Deutschland abgedankt.

Aber gewählt werden musste trotzdem, wenn auch nicht der Reichstag, sondern der Reichspräsident. Hindenburgs Amtszeit war nach sieben Jahren abgelaufen und Neuwahlen fällig. Der alte Herr, obgleich inzwischen 84 Jahre, stellte sich zur Wiederwahl. Insgesamt traten fünf Kandidaten an, unter ihnen auch Hitler und Thälmann. Der Österreicher Hitler hatte sich noch schnell eindeutschen lassen, indem er sich von dem Minister Klagges, der als Nationalsozialist der Rechtsregierung des Landes Braunschweig angehörte, zum Regierungsrat, also zu einem deutschen Beamten, ernennen ließ, wodurch er automatisch die deutsche Staatsbürgerschaft erhielt.

Wahlkampf und Wahl verliefen völlig anders als 1925. Damals hatten die Anhänger der Republik für den Zentrumspolitiker Marx gestimmt und die rechten beziehungsweise konservativen Wähler für den Ex-Generalfeldmarschall Hindenburg. Jetzt war es umgekehrt. Das rechte Spektrum neigte Hitler zu, während die bürgerliche Mitte, das Zentrum und die Sozialdemokratie Hindenburg bevorzugten. Der schien ihnen dann doch republikanischer als der sich am Faschismus Mussolinis orientierende Führer der NSDAP. Wie Brüning als Kanzler war Hindenburg als Präsident (verglichen mit Hitler) das kleinere Übel. Das Eintreten für Hindenburg fiel den Parteien der Weimarer Republik nicht leicht, am schwersten fiel es der SPD. Sie musste einen regelrechten Eiertanz vollführen bei ihrer Stellungnahme für den preußischen Junker, den Diener des Kaisers, den Befürworter und Führer des Weltkrieges und den Miterfinder der Dolchstoßlegende. In der Parteizeitung *Vorwärts* konnten die sozialdemokratischen Massen am 27. Februar 1932 folgenden Aufruf lesen, sich wundern – und ihn dann doch befolgen: ... *Hitler statt Hindenburg, das bedeutet Chaos und Panik in Deutschland und ganz Europa, äußerste Verschärfung der Wirtschaftskrise und der Arbeitslosennot, höchste Gefahr blutiger Auseinandersetzungen im eigenen Volk und mit dem Ausland ... Es gibt kein Ausweichen! Hitler oder Hindenburg? Es gibt kein Drittes! ...*

Die Anhänger der Republik, viele sicher zähneknirschend, wählten also das kleinere Übel, dennoch wurde ein zweiter Wahlgang notwendig, zu dem nur noch Hindenburg, Hitler und Thälmann antraten, bevor der alte Präsident mit 53,0% in seinem Amt bestätigt wurde. Aber Hitler hatte zwei Millionen Stimmen mehr als im ersten Wahlgang errungen und doppelt so viele wie bei den Reichstagswahlen im September 1930 (nämlich 36,8% gegenüber 18,3%). Sein Aufstieg schien unaufhaltsam.

Aber zunächst hatte das kleinere Übel gesiegt.

Nur ist das kleinere Übel am Ende oft das größere Übel. So auch in diesem Falle. Statt zu taktieren, statt die eigenen Traditionen und Ideale zu verleugnen, statt mit Bauchschmerzen über den eigenen Schatten zu springen, hätte die SPD Prinzipientreue beweisen sollen und einen eigenen Präsidentschaftskandidaten aufstellen sollen, zum Beispiel Otto Wels. Ob die bürgerlichen Parteien zu ihm oder doch zu Hindenburg, dem kleineren Übel, gehalten hätten, ändert nichts an dem wahrscheinlichen Endergebnis. In dem entscheidenden letzten Wahlgang, bei dem es nur noch um die relative Mehrheit der Stimmen geht, hätte Hitler so und so gewonnen, ob nun gegen Wels und Thälmann oder gegen Hindenburg, Wels und Thälmann. Aber das wäre kein Beinbruch gewesen, Hitler hätte dann wenigstens nicht mehr Kanzler werden können. Als Präsident hätte er zwar über beträchtliche Macht verfügt, er hätte einen Kanzler seiner Wahl einsetzen können, irgendeinen Göring oder Goebbels, Frick oder Hess. Er selbst aber wäre nicht Regierungschef geworden. Und er hätte es hinnehmen müssen, wenn der Reichstag, weil er sich endlich auf seinen Auftrag und seine Macht besinnt, dem braunen Kanzler sein Misstrauen ausspricht und ihn stürzt. Die dann von Präsident Hitler angesetzten Neuwahlen hätten der NSDAP mit Sicherheit keine Mehrheit gebracht, wie die Propaganda- und Terrorwahlen vom 5. März 1933 zeigen, bei denen die Nazis nicht über 44% hinauskamen. Ein Präsident Hitler hätte in der Luft gehangen – ohne Mehrheit im Reichstag und ohne eine vom Reichstag getragene Regierung.

Aber die Geschichte verlief anders. Präsident wurde das kleinere Übel und Hitler verharrte als Kanzlerkandidat in Lauerstellung.

Über seinen Sieg konnte Hindenburg sich nicht recht freuen, im Gegenteil, er war beleidigt. Ihn hatten die Falschen gewählt. Er war, aus seiner Sicht, zum Präsidenten der Sozis und Katholen verkommen. Seine Standes- und Gesinnungsgenossen hatten ihm den

Rücken gekehrt, der Ex-Chef der Reichswehr, Hans von Seeckt, und der Ex-Kronprinz, Wilhelm von Hohenzollern, hatten sich für Hitler und gegen ihn ausgesprochen. Sein Unwille richtete sich vor allem gegen den, der ihm zu diesem peinlichen Wahlsieg verholfen hatte, gegen Brüning. Der hatte unermüdlich für Hindenburg gekämpft, hatte bei der Industrie Spendengelder eingeworben für das Wahlkampfkomitee, insgesamt 90% der von der Industrie im Wahlkampf eingesetzten Gelder. Statt Brüning zu danken, ging der neue alte Präsident auf Distanz. Die Tage des Kanzlers waren gezählt, anderthalb Monate sollten ihm noch bleiben. Die Früchte seiner Arbeit werden andere ernten, er selbst wird von der Wende zum Besseren, für die es bereits erste Anzeichen gab, nicht mehr profitieren.

1 • Im Wesentlichen hatte Brüning es in seiner Amtszeit mit fünf Problemen zu tun. ERSTENS bemühte er sich, wie alle Kanzler vor ihm, um eine Revision des Versailler Vertrags, besonders um die Einstellung der Reparationszahlungen, sowie um Rüstungs- beziehungsweise Abrüstungsgerechtigkeit und um die Korrektur der Grenzen im Osten (die im Westen waren ja seit Locarno festgeschrieben). Einiges hat er durchaus erreicht, das Hoover-Moratorium läutete das Ende der Reparationen ein, die Verhandlungen über deren endgültiges Ende stehen kurz vor dem erfolgreichen Abschluss. Die angestrebte Annäherung des Reiches an Österreich, wenn auch nur in Form einer Zollunion, war jedoch am Widerspruch Frankreichs gescheitert.

2 • ZWEITENS musste Brüning mit der Wirtschaftskrise fertig werden. Da diese aber nicht ein nationales, sondern ein globales Problem war und der Kanzler durch seine rücksichtslose Sparpolitik Konsum und Produktion einschränkte und so der Binnenkonjunktur schadete, kam es in seiner Amtszeit zu einem Anstieg der Arbeitslosenzahlen von 20% auf 40%, also von drei Millionen auf sechs Millionen. Die Finanzkrise, erst der Zusammenbruch der Österreichischen Creditanstalt und dann der Darmstädter und Nationalbank (Danat) führte zur allgemeinen Zahlungsunfähigkeit, so dass die verunsicherten Sparer, die ihre Guthaben abheben wollten, vor verschlossenen Türen standen.

3 • Ein DRITTES Problem war die allgemeine Verrohung und Brutalisierung der politischen Sitten. Die Auseinandersetzungen wurden mehr und mehr auf die Straße verlagert. Fast alle Parteien unterhielten paramilitärische Kampf- und Propagandatruppen, die NSDAP ihre Sturmabteilungen (SA) mit 420000 Mann, die Kommunisten den Rotfrontkämpferbund mit 130000 Mitgliedern, die Weimarer Koalition (in erster Linie die SPD) das Reichsbanner Schwarz-Rot-Gold mit 1 Million Anhängern. Dazu kamen von Seiten der Gewerkschaften und der SPD die Eiserne Front und bei den Nationalsozialisten die etwas elitäre, schwarz uniformierte Schutzstaffel (SS). Schon seit dem 13. November 1918 bestand als Bund der Frontsoldaten der sogenannte Stahlhelm mit mindestens 1 Million Ex-Soldaten. Zwischen diesen Kampfverbänden kam es immer wieder zu Saal- und Straßenschlachten mit Toten und Verletzten, so dass mehrfach Verbote ausgesprochen wurden, so der SA, der SS und des Rotfrontkämpferbundes. Aber die verbotenen Verbände bestehen weiter, ja, sie erhalten sogar Zulauf und werden zum Sammelbecken frustrierter Arbeitsloser. Den inneren Frieden jedenfalls kann die Regierung Brüning nicht sicherstellen.

4 • VIERTENS hatte der Kanzler ein Problem mit der Osthilfe. Diese Milliardenhilfe, überwiegend für die großen Güter verwendet, konnte diese meist nicht mehr sanieren, so dass der von Brüning ernannte Osthilfekommissar Hans von Schlange-Schöningen, selber pommerscher Gutsbesitzer, dazu überging, die hoffnungslos überschuldeten Güter gegen Entschädigung aufzukaufen, zu parzellieren und mit Kleinbauern und Landarbeitern aufzusiedeln. Der ostelbische Agraradel war empört und sprach von Agrarbolschewismus. Da aber genau diese Kreise Zugang zu Hindenburg hatten, war das Scheitern des Programms vorprogrammiert.

5 • Und damit wären wir bei Brünings FÜNFTEM Problem, der Abhängigkeit des Kanzlers vom Präsidenten. Vom 12. bis zum 28. Mai 1932 hielt sich Hindenburg auf Gut Neudeck auf, umgeben von seiner vertrauten Kamarilla, und diesen Herren fiel es nicht schwer, den alten Herren mit vereinten Kräften davon zu überzeugen, dass mit Brüning kein Staat zu machen sei, dass endlich nach rechts regiert werden müsse, dass die Osthilfe ganz anders zu gestalten sei und so weiter, und so weiter. Und wer nicht persönlich anwesend

war, der schrieb beschwörende Briefe, so der *Kronprinz* Wilhelm, den *die Ausschaltung des wunderbaren Menschenmaterials* befremdete, womit er das Verbot der SA meinte, der sein Bruder August Wilhelm *(Auwi)* übrigens seit Anfang 1931 angehörte. Die gleiche Kamarilla, die vor zwei Jahren gegen den SPD-Kanzler Müller intrigiert und Brüning auf den Schild gehoben hatte, bereitete jetzt dessen Sturz vor.

Als Hindenburg nach Berlin zurückkehrte, wusste er, was er sollte und was er nicht wollte und entließ seinen Kanzler, dessen politische Existenz laut Verfassung ja vom Wohlwollen des Präsidenten abhing. Am 29. Mai ließ Hindenburg Brüning zu sich kommen und legte ihm seine Demission nahe, die dann am folgenden Tag offiziell erfolgte. Für 10:30 Uhr hatte der Präsident seinen Kanzler einbestellt, ließ ihn aber bis 11:55 Uhr warten. Jetzt blieben für die Unterredung nur noch wenige Minuten Zeit, denn Punkt 12 Uhr hatte der Reichspräsident das Aufziehen der Skagerrak-Wache abzunehmen – und das ging natürlich vor. Brüning kam gar nicht mehr dazu, auf die außenpolitischen Erfolge und den wirtschaftlichen Silberstreif am Horizont hinzuweisen. Er durfte sich nur noch anhören, was Hindenburg vorlas und forderte: Aufhebung des SA-Verbots, eine rechte Regierung, Schluss mit der Enteignung der ostelbischen Güter, Verzicht auf weitere Notverordnungen.

Erwidern konnte Brüning nichts mehr, er war entlassen und musste gehen. Längst hatten Kurt von Schleicher und seine Mitschleicher einen Nachfolger ausgeguckt, und zwar Franz von Papen, der bisher politisch kaum hervorgetreten war. Er saß als Hinterbänkler für das Zentrum im preußischen Landtag, und er war Mitglied des elitären nationalkonservativen Herrenklubs, dem führende Persönlichkeiten der Wirtschaft angehörten wie Thyssen, Flick, Schacht und Schröder, dazu Großgrundbesitzer, Publizisten und Militärs, wie eben von Schleicher. Ziel des Herrenklubs war ein preußisch-autoritärer Obrigkeitsstaat im Allgemeinen und der Sturz Brünings im Besonderen. Für von Papen als Kanzler sprach in den Augen von Schleichers, dass er durch den Herrenklub über beste Beziehungen verfügte, im Übrigen aber unbedeutend, also leicht zu führen war. Als ein Freund von Schleichers sich über von Papens

Ernennung wunderte und sagte: *Der von Papen ist doch kein Kopf,* bekam er zur Antwort: *Das soll er ja auch nicht sein. Aber er ist ein Hut.* Nämlich ein seriöser Herr von Adel, guter Reiter, Kavalier, Offizier – und all das entsprach genau dem, was Hindenburg von einem Kanzler erwartete. Da von Schleicher längst alles vorbereitet hatte, war zwei Tage nach Brünings Sturz die neue Regierung schon im Amt, das sogenannte Kabinett der Barone mit sieben adligen und drei bürgerlichen von von Schleicher ausgewählten Ministern – darunter er selbst als Reichswehrminister. Genauso schnell, in zwei Tagen, wie von Schleicher vor zwei Jahren Müller gestürzt und durch Brüning ersetzt hatte, brachte er jetzt diesen zu Fall und ersetzte ihn mit Hindenburgs offizieller Unterschrift durch von Papen.

Im Reichstag hatte von Papen keinen Rückhalt. Während Brüning sich noch auf sein Zentrum und die Tolerierung durch die SPD verlassen konnte, stand hinter von Papen lediglich die DNVP. Das Zentrum, dessen Mitglied er ja war, nahm ihm den Verrat an Brüning übel. Einem Parteiausschluss kam von Papen nur dadurch zuvor, dass er austrat.

Über seine Politik ist wenig zu sagen. Er setzte eigentlich nur in die Tat um, was Bedingung seiner Kanzlerschaft war: Kehrtwendung in der Osthilfe, Entmachtung der preußischen Regierung, die als Weimarer Koalition noch immer im Amt war, Aufheben des SA-Verbots, Neuwahlen des Reichstags. Die letzten beiden Punkte waren Zugeständnisse an Hitler, die von Schleicher dem NSDAP-Führer machen musste, damit die Nazis im Reichstag erst einmal stillhielten und von Papen tolerierten. Eine vom Präsident gestützte und von den rechten Parteien geduldete Halbdiktatur, das war das Konzept Hindenburgs, von Papens und von Schleichers.

Die ersten beiden Papen-Monate waren geprägt vom Wahlkampf, von einem blutigen Wahlkampf mit 100 Toten und 1000 Verletzten. Die wieder zugelassene SA beherrschte die Straße und Hitler hoffte, nach den Wahlen den Reichstag zu beherrschen. Und wirklich brachte das Wahlergebnis ihn seinem Ziel näher. Seine Partei hatte 37,3 % der Stimmen und 230 Sitze erobern können und war doppelt so stark wie im alten Reichstag. Die NSDAP war jetzt deutlich stärkste Fraktion, die SPD mit 133 Mandaten (statt stabiler 143) weit abgeschlagen. Gewonnen hatte die KPD (89 gegenüber 77 Sitzen), so dass die beiden republikfeindlichen Flügelparteien mit 230+89=319 Sitzen über eine klare destruktive Mehrheit verfügten.

Dennoch ist der Sieg der Nazis so glänzend nicht, wenn man das Ergebnis mit den Präsidentenwahlen vom Frühjahr vergleicht. Da hatte Hitler 36,8% erhalten, jetzt am 31. Juli waren es 37,3%. Ein halber Punkt mehr. Anscheinend hatte Hitler den Höhepunkt seiner Popularität erreicht, weiter aufwärts ging es nicht. Neue Wählerschichten konnte er offenbar kaum noch gewinnen. Viel mehr als ein Drittel der Deutschen sprach er nicht an. Umso notwendiger war es für ihn, jetzt an die Macht zu kommen. Ein bisschen Mitarbeit im Kabinett mit zwei oder drei Ministersesseln reichte ihm nicht, da konnte er sich nicht profilieren. Er wollte Kanzler werden, er wollte alles oder nichts. Er stand, wie einst Hannibal vor den Toren und wähnte sich kurz vor der Machtergreifung. Aber würde man ihm die Macht überlassen, diesem unbekannten, rätselhaften, undurchsichtigen, ja zwielichtigen Mann aus Österreich?

Bisher haben wir nur beiläufig über ihn, seine Bewegung, seine Partei gesprochen. Mit Recht, denn Erwähnenswertes gab es kaum zu berichten. Aber seit den Wahlen vor 1930 und 1932 ist er – dank der Weltwirtschaftskrise – plötzlich eine politische Größe, mit der man rechnen muss. In den politischen Charts steht er ganz oben, Hitler der Hit. Aber wer ist dieser Mann eigentlich?

12

Hitler der Hit

Adolf Hitler wurde am 20. April 1889 in Braunau am Inn geboren. Bis zu seinem 30. Lebensjahr führte er ein von Misserfolgen und Enttäuschungen bestimmtes Leben. Als er 14 war, starb der Vater, als er 17 war, die Mutter. Sein ehrgeiziger Vater, der es zum Emporkömmling und kleinen Zollbeamten gebracht hatte, erwartete vom Filius eine ähnliche Strebsamkeit und Karriere, doch diesem Wunsche konnte und wollte der kleine Adolf nicht genügen. Zwar wollte er hoch hinaus, er wollte Kunstmaler oder Architekt werden, aber sein Ehrgeiz war utopisch und irreal, er war unfähig, realistische und realisierbare Ziele anzustreben und dafür beharrlich zu arbeiten. So wurde Scheitern sein Schicksal und Schuldige auszumachen seine Lebensphilosophie.

Er hatte keine Freunde, erst recht keine Freundin und pflegte keine Geselligkeit, womit auch seine später so berühmte Enthaltsamkeit – er verschmähte Tabak und Alkohol – zusammenhängt, obgleich seine politische Karriere in verräucherten Bierkellern begann. Zu einem gemütlichen, geselligen Zusammensein war er unfähig. Er fand kaum Anerkennung, war eigentlich ein Loser-Typ und von Anfang an ein Fall für den Psychiater. Wer im Alltag nicht zurechtkommt, kompensiert diese Manko durch allerlei Illusionen und wähnt sich als Künstler und Genie, und wer unfähig ist zu normaler zwischenmenschlicher Kommunikation, sucht sein Heil und Ersatz im Bücherlesen, Redenschwingen und Bücherschreiben. Seine Zuneigung und sein Interesse galten nicht bestimmten Individuen, sondern einem anonymen Kollektiv, dem deutschen Volk, seiner Partei, seiner SA. In seinem Buch *Mein Kampf*, einer Mischung aus Autobiografie und Programmschrift, versucht er, den Nachweis zu erbringen, dass in ihm schon als Kind die Liebe zur deutschen Nation erwacht sei – angesichts der vielen Mängel der morbiden Vielvölkermonarchie Österreich-Ungarn. In der unvermischten Reinheit des Deutschtums sah der junge Hitler seine heilbringende Religion, in der Nation seinen Gott, dem es alles zu opfern galt. Er träumte von Größe, von der großdeutschen Nation und von seiner eigenen großen Künstlerkarriere, aber mit diesem Größenwahn verdrängte er doch nur das Leiden an der eigenen mickrigen Existenz. Sein Größenwahn war nichts anderes als der stumme Aufschrei eines in jeder Hinsicht frustrierten Menschen. Je mehr er litt, desto mehr träumte er und je verworrener sein Alltag war, desto mehr wollte er in Zukunft für Ordnung sorgen – was immer er auch darunter verstand. Er suchte Trost in fernen Zielen. Sein wirkliches Leben und seine Vorstellungswelt klafften weit auseinander.

Während seine eigene Herkunft verworren ist in diesem abgelegenen und rückständigen Waldviertel, wo Armut und Elend vorherrschen, Inzucht und uneheliche Geburt zwar nicht die Regel, aber häufig sind, auch in der Sippe des späteren Führers, wo Mehrfachehen wirtschaftlich notwendig sind, damit ein Witwer eine Frau in den Haushalt kriegt (Hitlers Vater zum Beispiel heiratet dreimal und schwängert die zweite und dritte Frau bereits, solange die erste und zweite noch lebt), während Adoption und Namenswechsel aus praktischen Gründen immer wieder vorkommen (in väterlicher Linie finden sich unter Hitlers Ahnen die Namen Schickelgruber, Hüttler, Hiedler und eben Hitler), während diese Namen wahrscheinlich zum Teil tschechischer Herkunft sind, während aufgrund eines Seitensprungs nicht einmal ein halbjüdischer Großvater Adolfs auszuschließen ist, während also in der genetischen Vergangenheit des späteren Reichskanzlers ein solches sprachliches und rassisches Chaos herrscht, verlangt er von seinen deutschen Volksgenossen, als er die Macht dazu hat, den arischen Nachweis bis ins dritte Glied.

Das Buch *Mein Kampf* bietet wenig Aufklärung über Hitlers Herkunft, Kindheit und Schulzeit, es ist keine sachliche Darstellung, sondern eine Legendensammlung, die *Legenda aurea* der Führerkarriere und des Führerkults. Wie ein Heiliger will er gelitten haben, immer wissend, was er wollte. Viel Leid und Ungerechtigkeit musste er über sich ergehen lassen, angefangen mit dem autoritären Ehrgeiz des Vaters und der Fremdbestimmung zum Beamten. Dann das Scheitern in der Realschule, was jedoch eher eine Folge des Mangels an Interesse, Fleiß und Begabung war als die Schuld ungerechter Lehrer. Hitler deutet den Misserfolg aber um als Trotz des jungen Genies gegen den öden Schulbetrieb. Überhaupt ist, solange er lebt, Trotz sein Trost. Er lebt gegen den Strich und statt ein normales arbeitsames Leben zu führen, fühlt er sich als etwas Besonderes, als Revolutionär, als Genie, und er tut nur, was ihm Spaß macht, das heißt, er liest und malt und liebt die Bequemlichkeit. Nachdem er zweimal sitzen geblieben ist und einmal die Schule gewechselt hat, geht er ab, sitzt zweieinhalb Jahre tatenlos zu Hause herum und liegt seiner Mutter auf der Tasche. Der Vater ist inzwischen verstorben, so dass die Hinterbliebenen keine Not leiden müssen. Dann, im September 1907, rafft Adolf sich dazu auf, in Wien Maler zu werden. Aber die Aufnahmeprüfung zur Kunstakademie besteht er nicht. Es war ein Sturz in den Abgrund. *Nach menschlichem Ermessen also war eine Erfüllung meines Künstlertraumes nicht mehr möglich,* schreibt er in *Mein Kampf.* Die todkranke Mutter ließ er über das Ergebnis der Prüfung im Unklaren – und kehrt erst kurz nach ihrem Tod nach Linz, wo man inzwischen wohnte, zurück, soll dann aber – gleichsam zum Ausgleich – so hemmungslos geweint haben, wie der anwesende Hausarzt, ein Jude, es noch nie erlebt hat.

Schon bald war er wieder in Wien. Er gab und fühlte sich als Künstler, ohne es doch zu sein. Wir würden heute sagen, er war ein Gammler, wobei er, zunächst zumindest, sein gutes Auskommen hat. Da er angeblich studierte, bezog er bis zum 23. Lebensjahr eine Waisenrente von 25 Kronen und dazu aus dem väterlichen Erbteil 58 Kronen im Monat. Dass er als Hilfsarbeiter ein kümmerliches Dasein fristen musste und das Elend der Armen aus eigener Anschauung kennengelernt hat, ist wie so vieles in seinem Buch Propaganda und Legende. Ein Zubrot verdiente er sich durch den Verkauf kleinformatiger, von ihm gemalter Bilder. Gewohnt hat er zur Untermiete oder in Männerheimen. Wie schon in Linz geht er viel spazieren und in die Oper, wobei er Wagner bevorzugt, und entwirft im Übrigen Bauten und Brücken. Und dann bastelt er an seiner Weltanschauung. Er besucht politische Versammlungen, streitet gern, und aus all dem, was mehr oder weniger zufällig auf ihn einwirkt, verfestigt sich in ihm ein politisch-philosophisches Sammelsurium, von ihm selbst Weltanschauung genannt.

Einer geregelten Tätigkeit ging er also nicht nach, auch dem Wehrdienst entzog er sich, und zwar vor allem deshalb, weil er sich nicht für die morbide, abgewirtschaftete Habsburger Monarchie engagieren will. Er desertiert nach München, wo er seit Mai 1913 lebt. Anfang 1914 von den deutschen Behörden verhaftet, sieht er sich gezwungen, sich in Salzburg der Musterungskommission zu stellen. So blamabel wie seine Drückebergerei ist der Musterungsbescheid: *Zum Waffen- und Hilfsdienst untauglich, zu schwach. Waffenunfähig.* Wieder in München, wo er sein altes Leben fortsetzt, bleibt ihm ein halbes Jahr bis zum Beginn des Weltkrieges – und den empfindet er wie eine Erlösung. Plötzlich erhält sein zielloses Leben einen Sinn. Er meldet sich sofort als Freiwilliger zur bayerischen Armee. Seine Untauglichkeit spielt jetzt keine Rolle mehr, der Krieg nimmt jeden. Zehn Jahre später schreibt Hitler über *die unvergesslichste und größte Zeit meines irdischen Lebens:*

> *Aus politischen Gründen hatte ich Österreich in erster Linie verlassen; was war aber selbstverständlicher, als dass ich nun, da der Kampf begann, dieser Gesinnung erst recht Rechnung tragen musste. Ich wollte nicht für den habsburgischen Staat fechten, war aber bereit, für mein Volk und das dieses verkörpernde Reich jederzeit zu sterben … Wie gestern erst zieht an mir Bild um Bild vorbei, sehe ich mich im Kreise meiner lieben Kameraden eingekleidet, dann zum ersten Male ausrücken, exerzieren und so weiter, bis endlich der Tag des Ausmarsches kam. Eine einzige Sorge quälte mich in dieser Zeit, mich wie so viele andere auch, ob wir nicht zu spät zur Front kommen würden. So blieb in jedem Siegesjubel über eine neue Heldentat ein leiser Tropfen Bitternis verborgen, schien doch mit jedem neuen Siege die Gefahr unseres Zuspätkommens zu steigen. Und so kam endlich der Tag, an dem wir München verließen, um anzutreten zur Erfüllung unserer Pflicht. Zum ersten Mal sah ich so den Rhein, als wir an seinen stillen Wellen entlang dem Westen entgegenfuhren, um ihn, den deutschen Strom der Ströme, zu schirmen vor der Habgier des alten Feindes. Als durch den zarten Schleier des Frühnebels die milden Strahlen der ersten Sonne das Niederwalddenkmal auf uns herabschimmern ließen, da brauste aus dem endlos langen Transportzuge die alte „Wacht am Rhein" in den Morgenhimmel hinaus, und mir wollte die Brust zu eng werden.*

Man beachte, wie der Freiwillige Hitler sich in seine patriotischen Gefühle hineinsteigert, wie ihm die romantischen Klischees aus Adjektiven und Komposita (zarte Schleier, Frühnebel, milde Strahlen, erste Sonne, Morgenhimmel, die Brust zu enge) in eine nationale Hochstimmung versetzen, wie das gemeinsame Singen vaterländischer Lieder junge Individuen zu einer solidarischen Truppe zusammenschweißt. Doch zurück zu *Mein Kampf:*

Und dann kommt eine feuchte, kalte Nacht in Flandern, durch die wir schweigend marschieren, und als der Tag sich dann aus dem Nebel zu lösen beginnt, da zischt plötzlich ein eiserner Gruß über unsere Köpfe uns entgegen und schlägt in scharfem Knall in kleinen Kugeln zwischen unsere Reihen, den nassen Boden aufpeitschend; ehe aber die kleine Wolke sich noch verzogen, dröhnt aus zweihundert Kehlen dem ersten Boten des Todes das erste Hurra entgegen. Dann aber begann es zu knattern und zu dröhnen, zu singen und zu heulen, und mit fiebrigen Augen zog es nun jeden nach vorne, immer schneller, bis plötzlich über Rübenfelder und Hecken hinweg der Kampf einsetzte, der Kampf Mann gegen Mann. Aus der Ferne aber drangen die Klänge eines Liedes an unser Ohr und kamen immer näher und näher, sprangen über von Kompanie zu Kompanie, und da, als der Tod gerade geschäftig hineingriff in unsere Reihen, da erreichte das Lied auch uns, und wir gaben es nun wieder weiter: Deutschland, Deutschland, über alles, über alles in der Welt!
Nach vier Tagen kehrten wir zurück. Selbst der Tritt war jetzt anders geworden. 17-jährige Knaben sahen nun Männern ähnlich. Die Freiwilligen des Regiments List hatten vielleicht nicht recht kämpfen gelernt, allein zu sterben wussten sie wie alte Soldaten.

Den Tod verschweigt Hitler nicht und er beschönigt den Krieg nicht, aber er verklärt ihn. Der Krieg ist der große Lehrmeister, der Knaben zu Männern macht, der den sinnlosen zivilen Alltag in den heiligen Kampf fürs Vaterland verwandelt: Hitler fährt in seinem emphatischen Bericht fort:

So ging es nun weiter Jahr für Jahr; an Stelle der Schlachtenromantik aber war das Grauen getreten. Die Begeisterung kühlte allmählich ab, und der überschwängliche Jubel wurde erstickt von der Todesangst. Es kam die Zeit, da jeder zu ringen hatte zwischen dem Trieb der Selbsterhaltung und dem Mahnen der Pflicht. Auch mir blieb dieser Kampf nicht erspart. Immer, wenn der Tod auf Jagd war, versuchte ein unbestimmtes Etwas zu revoltieren, bemühte dann sich als Vernunft dem schwachen Körper vorzustellen und war aber doch nur die Feigheit, die unter solchen Verkleidungen den einzelnen zu umstricken versuchte … Schon im Winter 1915/16 war bei mir dieser Kampf ent-

schieden. Der Wille war endlich restlos Herr geworden. Konnte ich die ersten Tage mit Jubel und Lachen mitstürmen, so war ich jetzt ruhig und entschlossen ... Aus dem jungen Kriegsfreiwilligen war ein alter Soldat geworden.

Jetzt endlich, mit Mitte 20, kommt Ordnung in sein Leben. Er weiß, was er zu tun hat, in einer Welt von Befehl und Gehorsam findet er endlich konkrete Aufgaben und im Schützengraben und Trommelfeuer eine Art Heimat. Er ist Teil eines Ganzen, aus dem Eigenbrötler wird ein Kamerad, aus dem Einzelgänger ein Meldegänger. Als solcher ist er noch immer einzeln unterwegs, zwischen Stab und Schützengraben, aber doch im Dienste der gemeinsamen Sache. Ein gefährlicher Job, der zweifellos Mut verlangt. Hitler wird blessiert und dekoriert, noch im Dezember 1914 erhält er das Eiserne Kreuz zweiter Klasse, Ende des Krieges sogar, was bei Mannschaftsdienstgeraden eine seltene Ausnahme ist, das EK Erster. Über den Rang eines Gefreiten ist Hitler nämlich trotz aller Tapferkeit nie hinausgekommen, wegen mangelnder Führungseigenschaften blieb ihm die Beförderung zum Unteroffizier versagt. Nicht nur diese Einschätzung seiner Führungsqualitäten durch seine Vorgesetzten ist nicht ohne historische Ironie, auch seine hohe Auszeichnung ist es, denn die verdankt er dem jüdischen Regimentsadjutanten Hugo Gutmann, weshalb er später auch niemals etwas über die Einzelheiten seiner Ehrung verlauten ließ.

Als Folge eines englischen Gasangriffs in der Nacht vom 13. auf den 14. Oktober 1918 verliert Hitler vorübergehend seine Sehkraft und erlebt in einem Lazarett in Pasewalk in Vorpommern das Ende des Krieges. Er erfährt von der Revolution und der Kapitulation und er empfindet den November 1918 als persönliche Schmach und Niederlage. Es ist die dritte große Demütigung des Losers Adolf Hitler nach dem Scheitern in der Realschule und seiner Ablehnung durch die Kunstakademie. Seine Lebensbilanz ist ein Trümmerhaufen. Was soll aus ihm werden? Ein Zurück in sein Regiment und in den Krieg scheint es nicht zu geben und im zivilen Leben kam er nie zurecht und wird er nie zurechtkommen. Und so reift in dem blinden Verblendeten der Plan, die Politik zu seiner Lebensaufgabe zu machen – Politik, wie er sie versteht. Eine radikale Diagnose von Staat und

Gesellschaft und dann eine radikale Therapie, das heißt, Suche nach den Schuldigen und deren Bestrafung und Vernichtung. Und dann Aufbau eines neuen, besseren, also autoritären Staates. Was er hier zu einer Weltanschauung und einem politischen Konzept zusammenbraut, ist die Summe aus seinen in Wien gesammelten Eindrücken und Erfahrungen. Sicher hat sein Plan sich nur langsam entwickelt, aber mit seinem Sinn für dramatische Effekte – schließlich war er Opernfan – hat er aus diesem Prozess ein plötzlich-punktuelles Bekehrungserlebnis gemacht mit geradezu religiösem Charakter. Wer die Schuld trägt an Deutschlands Niederlage, hat er in seiner Neigung zu radikaler Vereinfachung schnell ausgemacht: *Kaiser Wilhelm II. hatte als erster deutscher Kaiser den Führern des Marxismus die Hand zur Versöhnung gereicht, ohne zu ahnen, dass Schurken keine Ehre besitzen. Während sie die kaiserliche Hand noch in der ihren hielten, suchte die andere schon nach dem Dolch. Mit den Juden gibt es kein Paktieren, sondern nur das harte Entweder-Oder. Ich aber beschloss, Politiker zu werden.*

Mit diesem Versprechen (oder dieser Drohung) endet das 7. Kapitel von *Mein Kampf.*

Aber zunächst wurde Hitler nicht Politiker, sondern konnte Soldat bleiben. Der Genesene wurde wieder in sein Münchener Regiment aufgenommen, und man hatte sogar Verwendung für ihn. Als Vertrauensmann sollte er die Versammlungen rechter Splittergruppen besuchen und beobachten. Dabei geriet er an die Deutsche Arbeiterpartei, einen Hinterzimmerverein, in dem man bei Bier und Weißwurst seinem Unmut freien Lauf ließ. Weit über den Stammtischrand guckte man nicht hinaus. Als Hitler fanatisch mitdiskutierte, kam der Vorsitzende, der Schlosser Drexler, zu dem Urteil: *Mensch, der hat a Gosch'n, den kunnt' ma braucha.* Unaufgefordert erhielt er eine Mitgliedskarte, Nummer 555. Als Ausschussmitglied für Werbung und Propaganda wurde er nach seinem Eintritt die Nummer 7. Und genau auf diesem Gebiet lag sein Talent. Er organisierte Veranstaltungen, warb Mitglieder, hielt Reden und konnte die Leute mitreißen. Dabei findet er endlich, was er immer gesucht hat: Anerkennung und Selbstbestätigung. Voll Stolz erkennt er: *Ich konnte reden.* Er konnte es sogar wagen, Eintrittsgelder zu nehmen. Die Leute kamen trotzdem – oder deshalb. Ein Abend mit Hitler versprach Unterhaltung und Stimmung. Am 24. Februar 1920 kommt es im Festsaal des Hofbräuhauses zur ersten Großveranstaltung der DAP. Vor 2000 Gästen verkündet Hitler das Programm der Partei, das seine Handschrift trägt. Es ist ein Konglomerat aus Hass und Vorurteilen einerseits und allerlei diffusen Forderungen andererseits. Es ist ein Antiprogramm und schürt den Hass auf die Weimarer Republik, die das ungerechte und entehrende Versailler Diktat feige akzeptiert. Das Programm ist antisemitisch, antiparlamentarisch, antikapitalistisch, ohne sich aber ausdrücklich als sozialistisch zu bezeichnen. Gefordert wird, was populär ist: Einziehung der Kriegsgewinne, Verstaatlichung der Trusts, Gewinnbeteiligung an Großbetrieben, eine Bodenreform *(unentgeltliche Enteignung von Boden für gemeinnützige Zwecke)*, die Kommunalisierung der Warenhäuser und ihre preiswerte Untervermietung an kleine Gewerbetreibende. Die spätere Lebensraumpolitik deutet sich bereits an, wenn *Land und Boden (Kolonien) zur Ernährung unseres Volkes und Ansiedlung unseres Bevölkerungsüberschusses* angestrebt *werden. Ziel ist weiterhin der Zusammenschluss aller Deutschen aufgrund des Selbstbestimmungsrechtes der Völker zu einem Großdeutschland,* sowie *die Abschaffung der Söldnertruppen und die Bildung eines Volksheeres.* Vieles bleibt unklar, so die *Brechung der Zinsknechtschaft* und der *Kampf gegen eine Kunst- und Literaturrichtung, die einen zersetzenden Einfluss auf unser Volksleben ausübt.*

Eine Woche später wird die DAP (Deutsche Arbeiterpartie) in NSDAP umbenannt (Nationalsozialistische Deutsche Arbeiterpartei), einen Monat später (am 1. April) verlässt Hitler den Heeresdienst und widmet sich ganz der Politik und Partei. Ein Jahr später (im Juli 1921) gelingt ihm die erste Machtergreifung, er wird mithilfe von Tricks und Intrigen zum Führer der NSDAP. Er ist jetzt Berufspolitiker, aber ohne geregeltes Gehalt. Wovon er lebt, bleibt unklar. Zwei Jahre später probt er seine zweite Machtergreifung, doch der Putschversuch vom 9. November 1923 scheitert. Seine Karriere scheint, kaum dass sie begann, schon wieder am Ende. Auch wenn er nicht hinter Gitter kommt, sondern zu ehrenhafter Festungshaft verurteilt wird, so war er doch aus dem Verkehr gezogen. Aber schon bald steht er, wie ein Stehaufmännchen, wieder auf der politischen Bühne.

Will man wissen, aus welchen Gründen und auf welche Weise – also warum und wie – der Aufstieg Hitlers möglich wurde, muss man sich mit vier Themenbereichen beschäftigen.

- ERSTENS muss man die objektive Lage und die subjektive Befindlichkeit des Volkes kennen, die Niedergeschlagenheit nach der Niederlage, die Empörung über den als Unrecht empfundenen Versailler Vertrag, die Hoffnung auf dessen Revision. Und dieses trauten viele nicht der Republik zu, sondern einer Militärdiktatur, einer erneuten Monarchie oder einem totalitären Führerstaat.
- ZWEITENS muss man sich mit der Biografie Adolf Hitlers befassen, mit seinen Misserfolgen und Enttäuschungen, mit seinen Schuldzuweisungen, seiner Selbstüberschätzung und seinen illusionären Entwürfen. Der berufslose, erfolglose, staatenlose, sieglose Einzelgänger entdeckt in der Politik den einzigen Ausweg aus seiner Isolation und Bedeutungslosigkeit.
- DRITTENS muss man sich vertraut machen mit Hitlers aus Erfahrungen und Einflüssen entstandener *Weltanschauung* und dem aus dieser abgeleiteten politischen Programm (siehe unten).
- VIERTENS ist es notwendig, Hitlers Methoden auf dem Wege zur Macht zu analysieren. Seine Dynamik und sein Aktionismus unterscheiden sich deutlich vom Verhalten anderer Politiker und Parteien. Theatralisch inszenierte Veranstaltungen, primitive Propaganda, die sich auf Vorurteile und Vereinfachungen stützt und billige Erklärungen und schnelle Patentrezepte anbietet, aggressive Rhetorik, die durch Wiederholungen zu überzeugen versucht, dazu die Massenhypnose, die die vielen verelendeten und von der Republik enttäuschten Zuhörer mitreißt. Ergänzt wird die Brutalität der Propaganda durch die brutale Gewaltanwendung der SA-Stürme. Wo Hitlers Schlagworte noch nicht ausreichen, da helfen seine braunen Schläger nach. Und da nichts so erfolgreich ist wie der Erfolg – und seien es nur siegreiche Straßenschlachten gegen die Rotfrontkämpfer – , erfreuen sich die NSDAP und SA zunehmenden Zulaufs. In den Sturmlokalen finden Zigtausende von arbeitslosen jungen Männern endlich eine Art Beschäftigung und sind glücklich, eine warme Suppe in und ein braunes Hemd über den Bauch zu bekommen.

Auf Punkt 1 und 2 (die Lage der Nation und die Biografie Hitlers) sind wir bereits ausführlich eingegangen, Punkt 3 und 4 (Herausbildung der Weltanschauung und die Propaganda- und Terrormethoden) müssen wir noch genauer behandeln.

Zu Punkt 3: Schon in Wien wurde, wie Hitler es formulierte, das *granitene Fundament* für seine Theorien gelegt. Was er dort als junger Mann, der weder Arbeiter noch Künstler war, erlebte, erfuhr und in Büchern und Versammlungen aufschnappte, versuchte er zu einem weltanschaulichen System zu verknüpfen, mit dessen Hilfe sich die Welt einfach und plausibel erklären ließ. So wie er sich persönlich überschätzte, so schreibt er auch seinem Volk eine führende Rolle zu. Die aus den Germanen hervorgegangene deutsche Nation verkörpert die Herrenrasse, die allein kreativ und produktiv und zur Herrschaft geeignet ist. Die minderwertigen Völker, so die Slawen und die Farbigen haben sich als Untermenschen im Dienste der Herrenmenschen mit primitiver Arbeit zu begnügen.

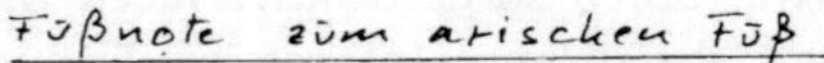

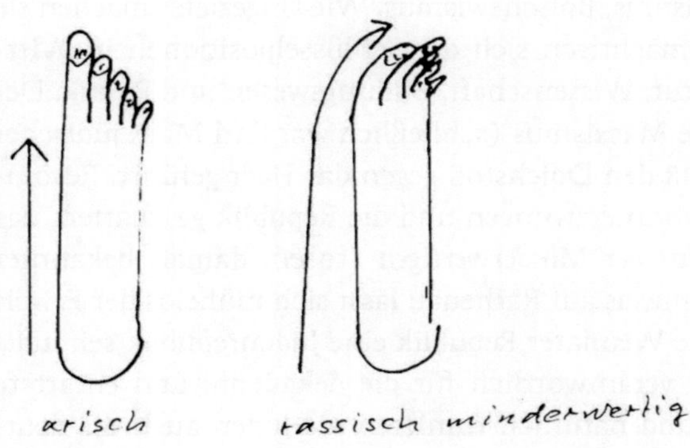

ABBILDUNG 03:

Fußnote zum arischen Fuß: An ihren Füßen sollt ihr sie erkennen. Das jedenfalls behaupteten später die deutschen Rassenforscher, für die sogar besondere Lehrstühle an deutschen Universitäten eingerichtet wurden. Der deutsche Fuß ist gerade, der große Zeh zeigt gerade nach vorne, er knickt nicht nach außen ab, und der große Zeh ist wirklich der größte Zeh, die anderen sind ihm untergeordnet, die Zehen sind angeordnet wie die Orgelpfeifen.
Liebe Leser, prüfen Sie, ob Ihre Füße dieser arischen Norm genügen!

Diese führende Position steht der nordischen oder arischen Rasse zu, da sie beim Kampf ums Dasein gemäß dem Recht des Stärkeren den anderen Rassen überlegen ist. Aus dieser Überlegenheit ergibt sich auch der berechtigte Anspruch, Kolonien zu erwerben und – im Osten Europas – Lebensraum zu erobern und zu besiedeln. Was Charles Darwin als Naturgesetz erkannt hatte (das Überleben des Fähigsten im Kampf ums Dasein), das überträgt Hitler auf das Zusammenleben der Menschen und Völker. Inwieweit der spätere Führer dem Ideal des arischen Athleten entsprach, wollen wir dem Urteil des Lesers überlassen *(vgl. Abbildung 03 zum arischen Fuß)*.

Aber dieses vernünftige und praktische System der Machtverteilung und Arbeitsteilung wird gestört durch eine weitere Rasse – und das sind die Juden. Diese sind weder kreativ noch arbeitsam, sie sind unfähig zur Staatenbildung, sie sind Parasiten und Schmarotzer, leben auf Kosten anderer und wollen der Herrenrasse ihre führende Position streitig machen, indem sie das politische und gesellschaftliche System zersetzen – und zwar durch so destruktive Ideen wie Demokratie, Parlamentarismus, Liberalismus, Internationalismus, Pazifismus, Marxismus, Bolschewismus. Wie Ungeziefer machen sie sich breit und bemächtigen sich der Schlüsselpositionen in Wirtschaft, Justiz, Kultur, Wissenschaft, Bildungswesen und Politik. Der angeblich jüdische Marxismus (schließlich war Karl Marx jüdischer Herkunft) hat 1918 den Dolchstoß gegen das Heer geführt, Revolution und Kapitulation erzwungen und die Republik geschaffen, das heißt *die Herrschaft der Minderwertigen* (so ein damals bekannter Buchtitel). Mit Hinweis auf Rathenau lässt sich mühelos der Erweis erbringen, dass die Weimarer Republik eine Judenrepublik sei. Jüdischer Einfluss ist verantwortlich für die dekadente und entartete moderne Kunst, und natürlich ruinieren die Juden auch die deutsche Wirtschaft und zwar nicht nur dadurch, dass sie dank ihrer internationalen Beziehungen das Versailler Diktat durchsetzen, sondern auch dadurch, dass sie innerhalb der deutschen Wirtschaft das raffende Kapital verkörpern, dass sich durch Wucher, Aktiengeschäfte, Spekulationen und Warenhaushandel ohne eigentliche Arbeit vermehrt. Diesem unproduktiven jüdischen Kapital, dem raffenden Kapital, steht das schaffende Kapital der deutschen Unternehmer gegenüber, die investieren und produzieren. Mit diesem schlichten Modell lassen sich alle Probleme, mit denen Deutschland in den Zwanzigerjahren zu kämpfen hatte, überzeugend erklären.

Den Antisemitismus hatte Hitler schon in Österreich kennengelernt und verinnerlicht. Der Antisemitismus lag in der Vielvölkermetropole in der Luft und Hitler wurde infiziert. Ob er, der Einzelgänger, Juden überhaupt persönlich kannte, ob Juden ihm gar übel mitspielten, ist sehr unwahrscheinlich. Sein Antisemitismus war wohl eher eine Anbiederung an die Mehrheitsmeinung , und weil man nur sieht, was man sehen will und zu wissen meint, mag er in seinem Judenhass bestärkt worden sein, als die, wie er argwöhnte, von jüdisch-dekadentem Geschmack beherrschte Kunstakademie die von ihm eingereichten biederen Bilder nicht honorierte und dem Braunauer Möchtegernmaler die Künstlerkarriere verbaute. Oh, hätten sie ihn doch genommen! Uns wäre viel erspart geblieben, denn ein schwacher Maler kann schließlich weniger Unheil anrichten als ein mächtiger Führer und Reichskanzler.

Antisemitismus gab es auch in Deutschland und so fiel Hitlers Hetze hier auf fruchtbaren Boden. Der einprägsame Satz *Die Juden sind an allem schuld* wird eine unumstößliche Glaubenswahrheit. Jeder hat gute und schlechte Erfahrungen mit Juden gemacht, aber die guten will das Vorurteil nicht wahrhaben. Bezeichnend die Bemerkung, die die Großmutter eines Freundes von mir noch in den Fünfzigerjahren machte: *Leider gibt es auch anständige Juden.* Die sind nämlich so dreist, mir mein Weltbild kaputtzumachen.

Wenn man die Schuldigen ausgemacht hat, dann liegt die logische Lösung aller Probleme auf der Hand: Man muss die Juden aus ihren einflussreichen Positionen entfernen. Aber wie weit Hitler dabei zu gehen gedenkt, wie konsequent und wörtlich er die Entfernung der Juden betreiben wird, das konnte und wollte sich zunächst niemand vorstellen.

Für den Erfolg Hitlers und seiner NSDAP gibt es noch einen weiteren Grund, und der hat mit dem Namen der Partei zu tun. Als Hitler am 12. September 1919 als Reichswehrspitzel die Deutsche Arbeiterpartei observierte, faszinierte ihn die – wenn auch sehr verschwommene – Grundidee des Vorsitzenden Anton Drexler, dass es nämlich notwendig sei, den Sozialismus der Arbeiter mit der anderen großen Tendenz des 19. Jahrhunderts, dem Nationalismus, zu verbinden. Dadurch könne man die inneren Gegensätze im deutschen Volk überwinden, die Mehrheit gewinnen und dann Deutschlands Großmachtstellung zurückerobern.

Zwar stellen Sozialismus und Nationalismus einen unversöhnlichen Gegensatz dar. Der Sozialist ist internationalistisch, pazifistisch, und wenn kämpferisch, dann im Dienste des Klassenkampfes und der Revolution. Der Nationalismus dagegen konzentriert sich auf die Interessen der eigenen Nation, die anderen Völker sind potenzielle Feinde, das heißt der Nationalismus ist expansiv und aggressiv, und die Kriege, die aus dem Nationalismus erwachsen, haben zu tun mit Rassenkampf. Eine Versöhnung zwischen Sozialismus und Nationalismus wird aber möglich durch den Antisemitismus. Indem die Juden zum gemeinsamen Feind erklärt werden, zu den Ausbeutern der Arbeiter und zu den Verrätern der Nation, lassen sich Arbeiter und Bürger zusammenführen. Der Parteiname NSDAP bringt dieses Ziel unmissverständlich zum Ausdruck. Nomen est Omen. Der Name ist Programm. Der Nationalsozialismus ist national *und* sozialistisch, rechts und links, eine Partei der Bauern, der Bürger und der Arbeiter. So entsteht der Eindruck, als sei man in der Lage, über allen anderen Parteien stehend, eine Volksgemeinschaft zu schaffen und alle Gegensätze auszugleichen – und das wird möglich im gemeinsamen Hass auf den gemeinsamen Gegner. Denn die Juden sind, wie wir ja erfahren haben, an allem schuld. Der jüdische Kapitalist unterdrückt die Arbeiter und beutet sie aus, jüdische Kaufhäuser, Wucherer und Spekulanten ruinieren den Mittelstand, jüdische Viehhändler die Bauern, und die jüdische Internationale will das Reich vernichten. Allen ist geholfen, wenn die Juden weg sind. Allen wird – auf Kosten der Juden – alles versprochen. Denn wer die Mehrheit erringen will, der muss es allen (oder doch fast allen) recht machen.

Für die deutschen Unternehmer ist der sozialistische Etikettenschwindel der NSDAP aber keine Gefahr. Denn so aggressiv und martialisch Partei und SA sich gebären, das Eigentum (zumal an Produktionsmitteln) bleibt unangetastet; an den Kragen soll es nur dem raffenden jüdischen Kapital gehen. Die deutschen Unternehmen bleiben verschont, und das wissen die Unternehmer auch – und viele unterstützen die NSDAP finanziell, und das je länger, je lieber. Dass Hitler den Sozialismus im Parteinamen nie so recht ernst nahm (sozialisiert wurde eben nicht, auch als er die Macht dazu hatte), seinen Antisemitismus aber in brutaler Konsequenz in die Tat umsetzte, das hat in den Zwanzigerjahren niemand geahnt.

Gehen wir noch einmal – und nun etwas ausführlicher – auf den VIERTEN Erfolgsgrund für Hitlers scheinbar unaufhaltsamen Aufstieg ein. Abgesehen von seiner Nationalismus-Sozialismus-Synthese war das, was er auf seinen Versammlungen zu sagen pflegte, nicht sonderlich originell. Das sagten auch andere. So oder ähnlich. Politische Theorien gab es als Dutzendware. Aber wie Hitler auftrat, das unterschied ihn von der Konkurrenz. Seine *Methode* machte die Musik. Sein Rezept, wie man die Massen manipuliert, hat er in verblüffender Offenheit dargelegt:

> *Die Psyche der breiten Masse ist nicht empfänglich für alles Halbe und Schwache. Gleich dem Weibe, dessen seelisches Empfinden weniger durch Gründe abstrakter Vernunft bestimmt wird als durch solche einer undefinierbaren, gefühlsmäßigen Sehnsucht nach ergänzender Kraft, und das sich deshalb lieber dem Starken beugt als den Schwächling beherrscht, liebt auch die Masse mehr den Herrscher als den Bittenden und fühlt sich im Inneren mehr befriedigt durch eine Lehre, die keine andere neben sich duldet, als durch die Genehmigung liberaler Freiheit; sie weiß mit ihr auch meist nur wenig anzufangen und fühlt sich sogar leicht verlassen. Die Unverschämtheit ihrer geistigen Terrorisierung kommt ihr ebensowenig zum Bewusstsein wie die empörende Misshandlung ihrer menschlichen Freiheit, ahnt sie doch den inneren Irrsinn der ganzen Lehre in keiner Weise. So sieht sie nur die rücksichtslose Kraft und Brutalität ihrer zielbewussten Äußerungen, der sie sich endlich immer beugt.*

Man beachte, wie abwertend Hitler hier von den Menschen spricht, die er an anderer Stelle als die edle nordische Rasse preist. Der Redner Hitler will nicht argumentieren, sondern verführen. Deshalb der Vergleich der Masse mit dem schwachen Weib. Insofern ist die Masse die Ersatzfrau für den (fast) lebenslangen Junggesellen aus dem Männerasyl und dem Schützengraben. Der Redner Hitler differenziert nicht, sondern er bedient sich der Holzhammermethode. Seine Mittel: Vereinfachung, eingängige Erklärungen, schlichte Patentlösungen, Konzentration auf nur einen Gegner (eben die Juden), Schlagworte *(die Juden sind an allem schuld)*, Wiederholungen und noch mal Wiederholungen, Erweckung von Emotionen, vor allem Hass, und Verallgemeinerungen. Letztere erwecken durch die ihnen inhärenten Begriffe (alle) immer und überall den Eindruck unumstößlicher Gesetzmäßigkeit. Schon immer haben alle Juden überall in der Welt gelogen und betrogen. Die Verallgemeinerung duldet keine Ausnahme, kein Hinterfragen, sie rechtfertigt den Hass, der keine Individuen kennt, sondern nur das in seiner Verwerflichkeit völlig identische Ungeziefer. Wer verallgemeinert, sieht keine Menschen, sondern Ratten, und aus seinem Hass macht er sich folglich kein Gewissen. Im Gegenteil, er wähnt Gutes zu tun im Kampf gegen das Böse und im Interesse des Guten, nämlich zum Vorteil der eigenen Nation. Verallgemeinerung hat mit Uniformierung zu tun, alle Juden haben die gleichen unverkennbaren Rassenmerkmale, das gleiche Outfit, umgekehrt tragen alle SA-Männer das gleiche Hemd, marschieren im Gleichschritt und grölen die gleichen Lieder. Die Verallgemeinerung kennt nur Kameraden und Feinde und das macht das Leben so schön einfach und überschaubar. Man muss sich kein eigenes Urteil bilden, man muss nur funktionieren, applaudieren (dem Führer), marschieren, hassen und prügeln.

Immer wieder erweckt Hitler bei seinen Auftritten den Eindruck von Dynamik und Härte. Seine Partei versteht sich als Bewegung und sein Vorgehen nennt er selbst fanatisch und rücksichtslos. Von seiner Hitlerjugend wird er später erwarten, dass sie zäh wie Leder, hart wie Kruppstahl und schnell wie Windhunde ist. Wie Hitler auf viele Menschen wirkte, berichtet ein Augen- oder besser Ohrenzeuge: *Augenblicklich waren meine kritischen Fähigkeiten ausgeschaltet ... Als ich mich umschaute, sah ich, dass seine (Hitlers) Suggestionskraft die Tausenden in Bann hielt ... Die Willenskraft dieses Mannes, die Leidenschaft seiner ehrlichen Überzeugung schien auf mich überzuströmen. Ich hatte ein Erlebnis, dass sich nur mit einer religiösen Bekeh-*

rung vergleichen ließ (Albert Speer). Damit wird deutlich, dass Hitlers Suggestionskraft ergänzt wird durch den Aspekt des Religiösen und Missionarischen. Er war kein frommer Kirchgänger, aber die Glaubensinhalte und Rituale der katholischen Kirche faszinierten ihn, und er nahm sie sich in abgewandelter Form zum Vorbild. Schon als kleiner Messdiener und Chorknabe hatte der junge Adolf Gelegenheit, *mich oft und oft am feierlichen Prunke der äußerst glanzvollen kirchlichen Feste zu berauschen.* Die straffe Organisation der Kirche, der hierarchische Aufbau, die unumschränkte Stellung des Mannes an der Spitze, dessen Unfehlbarkeit, die religiösen Spezialisten (der Klerus) als Elite gegenüber dem einfachen Volk, die regelmäßigen Pflichtveranstaltungen, die spezielle Kleidung, die Symbole, die Märtyrer, der Glaube an die Autoritäten und die Gewissheit der Erlösung – das alles wusste Hitler sich in pervertierter Form zu Nutze zu machen, kam damit aber bezeichnenderweise weniger bei gestandenen Katholiken an als bei weltanschaulich unsicheren oder ungebundenen Menschen. Die treuen Zentrumswähler und die in den freien Gewerkschaften und den beiden Linksparteien organisierten Arbeiter ließen sich zunächst nicht betören. Sie hatten ihre politische und geistige Heimat. Die anderen aber, frustriert und labil, ließen sich beeindrucken und mitreißen vom Führerkult, von der Macht und scheinbaren Unfehlbarkeit des Führers, von der militärisch-autoritär organisierten Partei und ihren Gliederungen. Sie glaubten an Hitler und Deutschland wie fromme Christen an Gott, sie ehrten die an der Feldherrnhalle gefallenen Märtyrer und sogar so etwas wie Reliquien, nämlich die sogenannte Blutfahne, die, beim Hitler-Putsch 1923 mit Blut getränkt, später dazu diente, alle anderen Hakenkreuzfahnen durch Berührung mit pseudoreligiöser Weihe auszustatten.

Nazikundgebungen waren anders als andere. Es waren gekonnte Inszenierungen. Schon bevor es richtig losging und der Hauptredner Hitler auftrat, wurden die Fans in Stimmung gebracht – durch das martialische Auftrumpfen der SA und durch die vertraute Marschmusik. Und dann die Ankündigung, dass der Führer auf dem nahen Flugplatz gelandet sei, dass er im Auto unterwegs zu uns sei, dass er bereits im Vorraum sei, dass er da ist. Die SA-braunen, die SS-schwarzen, die zivilgrauen Anhänger springen auf, schreien *Heil!*, reißen den rechten Arm hoch und die übrigen Anwesenden mit. Und dann redet Hitler. Ohne Manuskript. Zwischen ihm und seinen Zuhörern ist kein störendes Blatt Papier. Der Redner hat die Versammlung im Griff. Seine tiefe Stimme, sein rollendes *R* sind Ausdruck von Kraft und Männlichkeit. Er beginnt leise und langsam, dann wird er lauter, brüllt und droht und bedient sich der leidenschaftlichen Gesten, die er vor dem Spiegel mithilfe seines Leib- und Magen-Fotografen Hoffmann einstudiert hat. Die Zuhörer lauschen gebannt, kritische Zwischenfragen oder gar Störungen gibt es nicht. Dafür sorgt schon die SA. Unmissverständlich hat Hitler klargestellt, dass er einen Mix aus Rhetorik und Terror anstrebt: *Wenn wir Nationalsozialisten damals eine Versammlung abhielten, waren wir Herren derselben und nicht ein anderer … Unsere Gegner wussten ganz genau, dass, wer damals provozierte, unnachsichtig hinausflog, und wären wir selbst nur ein Dutzend gewesen unter einem halben Tausend.*

Am 3. August 1921 wurde die SA gegründet, wuchs und wuchs, wurde verboten, kam wieder und wuchs weiter, und erreichte 1933 die Zahl von 700 000. Hitler wusste, dass Terror nicht nur einschüchtert, sondern auch eine gewisse Werbewirksamkeit hat: *Grausamkeit imponiert, die Leute brauchen den heilsamen Schrecken. Sie wollen sich vor etwas fürchten. Sie wollen, dass man ihnen bange macht und dass sie sich jemandem schaudernd unterwerfen.*

Soviel zu den Gründen für Hitlers politische Karriere. Uns wurde klar, welche zentrale Bedeutung der Antisemitismus für ihn hatte. Die Juden waren für ihn Parasiten und Schmarotzer und eine Bedrohung für jede Kultur. In Wirklichkeit war er selber der bedenkenloseste Plagiator und sollte zum schlimmsten Zerstörer der europäischen Kultur werden. Alles, was er verkündete und durchführte, war irgendwo geklaut. Nichts war originell, nur verband er seine Propaganda sehr wirkungsvoll mit einem nie zuvor dagewesenen Terror. Kopiert hat er, aber immer nur teilweise, Militär und Nationalismus, diesen aber in brutaler Übersteigerung. Übernommen hat er die damals gängigen Antihaltungen, er hetzte gegen Demokratie und Republik, gegen Liberalismus und Parlamentarismus, gegen Marxismus und Bolschewismus, und auch (aber vorsichtig und indirekt) gegen Christentum und Humanismus. Imitiert hat er auch Mussolinis Faschismus, die er aber beide, den Duce und sein System, später weit in den Schatten stellen sollte.

Italien hatte vom Weltkrieg, obgleich auf Seiten der Sieger, wenn auch nur als Trittbrettfahrer, nicht profitiert. Zu dieser Enttäuschung kamen wirtschaftliche Probleme und die durch die Zersplitterung der Parteien verursachte Unregierbarkeit des Landes. Diese Krisen nutzte Mussolini aus, der, ursprünglich Sozialist, jetzt mit seinem Faschismus eine Bewegung begründete, die nationalistische und sozialistische Ziele miteinander verband. Während er bei den Wahlen im April 1921 nur 35 Mandate (von 535) erhielt, terrorisierten seine Schwarzhemden die Straße. Im Oktober '22 machten sich 20000 von ihnen – schlecht bewaffnet und proviantiert – auf den Marsch nach Rom. Dort wurde Mussolini von König Vittorio Emanuele III. zum Ministerpräsidenten einer Koalitionsregierung ernannt und errichtete und festigte seine faschistische Diktatur.

Ihm wollte Hitler nacheifern, sowohl ideologisch als auch taktisch: *In dieser Zeit fasste ich die tiefste Bewunderung für den großen Mann südlich der Alpen, der in heißer Liebe zu seinem Volk mit den inneren Feinden Italiens nicht paktierte, sondern ihre Vernichtung auf allen Wegen und mit allen Mitteln erstrebte.* Brutaler Kampf gegen alle Andersdenkenden und Massenmarsch in die Hauptstadt – das wollte Hitler auch. Im Krisenjahr 1923 schien sich dazu die Gelegenheit zu bieten. In München, Hitlers Wahlheimat, der rechten Hochburg des Reiches, sollte es losgehen. In Bayern herrschte der Ausnahmezustand, die Macht lag in Händen des Generalstaatskommissars Ritter von Kahr, des Münchener Reichswehrchefsgenerals von Lossow und der Landespolizei unter Oberst Seißer. Diese drei Herren wollten die beiden Führer der rechtsradikalen Kampfbünde, Hitler und Ludendorff, in ihre Diktaturpläne einbinden. Als das Triumvirat im Bürgerbräukeller eine Versammlung durchführte, versuchte Hitler die Machtergreifung. Im Gehrock, mit Eisernem Kreuz fuhr er im Mercedes vor und stürmte mit einem SA-Sturm den Saal. Während Kahr gerade von der *sittlichen Berechtigung der Diktatur* sprach, ließ Hitler ein MG in Stellung bringen und verschaffte sich Gehör, indem er ein Bierglas auf den Boden schmetterte und nach Besteigen eines Tisches einen Pistolenschuss in die Decke abgab. Dann verkündete er: *Die nationale Revolution ist ausgebrochen, die*

Regierung ist abgesetzt, eine provisorische Regierung wird gebildet. Die drei adligen Herren befahl er in ein Nebenzimmer, und die SA sorgte im Saal auf ihre Weise für Ordnung. Im Hinterzimmer verteilte Hitler die Ämter, er selber tritt an die Spitze der Reichsregierung und Ludendorff, den er inzwischen zu Hilfe geholt hat, soll die Armee führen. Da die hohen Herren sich überrumpelt fühlen und nicht mitmachen wollen, wendet Hitler sich im Saal an die Massen und versetzt sie in einen nationalen Rausch. Der Putsch richtet sich vor allem gegen die Berliner Judenrepublik, und Hitler schafft es, dass der Saal der neuen Regierung zujubelt und zustimmt. Seine Rhetorik hat mal wieder Wunder gewirkt. Er schließt: *Ich will jetzt erfüllen, was ich mir heute vor fünf Jahren als blinder Krüppel im Lazarett gelobte: nicht zu ruhen und zu rasten, bis die Novemberverbrecher zu Boden geworfen sind, bis auf den Trümmern des heutigen jammervollen Deutschlands wiederauferstanden sein wird ein Deutschland der Macht und der Größe, der Freiheit und der Herrlichkeit. Amen.*

Das wirkt. Die hohen Herren signalisieren ihre Zustimmung. *Ergriffen von der Größe des Augenblicks und überrascht, stelle ich mich kraft eigenen Rechts der deutschen Nationalregierung zur Verfügung,* verspricht der Preuße Ludendorff dem Wahlbayern Hitler. Er blieb auch wirklich bei der Stange, aber die drei anderen gingen von der Fahne und widerriefen, sowie sie weg waren, wozu sie angeblich mit Waffengewalt gezwungen worden waren.

Der Putsch war also gescheitert. Als Hitler das begreift, wählt er, wie so oft, die Flucht nach vorn. Hatte er im Bürgerbräukeller gegenüber den skeptischen Adligen durch einen Appell an die Massen das Ruder herumgerissen, so will er nun durch eine Großdemonstration den Putsch doch noch retten. Die Anhänger werden mobilisiert und laufen am nächsten Tag hinter ihren Anführern Hitler, Ludendorff, Göring und anderen durch München, mit dem Ziel, nach Mussolinis Vorbild gleich weiter bis Berlin zu marschieren. Aber ganz so weit kommen sie nicht, schon an der Feldherrnhalle ist Schluss. Im Feuer der Polizei ergreifen die meisten die Flucht, unter ihnen auch Hitler. Nur Ludendorff geht unbeirrt weiter, mutig oder im Vertrauen darauf, dass die Beamten ihn aus Ehrfurcht vor seinen Verdiensten schon verschonen werden.

14 Demonstranten und 3 Polizisten müssen dieses politische Abenteuer vom 9. November mit dem Leben bezahlen. Die NS-Bewegung war mit einem Schlage zusammengebrochen, ihre Führer ins Ausland entwichen, aber die meisten verhaftet, nach zwei Tagen auch Hitler. Sein Wohnsitz war jetzt die Festung Landsberg am Lech. Zunächst war er deprimiert und spielte, wie auch sonst in kritischen Situationen, mit dem Gedanken an Selbstmord. Aber dann witterte er Morgenluft, als er merkte, dass er vor einem ordentlichen Gericht einen ordentlichen Prozess bekommen sollte. Da, so hoffte er, könnte er einen effektvollen Auftritt inszenieren – vor Publikum und Presse. Da bot sich wieder die Gelegenheit, im doppelten Sinne Spieler zu sein: Schauspieler und Glücksspieler. Und so kam es auch. Das Münchener Volksgericht wollte Kahr, Lossow und Seißer nicht anklagen und berief sie nur als Zeugen. Angeklagt waren neben Hitler noch Ludendorff, Röhm, Frick und andere. Aber Hitler stahl allen die Schau. Er verteidigte sich nicht ängstlich, sondern nahm die Tat, den Putschversuch, auf sich, bestritt aber, des Hochverrats schuldig zu sein: *Es gibt keinen Hochverrat bei einer Handlung, die sich gegen den Landesverrat von 1918 wendet* (womit er die Novemberrevolution meinte).

Er drehte die Prozesslage um und machte sich vom Angeklagten zum Ankläger. Verurteilt wurde er trotzdem, aber fast schon wider Willen und mit schlechtem Gewissen. Der Staatsanwalt sparte nicht mit Bewunderung und der Vorsitzende Richter konnte die drei Laienrichter nur zur Verhängung der Mindeststrafe von fünf Jahren Festungshaft überreden, nachdem er eine baldige Begnadigung Hitlers in Aussicht gestellt hatte. Der zwingenden gesetzlichen Vorschrift, lästige Ausländer auszuweisen, kam das Gericht nicht nach. Das könne man nicht bei einem Mann, *der so deutsch denkt und fühlt wie Hitler.* Jubel und Bravorufe im Zuschauerraum. Dass das Gericht Ludendorff mit Samthandschuhen anfasste und freisprach, kam Hitler sehr zugute. Jetzt war er der Märtyrer der Rechten und eindeutig ihr Führer.

Aber vorerst saß er ein und verschwand in der Versenkung. Die Partei zerfiel ohne seine feste Führung in kleine konkurrierende Grüppchen. Jedoch nicht lange. Weihnachten 1924 war er wieder auf freiem Fuß. Die fünf Jahre Festung waren auf eine halbes Jahr zusammengeschmolzen. Hitler hat die Zeit genossen und genutzt. Von Strafe keine Spur. Festung ist ja nicht Knast, also Gefängnis oder Zuchthaus, sondern eine Ehrenhaft mit allerlei Privilegien. Hitler saß nicht hinter Gittern, er residierte. Er empfing Besucher und gewährte Audienzen, er tafelte mit seinen etwa 40 Getreuen, die später verurteilt worden waren, im großen Speisesaal unter einer Hakenkreuzfahne. Jeden Tag um 10 Uhr war *Vortrag beim Chef.* Er erhielt Briefe und Geschenke; am 20. April, als er 35 wurde, füllten sich mehrere Räume mit Präsenten und Blumen. Im Garten der Festung durfte er promenieren, im Übrigen las und schrieb er – oder genauer: Er diktierte, und Rudolf Hess tippte.

So entstand *Mein Kampf.*

Nach seiner schnellen Begnadigung – am 20. Dezember war er wieder frei – traf ihn eine doppelte Enttäuschung: Der Republik ging es gut und der völkischen Bewegung schlecht. Nach den Wahlen vom 7. Dezember hatte sie nur noch 14 Abgeordnete in den Reichstag gebracht statt der bisher 33. Hitler musste ganz von vorne anfangen, Erfolg war ihm zunächst nicht beschieden. Die Goldenen Zwanzigerjahre waren für die braune Bewegung eine Durststrecke. 1928 erhielt die NSDAP 2,6 % der Stimmen und gerade mal ein halbes Dutzend Mandate. Erst der Kampf gegen den Young-Plan macht Hitler als Trommler Hugenbergs wieder bekannt und die Weltwirtschaftskrise lässt die NSDAP aufblühen und Hitlers Klientel der Unzufriedenen sprunghaft ansteigen. Im September 1930 ziehen 107, im Juli 1932 sogar 230 Nazis in den Reichstag ein, der dann nicht mehr funktionsfähig ist, weil NSDAP und KPD mit 51,6 % der Sitze über eine destruktive Mehrheit verfügen. Zwar hassen Nazis und Kommunisten sich bis aufs Blut und liefern sich ununterbrochen blutige Straßenschlachten, aber hier im Reichstag sind sie sich einig im Kampf gegen die Republik, und die geht ihrem Ende entgegen. Die Kanzler regieren nur noch mit Notverordnungen, die ein greiser Präsident unterschreibt, und wer dessen Vertrauen und Wohlwollen hat, bestimmt, wo es lang geht. Mit Tricks und Intrigen bringt General von Schleicher Kanzler Brüning zu Fall und von Papen ins Amt und dann von Papen zu Fall und sich selber ins Amt. Nun schlägt von Papen zurück und erreicht es bei Hindenburg, dass dieser nach knapp zwei Monaten von Schleicher fallen lässt und ihn, von Papen, zurück in die Regierung holt, aber nicht als Kanzler, sondern nur als Vizekanzler. Denn Kanzler wird Hitler. Wie konnte es dazu kommen?

Seit dem gescheiterten Putsch von 1923 war Hitler zwar kein anderer geworden, aber er tat doch so. Er gab sich als Politiker, der legal an die Macht kommen will, mit politischen Mitteln, durch Wahlen und Mehrheiten. Wenn er im Pasewalker Lazarett beschloss, Politiker zu werden, wurde er es ab 1924 wirklich. Er änderte seine Taktik. Er spielte das parlamentarische Spiel mit. Aber das Parlament war ihm nur Mittel zum Zweck, nicht Ausdruck eines von ihm anerkannten und geachteten demokratischen Prinzips. Er wurde vom Wolf im Wolfspelz zum Wolf im Schafspelz. Nach wie vor terrorisierte die SA die Straße, er selber aber beteuerte, treu zur Verfassung zu stehen. Als Führer der stärksten Partei, die im Reichstag die meisten Sitze hatte, forderte er für sich das Amt des Kanzlers. Aber Hindenburg traute ihm nicht. Instinktiv hatte er etwas gegen diesen Mann, wenn auch wohl weniger aufgrund eines klaren Urteils als vielmehr wegen eines ganzen Bündels von Vorurteilen. Der adlige, preußische, protestantische Gutsherr und Feldherr sah in Hitler nur den böhmischen Gefreiten, den katholischen Parvenu aus dem Vielvölkerstaat, den Mann mit dürftigem militärischem Dienstrang. Der Präsident irrte jedoch insofern, als er Braunau am Inn, Hitlers österreichischen Geburtsort, mit Braunau in Böhmen verwechselte. Als er es aber leid war, immer wieder für schwache Kanzler ohne Reichstagsmehrheit Notverordnungen zu unterschreiben und sich endlich eine starke Regierung wünschte, da ließ er sich von seiner antichambrierenden Umgebung überreden, Hitler zum Kanzler einer rechtskonservativen Regierung zu ernennen. Dieser Entscheidung waren zahlreiche Treffen einflussreicher Politiker, Wirtschaftler und Militärs vorausgegangen, teils mit Beteiligung Hindenburgs, teils hinter seinem Rücken.

Was den Präsidenten umstimmte, war die von von Papen vorgelegte Kabinettsliste. Hitler war zwar Kanzler, aber Vizekanzler war von Papen mit den bewährten Baronen aus seinem eigenen Kabinett *der nationalen Konzentration*. Die Nazis blieben in der Minderheit, neben Hitler saßen nur noch Frick und Göring am Kabinettstisch und sahen sich acht konservativen Ministern gegenüber, die alle nach Hindenburgs Geschmack waren. Wer vor Hitler warnte, dem entgegnete von Papen selbstbewusst: *Sie irren, wir haben ihn uns engagiert ... In zwei Monaten haben wir Hitler in die Ecke gedrückt, dass er quietscht.* Ob dieses Konzept der Einrahmung, Ausnutzung und Abnutzung Hitlers von Erfolg gekrönt sein wird – viele hatten ihre Zweifel.

13

Machterschleichung, Machterteilung, Machtergreifung, Machterweiterung

Hitler kam an die Macht, weil er unterschätzt und weil er unterstützt wurde, unterstützt vor allem von denen, die ihn unterschätzten. Das gilt für Teile der Industrie, der Landwirtschaft und des Bürgertums sowie für die nationalkonservativen Politiker. Von Papen zum Beispiel glaubte, Hitler werde sich zähmen lassen, wenn er nicht mehr in Bierhallen das große Wort führen würde, sondern im Kabinett kleine Brötchen backen müsste. Dann werde man ihn benutzen und er wird sich abnutzen und der politische Alltag und dass alltägliche Regieren werden ihn zurechtstutzen auf das Normalmaß eines Kanzlers, wie es sie bisher gegeben hatte. Für gefährlich hielt man ihn nicht – und irrte. Denn anders als andere Politiker sah er in seinem Amt nicht einen Auftrag auf Zeit, sondern Macht für immer. War er erst einmal Kanzler, so wollte er es auch bleiben – immun gegen jeden Misstrauensantrag. *Ich will nur die Macht. Wenn wir einmal die Macht bekommen, dann werden wir sie, so wahr uns Gott helfe, behalten. Wegnehmen lassen wir sie uns dann nicht mehr*, beteuerte er in einer Rede im Oktober 1932 in Königsberg. Als er als der neue Hausherr von der Reichskanzlei in der Wilhelmstraße Besitz ergriff, sagte er: *Keine Macht der Welt wir mich jemals lebend hier wieder herausbringen.* Wie recht er damit behielt ...

So wie die Weigerung, die Macht jemals wieder abzugeben, undemokratisch und verfassungswidrig war, so war es auch die Machtübertragung an ihn. Zwar wird immer wieder behauptet, er sei legal an die Macht gekommen, weil er als Führer der Partei, die im Reichstag die größte Fraktion stellte, vom Präsidenten gemäß Artikel 53 der Verfassung logischerweise zum Kanzler ernannt wurde. Das schien parlamentarisch korrekt, dabei war Hitler gar nicht Mitglied des Reichstags. Er hatte sich draußen bei Aufmärschen und auf Kundgebungen profiliert, von innen kannte er die Politik, die Praxis des Regierens und Verwaltens nicht.

Zu fragen ist, ob Hindenburg überhaupt berechtigt war, diesen Mann an die Spitze der Regierung zu berufen, wogegen er sich ja auch lange genug instinktiv gewehrt hatte. Für Hitler sprach eigentlich nichts, mit seinen 33% der Reichstagsmandate hatte er, auch mithilfe der DNVP, keine parlamentarische Mehrheit. Die Unsitte des Regierens mit Notverordnungen hätte also auch mit einem Kanzler Hitler fortgesetzt werden müssen. Schlimmer war aber, dass vieles diesen Mann für dieses Amt eigentlich disqualifizierte.

Er war als Hochverräter vorbestraft, auch wenn er von den fünf Jahren Festung nur ein halbes absitzen musste. Er hätte seinerzeit – als Nichtdeutscher – nach dem Putschversuch und der Strafzeit eigentlich ausgewiesen werden müssen. Seit 1925 war er, da er die österreichische Staatsangehörigkeit auf eigenen Wunsch aufgegeben hatte, staatenlos. Die deutsche Staatsangehörigkeit hat er dann 1932 auf unlautere Weise erworben. Ein NS-Landesminister ernannte ihn zum Regierungsrat und damit war er deutscher Beamter. An sich kann nur ein Deutscher deutscher Beamter werden, die Reihenfolge wurde hier also einfach umgedreht. Hitler wurde Deutscher, weil er verbeamtet war. Die Voraussetzung, die deutsche Staatsangehörigkeit, wurde als willkürliche Maßnahme durchgesetzt.

Gegen Hitlers Ernennung zum Kanzler einer demokratisch verfassten Republik sprachen auch seine dauernden Rechts- und Verfassungsbrüche, der Aufruf zur politischen Gewalt und die Rechtfertigung politischer Straftaten, einschließlich Mord. Als im August

1932 fünf Nazis in Potempa in Oberschlesien einen kommunistischen Bergarbeiter vor den Augen seiner Mutter zu Tode trampelten und daraufhin vor Gericht gestellt und zum Tode verurteilt wurden, empörte sich Hitler und solidarisierte sich mit den Mördern. Er telegrafierte: *Meine Kameraden! Angesichts dieses ungeheuerlichen Bluturteils fühle ich mich mit euch in unbegrenzter Treue verbunden. Eure Freiheit ist von diesem Augenblick an eine Frage unserer Ehre. Der Kampf gegen eine Regierung, unter der dies möglich war, unsere Pflicht.*

Die Regierung gab klein bei, Kanzler von Papen unterwarf sich Hitler und wandelte auf dem Gnadenwege die Todesstrafe in eine lebenslange Zuchthausstrafe um. Wie Hitler in Landsberg mussten sie nur ein halbes Jahr absitzen. Kurz nach der Machtergreifung wurden sie wieder auf freien Fuß gesetzt. Hitler nahm die Bluttaten seiner Männer nicht nur in Kauf, für ihn war Gewalt ein probates Mittel der Politik.

Nach der Aufhebung des SA-Verbots durch den neuen Kanzler von Papen forderte der braune Straßenterror innerhalb eines Monats allein in Preußen 99 Tote. Sicher waren auch die Rotfrontkämpfer bei diesen allsonntäglichen Straßenschlachten nicht zimperlich, aber für die NSDAP wurde Mord zur Methode. Es war unübersehbar, dass ein Krimineller die Herrschaft über Deutschland anstrebte, ein Hochverräter, ein Hochstapler, ein Lügner, ein Anstifter zu Mord und Totschlag. Dennoch verkannte man ihn und vertraute ihm und sah in ihm den Retter und Erlöser Deutschlands.

Die Übergriffe der SA wurden verharmlost und als Übereifer im berechtigten Kampf mit den Kommunisten angesehen. Dass *Demokratie* für Hitler ein Fremdwort war, konnte jedermann allein schon daran erkennen, wie autoritär er seine Partei führte und die Gliederungen organisierte. Sein Führerprinzip widersprach dem Parteiengesetz, und all das konnte man schon in *Mein Kampf* nachlesen oder täglich im *Völkischen Beobachter*, dem offiziellen Parteiorgan. Dort wird im September 1928 eine Rede Hitlers abgedruckt, die in ihrer brutalen Offenheit kaum zu überbieten ist:

> *Erstens muss unser Volk von dem hoffnungslos wirren Internationalismus befreit und bewusst und systematisch zum fanatischen Nationalismus erzogen werden … Zweitens werden wir unser Volk, in-*

dem wir es dazu erziehen, gegen den Irrsinn der Demokratie zu kämpfen und wieder die Notwendigkeit von Autorität und Führertums einzusehen, von dem Unsinn des Parlamentarismus fortreißen. Drittens werden wir, indem wir das Volk von dem jämmerlichen Glauben an eine Hilfe von draußen, das heißt von dem Glauben an Völkerversöhnung, Weltfrieden, Völkerbund und internationale Solidarität befreien, diese Ideen zerstören. Es gibt nur ein Recht in der Welt, und dieses Recht liegt in der eigenen Stärke.

Während Hitler sich vor seinen Anhänger zu solchen martialischen Äußerungen hinreißen ließ, gab er sich, wenn taktisch notwendig, sehr seriös, diplomatisch, staatsmännisch und verfassungstreu. Im Ulmer Reichswehrprozess im September 1930, in dem drei Ulmer Offiziere vor dem Reichsgericht in Leipzig angeklagt waren, sich entgegen den Vorschriften für die NSDAP betätigt zu haben, war Hitler als Zeuge geladen und beteuerte, die Partei habe Gewalt nicht nötig: *Noch zwei bis drei Wahlen, und die nationalsozialistische Partei hat im Reichstag die Mehrheit. Dann muss es zur nationalsozialistischen Erhebung kommen, und wir werden den Staat so gestalten, wie wir ihn haben wollen.* Legal will er nur an die Macht, durch Wahlen, hat er sie aber, dann wird er sie illegal missbrauchen: *Ich stehe hier unter dem Eid vor Gott dem Allmächtigen. Ich sage Ihnen, dass, wenn ich legal zur Macht gekommen sein werde, dann will ich in legaler Regierung Staatsgerichte einsetzen, die die Verantwortlichen an dem Unglück unseres Volkes gesetzmäßig aburteilen sollen. Dann werden möglicherweise legal einige Köpfe rollen!* Die Verfassung ist nur Mittel zum Zweck, Mittel zu ihrer Vernichtung. Ausdrücklich droht er Gewalt an und macht keinen Hehl daraus, dass er die Gewaltenteilung als Grundprinzip der Republik außer Kraft setzen will, indem die Regierung Gerichte einsetzt und ihnen die Urteile *(Köpfe rollen)* vorschreibt. Geradezu zynisch gebraucht er dreimal das Wort *legal* und macht sich lustig über die rechtsstaatlichen Prinzipien. Daraus hat die Republik keine Konsequenzen gezogen und so konnte der Eidesbrecher ganz legal Reichskanzler werden.

Man dachte damals rein formalistisch, garantierte zum Beispiel unbegrenzte Meinungsfreiheit, ohne zu beachten, welche verfassungsfeindlichen Ziele dahinter standen. Man sah tatenlos zu, wie die Rechte der Verfassung zum Zerbrechen der Verfassung missbraucht wurden. Der Buchstabe des Gesetzes und der Verfassung galt mehr als der Geist. Der Sinn der Verfassung war die Demokratie, der Buchstabe der Verfassung erlaubte ihre Zerstörung. Allerdings haben viele klammheimlich ihre Freude daran gehabt, dass es der Republik an den Kragen ging, sie war eben noch nicht im Bewusstsein der Menschheit tief genug verwurzelt.

Joseph Goebbels, Hitlers oberster und geschicktester Propagandist, hat die Taktik seines Chefs bewundert: *Ich halte diesen Eid für einen genialen Schachzug. Was wollen die Brüder danach noch gegen uns machen? … Nun sind wir streng legal, egal legal.* Für jeden sichtbar benutzten die Nazis das Parlament, um es zu zerstören, und amüsierten sich über die Dummheit und Toleranz der Republik. Goebbels spottete in seinem Kampfblatt *Der Angriff* im April 1928: *Ich bin kein Mitglied des Reichstags. Ich bin ein IdI. Ein IdF. Ein Inhaber der Immunität, ein Inhaber der Freifahrkarte … Wir kommen als Feinde. Wie der Wolf in die Schafherde einbricht, so kommen wir.*

Die ihn wählten, die ihn finanzierten, die ihn ins Amt brachten, wussten, mit wes Geistes Kind – oder korrekter: – mit wes Ungeistes Kind man es vom 30. Januar an zu tun bekommen würde. Und es kam wie erwartet, ja es kam noch viel schlimmer. Hitler ging es zunächst noch gar nicht um praktische Politik, um konkrete Maßnahmen zum Wohle des Volkes, zum Beispiel in der Wirtschaft oder in der Sozial- und Außenpolitik, nein, er wollte erst einmal die erhaltene Macht absichern und ausweiten. Auf die Machterschleichung folgte die Machtergreifung, alles scheinbar legal. Jetzt, im Februar, März und den ganzen Frühling hindurch festigte er nur seine Macht, indem er eine demokratische Institution nach der anderen abschaffte und verbot, seien es Parteien (außer seiner eigenen), seien es Gewerkschaften (außer seiner), seien es Verfassungsorgane (wie den Reichsrat), sei es die freie Presse und so weiter.

Am 30. Januar gab es an sich nur eine Kanzlerernennung durch den Präsidenten (wie anderthalb Dutzend Male zuvor). Das hatte im Prinzip nichts zu tun mit einer dynamischen *Machtergreifung*. Den Begriff haben die Nazis nur geprägt und gebraucht, um ein kräftiges und entschlussfreudiges Anpacken aller Probleme vorzutäuschen.

Aber was heißt schon *Ergreifung*? Das Wort kommt im Allgemeinen nur im Rechtswesen vor, wenn von der Ergreifung eines Täters die Rede ist. Ergreifung hat üblicherweise also mit Kriminalität zu tun – ungewollt haben die Nazis den Begriff *Ergreifung* in einem durchaus richtigen Zusammenhang gebraucht.

Fast hätte Hitlers Machtgier die sogenannte Machtergreifung noch im letzten Augenblick scheitern lassen. Zwar war Hindenburg stolz und froh, endlich ein Kabinett ins Leben rufen zu können, dass sämtliche rechten Richtungen einschloss, neben dem Gefreiten Hitler und dem Herrenreiter von Papen auch den Stahlhelmchef Seldte und den deutschnationalen Pressezar Hugenberg. Zu 11 Uhr hatte er die Herren zur Vereidigung zu sich bestellt. Aber während sie noch warteten, sagte Hitler, ungeschickterweise, er werde den Präsidenten um sofortige Reichstagsauflösung und Neuwahlen bitten, um im Parlament klare Verhältnisse zu schaffen, denn er spekulierte auf einen überzeugenden Wahlsieg, wenn er im Wahlkampf die Macht des Staates und die in Kürze sicher sprudelnden Gelder der Wirtschaft in den Dienst seiner und Goebbels' Propaganda stellen könnte. Das war gegen die Absprache und Hugenberg protestierte, wusste er doch, dass eine gestärkte NSDAP seine DNVP an die Wand drücken würde. Dann mache er überhaupt nicht mit, drohte er, wohl wissend, dass der Präsident die Mitarbeit der Deutschnationalen zur Bedingung des Hitler-Kabinetts gemacht hatte. Von Papen, der Architekt dieser Regierung, versuchte zu schlichten, und Hitler witterte die Gefahr. Er gab Hugenberg sein feierliches Ehrenwort, alle Minister auch nach der Wahl im Amt zu belassen, egal, wie diese ausgehe. Hugenberg wusste, was man von Hitlers Ehrenwort zu halten hat, und blieb hart. Die Zeit zog sich hin. Da erschien Meißner auf der Bildfläche, mit der Uhr in der Hand, und wies auf den unmöglichen Tatbestand hin, dass man den alten Herrn warten lasse. Und das ging nun wirklich nicht. Also musste das angehende Kabinett seinen Streit abbrechen, der Schwächere und Höflichere, also Hugenberg, gab nach, und die Herren traten ein zur Vereidigung, die drei Nazis aber wohl eher zur Vermeineidigung.

Wie ein Lauffeuer verbreitete sich die Nachricht, und für die Nacht organisierte Goebbels ein Lauffeuer, nämlich einen Fackelzug. 25000 von Stahlhelmern begleitete SA-Männer zogen durchs

Brandenburger Tor in die Wilhelmstraße zur Reichskanzlei, wo Hitler und seine Paladine und ein paar Fenster weiter Hindenburg die Dauerparade abnahmen, die von 19 Uhr bis 1 Uhr währte, also sechs Stunden. Zeitzeugen berichten, es sei wie Karneval gewesen, die Menschen außer Rand und Band, zumindest die Anhänger, denn andere waren ja nicht da. Die Fackelträger drehten ihre wiederholten Runden, so dass der Marsch und das Singen kein Ende nahmen.

Endlich hatte man wieder einen Kaiser oder so etwas Ähnliches, einen Mann, zu dem man aufblickte, dem man alles zutraute, womit man ja nicht Unrecht hatte. Mehr als der Präsident war der *Führer* zum Ersatzkaiser geworden. Der Führer einer Partei war, ohne dass man den Übergang so richtig bemerkte, zum Führer des Volkes geworden. Schon Monate vor seiner Kanzlerschaft hatte Hitler sich mit seinem Hofstaat in dem Edelhotel Kaiserhof einquartiert, schräg gegenüber der Reichskanzlei, seine Beute immer im Auge. Ende der Zwanzigerjahre hatte Goebbels als Gauleiter von Berlin den Gruß *Heil Hitler* eingeführt, so wie vorher der Kaiser mit der Hymne *Heil dir im Siegerkranz* gefeiert wurde, in dem naiven Glauben, dass das Heil des Herrschers auf das Glück des kleinen Mannes abfärben würde.

Wie Wilhelm liebte Hitler die großen Auftritte, die Ausfahrten in offener Karosse, die endlosen Paraden und die endlosen Reden mit den großen Worten. Zwar war er nicht Herrscher von Gottes Gnaden, aber doch fast, denn ihn hatte die Vorsehung, eine seiner Lieblingsvokabeln, von ganz unten nach ganz oben getragen. Er gab sich als Mann aus dem Volke, und diese Herkunft und Erfahrung verlieh ihm mehr Legitimität als dem Kaiser seine Ahnenreihe und sein blaues Blut. In Wahrheit hatten nur seine Fehlschläge ihn immer ehrgeiziger und eingebildeter gemacht. Mit einer politischen Karriere wollte er, wie bereits gesagt, seine Komplexe kompensieren, so wie Wilhelm das Leiden an seinem leidigen Arm durch Glanz und Gloria kompensieren wollte. Wenn Hitler den rechten Arm zackig zum Hitlergruß hochriss, dann zeigte er damit bewusst oder unbewusst, dass der Führer im Gegensatz zum Kaiser kein Krüppel war, sondern ein gesunder Mann und ein ganzer Kerl, wenngleich er sich später das Privileg herausnahm, anders als seine millionenfache

Gefolgschaft und abweichend von der Norm, die Hand nachlässig nach hinten abknicken zu lassen, als ahnte er, dass ihm irgendwann sein Arm Probleme bereiten und parkinsonbedingt zittern werde. Nur Wilhelms Uniformkult unterließ Hitler, den überließ er dem dicken, eitlen Göring. Am liebsten und häufigsten zeigte sich der Führer in der schlichten Uniform seiner SA-Männer, als sei er auch ganz oben immer noch einer von ihnen. Das braune Hemd als Kontrastprogramm zum blauen Blut.

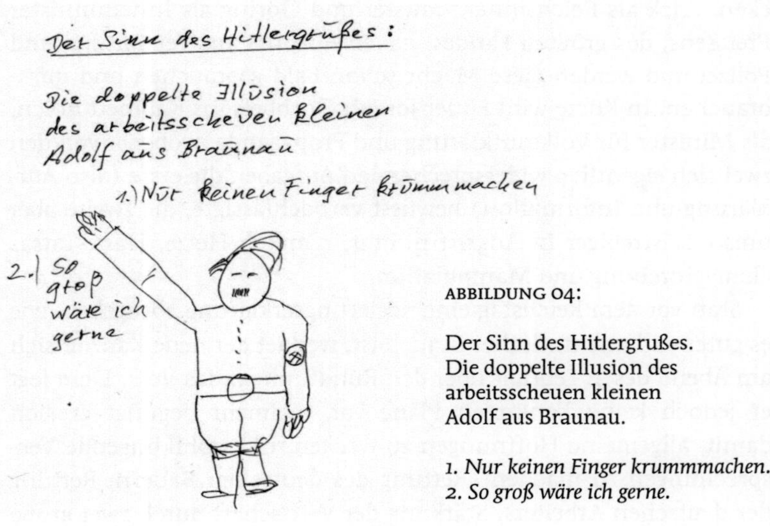

ABBILDUNG 04:

Der Sinn des Hitlergrußes. Die doppelte Illusion des arbeitsscheuen kleinen Adolf aus Braunau.

1. Nur keinen Finger krummmachen.
2. So groß wäre ich gerne.

Um den Eindruck von deutschem Fleiß und preußischem Pflichtbewusstsein zu erwecken, ließ der neue Kanzler schon am späten Nachmittag des 30. Januar das Kabinett zu seiner ersten Arbeitssitzung zusammenkommen, als könne er es gar nicht erwarten, zum Wohle des Volkes segensreiche Beschlüsse zu fassen.

Das freilich nur, um das Kabinett mit seinem Entschluss zu Neuwahlen zu konfrontieren. Das sollte Volksverbundenheit signalisieren und Rücksichtnahme auf die Stimmung und Wünsche der Massen. In Wahrheit ging es nur um die Absicherung und Ausdehnung der Macht. Dazu dienten ihm allerlei Tricks und Täuschungsmanöver. Schon die Kabinettsliste war eine Mogelpackung. Mit ihrer hochkonservativen Mehrheit machte die Regierung zwar einen zuverlässigen Eindruck. Fünf Minister waren von Adel und galten als parteilose Experten, zwei gehörten der DNVP an, einer dem Stahlhelm. Mit Frick und Göring, der zudem ohne Geschäftsbereich blieb, hatte Hitler nur zwei Parteigenossen an seiner Seite, gab sich bei der Verteilung der Macht also scheinbar sehr bescheiden. Beim genauen Hinsehen wird aber klar, dass er es verstanden hat, sich die machtpolitischen Rosinen aus dem Kabinettskuchen herauszupicken. Frick als Reichsinnenminister und Göring als Innenminister Preußens, des größten Landes, haben Einfluss auf Verwaltung und Polizei und werden diese Macht schon bald gebrauchen und missbrauchen. In Kürze wird Hitler Joseph Goebbels ins Kabinett holen, als Minister für Volksaufklärung und Propaganda, wobei er von den zwei sich eigentlich widersprechenden Aufgaben die erste (also Aufklärung und Information) bewusst vernachlässigte, die zweite aber umso zielstrebiger in Angriff nimmt, nämlich Hetze, Hass, Tatsachenverdrehung und Manipulation.

Statt vor dem Reichstag eine Regierungserklärung abzugeben, wie es guter parlamentarischer Brauch ist, wendet der neue Kanzler sich am Abend des 1. Februar über den Rundfunk an das Volk. Dem legt er jedoch keine konkreten Pläne vor, vielmehr begnügt er sich damit, allgemeine Hoffnungen zu wecken und wohlklingende Versprechungen zu machen (Rettung des deutschen Bauern, Rettung des deutschen Arbeiters, Stärkung der Wirtschaft durch zwei große Vierjahrespläne, Erhaltung und Festigung des Friedens, weltweite Beschränkung der Rüstung). Er spricht vom *Christentum als Basis unserer gesamten Moral*, von der *Familie als Keimzelle unseres Volks- und Staatskörpers*. Das alles hörte sich gut an und war doch nichtssagend, wenn nicht gar verlogen. Denn Hitler ging es nicht um die lauthals verkündete Liebe zum Volk und zur Moral, nein, er dachte nur an die Wahl. Dem Reichspräsidenten, der die Neuwahlen ja ansetzten musste, wollte er als seriös, staatsmännisch, christlich und maßvoll erscheinen. Und prompt tat Hindenburg, was Hitler wollte. Dem alten Herrn wird es auch gefallen haben, dass Hitler sein Kabinett nicht als Naziregierung vorstellte, sondern als *Kabinett der nationalen Erhebung*. Und das sollte durch Neuwahlen gerne gestärkt werden dank der parlamentarischen Mehrheit der rechten Partien.

Also löst der greise und wenig weise Reichspräsident den Reichstag auf und setzte die Reichstagswahlen für den 5. März an.

Der Februar stand dann ganz im Zeichen des Wahlkampfs. Goebbels wollte ein *Meisterstück an Agitation* liefern, die SA sollte die Straße beherrschen und die politischen Gegner terrorisieren und einschüchtern, und Hitler konnte als Regierungschef vom Kanzlerbonus profitieren.

Wen erklärten die Nazis zu ihrem Hauptfeind? Nicht (oder noch nicht) die Juden, denn die waren keine politische Konkurrenz, schließlich gibt es keine jüdische Partei. Hauptfeind waren die SPD und mehr noch die KPD, denn die beiden Linksparteien verfügten über zahlreiche Mitglieder und Anhänger und sogar über paramilitärische Verbände, die der SA Paroli bieten konnten. Von KPD und SPD, vom Reichsbanner Schwarz-Rot-Gold, von der Eisernen Front, vom Rotfrontkämpferbund, war am ehesten Widerstand zu erwarten, sie waren auch in der Lage, die werktätigen Massen zum Generalstreik zu animieren, sie galt es deshalb mit allen Mitteln zu bekämpfen, also mit der üblichen Mischung aus Gewalt und Propaganda. Die SA jagte, verprügelte und inhaftierte, ja tötete Kommunisten und Sozialdemokraten. Die Marxisten waren schuld an der Niederlage 1918, an der Inflation, an der Wirtschaftskrise. *Vierzehn Jahre Marxismus haben Deutschland ruiniert, ein Jahr Bolschewismus würde Deutschland vernichten*, behauptete Hitler. Die Kommunisten sind also noch schlimmer als die Sozis. Diese sind verantwortlich für die Vergangenheit, die Kommunisten bedrohen die Zukunft. Die SPD trägt angeblich die Verantwortung für die verfehlte Politik der Weimarer Republik (obgleich sie nur die wenigsten Jahre an der Regierung beteiligt war), die KPD will die russische Revolution nach Deutschland holen.

Die Nazis schürten die Angst vor Bolschewismus und Stalinismus, als stehe die Revolution unmittelbar bevor, als befinde man sich in einer Notsituation und als sei nun im Kampf gegen die Roten alles erlaubt. Not kennt kein Gebot, und in diesem Kampf gegen die rote Gefahr spielt Hitler sich als Retter der Nation auf, und daraus zieht Göring als preußischer Innenminister die entsprechenden polizeistaatlichen Konsequenzen und verbietet am 2. Februar kommunistische Versammlungen im Freien, Reichsinnenminister Frick folgt und spricht am 2. Februar dieses Verbot für ganz Deutschland aus. Und so geht es Schlag auf Schlag und Tag für Tag weiter.

Während Hitler die KPD und SPD schwächen, ja, vernichten will, versucht er sich mit der Reichswehr, einem anderen bedeutenden Machtfaktor, zu arrangieren. Am 3. Februar kommt es im Hause des Chefs der Heeresleitung, Kurt von Hammerstein, zu einem von Wehrminister Werner von Blomberg vorbereiteten Zusammentreffen des neuen Kanzlers mit der Reichswehrführung. Wie immer in vornehmer Gesellschaft ist Hitler zunächst unsicher und linkisch, aber nach dem Essen legt er los und redet über zwei Stunden über seine Pläne. Was er sagt, hören die hohen Herren gerne, dass die Wehrmacht die wichtigste Einrichtung des Staates sei, dass sie gestärkt werden müsse, dass die allgemeine Wehrpflicht kommen müsse, dass Marxismus und Pazifismus mit allen Mitteln zu bekämpfen seien, dass eine *straffste autoritäre Staatsführung vonnöten sei – also die Beseitigung des Krebsschadens der Demokratie.*

Die Generalität bemerkt nicht oder befürwortet gar, dass Hitlers Ziele im Widerspruch zur Weimarer Verfassung stehen und zu den in seiner Rundfunkrede angeschlagenen Friedenstönen. Aber es sollte noch schlimmer kommen. Hitler fordert ganz unverblümt den Kampf gegen den Versailler Vertrag, die *Eroberung neuen Lebensraumes im Osten und dessen rücksichtslose Germanisierung.*

Dass das nicht ohne Krieg zu haben war, hätte den Militärs klar sein müssen. Aber entweder nahmen sie Hitlers Pläne nicht ernst oder sie stimmten ihnen zu – und beides ist gleich schlimm. Hätten hier Männer von Ehre, Rechtsbewusstsein und Mut gesessen, dann hätte es schon jetzt zum 20. Juli kommen müssen, denn was einige Offiziere am 20. Juli 1944 veranlassen wird, gegen Hitler vorzugehen, das alles hat er hier bereits offen verkündet.

Schon am folgenden Tag, dem 4. Februar, ein erneuter Schlag gegen die verfassungsmäßig garantierten demokratischen Grundrechte. Der greise Präsident, inzwischen Wachs in den Händen des Kanzlers, unterschreibt die ihm von Hitler vorgelegte Notverordnung *zum Schutze des deutschen Volkes*, die besser heißen müsste *Verordnung zum Schutze der Regierung »vor« dem Volk.* Denn nun wird jede Form von Kritik und Opposition eingeschränkt oder verboten –

und das mitten im Wahlkampf. Mit fadenscheinigen und verschwommenen Begründungen konnten von Staats wegen Versammlungs-, Rede- und Pressefreiheit aufgehoben werden. Es reichte, dass eine *unmittelbare Gefahr für die öffentliche Sicherheit zu besorgen* sei.

Am übernächsten Tag, dem 6. Februar, schon wieder eine antidemokratische Maßnahme. Der preußische Landtag, in dem die NSDAP (wie auch im Reichstag) keine Mehrheit hat, wird aufgelöst, so dass sich Polizeiminister Göring noch mehr herausnimmt als bisher. Statt Ruhe und Ordnung zu sichern, lässt er dem SA-Terror freie Hand. Der Wahlkampf entartet zu Straßenschlachten. 69 Menschen werden im Laufe des Monats Februar Opfer dieser blutigen Auseinandersetzungen. Die Polizei greift nicht ein, und wenn, dann für die SA und gegen das *Treiben der staatsfeindlichen Organisationen*, also gegen die Linke. Dabei sei, *wenn nötig, rücksichtslos von der Schusswaffe Gebrauch zu machen*. Dieser Erlass vom 17. Februar ist ein regelrechter Schießbefehl. Wörtlich heißt es: *Polizeibeamte, die in Ausübung dieser Pflicht von der Schusswaffe Gebrauch machen, werden ohne Rücksicht auf die Folgen von mir gedeckt; wer hingegen in falscher Rücksichtnahme versagt, hat dienststrafrechtliche Folgen zu gewärtigen.*

Nicht zu töten, ist also inzwischen strafbar.

Doch damit nicht genug. Am 22. Februar erreicht Görings Zynismus einen neuen Höhepunkt. Jetzt macht er 50000 SA-, SS- und Stahlhelmmänner zu Hilfspolizisten, also den Bock zum Gärtner. Mit weißer Armbinde, Gummiknüppel und Pistole werden Terroristen zu Polizisten und können jetzt ganz legal zuschlagen und verhaften. Tausende von Regimegegnern verschwinden in den Folterkellern der SA und in den ersten Konzentrationslagern.

Was aber war die SA eigentlich für eine Organisation? Welcher Geist oder Ungeist herrschte in ihren Reihen? Wer fühlte sich von ihr angezogen und ließ sich anwerben? Ich glaube, wir müssen der SA ein eigenes Kapitel widmen.

Aber vorher noch schnell ein *logischer Dialog.*

EINSCHUB 13A
EIN LOGISCHER DIALOG

Sechs Jahre, zwischen 1907 und 1913, hielt Adolf Hitler sich in Wien auf, und fast sein ganzes Leben verbrachte Siegmund Freud in der Metropole des Habsburgerreiches. Der beschäftigungslose Hobbymaler pflegte morgens lange zu schlafen, am Vormittag ausgedehnte Spaziergänge zu unternehmen, um sich sodann auf einer Bank an der Donau auszuruhen. Er hatte seine Freude daran, anderen Menschen bei der Arbeit zuzuschauen, seien es Donauschiffer, Straßenfeger oder Bauarbeiter. Am Nachmittag schlief und schrieb er, malte oder las. Abends besuchte er politische Versammlungen.

Der Nervenarzt Professor Doktor Freud ließ es sich, obgleich er beruflich stark beansprucht war, nicht nehmen, jeden Tag um die Mittagszeit ein Viertel- oder halbes Stündchen eine Arbeitspause einzulegen und auf einer Bank an der Donau das Treiben auf dem breiten Strom zu beobachten und seinen Gedanken und Theorien nachzuhängen.

So war es kein Zufall, sondern von größter Wahrscheinlichkeit, dass die beiden eines Tages nebeneinander auf der gleichen Bank sitzen mussten. Hitler, der einsame Einzelgänger, starrte starr geradeaus, ohne von seinem Banknachbarn Notiz zu nehmen, Freud dagegen, den Menschen und alles Menschliche schon von Beruf wegen brennend interessierten, musterte den steif dasitzenden Hitler verstohlen aus den Augenwinkeln und das mit zunehmender Neugierde. Schnell wurde dem erfahrenen Seelenarzt klar, dass er diesen verklemmten Jüngling von Anfang 20 eigentlich sofort, noch an diesem Nachmittag, von der Bank weg auf die Couch in seiner Praxis mitnehmen müsste zwecks psychiatrischer Untersuchung und anschließender Behandlung und Heilung. Aber er wusste auch, dass der sich stolz und unnahbar gebende Jungmann, dieser potenzielle Patient, ihm nicht folgen würde. Seine seelischen Probleme würde er auf keinen Fall eingestehen und ehrlich zur Sprache bringen, und im Übrigen, abgerissen wie er aussah, ein Honorar weder bezahlen können noch wollen. Dennoch suchte FREUD das Gespräch mit HITLER. Der Arzt betrachtete den Mann, der für ihn längst zum Fall geworden war, er registrierte dessen altmodische ländliche Klei-

dung, und anknüpfend an diese Beobachtung fragte er höflich und freundlich: *Verzeihen Sie meine Neugierde. Sie sind wohl nicht aus Wien?*
– *Aus Braunau,* sagte HITLER widerwillig, antwortete aber immerhin.
– *Ein schönes Städtchen,* lächelte FREUD und versuchte durch ein Kompliment das Gespräch in Gang zu bringen.
– *Spießig,* brummte HITLER.
– *Man könnte aber auch sagen romantisch,* gab FREUD zu bedenken.
– *Ich bin kein Romantiker,* konterte HITLER, *ich bin Realist.*
Der Psychoanalytiker mutmaßte sofort, dass sein Gesprächspartner die soeben gebrauchten Begriffe kunsthistorisch meinte: *Wahrscheinlich eine verkrachte Künstlerexistenz,* dachte er. Aber er wollte den jungen Mann nicht verprellen und nicht (oder noch nicht) an dessen wunden Punkt rühren, sondern nahm den Begriff *romantisch* allgemeiner, sozusagen umgangssprachlich, und sagte:
– *Aber junge Menschen brauchen doch Romantik. Was gibt es Schöneres als die Liebe! Als ich jung war, …*
HITLER unterbrach ihn und wurde aggressiv: *Frauen sind mir völlig gleichgültig. Das schwache Geschlecht ist unter meiner Würde.*
– *Dachte ich's mir doch,* dachte FREUD, *die typische kleinbürgerliche Mischung, einsam, arrogant und prüde.* Er sagte aber: *Sie sind wahrscheinlich sehr streng und sittenstreng erzogen worden.*
– *Allerdings,* bestätigte HITLER.
– *Sicherlich war Ihr Vater sehr autoritär, hat Sie überfordert und sogar geschlagen.*
– *Auch das,* gab HITLER zu.
– *Kennen Sie König Ödipus?,* fragte FREUD.
– *Natürlich,* antwortete HITLER stolz, *ich bin doch gebildet. Aber meinen Vater erschlagen, wie weiland der Ödipus den Laios, das habe ich nicht.*
– *Doch Ihr Verhältnis zu Ihrem Vater war sehr distanziert.*
– *Mag sein, ich habe mir nie Gedanken darüber gemacht. Er starb ja schon, als ich 14 war.*
– *Dennoch. Ein Vorbild haben Sie in Ihrem Vater bestimmt nicht gesehen, vor allem, was seinen Umgang mit Frauen und sein Verhalten zu Ihrer Mutter angeht.*
– *Sie sind ja ein Prophet. Woher wissen Sie das alles? Jedenfalls haben*

Sie recht. Mein Vater hatte es mit Frauen, zumal vor meiner Zeit, meine Mutter war seine dritte Frau, und behandelt hat er sie wie eine Magd. Ich hatte richtig Mitleid mit ihr. Ich habe sie viel mehr geliebt als meinen Vater. Als er starb, ließ mich das kalt, ich habe mich sogar über meine neue Freiheit gefreut. Als ich meine Mutter drei Jahre später verlor, habe ich geheult wie ein Schlosshund. HITLER wurde richtig redselig, er war glücklich und dankbar, dass jemand ihm zuhörte, ja sogar nachfragte und sich für sein kümmerliches Leben interessierte.

– *Kann es sein,* fragte FREUD, *dass die sittenstrenge Erziehung Ihres Vaters und sein eigener im Widerspruch dazu stehender Lebenswandel dazu führten, dass Sie, gleichsam aus Trotz, alles, was mit Sexualität zu tun hat, verdrängen …* Fast hätte er *verdrängen* gesagt, besann sich aber rechtzeitig eines Besseren und setzte den Satz mit weniger verfänglichen Worten fort: *… dass Sie alles, was mit Sexualität zu tun hat, für unwichtig halten?*

– *Wo Sie das jetzt so sagen und einen Zusammenhang zwischen dem Leben meines Vaters und meinem herstellen, muss ich Ihnen nach kurzem Nachdenken zustimmen,* gestand HITLER.

FREUD fuhr fort: *Aber es gibt ein Aber. Ohne Liebe entsteht im Leben eine gewisse Leere, eine Lücke. Und die will man ausfüllen. An die Stelle des sexuellen Triebs will man etwas anderes setzen, etwas Höheres, etwas Geistiges.* Fast hätte er von Libido und Sublimierung gesprochen, verkniff sich aber die wissenschaftlichen Termini und sagte:

– *Vorhin haben Sie sich dagegen verwahrt, ein Romantiker zu sein, und sich als Realist bezeichnet. Jetzt wird mir klar, wie Sie das meinten. Sie hängen dem Realismus in der Kunst an, der realistischen Stilrichtung. Sie sind Künstler. Sie haben an die Stelle der sexuellen Triebe die künstlerische Kreativität gesetzt. Ich vermute, Sie studieren hier an der Akademie Malerei.*

– *Teils teils,* sagte HITLER.

– *Was heißt teils teils?*

– *Teils teils bedeutet,* verriet HITLER, *ich male zwar, aber ich studiere nicht. Man lässt mich nicht.*

FREUD war augenblicklich klar, dass Hitler litt, und versuchte ihn zu trösten: *Sie sind ein talentierter junger Maler, aber die Kunstakademie hat Sie unverständlicherweise nicht zum Studium zugelassen.*

– *Die verjudete Jury akzeptiert nur dekadente Probearbeiten und Entwürfe.*

FREUD zuckte zusammen, aber er verriet sich nicht. Er lächelte vielmehr, scheinbar freundlich und mitleidig, eigentlich aber spöttisch. Er hatte in einen Abgrund aus Enttäuschungen, Komplexen und Schuldzuweisungen geschaut. Die Juden also und die modernen Tendenzen der Kunst sind schuld daran, dass dieser ehrgeizige Kleinbürger mit seinem konventionellen Geschmack zum Scheitern verurteilt war. Er suchte und fand einen Sündenbock und bediente sich in seinem Hass gegen die Juden, ohne sich dessen bewusst zu sein, der altjüdischen Gepflogenheit, Schuld und Sünde auf andere zu übertragen, eben auf einen Sündenbock, der, beladen mit den Sünden des Volkes Israel, von diesem in die Wüste gejagt wurde. Der Jude Freud musste schmunzeln, als er erkannte, wie Hitlers Antisemitismus mit dem jüdischen Sündenbock in Beziehung stand. Die sich einst eines Sündenbockes bedienten, wurden jetzt selber zu Sündenböcken. Aber Freud hütete sich, Hitler auf diesen Sachverhalt aufmerksamen zu machen, denn das hätte diesen bockig gemacht und zu einem vorzeitigen Ende des Gesprächs geführt. FREUD gab der Unterhaltung deshalb eine etwas andere Richtung und sagte: *Moderne Malerei ist nicht jedermanns Sache, und über Geschmack lässt sich streiten. Wenn ich Ihnen einen Rat geben darf: Lassen Sie die Hände von Pinsel und Palette. Ihre Begabung liegt ganz woanders. Das wissen Sie nur noch nicht. Tief unten in Ihrem Unterbewussten, wenn ich so sagen darf, schlummert ein Ehrgeiz, der auf ganz andere Ziele gerichtet ist als die, die Sie momentan noch verfolgen.*

HITLER wurde neugierig: *Sie meinen, im Keller meiner Seele schlummert eine Mine und wartet nur darauf, gezündet zu werden und zu explodieren.*

– *Wenn Sie es so militant formulieren wollen: Ja.*

– *Der Ehrgeiz als Sprengsatz,* fasste HITLER zusammen.

– *Und als Folge von Misserfolgen und Enttäuschung,* ergänzte FREUD. Er vermied das Fachwort *Minderwertigkeitskomplex*, um Hitler nicht vor den Kopf zu stoßen und fuhr in seiner Psychoanalyse fort: *Sie fühlen sich unwohl in Ihrer Haut und leiden unter dem Missverhältnis von Talent und Tat. Sie brauchen endlich Erfolge und Anerkennung. Sie müssen Ihre Enttäuschungen ausgleichen und überwinden.* Fast hätte er gesagt: *Sie müssen Ihre Komplexe kompensieren,* biss sich aber rechtzeitig auf die Zunge und versuchte, sich diplomatischer auszudrücken:

Sie müssen sich auf ganz anderen Gebieten um Erfolgserlebnisse bemühen und Ihr Scheitern in der Kunst als Ansporn sehen.

– Aber auf welchem Gebiet sollte das geschehen?, fragte HITLER, der inzwischen an der alleinseligmachenden Malerei zu zweifeln begann und sich für Alternativen interessierte.

– Der unbefriedigte Ehrgeiz richtet sich oft auf untaugliche Objekte, bei Ihnen auf die Kunst. Sie müssen Ihr Glück ganz woanders suchen.

– Aber wo?, fragte HITLER ungeduldig.

– Wenn ich Ihre Stimme höre, tief und männlich, das kraftvolle rollende »r«, dazu Ihre Mimik, der durchdringende Blick – das alles prädestiniert Sie dazu, ganze Säle zu füllen und in Stimmung und Schwung zu versetzen. Sie sind kein Künstlertyp, Sie sind ein Führertyp.

– Aber ich komme aus kleinen Verhältnissen und aus der Provinz. Ich habe kein Vermögen, ich habe keine Beziehungen.

– Umso besser!, rief FREUD. *Aufsteigen kann nur, wer von unten kommt. Je tiefer die Wurzeln, desto höher will der Ehrgeiz hinaus. Nur kleine Leute können Großes schaffen. Nehmen Sie Napoleon. Der hatte gleich drei Defizite. Er war in dreifacher Hinsicht klein, erstens körperlich, er war ja fast ein Zwerg, nicht viel über anderthalb Meter. Zweitens kam er aus relativ einfachen Verhältnissen und fühlte sich sozial benachteiligt. Und drittens war er gar kein richtiger Franzose, nur ein Beutefranzose, denn Korsika, wo er geboren wurde, war erst ein Jahr vor seiner Geburt an Frankreich gefallen. Und dieses dreifache Manko versuchte der Korse zu kompensieren und entwickelte dabei rücksichtslosen Ehrgeiz. So kam es zu seinem kometenhaften Aufstieg. Allerdings stürzen solche Typen meistens wie eine Sternschnuppe wieder ab und verglühen.*

Politiker, Feldherr, murmelte HITLER und fühlte sich geschmeichelt.

– Meinen Sie wirklich, ich habe Ähnlichkeit mit Napoleon?

– Ich kenne Sie zu wenig und kann nur vermuten, wo Ihre Qualitäten liegen. Aber wenn ich Sie richtig einschätze, auch Sie haben, mit Verlaub, Defizite und auch den entsprechenden Ehrgeiz. Sie kommen aus der Provinz, aus einfachen Verhältnissen und Sie haben körperliche Probleme. Sie sind zwar nicht so winzig wie Napoleon, aber Sie wirken, verzeihen Sie meine Offenheit, etwas linkisch, Ihre Bewegungen sind ungeschickt und unsicher. Ich habe Sie ja vorhin genau beobachtet, als Sie auf diese Bank zusteuerten und neben mir Platz nahmen. Wenn Sie Erfolge haben und bei den Menschen Anerkennung finden wollen, müssen Sie an sich

arbeiten und Ihre Mimik und Gestik trainieren, zum Beispiel vor einem Spiegel und mithilfe eines Fotografen. Außerdem ist Ihr nationales Schicksal durchaus mit dem Napoleons zu vergleichen. Sie sind kein deutscher Staatsbürger, Sie sind Deutsch-Österreicher, aber irgendwann werden die beiden Staaten vereinigt werden, und dann sind Sie Beutedeutscher wie Napoleon Beutefranzose.

– Sie prophezeien mir also eine politische Karriere?

– Ich schließe sie zumindest nicht aus. Sie müssen nur an Ihrer Mimik, Gestik und Rhetorik arbeiten, und Sie müssen Geduld haben. Sie müssen auf eine Krisenzeit warten, auf einen Krieg und anschließende Wirtschaftskrise. Solange es den Massen gut geht und die Menschen zufrieden sind, haben Sie keine Chance. Nur wenn Frust, Hass und Neid sich breitmachen, finden Sie Anhänger. Not, Elend, Enttäuschung sind das Mistbeet Ihrer Karriere.

– Ich will mein Bestes versuchen, sagte HITLER.

– Sie werden sich Ihrem Volke aufopfern, kein Privatleben haben, keine Familie. Sie werden mit dem Staat verheiratet sein wie der Papst mit der Kirche. Erst wenn Sie ganz oben angekommen sind, werden Sie Ihr Zölibat aufgeben und sich unter den Töchtern des Volkes eine Eva als Lebensgefährtin, vielleicht sogar als Gattin, aussuchen.

FREUD machte sich einen Spaß daraus, dem Antisemiten Hitler eine Frau anzudichten, die den Namen der Frau trug, die im Alten Testament als Mutter aller Menschen auftritt. Dann empfahl er sich. HITLER sprang auf und verbeugte sich ungelenk. Am liebsten hätte er *Heil Hitler* geschrien, flüsterte diesen Segenswunsch aber nur.

14
Die SA zwischen unten und oben

In meinem Buch erzähle ich, wie die da oben ihre Macht ausüben und ihren Reichtum genießen und wie unten die breite Mehrheit mit ihrer Ohnmacht und Armut zurechtzukommen versucht. Die Geschichte der Menschheit ist, genau betrachtet, nichts anderes als das Bestreben der Eliten, ihre Privilegien – auch für ihre Nachkommen – zu sichern oder gar auszuweiten, während die Plebs, das Volk, die Massen sich mit der puren Existenzsicherung begnügen und, wenn es hoch kommt, von sozialen Korrekturen träumen.

Dabei bedienen die da oben sich der unterschiedlichsten Tricks. Sie reden den Untertanen ein, dass die soziale Schichtung gottgewollt ist, dass die Herren halt Herrscher von Gottes Gnaden sind und dass die da unten gefälligst gehorsam zu sein haben: *Jedermann sei untertan der Obrigkeit, die Gewalt über ihn hat. Denn es ist keine Obrigkeit ohne von Gott; wo aber Obrigkeit ist, die ist von Gott verordnet.* So Paulus im 13. Römerbrief. Um die da unten zu trösten, wird ihnen versprochen, dass zum Ausgleich für ihr Elend auf Erden irgendwann, irgendwo im fernen Jenseits die Letzten die Ersten sein werden und die Ersten die Letzten. Eher geht ein Kamel durchs Nadelöhr, als dass ein Reicher ins Himmelreich kommt, was die Reichen aber nicht daran hindert, ihre Macht und ihren Wohlstand im Diesseits nach Kräften zu nutzen. Um dieser religiösen Ideologie, die der Ruhigstellung der mit ihrem kümmerlichen Leben unzufriedenen kleine Leute dient, durchschlagenden Erfolg zu verleihen, wird eine Priesterkaste installiert, die Sonntag für Sonntag Gehorsam, Glaube, Bescheidenheit, Demut und Liebe zur Armut wie auch Liebe zum gottbegnadeten Herrscherhaus predigt. Die da oben umgeben sich – sicher ist sicher – auch mit bewaffneten Parteigängern, nämlich Leibwächtern im engeren und Söldnern im weiteren Umkreis. Beide Kasten, die Priesterkaste wie die Kriegerkaste, sind dienstbar, weil dankbar, dankbar nämlich für die Freistellung von der Knochenarbeit in der Landwirtschaft, im Handwerk oder in der Industrie. Sie sind stolz auf ihre Uniform, also den schwarzen oder den bunten Rock, sie genießen die Nähe zu ihren Herren, wähnen sich beteiligt an deren Macht, hoffen auf Beförderung und Karriere und verhalten sich folglich folgsam und gehorsam. Dem Wohle der Herrschenden dient zudem ein zuverlässiges Dienstpersonal, als da sind Leibärzte, Leibwächter, Leibköche, die Leibspeise und Leibgetränke bereiten und bereithalten, welch Letztere im Übrigen auch noch garantiert frei von Gift sind.

Um das Volk bei der Stange zu halten, wird alles getan, die Beliebtheit des Herrschergeschlechts zu pflegen und zu mehren. Der Monarch zeigt sich gern in der Öffentlichkeit, nimmt, diskret beschützt von seiner Leibgarde, ein Bad in der Menge und gibt sich jovial, ohne aber auf angemessene Distanz zu verzichten. Über die Schwangerschaft der hohen Herrin und über das Wachsen und Gedeihen der Prinzen und Prinzessinnen wird das Volk auf dem Laufenden gehalten, ebenso – in Form von stündlich herausgegebenen Bulletins – über eventuelle Krankheiten oder Sterbefälle oben im Schloss. Liebe und Verehrung des Herrscherhauses lassen sich durch Mitleid und Trauer bestens festigen.

Feiern und Fest und überhaupt jede Form von Unterhaltung sollen das Volk bei Laune halten und auf die da oben orientieren und auf die Hierarchie als gottgewollte Ordnung einstimmen. Dem dienen Prozessionen, Paraden, die Freude an Kaisers Geburtstag als staatlichem Feiertag, dazu die vielen Schützenfeste, bei denen der Beste zum König wird und mit militärischem Ritual gefeiert wird, als sei ein Leben ohne König und Uniformen undenkbar.

Um zwischen Elend und Elite so etwas wie Solidarität herzustellen, wird nationale Begeisterung inszeniert und produziert – wir alle sitzen in einem Boot, was kümmert mich mein eigenes Schicksal, wenn ich für Gott, König und Vaterland ins Feld ziehen und im Idealfall sogar als Held fallen darf? Zwar entwickeln Marx und Engels ein Kontrastprogramm und raten den armen Arbeitern: *Proletarier aller Länder vereinigt euch!* Aber wer hört schon auf sie? Als es 1914 zum Schwur kam, eilten auch die Sozis zu den Fahnen, Kaiser und Reich standen ihnen näher als die proletarischen Brüder jenseits der Grenze.

Falls das Volk aber irgendwann mitbekommt, dass der Abstand zwischen oben und unten allzu groß ist und diese eklatante Diskrepanz als ungerecht und untragbar empfindet, ja seinen Unmut sogar zum Ausdruck bringt, dann gibt es nur eine Möglichkeit, die Hierarchie im Allgemeinen und die Privilegien der Eliten im Besonderen am Leben zu erhalten: Die Gesellschaftspyramide muss durchlässig gemacht werden. Einigen wenigen muss man den Aufstieg von unten nach oben gestatten. Das System funktioniert wie ein Ventil. Damit der Druck von unten nachlässt, wird kontrolliert ein bisschen von unten nach oben durchgelassen. Dann bleibt die Mehrheit zwar weiterhin arm und unterprivilegiert, aber sie könnte doch davon träumen, es auch zu schaffen, sei es durch Begabung, Fleiß oder Anpassung. Die Abschöpfung des intellektuellen Potentials innerhalb des Proletariats, in dem sich auch am ehesten Unmut regt und artikuliert, ist vielleicht die geschickteste Form der Befriedigung und Befriedung der Unzufriedenen und hat sich besonders im 19. Jahrhundert bewährt. Es war dies ja die Zeit des Übergangs von der absolutistisch-kapitalistischen Gesellschaft zur bürgerlich-kapitalistischen, als neben die hochadligen Herren und Herrscher die aufstrebende reiche und einflussreiche Bourgeoisie trat. Diese kopierte den Lebensstil der alten Aristokratie. Einige reiche Unternehmer wurden geadelt, altadlige Herren heirateten neureiche Töchter, aber der breiten Masse verhalf auch die moderne Leistungsgesellschaft nicht zu einem besseren Leben. Dem Industriearbeiter ging es nicht besser als dem Landarbeiter. Die soziale Frage blieb ungelöst und die Klassengesellschaft blieb erhalten.

Aber gerade in Zeiten verschärfter sozialer Ungerechtigkeit kommt es immer wieder zu revolutionären Aktivitäten. Ich erinnere nur an die Sklavenaufstände im alten Rom, an die Bauernkriege zu Beginn der Neuzeit und an die Französische Revolution. Meist werden soziale Unruhen angetrieben von einem neuen Denken, die Sklavenaufstände von einer modernen humanen Philosophie, die Bauernkriege von Luthers kritischen Thesen, die Französische Revolution von 1789 von der Menschenrechtsphilosophie der Aufklärer, die sozialen Unruhen Ende des 19., Anfang des 20. Jahrhunderts von den kommunistischen Ideen eines Marx, Engels und Lenin.

Auch Deutschland hatte seine Revolutionen, 1848, dann 1918. Aber anders als in Russland führte die Novemberrevolution nicht zum Sozialismus oder gar Bolschewismus, sondern zur Weimarer Republik. Jetzt waren alle Deutschen, auch die Frauen, wahlberechtigt und konnten über ihr politisches und soziales Schicksal mitbestimmen. Aber Demokratie will gelernt sein. Probleme müssen vernünftig gelöst werden, das heißt geduldig, Schritt für Schritt, durch Kompromisse, über kleine Erfolge. Reicht das der Masse nicht oder kommt es gar zu Rückschlägen und Krisen, dann macht sich Enttäuschung breit, und dann kommen die Schreihälse zu Wort. Je schlechter es den Menschen geht, desto mehr wird ihnen von diesen versprochen. Und viele glauben und folgen diesen Demagogen. So kommt Hitler zu seinen Anhängern, zu seinen Pg.s (Parteigenossen) und zu seiner SA.

Ursprünglich als *Ordnungsdienst* ins Leben gerufen, der für den reibungslosen Ablauf der NS-Kundgebungen zu sorgen hatte, erhielt die kleine Truppe Ende 1921 nach einer erfolgreichen Schlägerei den Namen *Sturmabteilung*, also SA. Von München aus breitete sie sich über das ganze Reich aus. Anfangs von einigen Reichswehrdienststellen unterstützt (zum Beispiel mit Waffen), wurde sie nach dem Putsch von 1923 verboten, kam aber bald wieder und wurde ab 1925 gezielt ausgebaut. Braunhemd, Überfallhose, Stiefel, Hakenkreuzbinde dienten als Uniform und förderten das Zusammengehörigkeitsgefühl. 1930 übernahm Hitler persönlich die Führung und machte Ernst Röhm, seinen einzigen Duz-Freund, zum Chef des Stabes der SA.

Während der Weltwirtschaftskrise strömten sozial Entwurzelte, Arbeitslose und Abenteuertypen in die SA, anders als Anfang der Zwanzigerjahre, als sich vor allem ehemalige Freikorpsleute angezogen fühlten. In den Sturmlokalen fand man gleichgesinnte Kameraden und konnte von siegreichen Saalschlachten gegen die *Kommune* und gegen die Sozis träumen. Die Schlägereien bescherten den jungen Männern die Erfolge, die ihnen das Berufsleben verwehrte. Immer mehr von ihnen wurden in Heimen kaserniert und fühlten sich als Berufssoldaten. Mit 200000 Mann war die SA 1932 schon doppelt so groß wie die Reichswehr, wuchs bis zur *Machtergreifung* auf über eine halbe Million und näherte sich im Laufe des Jahres '33 der Zwei-Millionen-Grenze. Mitte 1934, nach Einverleibung des Stahlhelms umfasste die SA sogar 3,5 Millionen Mann. Die Uniform, die Schlägereien in den Straßen und Sälen, empfunden als eine Art Ersatz-Front-Erlebnis, das gemeinsame Marschieren und Singen, die hierarchische Gliederung (von der Rotte und der Schar über den Trupp, den Sturm, den Sturmbann, die Standarte, die Brigade bis hin zu den neun Gruppen), die Disziplin und Ordnung – das alles wurde als militärisch und männlich angesehen und gab dem Leben endlich wieder einen Sinn.

Die jungen Männer glaubten im doppelten Sinne an eine glückliche Zukunft. Jeder für sich träumte von seinem persönlichen Aufstieg und seiner eigenen Karriere, von einem lukrativen Posten als Beamter oder Angestellter in der Verwaltung (wenn nämlich die Nazis endlich die Macht hätten und über die Neubesetzung der Dienststellen befinden würden), oder er hoffte, dass nach der Vereinigung der SA und der Reichswehr zu einem großen Volksheer die alten Kämpfer zu Berufsoffizieren befördert würden. Durch eine umfassende Aufrüstung, das der zweite Traum der kleinen SA-Männer, würde Deutschland endlich seine alte Macht und Größe zurückgewinnen.

Hitler schürte diesen doppelten Glauben an den Aufstieg des Vaterlandes und an den persönlichen Aufstieg jedes Einzelnen. Er hatte nichts dagegen, wenn sich ein paar pseudosozialistische Illusionen unter den Braunhemden breitmachten, hatte er selbst doch auch seiner Partei in ihrem Namen einen sozialistischen Anstrich gegeben. In so manchem Sturmlokal schwadronierte man dann auch über soziale Gerechtigkeit, über Entmachtung und Enteignung der Herren Kapitalisten, über eine Umwälzung der Gesellschaft, also eine Art Revolution, die endlich die von unten nach oben und die von oben nach unten befördern würde. Ein Elitenwechsel war angesagt. Das erschien auch vielen jungen Arbeitern verlockend, sofern sie nicht an die SPD oder KPD gebunden waren. Anfang der Dreißigerjahre waren zwei Drittel der SA-Männer Arbeiter, zwar nicht in den großen Industriestädten, wohl aber in den Kleinstädten und auf dem flachen Land – hier natürlich junge, frustrierte Landarbeiter. Den Oberbefehl bei den Saalschlachten, wenn braune Arbeiter in den Kampf gegen rote geführt wurden, hatten aber eher ehemalige Soldaten, Freikorpsmänner oder Berufsabenteurer. Der Kampf der SA gegen die Linke hatte den Grund darin, dass man in ihr eine gefährliche Konkurrenz sah. Auch die SA wollte eine sozialistische Revolution, aber eine bessere, eine deutsche, eine nationalistische. Eine braune, keine rote (was immer darunter auch zu verstehen war). Man führte also einen Zweifrontenkrieg: gegen die arrogante Aristokratie und Bourgeoisie, die Reaktion, und gegen den militanten Arm der SPD und KPD, das Reichsbanner, die Eiserne Front und Rotfront. Nach dem Sieg, so der naive Traum, würde man dann den SA-Staat im Sinne der über Jahre frustrierten Jungmannen schaffen. Dann würde man endlich von unten nach oben aufsteigen. Aber ob Hitler sie lassen würde und sie nicht bloß vorübergehend als schlagkräftiges Werkzeug gebrauchen würde, um sie, wenn er die Zeit für sie gekommen hielt, wie eine heiße Kartoffel fallen zu lassen – nun, man wird sehen.

Der Hit der SA, quasi ihre Erkennungsmelodie, war das von Horst Wessel getextete Lied *Die Fahne hoch!*. Ein Ohrwurm, der den Älteren unter uns noch heute in Erinnerung ist, wurde er doch von 1933 bis 1945 bei offiziellen Anlässen im Anschluss an das Deutschlandlied als zweite Nationalhymne gesungen und prägte sich dem Volk wie ein Volkslied ein. Horst Wessel, 1907 in Bielefeld als Sohn eines Pfarrers geboren, studierte in Berlin Jura und trat 1926 der NSDAP und der SA bei. Wohnhaft im Arbeiterbezirk Friedrichshain, warb er mit Erfolg SA-Mitglieder, brachte es zum Truppführer und war natürlich für die Roten ein rotes Tuch. Er lebte mit einer ehemaligen Prostituierten zusammen, die er aus moralischen Gründen oder aus Eifersucht von ihrem Gewerbe abgebracht hatte, was aber die Folge hatte, dass die beiden, die ausgerechnet bei einer kommunistischen Witwe ein Zimmer gemietet hatten, mangels ausreichender Einkünfte ihre Miete nicht mehr bezahlen konnten. Dagegen schritten nun die Genossen der Vermieterin ein, um Horst Wessel eine *proletarische Abreibung* zu verpassen. Dabei schossen sie aber weit übers Ziel hinaus und erschossen im Februar 1930 den sowohl privaten als auch politischen Gegner. Sofort machte der Berliner Gauleiter Goebbels sich daran, Horst Wessel zu einem polit-religiösen Märtyrer zu erheben und verkündete bei dessen Beerdigung lauthals, er sei ein *Christus-Sozialist* und werde auferstehen, während die Kommunisten über die Friedhofsmauer hinweg die Trauergesellschaft mit Steinen bewarfen.

Nach 1933 wird Horst Wessel geehrt, indem Straßen, Schulen und Kasernen nach ihm benannt werden, und der Bezirk Friedrichshain wird in Horst-Wessel-Stadt umbenannt. Sein früher Tod, er wurde keine 23 Jahre alt, hat viel zu seinem Ruhm und zum Erfolge seines Liedes beigetragen. Dieser braune Schlachtgesang hat zwei Seiten; zum einen bringt der Text bewusst und gewollt das Selbstverständnis und die Absichten der SA sowie der gesamten Partei zum Ausdruck, zum anderen aber ist er eine unbewusst selbstverräterische Entlarvung der NS-Ideologie: *Die Fahne hoch! Die Reihen fest geschlossen! SA marschiert mit ruhig festem Schritt. Kam'raden, die Rotfront und Reaktion erschossen, marschier'n im Geist in unser'n Reihen mit. Die Straße frei den braunen Bataillonen! Die Straße frei dem Sturmabteilungsmann! Es schau'n aufs Hakenkreuz voll Hoffnung schon Millionen, der Tag für Freiheit und für Brot bricht an.*

Besungen und gepriesen werden die militärischen Tugenden Kameradschaft, Solidarität, Ordnung, Disziplin, Gehorsam, Opferbereitschaft und das Aufgehen des Individuums in der Massenmaschine der im Gleichschritt marschierenden Kolonne. Der Befehl und seine Ausführung verschmolzen zu einer Einheit. Kaum gesagt – schon getan. Die Fahne soll erhoben werden, es ist bereits geschehn. Die Reihen sollen geschlossen werden (Ausrufungszeichen!), die Straßen freigemacht werden (Ausrufungszeichen!), und schon ist es passiert. Das Erfolgserlebnis beim Marschieren, die Einheit von Absicht (=Befehl) und Ergebnis (=Ausführung) wird übertragen auf die Welt der Politik. *Bald flattern Hitlerfahnen über alle Straßen, die Knechtschaft dauert nur noch kurze Zeit,* versprechen die beiden letzten Zeilen der dritten Strophe. Bezogen auf Hitler bedeutet diese Einheit von Befehl und Ausführung, dass das, was der Führer (und Diktator) will, auch sofort in die Tat umgesetzt wird.

Überhaupt wirken die Fahne und das Hakenkreuz Wunder und setzen ungeahnte Kräfte frei. Wird die Fahne verehrt, dann folgt daraus, dass der Tag für Freiheit und für Brot umgehend anbrechen wird.

Das beliebte Liedchen offenbart aber, unbewusst und ungewollt, auch etwas ganz anderes, nämlich die fehlende Originalität des Nationalsozialismus. Hitler und seine Nazis entwickeln keine neuen Ideen, kein innovatives Programm. Alles, was sie als nationalsozialistisch-revolutionär anpreisen, ist in Wahrheit nur kopiert und gestohlen. Neu ist nur, dass sie vieles Alte und längst Bekannte in einem Eintopf zusammenrühren, so, wie wir bereits ausführten, vor allem Nationalismus und Sozialismus, um so möglichst viele Menschen anzusprechen.

Auch das Horst-Wessel-Lied ist ein Plagiat, die Melodie gab es schon im 19. Jahrhundert und zwar mit unterschiedlichen Inhalten in mehreren europäischen Ländern. Und wenn Horst Wessel die Millionen, die voll Hoffnung aufs Hakenkreuz schauen, aktivieren will, dann erinnert das an die kommunistische Internationale mit ihrem Aufruf: *Wacht auf, Verdammte dieser Erde!* Und wenn er textet: *Zum letzten Mal wird Sturmappell geblasen. Zum Kampfe steh'n wir alle schon bereit,* dann ist das eine Kopie der Zeile: *Auf zum letzten Gefecht!*

Geplündert hat Horst Wessel auch die Kirche, so bei der Verehrung der Märtyrer, die für die gute Sache ihr Leben ließen und jetzt im Geiste mitmarschieren. Auch die Massenumzüge der SA mit ihren wehenden Fahnen sind, wie wir schon sahen, nichts als ein Abklatsch der katholischen Prozessionen. Und das schreiende Rot der Hitlerfahne ist wiederum eine Nachahmung der roten Fahnen der linken Parteien.

Aber das Horst-Wessel-Lied ist nicht nur ein Sammelsurium aus Plagiaten, es offenbart auch die widersprüchlichen Wünsche der SA. Immer wieder ist von Freiheit die Rede, aber was die SA unter Freiheit versteht, das sind nicht die demokratischen Grundrechte, sondern die Freiheit, sich auf der Straße austoben zu können. *Die Straße frei den braunen Bataillonen! Die Straße frei dem Sturmabteilungsmann!* Und diese Freiheit als Recht zum Terror wird Wirklichkeit, als Göring die SA-Männer zu Hilfspolizisten befördert. Was sie lange gehofft und gesungen haben, geschieht nun wirklich: *Der Tag für Freiheit und für Brot bricht an.* Freiheit und Brot als ganz persönlichen Vorteil verstanden, ungestrafte Brutalität auf der Straße und nach Jahren der Arbeitslosigkeit endlich ein geregeltes Einkommen, also ein gesicherter Broterwerb durch das Ergattern von Pfründen bei der Polizei oder in der Verwaltung, wo unliebsame (obgleich befähigte und verdiente) Beamte und Angestellte zu Tausenden entlassen werden.

Sprachlich ist das Horst-Wessel-Lied mangelhaft, weil es nicht präzise und eindeutig ist. *Kam'raden, die Rotfront und Reaktion erschossen* – sind die nun Täter oder Opfer, Subjekt oder Objekt? Haben die geschossen oder wurden sie erschossen? Gemeint ist zwar das Martyrium, die *Kam'raden* als Opfer und Objekt, aber in Wahrheit haben die SA-Männer viel mehr Gegner getötet als selber dran glauben mussten. Wenn sie aber Täter waren, dann marschierten viele nur deshalb bloß im Geiste mit, weil sie – trotz der nationalsympathischen Urteile der rechtslastigen Rechtsprechung – ihre Straftaten verbüßen mussten und deshalb unabkömmlich waren.

Allerdings musste der Texter Horst Wessel erleiden, was er besang, auch wenn er nicht auf dem Felde der Ehre fiel und nicht einmal auf der Straße, sondern als säumig zahlender Aftermieter einfach abgeknallt wurde.

Dass aber auch andere SA-Männer zu Opfern wurden, und zwar nach der Machtergreifung, zeigt sich, als Hitler, als ihm die SA mit sozialistischen Illusionen auf die Nerven ging, und sie ihm, schon rein zahlenmäßig, zu mächtig zu werden drohte, unter einem fadenscheinigen Vorwand an die 100 SA-Führer ermorden ließ. So richtig ist der Traum einer sozialen Umwälzung, der Traum vom Aufstieg von unten nach oben, der Traum vom Elitenwechsel also nicht in Erfüllung gegangen. Die kleinen SA-Männer blieben kleine Leute in untergeordneten Positionen. Die SA hatte ihre Schuldigkeit getan – bei der Machtergreifung – jetzt konnte sie gehen und zur Seite stehen. Was ihnen blieb, war zunächst nur die Freiheit, ihren Frust und Komplex zu verdrängen im Hass auf wehrlose Feinde wie Juden, Intellektuelle und Rote, die sie verfolgten und quälten.

Zu einer elitären Stellung brachte es lediglich die SS, die Schutzstaffel, eine Unterorganisation der SA mit ihren schicken schwarzen Uniformen, in der sich eher Akademiker, Adlige und überhaupt vornehme Aristokraten sammelten, und die maßgeblich beteiligt war an der Liquidierung der 100 SA-Führer – im eigenen Interesse natürlich.

15
Machterweiterung durch Machtmissbrauch

Zwei Nationalsozialisten sind es, die sich nach der Machtergreifung vom 30. Januar 1933 neben Hitler besonders hervortun, der hinkende kleine Doktor Joseph Goebbels, Chefpropagandist der NSDAP und Gauleiter von Berlin, sowie der erfolgreiche Kampfflieger des Ersten Weltkrieges Hermann Göring, Reichsminister ohne Geschäftsbereich und Ministerpräsident von Preußen.

Beide waren in gewisser Weise Aushängeschilder der NSDAP, Goebbels als der gebildete, schlagfertige Akademiker (und damit eine Rarität in der Partei), und Göring, der mit seiner imposanten Erscheinung Eindruck machte (und sich somit von dem kleinbürgerlichen Durchschnitts-Nazi unterschied). Er war beleibt und beliebt, er verstand es, so brutal er war, jovial zu erscheinen. Hitler wusste, was er an ihm hatte. Mit Göring konnte er Staat machen, und deshalb war er der geeignete Mann, als Vertreter der stärksten Reichstagsfraktion, die die NSDAP seit 1932 war, das Amt des Parlamentspräsidenten zu bekleiden. Und in dessen Dienstvilla, dem Reichstag gegenüber, kamen am 20. Februar 25 führende Industrielle und Bänker mit Hitler, Schacht und Gastgeber Göring zusammen.

Hier wiederholte sich nun, was am 3. Februar beim Treffen Hitlers mit der Generalität geschehen war. So wie der Führer zweieinhalb Wochen zuvor die Reichswehrführung für sich gewonnen hatte, so wollte er nun die Wirtschaftsführer gewinnen. Ohne das Militär und die Wirtschaft konnte er seine Pläne nicht verwirklichen. Wieder hielt Hitler einen langen Vortrag und wieder fand er interessierte und überzeugte Zuhörer. Wie vor den Militärs legt Hitler seine verfassungswidrigen Absichten offen. Er fordert einen autoritären Staat (also die Diktatur) und eine autoritäre Wirtschaft (also die Ausschaltung der Gewerkschaften). Er verspricht den Herren das baldige Ende der Demokratie, die Wahlen vom 5. März werden für lange Zeit die letzten sein, egal wie sie ausgehen. Und deshalb, so Göring ergänzend, mögen die Herren bitte reichlich spenden für den Wahlkampf, schließlich sei es ja das letzte Mal. Wie seinerzeit die Offiziere, so stimmten jetzt die Bosse zu. Jene bekamen ihre Aufrüstung, diese konnten auf Aufträge aus der Aufrüstung hoffen. Das Schlusswort hatte Hitlers Finanzberater Schacht. Er machte es kurz: *Und nun, meine Herren, an die Kasse!* Drei Millionen kamen zusammen und die konnte Goebbels gut gebrauchen für seinen Propagandafeldzug. Jetzt ließen sich Hitlers Flüge über Deutschland finanzieren, die Massenveranstaltungen, die Rundfunkübertragungen, die Zeitungsberichte. Göring und Goebbels, Gewalt und Propaganda ergänzten sich. Und dann auch noch das: Am 27. Februar brannte der Reichstag. Eine Woche vor der Wahl.

Hitler, Göring, Goebbels und Frick wussten sofort die Schuldigen zu benennen. Es waren die Kommunisten. Der Brand des deutschen Parlaments sollte als Fanal dienen, als Startschuss für die Revolution. Der Staat war in höchster Gefahr, da durfte keine Minute gezögert werden, und so lief noch in der Nacht des 27. Februar mit der den Nazis eigenen Hektik die Verhaftungs- und Terrormaschine an. 4000 Kommunisten wurden aus den Betten geholt und verprügelt und verschwanden in Kellern und Lagern. Schon am folgenden Tag legten Hitler und von Papen dem Reichspräsidenten eine von Frick verfasste Verordnung zur Unterschrift vor, was der alte Herr auch prompt befolgte. Die *Notverordnung zum Schutz von Volk und Staat* trat sofort in Kraft und blieb es bis 1945. Sie war damit das scheinlegale Grundgesetz der Nazidiktatur. Deutschland befand sich in den folgenden zwölf Jahren in einem permanenten Ausnahmezustand.

Was hier unter Berufung auf Artikel 48 der Verfassung verordnet wird, ist nicht anders als die Annullierung der verfassungsmäßigen Rechte. Wörtlich: *Es sind daher Beschränkungen der persönlichen Freiheit, des Rechtes der freien Meinungsäußerung, einschließlich der Pressefreiheit, des Vereins- und Versammlungsrechtes, Eingriffe in das Brief-, Post-, Telegraphen- und Fernsprechgeheimnis, Anordnungen von Haussuchungen und von Beschlagnahme sowie Beschränkung des Eigentums auch außerhalb der sonst hierfür bestimmten gesetzlichen Grenzen zulässig.* (Paragraf 1) Für Hochverrat und andere Delikte droht der Paragraf 5 die Todesstrafe an, aufgrund seiner eigenen Verordnung hätten Hitler und viele seiner Anhänger wegen des Putschversuches von 1923 eigentlich zum Tode verurteilt werden müssen.

Noch mehr als bisher war der Wahlkampf nun zur Farce geworden. Die Kommunisten durften für vier, die Sozialdemokraten für zwei Wochen keine Zeitungen, Zeitschriften, Flugblätter und Plakate drucken. Nur noch die NSDAP konnte ungehindert Propaganda machen, die politischen Gegner waren mundtot gemacht. Mitte März waren über 10000 Verdächtige eingesperrt, angeblich in ihrem eigenen Interesse in Schutzhaft genommen, um sie so vor der berechtigten Wut des Volkes auf die Brandstifter zu schützen. Richterliche Haftbefehle, anwaltlichen Beistand, öffentliche Prozesse – das alles gab es nicht mehr. Das Deutsche Reich war kein Rechtsstaat mehr. Die Veröffentlichung des erdrückenden Beweismaterials, das die kommunistischen Umsturzpläne dokumentieren sollte, wurde zwar groß angekündigt. Aber dazu kam es nie. Zwar konnte ein ehemaliger Kommunist, der verwirrte holländische Maurer Marinus van der Lubbe aufgegriffen werden, der die Tat auch, sicher unter massiver Einflussnahme, gestand. Aber dieser junge Mann war eher Anarchist als Kommunist und hatte nachweislich keine Kontakte zur Berliner KDP-Führung.

Zu fragen ist, wie bei jeder Straftat, nach den Motiven. Wem hat der Reichstagsbrand genützt? Cui bono? Den Kommunisten doch wohl auf keinen Fall, sie mussten, wie es ja auch geschah, mit schärfster Verfolgung rechnen. Im Übrigen wurde auch nie (weder von den Nazis, noch später von den Historikern) ein kommunistischer Umsturzplan gefunden. Von Nutzen war der Brand aber den Nazis. Er gab ihnen den Vorwand, im Interesse von Sicherheit und Ordnung gegen die demokratischen Freiheiten im Allgemeinen und gegen die KPD im Besonderen vorzugehen und im Volke die Angst vor einer bolschewistischen Revolution zu schüren. Die Schnelligkeit, mit der sie reagierten (von der Verfolgungswelle bis zur Vorlage der Reichstagsbrandverordnung bei Hindenburg), spricht dafür, dass sie auf den Brand vorbreitet waren oder ihn vorbereitet haben. Aber für Letztes gibt es keine direkten Beweise. Immerhin aber soll Göring, so der Generaloberst Halder vor dem Nürnberger Gerichtshof, im Jahre 1942 an Hitlers Geburtstag, als man über den künstlerischen Wert des Reichstagsgebäudes sprach, während er sich auf die Schenkel schlug, ausgerufen zu haben: *Der Einzige, der den Reichstag wirklich kennt, bin ich; ich habe ihn ja angezündet.* Für eine Mittäterschaft Görings könnte auch sprechen, dass er als Reichstagspräsident dem Wallotbau gegenüber seinen Dienstsitz hatte und dass beide Gebäude, da sie gemeinsam beheizt wurden, durch einen unterirdischen Gang miteinander verbunden waren. Durch diesen Tunnel hätten ein paar braune Brandstifter mühelos und ungesehen in den Reichstag und zurück gelangen können. Möglicherweise hat der Abenteurertyp Göring ohne Wissen, wenn auch im Interesse Hitlers gehandelt.

Aber wir sind keine Kriminologen, sondern Historiker, und für uns ist die entscheidende Frage nicht, wer den Brand gelegt hat und ob einer alleine (zum Beispiel van der Lubbe) so viele Brandherde so schnell hätte zünden können, uns interessiert vielmehr, was die Nazis aus dem Brand machten und wie sie ihn zum weiteren Abbau der Demokratie nutzten. Wenn, ich betone: *wenn* die Nazis schuldig waren, dann haben sie sich gut getarnt. Sie warteten nicht in Lauerstellung auf das große Ereignis, sondern waren privat unterwegs und somit unverdächtig untergetaucht. Hitler zum Beispiel war zu Besuch beim Ehepaar Goebbels am Reichskanzlerplatz (später Adolf-Hitler-Platz, heute Theodor-Heuß-Platz), man aß und plauderte, als erwarte man nichts Böses. Goebbels glaubte es wirklich nicht oder tat doch so, als ihm die Brandmeldung übermittelt wurde, weshalb er auch seinen Gast gar nicht informierte, sondern das erst tat, als man das Tatütata auf den Straßen hörte. Hitler war ganz aus dem Häuschen: *Nun habe ich sie!* Sofort rasten die beiden Schaulustigen, der Führer und sein Propagandist im 100-Kilometer-Tempo zu dem großen Feuerwerk, immer geradeaus, den Kaiserdamm und die Charlottenburger Chaussee lang. Göring war bereits vor Ort und hatte erste Maßnahmen gegen die Kommunisten eingeleitet. Hitler bekam oder fingierte einen cholerischen Anfall. Ein Zeuge berichtet: *Als ob er bersten wollte, schrie er ... : »Es gibt jetzt kein Erbarmen. Wer sich uns in den Weg stellt, wird niedergemacht ... Jeder kommunistische Funktionär wird erschossen ... Die kommunistischen Abgeordneten müssen noch in dieser Nacht aufgehängt werden ... Auch gegen Sozialdemokraten und Reichsbanner gibt es jetzt keine Scho-*

nung mehr.« In dieser Terroratmosphäre gingen die letzten Tage bis zur Wahl am 5. März 1933 hin.

Es waren die letzten Mehrparteienwahlen, aber faire und rechtlich einwandfreie Wahlen waren es schon nicht mehr. Der Wahlkampf war gekennzeichnet durch das Propagandamonopol der NSDAP, durch erhebliche Behinderungen anderer Parteien, besonders der beiden linken, durch den Straßenterror und die Gewalttaten der SA, wobei noch in den letzten Tagen 51 politische Gegner ihr Leben verloren, allerdings auch 18 Nazis. Die NSDAP sah sich als haushoher Favorit in diesem ungleichen Wahlkampf. *Es wird ein ganz großer Sieg werden*, prophezeite der Propagandaleiter Joseph Goebbels.

Aber dann die braune Enttäuschung. Der große Triumph blieb aus. Keine absolute Mehrheit, keine parlamentarische Alleinherrschaft. Mit 43,9% wurden die Nationalsozialisten – wie gehabt – stärkste Fraktion, aber regieren konnte Hitler – auch wie gehabt – nur mithilfe des deutschnationalen konservativen Lagers, bestehend aus DNVP und Stahlhelm, die sich zur *Kampffront Schwarz-Weiß-Rot* zusammengeschlossen hatten und auf 8% kamen. Nur mit ihrer Hilfe verfügte Hitler, der eigentlich alleine regieren wollte, über eine knappe Reichstagsmehrheit von knapp 52%. Die Mehrheit des Volkes, über 56%, hatte Hitler nicht gewählt. Ein Monat Naziherrschaft, Nazipropaganda und Naziterror hatten die Wähler nicht umstimmen können.

Verglichen mit den Ergebnissen des Vorjahres mit 37% beziehungsweise 33% waren die Gewinne dürftig. Von einem Erdrutsch konnte keine Rede sein. Die meisten Deutschen blieben ihren angestammten Parteien treu, nur wenige liefen zu den Nazis über. Ihre Gewinne verdankte die NSDAP in erster Linie den Neuwählern und den Nichtwählern der letzten Jahre, die infolge der aufgeheizten Atmosphäre in die Wahllokale strömten, sodass die Wahlbeteiligung auf 89% stieg. Unbeeindruckt von Naziterror und Nazipropaganda blieben die Katholiken und die klassenbewussten Arbeiter. Das Zentrum (13,9% statt 15,0% im November) verlor einen einzigen Prozentpunkt, und SPD (18,3% statt 20,4%) und KPD (12,3% statt 16,9% im November und 14,3% im Juli) erlitten mit einem Minus von 2% beziehungsweise 4% keine dramatischen Verluste.

Die klassischen Berliner Arbeiterbezirke blieben rot, im Wedding zum Beispiel wählte nur jeder Vierte die Nazis, aber über 60% die beiden Linksparteien (KPD 39,2%, SPD 22,4%). Die bürgerlich-liberalen Parteien der Mitte, DDP und DVP, zu Stresemanns Zeiten Stützen der Republik, waren seit Beginn der Weltwirtschaftskrise zu Splitterparteien geworden und mussten sich mit jeweils 1% begnügen. Ohne weltanschauliche Bindung wie Arbeiter und Katholiken waren sie anfälliger für die Rattenfängerideologie der Nazis.

Es ist typisch für die braune Psychologie, von Erfolgen zu sprechen, auch wenn man eigentlich enttäuscht sein müsste. So wurde das Wahlergebnis als grandioser Sieg hingestellt. *Er ist in seinen Ausmaßen überwältigender, als einer von uns das zu hoffen gewagt hatte … Wir sind alle wie in einem Rausch … Der Führer ist ganz gerührt vor Freude*, jubelt Goebbels überschwänglich, was er als Propagandachef ja auch muss, schließlich hatte er ein *Meisterstück an Agitation* versprochen.

Unter normalen politischen Verhältnissen hätte man das Wahlergebnis begrüßen können. Endlich eine parlamentarische Mehrheit, wenn auch eine knappe. Endlich ein Kanzler, der mit mehrheitlich beschlossenen Gesetzen regieren würde und nicht mehr wie Brüning, von Papen und von Schleicher auf Notverordnungen angewiesen war. Aber Hitler wollte ja gar nicht mit dem Reichstag regieren, er wollte die Diktatur. Und so setzte er im März fort, was er im Februar begonnen hatte, die Zerstörung der Demokratie. Sogar auf seine konservativen Partner, die Herren von Papen, Hugenberg, Seldte und so weiter nahm er jetzt kaum noch Rücksicht. Noch in der Wahlnacht, als er zu Gast bei Goebbels war und sich abzeichnete, dass er auf die Zusammenarbeit mit der *Kampffront Schwarz-Weiß-Rot* angewiesen sein würde, äußerte er verärgert, solange Hindenburg lebe, werde man *die Bande* nicht los. Gemeint waren seine deutschnationalen Steigbügelhalter, die bis eben noch geglaubt hatten, ihn zähmen und bändigen zu können.

Erster Schritt zur Entmachtung seiner rechten Kumpel war die Vernichtung seiner linken Gegner. Schon vier Tage nach der Wahl – am 9. März – werden die 81 Mandate der KPD für ungültig erklärt, aber keine der anderen Parteien protestiert gegen diesen Rechtsbruch. Die verfolgten kommunistischen Abgeordneten hätten, da verhaftet, geflüchtet oder untergetaucht, ihre Sitze ohnehin nicht mehr einnehmen können. Hinter dieser Maßnahme stand – neben dem üblichen Kommunistenhass – ein einfaches Rechenexempel. Von den insgesamt 647 Abgeordneten gehörten 288, also knapp die Hälfte, der NSDAP an, 81 der KPD. Nach deren Annullierung verfügte der Reichstag noch über 566 Sitze – und schon hatten die Nazis die Mehrheit, auch ohne ihre schwarz-weiß-roten Partner, auf die sie nun nicht mehr angewiesen waren.

Damit hatte Hitler den Staat erobert, aber nur an der Spitze. Die Weimarer Verfassung war föderalistisch, sah also starke und selbstständige Landesregierungen und Landtage vor und garantierte zudem kommunale Staatsverwaltung in Städten und Gemeinden. Die meisten Rathäuser waren nicht in der Hand der Nazis, ebenso wurden viele Länder nicht von Nationalsozialisten regiert, so Baden, Bayern, Württemberg, Hessen, Sachsen und die drei Hansestädte Hamburg, Bremen und Lübeck. Das wollte Hitler schleunigst ändern, die Machtverhältnisse an der Spitze, wie sie nach den Terrorwahlen vom 5. März entstanden waren, sollten auf ganz Deutschland übertragen werden. Diese Korrektur wurde mit einem Begriff aus der Elektrotechnik umschrieben, nämlich *Gleichschaltung*.

Dabei hielt Hitler selbst sich scheinbar zurück, es sollte der Eindruck entstehen, als ob die Dinge sich von selbst und zwangsläufig – als Folge der spontanen Wünsche des Volkes – entwickelten und nicht etwa von oben gesteuert wurden. Der dabei vom Innenminister angewandte Frick-Trick war immer derselbe. SA-Horden, teils in Zivil, stürmten die Rathäuser und Verwaltungsgebäude, bedrohten Ministerpräsidenten, Bürgermeister und Beamte, taten so, als ob sie dem allgemeinen Volkszorn Ausdruck verliehen, dass immer noch die falschen (sprich demokratisch gewählten) Männer politische Verantwortung trugen, und sorgten für Angst und Unruhe. Das nahm dann Frick zum Vorwand einzugreifen. Das von den Nazis selbst provozierte Chaos veranlasste den Reichsinnenminister, die Landesregierungen und Bürgermeister ab- und stattdessen braune Reichskommissare einzusetzen. Dabei berief er sich auf die Reichstagsbrandverordnung vom 28. Februar, so dass, was in Wahrheit ein Putsch auf Landes- und Gemeindeebene war, wie eine legale Verwaltungsmaßnahme aussah. Dabei ging es den Nazis nicht nur darum, die Verwaltungen in ihrem Sinne zu *säubern*, sie bedienten sich auch der freiwerdenden Posten. Sie betrachteten den Staat als ihre Beute, die sie unter sich aufteilten. Der örtliche Parteiführer wurde Bürgermeister, der örtliche SA-Führer Polizeichef. Nur noch jeder siebente Anfang 1933 amtierende Bürgermeister war Ende des Jahres noch auf seinem Posten, die deutschen Einzelstaaten wurden alle von Nazis regiert.

Die Ausweitung der Machtergreifung auf alle Ebenen des Reiches wurde auch dadurch sichtbar, dass auf allen offiziellen Gebäuden die Hakenkreuzfahne gehisst wurde, obgleich sie doch nur eine Parteifahne war. Auf Showeffekte, Machtattribute und überhaupt auf Symbole legten die Nazis ja immer größten Wert. Es lag auf dieser Linie, dass Hindenburg am 12. März an Stelle der schwarz-rot-goldenen Fahne die schwarz-weiß-rote und die Hakenkreuzfahne zu offiziellen Reichsflaggen erklärte, übrigens ein klarer Verstoß gegen Artikel 3 der Weimarer Verfassung. Die Nazis hatten den Deutschen also zwei Fahnen beschert, ebenso wie zwei Hymnen – getreu der Redewendung: Doppelt hält besser.

Mit theatralischen Effekten wollte man das deutsche Volk in Hochstimmung versetzen. Wie im alten Rom sollten Brot und Spiele die Masse bei Laune halten, wobei das Brot, also die Arbeit für sechs Millionen Arbeitslose, an zweiter Stelle stand. Zunächst einmal galt es, Deutschland mit einer optimistischen Propagandawelle zu überschwemmen. Diesem Ziel diente Goebbels‘ Ernennung zum Minister für Volksaufklärung und Propaganda am 13. März 1933. Was dieser zu tun hatte, stellte der Kanzler im Kabinett unmissverständlich klar: Er müsse das Volk in einen Rausch versetzen, dabei aber wirtschaftliche Fragen unbedingt meiden. Also nicht Brot und Spiele, sondern Spiele statt Brot.

Schon nach einer Woche musste Goebbels zeigen, was er konnte. Er hatte den Festakt anlässlich der Eröffnung des neuen Reichstages zu inszenieren. Schon die Festlegung auf den 21. März (Frühlingsanfang und Zusammentritt des ersten Reichstags des Bismarck-Reiches) sowie die Wahl Potsdams waren symbolträchtig genug. In der Garnisonkirche, wo Friedrich der Große seine (vorübergehend, wie man heute weiß) letzte Ruhe gefunden hatte, versammelte sich, was

Rang und Namen hatte und geladen war: Diplomaten und Presse, Wirtschaft und Militär (sowohl die Reichswehrgeneräle als auch die Veteranen der vergangenen Kriege), dazu illustre Gäste wie Kronprinz Wilhelm. Überall Uniformen, alte und neue, kaiserliche und aktuelle, also Reichswehr-, SA-, SS- und Stahlhelm-Uniformen. Ach ja, und dann auch noch die Abgeordneten, die zwei Tage später über ihre Überflüssigkeit abstimmen sollten, die NSDAP-Abgeordneten im braunen Hemd, die anderen im bürgerlichen Schwarz. Nur die Kommunisten fehlten, logisch, sie waren ja verboten, verfolgt, verhaftet oder verschwunden, und ebenso die Sozialdemokraten, sie waren einfach nicht eingeladen.

Die Hauptakteure sind Hindenburg und Hitler. Der Präsident der Republik in der Uniform des kaiserlichen Generalfeldmarschalls, der Kanzler im Cut, betont bürgerlich und alles andere als ein revolutionärer Demagoge. Noch draußen begrüßen sich die beiden mit Handschlag, und Hitler macht einen artigen Diener. Alle Welt soll mitkriegen: Hier verbinden sich die alte Größe und die junge Kraft, denn alle Welt sieht es auf den millionenfach verbreiteten Fotos.

Kurz vor 12 Uhr betreten die beiden die voll besetzte Kirche, und fünf vor zwölf ist es auch für die Weimarer Republik. Auf dem Weg zu seinem Ehrenplatz grüßt der Präsident, seinen Marschallstab hebend, den leeren Thron des Kaisers. Und dann kommen, von Regisseur Goebbels vorbereitet, alle nur denkbaren symbolischen Geschütze zum Einsatz: Draußen schießen die Kanonen Salut, im Turm läuten die Glocken, das Glockenspiel intoniert *Üb immer Treu und Redlichkeit,* und die Gemeinde singt den Choral von Leuten: *Nun danket alle Gott.* Reden geredet werden natürlich auch, Hindenburg glaubt, dass die neue Regierung Deutschland retten werde, und Hitler verspricht, dass seine Regierung Deutschland retten werde. Er gibt sich gemäßigt und maßvoll, bürgerlich und konservativ. Er spielt die Rolle des gereiften und seriösen Staatsmanns. Die Zeit des Elends, die in Weimar begann, ist vorüber. Herrlichen Zeiten führt der Führer Deutschland entgegen, wofür Potsdam das Gütesiegel ist. Das jedenfalls glauben die Deutschnationalen, die Konservativen, die Monarchisten. Sogar Wilhelm im fernen Holland glaubt es. Er spielt bereits mit dem Gedanken, seine Koffer zu packen, da er annimmt, der Präsident und der Kanzler werden ihn in Kürze rufen.

Am Abend dieses eindrucksvollen Tages die unvermeidlichen Fackelzüge und eine Galavorstellung der *Meistersinger*. Aber hinter den Kulissen sah es ganz anders aus. Schon am 10. März hatte Innenminister Frick die Errichtung von Konzentrationslagern angekündigt. In der Frankfurter Festhalle sagte er vor Tausenden von Zuhörern, nachdem der SA-Führer August-Wilhelm von Hohenzollern, Kaiser Wilhelms Sohn, genannt Auwi, seine Rede beendet hatte, wörtlich Folgendes: *Wenn am 21. März der neue Reichstag zusammentritt, werden die Kommunisten durch dringende und nützlichere Arbeit verhindert sein, an der Sitzung teilzunehmen. Diese Herrschaften müssen wieder an fruchtbringende Arbeit gewöhnt werden. Dazu werden wir ihnen in Konzentrationslagern die Gelegenheit geben. Wenn sie sich dann wieder zu nützlichen Mitgliedern der Nation erziehen lassen, wollen wir sie als vollwertige Volksgenossen willkommen heißen, sonst werden wir sie auf die Dauer unschädlich machen.*

Die zunächst in sogenannten wilden Lagern (allein in Preußen etwa 30) von der SA in *Schutzhaft* genommenen Personen (nicht nur Kommunisten, sondern inzwischen auch schon Sozialdemokraten, Juden und Intellektuelle) sollten in wenigen großen, gut bewachten und abgeschirmten Lagern zusammengefasst werden, deshalb der Name *Konzentrationslager*, offiziell *KL* genannt, dann aber meist *KZ*. Das erste *KZ* wurde auf Befehl des kommissarischen Münchener Polizeipräsidenten Heinrich Himmler am 20. März in einer ehemaligen Pulverfabrik in Dachau errichtet. Einen Tag später folgte das KZ Oranienburg, nördlich von Berlin, das die SA-Standarte 208 in einer stillgelegten Brauerei unterbrachte. Also genau am Tag vor Potsdam. Während sich die Naziführung in der Garnisonkirche anheischig machte, die preußischen Ideale zu vertreten, herrschte in Wahrheit überall in Deutschland brutalste Staatskriminalität.

Der von Goebbels am Tag von Potsdam manipulierten Jubelstimmung stand die Angst von Millionen von Juden, Linken, Liberalen und Künstlern gegenüber. Die von den Nazis vor und erst recht nach dem Reichstagsbrand geschürte Kommunistenangst entbehrte jeder Grundlage, aber die Angst vor der Nazidiktatur war mehr als berechtigt. Doch mit der Macht, die sie schon hatten, waren sie noch nicht zufrieden. Hitler wollte die perfekte Diktatur, die unbeschränkte, unkontrollierte, unverantwortliche Macht. Und das –

wie immer mit scheinlegalen Mitteln. Zu diesem Zweck sollte der Reichstag ein sogenanntes Ermächtigungsgesetz verabschieden. Dieses *Gesetz zur Behebung der Not von Volk und Reich,* das eigentlich gar kein Gesetz, sondern ein vom Parlament mit Zweidrittelmehrheit sanktionierter Verfassungsbruch war, sah unter anderem vor: In Zukunft können Reichsgesetze und Verfassungsänderungen *auch durch die Reichsregierung beschlossen werden ... Die von der Reichsregierung beschlossenen Reichsgesetze können von der Verfassung abweichen.* Das Grundprinzip jeder parlamentarischen Demokratie, die Gewaltenteilung zwischen Legislative und Exekutive, war damit abgeschafft. Das Parlament hatte sich freiwillig ausgeschaltet und auf seine Gesetzgebungskompetenz verzichtet. Ein parlamentarischer Selbstmord erster Klasse. Großzügig und hochherzig wird nur die pure Existenz der beiden inzwischen ohnmächtigen Häuser, Reichstag und Reichsrat, zugestanden. Und auch dem ohnehin senilen Hindenburg lässt man sein Amt, denn irgendwann wird sich das Problem Präsident von alleine lösen, nämlich biologisch. Wörtlich: *Die Rechte des Reichspräsidenten bleiben unberührt*, eine noble Geste, mit der Hitler vor allem die Konservativen einlullen konnte.

Der Tag von Potsdam und die Verabschiedung des Ermächtigungsgesetzes gehören zusammen. Am 21. März wurde der Reichstag feierlich eröffnet, am 23. März schaffte er sich kleinmütig ab. Nur die Sozialdemokraten haben hier wie da nicht mitgemacht. Zwei Tage nach dem Potsdamer Spektakel, wo sich die Nazis als Trittbrettfahrer des Preußentums ausgegeben hatten, zeigten sie nun ihr wahres Gesicht. Schluss mit dem Theater, dafür wieder Gewalt und Gewaltandrohung, Rechtsbruch und Wortbruch, die üblichen Methoden. Da der Reichstag eine Ruine war, versammelten sich die Volksvertreter in der gegenüberliegenden Krolloper. Vor und in dem Gebäude waren Hunderte von SA- und SS-Männern zu sehen, die, anders als in Potsdam, nicht als hübsche Paradeformation auftraten, sondern eine Drohkulisse bildeten und im Chor brüllten: *Wir wollen das Gesetz, sonst gibt's Zunder!* Die SPD-Abgeordneten wurden angepöbelt, ohnehin waren es nur noch 94 von 120, die anderen waren verhaftet. Für das verfassungsändernde Ermächtigungsgesetz brauchte Hitler die Zweidrittelmehrheit, verfügte aber auch nach der Entfernung der KP und der sich daraus ergebenden Verkleinerung des Reichstags von 647 auf 566 Sitze mit seinen 288 Nazis nur über eine ganz knappe *einfache* Mehrheit. Er brauchte also die Hilfe anderer Fraktionen, die seines Koalitionspartners und dazu die des Zentrums. Das musste unbedingt gewonnen, sprich: weichgeklopft werden, so wie es Hitler bereits mit den kleinen Splitterparteien getan hatte. Die hatten, wenn auch mit Bauchschmerzen, ihre Zustimmung signalisiert. Das Zentrum machte schließlich mit, auch wenn während der Fraktionssitzung einige Abgeordnete, vor allem Ex-Kanzler Brüning, Bedenken geäußert hatten. Aber Prälat Kaas, der Vorsitzende, konnte darauf hinweisen, dass Hitler ihm in einem Gespräch allerlei beruhigende Versprechungen gemacht habe und ein Brief mit verfassungsrechtlichen Garantien vor der Reichstagssitzung eintreffen werde. Wenn er Hitler je geglaubt hätte, so müsse er es nach dem überzeugenden Ton dieses Mal tun, versicherte Kaas. Aber so kann man sich irren. Der angekündigte Brief traf nie ein.

Und so geschah es, dass alle Fraktionen außer der SPD ihrem politischen Todesurteil zustimmten. Mit trockenen juristischen Formulierungen wurden auf einen Schlag in Jahrhunderten erkämpfte Rechte außer Kraft gesetzt. Das Volk und seine Vertreter werden, und zwar mit eigener Zustimmung, entmündigt und Deutschland erlebt einen Rückfall in den übelsten Absolutismus. An diesem 23. März ermächtigt die große Mehrheit des Reichstags Adolf Hitler ausdrücklich zum Verfassungsbruch und bricht damit selber die Verfassung. Ob sie dazu überhaupt berechtigt waren, ist zu bezweifeln. Die Volksvertreter waren gewählt vom Volk, damit sie im Rahmen der Verfassung Gesetze machen, aber nicht ein Gesetz, das ihre Gesetzgebungstätigkeit beendet. Dass die Legislative per Gesetz die Legislative abschafft, ist ein Widerspruch in sich – und Arbeitsverweigerung obendrein. Rein formal, dem Buchstaben nach, mögen sie korrekt gehandelt haben, aber politisch und moralisch haben sie schwere Schuld auf sich geladen. Dabei waren ihre Motive sehr unterschiedlich.

Einige Abgeordnete, die eigentlich dagegen waren, unterwarfen sich der Fraktionsdisziplin, statt Zivilcourage zu zeigen, und stimmten mit ihrer Partei für Hitler und gegen ihr Gewissen, so, wie schon erwähnt, der Ex-Kanzler Brüning und der spätere Bundespräsident Theodor Heuss. Andere glaubten an eine schnelle Abnutzung des Hitler-Regimes und wollten ihm bis dahin freie Hand lassen. Im Übrigen könne man, so hoffte man, durch Zustimmung und Mitmachen Schlimmeres verhindern. Besser mit den Wölfen heulen als sie unnötig zu reizen und zu verärgern. An den Kommunisten könne man ja sehen, was dabei herauskommt.

Viele gaben sich der Illusion hin, dass das Ermächtigungsgesetz weniger gefährlich (weil ja juristisch eindeutiger) sei als die Reichstagsbrandverordnung vom 28. Februar. Es enthielt klar formulierte Einschränkungen, es war auf vier Jahre befristet, und die weitreichenden Vollmachten wurden nicht dem Kanzler, sondern der Regierung als Ganzer zugestanden – und dort, im Kabinett hatten die Nichtnazis eine Mehrheit von 8:4. Beruhigend schien es auch, dass Reichstag und Reichsrat in ihrer Existenz nicht angetastet werden sollten, aber eben nur in ihrer puren Existenz, ihr politischer Einfluss war nicht garantiert.

Vor allem aber waren die meisten Abgeordneten naiv und leichtgläubig. Sie ließen sich davon beeindrucken, wenn Hitler von der Rettung des deutschen Bauern sprach und von einem *Gesamtangriff* auf die Arbeitslosigkeit durch Arbeitsbeschaffung und Arbeitsdienstpflicht. Dass konkrete Angaben, wie das geschehen sollte, fehlten, merkten die Abgeordneten nicht oder wollten es nicht merken. Im Sinne seiner Phrase von der Volksgemeinschaft versprach Hitler allen alles, den Arbeitern Arbeit, den Bauern ihre Rettung, der Wirtschaft freie Hand (also die Sicherstellung von Eigentum und Privatinitiative), der Reichswehr Gleichberechtigung in der Abrüstungsfrage (indirekt also auch bei der Aufrüstung), den Kirchen ihre Existenz: *Die Sorge der Regierung gilt dem aufrichtigen Zusammenleben zwischen Kirche und Staat.*

Auch mit den Parteien meint er es gut und bietet ihnen *die Möglichkeit einer ruhigen Entwicklung und einer sich daraus in Zukunft anbahnenden Verständigung* an. Aber dann kann er doch das Drohen nicht lassen. Er sei *ebenso entschlossen und bereit, die Bekundung der Ablehnung und damit die Ansage des Widerstandes entgegenzunehmen. Mögen Sie, meine Herren Abgeordneten* (die Frauen ignorierte er), *nunmehr selbst die Entscheidung treffen über Frieden oder Krieg.*

Dass sie in dieser Sitzung auch im außenpolitischen Sinne über Krieg und Frieden entschieden, als die unkontrollierte Ermächtigung Hitlers zur Abstimmung stand, war keinem der kuschenden Jasager klar.

Der Hundehalter Hitler behandelte die Volksvertreter wie Hunde. Wer nicht pariert, wird geprügelt. Die Drohungen hätten dem Reichstag zu denken geben müssen, stattdessen zogen sich die Fraktionen zur Beratung zurück und beschlossen, Hitler auf den Leim zu gehen. Nur für die SPD begründete nach der Beratungspause ihr Vorsitzender Otto Wels die Ablehnung des Ermächtigungsgesetzes. Er stellte klar, dass auf Gewalt und Unrecht, wie viele es in den letzten Wochen erlitten, keine Volksgemeinschaft gegründet werden könne. Und dann sprach er den berühmten Satz: *Freiheit und Leben kann man uns nehmen, die Ehre nicht.* Er schloss mit einem Gruß an die Verfolgten und Bedrängten.

Hitler fühlte sich getroffen. Dass seine Regierung vor aller Welt als Gewaltregime gekennzeichnet wurde, passte ihm nicht in den Kram. Er sah sein Image als großer Volksführer bedroht. Er geriet in Rage, stürzte ans Rednerpult, wütete und drohte und bewies durch seine Gegenrede, gewollt oder ungewollt, dass Otto Wels mit seiner kritischen Einschätzung der Naziherrschaft die Wahrheit getroffen hatte: *Was im Völkerleben morsch, alt und gebrechlich wird, das vergeht und kommt nicht wieder. Auch Ihre Stunde hat geschlagen, und nur weil wir Deutschland sehen und seine Not…, appellieren wir in dieser Stunde an den Reichstag, uns zu genehmigen, was wir ohnehin hätten nehmen können.* Was wir ohnehin hätten nehmen können, auch ohne Reichstag. Ein eindeutiges Bekenntnis zur Diktatur. Spätestens jetzt hätte der Reichstag aufwachen müssen. Er tat es nicht, er *kuschte* und beschloss das Ermächtigungsgesetz mit 444 Stimmen gegen die 94 der SPD. Selbstmord aus Angst vor dem Tode. Die Abgeordneten gingen auf unbestimmte Zeit in Urlaub oder, wie die meisten Sozialdemokraten, ins Exil. Die Republik hatte kapituliert und die Diktatur hatte sich etabliert. Das Reichstagsgebäude war eine Ruine. Dass Hitler es nicht, wie versprochen, renovieren ließ, ist nicht nur bezeichnend für seine Wortbrüche, sondern auch für seine Missachtung des Parlaments, so wie er auch die Verfassung nicht ernst nahm, so wenig ernst nahm, dass er sie nicht einmal offiziell abschaffte, so dass sie pro forma bis 1945 in Kraft blieb.

Was in einem Circus begann (im Berliner Circus Busch hatten im November 1918 die Arbeiter- und Soldatenräte für eine parlamentarische Republik plädiert), was in einem Theater Gestalt annahm (im Weimarer Nationaltheater wurde die Verfassung ausgearbeitet), was in einer Kirche in Frage gestellt wurde (der Tag von Potsdam in der Garnisonkirche war eine Demonstration für Absolutismus und Militarismus), das erhielt in einer Oper den Todesstoß (in der Krolloper wurde die Republik am 23. März 1933 de facto abgeschafft).

Hitler hatte sein Ziel erreicht, er war Diktator und vereinte in seiner Hand die Exekutive und die Legislative, die ausführende und die gesetzgebende Gewalt. Aber das reichte ihm nicht. Noch gab es die Parteien, die Gewerkschaften, die Länder, die Kirchen, die Reichswehr, Vereine und Verbände, und sie alle verfügten über ein gewisses Maß an Selbstständigkeit. Sie alle wollte Hitler sich unterwerfen – oder abschaffen. Er begann schon nach einer Woche, mit den Ländern. Gerade erst hatte er in der Krolloper den Bestand der Länder garantiert wie auch das Fortbestehen des Reichsrates, der Ländervertretung. Aber das zählte nicht mehr, wie wir wissen, ist Hitler ein Meister im Brechen von Versprechen. In den Landesregierungen hatten bereits Nazis das Sagen, von oben eingesetzte Kommissare. Das 1. Gleichstellungsgesetz vom 31. März, in Kraft gesetzt natürlich ohne Zustimmung des Reichstags, den es ja praktisch nicht mehr gab, legte fest, dass die Landtage entsprechend den Wahlergebnissen vom 5. März neu zusammengesetzt werden, so dass die NSDAP (nach Annullierung der KPD-Mandate) überall die absolute Mehrheit hatte. Zusätzlich wird den Landtagen (wie dem Reichstag durch Ermächtigungsgesetz) die Gesetzgebungskompetenz entzogen. Die prozentuale Gleichschaltung wird auch durchgeführt in den Kreisen, Städten und Gemeinden. In sämtlichen Parlamenten, von ganz oben bis ganz unten, haben die Nazis jetzt die Mehrheit. Das 2. Gleichstellungsgesetz vom 7. April regelt die Einsetzung der Reichsstatthalter als Regierungschefs in den Ländern (meist sind es die jeweiligen Gauleiter). Ernennen darf sie zwar der Reichspräsident, aber das alleinige Vorschlagsrecht hat der Kanzler. Der deutsche Staat ist durch und durch braun. Auf allen Ebenen, im Reich, in den Ländern, den Kreisen, den Kommunen, auch in den kleinsten Dörfern, liegt die Verwaltung in der Hand zuverlässiger Nazis.

Endgültig beseitigt wurden die Länderparlamente am 30. Januar 1934 (genau ein Jahr nach der *Machtergreifung*), zwei Wochen später gab es auch den längst bedeutungslos gewordenen Reichsrat nicht mehr. Der in der Weimarer Verfassung vorgesehene Föderalismus – als Gegengewicht gegen die Übermacht der Zentralregierung – ist abgeschafft. Die Länder sind nur noch von Berlin aus regierte Verwaltungsbezirke mit gehorsamen Reichsstatthaltern als Befehlsempfänger.

Für das reibungslose Funktionieren des hierarchisch strukturierten Staates braucht Hitler natürlich folgsame Beamte, und die verschafft sich das Regime durch das *Gesetz zur Wiederherstellung des Berufsbeamtentums* vom 7. April. Dies harmlos klingende Gesetz sah in Wahrheit die Entlassung von *politisch unzuverlässigen* und *nichtarischen* Beamten vor. Jetzt wird auch offiziell gegen die Juden vorgegangen. Schon am 1. April durfte – und sollte – die SA ihren Hass auf die Juden ausleben. Propagandaminister Goebbels rief zum Boykott jüdischer Warenhäuser, Geschäfte, Arztpraxen und Anwaltskanzleien auf. Die SA klebte Plakate an die Türen und Schaufenster: *Deutsche wehrt euch, kauft nicht bei Juden!* Sie stand Wache vor den Eingängen und beleidigte und bedrohte die Kunden, Patienten und Klienten. Vereinzelt kam es zu Ausschreitungen. Die Resonanz in der Bevölkerung entsprach aber nicht den Erwartungen der Nazis. Von einer spontanen Empörung gegen die angebliche Unterdrückung und Ausbeutung durch die Juden konnte nicht die Rede sein. Der Funken des Hasses sprang von den SA-Männern nicht auf die Passanten über. Die meisten Menschen fühlten sich eher abgestoßen und hatten Mitleid mit ihrem altvertrauten Arzt, Anwalt oder Kaufmann.

Noch hatte die Hitler-Regierung nichts gegen die Arbeitslosigkeit und zur Belebung der Wirtschaft getan. Der Kanzler begnügte sich mit wohlklingenden Phrasen, hatte aber noch kein konkretes Programm vorgelegt. Von Sozialismus zeigte sich bei den Nationalsozialisten keine Spur. Während der wirkliche und traditionelle Sozialismus eine grundlegende Veränderung des Wirtschaftssystems anstrebt (wenn auch bei SPD und KPD unterschiedlich in Ausmaß und Methode), vermied Hitler alles, was die Wirtschaft verärgern könnte. Schließlich war er dankbar für ihre Parteispenden und angewiesen auf ihre Industrie für die geplante Aufrüstung. Dafür bedankte sich der Reichsverband der deutschen Industrie am 24. März, einen Tag nach dem Ermächtigungsgesetz, seinerseits für die Sicherung der Wirtschaft vor *Störungen* und *politischen Schwankungen*.

Wirklicher Sozialismus lag also nicht in Hitlers Absicht, stattdessen sprach er immer wieder von Volksgemeinschaft, was nichts anderes bedeutete als der kollektive Hass der aufgehetzten Massen auf Minderheiten und Sündenböcke. Hass sollte die Menschen zusammenschweißen. Die Juden sind an allem schuld, ohne sie ginge es dem Volk viel besser. Die Arbeiter und Arbeitslosen sollten endlich lernen, nicht im Klassenkampf, sondern im Rassenkampf ihr Heil zu sehen und zu suchen. Nicht Befreiung der Arbeiter vom Kapitalismus durch KPD und SPD, sondern Befreiung aller Deutschen von den Juden. Denn die sind die eigentlichen Ausbeuter. Und deshalb müssen die Juden und die Roten gnadenlos bekämpft werden – zum Wohle Deutschlands.

Hitlers Heilslehre war eine reine Verdrängungspsychologie. Statt die soziale Frage – das Verhältnis von Kapital und Arbeit – politisch einvernehmlich zu lösen (in einem intakten Parlament oder direkt zwischen Arbeitnehmern und Arbeitgebern), entscheidet sich Hitler für die Patentlösung aus Vorurteil und Hass.

Da der Boykott vom 1. April nicht den gewünschten Erfolg hatte und keine breite Zustimmung fand, verfielen die Nazis auf andere Methoden. Sie verfolgten ihre Gegner geheim und gesetzlich. Am 26. April begann Göring in Preußen mit dem Aufbau der Geheimen Staatspolizei (Gestapo) und schon am 7. April war (wie erwähnt) das gegen jüdische und unzuverlässige Beamte gerichtete Gesetz zur Wiederherstellung des Berufsbeamtentums in Kraft getreten. Beide Maßnahmen – Gestapo und Gesetz – waren mit Rücksicht auf die Öffentlichkeit ergriffen worden, und mit Rücksicht aufs Ausland. Teils scheinlegal (das Beamtengesetz), teils lautlos (die Gestapo) wurde die Diktatur jetzt ausgebaut. Im Laufe des Jahres '33 verloren etwa 4000 jüdische Juristen, 3000 Krankenhausärzte, 2000 Beamte, 2000 Künstler ihre Arbeit.

Ein ähnlicher Doppelschlag wie der Tag von Potsdam und dann das Ermächtigungsgesetz (also erst die große Show und anschließend der große Rechtsbruch) erfolgte am 1. und 2. Mai. Um die Herzen der Arbeiter zu gewinnen, erklärte Hitler den 1. Mai, an dem die Arbeiter seit Jahrzehnten gegen alle Verbote der Arbeit ferngeblieben waren und demonstriert hatten, zum gesetzlichen und bezahlten Feiertag. Es schien, als sei die nationalsozialistische deutsche Arbeiterpartei wirklich die Partei der Arbeiter.

Viele fielen auf diesen Bluff rein. Vor allem die Führung des Allgemeinen Deutschen Gewerkschaftsbundes ADGB. Die hatten, um sich bei Hitler lieb Kind zu machen, schon vorher ihre Mitarbeit im NS-Staat angeboten und sich von der SPD distanziert. Jetzt forderten sie ihre Mitglieder auf, gemeinsam mit den Nazis zu marschieren und überall in Deutschland den *Tag der Arbeit* zu feiern. Ganze Betriebe machten sich geschlossen auf den Weg, mittendrin die Direktoren und Manager. Obgleich in Berlin die klassenbewussten Arbeiter dem Spektakel fernblieben, versammelten sich anderthalb Millionen Menschen auf dem Tempelhofer Feld, dem alten Paradeplatz, und hörten sich Hitlers Rede an, der die Einheit der Arbeiter der Faust und der Stirn beschwor.

Am 2. Mai sah alles ganz anders aus. Einen Tag nach der Maskerade ließen die Nazis die Maske fallen. SA und SS besetzten die Gewerkschaftshäuser und beschlagnahmten, was sie vorfanden. Die Funktionäre kamen in Schutzhaft, sprich: ins KZ. An die Stelle der Gewerkschaften (auch die christlichen und liberalen Arbeiterorganisationen wurden aufgelöst) trat die Deutsche Arbeiterfront unter Robert Ley. Die DAF war eine Zwangsvereinigung aus Arbeitnehmern und Arbeitgebern und umfasste bald acht Millionen Mitglieder. Jeder Berufstätige musste Mitglied werden.

Nutznießer waren die Arbeitgeber, denn der Streik, die schärfste Waffe der Arbeiterbewegung, gehörte nun der Vergangenheit an. Schließlich brauchte Hitler für seine Aufrüstung und seinen Weg in den Krieg Arbeitsfrieden. Zu diesem Zweck wurden Treuhänder der Arbeit eingesetzt. Das waren in der Regel Unternehmer mit Parteibuch, in dem wichtigen rheinisch-westfälischen Industrierevier zum Beispiel Fritz Thyssen, seit dem 1. Mai Pg. mit der Mitgliedsnummer 2917 299.

Den Parteien erging es nicht besser als den Gewerkschaften. Nachdem die SPD am 22. Juni verboten worden war und 3000 Funktionäre in KZs verschleppt worden waren, lösten sich die übrigen Parteien selber auf. Einige ihrer Führer waren so würdelos, ihren Mitgliedern die Mitarbeit in der NSDAP nahezulegen. Den Schlussstrich bildete am 14. Juli das *Gesetz gegen die Neubildung von Parteien*. Es gab jetzt nur noch eine einzige Partei, die NSDAP.

Zum Geistesleben hatte Hitler ein gestörtes Verhältnis, obgleich er ursprünglich Maler werden wollte, sich als begnadeter Architekt fühlte, als Schriftsteller bezeichnete und als Wagnerfan ausgab. Da aber Wissenschaftler und Künstler kritisch, oft auch noch links eingestellt und nicht selten sogar Juden sind, war Hitler ihnen gegenüber voller Misstrauen, Hass und Neid. Auch gegen sie musste also ein Schlag geführt werden.

Initiator war wie so oft Josef Goebbels. Zusammen mit dem NS-Studentenbund bereitete er eine *Aktion wider den undeutschen Geist* vor. Am 10. Mai brannten vor den Universitäten Scheiterhaufen, in die die Bücher von unliebsamen Autoren geworfen wurden, begleitet von unliebsamen Sprüchen. Einzelne *Rufer* verkündeten so etwas wie Gerichtsurteile: *Gegen Dekadenz und moralischen Verfall. Für Zucht und Sitte in Familie und Staat! Ich übergebe der Flamme die Schriften von Heinrich Mann ... und Erich Kästner ... Gegen seelenzerfasernde Überschätzung des Trieblebens, für den Adel der menschlichen Seele! Ich übergebe der Flamme die Schriften des Sigmund Freud ... Gegen literarischen Verrat am Soldaten des Weltkrieges, für Erziehung des Volkes im Geiste der Wehrhaftigkeit! Ich übergebe der Flamme die Schriften von Erich Maria Remarque ... Gegen Frechheit und Anmaßung, für Achtung und Ehrfurcht vor dem unsterblichen deutschen Volksgeist! Verschlinge, Flamme, auch die Schriften der Tucholsky und Ossietzky!*

Die Verbotsliste schwoll im Laufe eines Jahres auf 3000 Titel an. Betroffen waren neben den oben genannten unter anderem Thomas Mann, Einstein, Voltaire, Marx, Heine, Brecht, Zweig. Allein in Berlin wurden bis zum 20. Mai, also innerhalb von zehn Tagen, 10000 Zentner Literatur entfernt, das sind mindestens eine Million Bände. Die Liste der Geächteten liest sich wie ein *Who is Who* der deutschen Literatur. Die meisten der genannten Autoren konnten in die

Emigration flüchten, wo viele ein unglückliches Schicksal erlitten und oft den Freitod wählten.

Wer denkt bei der entsetzlichen Scheiterhaufenaktion nicht unwillkürlich an das Heinewort: *Wo man Bücher verbrennt, da verbrennt man am Ende auch Menschen?*

Auch die Kirchen wurden vom Dritten Reich zur Anpassung gezwungen. Dazu diente das *Gesetz über die Verfassung der deutschen evangelischen Kirche* vom 14. Juli. Den organisierten braunen Protestanten, den sogenannten Deutschen Christen und ihrem Reichsbischof Müller (kurz Reibi Müller) stand jedoch der Pfarrernotbund mit Martin Niemöller und Dietrich Bonhoeffer ablehnend gegenüber. Das Konkordat zwischen dem Deutschen Reich und dem Vatikan vom 22. Juli gesteht der katholischen Kirche zwar zu, sich seelsorgerisch und sozial zu betätigen, sie muss sich aber jeder politischen Aktivität enthalten. Was mit der Selbstauflösung der Zentrumspartei begann, kam jetzt zum Abschluss. Den politischen Katholizismus gab es in Deutschland nicht mehr. Politik machte nur noch Hitler.

Beunruhigen konnten ihn nur noch seine eigenen Leute, das Millionenheer der SA. Die alten Kämpfer forderten jetzt, da die Nazis die Macht hatten, ihren Anteil an der Beute, also am Staat. Sie verlangten bequeme Posten und Pfründe, vor allem in der Armee und in der Verwaltung. Nach dem blutigen Kampf um die Macht wollten sie nun gut versorgte Beamten werden und durch eine zweite Revolution – nach der Machtergreifung als erster Revolution – den Staat in ihrem Sinne umkrempeln. Die kleinen Leute sollten endlich nach oben gespült werden. Das war ihre Vorstellung von Sozialismus und daran glaubten sie, schließlich erhob die NSDAP in ihrem Namen den Anspruch, eine sozialistische Arbeiterpartei zu sein und die Karriereträume der Unterprivilegierten endlich zu erfüllen.

Aber darauf wollte Hitler sich nicht einlassen. Er wollte die alten Eliten nicht verärgern, er brauchte den Sachverstand der führenden Militärs und Wirtschaftsbosse. Er wollte seine Macht festhalten und festigen und keine sozialistischen Experimente. Und deshalb erklärte er am 3. Juli die Revolution für beendet, die Revolution, die gar keine war, sondern nur ein gelungener Staatsstreich.

16
Noch nicht meine Eltern

Aus dem Leben meiner Eltern, als sie noch nicht meine Eltern waren, weiß ich nur wenig. Wie sie die Weltwirtschaftskrise wahrnahmen, ob sie arbeitslos wurden, ob sie Not litten, darüber haben sie nie mit mir gesprochen. Der Aufstieg Hitlers, die Demonstrationen, die Straßenschlachten, überhaupt die dramatischen Vorgänge vor und nach der *Machtergreifung* – die Irrtümer und das Versagen von Papens, von Schleichers und Hindenburgs, der Fackelmarsch der SA durchs Brandenburger Tor, der Reichstagsbrand, die Reichstagswahl, der Tag von Potsdam und das Ermächtigungsgesetz – das alles war nie Thema unserer abendlichen Unterhaltungen, so als habe es das alles gar nicht gegeben, obgleich es sich doch quasi vor der Haustür meiner Eltern abspielte.

Oder haben sie diese Ereignisse und Entscheidungen nicht so wichtig genommen? Schließlich war man an Krisen und Unruhen gewöhnt, und ein Wechsel im Kanzleramt gehörte zur Tagesordnung. Jetzt war der neue Mann an der Spitze ein Herr Hitler. Na und? Soll er sein Glück versuchen wie seine vielen Vorgänger, viel ändern wird auch er nicht.

Oder haben meine Eltern gejubelt? Wollten sie nicht nur abwarten, was nun wird, sondern erwarteten Großes von der neuen Regierung? Sind sie Hitler auf den Leim gegangen, schämten sich später und haben es vermieden, mir ihren Irrtum zu bekennen? So oder so – Ablehnen, Abwarten oder Zustimmen – , wie meine Eltern zu Hitler standen, habe ich nie erfahren. Ob sie dabei einer Meinung waren oder sich stritten, und wenn ja, wer von beiden dann welche Meinung vertrat, oder ob sie sich überhaupt erst kennen lernten, als Hitler längst fest im Sattel saß und man nicht mehr über Politik sprach, sondern sie hinnahm – davon kein Sterbenswörtchen zu mir. Nicht zu ihrem Kind (was ja verständlich gewesen wäre), nicht zu dem heranwachsenden Jüngling, nicht zu dem jungen Studenten, der ja immerhin Geschichte studierte. Aber ich habe auch nicht gefragt, aus Takt oder Rücksicht oder warum auch immer. Wie sich meine Eltern in dem neuen System einrichteten, ob sie die ersten Hitler-Jahre skeptisch oder optimistisch durchlebten, es bleibt im Dunkeln. Und bei meinen gleichaltrigen Freunden war es nicht anders. Die Vergangenheit war vergangen.

Sicher ist nur eines. Eingetreten in die NSDAP sind meine Eltern nicht. Sonst hätten sie sich nach dem Krieg einer Entnazifizierung unterziehen müssen, und das war nicht nötig. Doch diese parteipolitische Zurückhaltung sagt wenig über die Gesinnung meiner Eltern. Sich einer Partei anzuschließen und öffentlich für diese einzutreten, war in bürgerlichen Kreisen eher anrüchig. Politik galt als schmutziges Geschäft, da machte man nicht mit. Zur Wahl zu gehen, um die Sozis nicht zu stark werden zu lassen, das reichte.

Meine Tante, die – wie erwähnt – im gleichen Haus wie meine Mutter in der Chodowieckistraße wohnte, erzählte mal von der Wiederwahl Hindenburgs zum Reichspräsidenten im April 1932. Mehrere Familien hatten sich am späten Abend des Wahltages um den einzigen Radioapparat des Hauses versammelt und warteten auf das Ergebnis. Man hoffte auf Hindenburg, und noch ein halbes Jahrhundert später erinnerte sich meine Tante daran, wie die Leute dem greisen Präsidenten, der diesmal Kandidat der SPD, des Zentrums und der bürgerlichen Parteien war, die Daumen drückten und ihm auf ihre Weise Mut machten, indem sie, sicher auch schon leicht angetrunken, immer wieder brüllten und lallten: *Paule, Paule! Du schaffst es! Hoch Hindenburg!*

Meine Mutter, die anders als meine etwas jüngere Tante, schon wahlberechtigt war, hat von diesem denkwürdigen Abend nie berichtet. Ob sie zuvor zur Wahl gegangen war und wen sie – gegebenenfalls – gewählt hatte, weiß ich nicht. Darüber hat sie sich später nie geäußert. Und ebenso mein Vater nicht. Es gibt offenbar Themen, die in bürgerlichen Kreisen tabu sind. Darüber spricht man nicht. Die politische Einstellung, die berufliche Tätigkeit und erst recht das Liebesleben sind Privatangelegenheit. Zwar hat mein Vater ein paar SA-Anekdoten erzählt, aber daraus schließen zu wollen, dass er zu den braunen Kohorten gehörte, ist sicher nicht erlaubt. Wahrscheinlich hat er sich als wohlerzogener Bürgersohn eher über das ungebührliche und unbürgerliche Verhalten der SA-Männer mokiert und sich über deren Unbildung amüsiert.

Kurz vor der Machtergreifung, so gab er gerne zum Besten, sollte ein arbeitsloser SA-Mann gepfändet werden. Offenbar hatte er die Miete nicht zahlen können, und nun waren die paar Habseligkeiten, die er in der Wohnung hatte, in höchster Gefahr, Möbel, Kleidung, vielleicht ein Radio oder irgendwelche Erbstücke. Als der Gerichtsvollzieher anrückte, hatte der SA-Sturm bereits Abwehrmaßnahmen vorbereitet. Dicht gedrängt, Mann an Mann, standen die Kameraden in den Zimmern, sogar der Korridor war überfüllt. Als der Beamte klingelte, öffnete man ihm zwar die Tür und begrüßte ihn freundlich wie einen weiteren Gast der Stehparty, teilte ihm aber, nachdem er sein Anliegen vorgebracht hatte, bedauernd mit, dass es unter den obwaltenden Umständen leider kaum möglich sei, in die Wohnung zu gelangen, um die geplante Amtshandlung vorzunehmen: *Kommen Se rin, wenn Se können, aber wir jlooben, Se können nich.* Und wirklich kam er nicht herein, versuchte auch gar nicht ernsthaft, die braune Phalanx zu durchbrechen, und musste sich unverrichteter Dinge aus dem Staube machen. Wenig später war Hitler an der Macht und an das Pfänden eines SA-Mannes war nun nicht mehr zu denken. Also eine Story mit Happy End, sofern man nicht auf Seiten des geprellten Vermieters steht. Ob mein Vater den glücklichen SA-Mann kannte oder nur jemanden aus seinem hilfsbereiten Sturm, muss offen bleiben. Ob er das Verhalten der SA als eine Art Notwehr guthieß oder die Geschichte nur einfach vergnüglich und deshalb erzählenswert fand, hat er nicht durchblicken lassen, zu einer Kommentierung fand er sich nicht bereit.

In einer zweiten Anekdote machte er aber aus seiner ironischen Arroganz dem dümmlichen Durchschnitts-SAler gegenüber keinen Hehl. Da wurde ein arbeitsloser SA-Mann, vielleicht war es sogar derselbe wie in der obigen Geschichte, ein paar Wochen später mit einem lukrativen Job bei einer Versicherung beglückt. Er bekam einen Posten in der Poststelle und hatte die Aufgabe, die eingehenden Briefe nach Absendern alphabetisch zu ordnen, um sie dann an die für einzelne Buchstaben zuständigen Sacharbeiter weiterzuleiten. Als ein Kamerad dem frischgebackenen Angestellten zu seinem

Glück gratulierte, aber zugleich auch Zweifel an seiner Qualifikation für dieses an sich ja nicht sehr anspruchsvolle Amt äußerte, indem er sagte: *Aber du kennst doch gar nicht das Alphabet und mit dem Lesen ist es bei dir doch auch nicht so weit her,* da erwiderte er voller Stolz: *Ich habe mir zu helfen gewusst. Mein Schwager hat mir auf einem großen Blatt Papier die Buchstaben in richtiger Reihenfolge groß und deutlich aufgeschrieben, und diese Liste hängt über meinem Arbeitsplatz und danach richte ich mich.*

Einerseits hat mein Vater sich sicher über die geistige Schlichtheit der SA amüsiert, andererseits aber auch ihren Elan und ihre Kameradschaftlichkeit bewundert. Irgendwie war er fasziniert, hat sich aber auch distanziert. Im braunen Hemd nach Feierabend durch die Straßen zu marschieren, war unter seiner bürgerlichen Würde. Man machte nicht mit bei den Nazis, man war aber auch nicht gegen sie – trotz aller bedrohlichen Indizien, trotz der ätzenden Propaganda, des blutigen Terrors und der eklatanten Rechtsbrüche.

Die gleiche unentschlossene, abwartende Haltung zeigte die große Mehrheit des deutschen Bürgertums, also auch meine Eltern, wenn es um die Juden ging. Die Juden waren nicht beliebt, obgleich man seinen jüdischen Kaufmann und seinen jüdischen Arzt mochte, sonst hätte man ihnen ja nicht die Treue gehalten. Aber Hitlers Antisemitismus lebte ja gerade davon, dass die Juden im Allgemeinen als Parasiten verdammt, einzelne nette Juden aus dem privaten Umfeld als individuelle Ausnahme jedoch durchaus akzeptiert wurden. Er selbst, Hitler, hat Dr. Block, den jüdischen Hausarzt der Familie aus Linzer Zeiten, geschätzt und später geschützt.

Der Durchschnittsdeutsche ärgerte sich über die Geschäftstüchtigkeit der Juden und verspottete sie, wobei der Spott eine Art Ventil für den Neid auf die erfolgreichen Juden war. Aber auf die brutale Idee, die Juden zu vertreiben oder gar auszurotten, wäre kaum jemand gekommen. Dennoch, ein bisschen Diffamierung war durchaus en vogue. Judenwitze zu erzählen, gehörte in bürgerlichen Kreisen zum guten Ton, antisemitische Vorurteile waren durchaus gesellschaftsfähig. Gleiches gilt für die gehässigen Verse, die auch meinem Vater geläufig waren und die er mir (nach dem Krieg, versteht sich!) so oft vortrug, bis ich sie auswendig konnte und noch heute aufsagen kann: *Von Tietzen und von Wertheim, da bringste nischt von*

Wert heim, bei Wertheim und bei Tietzen, da gibt's die besten Miezen. Hier sind gleich mehrere Vorurteile versammelt. Dass die jüdischen Kaufhausherren (Tietz und Wertheim) das Geschäftsleben monopolartig beherrschen, dass der leichtgläubige Käufer dort aber belogen und betrogen wird und nur Ramsch erhält, dass die jüdischen Kaufhausherren die schönsten Berliner Mädchen, quasi als Köder für die Kunden einstellen, so dass die Kaufhäuser einen verführerischen und frivolen Beigeschmack bekommen, dass die jüdischen Herren selber sich vielleicht sogar gütlich tun an den von ihnen abhängigen blonden und blauäugigen, schlanken und schönen *Miezen*, das alles steht in den Versen oder zwischen den Zeilen und bedient die gängigen Vorurteile. Dass schon bald nach der Machtergreifung Juden plötzlich verschwunden waren, dass der jüdische Kollege nicht mehr zur Arbeit kam, dass die jüdischen Betriebe andere Besitzer erhielten, also arisiert wurden, wie es so harmlos hieß, dass die jüdischen Nachbarn eines Morgens nicht mehr da waren, das bemerkte man und bemerkte es nicht. Schon immer waren die Wohnung und die Arbeitsstelle gewechselt worden, das war doch nichts Besonderes, und ehe man sich darüber Gedanken machte, unterließ man es lieber. Falls es bei diesen Vorgängen nicht ganz mit rechten Dingen zuging, dann rechtfertigte man das Vorgehen der SA und der Gestapo damit, dass die Juden es nicht anders verdient hätten, dass sie es übertrieben hätten mit ihrem Bemühen, die deutsche Wirtschaft, die deutsche Justiz, den Kunstbetrieb, das Geistesleben und die Presse in ihrem Interesse zu beherrschen. Hatte es zunächst geheißen: *Die Juden sind an allem schuld*, so hieß es nun, als sie vertrieben, verfolgt, verschleppt, ja vernichtet wurden: *Die Juden haben selber schuld.* Und Strafe muss sein.

Der Normalbürger wusste nicht alles, aber doch genug, um sich ein Bild vom faschistischen Unrecht machen zu können. Dass es Konzentrationslager gab, war jedem bekannt. Wer wollte, konnte sich in Zeitungen und Zeitschriften informieren, auch wenn er nur unvollständig und in geschönter Form unterrichtet wurde. Mein Vater oder meine Mutter und nach ihrer Hochzeit beide hatten über Jahre, und zwar schon vor und dann auch in der Hitler-Zeit eine Zeitschrift mit Namen *Die Woche* abonniert. Die war relativ unpolitisch, hatte aber doch eine gewisse weltanschauliche Ausrichtung, erst bürgerlich-liberal, dann nationalistisch und dann zunehmend nationalsozialistisch. Die Illustrierten wurden nicht weggeworfen, sondern gesammelt und auf mich vererbt, und liegen noch heute als historische Quellen bei uns im Keller.

Die Ausgabe vom 22. April 1933 macht mit einem ganzseitigen Hitler-Bild auf. Mit dem Foto von Hitlers Hoffotograf Hoffman hofiert man den neuen starken Mann von Deutschland. Die Zeile unter dem Bild liest sich wie eine Gratulation der Redaktion: *Zum Geburtstag des deutschen Reichskanzlers am 20. April: Adolf Hitler an seinem Arbeitstisch in der Reichskanzlei.*

Aber von Arbeit kann keine Rede sein. Hitler hat beide Hände in den Jackentaschen seines eng anliegenden schwarzen Anzugs vergraben und der leere Blick geht in die Ferne, als sehe der Kanzler die unsichere Zukunft Deutschlands vor Augen. Er sitzt nicht über Akten gebeugt und arbeitet, sondern er steht neben seinem Arbeitssessel und gibt sich den Anschein, als denke er nach. Auf dem Schreibtisch keine Papiere, nur eine Schere und einige in Reih und Glied angeordnete und angespitzte Bleistifte.

Auf den nächsten Seiten folgen die *Neuigkeiten der Woche.* Am ausführlichsten, zwei Seiten umfassend, ist ein Bericht mit der Überschrift *Konzentrationslager für politische Gefangene*. Noch hat die gezielte Verfolgung der Juden nicht begonnen, erst einmal stehen Kommunisten und Sozialdemokraten auf der Rechnung. Unter einem der Fotos kann man lesen (also doch auch meine Eltern): *Sportübungen politischer Gefangener auf dem Hof einer leerstehenden Brauerei. Seit einigen Wochen besteht in Oranienburg in der Nähe von Berlin ein Sammellager für Mitglieder und Funktionäre der KPD und SPD. Das Lager, in dem in erster Linie auf Zucht und Ordnung und Sauberkeit Wert gelegt wird, ist militärisch organisiert, die Dienstordnung sieht für die Inhaftierten Arbeit, aber auch sportliche Übungen vor.* Es entsteht der Eindruck, als gehe es in dem *Sammellager* höchst human zu und als sei der Aufenthalt im KZ letztlich zum Wohle der *in Schutzhaft genommenen Linksradikalen. Die Gefangenen haben die Erlaubnis, in gewissen Abständen sowohl Briefe zu empfangen wie auch zu schreiben.* Sie dürfen Besuch empfangen und Sport treiben, was durch Fotos dokumentiert wird, und *wer sich gut führt, darf an der täglichen Lagerarbeit teilnehmen*, das heißt, er darf, wie ein Foto zeigt, Kartoffeln schälen. Trotz des militärischen Zeitplans, vom Wecken um 5:30 Uhr bis zum Zapfenstreich um 9 Uhr, scheint es im Lager sehr zivil zuzugehen. Die Gefangenen tragen keine einheitliche Sträflingskleidung, alle haben an, was sie bei ihrer Festnahme anhatten, die typische Freizeitkleidung der Arbeiter, einschließlich der proletarischen Schirmmütze. Nur wie und warum die Häftlinge – ohne jeden Prozess und ohne gerichtliches Urteil – ins KZ kamen, erfährt der Leser der *Woche* nicht.

Wie leichtgläubig mussten die Menschen sein, um an die Harmlosigkeit, ja Humanität der Konzentrationslager zu glauben? Überhaupt, wie naiv musste man sein, um von einer mit Lug und Trug, Gewalt und Terror an die Macht gekommenen Diktatur eine segensreiche Zukunft für das deutsche Volk zu erwarten? Sicher haben wir Kinder und Enkel gut kritisieren, wenn wir unseren Eltern und Großeltern Vorwürfe machen. Wir haben aus der Geschichte gelernt und leben in gesicherten politischen und wirtschaftlichen Verhältnissen. Was dürfen wir ihnen also vorhalten? Auf keinen Fall, dass sie keinen Widerstand leisteten. Das Leben aufs Spiel zu setzen, ist von niemandem zu erwarten. Aber rechtzeitig den Anfängen zu wehren, das kann man schon verlangen. Hitlers Aufstieg, vom Münchener Putsch bis zur Machtergreifung, dauerte zehn Jahre, da hat er sich in Wort und Schrift und Tag oft genug selber entlarvt. Etwas mehr kritisches Vermögen, etwas mehr politische Intelligenz, etwas mehr gesunden Menschenverstand hätten unsere Ahnen schon aufbringen können – und müssen. Wenigstens bei den Wahlen, solange es noch ging, hätten sie das Kreuz nur einfach an einer anderen Stelle machen müssen und nicht hinter der Hakenkreuzpartei. Mehr nicht. Und das ist nun wirklich nicht zu viel verlangt. Auch nicht bei sechs Millionen Arbeitslosen. Erst recht nicht bei sechs Millionen Arbeitslosen – wenn seriöse und erfahrene Politiker gefragt sind und man den demagogischen Schreihälsen gegenüber größte Skepsis aufbringen müsste.

Aber darüber haben meine Eltern nie mit mir gesprochen. Weder hatte ich den Mut, kritische Fragen zu stellen, noch hatten sie den Mut, ihr Versagen ehrlich zu hinterfragen. Geschichte ist geschehen. Aus und vorbei. Aber nicht nur aus ihrer politischen Einstellung, auch aus dem Berufsleben und ihrem Liebesleben machten sie ein Geheimnis. Was in der Wahlkabine, im Schlafzimmer, am Arbeitsplatz geschah, ging die anderen nichts an. Wahrscheinlich genierte man sich wegen der Fehler, die man beging, und wegen der Misserfolge, die man erlitt. Folglich schwieg man. Aber umgekehrt schickt es sich auch nicht, mit Erfolgen zu prahlen, mit der Karriere auf Kosten anderer und mit vorehelichen Abenteuern, denn der Kavalier genießt und schweigt. Zwar berichtete mein Vater stolz und gerne, dass er bei der Ufa und deren Tochter Tobis als Filmgeschäftsführer und Kassierer tätig war, doch richtig wichtig war ihm vor allem, dass er dabei mit den großen Filmstars zu tun hatte, denen er die Gagen errechnete und auszahlte und die sich als arrogant und geizig oder freundlich und freigiebig erwiesen und der Kasse etwas spendierten oder auch nicht und von meinem Vater entsprechende Schulnoten erhielten. Im Freundeskreis wurde er bewundert, weil er Umgang mit Prominenten hatte und von denen erzählen konnte. Doch von der eigentlichen Arbeit berichtete er nichts; von Problemen, Differenzen und Ärger am Arbeitsplatz, von Belobigung und Beförderung, von der Höhe und Auskömmlichkeit des Gehaltes hat er auch später nie gesprochen.

Meine Mutter war genauso zurückhaltend im Erzählen. Ich erfuhr nur, dass sie bei einem Verlag arbeitete – aber in welchem und als was? Alles Fehlanzeige. Wie sich der Nationalsozialismus im Verlagswesen und in der Filmindustrie breitmachte – schließlich wussten sie um die Macht der Medien – haben meine Eltern, auch nach dem Kriege, niemals erwähnt. Dass meine Mutter im Beruf erfolgreich war und recht gut verdiente, kann ich nur erschließen. Sie legte sich eine stattliche Bibliothek zu, und sie war, als sie mit 28 Jahren heiratete, in der Lage, von ihren Ersparnissen und auf ihren Namen das Reihenhaus zu erwerben, das dann mein Geburtshaus werden sollte. Vielleicht hat mein Großvater mit einer ansehnlichen Aussteuer bei dem Geschäft Hilfestellung geleistet, vielleicht unter der Bedingung, dass meine Mutter Alleineigentümerin wird, ich weiß es nicht. Vielleicht hegte er ein gewisses Misstrauen gegen den Schwiegersohn, der immerhin schon 36 Jahre zählte und sicher ein bewegtes Leben hinter sich hatte. Alles unklar. Wie und wo haben

Martin Hartmann und Eva Zwieg vor ihrer Eheschließung gelebt? In Berlin, das steht fest. Wohnten sie aber bei ihren Eltern oder irgendwo alleine zur Untermiete? Und wie und wo und wann lernten sie sich kennen? Welche gemeinsamen Interessen haben sie verbunden? Wie verbrachten sie ihre Freizeit? Haben sie sich lange gekannt? Waren sie lange verlobt oder ging alles ganz schnell? Lediglich von ihren Paddelbootfahrten auf den Gewässern rund um Berlin haben sie ein bisschen erzählt. Wahrscheinlich waren sie als junge Erwachsene irgendwie noch geprägt von den Idealen der Jugendbewegung und liebten das Leben in der Natur, fern der Großstadt, Jott We De, jans weit draußen, mit unkonventioneller Übernachtung im Zelt. Noch heute besitze ich ein schmales Kartenbändchen mit dem Titel *1000 Wege um Berlin*. Das war der Reiseführer meiner Eltern, wenn sie – noch ohne mich – zu Lande und zu Wasser unterwegs waren, zu Fuß oder im Boot, aber auf keinen Fall mit dem Fahrrad, denn das Radfahren hat meine Mutter Zeit ihres Lebens nicht erlernt.

Alles in allem waren die Dreißigerjahre eine glückliche Zeit, für meine Eltern und für Millionen anderer Deutscher, und zwar deshalb, weil man glücklich sein wollte und nicht sah und nicht sehen wollte, worauf alles hinauslief. Man glaubte, Privatleben und Politik seien zwei Paar Schuhe. Wer sich nicht um die Politik kümmert, den lässt auch sie in Frieden. In Frieden? Auf Dauer? Wirklich?

17

Der Buchstabe W oder Arbeit durch Aufrüstung

Die zwei Jahrzehnte zwischen den zwei Weltkriegen waren eine bewegte Zeit. Mal ging es abwärts, dann wieder aufwärts, und das jeweils fünf bis sechs Jahre. Erst Kapitulation, Revolution und Inflation, dann die Goldenen Zwanzigerjahre, bis die Weltwirtschaftskrise Deutschland heimsuchte. Ab 1933 war Hitler an der Macht und nun ging es nach Meinung der meisten Deutschen endlich wieder aufwärts. Will man die Entwicklung der Wirtschaft und die Stimmung der Bevölkerung grafisch darstellen, so sieht die Kurve wie der Buchstabe W aus – abwärts, aufwärts, abwärts, aufwärts.

Aber der Schein trügt. Ab 1933 ging es nicht wirklich aufwärts. Zwar erholte sich der Arbeitsmarkt und schon bald herrschte Vollbeschäftigung, aber das doch nur um den Preis rücksichtsloser Verschuldung und rücksichtsloser Rüstung. Deutschland wurde auf den nächsten Krieg vorbereitet, das heißt der Führer führte sein Volk an den Rand des Abgrundes und ab 1939 vollends in die Katastrophe. Die deutsche Geschichte seit 1918 ähnelte also nicht einem W, sondern muss durch eine ganz andere Kurve wiedergegeben werden.

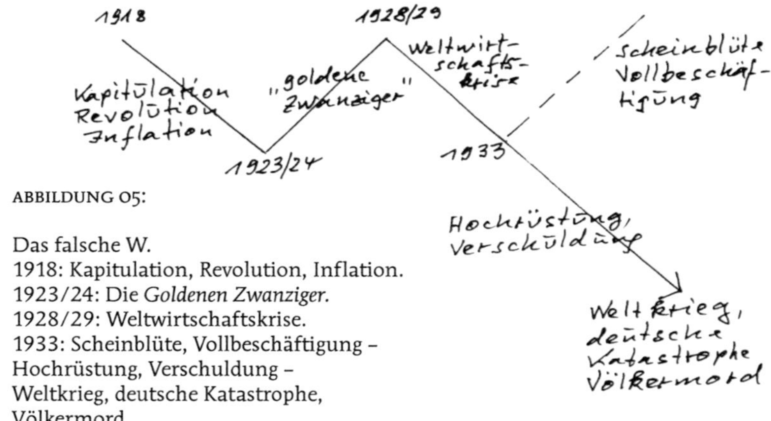

ABBILDUNG 05:

Das falsche W.
1918: Kapitulation, Revolution, Inflation.
1923/24: Die *Goldenen Zwanziger.*
1928/29: Weltwirtschaftskrise.
1933: Scheinblüte, Vollbeschäftigung – Hochrüstung, Verschuldung – Weltkrieg, deutsche Katastrophe, Völkermord.

Nachdem Hitler Kanzler geworden war, ging es ihm noch nicht um konkrete politische Maßnahmen, sondern in erster Linie darum, seine Macht mit allen Mitteln zu festigen und auszuweiten – bis hin zur Etablierung einer perfekten Diktatur. Macht als Selbstzweck, Macht als Droge. *Wir gieren nach Macht,* hatte Goebbels ganz unverblümt in seinem Tagebuch bekannt.

Psychologisch gesehen diente die Macht der Kompensation. Die Mehrzahl der Nazis, vor allem die *alten Kämpfer,* die mit den niedrigen Mitgliedsnummern, waren nichts anderes als eine Notgemeinschaft unzufriedener, frustrierter, gescheiterter Existenzen, und nun wollten sie ihre Defizite und Komplexe auf dem Umweg über die Politik kompensieren. Endlich Anerkennung, endlich Einfluss, endlich in Amt und Würden – also Macht. Nicht länger Underdog, sondern Jagdhund. Grausamkeit als Antwort auf die verkorkste Vergangenheit. In diesem Sinne war Hitler selbst der *typischste Nazi.* Sein Hakenkreuz ist ein getreues Abbild seines Lebens.

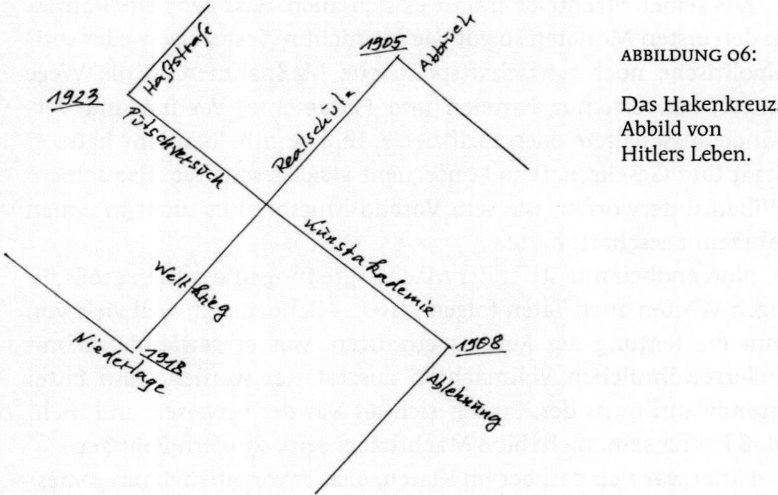

ABBILDUNG 06:

Das Hakenkreuz. Abbild von Hitlers Leben.

Viermal machte er sich auf einen ehrgeizigen Weg und viermal scheiterte er. Er schafft die Realschule nicht, er fällt durch die Aufnahmeprüfung zur Wiener Kunstakademie, er erlebt und erleidet die deutsche Niederlage von 1918, die er als persönliche Katastrophe empfindet, und er scheitert mit dem Putsch vom November 1923.

Jedes Mal sieht er die Schuld bei anderen und zieht aus seiner Niederlage die gleichen Konsequenzen. Sein Lebensweg knickt scharf nach rechts ab und der Gescheiterte schmiedet neue, ehrgeizige Pläne. Der gescheiterte Schüler will ein großer deutscher Künstler werden, der gescheiterte Künstler ein aggressiver Philosoph, der gescheiterte Gefreite ein patriotischer Politiker, der erfolglose Politiker per Putsch deutscher Kanzler. Der gescheiterte Putschist will mit veränderter Taktik – nämlich auf scheinlegalem Wege – der Diktator über Deutschland werden. Und das gelingt ihm wirklich.

Seine Machtgier war geradezu krankhaft. Er stellte in dieser Hinsicht all seine Parteigenossen in den Schatten. Der Wagnerverehrer Hitler wollte sich um jeden Preis den Ring der Nibelungen verschaffen, dieses Symbol der grenzenlosen Macht, und dabei über Leichen gehen, genau wie in der Operntetralogie vorgebildet – ohne Rücksicht auf die Einsicht, dass das ganze Unternehmen mit der Götterdämmerung endet.

Aus seiner Machtgier erklärt es sich auch, dass der neue Kanzler in den ersten Monaten so gut wie gar nicht regierte, also weder sozialpolitische noch wirtschaftspolitische Maßnahmen in die Wege leitete, sondern nur Parteien und Parlamente, Vereine und Verbände ausschaltete oder nazifizierte. In einem halben Jahr hatte er Staat und Gesellschaft so konsequent gleichgeschaltet, also seinem Willen unterworfen, wie sein Vorbild Mussolini es nicht in einem Jahrzehnt geschafft hatte.

Nun endlich musste er der Machtergreifung und seinen großspurigen Worten auch Taten folgen lassen. Nicht zuletzt, weil viele von ihm die Rettung des Reiches erhofften, war er gewählt und mit außergewöhnlichen Vollmachten ausgestattet worden. Also bitte! Irgendwann muss der Kanzler sich als Kanzler beweisen und nicht bloß Führer sein, nicht bloß Machthaber sein, sondern Politiker.

Hitler war sich darüber im Klaren, dass er vor allem daran gemessen wird, ob es ihm gelingt, die Arbeitslosigkeit entscheidend zu senken, zumal er genau das immer wieder versprochen hatte. Ihm persönlich war aber etwas anderes viel wichtiger, nämlich außenpolitische Erfolge: Revision des Versailler Vertrags, Anschluss Österreichs, Lebensraum im Osten, also Kriegsbereitschaft, also Rüstung. Und beide Ziele ließen sich bestens miteinander verbinden.

Die Patentlösung lautete: Arbeitsbeschaffung durch Aufrüstung. Und diese Rechnung ging wirklich auf. Die Zahl der Arbeitslosen sank im Jahre 1933 von 6 auf 4 Millionen, 1934 unter 3, 1935 unter 2, 1937 unter 1, 1938 unter eine halbe Million. Das war zweifellos ein großer Erfolg, und dafür gibt es Gründe. Aber nicht alle Gründe hängen mit den Maßnahmen der Hitler-Regierung zusammen und nicht alle Maßnahmen waren seriös. Hitler hatte Glück und konnte davon profitieren, dass bereits im Jahre 1932 die Weltwirtschaftskrise im Abklingen begriffen war. Überall in der Welt sprang die Wirtschaft wieder an und kam in Fahrt. Nicht nur in Deutschland. Dem Reich kam zudem zugute, dass bereits Brüning kurz vor seinem Sturz das Ende der deutschen Reparationszahlungen ausgehandelt hatte. Im Übrigen musste Hitler gar keine Arbeitsbeschaffungsmaßnahmen entwickeln, er musste nur fortsetzen, was seine Vorgänger schon begonnen hatten, auch der gerühmte Autobahnbau ist nicht seine Erfindung. Die Pläne stammen bereits aus dem Jahre 1926 und eine Teststrecke (Köln-Bonn) existierte bereits.

Viele der Arbeitsbeschaffungsmaßnahmen waren alles andere als fortschrittlich. So sollte, um möglichst viele Menschen zu beschäftigen, nur mit dem Spaten und nicht mit Maschinen gearbeitet werden, so beim Deichbau, bei der Trockenlegung von Sümpfen, beim Aufforsten und beim Autobahnbau. Gesetzliche Vorschrift: *Alle Arbeiten sind durch menschliche Arbeitskräfte auszuführen, soweit nicht maschinelle Hilfsmittel unerlässlich sind.* Dass diese Knochenarbeit nur sehr gering entlohnt wurde, versteht sich von selbst. Der Stundenlohn eines Bauhilfsarbeiters betrug 1937 nicht mehr als 65 Reichspfennige. Davon konnte er sich nicht mal ein Kilo Zucker kaufen (Preis 80 Pfennig).

Bezeichnend für die Taktik und die Ideologie der Nazis ist auch die Tatsache, dass die Gewährung eines Ehestandsdarlehens von 1000 Mark zur Bedingung hatte, dass die junge Frau aus dem Beruf ausschied und so einer oder einem Arbeitslosen den Platz frei machte. Schließlich sollte die Frau in erster Linie Mutter sein und dem Führer möglichst viele Kinder schenken, am besten Jungen, also zukünftige Soldaten. Als Geburtsanreiz diente die Regelung, dass ein Ehepaar das zinslose Darlehen *abkindern* konnte, das heißt, dass ihnen pro Kind 250 Mark Schulden erlassen wurden. Nur wenigen ist der Widerspruch zwischen der staatlichen Vermehrungsförderung und dem faschistischen Beklagen, dass die Deutschen ein Volk ohne Raum seien, aufgefallen.

Entscheidend für den Rückgang der Arbeitslosigkeit waren aber nicht die zivilen Staatsaufträge (Wohnungsbau, Landschaftsbau, Autobahnbau), die sich bis 1939 nur auf 7 Milliarden Reichsmark beliefen, entscheidend waren die Kosten für die Aufrüstung in Höhe von 75 Milliarden. Hier vergab der Staat gewaltige Aufträge. So entstanden Arbeitsplätze in der Industrie, zugleich wurden Hunderttausende von Männern durch die allgemeine Wehrpflicht und durch die Pflicht zum Reichsarbeitsdienst gebunden, was den Arbeitsmarkt zusätzlich entlastete. Da das Reich im Falle des ja angestrebten Krieges möglichst unabhängig von Einfuhren aus dem unter Umständen sogar feindlichen Ausland sein musste (Lebensmittel, Rohstoffe), forderte Hitler die wirtschaftliche Autarkie, das heißt, die deutsche Landwirtschaft sollte aus eigener Kraft das deutsche Volk ernähren, und die deutsche Industrie sollte aus dem im Reich reichlich vorhandenen Rohstoff Kohle synthetisches Benzin und synthetischen Kautschuk herstellen. Diese aufwendige und kostspielige Produktion verlangte nach Arbeitskräften, verringerte also zugleich die Arbeitslosigkeit.

Am Anfang der NS-Wirtschaftspolitik standen das Erste und das Zweite Gesetz zur Verminderung der Arbeitslosigkeit vom 1. Juni und vom 21. September 1933. Schwerpunkt war zunächst der Autobahnbau. Am 23. September nahm Hitler höchstpersönlich bei Frankfurt den ersten Spatenstich vor, den er an anderen Stellen sehr propagandawirksam noch mehrfach wiederholen sollte. Bald schippten 100000 Mann an den Straßen des Führers, wie die Autobahnen genannt wurden. Geplant waren 7000 Kilometer, fertig wurden 3000. Dafür verdoppelten sich die Kosten (eine Million pro Kilometer statt eine halbe Million, wie ursprünglich veranschlagt).

Alle Arbeitsprogramme waren nur Mittel zum Zweck. Schon am 8. Februar ’33 hatte Hitler sein Kabinett wissen lassen, dass alle Maßnahmen daran zu messen seien, ob sie der Wehrhaftmachung *dienten,* die in fünf Jahren abgeschlossen sein solle. Alles müsse dem Militär untergeordnet werden, so wie auch die Autobahnen neben der zivilen Nutzung strategischen Zwecken dienen sollten. Obgleich die Arbeitslöhne, der Sold der Wehrpflichtigen (ab März 1935) und die Entschädigung der Arbeitsdienstmänner (Pflicht seit 1935) sehr bescheiden waren, verschlangen die Aufrüstung und die Arbeitsprogramme sehr viel Geld. Das hatte die Hitler-Regierung nach den mageren Jahren der Wirtschaftskrise aber nicht. Doch Hitler hatte etwas anderes. Er hatte Glück und er hatte Schacht.

Der war schon vor der Machtergreifung sein Finanzberater und sein Kontaktmann zur Industrie, hatte bei den Bossen ja auch mit Erfolg Wahlspenden eingeworben, und wurde nun von Hitler zum Reichsbankpräsidenten gemacht (März '33) und dann auch noch zum Reichswirtschaftsminister (August '34). Der war ein gewiefter Finanzjongleur und erfand das System der *Mefowechsel*, wodurch die Geldmittel für die Aufrüstung beschafft wurden. Mit diesen Mefowechseln wurden die Rüstungsgüter bezahlt. Die Wechsel wurden allgemein akzeptiert und liefen sogar als eine zweite Währung um, weil dahinter eine – anscheinend – glaubwürdige Firma mit seriösem Namen stand, und das war die *Metallurgische Forschungsgesellschaft*, kurz *Mefo*. Teilhaber waren die vier renommierten Unternehmen Siemens, Krupp, Gutehoffnungshütte und Rheinmetall, die selber an der Rüstung interessiert waren und verdienten. Das Stammkapital dieser Scheinfirma Mefo belief sich auf eine einzige kümmerliche Million. Aber mit dem Wechseln dieser Mefo wurden die Milliarden bezahlt, die die Rüstungskonzerne dem Auftraggeber Staat in Rechnung stellten. Sie nahmen die Mefowechsel, weil der Staat nach einer Laufzeit von fünf Jahren die Rückzahlung garantierte, denn Hitler glaubte, dass nach Krieg und Sieg die Feinde zahlen würden, so wie Deutschland nach dem Versailler Vertrag. Bis 1938 waren die über die Mefo mit ihrer einen Million Kapital laufenden Wechsel, indirekt also die Schulden des Staates, auf 12 Milliarden angewachsen. 1945 beliefen sich die Staatsschulden auf fast 400 Milliarden Reichsmark.

Zunehmend finanzierte der Staat seine galoppierenden Ausgaben mithilfe der rotierenden Notenpresse. Das Geld wurde immer mehr – und immer weniger wert. Kurz: Es kam zur Inflation. Da der Krieg verloren ging, zahlten nicht, wie erhofft, die besiegten Feinde, sondern die deutschen Sparer. Was 1923 geschehen war – radikale Abwertung der Mark – , das wiederholte sich bei der Währungsreform von 1948. Hitler hatte Millionen Deutsche – Soldaten, Flüchtlinge, die Opfer der Luftangriffe in den Tod getrieben, er hatte, statt den versprochenen Lebensraum im Osten zu erobern, die deutschen Gebiete jenseits der Oder und Neiße verspielt und er hatte sein Volk in Armut und Elend gestürzt.

Dennoch waren die Deutschen in den ersten Hitler-Jahren nicht unzufrieden. Abgesehen von den Verfolgten, Vertriebenen, Unterdrückten, Inhaftierten und Gedemütigten passte sich die Mehrheit an oder war sogar begeistert. Wie vor Hitler ließ man sich auch unter Hitler an der Nase herumführen. Man sah nur, was man sehen wollte, und nicht, was man eigentlich hätte sehen sollen. Man war erleichtert, dass die Zeit der Arbeitslosigkeit vorbei war, verdrängte aber, dass sich die Arbeitsbedingungen erheblich verschlechterten. Wirkliche Gewerkschaften gab es nicht mehr, Streiks waren verboten und die Betriebe wurden quasi zu Kasernen. Das *Gesetz zur Ordnung der nationalen Arbeit* bestimmte: *Im Betriebe arbeiten die Unternehmer als Führer des Betriebes, die Angestellten und Arbeiter als Gefolgschaft gemeinsam zur Förderung der Betriebszwecke und zum gemeinen Nutzen von Volk und Staat. Der Führer des Betriebes entscheidet der Gefolgschaft gegenüber in allen betrieblichen Angelegenheiten.*

Von nationalem Sozialismus keine Spur, stattdessen der Herr-im-Haus-Standpunkt. Die Stundenlöhne für männliche Facharbeiter, die während der Weltwirtschaftskrise von 1 Mark auf 80 Pfennig gesunken waren, blieben auf diesem Niveau. Allerdings stieg der Bruttowochenlohn durch die Verlängerung der gesetzlichen Arbeitszeit und Überstunden, aber der Lebensstandard verbesserte sich nicht, da die Lebenshaltungskosten stiegen und der Nettolohn sank, durch vermehrte Steuern, Abgaben, Zwangsmitgliedsbeiträge (Partei, DAF – Deutsche Arbeitsfront, und so weiter) und unumgängliche Spenden, zum Beispiel für das Winterhilfswerk WHW (Motto: *Keiner soll hungern und frieren*, Volksspott: *Keiner soll hungern, ohne zu frieren*). Es ging den Menschen nicht besser, nur versuchte die Propaganda, ihnen das weiszumachen.

Immer wieder kam es aufgrund der Autarkiepolitik zu Versorgungsengpässen. Importe, die nicht der Rüstung dienten, sondern dem Konsum, wurden eingeschränkt, und der Bedarf durch mehr oder weniger minderwertige Ersatzstoffe befriedigt, zum Beispiel

Zellstoff statt Wolle. Man aß unter Hitler, der selber Vegetarier war, weniger Fleisch als 1928, überhaupt wurde dem Volk ein frugales rustikales Essen als nationale Delikatesse nahegebracht, Roggen statt Weizen, also Schwarzbrot statt Weißbrot, Kartoffeln in Erinnerung an Friedrich den Großen, Margarine statt Butter, Marmelade statt Wurst und Käse. Und wirklich stieg der Verbrauch an Marmelade auf das Dreifache. Immer wieder wurden Eintopfsonntage ausgerufen, um das Volk zu Bescheidenheit und Sparsamkeit anzuhalten, wobei die führenden Bonzen mit propagandistischem Beispiel vorangingen und sich am öffentlichen Suppelöffeln beteiligten.

Ein typisches Beispiel für den Betrug am kleinen Mann, den er aber zunächst gar nicht mitbekam und mitbekommen konnte, war das Versprechen, dass er es schon bald zum eigenen Volkswagen (Preis 990 Mark) bringen werde, wenn er nur fleißig spare: *Fünf Mark pro Woche musst du sparen, willst du im eigenen Wagen fahren.* 336000 Besteller hatten bei Kriegsbeginn angezahlt, 60000 bereits die volle Summe entrichtet, aber ausgeliefert wurde kein einziger Käfer. Denn Wolfsburg produzierte inzwischen Kübelwagen für die Wehrmacht.

Apropos Wehrmacht. Die Wehrmacht war Hitlers liebstes Kind. Unter diesem Namen firmierte die deutsche Armee seit Einführung der allgemeinen Wehrpflicht, und mit dieser Wehrmacht wollte er seine Kriege führen.

Zunächst hatte er mit der Reichswehr vorliebnehmen müssen, mit der kleinen Berufsarmee der Weimarer Republik. Er hatte die Generalität auf seine Seite gebracht, die Aufrüstung war sowohl in seinem als auch in ihrem Sinne. Aber neben der Reichswehr gab es die SA. Die wollte Kern eines deutschen Millionenheeres werden und die Reichswehr an die Wand drücken. Hitler aber wusste, dass er keine Saalschlachtmänner und Straßenjungens brauchte, sondern militärische Profis. Die SA störte also bei der Aufrüstung.

Hinzu kam, dass viele von einer zweiten Revolution träumten, dass sie den Sozialismus, der ja im Namen Nationalsozialismus angekündigt ist, einklagen wollten, eine Umverteilung des Volksvermögens einforderten und sich bisher zu kurz gekommen und von Hitler im Stich gelassen, wenn nicht verraten fühlten. Hitler hatte die SA gebraucht, um die Macht in Deutschland zu erobern, um Europa zu erobern brauchte er eine Armee aus gelernten Soldaten. Jetzt ging es nicht mehr um Straßenschlachten im roten Wedding, jetzt musste man richtige Schlachten auf den Schlachtfeldern Europas schlagen. Eine gewisse Zeit hatte Hitler, der immer gerne bis zum letzten Moment wartete, die Entscheidung zwischen Reichswehr und SA vor sich her geschoben, aber im Sommer 1934 glaubte er, handeln zu müssen. Das Rowdytum der SA war oft auf den Unmut der Bevölkerung gestoßen. Hitler aber wollte den seriösen Kanzler spielen, wie damals am Tag von Potsdam. Ruhe und Ordnung sollten einkehren, die Revolution wurde für beendet erklärt, die SA sollte domestiziert werden. Schon im August '33 begann Göring damit, die SA-Hilfspolizei wieder aufzulösen. Aber die SA war inzwischen, nach der Eingliederung des Stahlhelms auf 4 Millionen Mann angewachsen, und ihr Führer Ernst Röhm wurde Hitler langsam unheimlich. Er traute seinem einzigen Duz-Freund nicht mehr über den Weg. Er war ihm zu mächtig geworden, und Röhms Pläne von einer SA-Miliz passten ihm nicht ins Konzept. Er braucht die Reichswehr, die reguläre Armee, und war deshalb bereit, Röhm und die SA-Führung zu opfern, das heißt, zu liquidieren. Die SA sollte entmachtet werden, die Reichswehr einziger Waffenträger der Nation sein.

Hitlers Methode war dann die übliche. Zuerst wurde der Gegner diffamiert und die Öffentlichkeit entsprechend beeinflusst: Röhm plane einen Putsch, wolle den Führer stürzen, wolle eine zweite Revolution – der Staat sei also in höchster Gefahr, da müsse sofort reagiert und zurückgeschlagen werden, ohne Rücksicht auf Verluste und Gesetze. Nicht anders hatte man es beim Reichstagsbrand gehört. Darüber hinaus wurde die in Männerbünden häufige Homosexualität Röhms und seiner Mannen, obgleich längst bekannt, plötzlich angeprangert. Die angehenden Mörder wollten sich sittenstreng und tugendsam geben. Zur Durchführung seines Moralprogrammes brauchte Hitler willfährige Schergen, und die fand er in der SS.

Die Schutzstaffel hatte sich im Schoße der SA entwickelt, war erst nur eine kleine Untergliederung, verstand sich aber in ihren vornehmen und bedrohlichen schwarzen Uniformen als Elite und blickte mit Hochmut auf die primitive braune Massen-SA herab. Nicht zufällig waren in ihren Reihen viele Akademiker, Adlige und Großbürger. An der Spitze stand mit dem Münchener Studienratssohn Heinrich Himmler der skrupellose *Reichsführer SS*. Der wollte nach der Beseitigung Röhms seine SS zu einer eigenständigen Organisation machen und selber in die erste Reihe der Hitler-Paladine aufsteigen. Auch Göring und Goebbels wollten in ihrer Machtgier den inzwischen sogar im Kabinett sitzenden Konkurrenten loswerden. Hitler und Himmler, Göring und Goebbels waren also die Drahtzieher dieser faschistischen Bartholomäusnacht.

Hitler überzeugte Röhm in einem freundschaftlichen Gespräch, mit scheinheiligen Argumenten, die verdienten SA-Männer in den wohlverdienten Sommerurlaub zu schicken. Und die SA-Führer, vorübergehend ohne ihre Leibgarden, beorderte er für den 30. Juni (1934) nach Bad Wiessee zu einer Lagebesprechung. Mit dem Vorwurf, einen Putsch zu planen, obgleich die SA-Stürme doch beurlaubt waren, wurden sie samt und sonders verhaftet. Seinen Freund Röhm holte Hitler nachts um 4 Uhr höchstpersönlich aus dem doppelt belegten Bett. Ohne Prozess und Urteil wurden die Beschuldigten noch in derselben Nacht aus den Zellen geholt – *Sie sind vom Führer zum Tode verurteilt worden, Heil Hitler!* – und sofort erschossen; Röhm, der sich weigerte, Selbstmord zu begehen, als einer der Letzten.

Die Durchführung der Meuchelaktion lag in Händen der *SS-Leibstandarte Adolf Hitler* unter Führung Sepp Dietrichs, wofür die Mörder später mit einem Ehrendolch belohnt wurden. Wer denkt beim Wort *Dolch* nicht an die heimtückische Stoßwaffe, mit der hinterrücks zugestoßen wird, wem fällt nicht Schillers Attentäter Damon ein, der mit dem *Dolch im Gewande*, oder die Dolchstoßlegende, die Hitler selbst wieder und wieder propagandistisch ausgeschlachtet hatte? Und nun verleiht er, entlarvend genug, einen Dolch als Symbol nationalsozialistischer Auffassung von Ehre.

Eine Parallelaktion fand unter Görings Leitung in Berlin statt. Aufgrund von Namensverwechslung wurden auch Unbeteiligte ermordet. Insgesamt hat es etwa 200 Opfer gegeben. Genaue Angaben sind nicht möglich, da polizeiliche und gerichtliche Ermittlungen von höchster Stelle untersagt waren und Todesanzeigen in Zeitungen verboten wurden, was in Goebbels‘ gleichgeschalteter Presse ja problemlos durchzusetzen war. Die *Nacht der langen Messer* wurde gleichzeitig dazu benutzt, alte Rechnungen zu begleichen, auch von Hitler selbst. Die Liste der Ermordeten liest sich wie ein Rückblick auf Hitlers politisches Leben. Ermordet wurden Ritter von Kahr, der ihm im November ’23 beim Putschen nicht gefolgt war, ermordet wurde Bernhard Stempfle, der *Mein Kampf* überarbeitet hatte und somit Hitlers schriftstellerische Schwäche kannte, ermordet wurde sein Konkurrent vom linken Flügel der Partei, Gregor Strasser, den Kurt von Schleicher einst abwerben und für eine Koalition gewinnen wollte. Dafür wurde auch von Schleicher ermordet, zusammen mit seiner Frau. Da kannten die NS-Kavaliere kein Pardon. Herbert von Bose und Edgar Jung, Mitarbeiter des Noch-immer-Vizekanzlers von Papen, mussten ihre Kritik an der Hitler-Diktatur mit dem Leben bezahlen. Jung war der Verfasser der kritischen Rede, die von Papen am 17. Juni in Marburg gehalten hatte. Dass er selbst mit dem Leben davonkam, hat er wohl nur der Tatsache zu verdanken, dass er unter dem Schutze Hindenburgs stand.

Die Aufnahme, die dieser in Mafia-Manier durchgeführte Vergeltungsschlag in der Öffentlichkeit fand, war unterschiedlich. Einige waren skeptisch gegenüber dieser Selbstjustiz, die Mehrheit aber atmete auf, dass den braunen Rabauken endlich die Grenzen aufgezeigt wurden. Protest jedenfalls gab es nicht, auch nicht aus den Reihen der SA selbst. Nur ganz unten in der SA-Hierarchie rührte sich ein bisschen Unmut, so bei dem Vater eines späteren Klassenkameraden von mir, der ein paar Jahre nach dem *Röhm-Putsch* immerhin so viel Zivilcourage aufbrachte, dass er seinem Sohn im Andenken an den ermordeten Berliner SA-Führer Karl Ernst den Doppelvornamen Karl Ernst gab.

Die Reichswehr nahm es wortlos hin, dass zwei ihrer Generäle (von Schleicher und von Bredow) ermordet worden waren, die hohen Militärs, denen doch sonst die Ehre über alles geht, stießen sich auch nicht an der Ermordung einer Generalsgattin, sie waren vielmehr zufrieden, dass die SA, ihre Konkurrentin, entmachtet worden war.

Unter ihrem neuen, Hitler devot ergebenen Führer Victor Lutze (der übrigens in der Vergangenheit die von Röhm in kleinem Kreise geäußerten abwertenden Bemerkungen – *Adolf ist gemein* – dem Führer fleißig zugetragen hatte) wurde die SA zu einer harmlosen und gehorsamen Massenorganisation und diente fast nur noch als Dekoration bei Massenveranstaltungen. Enttäuscht traten im folgenden Jahr 40% der Mitglieder aus. Die SS aber stieg auf, sie wurde eine selbstständige Organisation mit besonderen Aufgaben, und Himmler war Hitler direkt unterstellt. Das Kabinett rechtfertigte das Morden und beschloss ein Gesetz, das nur einen einzigen Artikel hatte: *Die zur Niederschlagung hoch- und landesverräterischer Angriffe am 30. Juni, 1. und 2. Juli 1934 vollzogenen Maßnahmen sind als Staatsnotwehr rechtens.* Punkt, Schluss. Mit Recht hat das alles nichts mehr zu tun, aber von der Justiz kamen keine Bedenken. Im Gegenteil.

Der berühmte Rechtswissenschaftler Carl Schmitt schrieb in Bezug auf den 30. Juni: *Der Führer schützt das Recht vor dem schlimmsten Missbrauch, wenn er im Augenblick der Gefahr kraft seines Führertums als oberster Gerichtsherr unmittelbar Recht schafft. Der wahre Führer ist immer auch Richter. Aus dem Führertum fließt das Richtertum … In Wahrheit war die Tat des Führers echte Gerichtsbarkeit. Sie untersteht nicht der Justiz, sondern war selbst höchste Justiz … Das Richtertum des Führers entspringt derselben Rechtsquelle, der alles Recht jedes Volkes entspringt. In der höchsten Not bewährt sich das höchste Recht und erscheint der höchste Grad richterlich rächender Verwirklichung des Rechts. Alles Recht stammt aus dem Lebensrecht des Volkes.* Eine teuflische Rechtfertigung von Diktatur und Willkür, eine Absage an Gewaltenteilung und Demokratie.

Von Gut Neudeck, wohin Hindenburg sich zum Sterben zurückgezogen hatte, kam ein Telegramm, in dem der Reichspräsident seinen tief empfundenen Dank ausdrückte, dass Hitler das deutsche Volk aus einer schweren Gefahr gerettet habe. Ob der alte Herr den Text selbst verfasst hat, ob er den Text wenigstens gekannt hat, und wenn ja, ob er ihn noch verstanden hat, muss offen bleiben. So oder so, Hitler saß jetzt fester im Sattel als je zuvor. Er hatte die SA gebändigt und entmachtet und er hatte die Herren der Reichswehr zu Komplizen gemacht und an sich gebunden, hatten sie doch die Bluttat vom 30. Juni gebilligt und von ihr profitiert. Er ging sogar noch weiter und verpflichtete die Reichswehr zu noch größerer Abhängigkeit. Dazu bereitete er ganz gezielt einen erneuten Wort-, Verfassungs- und Gesetzesbruch vor. Den Tod Hindenburgs wollte er dazu benutzen, das Amt des Reichspräsidenten einfach zu streichen. Die verfassungsmäßig vorgeschriebene Neuwahl eines Nachfolgers sollte nicht stattfinden. Im *Gesetz über das Staatsoberhaupt des Deutschen Reiches* vom 1. August 1934 wird festgelegt: *Das Amt des Reichspräsidenten wird mit dem des Reichskanzlers vereinigt. Infolge dessen gehen die bisherigen Befugnisse des Reichspräsidenten auf den Führer und Reichskanzler Adolf Hitler über.* Der besaß nicht einmal so viel Taktgefühl, den Tod des Mannes abzuwarten, der ihm anderthalb Jahre zuvor das Kanzleramt anvertraut hatte. Dass er am 23. März '33 versprochen hatte, das Amt und die Rechte des Präsidenten nicht anzutasten und dies in seinem eigenen Ermächtigungsgesetz ausdrücklich festgeschrieben hatte, darauf kam es jetzt nicht mehr an. Es ging Hitler nur um die Arrondierung seiner Macht.

Als Hindenburg am 2. August starb, bemächtigte sich Hitler sofort seines angemaßten Erbes. Politische Leichenfledderei. Vor allem übernahm er den Oberbefehl über die Reichswehr, den bisher der Präsident hatte. Gefestigt wurde Hitlers Position noch dadurch, dass alle Soldaten auf ihn persönlich vereidigt wurden. Während der Soldat bisher der Reichsverfassung die Treue geschworen hatte, lautete der neue Eid wie folgt: *Ich schwöre bei Gott diesen heiligen Eid, dass ich dem Führer des Deutschen Reiches und Volkes, Adolf Hitler, dem Oberbefehlshaber der Wehrmacht, unbedingten Gehorsam leisten und als tapferer Soldat bereit sein will, jederzeit für diesen Eid mein Leben einzusetzen.* Der permanente Wort- und Rechtsbrecher Hitler wusste, dass die meisten Menschen – im Gegensatz zu ihm – einen solchen Schwur durchaus ernst nehmen. Dem erneuten Verfassungsbruch (kein Eid mehr auf die Verfassung) stellte Hitler dann aber, wie üblich, eine pompöse Propagandashow gegenüber. Hindenburgs Beisetzung in dem Ehrenmal von Tannenberg, wo der Generalfeldmarschall seinen größten Triumph erlebt hatte, wurde ähnlich theatralisch inszeniert wie seinerzeit der Tag von Potsdam.

Propagandistischen Zwecken diente auch die für den 19. August angesetzte Volksabstimmung über das Gesetz vom 1. August, also über die Zusammenlegung der Ämter des Kanzlers und des Präsidenten. Indirekt war es auch eine Abstimmung über die Person und die Politik Hitlers. Er war sich einer breiten Zustimmung sicher. Dennoch erfuhr er mehr Ablehnung als erwartet. Zwei Millionen Wahlberechtigte blieben der Abstimmung fern, eine Million gab ungültige Stimmen ab, vier Millionen stimmten mit Nein. Sieben Millionen konnte der Führer also immer noch nicht als Gefolgschaft gewinnen. Aber die 15% Skeptiker und Gegner kümmerten ihn nicht, er wusste die Mehrheit des Volkes hinter sich und konnte gezielt auf seinen Krieg zusteuern. Wirtschaftspolitik und Innenpolitik waren nur das Sprungbrett seiner aggressiven Außenpolitik. Krieg war für ihn nicht – wie für den berühmten preußischen Militärtheoretiker Carl von Clausewitz – *die Fortsetzung der Politik mit anderen Mitteln,* also die ultima ratio, wenn Konflikte nicht mehr auf diplomatischem Wege zu lösen waren, Krieg war für Hitler das Ziel der Politik. Krieg steht nicht im Dienste der Politik, sondern die Politik im Dienste des Krieges.

Das Leben, so hatte er in Anlehnung an Charles Darwin schon in *Mein Kampf* postuliert, sei ein dauernder Kampf ums Dasein, nur der Stärkere überlebt, alles Schwache muss untergehen. Was Darwin mit seiner Lehre vom *survival of the fittest* auf die Natur bezogen hatte, seine Lehre von Auslese und Evolution, das übertrug Hitler auf das Zusammenleben der Menschen und Völker. Nächstenliebe, Mitleid und Hilfsbereitschaft, wie zum Beispiel vom Christentum verlangt, waren schädlich, ja, selbstmörderisch und ein Zeichen von Schwäche. *Minderwertige* Menschen (wie Behinderte) und *minderwertige* Rassen (wie die Juden) galt es auszumerzen. Völker, die dem Expansionsdrang des eigenen Volkes im Wege waren, also der Eroberung von Lebensraum, müssen unterworfen und versklavt werden, wie die Slawen in Osteuropa.

Krieg war also notwendig und die einzige sinnvolle Lebensweise. Das hatte Hitler am eigenen Leibe erfahren. Bis er 25 wurde, war er nichts als ein arbeitsscheuer und frustrierter Tagedieb. Erst als Freiwilliger an der Front gewann er seiner Existenz einen Sinn ab, und das Eiserne Kreuz war die offizielle Bestätigung und Belohnung dieser militanten Weltanschauung. Die nahm er aus dem Krieg mit ins zivile Leben der Nachkriegszeit. Rache an den Siegermächten und an den Verrätern in den eigenen Reihen, den sogenannten Novemberverbrechern, war sein manisch-fanatisches Bestreben. Die Begeisterung für Kampf und Krieg, wie er sie als Fronterlebnis erfahren hatte, musste im kriegsmüden deutschen Volk neu erweckt werden. Wenn er von Wehrhaftmachung sprach, meinte er sowohl die militärische Aufrüstung als auch die ideologische. Aber bei dieser Militärmission war natürlich Vorsicht geboten, man musste Rücksicht nehmen auf das misstrauische Ausland und auf das eigene Volk, das noch vom letzten Krieg die Nase voll hatte. Noch durfte Hitler die Tigerkatze nicht aus dem Sack lassen. Nur im kleinsten Kreis durfte er ehrlich sein, vor seinen engsten Vasallen oder vor der Generalität. *Si vis pacem, para bellum,* sagt der Lateiner. *Wenn du den Frieden willst, bereite den Krieg.*

Für Hitler galt das Gegenteil: Wenn du den Krieg willst, rede vom Frieden. Genau das tat er, laut und öffentlich und immer wieder. So am 17. Mai '33 vor dem Reichstag, der eigens zu diesem Anlass mal wieder einberufen worden war. Hitler schwärmte vom Frieden und warnte vor dem Krieg. Er log so überzeugend, dass seinem Friedensprogramm sogar von der inzwischen halbierten SPD zugestimmt wird, einen Monat vor ihrem endgültigen Verbot. Die gleichen Methoden, mit denen Hitler in Deutschland an die Macht gekommen war, bestimmten auch seine Außenpolitik: Täuschung, Verharmlosung, Verhandlungsbereitschaft, Friedfertigkeit – verbunden allerdings mit Einschüchterung und Drohung. Die politische Eroberung Deutschlands war nur die Generalprobe für die militärische Eroberung Europas. Vorsichtig beginnen, glaubwürdig erscheinen, am besten mit religiösem Touch, das gibt der Politik einen seriösen Anstrich. Erster Verhandlungspartner wird folglich der Vatikan. Das Konkordat vom 20. Juli '33 zwischen dem Reich und dem Papst bedeutet die Anerkennung des nationalsozialistischen Staates und seines Führers. Der eigentliche Verlierer dieses Abkommens ist die katholische Kirche. Zwar darf sie in Deutschland ungehindert seelsorgerisch und sozial tätig sein, aber sich nicht mehr politisch engagieren. Politik ist allein Sache der NSDAP. Andere Parteien gibt es ja ohnehin nicht mehr, auch das Zentrum nicht. Mit Zustimmung Roms ist der politische Katholizismus in Deutschland zur Strecke gebracht. Das Konkordat ist eine Art kirchenpolitisches Ermächtigungsgesetz.

Über Frieden und Abrüstung lässt sich trefflich streiten. Das weiß auch Hitler. Wenn er mit Kreidestimme von Abrüstung redet, meint er vor allem die anderen. Er verlangt ein Rüstungsgleichgewicht, aber England und Frankreich sind zu misstrauisch, als dass sie sich darauf einlassen. Erst nach einer Bewährungszeit von vier Jahren, so der britische Außenminister, sollte Deutschland voll gleichberechtigt sein. Das ist für den Führer ein gefundenes Fressen, um sich zu empören und Konsequenzen zu ziehen. Am 14. Oktober 1933 erklärt er:

Da die deutsche Reichsregierung in diesem Vorgehen eine ebenso ungerechte wie entwürdigende Diskriminierung des deutschen Volkes erblickt, sieht sie sich außerstande, unter solchen Umständen als rechtlose und zweitklassige Nation noch weiterhin an den Verhandlungen teilzunehmen, die damit nur zu neuen Diktaturen führen könnten. Indem die deutsche Reichsregierung daher erneut ihren unerschütterlichen Friedenswillen bekundet, erklärt sie angesichts dieser demütigenden und entehrenden Zumutungen zu ihrem tiefsten Bedauern, die Abrüstungskonferenz verlassen zu müssen. Sie wird deshalb auch den Austritt aus dem Völkerbund anmelden.

Hitler spielt den Gekränkten und schiebt der Gegenseite den Schwarzen Peter zu, die Schuld am Scheitern der Verhandlungen. Wenn der Völkerbund keine gerechte Abrüstung zu Wege bringt, ist dieser Verein nichts wert und Deutschlands Austritt nur logisch. Und das sehen doch hoffentlich alle Deutschen genauso.

Hitler ist sich sicher, dass er seine hochgespielte Empörung auf das Volk übertragen kann, und will sich seine Politik durch ein Plebiszit bestätigen lassen. Diese Volksabstimmung vom 12. November verbindet er mit einer Reichstagswahl, bei der es aber nichts zu wählen gibt, denn zur Wahl steht nur eine einzige Partei. Teils eingeschüchtert, teils mitgerissen von Hitlers selbstbewusster Politik, stimmen 95% dem Austritt aus dem Völkerbund und 90% der Einheitsliste zu. Von einer demokratischen Entscheidung kann nicht die Rede sein, wenn der Diktator den Zeitpunkt und die Fragestellung des Plebiszits bestimmt und zudem das Volk mit Propaganda eindeckt und die nationalistischen Emotionen schürt. Durch das Verlassen des Völkerbundes war das Reich isoliert, die von Stresemann mit Erfolg betriebene Politik einer Rückkehr Deutschlands in die Völkerfamilie war zunichte gemacht, und das Misstrauen der Weltkriegsalliierten nahm mit Recht zu.

Aber Hitler fand schnell einen neuen Verbündeten und zwar, man höre und staune, Polen. An sich war das Verhältnis zu Polen denkbar schlecht, das Reich forderte eine Revision der in Versailles festgelegten Grenzen, und Polen fühlte sich bedroht. Doch nun schloss Hitler, am 26. Januar 1934, einen vorerst auf zehn Jahre begrenzten Nichtangriffspakt mit dem Nachbarn. Der Vertrag schlug wie eine Bombe ein, aber beide Seiten versprachen sich Vorteile von ihm. Deutschland und Polen trafen sich in ihrer Aversion gegen die Sowjetunion, Warschau fürchtete einen russischen Überfall, und die Naziregierung sah im Bolschewismus ihren Hauptfeind. Auch wollte Hitler das französisch-polnische Bündnis schwächen, wenn nicht zerstören. Es schien, als habe er sich zum geschickten Diplomaten gewandelt und sei zu einem friedfertigen Politiker gereift. Man wird sehen ...

Hitlers Friedfertigkeit dauerte genau ein halbes Jahr. Am 26. Juli 1934 sorgten die Nazis, diesmal die Österreichischen, schon wieder für Unruhe. Der altehrwürdige Vielvölkerstaat war nach dem Weltkrieg in seine nationalen Einzelteile zerfallen. Das Stammland Deutsch-Österreich war nur noch ein Kleinstaat, wirtschaftlich und politisch schwach, enttäuscht und gedemütigt und folglich autoritären und faschistischen Vorstellungen zugänglich. Unter Engelbert Dollfuß, dem Bundeskanzler, entstand der sogenannte Austrofaschismus – in Anlehnung an das faschistische Italien Mussolinis. Österreich war eine Diktatur, in der sich Dollfuß auf die *Vaterländische Front* stützte, während alle anderen Parteien verboten waren, so auch die SPÖ und die von Deutschland gesteuerte NSDAP. Diese forderte, entgegen den Pariser Vorortverträgen, den Anschluss an das Deutsche Reich und unternahm am 25. Juli 1934 einen Putschversuch, dreieinhalb Wochen nach dem sogenannten Röhm-Putsch. Während aber Röhm gar nicht wirklich putschte, stürmte die Wiener SS-Standarte 89 das Bundeskanzleramt und erschoss Dollfuß. Da das Heer zur Regierung hielt und die Wiener SA verärgert war über die Morde an den deutschen SA-Führern und den

Putsch boykottierte, wurde er schnell niedergeschlagen. Mussolini schickte Truppen an den Brenner und spielte sich als Schutzherr Österreichs auf, so dass Hitler es nicht wagen konnte, seine Heimat mit militärischem Einsatz ans Reich anzuschließen. Die internationale Empörung über dieses erneute Blutvergießen (zwei Mordaktionen innerhalb eines Monats) war so groß, dass Hitler den Schwanz einzog, mit der ganzen Sache nichts zu tun haben wollte, die Attentäter fallen ließ und sein Beileid zum tragischen Tod des Bundeskanzler äußerte. Er zog seinen Gesandten aus Wien zurück – warum eigentlich, wenn Deutschland an dem Putsch nicht beteiligt war? – und schickte von Papen, der seinen Vizekanzlerposten verloren hatte, als neuen Botschafter nach Wien.

Dem gelang es dann auch, zwei Jahre später, am 11. Juli 1936, ein deutsch-österreichisches Freundschaftsabkommen zu Wege zu bringen – mit der Anerkennung der vollen Souveränität Österreichs durch das Reich. Zwei Jahre vor der Annektierung! Im Sommer '34 war Hitler aber bloßgestellt, egal ob er selbst den Befehl zum Putsch gegeben hat oder seine österreichischen Parteigänger in vorauseilendem Gehorsam eigenmächtig handelten. So oder so war er blamiert, als Anstifter oder als ein Führer, der seine Gefolgschaft nicht im Griff hat. Er brauchte also schleunigst einen Erfolg, um die Blamage vergessen zu machen, und dieser Erfolg fiel ihm schon bald in den Schoß.

Laut Versailler Vertrag war das Saarland für 15 Jahre vom Völkerbund verwaltet und wirtschaftlich an Frankreich angeschlossen worden. Am 13. Januar 1935 sollte die Saarbevölkerung entscheiden, ob sie weiterhin dem Völkerbund unterstellt sein oder zu Frankreich oder Deutschland gehören wolle. Bei allem Hass auf das *Versailler Diktat*, diese Abstimmungsbestimmung war ganz im Sinne Hitlers, hoffte er doch, dass das Plebiszit für ihn zu einem persönlichen Triumph werden müsste. Denn wer für Deutschland stimmte, stimmte automatisch auch für ihn. Die Bevölkerung stand vor einer schwierigen Entscheidung. Als Patriot musste man für Deutschland sein, als Demokrat gegen die Hitler-Diktatur.

Da jedoch den meisten Menschen das nationale Hemd näher ist als der liberale Rock, stimmte die überwältigende Mehrheit (90,8%)

für die Rückkehr nach Deutschland. 8,8 % waren für den Status quo, wollten also unter dem Schutz und Schirm des Völkerbundes bleiben, für den Anschluss an Frankreich sprachen sich lediglich 0,4 % aus. Das Reich, so wie es war, schien für die Masse der Saarländer also äußerst attraktiv zu sein. Ein großer Erfolg für Hitler. Darüber hinaus war das Saarland wichtig für seine Kriegspläne, weil das Aufkommen von Kohle, Eisen und Stahl – als Grundlage der Rüstungsindustrie – schlagartig um 10 bis 20 % stieg.

Kaum hatte Hitler vom Versailler Vertrag profitiert, machte er sich daran, ihn zu brechen und eine ganz wesentliche Bestimmung zu missachten, nämlich die Beschränkung der Reichswehr auf 100 000 Mann. Nach einer einsamen Entscheidung verkündete er am 16. März 1935 die allgemeine Wehrpflicht und die Vergrößerung der Wehrmacht auf über eine halbe Million. Die führenden Generäle, auch sein Kriegsminister Blomberg fühlten sich übergangen und waren entsetzt. Sie fürchteten das Schlimmste, nämlich ein militärisches Eingreifen der Siegermächte.

Aber England, Frankreich, Italien und dann auch der Völkerbund begnügten sich mit Papierprotesten. Auch den Aufbau einer deutschen Luft- und Panzerwaffe nahmen sie tatenlos hin, ebenso die offizielle Wiedereinführung des in Versailles verbotenen Generalstabs, der allerdings schon in der Weimarer Zeit unter dem Decknamen Truppenamt existiert hatte. Mitte April trafen sich die Regierungschefs und Außenminister Englands, Frankreichs und Italiens in Stresa, taten aber nicht mehr, als Deutschlands Vertragsbruch zu bedauern. Gegenmaßnahmen verschoben sie auf die Zukunft, indem sie ihren Willen bekundeten, *sich mit allen geeigneten Mitteln jeder einseitigen Aufkündigung von Verträgen zu widersetzen.*

Hitler hatte hoch gepokert und gewonnen und er hatte seinen ängstlichen Generälen gezeigt, dass er schlauer und mutiger war als sie, wenn er auf Risiko spielte und die Welt vor vollendete Tatsachen stellte. Die *Stresa-Front*, die auch ausdrücklich die Unabhängigkeit Österreichs garantierte, war nur von kurzer Dauer. Die Versicherung, sich der einseitigen Aufkündigung von Verträgen mit allen geeigneten Mitteln zu widersetzen, war ein leeres Versprechen. England selbst brach den Versailler Vertrag, als es schon zwei Monate später mit Deutschland am 18. Juni 1935 ein Flottenabkommen schloss, in dem es die deutsche Aufrüstung guthieß – ausdrücklich auch die Seerüstung. Das Reich durfte mehr Kriegsschiffe bauen, als die deutschen Werften überhaupt fertigstellen konnten, nämlich 35% der englischen Tonnage. Im U-Bootbau, im Versailler Vertrag völlig verboten, durfte Deutschland sogar mit England gleichziehen.

Je mehr das eigene Volk und das Ausland ihm zu Willen waren, desto mehr Gefallen fand Hitler am Pokern. Am 7. März 1936 wagte er erneut ein Spiel mit hohem Einsatz. Er ließ Truppen ins entmilitarisierte Rheinland einmarschieren, natürlich an einem Sonnabend, wenn die verantwortlichen Politiker der Gegenseite im Wochenendurlaub und handlungsunfähig sind. Laut Versailler Vertrag musste ein 50 Kilometer breiter Streifen rechts des Rheins und das gesamte linksrheinische Gebiet bis zur französischen Grenze militärfrei bleiben, und darüber setzte sich Hitler jetzt hinweg. Gegen einen alliierten Gegenschlag hätten die deutschen Regimenter nicht die geringste Chance gehabt. Aber London und Paris wie auch der Völkerbund begnügten sich mit ein bisschen Protest.

Hitler hatte sie richtig eingeschätzt. Er ging ein Risiko ein, aber es war ein kalkuliertes Risiko. Er hatte ein Gespür für die günstigen Rahmenbedingungen, und diese waren jetzt gegeben, weshalb er den für 1937 geplanten Einmarsch um ein Jahr vorverlegte. Er hatte einen Vorwand, er hatte einen Sympathisanten, er hatte schwache und zerstrittene Gegenspieler, er hatte gute und überzeugende Argumente beziehungsweise Ansprüche. Dass Frankreich einen Beistandspakt mit der Sowjetunion vorbereitete, musste das Reich als Bedrohung empfinden. Um im Falle eines Zweifrontenkrieges gewappnet zu sein, musste die Westflanke gestärkt werden. Logisch!

Von Mussolini drohte, anders als während der Österreichkrise nach dem Dollfuß-Attentat, keine Gefahr. Im Gegenteil. Die beiden Diktatoren waren sich näher gekommen und fast schon verbündet. Die Stresa-Front England-Frankreich-Italien war längst zerbrochen, seit Mussolini im Herbst '35 von der italienischen Kolonie Somalia aus den letzten unabhängigen Staat Afrikas – das Kaiserreich Abessinien unter dem Negus – überfallen und erobert hatte. Auch da hatten England, Frankreich und der Völkerbund nichts Konkretes unternommen. Dabei hätten ein Ölembargo und die Sperrung des Suezkanals die italienische Aggression sofort beendet und Mussolini bloßgestellt. Aber Frankreich war im Inneren zerstritten und England kriegsmüde und beide wollten sich angesichts des immer stärker werdenden Dritten Reichs keinen unnötigen Feind machen. Wenn sie aber Italiens brutalen Überfall hinnahmen, dann konnten sie Hitlers Anspruch, Herr im eigenen Hause zu sein, nicht zum Anlass militärischer Sanktionen nehmen. Irgendwie war der Einmarsch im Rheinland doch verständlich und England kommentierte diesen abermaligen Vertragsbruch dann auch mit den Worten: *Deutschland ist in Deutschland einmarschiert* – also kein Grund zur Aufregung. Dass die Wehrmacht von den Rheinländern mit Jubel und Blumen empfangen wurde, gab dem Vorhaben eine demokratische Legitimation.

Durch eine erneute Reichstagswahl am 29. März bot Hitler dem deutschen Volk zusätzlich die Möglichkeit, *der mit dem heutigen Tag abgeschlossenen dreijährigen Politik der Wiederherstellung der nationalen Ehre und Souveränität des Reiches, verbunden mit dem aufrichtigen Bestreben nach einer wahren Völkerversöhnung und Verständigung auf der Grundlage gleicher Rechte und gleicher Pflichten, seine feierliche Zustimmung erteilen zu können*. Und das Volk stimmte zu. Die *Liste des Führers*, also die NSDAP als einzige Partei, und damit die Politik Hitlers erhielt 98,8%. Die so oft propagierte Volksgemeinschaft schien wirklich zu existieren.

Dabei war zum Jahreswechsel '35/'36 die Stimmung alles andere als gut. Man kann ein Volk nicht über Jahre künstlich in einem Begeisterungstaumel halten, irgendwann meldet sich der Alltag – und der war eher ernüchternd. Zwar war die Arbeitslosigkeit zurückgegangen, aber noch längst nicht behoben. Löhne und Lebensstandard waren deutlich geringer als im letzten Jahr vor der Weltwirtschaftskrise. Zwangsspenden und Zwangsmitgliedschaften im RAD, in der HJ und der DAF sowie die Wehrpflicht stießen nicht überall auf Zustimmung, und das Vorgehen gegen die Juden und die Kirchen, besonders auch die Gerüchte über die Konzentrationslager verunsicherten, ja empörten nicht nur die Betroffenen. Aber die außenpolitischen Erfolge ließen die Menschen ihren kleinen und kleinlichen privaten Ärger vergessen. Deshalb die 98,8%.

Ein weiterer propagandistischer Erfolg des Nazistaats waren die Olympischen Spiele. Wieder stand Hitler das Glück zur Seite, indem er von dem profitierte, was andere längst vorbereitet hatten. Schon während der Weimarer Zeit waren die Spiel an Deutschland vergeben worden, und das war nun, im Jahre 1936, eine gute Gelegenheit, ein neues Deutschland zu präsentieren: stolz, erfolgreich, siegreich, gastfreundlich. Aufwendiger als andere Nationen, die vorher die Spiele ausgerichtet hatten, bereitete Deutschland *seine* Olympiade vor. Man denke an die gigantischen Sportanlagen, die verbesserte Infrastruktur der gastgebenden Reichshauptstadt und nicht zuletzt an das ehrgeizige und intensive Training der deutschen Athleten, oft im Rahmen des Wehrdienstes, so dass die deutschen Sportler kaum noch, wie eigentlich vorgeschrieben, als Amateure bezeichnet werden können, die neben ihrem Beruf die Leibesübungen als Hobby betreiben.

Die Gäste aus aller Welt bewundern das saubere, ordentliche, moderne Deutschland, sogar die Franzosen, die zur Eröffnungsfeier mit deutschem Gruß ins nagelneue Olympiastadion einmarschieren. Respektvoll musste man die deutschen Siege anerkennen. Nachdem bei den letzten Spielen immer die USA die meisten Medaillen errungen hatte, lag diesmal Deutschland in der Nationenwertung vorn mit 33 Gold-, 26 Silber- und 30 Bronzemedaillen.

Aber die Kehrseite der Medaille sah die Welt nicht. Die Hetze gegen die Juden wurde nur vorübergehend ausgesetzt. Deutschland gab sich weltoffen und liberal – und war doch alles andere als das. Dem erfolgreichsten Teilnehmer der Spiele, dem vierfachen Olympiasieger Jesse Owens aus den USA, verweigerte Hitler die Glückwünsche, weil er Farbiger war, was aber die Berliner nicht daran hinderte, ihn zu ihrem Publikumsliebling zu machen.

Ein typisches Beispiel für das Doppelgesicht der Propaganda-Olympiade ist das Olympische Dorf. Von allen Olympioniken gelobt, schien es ein Symbol für das friedliche Zusammenleben aller Völker und für einen fairen Wettstreit. Die Wahrheit sah anders aus. Das friedliche Dorf, am Rande eines Gebietes gelegen, das schon lange als Truppenübungsgelände diente, war so konzipiert, dass es gleich nach den Spielen ohne viel Aufwand in eine Großkaserne umgewandelt werden konnte. Zynischer konnte der Widerspruch zwischen Sein und Schein, zwischen Kriegsvorbereitung und Friedenspropaganda kaum inszeniert werden.

Wir fassen zusammen: Wie in *Mein Kampf* nachzulesen, strebte Hitler drei Ziele an: Revision des Versailler Vertrags, Eroberung von Lebensraum im Osten, die Vernichtung der Juden. Kaum jemand ahnte, wie konsequent und brutal er vorgehen würde. Als er sich an die Verwirklichung seiner Absichten machte, ließen ihn die alliierten Sieger gewähren. Die USA waren weit weg, hatten sich isoliert und waren mit ihrem Wirtschaftsproblem beschäftigt. Mussolini war inzwischen ein guter Freund, und England und Frankreich wollten Frieden um jeden Preis, hatten ein bisschen ein schlechtes Gewissen wegen der überzogenen Versailler Bestimmung und ließen Hitler – halb akzeptierend, halb protestierend – freie Hand. Aber eine solche Haltung bremst einen Diktator nicht, sondern ermuntert ihn. Die westlichen Politiker kuschten genauso wie das deutsche Volk und wie dieses bewunderten sie manches an Hitler, seine Entschlossenheit, seine Konsequenz, seine Siegermentalität. Die Wahlerfolge im Inneren fanden ihre Entsprechung in den Zugeständnissen der verantwortlichen Politiker in London und Paris. Zweifellos hatte der Versailler Vertrag erhebliche Mängel. Vor allem das deutsche Volk behandelte er ungerecht, da kurz nach einem blutigen Krieg das Rachebedürfnis stärker ist als die Vernunft. Korrekturen waren also notwendig.

Aber doch bitte keine einseitigen und eigenmächtigen! Eine zweite Versailler Konferenz hätte einberufen werden müssen, mit allen Teilnehmern von damals, mit dem Willen zu maßvollen Korrekturen und Kompromissen, mit der Bereitschaft zur Abrüstung auf Seiten der Sieger, damit Deutschland der Vorwand zu Nachrüstung genommen wird, mit einer fairen Regelung der Nationalitätenfrage an Deutschlands Ostgrenzen, auf der Grundlage des Selbstbestimmungsrechts der Völker und erneuten Volksabstimmungen. Zwar hätten Polen und Tschechien dabei einige Gebiete verloren, aber endlich innere Stabilität gewonnen. Das braune Deutschland hätte Farbe bekennen müssen, das riskante Übermaß an Forderungen dagegen wäre Hitler nicht mehr möglich gewesen. Die Sieger von einst hätten ihm ein moralisch begründetes und militärisch garantiertes *Bis hier und nicht weiter!* entgegenstellen können. Sicher wären dann auch die USA bereit gewesen, ihrem Isolationismus zu entsagen und sich in einem besseren Europa zu engagieren, zumal der demokratische Präsident Roosevelt flexibler war als sein republikanischer Vorgänger. Die amerikanische Drohung, Hitlers Olympiade wegen seines Antisemitismus zu boykottieren, ging ja bereits in diese politische Richtung.

Da aber der Westen fantasielos und tatenlos blieb, konnte Hitler umso tatkräftiger auf seinen Krieg hinarbeiten.

18

Liebe und Hass

Während Hitler versuchte, dem deutschen Volk Wehrpflicht und Aufrüstung schmackhaft zu machen und die Verdrängung der Juden und den Erwerb von Lebensraum im Osten für unbedingt notwendig erklärte – anders könne das deutsche Volk nicht überleben –, während er also Kampfbereitschaft und Hass schürte, genossen meine Eltern die Liebe in vollen Zügen, machten ihre Liebe amtlich und schlossen den Bund fürs Leben. Ihr Hochzeitstag war der 15. Oktober 1936. Der Standesbeamte legte ein Stammbuch an und überreichte ihnen zusammen mit diesem als Dank dafür, dass sie bereit waren, dem Führer Kinder zu schenken, möglichst Jungen, möglichst potenzielle Soldaten, die einbändige Volksausgabe von MEIN KAMPF. Viel gelesen haben sie in dieser programmatischen Biografie ihres Führers aber nicht, denn Spuren einer intensiven Lektüre finden sich an keiner Stelle, nirgends ist etwas angestrichen oder unterstrichen oder gar kommentiert, es gibt keine Fettflecken oder Eselsohren, unberührt wie eine Jungfrau ist das Werk in meinen Besitz übergegangen. Vielleicht aber hielten meine Eltern das heilige Buch für derart sakrosankt, dass sie ein Sakrileg darin gesehen hätten, es wie einen billigen Schmöker zu lesen und zu zerlesen. Nicht Desinteresse, sondern Ehrfurcht und Verehrung – wer weiß?

Wahrscheinlich hat der Standesbeamte meinen Eltern ein paar moralische Anregungen und praktische Lebensregeln mit auf den Weg gegeben, Standesbeamte fühlen sich ja immer ein bisschen in der Rolle des Pastors und können es deshalb nicht lassen, ihrer nüchternen Amtshandlung durch eine Art Predigt zu einer gewissen Feierlichkeit zu verhelfen. Auf jeden Fall aber strotzt das Stammbuch selbst von wohlmeinenden Ratschlägen.

In der Nazizeit war das *Deutsche Einheitsfamilien-Stammbuch* überarbeitet und neu verlegt worden, jetzt war es eine rassistische Propagandaschrift für Familiengründer. Man lese und staune: *Der Mann ist das Haupt der Familie; er gibt in den die Familie betreffenden Entscheidungen den Ausschlag, wobei es selbstverständlich ist, dass er auf die berechtigten Wünsche der Frau Rücksicht zu nehmen hat … Die Frau hat die Leitung des Haushalts. Im häuslichen Kreise ist sie Herrscherin; das ist ihr Recht und ihre Pflicht …*

Man merkt, dass im Dritten Reich das Führerprinzip bis in die Familie hinein Gültigkeit hatte. Ob meine Eltern die standesamtlichen Anweisungen genau gelesen haben, bezweifle ich. Aber sie befolgten sie. Meine Mutter widmete sich voll und ganz ihrer Rolle als Ehefrau, verließ ihren Verlag, machte also einen Arbeitsplatz frei, kassierte zur Belohnung das Ehestandsdarlehen von 1000 Reichsmark, war nur noch für Haushalt und Familie da, die aber noch gar keine richtige Familie war, da ich ja noch einige Zeit auf mich warten ließ. Mein Vater jedenfalls – mit seinem Hang zur Eitelkeit – konnte allenthalben stolz verkünden: *Meine Frau hat es nicht nötig zu arbeiten* (in Klammern dazu gedacht: *Denn ich verdiene genug.*).

So korrekt, wenn nicht pedantisch, so staatstreu, wenn nicht führertreu, wie meine Eltern waren, unterließen sie es dennoch, wahrscheinlich weil sie mit ihrer Liebe und der Einrichtung des Hauses genug zu tun hatten, die im Stammbuch geforderte Ahnentafel anzulegen. Die mehrere Seiten umfassenden Formblätter, wo Eltern, Großeltern und Urgroßeltern des jungen Paares zu vermerken waren, blieben leer. Vielleicht hatten sie eine instinktive Abneigung gegen Sinn und Zweck dieser Anweisung, denn jede Familie sollte sich quasi selbst observieren und denunzieren und bekennen, welche Erbkrankheiten oder gar rassische Unkorrektheiten es in den vergangenen drei Generationen zu beklagen gab. Das Geleitwort macht auch gar keinen Hehl daraus, worum es bei dieser Volksbefragung geht: *Die Allgemeinheit fordert heute von jeder Familie den Nachweis, wie sie blutmäßig eingeordnet ist. Dieses Buch wird dazu beitragen können, die ersten Unterlagen dafür zu schaffen und wird jedem Familienoberhaupt die Möglichkeit geben, dieser bevölkerungspolitischen Forderung des Staates, von der die Zukunft der Gesamtheit mit abhängen wird, nachzukommen. Die Eintragungen sind deshalb mit Sorgfalt zu machen …*

Meine Eltern machten es nicht. Zwar wurden meine Geburt und Taufe und später die Konfirmation korrekt vermerkt, aber über die Ahnen findet sich keine einzige Angabe, kein Name, kein Ort, kein Datum. Haben meine Eltern eine Art passiven Widerstand geleistet oder waren nur Faulheit und Nachlässigkeit dafür verantwortlich? Wie so vieles in dieser Zeit bleibt auch das ein Rätsel. Vielleicht aber wies die Sippenvita einige Vorkommnisse auf, die man lieber vergessen machen wollte und deshalb vorzog, die Vergangenheit in Bausch und Bogen aus der Erinnerung zu streichen. Vielleicht hatte es im 19. Jahrhundert biologische, moralische oder gar rassische Peinlichkeiten gegeben, derer man sich schämen musste, so den einen oder anderen Fall von Fallsucht oder Schwindsucht oder uneheliche Formen der Fortpflanzung. Oder es war ein dreister Jude im Stammbaum herumgeklettert, hatte sich dort gütlich getan und seine unguten Spuren hinterlassen. Alles ist möglich und nichts überliefert.

Vor ihrer Hochzeit suchten meine Eltern nach einem Eigenheim, ihnen schwebte ein Reihenhaus vor, irgendwo am Rande Berlins, in unmittelbarer Nachbarschaft der Natur mit ihren Wäldern, Feldern und Seen, zugleich günstig gelegen zum Zentrum der Reichshauptstadt, wohin man in einer halben Stunde mit S- oder U-Bahn gelangen wollte. An den Wochenenden bereisten meine Eltern die nähere Umgebung Berlins, den Norden, den Süden, den Osten, den Westen, sie inspizierten die modernen Wohnsiedlungen mit ihren erschwinglichen Häuschen, die in der Weimarer Zeit entstanden waren, während der Wohnungsbau in der Hitler-Zeit eher stagnierte. In Zehlendorf, im Südwesten der großen Stadt, wurden sie fündig.

Dass sie sich gerade hier ansässig machten, war reiner Zufall. Vergleichbare Objekte gab es überall, aber das Reihenhaus in der Reiherbeize hatte es ihnen angetan. Ohne dass sie es wissen konnten, war ihre ästhetische Entscheidung auch eine politische. Der Zufall erwies sich später als Politikum. Hätten sich meine Eltern woanders angesiedelt, irgendwo im Osten von Berlin, dann wäre ich DDR-Bürger geworden, ein ganz anderer Mensch, mit ganz anderer Biografie. So spielt das Schicksal, so spielt der Zufall, so bestimmt die große Politik das Leben der kleinen Leute.

Die Vorbesitzer des Hauses waren Juden. Sie waren die Erstbesitzer und hatten es 1927 erworben. Jetzt, seit Mitte der Dreißigerjahre waren sie bedroht, sie sahen sich gezwungen, Deutschland zu verlassen und boten ihr Eigenheim zum Verkauf an. Im Sommer 1936 gab es noch die Möglichkeit, dass Juden ihr Leben und den Erlös ihrer veräußerten Immobilien durch Ausreise ins Ausland retten konnten. Im Olympiajahr hatten die Nazis ihren Antisemitismus etwas gezügelt oder doch vertuscht. Sie hatten die Welt zu Gast und wollten einen guten Eindruck machen. Aber die Drangsalierung der Juden war nicht aufgehoben, nur aufgeschoben.

Paradox: Während die Juden um ihre Existenz bangten, bejubelte mein Vater im Olympiastadion die deutschen Soldaten, die im zivilen Sportdress Medaillen für Führer und Vaterland erkämpften. Er war über die Ufa an Karten gekommen, hatte ein paar Tage Urlaub geopfert – und war von dem ganzen Rummel beeindruckt. Von den Menschenmassen, die sich auf dem *Reichssportfeld* zu den verschiedenen Wettkampfstätten drängten, zu den pompösen Anlagen aus grauem Stein, über denen die bunten Flaggen flatterten. Ihn beeindruckten die spannenden Kämpfe, fast immer mit deutscher Beteiligung, und es lief ihm heiß und kalt, wie jedem deutschen Patrioten, den Rücken herunter, wenn die Ehrfurcht heischenden Fanfaren erklangen, die Siegerehrung ankündigten und wenn dann, öfter als alle anderen, die deutsche Nationalhymne erklang. Er schwärmte auch später noch von diesen Tagen im August, und gerne zog er mit mir nach dem Kriege in *sein* Olympiastadion, zum Fußball oder zur Leichtathletik, machte gleichsam einen Erinnerungsbesuch in den besten Jahren seines Lebens.

Etwa gleichzeitig verhandelten meine Eltern mit dem jüdischen Ehepaar. Aber sie verhandelten nur, sie handelten nicht. Es ging nur um Formalitäten, nicht um den Kaufpreis. Obgleich bei Immobiliengeschäften sonst durchaus üblich, versuchten sie nicht, den Preis zu drücken. Sie respektierten, dass ein zur Ausreise gezwungenes jüdisches Ehepaar das Geld nötiger hatte als ein gut verdienendes deutsches Ehepaar. Sie waren sofort bereit, zu zahlen, was das jüdische Ehepaar verlangte, oder muss man nicht eher sagen: vorschlug oder erbat? Sie saßen im Wohnzimmer, die Türen und Fenster standen offen, es war ein sonniger, friedlicher Sommertag, aber doch mit bösem Hintergrund. Das jüdische Ehepaar hatte keine Kinder, dafür eine Katze, und das kluge Tier genoss noch einmal, als ahnte es die Zukunft, sein Heimathaus, raste durchs Wohnzimmer auf die Veranda, kletterte am Kletterwein hoch aufs Verandadach, sprang ins Schlafzimmer, kam vorsichtig die Treppe herunter, betrat das Wohnzimmer und begann eine neue Runde.

Was ist aus den beiden Juden und ihrer Katze geworden? Haben sie es geschafft, nach England, in die USA oder nach Palästina auszuwandern? Und hat die Katze den langen Weg mitgemacht, oder ist sie irgendwo auf der Strecke geblieben? Ein hilfloses Objekt und Opfer der großen Politik, der brutalen Großmachtpolitik?

Meine Eltern richteten sich ein. Modern und progressiv. Die Möbel zweckmäßig und funktional, ohne Schnörkel, im Bauhausstil, passend zu den Häusern, die unter Leitung des Architekten Bruno Taut in den Grunewald hineingebaut worden waren. Hier war eine Siedlung für 15 000 Menschen entstanden, eine Kleinstadt, in deren Mitte sich der U-Bahnhof Onkel Toms Hütte befand. Der Name leitete sich her von einem Waldrestaurant, das auf halbem Wege zwischen dem Bahnhof und der als Badesee beliebten Krummen Lanke lag. Onkel-Tom-Siedlung hieß dann auch das ganze Areal und stellte, gewollt oder ungewollt, eine Beziehung zu dem bekannten Sklavenroman der amerikanischen Autorin Harriet Beecher Stowe her. So oder so, den humanen Intentionen des Romans entsprachen die sozialen Ziele der Siedlung. An die Stelle der um enge, dunkle, muffige Hinterhöfe gedrängten Mietskasernen traten helle Häuserzeilen mit kleinen Vor- und Hintergärten. Errichtet wurden Einfamilienhäuser und Mietshäuser. Eine Nebenabsicht der Bauverantwortlichen war es, in das aristokratische Villen-Zehlendorf einen Keil kleiner Leute zu treiben. Arbeiter, Angestellte, Handwerker sollten sich dort ansiedeln und möglichst Wohneigentum erwerben, also eines der Einfamilienreihenhäuser. Durch Typisierung der Grundrisse und die Beschränkung auf wenige Baustoffe sollten die Baukosten niedrig gehalten werden. Die Reihenhäuser waren deshalb auch relativ klein und hatten nur viereinhalb oder dreieinhalb Zimmer. Sie waren 6 oder 5 Meter breit (oder schmal), hatten außer dem Keller drei Stockwerke und ein flaches Dach. Um dem genormten Baustil den Eindruck der Monotonie zu nehmen, setzte Bruno Taut kräftige Farben als preiswertes Gestaltungsmittel ein, jede Straße erhielt ihren eigenen Farbcharakter.

Nun entsprechen die kostengünstigen Flachdächer aber nicht der deutschen Bautradition. Flachdächer gehören in den Süden, deutsche Häuser haben Satteldächer. Folglich gab es ästhetischen Protest und konservativen Spott. An den Rand der Onkel-Tom-Siedlung wurden von konkurrierenden Architekten ein, zwei Jahre später Häuser nach bewährtem Muster gesetzt mit grauem Putz und hohem, spitzen Dach. Der Geschmacksstreit ist in die Architekturgeschichte eingegangen als sogenannter Zehlendorfer Dächerstreit. Immerhin zeigt die Tatsache, dass die beiden gegensätzlichen Häusertypen nebeneinander errichtet werden konnten, wie groß die Toleranz während der Weimarer Republik war. Das änderte sich unter den Nazis, jetzt wurde nur noch deutsch gebaut. Das zeigte sich, als Ende der Dreißigerjahre ein, zwei Kilometer entfernt die SS-Siedlung gebaut wurde, die zwar mit Kriegsende ihre schwarz-braunen Bewohner verlor, aber nicht ihren Namen. Auch heute sprechen die Leute, zumindest die älteren, noch von der SS-Siedlung, auch wenn sie inzwischen offiziell Waldsiedlung heißt.

Die Onkel-Tom-Siedlung, obgleich im Sinne des sozialen Wohnungsbaus konzipiert, wurde aber kein Arbeiterquartier. Hier kaufte sich vielmehr die Mittelschicht ein, Beamte, Angestellte, Handwerker, Künstler, Geschäftsleute und eben auch einige einigermaßen vermögende Juden. So wohnte in der Reiherbeize eine bunte soziale Mischung, so bunt wie die Häuser selbst, so bunt wie die farbenfrohen Türen und Fenster, ein paar Häuser weiter ein ehemaliger Sozialdemokrat, Tischler, neben ihm ein ehemaliger Kommunist, Buchdrucker, ein Stück weiter ein bekennender Nationalsozialist, Angestellter.

Bis zum Beginn des Krieges hatten meine Eltern noch drei angenehme Jahre vor sich und richteten sich nicht nur häuslich ein, sondern auch politisch. Den Widerspruch zwischen ihrer an sich fortschrittlichen Einstellung – waren sie doch geprägt von der Jugendbewegung, dem Bauhausstil, der modernen Kunst und Literatur – und der reaktionären, aggressiven Nazi-Ideologie wollten sie nicht sehen. Ihr Häuschen stammte aus der humanen Weimarer Zeit, aber sie dankten es ihr nicht, sondern gingen mit der neuen Zeit. Sie mussten eine Hakenkreuzfahne erwerben und diese gegebenenfalls vors Haus hängen, sie abonnierten den *Völkischen Beobachter* und lasen ihn auch. Zumindest gibt es ein Foto, auf dem sie einträchtig hinter dem aufgeschlagenen Naziblatt sitzen und in die Linse lächeln. Das Bild hat wahrscheinlich Fräulein Müller geknipst, die als Untermieterin bei meinen Eltern wohnte, bis ich endlich kommen würde. Aber das sollte noch einige Zeit dauern.

19

Der Weg in den Weltkrieg

Anfang der Dreißigerjahre litt die Welt unter der Weltwirtschaftskrise, seit Mitte der Dreißigerjahre kam es aber noch viel schlimmer. Da steuerte die Welt auf einen Weltkrieg zu.

Die faschistischen Führer Italiens, Deutschlands und Spaniens und das diktatorische Japan unterdrückten ihr eigenes Volk, rüsteten wider alle ökonomische und politische Vernunft und bedrohten den Frieden. Italien überfiel und eroberte Äthiopien (Abessinien), in Deutschland entstand eine der brutalsten Diktaturen der Weltgeschichte, und die schickte sich an, den Versailler Vertrag zu revidieren und Osteuropa zu annektieren und zu ihrem Lebensraum zu machen.

Gemeinsam unterstützten Hitler und Mussolini den putschenden General Franco bei der Zerstörung der Spanischen Republik. Mit deutscher Transporthilfe konnte Franco seine Truppen vom spanischen Marokko ins spanische Mutterland bringen, um die rechtmäßige Volksfrontregierung aus linken und liberalen Politikern zu stürzen. Italien schickte an die 70 000 Mann, Hitler vor allem Material. Für die deutsche Wehrmacht war der drei Jahre dauernde Bürgerkrieg eine gute Gelegenheit, ihre modernen Waffen (besonders Flugzeuge) zu testen und ihre Soldaten auszubilden. Die 6000 Mann wurden immer wieder ausgewechselt, um möglichst viele mit der Praxis des Krieges vertraut zu machen. Wehrlose Städte wurden aus der Luft angegriffen und zerstört. Inwieweit die berühmt-berüchtigte Legion Condor an dem Angriff auf die Stadt Guernica am 26. April 1937 beteiligt war, ist bis heute ungeklärt. Bekannt ist das von Picasso geschaffene Gemälde für die Pariser Weltausstellung, das Leiden und Schrecken des modernen Krieges darstellt.

Obgleich die republikanischen Truppen durch Freiwillige aus aller Welt, die Internationalen Brigaden, mit zusammen 60 000 Mann, darunter 5000 Deutsche, von denen 3000 fielen, unterstützt wurden, hatten sie gegen Franco und seine faschistischen Komplizen aus Italien und Deutschland keine Chance. Denn England und Frankreich griffen nicht ein, wozu sich auf einer Neutralitätskonferenz offiziell auch Mussolini und Hitler verpflichtet hatten. Aber Verträge und Versprechen sind für die Herren Diktatoren nicht dazu da, gehalten zu werden, sondern die Gegenseite zu beschwichtigen, einzuschläfern und zu lähmen. Ein faschistisches Spanien war für Hitler nicht nur wichtig, um Frankreich in die Zangen zu nehmen, sondern auch wegen der Bodenschätze. Der Spanische Bürgerkrieg begann übrigens in denselben Sommertagen, in denen in Berlin die friedlichen Olympischen Spiele durchgeführt wurden.

Ein weiterer Schritt zur Blockbildung der autoritär-aggressiven Staaten war der Antikominternpakt zwischen Deutschland und Japan am 25. November 1936. Dieser Pakt war kein echtes Bündnis mit konkreten Beistandsverpflichtungen, aber eine Annäherung, die später ausbaufähig war. Was beide Staaten verband, war der Gegensatz zum Kommunismus und zur Sowjetunion. Ein Jahr später trat Mussolini diesem Pakt bei.

Das Vertragssystem von Versailles und der anderen Pariser Vororte hatte anderthalb Jahrzehnte so einigermaßen gehalten, jetzt, ab Mitte der Dreißigerjahre, begann es zu zerbrechen. Der Völkerbund als Staatengemeinschaft, zur Sicherung des Weltfriedens geplant, aber geschwächt durch das Fehlen der USA und der SU, wurde von Deutschland, Italien und Japan, also den aggressivsten Mächten, verlassen und verlor dadurch noch mehr an Autorität und Bedeutung. Das Vertrauen in den Völkerbund war von Anfang an gering, sodass die osteuropäischen Mittel- und Kleinstaaten, die fast alle erst nach dem Zusammenbruch Russlands und dem Zerfall des Habsburger Vielvölkerstaates entstanden waren, zusätzlich Schutz suchten durch Bündnisse untereinander und mit Frankreich, das auf diese Weise Deutschland in die Zange nehmen wollte.

Die Verlierer des Weltkrieges, Deutschland, Österreich und Ungarn, waren um eine Revision der Pariser Vorortverträge bemüht, und zwar unter Berufung auf das von US-Präsident Wilson während des Krieges lauthals und vollmundig verkündete Selbstbestimmungsrecht der Völker. Aber den Deutsch-Österreichern, die zu Deutschland wollten, den Sudetendeutschen, den Danzigern, den in Polen lebenden Oberschlesiern und den Westpreußen sowie den Südtirolern wurde genau dieses Recht nicht gewährt. Aus dem verpönten Vielvölkerstaat der Habsburger waren neue, kleine Vielvölkerstaaten geworden mit den gleichen Problemen, also den Konflikten zwischen Staatsvolk und nationalen Minderheiten.

So zum Beispiel die Tschechoslowakische Republik. Dort lebten 46% Tschechen, 28% Deutsche, 13% Slowaken, 8% Ungarn, außerdem noch Polen und Ukrainer. Ein anderes Beispiel ist das aus dem kleinen Serbien zu einem Vielvölkerstaat angeschwollene Jugoslawien. Die neuen Mittelstaaten waren alles andere als stabil. Sie suchten fast alle ihr Heil in mehr oder weniger diktatorischen

Regierungssystemen und, wie schon gesagt, in Bündnissen und Nichtangriffspakten, auch mit sehr dubiosen Partnern, so Polen mit Deutschland (1934) und die ČSR mit der SU (1935). Die Welt, zumal Europa, war krank.

Überall Krisen und Konflikte: Mussolinis Überfall auf Abessinien, der Spanische Bürgerkrieg und dann, im Juli 1937, der Japanische Angriff auf China. In allen drei Fällen sah der Völkerbund mehr oder weniger tatenlos zu. Auch die demokratischen Großmächte England und Frankreich griffen nicht ein, ebenso die USA, die sich nach dem Weltkrieg in die politische Isolation zurückgezogen hatten. Und Hitler wartete ab. Noch gab er sich friedlich, bereitete aber den Krieg vor, indem er die allgemeine Wehrpflicht einführte, das Rheinland besetzte, die Rüstung vorantrieb und sich zu alledem Englands Zustimmung sicherte, zum Beispiel durch das Flottenabkommen. Im Übrigen ließ er – in vornehmer Zurückhaltung – Italien und Japan den Vortritt. Möchten die erst einmal testen, wie viel man der Welt an Aggression zumuten kann, bevor die Welt militärische Gegenmaßnahmen ergreift. Er sah mit Erleichterung, dass Überfälle nicht geahndet wurden und sah sich geradezu eingeladen, in absehbarer Zeit ein Gleiches zu tun.

Am 5. November 1937 rief er Kriegsminister von Blomberg, Außenminister von Neurath und die Oberbefehlshaber der drei Waffengattungen von Fritsch (Heer), Raeder (Marine) und Göring (Luftwaffe) zu sich ins Reichskanzleramt, um ihnen seine Kriegspläne zu erläutern. Anwesend war außerdem Hitlers Adjutant Hoßbach, der einige Tage später aus dem Gedächtnis den Verlauf der Besprechung schriftlich festhielt. Dies sogenannte Hoßbach-Protokoll ist also keine wortwörtliche Mitschrift, im strengen Sinne also kein Protokoll, aber dem Inhalt nach wie einige Teilnehmer später bestätigten durchaus zutreffend, so dass es beim Nürnberger Kriegsverbrecherprozess als Beweismittel für die Kriegsplanung der NS-Führungen herangezogen wurde. Hitler führte in seinem über vierstündigen Monolog unter anderem Folgendes aus:

Das Ziel der deutschen Politik sei die Sicherung und Erhaltung der Volksmasse und deren Vermehrung. Somit handele es sich um das Problem des Raumes. Die deutsche Volksmasse verfüge über 85 Milli-

onen Menschen, die nach der Anzahl der Menschen und der Geschlossenheit des Siedlungsraumes in Europa einen in sich so fest geschlossenen Rassekern darstellt, wie er in keinem anderen Land wieder anzutreffen sei, wie er andererseits das Anrecht auf größeren Lebensraum mehr als bei anderen Völkern in sich schlösse... Zur Lösung der Deutschen Frage könne es nur den Weg der Gewalt geben, dieser niemals risikolos sein. Die Kämpfe Friedrichs des Großen um Schlesien und die Kriege Bismarcks gegen Österreich und Frankreich seien von unerhörtem Risiko gewesen und die Schnelligkeit des preußischen Handelns 1870 habe Österreich vom Eintritt in den Krieg ferngehalten. Stellt man an die Spitze der nachfolgenden Ausführungen den Entschluss zur Anwendung von Gewalt unter Risiko, dann bleibe noch die Beantwortung der Fragen wann und wie. Hierbei seien drei Fälle zu unterscheiden: Fall 1: Zeitpunkt 1943-1945. Nach dieser Zeit sei nur noch eine Veränderung zu unseren Ungunsten zu erwarten. Die Aufrüstung der Armee, Kriegsmarine, Luftwaffe sowie die Bildung des Offizierskorps seien annähernd beendet. Die materielle Ausstattung und Bewaffnung seien modern, bei weiterem Zuwarten läge die Gefahr ihrer Veraltung vor. Fall 2: Wenn die sozialen Spannungen in Frankreich sich zu einer derartigen innenpolitischen Krise auswachsen sollten, dass durch Letztere die französische Armee absorbiert und für eine Kriegsverwendung gegen Deutschland ausgeschaltet würde, sei der Zeitpunkt zum Handeln gegen die Tschechei gekommen. Fall 3: Wenn Frankreich durch einen Krieg mit einem anderen Staat so gefesselt ist, dass es gegen Deutschland nicht vorgehen kann.

Hitler spekuliert auf Konflikte im Mittelmeerraum, die England und Frankreich binden würden. Er ist deshalb gegen eine baldige Beendigung des Spanischen Bürgerkrieges und überlegt sogar, ob man Mussolini nicht zu weiteren Eroberungen animieren sollte. Hitler will günstige Rahmenbedingungen für seine eigenen Aggressionen, und er will seine eigenen Kriege so bald wie möglich führen. Seine Lebensraumtheorie war aus MEIN KAMPF längst bekannt, neu war aber die Ungeduld, mit der er jetzt an die Sache heranging. Den deutschen Rüstungsvorsprung und die allgemeine Krisensituation wollte er nutzen. Darüber hinaus hielt er, in maßloser Selbstüberschätzung, ein schnelles Handeln auch deshalb für notwendig, weil der Erfolg an seine Person gebunden sei, man aber nicht wissen könne, wie lange er noch leben werde. Aber auch nach seinem Tode müsse sein Konzept noch fortgeführt werden. Er verstand, so Hoßbach, seine *Ausführungen als seine testamentarische Hinterlassenschaft für den Fall seines Ablebens.*

Hitlers Worte stießen bei von Blomberg, von Neurath und von Fritsch auf Widerspruch. Nicht dass sie grundsätzlich gegen die geplanten Annexionen waren, aber sie hatten aus taktischen und praktischen Gründen Bedenken. Sie waren mit dem Zeitplan nicht einverstanden und fürchteten, dass England und Frankreich bei einem Vorgehen gegen Österreich und die Tschechoslowakei intervenieren würden. Hitlers Einschätzung, dass die beiden Westmächte die beiden kleinen Nachbarn Deutschlands im Stillen längst abgeschrieben hatten, teilten sie nicht. Da der Führer keine Kritik verträgt, diese auch nicht üblich ist, mussten die drei dreisten Bedenkenträger ihre Posten räumen. Es ist bezeichnend, dass es mit von Blomberg, von Neurath und von Fritsch drei konservative Adlige alter Schule traf. Und es ist bezeichnend für die NS-Methoden, dass zwei von ihnen gehen mussten, weil man ihnen an die Ehre ging. Als Werner von Blomberg in zweiter Ehe eine ehemalige Prostituierte heiraten wollte, redete Göring ihm zu und war mit Hitler zusammen Trauzeuge. Das hinderte sie aber nicht daran, diese mit der Ehre eines Offiziers unvereinbare Ehe zum Anlass zu nehmen, den untragbaren Kriegsminister aus dem Amt zu drängen, auf das Göring selber spekulierte. Die entsprechenden Polizeiakten waren zum richtigen Zeitpunkt kurz nach der Hochzeit aufgetaucht.

Auch die Entlassung des Generals von Fritsch bereitete Göring mit einer Intrige vor. Ein gedungener Strichjunge bezichtigte den General der Homosexualität. Dass die Vorwürfe haltlos waren und Hitler ein halbes Jahr später eine Ehrenerklärung für von Fritsch abgab, führte nicht zu seiner vollständigen Rehabilitierung. Er wurde mit einem Artillerieregiment abgefunden und fiel drei Wochen nach Beginn des Zweiten Weltkrieges bei Warschau.

Am glimpflichsten kam von Neurath davon. Ohne dass ihm etwas angehängt wurde, verzichtete er freiwillig auf sein Amt, blieb aber Minister ohne Geschäftsbereich, was jedoch nichts bedeutete und ein leerer Titel war, da das Kabinett kaum noch zusammentrat.

Das umfangreiche Revirement an der militärischen und diplomatischen Spitze hatte zur Folge, dass Hitler von noch mehr Jasagern umgeben war. Der kritikloseste Jasager hinsichtlich seiner Vabanquepolitik war allerdings er selbst. Und so besetzte er das Amt des Kriegsministers nicht neu, sondern schuf das Oberkommando der Wehrmacht (OKW) mit ihm selbst an der Spitze. Göring, der so gerne Kriegsminister geworden wäre, wurde getröstet mit dem wohlklingenden Titel Generalfeldmarschall (April 1938) beziehungsweise Reichsmarschall (1940). Neuer Außenminister wurde von Ribbentrop, der in die Sekt-Familie Henkell eingeheiratet hatte und durch Adoption seit 1925 von Adel war. Er war Hitler treu ergeben. Nachdem Hitler das Personalkarussell kräftig gedreht hatte, wobei auch mehrere Generäle und Botschafter (darunter von Papen in Rom) ihre Posten verloren, fühlte der Führer sich stark genug, seine Aggressionspläne in die Tat umzusetzen. Im Inneren sah er keinen Widerstand mehr, und das Ausland würde die Politik der vollendeten Tatsachen schon hinnehmen, wenn er nur *blitzartig schnell* handeln würde. In der Besprechung vom 5. November hatte er noch geäußert, mit seinem Angriff auf Österreich und die Tschechoslowakei bis 1943 warten zu wollen, es sei denn, England und Frankreich seien schon vorher irgendwo militärisch engagiert. Aber jetzt, nach Bildung des OKW, also nur ein Vierteljahr später, wollte er sofort zuschlagen, obgleich sich die militärisch-politische Konstellation nicht verändert hatte. England war in keinen Krieg verwickelt und hätte gegen Deutschland intervenieren können, wenn das Reich militärisch gegen seine Nachbarn vorgehen würde.

Aber wollte England überhaupt eingreifen? Musste es abgelenkt sein, um passiv zu bleiben? Oder wollte es so oder so darauf verzichten, für die Unabhängigkeit der Österreicher und Tschechen in den Krieg zu ziehen? Hitler brauchte also, so glaubte er, gar keinen englischen Krieg, um an der deutschen Süd-Ost-Flanke ungehindert agieren zu können. Und wenn England passiv blieb, dann blieb Frankreich es auch. Alleine würde es nichts gegen Deutschland unternehmen. Hitler war sich seiner Sache einigermaßen sicher, denn inzwischen war ihm klar geworden, dass die englische Politik des Appeasements, die Politik der Befriedung ihm freie Hand lassen würde, wenn er es nur geschickt genug anstellte. Der Primeminister

Chamberlain war fair und realistisch genug, einzugestehen, dass der Versailler Vertrag ungerecht sei, gerade auch gegenüber den Deutschen. Eine Revision sei also unumgänglich – und war ja auch bereits in vollem Gange und wurde von England hingenommen, ja sogar befürwortet. Man denke nur an die allgemeine Wehrpflicht, die Rheinlandbesetzung, die durch das Flottenabkommen gedeckte Aufrüstung. Sogar die ideologische Grundlage der Versailler Bestimmungen, die angebliche Alleinschuld Deutschlands am Weltkrieg, existierte nicht mehr, seit Hitler am 30. Januar 1937 die deutsche Unterschrift unter dem Kriegsschuldartikel 231 feierlich – und das ohne Widerspruch – zurückgezogen hatte. Chamberlain wollte den Frieden retten, indem er Hitler entgegenkam. Wenn man seinen berechtigten Forderungen nachkam, würde er endlich Ruhe geben. Also: Zähmung durch Zugeständnisse.

Die englische Regierung unterlag dem gleichen Irrtum, wie fünf Jahre zuvor, im Januar '33, von Papen und seine konservativen Kollegen, die geglaubt hatten, Hitler bändigen zu können, wenn man mit ihm zusammenarbeitet. Aber Hitler wollte keine Zusammenarbeit, sondern die ganze Macht, und er wollte jetzt nicht ein paar Österreicher und Sudetendeutsche, sondern Lebensraum im Osten. Mit Zugeständnissen war er nicht zu bremsen, Zugeständnisse hielt er für Schwäche. Chamberlains Appeasement-Politik, gedacht als Politik der Befriedung, durch Befriedung, machte Hitler nur immer gieriger.

Schon in der Kampfzeit hatte er sich von seinen Anhängern gerne Wolf nennen lassen, und ein reißender Wolf war er wirklich, aber über lange Zeit im Schafspelz, wenn er in seinen Reden immer wieder vom Frieden schwärmte oder wenn er seinen Forderungen den Schein des Rechts gab, zum Beispiel durch das Pochen auf das Selbstbestimmungsrecht der Völker. Die Österreicher waren Deutsche und folglich gehörten sie zu Deutschland wie auch die Sudetendeutschen und die Danziger. Das Recht konnte ihnen niemand streitig machen. Das wollte auch Chamberlain nicht. Er stellte nur eine Bedingung: Die notwendigen Änderungen des Status quo müssen auf friedlichem Wege zustande kommen. Dass der Brite auf Hitlers Wünsche einging, hatte auch den Grund, dass er in einem starken Reich ein Bollwerk gegen den Bolschewismus sah. Also aus England kein Gegenwind, wenn Hitler sich nur über Österreich hermachen würde. Er konnte ohne Krieg kriegen, was er wollte, und musste seine Hoffnung, als *Gröfaz (größter Feldherr aller Zeiten)* in die Weltgeschichte einzugehen, auf spätere Konflikte verschieben.

Schon eine Woche nach der großen Ämterumbesetzung vom 4. Februar legte er los. Den österreichischen Bundeskanzler Schuschnigg, Nachfolger des ermordeten Dollfuß, bestellte er in seine Residenz, den Berghof bei Berchtesgaden, um ihn einzuschüchtern, zu bedrohen und gefügig zu machen. Der *Gast* hat das *Gespräch* (wenn man den Vorgeladenen überhaupt als Gast und Hitlers arrogante Drohungen als Gespräch bezeichnen will) in seinen Erinnerungen *(Ein Requiem in Rot-Weiß-Rot)* festgehalten. Dabei wird deutlich, wie Hitler mit vermeintlich Schwächeren umzuspringen pflegte.

ICH: Dieser wundervoll gelegene Raum ist wohl schon der Schauplatz mancher entscheidenden Besprechungen gewesen, Herr Reichskanzler.

HITLER: Ja, hier reifen meine Gedanken. Aber wir sind ja nicht zusammengekommen, um von der schönen Aussicht und vom Wetter zu reden.

SCHUSCHNIGG: Ich möchte zunächst danken, Herr Reichskanzler, dass Sie mir die Gelegenheit zu dieser Aussprache gegeben haben … Wir haben jedenfalls alles dazu getan, um zu beweisen, dass wir … eine deutsche Politik zu führen entschlossen sind.

HITLER: So, das nennen Sie eine deutsche Politik, Herr Schuschnigg? Sie haben im Gegenteil alles dazu getan, um eine deutsche Politik zu vermeiden. Sie sind zum Beispiel ruhig im Völkerbund geblieben, obwohl das Reich austrat. Und das nennen Sie deutsche Politik?

SCHUSCHNIGG: Aus dem Völkerbund auszutreten, hat niemand von Österreich verlangt.

HITLER: Das ist ganz selbstverständlich, dass Sie auszutreten hatten. Übrigens hat Österreich überhaupt nie etwas getan, was dem Deutschen Reich genützt hat. Seine ganze Geschichte ist ein ununterbrochener Volksverrat.

SCHUSCHNIGG: … Die österreichische nationale Leistung ist sehr beträchtlich.

HITLER: Gleich Null … Von Österreich aus bekam jede nationale Regierung seit je nur Prügel zwischen die Füße, das war ja auch die

Haupttätigkeit der Habsburger und der katholischen Kirche … Ich kann Ihnen nur nochmals sagen, dass es so nicht weitergeht. Ich habe einen geschichtlichen Auftrag, und den werde ich erfüllen, weil mich die Vorsehung dazu bestimmt hat … Sie werden doch nicht glauben, dass Sie mich auch nur eine halbe Stunde aufhalten können? Wer weiß – vielleicht bin ich über Nacht auf einmal in Wien: wie der Frühlingssturm! Dann sollen Sie etwas erleben! Ich möchte es den Österreichern gerne ersparen; das wird viele Opfer kosten; nach den Truppen kommt dann die SA; und niemand wird die Rache hindern können, auch ich nicht! Wollen Sie aus Österreich ein zweites Spanien machen? Das alles möchte ich, wenn es angeht, vermeiden.
SCHUSCHNIGG: … Ich weiß natürlich, dass Sie in Österreich einmarschieren können; aber Herr Reichskanzler, ob wir es wollen oder nicht – das wird ein Blutvergießen geben; wir sind nicht allein auf der Welt. Das bedeutet wahrscheinlich den Krieg.
HITLER: Glauben Sie nicht, dass mich irgendjemand in der Welt in meinen Entschlüssen hindern wird! Italien? Mit Mussolini bin ich im Reinen; ich bin mit Italien aufs Engste befreundet. England? – England wird keinen Finger für Österreich rühren … Und Frankreich? – Ja, vor zwei Jahren noch, als wir mit einer Handvoll Bataillone ins Rheinland einmarschierten – damals habe ich viel riskiert. Wenn Frankreich damals marschiert wäre, hätten wir uns zurückziehen müssen … Aber jetzt ist es für Frankreich zu spät. Alle Welt muss wissen, dass es für eine Großmacht unerträglich ist, wenn an ihren Grenzen jeder kleine Staat glaubt, sie provozieren zu können … Die Verfolgung der Nationalsozialisten muss ein Ende haben, sonst werde ich ein Ende machen … Ich habe noch alles erreicht, was ich wollte, und bin vielleicht dadurch zum größten Deutschen der Geschichte geworden …
SCHUSCHNIGG: Herr Reichskanzler … Welches sind Ihre konkreten Wünsche?
HITLER: Darüber können wir uns am Nachmittag unterhalten.

Aber seine Forderungen trug ihm Hitler nicht einmal persönlich vor, das überließ er, in einem Nebenraum, seinem neuen Außenminister von Ribbentrop: Freie Betätigung der Nationalsozialisten in

Österreich, Ernennung des österreichischen Naziführers Seyß-Inquart zum Innen- und Sicherheitsminister, Amnestie für alle einsitzenden Nazis, Angleichung der österreichischen Wirtschafts- und Außenpolitik an die des Reiches. Der Gleichschaltung, die Hitler in Deutschland vorgenommen hatte, sollte nun die Gleichschaltung Österreichs folgen. Von dessen Selbstständigkeit blieb da nicht mehr viel übrig.

Beim anschließenden gemeinsamen Essen gab Hitler sich als charmanter Gastgeber. Seine Tischmanieren hatte er übrigens bei der Gattin des Klavierproduzenten Bechstein gelernt, die ihn abgöttisch verehrte. Nach Tisch ging Hitler wieder zum Angriff über.

HITLER: Ich habe mich entschlossen, einen allerletzten Versuch zu unternehmen, Herr Schuschnigg. Hier ist der Entwurf. Verhandelt wird nicht. Sie haben entweder zu unterschreiben, oder alles Weitere ist zwecklos, und wir sind zu keinem Ergebnis gekommen; ich werde dann im Laufe der Nacht meine Entschlüsse zu fassen haben.

SCHUSCHNIGG: ... Ich mache nur darauf aufmerksam, dass Sie, Herr Reichskanzler, von dieser Unterschrift allein nichts haben. Nach unserer Verfassung ernennt das Staatsoberhaupt, also der Bundespräsident, über Antrag des Regierungschefs die Mitglieder der Regierung; auch die Amnestie ist Prärogative des Bundespräsidenten. Meine Unterschrift besagt also nur, dass ich mich zur Antragsstellung verpflichte und mich für die Durchsetzung einzusetzen bereit bin ... Daher kann ich auch für die Einhaltung der vorgeschriebenen Frist – drei Tage – keine Gewähr übernehmen.

HITLER: Das müssen Sie!

SCHUSCHNIGG: Das kann ich nicht. *(Der Reichskanzler steigert sich in sichtliche Erregung, öffnet die Türen und ruft in den Vorraum)*: General Keitel! *(Dann, zu mir gewandt)*: Ich werde Sie dann rufen lassen.

HITLER *blufft, er will Schuschnigg einschüchtern, indem er so tut, als wenn er mit seinem General über den Einmarsch in Wien sprechen will. In Wahrheit hat er mit Keitel kein Wort gewechselt (wie dieser später im Nürnberger Prozess aussagt.) Nach einer halben Stunde wird Schuschnigg wieder zu* HITLER *gerufen:* Also! Ich wiederhole Ihnen: es ist der letzte Versuch. Innerhalb von drei Tagen erwarte ich die Durchführung.

Der Österreicher gab klein bei und unterwarf sich und damit auch sein Österreich dem Österreicher Hitler. Seyß-Inquart wurde Innenminister, die Nazis (darunter die amnestierten) beherrschten die Straße, übten Gewalt und Terror und wurden nicht behelligt – genau wie die SA vor und nach der Machtergreifung in Deutschland.

Da wagte Schuschnigg einen letzten Versuch, sein Österreich zu retten. Er setzte am 8. März eine Volksabstimmung für den 13. März an, und zwar *Für ein freies und deutsches, unabhängiges und soziales, für ein christliches und einiges Österreich.* Die Regierung war so ungeschickt, das Abstimmungsalter auf 24 heraufzusetzen, weil sie wusste, dass Hitler vor allem bei der Jugend seine Anhänger hatte. Diese Einschränkung nahm Hitler zum Vorwand, mit militärischem Einmarsch zu drohen, falls das Plebiszit nicht abgesetzt würde.

Schuschnigg gab abermals nach und verzichtete. Das reichte Hitler jetzt aber nicht mehr. Jetzt forderte er den Rücktritt Schuschniggs und die Ernennung Seyß-Inquarts zum Kanzler. Anderenfalls deutscher Einmarsch. Freitagabend, es ist der 11. März, erklärt Schuschnigg im Rundfunk seinen Rücktritt. Seyß-Inquart ist aber noch nicht zu seinem Nachfolger ernannt. Damit ist das deutsche Ultimatum nicht vollständig erfüllt, so dass die deutsche Regierung sich berechtigt fühlt, weiter Druck auszuüben. Treibender Keil wird jetzt Hermann Göring, der eine militärische Aktion braucht, um von seiner peinlichen Intrige im Zusammenhang mit der Blomberg-Fritsch-Affäre abzulenken, während Hitler nervös und unsicher ist, weil er noch auf grünes Licht aus Rom wartet. Göring ergreift die Initiative und ruft den deutschen Sonderbeauftragten in Wien, den Staatsekretär Keppler an. Dies Telefonat offenbart die ganze Verlogenheit, Brutalität und Kriminalität der Nazimaffia.

GÖRING: Nun passen Sie auf: Die Hauptsache ist, dass sich jetzt Seyß-Inquart der ganzen Regierung bemächtigt, Rundfunk und so weiter besetzt hält, und passen Sie auf: Folgendes Telegramm soll der Seyß-Inquart herschicken: Schreiben Sie auf: Die provisorische österreichische Regierung, die nach der Demission der Regierung Schuschnigg ihre Aufgabe darin sieht, Ruhe und Ordnung in Österreich wiederherzustellen, richtet an die deutsche Regierung die dringende Bitte, sie in ihrer Aufgabe zu unterstützen und ihr zu helfen, Blutvergießen zu verhindern. In diesem Zweck bittet sie die deutsche

Regierung um baldmöglichste Entsendung deutscher Truppen.

GÖRING *(dann weiter)*: Gut. Und das Telegramm möchte er möglichst bald schicken. Und sagen Sie ihm, wir bitten, er braucht das Telegramm ja gar nicht zu schicken, er braucht nur zu sagen: Einverstanden ... Also macht es gut! Heil Hitler!

Schon vor diesem Telefonat (11. März 1938, 20:48 Uhr bis 20:54 Uhr) hat Hitler um 20:45 Uhr den Befehl zum Einmarsch gegeben. Das telegrafische Hilfegesuch ist nie in Berlin eingetroffen, nicht einmal sein *Einverstanden* hat Seyß-Inquart nach Berlin telegrafiert. Zu Keppler hat er lediglich gesagt: *Machen Sie, was Sie wollen.*

Aber das Telegramm wird dennoch von der deutschen Regierung veröffentlicht und während es die deutschen Leser in den Morgenzeitungen lesen, überschreiten die deutschen Truppen die Grenze zu Österreich. Da sich die österreichische Armee in die Kasernen zurückgezogen hat, kommt es zu keinen Kampfhandlungen und zu keinem Blutvergießen. Stattdessen werden die deutschen Soldaten mit Jubel begrüßt, zumindest von den Menschen, die am Straßenrand stehen. Es ist wieder ein Sonnabend und die Weltpolitik im Wochenendurlaub. Am Nachmittag folgt Hitler den Truppen und passiert bei Braunau, seiner Geburtsstadt, den Inn und die Grenze und zieht dann, wie in seiner Kindheit, von Braunau weiter nach Linz. Wo er als Realschüler einst gescheitert war, erlebt er jetzt als friedlicher Eroberer seinen großen Triumph. Berauscht von dem Glockengeläut und der Anschlussbegeisterung, geht Hitler jetzt weiter, als er ursprünglich wollte. Wahrscheinlich hatte er nur vor, Österreich zu einem Satelliten zu machen und es in Personalunion mit dem Reich zu verbinden, so wie früher die verhassten Habsburger halb Europa unter *einem* Monarchen vereint hatten. Doch unter dem Eindruck der zustimmenden Stimmung lässt er sich umstimmen, jetzt will er alles, also die Annexion, zumal er in der Nacht auch noch ein zustimmendes Votum des Duce erhalten hatte. Noch in Linz unterschreibt er am Sonntag, den 13. März, das *Gesetz über die Wiedervereinigung Österreichs mit dem Deutschen Reich.*

Am nächsten Tag zieht er in Wien ein und genießt den Jubel. Von der Wiener Hofburg aus spricht er vor einer halben Million Menschen, die sich auf dem Heldenplatz versammelt haben, die stolzen Worte: *Als Führer und Kanzler der deutschen Nation und des Reiches melde ich vor der Geschichte nunmehr den Eintritt meiner Heimat in das Deutsche Reich.* Eine Verbindung, die sieben Jahre halten sollte, wie schlechte Ehen.

Die Westmächte protestierten schwächlich, nahmen aber den Anschluss als vollendete Tatsache hin, indem sie ihre Wiener Botschaften auflösten. Österreich gab es nicht mehr. Hinter den umjubelten Truppen ziehen in einer zweiten Besatzungswelle die schwarzen Schergen in Österreich ein. Vorne der scheinbare Retter und Befreier Hitler, dahinter der Menschenjäger Himmler mit 40000 Mann SS, Gestapo und Polizei. Anhand vorbereiteter Listen werden ohne Rechtsgrundlage und ohne Prozess Kommunisten, Sozialdemokraten, Kritiker und Juden festgenommen, 70000 vorübergehend, und 20000 auf Dauer in Gefängnisse und Konzentrationslager gesteckt. Unter ihnen auch Schuschnigg, mit dem Hitler gerade noch verhandelt hatte, und alle Habsburger, die die Nazis aufspürten. Viele verzweifelte Menschen flüchteten oder begingen Selbstmord wie der jüdische Schriftsteller Egon Friedell. Gleichzeitig plünderte das überschuldete Deutsche Reich das befreite Brudervolk rücksichtslos aus. Der für den Vier-Jahres-Plan und für die deutsche Rüstung zuständige Göring übernahm vom österreichischen Staat Gold- und Devisenbestände in Höhe von 1,4 Milliarden Reichsmark. Das war zwanzigmal so viel, wie die deutsche Reichsbank zur Verfügung hatte, kümmerliche 76 Millionen. Außerdem nahm die deutsche Wirtschaft entscheidenden Einfluss auf die österreichischen Unternehmen. Bis 1944 überwog reichsdeutsches Kapital bei den Banken (83%), im Bergbau (72%) und in der Metallindustrie (64%).

Dennoch bringt die am 10. April durchgeführte Volksabstimmung in Deutschland und Österreich eine überwältigende Mehrheit von über 99% für den jetzt Großdeutsches Reich genannten Staat, für den Führer und für den neuen großdeutschen Reichstag mit nur einer einzigen Partei. Die patriotische Stimmung und die übermächtige Propaganda mit dem Werbeslogan *Ein Volk, ein Reich, ein Führer!* waren stärker als alle Angst und Vorbehalte, zumal sich auch die österreichischen Bischöfe geschlossen für den Anschluss aussprachen: *Aus innerster Überzeugung und mit freiem Willen erklären wir unterzeichneten Bischöfe der österreichischen Kirchenprovinz anlässlich der großen geschichtlichen Geschehnisse in Deutsch-Öster-*

reich: Wir erkennen freudig an, dass die nationalsozialistische Bewegung auf dem Gebiet des völkischen und wirtschaftlichen Aufbaues sowie der Sozialpolitik für das Deutsche Reich und Volk namentlich für die ärmsten Schichten des Volkes Hervorragendes geleistet hat und leistet. Wir sind auch der Überzeugung, dass durch das Wirken der nationalsozialistischen Bewegung die Gefahr des alles zerstörenden gottlosen Bolschewismus abgewehrt wurde. Die Bischöfe begleiten dieses Wirken für die Zukunft mit ihren besten Segenswünschen und werden auch die Gläubigen in diesem Sinne ermahnen. Am Tag der Volksabstimmung ist es für uns Bischöfe selbstverständliche nationale Pflicht, uns als Deutsche zum Deutschen Reich zu bekennen, und wir erwarten auch von allen gläubigen Christen, dass sie wissen, was sie ihrem Volke schuldig sind. Es folgen die Unterschriften von sechs gutgläubigen Ignoranten.

Von Einfluss auf den Wahlausgang war sicher auch die Gestaltung des Stimmzettels. *So musst du abstimmen*, stand darüber, und dann: *Für den Führer, Großdeutschland und den großdeutschen Reichstag.* Dann gab es zwei Kreise zum Ankreuzen, einen großen mit JA und einen kleinen mit NEIN.

Keiner stieß sich an den Demütigungen, die Juden und Intellektuelle in aller Öffentlichkeit erleiden mussten. *Mit nackten Händen*, so ein Augenzeuge, *mussten Universitätsprofessoren die Straße reiben, fromme, weißbärtige Juden wurden in den Tempel geschleppt und gezwungen, Kniebeugen zu machen und im Chor »Heil Hitler« zu schreien.*

Als nächstes stand die ČSR auf der Tagesordnung. Die Annexion wurde nach altbewährter Methode vorbereitet. Zuerst wurde im Inneren des zum Opfer bestimmten Landes für Unruhe gesorgt. Die Sudetendeutsche Partei unter Konrad Henlein forderte lautstark den Anschluss der mehrheitlich deutsch besiedelten Randgebiete ans Großdeutsche Reich. Das Leben der deutschen Minderheit sei unerträglich geworden. Bei Aufständen kam es zu Todesopfern. Hitler spielte sich als Schutzherr dieser bemitleidenswerten Volksgenossen auf und berief sich auf das Selbstbestimmungsrecht. Der Anschluss sei der einzige Ausweg. Das Reich war nicht etwa der Angreifer, vielmehr waren die Deutschen diesseits und jenseits der Grenze zur nationalen Notwehr gezwungen. Sie waren im Recht und hatten ein gutes Gewissen. Der deutsche Einmarsch ins Sudetenland schien unabwendbar und damit ein großer Krieg, denn die ČSR war mit Frankreich und England verbündet. Den wollte Chamberlain, der Mann der Appeasement-Politik, unbedingt vermeiden und suchte das Gespräch mit Hitler – unverzüglich und ohne Rücksicht auf Prestigefragen. Der Diktator willigte ein, kam dem Gast aber keinen Schritt entgegen, auch geografisch nicht. Er verlangte, dass Chamberlain bis auf den Obersalzberg reiste, um ihm dann dort – ohne jede Verhandlungsbereitschaft – zu eröffnen, dass er das Sudetenland angliedern müsse und werde. Der Friedenspremier war zu allem bereit, nur müsse der Anschluss ohne Gewalt vollzogen werden. Und vorher müsse er noch sein Kabinett und Frankreich konsultieren. Ergebnis: England und Frankreich forderten von der verbündeten ČSR ultimativ die Abtretung der Grenzgebiete mit mehr als 50% deutscher Bevölkerung, also den Verlust wichtiger Industriegebiete und aller Grenzbefestigungen. In Godesberg übergab Chamberlain dem deutschen Kanzler die englisch-französisch-tschechische Kapitulationsurkunde. Das war Hitler inzwischen aber nicht mehr genug. Er bekam alles, was er gefordert hatte, und wollte mehr, als er es bekam. Er wollte die gesamte ČSR erobern und in Prag im Triumph einziehen wie vor einem halben Jahr in Wien.

Inzwischen hatte sich in der deutschen militärischen Führung Widerspruch und Widerstand gegen Hitlers Aggressionspolitik formiert. Man wollte Hitler festnehmen und vor Gericht stellen, sowie er den Befehl zum Angriff geben würde. Doch dazu kam es nicht. Plötzlich zuckte Hitler zurück.

Die Tschechen hatten mobil gemacht, England und Frankreich schienen auf einmal zum Kampf bereit. Nicht aber das deutsche Volk. Die fanatischen Massen im Sportpalast hatten seiner aggressiven Rede zwar zugejubelt, aber die Menschen auf der Straße reagierten apathisch und mutlos, als er zum Test eine motorisierte Division durch Berlin fahren ließ. Hitler lenkte ein. Er erklärte sich zu einem letzten, von Mussolini angeregten Verhandlungsversuch bereit. Am 29. September trafen sich in München die vier Regierungschefs Chamberlain, Daladier, Mussolini und Hitler. Man konferierte über die Tschechen, aber ohne die Tschechen.

Über ihren Kopf hinweg wurde entschieden, dass die besagten Grenzgebiete an Deutschland abzutreten seien. Innerhalb von zehn

Tagen. Der Frieden war gerettet, aber Hitler, ohne es zu wissen, auch. Der Widerstand war gescheitert, ein Staatsstreich gegen einen erfolgreichen Kanzler war ein Ding der Unmöglichkeit. Doch Hitler fühlte sich gar nicht als Sieger. Chamberlain hatte ihn um seinen militärischen Triumph gebracht. Und er hatte sogar noch die neuen tschechischen Grenzen garantieren müssen. Diese Garantie nahm er natürlich nicht ernst.

So schnell wie möglich wollte er die *Erledigung der Rest-Tschechei,* wie er es nannte, in die Tat umsetzen. Mit dem Selbstbestimmungsrecht der Völker konnte er jetzt nicht mehr kommen, zumal er immer wieder lauthals verkündet hatte, dass er gar keine Tschechen wolle und das Sudetenland seine letzte territoriale Forderung sei. Er berief sich aber doch wieder auf das Selbstbestimmungsrecht, diesmal allerdings völlig selbstlos auf das der Slowaken. Die sollten sich von den Tschechen lossagen und einen eigenen Staat gründen. Doch mussten sie von Hitler erst zu ihrem Glück gezwungen werden. Er drohte der kleinen Slowakei mit der Annexion durch Ungarn. Also erklärten sich die Slowaken unter Druck für unabhängig.

Daraufhin setzte der tschechische Präsident Hacha Truppen in Richtung Slowakei in Bewegung. Das ist für Hitler Grund genug, anzugreifen. Er beordert Hacha nach Berlin und macht ihn fertig. Erst lässt er seinen *Gast* bis nach Mitternacht warten, dann lässt er Keitel und Göring zur Einschüchterung aufmarschieren. Es folgt die Drohung mit der Alternative: friedliche Unterwerfung oder Krieg. Zur weiteren Einschüchterung droht Göring mit der Bombardierung Prags.

Als der Präsident einen Herzanfall erleidet, bringt Hitlers Leibarzt Dr. Morell ihn wieder auf die Beine, damit er, völlig zermürbt, unterschreibt, *dass er das Schicksal des tschechischen Volkes vertrauensvoll in die Hände des Deutschen Reiches legt. Der Führer hat diese Erklärung angenommen.* So die offizielle Verlautbarung.

Damit gibt es keine ČSR mehr. Die Slowakei ist ein deutscher Satellit, und Tschechien wird als Protektorat Böhmen und Mähren Teil des Großdeutschen Reichs. Ganz anders als der umjubelte Einmarsch in Wien verläuft die Besetzung Prags. Feindselig und stumm reagieren die Menschen auf die deutschen Truppen. Und England und Frankreich verkünden jetzt: Bis hierher und nicht weiter!

Lediglich das Memelland, 1923 von Litauen widerrechtlich erobert und annektiert, kann Hitler noch gewinnen. Aber von nun an wird jede Aggression zum Kriege führen. Auf den allerdings ist Hitler bestens vorbereitet. Nicht nur durch die am besten gerüstete Armee der Welt, sondern auch durch die geostrategischen Veränderungen des letzten Jahres. Durch die Unterwerfung und Einverleibung Tschechiens im März 1939 ist aus der deutschen Wespentaille zwischen Hof und Karlsruhe (250 Kilometer zwischen der tschechischen und der französischen Grenze) ein deutscher Machtblock geworden mit einer weit nach Osten, in Richtung Polen, Balkan und Sowjetunion gerichteten Speerspitze.

Zwischen Hitlers Ernennung zum Reichskanzler am 30. Januar 1933 und seinem Selbstmord am 30. April 1945 liegen genau 12 Jahre und 3 Monate. Mitte März '39 hätte er also sein Bergfest als Kanzler feiern können. Seine Herrschaft hatte, ohne dass er es ahnen konnte, Halbzeit. Die Epoche der Kriege ohne Kanonenkugeln, die Zeit der Erfolge allein durch Drohung und Erpressung war vorüber. Jetzt waren nur noch wirkliche Kriege mit Blutvergießen und Zerstörung zu erwarten. Im Frühling und Sommer 1939 herrschte eine trügerische Ruhe, es war die Ruhe vor dem Sturm. Hitler plante den Krieg, und dessen Beginn war nur noch eine Frage der Zeit.

20

Friedensware

Gegen Ende des Krieges und in den ersten Nachkriegsjahren gehörte das Wort *Friedensware* zum Wortschatz des deutschen Volkes. Gemeint waren damit Produkte, die, noch in den Dreißigerjahren hergestellt, von guter Qualität waren und den Ansprüchen der Kunden genügten, stabil, haltbar, dauerhaft und angefertigt aus bewährten und zweckdienlichen Grundstoffen und nicht aus irgendwelchen Ersatzstoffen wie Zellstoff, Bakelit oder Ähnlichem. Während des Wirtschaftswunders ging der Begriff wieder verloren, weil nun die angebotenen Waren den Erwartungen entsprachen und man sich nicht mehr zurücksehnen musste nach der guten alten Friedensware. Im Duden unserer Zeit gibt es das Wort nicht, sang- und klanglos ist es aus der deutschen Sprache verschwunden. Ich selbst bin auch Friedensware und charakterisiere mich manchmal mit einem scherzhaften Stolz mit diesem Ausdruck.

Gezeugt wurde ich, der Junior, im Juni 1937, was ja mühelos zu errechnen ist, wenn man meinen Geburtstag, den 4. März 1938, kennt. In unserem Reihenhaus in der Reiherbeize erblickte ich das Licht der Welt, das Licht einer scheinbar friedlichen Welt. Meine ersten Lebenstage fielen in die Zeit, als Hitler sich seiner Heimat bemächtigte – zwar mit Drohung und Erpressung, aber letztlich doch ohne einen einzigen Schuss Pulver. Sein politischer Erfolg, die Annexion Deutsch-Österreichs, war Friedensware – wie ich.

Sicher waren meine Eltern stolz, dass ihr Sohn sein Leben in einem so denkwürdigen Augenblick der deutschen Geschichte begann. Heute bin ich froh und dankbar, dass sie mich in ihrem patriotischen Überschwang nicht Adolf nannten. Im Gegenteil, sie hatten trotz aller Führer- und Vaterlandsliebe den Mut und die Gesinnungsstärke, mich taufen zu lassen. Zwar warteten sie, anders als üblich und anders als im Stammbuch angeraten, fast ein halbes Jahr mit diesem Schritt, aber immerhin. Vielleicht waren sie sich der Zweckmäßigkeit ihrer Sache nicht sicher, vielleicht wollten sie den Geburtstag meiner Mutter abwarten, denn zwei Tage nach diesem, also am 21. August, wurde die Taufe vorgenommen. Die Patenschaft übernahmen Tante Doris, die Frau des Bruders meines Vaters, und Onkel Willi, der Bruder meiner Mutter. Alles also sehr konventionell im engsten Familienkreis.

Ort der Handlung war die nagelneue Kirche der Onkel-Tom-Siedlung, das einzige Gotteshaus, das während der Hitler-Zeit in Berlin gebaut wurde. Dem Geist oder Ungeist der Zeit angepasst, verband die Kirche religiöse und patriotische Vorstellungen. Das schlichte und modern-schmucklose, am Bauhausstil orientierte Gebäude war zugleich der sakralen Bautradition verpflichtet, bestand aus einem langen Schiff mit hohen Fenstern und einem hohen Glockenturm. Ganz oben, als Krönung des Turmes und der Weltanschauung, befanden und befinden sich noch heute ein Adler und ein Eisernes Kreuz. Dieses war bekanntlich während der Befreiungskriege gegen Napoleon vom preußischen König Friedrich Wilhelm III. als Tapferkeitsauszeichnung für alle Dienstgrade gestiftet und entworfen und von Schinkel ausgeführt worden. Den hohen Stellenwert des Nationalbewusstseins bringt auch der Name, auf den die Kirche getauft wurde, zum Ausdruck. Nicht irgendein Apostel oder Mittelalterheiliger wurde zum Namenspatron erkoren, sondern der patriotische Dichter Ernst Moritz Arndt, der in einem seiner Poeme über die Kreativität und die Intentionen Gottes zu wissen glaubte: *Der Gott, der Eisen wachsen ließ, der wollte keine Knechte.* Und auch keine Unterwerfung unter Frankreich.

Der Pfarrer der Ernst-Moritz-Arndt-Kirche dachte wahrscheinlich nicht anders. Offizier im Ersten Weltkrieg, ohne Beruf und Brot nach demselben, beides gefunden im Schoße der Kirche, die ihm ein Studium und Amt ermöglichte. In der Hitler-Zeit besann sich Pfarrer Geß seiner Offiziersvergangenheit, trat den *Deutschen Christen* bei, der *SA Christi*, wie Reichsbischof (Reibi) Müller sie nannte, stand dem Führer genauso nahe wie dem Heiland und sah in Hitler seinen deutschnationalen Messias. Dieser Gottesmann hob mich aus der Taufe und wird mich nach dem Kriege, dann in demokratischen Zeiten, konfirmieren.

Die ersten Lebensjahre sind eine Zeit ohne eigene Erinnerung. Was man aus der frühen Kindheit zu wissen glaubt, haben die Eltern, die Großeltern oder andere Ältere so oft und anschaulich erzählt, dass man sich einbildet, es bewusst erlebt zu haben. Geprägt wird diese unechte Erinnerung zusätzlich von den vielen Fotos, die in gutbürgerlichen Familien ohn‘ Unterlass gemacht und dann gesammelt werden. In einem Fotoalbum mit dem stolzen Titel *Unser Kind* wurden die Bilder – chronologisch geordnet – eingeklebt, und da sehe ich mich noch heute in allen Lebenslagen. Ich werde gefüttert, gewickelt, auf dem Arm gehalten, im Wagen gefahren, gebadet, abgetrocknet. Es ist unverkennbar, ich wurde gehegt und gepflegt und geliebt. Endlich kann ich krabbeln und stehen und gehen und ergreife Besitz von unserem kleinen Garten. Alles akkurat dokumentiert.

Als ich knapp anderthalb war, im August 1939, habe ich das erste Mal in meinem Leben im Meer gebadet, geplanscht, gestrampelt und, wie die Fotos zeigen, mich maßlos gefreut. Vielleicht wurde hier meine Liebe zum Wasser geweckt, zur See und zu den Seen, zur Ostsee, zur Nordsee, zum Mittelmeer und zur Krummen Lanke und zum Ratzeburger See. Und hier, an der Ostsee, in Travemünde, werde ich genau 31 Jahre später die Frau fürs Leben kennenlernen.

Meine Eltern waren mit mir für drei Wochen nach Usedom gefahren, zur Badewanne der Berliner, ins *Ostseebad* Trassenheide, und sie erholten sich standesgemäß und ordnungsgemäß. Sie erwarben eine Kurkarte, mieteten einen Strandkorb, gegen Quittung, versteht sich, und hefteten diese Belege samt Fahrkarten (Berlin, Stettiner Bahnhof, nach Trassenheide und zurück) fein säuberlich in besagtes Fotoalbum.

Auf den Bildern wurde mein Vater braun und brauner und meine Mutter und ich trugen mehr oder weniger modische Strandanzüge, sofern ich nicht splitterfasernackt badete oder buddelte. Auf den Fotos wechseln Licht und Schatten, so dass zu vermuten ist, dass wir einen in jeder Hinsicht sonnigen August erlebten.

Aber dann! Als meine Eltern mit mir nach Hause zurückkehrten, machten sie, was man immer nach einer Reise tut, sie packten die Koffer aus, sie nahmen das Haus von oben bis unten und den Garten von vorne bis hinten in Augenschein und dann sichteten sie die Post. Urlaubsgrüße und Geburtstagswünsche, meine Mutter war ja wenige Tage zuvor 31 Jahre alt geworden. Aber da war auch noch ein amtlicher Brief. Mein Vater wusste sofort, welche Hiobsbotschaft er enthielt. *Es gibt Krieg*, sagte er, *und ich werde eingezogen*. Noch hatte Hitler den Überfall auf Polen nicht befohlen, aber schon wurden die deutschen Männer einberufen und zu ihren Einheiten beordert. Auch die älteren Jahrgänge, zu denen mein Vater mit seinen 39 Jahren inzwischen zählte. Wieder einmal schlug der Größenwahnsinn der großen Politik durch bis zu uns einfachen Leuten und auch bis zu mir kleinem Knirps.

Meinen Eltern war klar, auch wenn sie dies nicht ausführlich ausdiskutierten, dass man im Krieg keine Kinder in die Welt setzt, abgesehen davon, dass die Soldaten so selten Heimaturlaub haben, dass gezielte Vorbereitungen zwecks Vergrößerung der Familie kaum möglich sind. Ich blieb also Einzelkind.

Hitler hatte mich um eine Schwester und einen Bruder betrogen. Statt in einer normalen Familie mit Eltern und Geschwistern zusammenzuleben und Streit und Vertragen, Selbstbewusstsein und Egoismus, aber auch Hilfsbereitschaft und Familiensinn zu erlernen, war ich mit meiner Mutter allein und wurde ein Muttersöhnchen. Hitlers Schuld, wenn ich kein Draufgänger wurde, zäh wie Leder, schnell wie Windhunde und hart wie Kruppstahl, sondern am Rockzipfel meiner Mutter hing.

Den Anfang des Krieges erlebte ich noch als Frieden. Im schönen, grünen, ruhigen Zehlendorf lebte man wie im Urlaub. Meine Mutter unternahm, Zeit genug hatte sie ja, zahlreiche Ausflüge mit mir. Wie das Fotoalbum belegt, gingen wir im benachbarten Fischtalpark spazieren, wanderten an der nahen Krummen Lanke oder besuchten den Zoologischen Garten.

Manchmal waren Oma und Opa dabei, die Eltern meines Vaters, die ihren hatte meine Mutter bereits verloren. Meist posierten die Großeltern mit mir zusammen vor der Kamera, selten gelang es meiner Mutter, sie mit einem Schnappschuss zu überraschen. Je nach Jahreszeit und Wetter trug meine Mutter Mantel oder Kostüm und immer einen ausladenden Hut, und ich kurze Hosen oder einen vornehmen dunklen Mantel, einen Zweireiher wie meine Mutter, der Mode der Zeit entsprechend. Im Zoo gab es einen Streichelzoo, wo die Menschenkinder sich den Tierkindern nähern durften, und da versuchte ich genauso ängstlich wie neugierig, die zahmen Lämmchen zu streicheln.

Im Frühling 1941, zur Zeit der Schneeschmelze, wie die Fotos zeigen, war meine Mutter mit mir im Sudetenland, genauer: im Riesengebirge. Wir kamen quasi als Friedensgewinnler in ein Land, das Hitler noch ohne Krieg, wenn auch mit List und Tücke, gewonnen hatte. Der kleine Ort hieß Neuhammer, wie man auf den Erinnerungsfotos des Bahnhofs entziffern kann, und war von dunklen

Tannenwäldern umgeben. Mein Vater hatte ein paar Tage Urlaub und besuchte uns und wir spielten heile Familie und Frieden mitten im Krieg. Erinnerungen daran habe ich keine.

Aber die setzten dann doch so langsam ein, unabhängig von jeder fotografischen Unterstützung. Ich glaube, dass man sich vor allem merkt, was mit intensiven Emotionen verbunden ist, was einen übermäßig überrascht und erfreut oder was einem große Angst macht und nach einem Fehlverhalten ein schlechtes Gewissen. Ein Gegenstand oder ein Geschehnis prägen sich ein, wenn das Gefühl in hohem Maße beteiligt ist. So zum Beispiel erinnere ich mich an eine riesige Kerze, die mich unerhört verblüffte, weil sie alles übertraf, was ich je an Kerzen gesehen hatte. Mein Vater hatte sie im frommen Polen in einem Devotionalienladen erstanden und uns zu Weihnachten geschickt, und obgleich auf keinem Foto festgehalten, hat meine Erinnerung das gute Stück festgehalten, eben weil sie mich faszinierte und ich zur Weihnachtszeit besonders empfindsam war.

Eine andere Erinnerung verbindet sich mit einer Tasse. Sie war bunt bemalt und objektiv oder subjektiv wertvoll, das heißt vom Preis her oder in meiner Einbildung. Ich sehe mich noch heute mit der Tasse durch den Garten laufen. Wahrscheinlich habe ich das edle Stück zerschlagen und mir ernste Vorwürfe eingehandelt, das Fehlverhalten verdrängt, mir aber den damit verbundenen Gegenstand umso tiefer eingeprägt.

Ich weiß nicht, inwieweit das Erinnerungsvermögen mit dem Sprachvermögen zusammenhängt. Lässt sich leichter merken, was man in Worte fassen kann? Jedenfalls spielte die Sprache in meinem Leben von Anfang an eine große Rolle. Und meine Mutter bestärkte mich, indem sie sich merkte, was ich an Bonmots oder ungewöhnlichen Aussagen hervorbrachte. So zum Beispiel bezeichnete ich die Untertasse als Tassenteller, was ja von der Funktion her durchaus zutreffend ist, so dass ich noch heute auf meine Kreativität von damals stolz bin.

Um in der Welt heimisch zu werden, muss man Zusammenhänge erkennen, muss vor allem Ursache und Wirkung unterscheiden. Auch wenn man diese verwechselt, ist man auf dem Wege der Weltbemeisterung ein gutes Stück vorangekommen, weil man sich um den Einblick in kausale Zusammenhänge bemühte. Vor unserem Hause stand eine riesige Pappel, die über eine üppige Krone aus Espenlaub verfügte und die fast immer in zitternder Bewegung war. Wenn ich mich, eine leptosome Frostbeule, über den kalten Wind ärgerte, machte ich dem armen Baum Vorwürfe: *Böse, olle Pappel, hör endlich auf, soviel Wind zu machen, ich friere!* Gerne sucht man die Schuld bei dem, der sie gar nicht trägt. Das hat keiner so gezielt praktiziert wie Hitler, und ich kleiner Junge war, ohne es zu wissen und zu wollen, im Trend der Zeit und ihres Ungeistes.

Eine weitere Äußerung, die meine Eltern überliefert haben, hängt mit ihrer Erziehung zusammen. Ihre pädagogischen Ideale waren human und liberal, ich wurde ohne Schläge erzogen, allein mit Liebe und Argumenten. Und diese Methode hat meine Mutter noch konsequenter angewendet als mein Vater. Als er einmal auf Urlaub war, hatte ich irgendetwas ausgefressen und er schlug mich, sicher nicht sehr rabiat, auf die Finger. Darauf konnte ich nur mit empörter Verblüffung reagieren: *Aua, das tut ja weh!* Gewalt war mir absolut fremd. Und das mitten im Krieg. In einer Welt von Gewalt war meine Kindheit in Zehlendorf eine Insel der Liebe und des Friedens.

Das Spielzeug, mit dem meine Mutter mich versorgte, war ausgesprochen pazifistisch. Kein Schießgewehr, keine Bleisoldaten, keine Panzer, Kanonen und Flugzeuge. Stattdessen ein Schaukelpferd, ein Schlitten, ein Bollerwagen, eine Holzlokomotive, ein Boot, ein Ball, ein Holz-LKW und zivile PKWs. All diese wertvollen Spielsachen finden sich auf den Fotos wieder. Aber Erinnerungen an sie habe ich nicht mehr. Dafür aber entsinne ich mich noch genau meines Lieblingstieres, obgleich es auf keiner Fotografie erscheint. Das war ein kleiner Hase auf Rädern, den ich hinter mir herziehen konnte und der die Fähigkeit besaß, zu hoppeln. Das gelang ihm, weil die Hinterachse nicht in der Mitte der Räder endete, sondern ein Stück an den Rand versetzt war, und das Hinterteil meines Lieblings bei jeder Drehung etwas anhob. Vielleicht liebte ich das Häschen, weil ich eine charakterliche Verwandtschaft zu ihm empfand. Hasen sind keine Kämpfer, sie greifen ihre Gegner nicht an, sie verteidigen sich auch nicht, sondern ergreifen die Flucht. Schnelligkeit ist ihre einzige Lebensversicherung. Und sie ernähren sich allein von Gras und Klee und anderem Grün, ihre vegetarische Menukarte ist so pazifistisch wie meine Spielzeugkollektion. Hasen gelten als Hasenfüße, und ein solcher war ich Einzelkind und Muttersöhnchen wohl auch.

Opa hätte mich gerne ein bisschen lausbubenhafter gehabt, auch wohl aggressiver. Er schenkte mir zwar kein Kriegsspielzeug, sondern eine laut läutende Glocke, wie sie der Milchmann hatte, der mit seinem Pferdewagen Tag für Tag unsere Straße mit den Produkten der Meierei Bolle belieferte.

Meine Glocke war bestens geeignet, Lärm und Ärger zu verursachen. Opa ging mit mir und ich mit der Glocke in die Ladenpassage, genannt Ladenstraße, neben dem Onkel-Tom-Bahnhof, und dann verdrückte der alte Herr sich und kannte mich nicht mehr. Mir selbst überlassen läutete ich aus Leibeskräften, so dass die einkaufenden Frauen, es gab ja kaum noch Männer, empört und lautstark Ruhe forderten und durch ihr Keifen den akustischen Missstand nur noch verschlimmerten. Noch durchschlagender war die Wirkung, wenn ich am Vormittag mit meiner Glocke die Reiherbeize unsicher machte. Dann stürzten die Hausfrauen mit ihren Milchkannen auf die Straße, stutzten, wenn kein Milchwagen da war, sondern nur ich, schimpften im Chor auf mich ein, schimpften mehr und lauter, als sie es ein, zwei Jahre später wagen werden, dann nämlich, wenn der Mangelmacher Hitler ihnen die Milch endgültig aus dem Sortiment nehmen wird. Dann werden sie es nicht wagen, zu schimpfen, schließlich wohnte ein gefährlich kleiner Nazi in der Straße.

Es war eine paradoxe Kindheit. Ich lebte geliebt und umsorgt in einem Vorstadtparadies. Meine friedliche, friedfertige, friedliebende Mutter erzog mich mit Zuneigung und Fürsorge und hielt die böse Welt von mir fern. Dennoch hing sie Hitler an, dem Kriegsstifter und Kriegsverbrecher, sie, die warmherzigste und weichherzigste Frau, die ich kenne. Ich weiß nicht, warum ihr der Widerspruch bei all ihrer Intelligenz und Bildung nicht aufging. Vielleicht sah sie in dem Krieg ein unabwendbares Schicksal und ihre einzige Aufgabe darin, mich, ihr geliebtes Kind, heil durch diesen mörderischen Krieg zu bringen.

21

Der Krieg nach innen

Einige Historiker (so Sebastian Haffner und Fritz Stern) haben in einem Gedankenexperiment die Frage gestellt, wie man Hitler wohl beurteilt hätte, wenn er 1938 gestorben oder einem Attentat zum Opfer gefallen wäre. Das Urteil wäre sicher sehr günstig ausgefallen und man hätte seinen Tod bedauert und betrauert. Schließlich hatte er bedeutende Erfolge vorzuweisen und erfreute sich in Deutschland breiter Zustimmung und Verehrung.

Er hatte im Inneren Ordnung geschafft, führte eine stabile Regierung – nach dem Weimarer Parteienchaos –, er hatte die Wirtschaft belebt, die Arbeitslosigkeit beseitigt und im Volke eine Stimmung aus Stolz und Optimismus hervorgerufen. Ein Symbol für all das waren die Olympischen Spiele, die aller Welt die Leistungsfähigkeit Deutschlands vor Augen führten. Auch die Außenpolitik der ersten fünf Jahre war eine einzige Erfolgsgeschichte. Aus dem hässlichen Entlein von Versailles war ein stolzer Schwan geworden, eine gleichberechtigte Großmacht. Die Demütigungen und Ungerechtigkeiten des Versailler Vertrags waren korrigiert. Keine deutsche Alleinschuld mehr am Ersten Weltkrieg, keine Rüstungsbegrenzung mehr. Dafür kehrten ohne Krieg und Blutvergießen die Saarländer, Österreicher und Sudetendeutschen heim ins Reich, zusammen über zehn Millionen *Volksgenossen*.

Und dennoch! Diese Erfolge hatten ihren Preis, einen hohen, einen zu hohen. Was so glänzend aussah, hatte eine dunkle Kehrseite, genauer: Es machte eine dunkle Zukunft unumgänglich. Die Erfolge der mittleren Dreißigerjahre waren eine Anleihe bei den Vierzigern. Die momentane Vollbeschäftigung als Folge der Aufrüstung verursachte unbezahlbare Schulden, die später zu einer Finanz- und Wirtschaftskatastrophe führen mussten. Und diese Rüstung zielte notwendig auf den Krieg, den furchtbaren Zweiten Weltkrieg. Ähnlich zweideutig verhält es sich mit dem aufgrund des Selbstbestimmungsrechts der Völker geschaffenen Großdeutschen Reich. Dies war kein friedlicher und – um mit Bismarck zu sprechen – saturierter Nationalstaat, nein, dieses Großreich sollte als Aufmarschgebiet dienen für den großen Lebensraumeroberungskrieg im Osten. Hitler schien größer als Bismarck und sah sich auch so, denn Bismarck hatte nur die kleindeutsche Lösung verwirklicht, der Führer dagegen die großdeutsche. Aber Bismarck wollte das saturierte kleindeutsche Reich durch ein europäisches Friedenssystem sichern, Hitler dagegen wollte das Großdeutsche Reich in den Weltkrieg führen und aufs Spiel setzen. Er hatte das Reich vergrößert, um es noch größer zu machen, und dabei nahm er den Krieg nicht nur in Kauf, nein, der Krieg war sein Ziel. Der Krieg war für ihn, den alten Frontkämpfer und E-K-Erster-Träger, Sinn und Zweck des Lebens schlechthin. Leben heißt Töten, so die Philosophie dieses Psychopathen. Er würde in den Krieg nicht hineinschlittern wie die europäischen Machthaber im August 1914 (so zumindest die Einschätzung Lloyd Georges), Hitler wird bewusst und gewollt in den Weltkrieg *hineinmarschieren*. Wer aber so plant, den kann man auch 1938, im letzten Friedensjahr, nicht als großen Politiker bezeichnen. Er war kein großer, er war ein größenwahnsinniger Politiker. Sein 1918 geäußerter Wunsch – *Und ich beschloss, Politiker zu werden* – ist nie verwirklicht worden, denn ein wirklicher Politiker muss ein verantwortungsbewusster Staatsmann sein, der alles daran setzt, die Voraussetzungen für ein friedliches Zusammenleben der Völker zu schaffen. Hitler tat das Gegenteil.

Er war Nihilist, er kannte nur Hass, Kampf und Negation. Soziale Kompetenz, die Fähigkeit zu Liebe, Freundschaft und Geselligkeit – Fehlanzeige. Wenn er unter Menschen war, schwieg er oder hielt Monologe. Zu einem normalen Gespräch war er nicht fähig. Wenn er ausnahmsweise mal charmant und liebenswürdig war, dann spielte er, um den Gesprächspartner zu überrumpeln. Selbst seine engsten Mitarbeiter hielt er auf Distanz. Außer Ernst Röhm hatte er keinen einzigen Duz-Freund und den ließ er ermorden. Die offizielle Anrede lautete *Mein Führer*.

Mehrere, eher unbedeutende junge Damen suchten seine Nähe und verehrten ihn, wurden aber kurz gehalten und enttäuscht, begingen Selbstmord oder versuchten es doch. Das Verhältnis mit Eva Braun war nur ein Verhältnis und die Eheschließung kurz vor dem Selbstmord war nichts als ein Theatereffekt. Überhaupt suchte er die großen Auftritte. Bestes Beispiel sind die Reichsparteitage, wo Tausende von Menschen in Reih und Glied marschierten oder strammstanden, während der Führer, hoch über allen, auf der Rednertribüne seine Parolen schmetterte. Er suchte nicht die Partnerschaft, sondern die Massensuggestion. Private Kontakte waren sporadisch, so die zu Winifred Wagner und ihren Kindern. Aber er kam immer nur auf Stippvisite nach Bayreuth und genoss dann vor allem *seinen* Auftritt auf den Festspielen, und seine Loge wurde dann zur eigentlichen Bühne.

Er war gefühlskalt, ja gefühllos, die einzigen Emotionen, die er kannte, waren Hass und Jähzorn. Und dieser Hass findet seine Befriedigung nur im Kampf, im Zerstören, im Töten. Feinde waren ihm wichtiger als Freunde. Freunde waren lediglich Mittel zum Zweck, Werkzeuge im Dienste seiner Aggressionen, ob nun seine Paladine, seine Parteigenossen, Mussolini oder das deutsche Volk.

Hitlers Hass-Modell ist dreigeteilt wie ein Triptychon. Im Zentrum die bösartigen Juden, im linken Flügel die Linken, die Marxisten, Sozialisten, Kommunisten, Bolschewisten, allesamt Verbrecher, und im rechten Flügel die europäischen Nationen, die Deutschland im Ersten Weltkrieg besiegt und gedemütigt haben, um ihren Neid und Nationalismus zu befriedigen, und an denen es nun Rache zu nehmen gilt, sowie die primitiven Völker im Osten, die Untermenschen, denen die deutsche Herrenrasse den notwendigen Lebensraum mit Waffengewalt abgewinnen muss.

Für ein solches mörderisches Programm braucht Hitler Komplizen. Um mitzumachen, müssen die Deutschen Hitlers Hass teilen. Hass und Gewaltbereitschaft sollen sich gegenseitig hochschaukeln. Der Hass schweißt die Deutschen zusammen und steigert die Aggressivität, und die Kampfeslust findet ihre Rechtfertigung im Hass, der gespeist wird aus der Erfahrung des vermeintlichen Unrechts, aus dem elitären Anspruch und aus der angeblichen Feindschaft der anderen.

Die Deutschen, die sich nicht begeistern lassen, müssen eingeschüchtert und gefügig gemacht werden, so dass sie Hitlerjugenddienst, Reichsarbeitsdienst, Wehrdienst und endlich den Kriegsdienst widerspruchslos über sich ergehen lassen. Geleitet von Lethargie, Anpassung oder Angst müssen sie die Degradierung des freien Individuums zum willenlosen Massenmenschen und Mitläufer nicht nur hinnehmen, sondern sogar als eine Art Geborgenheit begrüßen. Die organisierte Vermassung ist aber nichts anderes als der Kampf gegen das eigene Volk, gegen sein Lebensrecht und seine Würde. Die vielbeschworene Volkgemeinschaft ist ein Potemkinsches Dorf, kein Ort mit Lebensqualität und Wohlstand, sondern ein Kollektiv aus Vorurteil und Hass, gerichtet gegen die verachteten Minderheiten im eigenen Volk und später die Voraussetzung für Holocaust und Weltkrieg.

Bei aller Brutalität und Risikobereitschaft war Hitler eigentlich ein Feigling. Er wagte sich mit Vorliebe an Schwächere, an Österreich, die Tschechei oder Litauen, dem er das Memelland abnimmt. Im Inneren ist seine Taktik nicht anders. Er traut sich nicht, gegen das klassenbewusste Proletariat als Ganzes vorzugehen, er verfolgt nur die engagierten Funktionäre der KPD, der SPD und der Gewerkschaften. Ebenso gilt sein Kampf nicht allen Christen, sondern nur den kritischen, die Mehrheit sollte als sogenannte Deutsche Christen eingeordnet werden ins System. Verfolgt werden nicht alle Künstler, sondern nur die kritischen und *entarteten*. Da es aber zum Wesen der Künstler und Wissenschaftler gehört, selbstständig und kritisch zu denken, wird die Mehrzahl von ihnen diffamiert, verfolgt, verhaftet beziehungsweise in die Flucht getrieben. Die Abneigung richtet sich auch gegen so wehrlose Gruppen wie Homosexuelle und Behinderte.

Hauptfeinde sind die Juden. Aber auch hier ist er vorsichtig, geht nicht schlagartig vor, sondern Schritt für Schritt. Er sucht sich immer erst nur einen Gegner aus oder eine Teilgruppe, so dass die anderen sich nicht bedroht fühlen, nicht protestieren, sich nicht solidarisieren und zu einem gemeinsamen Widerstand aufraffen, sondern geduldig warten, bis sie selber dran sind. Bei der Masse der Deutschen erzeugte das Vorgehen der SA, der SS, der Gestapo, des Sicherheitsdienstes, paradox genug, eine Mischung aus Angst (nämlich um die eigene Haut) und Zustimmung (geprägt durch die Propaganda und Vorurteile). Schließlich, so die verbreitete Meinung, hatten die Opfer irgendwie selber Schuld. Es war der Propaganda gelungen, die Opfer als Volksfeinde ins Abseits zu stellen und jedes Mitleid abzutöten, so dass man, als der Terror punktuell begann – mal hier, mal da – wegguckte und den Mund hielt. Erst wurde der kommunistische Parteifunktionär aus dem Hinterhaus abgeholt, aber was geht das mich an, die Kommunisten kann ich sowieso nicht leiden. Dann wurde bei Nacht und Nebel der sozialdemokratische Gewerkschaftssekretär aus dem Seitenflügel verhaftet. Na und? Ich bin kein Sozi, und eigentlich geschieht es den Bonzen ganz recht, was haben sie den Mund immer so voll genommen? Eines Tages war das Kelleratelier im letzten Hinterhof dicht und der kleine langhaarige Bildhauer hämmerte nicht mehr auf seinen abstrakten Skulpturen herum. Ein netter Kerl zwar und immer freundlich zu den Kindern, die er sogar mitmachen ließ. Aber ein bisschen überkandidelt waren seine Werke schon, alles andere als deutsche Kunst und überhaupt nicht nach meinem Geschmack. Also schade ist es um seine Kunst nicht. Warum hat er auch so einen Unsinn gemacht, statt anständig zu arbeiten wie wir anderen Volksgenossen?

Und dann plötzlich stand die Wohnung nebenan leer. Die ganze Familie weg. Heute Nacht war es ganz kurz etwas laut auf der Treppe, aber alles in allem verlief die Verhaftung sehr diskret und rücksichtsvoll. Ich habe ja im Prinzip nichts gegen Juden, aber irgendwie sind sie doch ein Fremdkörper im deutschen Volk, obgleich sie Deutsch sprechen und die meisten sogar ohne jiddischen Akzent. Aber wie sie sich als Ärzte, Anwälte, Journalisten, Künstler, Kaufleute und sogar Kaufhausbesitzer in den Vordergrund spielten, das ärgerte einen schon. Ich meine, einen kleinen Denkzettel haben sie durchaus verdient. Ein bisschen mehr Bescheidenheit und das alles wäre ihnen nicht passiert.

Jedoch, wenn ich jetzt weiter denke, wie kann ich mich davor schützen, dass sie mich unter irgendeinem Vorwand abholen? Denn inzwischen ist keiner mehr da, der mir helfen könnte.

Es ist schwer zu verstehen, dass ein ganzes Volk, ein kultiviertes, gebildetes Volk, den Krieg gegen sich selber mitmachte oder duldete. Und doch gibt es Gründe, die in der Natur des Menschen liegen und die ich im obigen Monolog (frei erzählt nach Martin Niemöller) andeutete. Angst, Vorurteile, das Bestreben, auf der Seite der Starken und der Sieger zu stehen und nicht zu den Schwachen und Losern zu gehören, mit der Mehrheit zu sein und nicht zur Minderheit zu zählen, die Tendenz, das Gewissen zu beruhigen und Lügen zu verinnerlichen, die Unrecht zu Recht machen und Opfer zu Schuldigen. Dazu die Freude an Festen, an Feiern, an Massenveranstaltungen, wo man sich geborgen fühlt unter den vielen. Da beschönigen schöner ist als genau hinzuschauen, verdrängt man die offensichtlichen Tatsachen, sogar die eigenen Nachteile, und sieht nicht die Kehrseite der Medaille, denn man sieht ja nur, was man sehen will, und so sieht man nicht den Krieg im Inneren gegen das eigene Volk und nicht den geplanten Krieg nach außen gegen andere Völker.

Stellen wir uns eine normale Arbeiterfamilie vor. Um 1930 waren Vater und Mutter arbeitslos. Das Geld reichte hinten und vorne nicht. Jetzt aber, unter Hitler, stehen beide in Lohn und Brot. Zwar verdienen sie weniger als 1928, aber dafür ist der Arbeitsplatz sicher. Der Beitrag für die Deutsche Arbeitsfront und die kaum zu umgehenden Spenden, zum Beispiel für das Winterhilfswerk WHW, sind zwar ärgerlich, aber dafür wird einem auch einiges geboten. Die der DAF angeschlossene Organisation *Kraft durch Freude* führt preiswerte Reisen und Kulturveranstaltungen durch, und mit etwas Glück kann man sogar an einer Kreuzfahrt in ferne Meere teilnehmen. Unsere Nichte bekam vom Staat zur Hochzeit ein 1000-Mark-Darlehen, musste dafür zwar ihre Arbeit aufgeben, aber da sie sowieso ganz Gattin und Mutter sein will und für jedes Kind von ihren Schulden 250 Mark erlassen bekommt, ist sie hochzufrieden. Vielleicht bringt sie es sogar auf vier Kinder und dadurch zum Mutterkreuz. Unser Ältester muss zum Reichsarbeitsdienst und dann zur Wehrmacht, doch das kann nicht schaden, da werden den jungen Leuten endlich mal die Hammelbeine langgezogen. Auch die Kleinen sind bei der Hitlerjugend und dem Bund Deutscher Mädel ganz gut aufgehoben, da kommen sie wenigstens nicht auf dumme Gedanken. Überhaupt herrscht jetzt überall Ordnung, und das finden wir auch in Ordnung. Sicher hört man mal dies und das, was nicht so ganz angenehm ist, aber wo gehobelt wird, fallen Späne. Das sind alles nur Anfangsprobleme und die Schuld von ein paar übereifrigen Bonzen. Nicht umsonst hört man immer wieder: *Wenn das der Führer wüsste* … Ja, der würde die Missstände sofort abstellen.

Einige Kollegen sparen auf einen Volkswagen, 5 Mark monatlich, und werden schon bald auf den Straßen des Führers spazieren fahren. Arbeiter im eigenen Auto, wer hätte das vor fünf Jahren für möglich gehalten? Dass wir Arbeiter unsere politische Heimat verloren haben, KPD und SPD und ADGB, hat anfangs geschmerzt. Aber dann hat Hitler uns Arbeit besorgt und unseren 1. Mai zum Staatsfeiertag gemacht. Also, vielleicht ist die NSDAP wirklich eine sozialistische Arbeiterpartei. Und sogar mehr als das. Schluss mit dem alten Klassenkampf, stattdessen die Volksgemeinschaft der Deutschen. Vielleicht ist es wirklich besser, wenn wir *Deutschland, Deutschland über alles* singen und nicht mehr *Völker, hört die Signale*. Wohin der Kommunismus führt, kann man ja in Stalins Russland sehen. Dann doch lieber Hitler.

So oder ähnlich dachten im Laufe der ersten Jahre die meisten. Man hatte sein Auskommen und man war zufrieden. Dass die Reallöhne in den sechs Scheinfriedensjahren (von 1933 bis 1939) stagnierten, nahm man hin, und dass die Gewinne der großen Konzerne sich vervielfachten, wusste man nicht und sollte man auch nicht wissen. Die Menschen und Gruppen, die aufgrund ihrer Herkunft, Geschichte und Gesinnung eigentlich opponieren mussten, konnten es nicht mehr oder wollten es nicht mehr. Die linken Parteien und Gewerkschaften waren als erste zerschlagen worden, ihre Funktionäre im KZ, im Ausland oder unter der Erde. Die Kirchen machte sich Hitler gefügig, die katholische durch das Konkordat, die evangelische durch seinen Reibi und dessen *Deutsche Christen*. Das Bürgertum, längst auch ohne eigene Parteien, begrüßte oder akzeptierte die Abschaffung der ungeliebten Republik, ebenso den Kampf gegen Kommunismus und Bolschewismus und zum Teil wohl auch gegen die jüdische Konkurrenz. Die Wirtschaft vergaß ihre liberale, das Militär seine preußische Grundeinstellung und beide profitierten von der Aufrüstung. Die geistige Elite, Künstler, Wissenschaftler, Akademiker, Pädagogen waren verhaftet oder emigriert oder – die meisten – eingeschüchtert und angepasst. Während nur 5% der Arbeiter in die NSDAP eintraten, war jeder dritte Lehrer und jeder vierte Beamte Parteigenosse. Ohnehin an Gehorsam gewöhnt, war in dieser Schicht Opportunismus angesagt und von Opposition keine Spur. Aber wer von uns Heutigen hat ein Recht, den ersten Stein auf die zu werfen, die in erster Linie an Karriere und Beförderung dachten und sich und ihre Familie nicht in Gefahr bringen wollten? Wenn sich Widerstand regt, ging er von einzelnen aus, nicht mehr von Organisationen, die es ja auch kaum noch gab – und wenn, dann waren sie domestiziert.

Von oben bis unten durchorganisiert waren dagegen Parteien und Staat. Es gab derart viele Hierarchien, dass es notwendig zu Kompetenzstreitigkeiten kommen musste, was Hitler aber nicht störte, im Gegenteil, er thronte über dem Wirrwarr konkurrierender Parteigliederungen und Funktionäre und hatte nach dem Prinzip *Teile und herrsche* als Diktator das letzte Wort. Die Führer der einzelnen Parteiorganisationen waren von Hitler ernannt und ihm direkt unterstellt. Ebenso war es mit den Reichsministern und Reichsstatthaltern (den Provinzfürsten), sowie den Bevollmächtigten für besondere Aufgaben, zum Beispiel Göring als Beauftragter für den Vier-Jahres-Plan. Seine Auseinandersetzungen mit Wirtschaftsminister Schacht führten zu dessen Rücktritt.

Das ganze System war eine Mischung aus Hierarchie und Anarchie, ein dauernder Kampf zwischen Organisationen und Personen, besonders zwischen Partei und Staat. Wer Glück und Geschick hatte, dem gelang es, Partei- und Staatsämter in Personalunion zu versehen. So Rudolf Hess, der als Stellvertreter des Führers zugleich im Kabinett saß, wenn auch nur als Minister ohne Geschäftsbereich. So Joseph Goebbels, der Gauleiter von Berlin/Brandenburg und Reichspropagandaleiter war, dann aber – nach der Machtergreifung – auch Minister für Volksaufklärung und Propaganda wurde und Präsident der Reichskulturkammer, in der die sieben Kammern für Schrifttum, Presse, Rundfunk, Film, Theater, Musik und bildende Kunst zusammengefasst waren. Man beachte, welche Bedeutung, schon anhand der Zahl, die auf Öffentlichkeitsarbeit ausgerichteten Disziplinen hatten. Jeder Kulturschaffende oder Publizist musste Mitglied in einer der Kammern sein, unterlag also einer dauernden Zensur. Wer aber nicht Mitglied war, weil Jude oder unzuverlässig, erhielt Berufsverbot. Andere Parteigrößen wie Heinrich Himmler, der Chef der SS, drängten sich in staatliche Aufgabenbereiche. Er wurde Chef der Politischen Polizei und der Gestapo und führte ab 1936 den Titel *Reichsführer SS und Chef der deutschen Polizei im Reichsinnenministerium.*

Auf die Vielzahl der Organisationen reagierten die Menschen unterschiedlich. Viele empfanden die Zwangsmitgliedschaft als lästig, zum Beispiel in der DAF oder der HJ oder im *Reichsnährstand*, der über 16 Millionen Mitglieder erfasste, die – selbstständig oder unselbstständig – in der Land-, Forst- oder Fischereiwirtschaft arbeiteten. Andere fühlten sich wohl ganz wohl in den diversen Kollektiven und schätzten das Gemeinschaftserlebnis. Aber diese Geborgenheit bedeutete immer auch Kontrolle. Die Meinung frei zu äußern, war gefährlich. Jeder Zuhörer konnte ein Denunziant sein, und dann war die Gestapo nicht weit. Hitler selbst hat die Degradierung des Individuums zum funktionierenden Befehlsempfänger in einer Rede am 2. Dezember 1938 unverblümt zum Ausdruck gebracht: *Diese Jugend, die lernt ja nichts anderes, als deutsch denken, deutsch handeln. Sie kommt vom Jungvolk in die Hitlerjugend, und dort halten wir sie wieder vier Jahre, und dann geben wir sie erst recht nicht zurück in die Hände unserer alten Klassen- und Standeserzeuger, sondern dann nehmen wir sie sofort in die Partei oder in die Arbeitsfront, in die SA oder in die SS, in das NSKK und so weiter. Und wenn sie dort … noch nicht ganz Nationalsozialisten geworden sein sollten, dann kommen sie in den Arbeitsdienst und werden dort wieder sechs und sieben Monate geschliffen, alle mit einem Symbol, dem deutschen Spaten. Und was dann nach sechs oder sieben Monaten noch an Klassenbewusstsein oder Standesdünkel da oder dort noch vorhanden sein sollte, das übernimmt die Wehrmacht. Dann nehmen wir sie, damit sie auf keinen Fall rückfällig werden, sofort wieder in SA, SS und so weiter. Und sie werden nicht mehr frei, ihr ganzes Leben.* Und diese hörigen Knechte bilden dann die Herrenrasse. Paradox.

Dass Hitlers Krieg nach innen, sein Kampf gegen das eigene Volk und die eigenen *Volksgenossen* bis in die Privatsphäre der Familien hineinwirkte, hat Bertold Brecht, obgleich längst im Exil, sehr anschaulich in seiner Szenensammlung *Furcht und Elend des Dritten Reiches* geschildert. In der 10. Episode – Köln 1935 – äußert sich der Vater kritisch über die allgemeine Lage. Als der Sohn das Haus verlässt, fürchten die Eltern, dass er den Vater bei seinen HJ-Führern denunzieren will, schließlich ist nicht auszuschließen, dass die Kinder in dieser Zeit der HJ mehr gehorchen als Vater und Mutter und dass die Bewunderung des Führers stärker ist als die Liebe zu den Eltern. Der Vater bereut seine ehrliche und zutreffende Kritik, die Mutter macht ihm Vorwürfe und beide überlegen, was der Vater mitnehmen soll, wenn die Gestapo kommt, um ihn abzuholen. Endlich Schritte auf der Treppe, aber nicht die lauten Stiefel von Uniformierten oder Ledermantelmännern. Nein, der Sohn ist wieder da, leichtfüßig, heiter. Er hat sich nur ein paar Süßigkeiten gekauft. Die Angst der Eltern war unbegründet. Also ein Happy End? Nein, kein Happy End, denn der Diktator Hitler ist und bleibt permanent präsent. Sein Schatten, seine Schergen, sind überall. Droht die Gefahr nicht vom eigenen Kind, dann von Kollegen oder Nachbarn oder dem Dienstmädchen. Aufatmen ist immer nur ein Aufschub der tödlichen Bedrohung.

So übel es vielen *deutschen Volksgenossen* erging, Hitlers Hauptfeind waren die Juden, auch wenn er zunächst feige und vorsichtig gegen sie vorging, erst nur einzelne Gruppen ins Visier nahm, zeitlich begrenzte Angriffe unternahm und den Eindruck zu erwecken versuchte, als ob der spontane Volkszorn und nicht eine staatliche Anweisung zu den Maßnahmen gegen jüdische Geschäfte und Geschäftsleute geführt hätten. Verhaftungen wurden sporadisch und heimlich vorgenommen, mal hier, mal da und bei Nacht und Nebel unter irgendeinem scheinheiligen Vorwand.

Ein schlagartiges und flächendeckendes Vorgehen hätte vielleicht die deutsche Öffentlichkeit und das Ausland mobilisiert und die Juden selbst zu einem verzweifelten Widerstand veranlasst. Das aber war bei einem schleichenden Krieg gegen die Juden kaum zu befürchten, zumal die von Goebbels propagierte Propaganda das Volk an den Antisemitismus gewöhnte, diesen rechtfertigte und als notwendig erscheinen ließ. Als aber der erste Angriff auf die Juden, der von Goebbels und der SA provozierte Boykott vom 1. April 1933, nicht die gewünschte Zustimmung fand, änderte Hitler die Taktik. An die Stelle der spontanen Empörung des Volkes, die es ja gar nicht gab, setzte er jetzt eine scheinlegale antijüdische Gesetzgebung. Alle Maßnahmen sollten den Eindruck von Recht und Ordnung machen. Da zudem immer nur einzelne kleine Gruppen betroffen waren und es sogar großzügige Ausnahmen gab, mutete das Ganze relativ harmlos an. Als erste wurden aufgrund des *Gesetzes zur Wiederherstellung des Berufsbeamtentums* vom 7. April 1933 die jüdischen Beamten aus dem Dienst entfernt, aber nicht alle, da Präsident Hindenburg für die ehemaligen Frontkämpfer eine Ausnahme erwirkte. Und so ging es auf gesetzlicher Grundlage und in kleinen Schritten weiter.

Die Salamitaktik, die wir schon von Hitlers Außenpolitik kennen, mal hier, mal da eine Annexion, aber immer unter dem Mäntelchen der Rechtmäßigkeit, nämlich des Selbstbestimmungsrechts der Völker, diese Salamitaktik machte sich Hitler auch im Kampf gegen die Juden zu eigen. Schritt für Schritt wurden immer neue Berufsgruppen mit Arbeitsverbot belegt. Tausende von Ärzten, Anwälten, Apothekern, Künstlern und Journalisten verloren Lohn und Brot, weil sie Juden und keine Arier waren. Das *Gesetz gegen die Überfüllung von deutschen Schulen und Hochschulen* hatte vor allem das Ziel, jüdischen Schülern und Studenten den Besuch von Bildungseinrichtungen zu erschweren und später zu versagen. Um die Juden zu isolieren und zu diffamieren, wurden sie vom Wehrdienst ausgeschlossen, durften keine Ehrenämter bekleiden und nicht Mitglied in einem Verein sein. Nur im Bereich von Handel, Gewerbe und Industrie waren sie zunächst noch tätig, aber unter erschwerten Bedingungen und unter ständiger Bedrohung.

Das von dem fränkischen Gauleiter Julius Streicher herausgegebene Hetzblatt *Der Stürmer*, öffentlich ausgehängt in den sogenannten Stürmerkästen, verbreitete antisemitische Stimmung der primitivsten Weise. In hässlichen Karikaturen wurden die Juden zum Beispiel als Kinderschänder abgebildet. Das Wochenblatt steigerte seine Auflage zwischen 1933 und 1944 von 20000 auf 400000 Exemplare, eigentlich ein schlechtes Zeugnis für die arische Leserschaft. Dass 100000 Juden im Weltkrieg für Deutschland gekämpft hatten und 12000 gefallen waren, hatte man vergessen.

Eine erhebliche Verschärfung brachten die Nürnberger Gesetze von 1935. Dort, in Nürnberg, feierten die Nazis jedes Jahr im September ihren Führer und ihre Bewegung. André François-Poncet, von 1931-38 französischer Botschafter in Berlin, schreibt in seinen

Erinnerungen: ... *Erstaunlich und nicht zu beschreiben ist die Atmosphäre der allgemeinen Begeisterung, in die die alte Stadt eingetaucht ist, dieser eigenartige Rausch, von dem Hunderttausende von Männern und Frauen ergriffen sind, die romantische Erregung, mystische Ekstase, eine Art heiligen Wahns, dem sie verfallen.*

1935, während des *Reichsparteitags der Freiheit*, beschloss Hitler plötzlich, massiver und gezielter gegen die Juden vorzugehen, und zwar mithilfe verschärfter Gesetze, die nicht, wie bisher, nur einzelne Gruppen treffen sollten, sondern alle Juden. Er forderte das Judenreferat im Innenministerium auf, ihm noch vor Ende des Parteitages entsprechende Gesetzentwürfe, und zwar vier Varianten, vorzulegen. Die gehorsamen Ministerialbürokraten wussten, was Hitler von ihnen erwartete und lieferten in wenigen Stunden ihre überhastet formulierten Paragrafen. Die von Hitler für gut befundene Fassung wurde dem extra nach Nürnberg beorderten Reichstag vorgelegt, nicht zur Diskussion, sondern nur zur einstimmigen Zustimmung. In dem ersten der beiden Gesetze, dem Reichsbürgergesetz, heißt es: *Staatsangehöriger ist, wer dem Schutzverband des Deutschen Reiches angehört ... Reichsbürger ist nur der Staatsangehörige deutschen oder artverwandten Blutes, der durch sein Verhalten beweist, dass er gewillt und geeignet ist, in Treue dem deutschen Volk und Reich zu dienen ... Der Reichsbürger ist der alleinige Träger der vollen politischen Rechte nach Maßgabe der Gesetze.*

Durch die Unterscheidung von Reichsbürgern und Staatsangehörigen werden die Juden zu Menschen zweiter Klasse mit erheblich eingeschränkten Rechten degradiert, obgleich das Wort *Jude* in dem Gesetzestext überhaupt nicht vorkommt. Aber da er nicht deutschen oder artverwandten Blutes ist, was immer das bedeuten mag, kann er eben nicht Reichsbürger sein. Etwas konkreter ist das *Gesetz zum Schutze des deutschen Blutes und der deutschen Ehre: „Eheschließungen zwischen Juden und Staatsangehörigen deutschen oder artverwandten Blutes sind verboten... Außerehelicher Verkehr zwischen Juden und Staatsangehörigen deutschen oder artverwandten Blutes ist verboten ...* Denn, so heißt es in der Präambel, es ist *die Reinheit des deutschen Blutes die Voraussetzung für den Fortbestand des deutschen Volkes.*

Drastische Einschränkungen der Menschenrechte gerade auf dem *Reichsparteitag der Freiheit* – zynischer geht es kaum noch. Von geradezu paradoxem Zynismus (wenn damals auch kaum einem bewusst) ist der Titel des Gesetzes. Durch die Politik und den Krieg der Hitler-Diktatur wurde das deutsche Blut ja gerade nicht geschützt, sondern millionenfach vergossen und die deutsche Ehre restlos zunichte gemacht.

Bei aller scheinbaren Präzision und Korrektheit hatten die Nürnberger Gesetz jedoch einen großen Mangel: Es wurde nämlich überhaupt nicht definiert, wer eigentlich Jude ist. Eindeutige biologische Merkmale gibt es nicht, obgleich eifrige NS-Ärzte und Rassenforscher immer wieder Messungen an Nasen, Ohren, Schädeln, Füßen und so weiter vornehmen (siehe Kapitel 12). Diese findigen Herren kreierten zum Beispiel den arischen Fuß, bei dem die Zehen parallel wie die Orgelpfeifen angeordnet sind und der große Zeh wirklich der größte ist. Göring half sich aus dieser Definitionsproblematik, indem er kurzerhand festlegte: *Wer Jude ist, bestimme ich.* Und im Volk kam der Spott über diesen Rassenwahn zum Ausdruck, wenn über die Auslesekriterien beim Eintritt in die SS gesagt wurde: *Groß wie Goebbels, schlank wie Göring, blond wie Hitler.*

Man musste also, da bei allem Rassismus biologische Kriterien zur Bestimmung der Juden untauglich waren, auf die Religion als Merkmal zurückgreifen. Da aber viele Juden längst assimiliert beziehungsweise christlichen Glaubens waren, mussten die Ahnen herhalten. Je nach dem Glauben der vier Großeltern gab es Voll-, Dreiviertel-, Halb- und Vierteljuden. Auf wen genau die Nürnberger Gesetze anzuwenden waren, blieb zunächst unklar. Über eine halbe Million waren Volljuden, eine knappe Million sogenannter Mischlinge. Dazu kamen die vielen in einer Mischehe lebenden christlichen Partner. Gerade der unklare, also gesetzlose Zustand führte dazu, dass es überall auf lokaler Ebene zu übereifrigen und willkürlichen Maßnahmen kam. Ziel war es, die Juden durch Schikanen und Diffamierung, Boykott und Berufsverbote aus dem öffentlichen Leben und der Wirtschaft zu verdrängen. Viele Orte, besonders Kurorte, brüsteten sich damit, *judenfrei* oder *judenrein* zu sein. Schilder mit der Aufschrift *Juden unerwünscht* oder *Hunden und Juden ist das Baden verboten* waren nicht selten. Dennoch wurde die konkrete Umsetzung des Antisemitismus auf Anweisung von ganz oben erst einmal vorsichtig gehandhabt. Hitler wollte im Vorfeld der Rheinlandbesetzung (März 1936) und während der Olympischen Spiele keinen Ärger mit dem Ausland kriegen. Sein Interesse an Ruhe war so groß, dass er keine antijüdischen Aktionen einleitete, als im Februar 1936 der Landesgruppenleiter der NSDAP in der Schweiz, Wilhelm Gustloff, von dem Juden David Frankfurter ermordet wurde. Ein vergleichbares Attentat diente aber zweieinhalb Jahre später zum Vorwand, einen brutalen Pogrom vom Zaune zu brechen.

Vorausgegangen war die Ausweisung von 17000 polnischen Juden aus dem Reich, die aber von Polen zurückgewiesen wurden und nun im Niemandsland umherirrten und unter dürftigsten Umständen leben mussten. Unter ihnen waren die Eltern des nach Paris emigrierten Herschel Grünspan, der in einem Racheakt den deutschen Botschafter erschießen wollte, aber den – an den polnischen Vorgängen unbeteiligten – Legationssekretär Ernst von Rath traf, der zwei Tage später, am 9. November 1938, seinen Verletzungen erlag. Das Attentat überschnitt sich mit den alljährlich in München abgehaltenen Feiern, bei denen die alten Kämpfer und die Parteielite des gescheiterten Putsches von 1923 gedachten. Hitler und Goebbels erkannten sofort die günstige Gelegenheit, jetzt gegen die Juden loszuschlagen.

Dass das Attentat von Paris eine gelenkte Aktion des Weltjudentums war, stand ja wohl außer Zweifel – so wie der Reichstagsbrand vom Februar 1933 das Fanal zur kommunistischen Weltrevolution gewesen sein soll. Hitler selbst hielt sich zurück und überließ Goebbels das Kommando, aber auch der kommandierte nicht. Stattdessen informierte er die versammelten Parteigrößen in Abwesenheit Hitlers nur über den an diesem 9. November eingetretenen Tod Raths und sprach ganz allgemein von den zu erwartenden spontanen Vergeltungsaktionen, schränkte aber ein, dass er dazu nicht den direkten Befehl geben werde. Die Partei werde solche Aktionen nicht organisieren, aber eben auch nicht verhindern, wenn es dazu kommt. Die anwesenden Parteifunktionäre verstanden, was sie sollten, und gaben den indirekten Befehl zum spontanen Pogrom telefonisch nach unten an die Kreisleiter, Ortsgruppenleiter und SA-Stürme weiter. Noch in der Nacht zum 10. November brach der Sturm los. Endlich konnte die seit der Röhm-Affäre entmachtete und frustrierte SA mal wieder wie in der guten alten Kampfzeit auf der Straße nach Belieben wüten. Der für den kalten Terror zuständigen SS verbot Hitler die Teilnahme, die SS stand schließlich für Ordnung und perfekte Organisation. Der SA legte Goebbels nahe, in Zivil aufzutreten, also als Volk und nicht als Partei. Aber daran hielten sich die SA-Männer nicht, sie wollten im Braunhemd ihre Macht demonstrativ zum Ausdruck bringen.

Ganz Deutschland wurde von einer entsetzlichen Welle der Verwüstung überrollt. 91 Juden wurden ermordet, eine große Zahl in den Freitod getrieben, 191 Synagogen niedergebrannt, 7000 jüdische Geschäfte, 29 jüdische Warenhäuser geplündert und demoliert.

Auch Wohnungen, Schulen und Betriebe, die Juden gehörten, wurden Opfer der Zerstörungswut. Sicher gab es Menschen, die sich von der hasserfüllten Stimmung mitreißen ließen, aber die Mehrheit nahm die Ereignisse fassungslos, erschrocken und eingeschüchtert zur Kenntnis. Nur in Wien sprang der Funke über, so dass die Aktion hier aus Sicht der Nazis einigermaßen erfolgreich war.

Es gab aber auch Widerstand. Ein ehrenvolles Beispiel für Zivilcourage lieferte der Vorsteher des Polizeireviers Hackescher Markt in Berlin-Mitte. Als die SA die großartige Neue Synagoge in der Oranienburger Straße in Brand steckte, erschien Wilhelm Krützfeld in Begleitung einiger bewaffneter Beamten, verwies auf den Denkmalschutz, rief die Feuerwehr und rettete das Gebäude, das erst im Krieg nach einem Bombenangriff zur Ruine wurde. Krützfeld musste sich am folgenden Tag vor dem Berliner Polizeipräsidenten rechtfertigen, er wurde aber nicht bestraft.

An den spontanen Volkszorn glaubte man weder im Inland noch im Ausland. Der Pogrom stieß auf Unverständnis und Kritik. Selbst innerhalb der Partei gab es Widerspruch. Göring, zuständig für den Vier-Jahres-Plan, also für Wirtschaft und Rüstung, äußerte verärgert zu Goebbels: *Diese Demonstrationen habe ich satt. Sie schädigen nicht die Juden, sondern schließlich mich. Mir wäre lieber gewesen, ihr hättet 200 Juden erschlagen und hättet nicht solche Werte vernichtet.* Der Sachschaden war auch wirklich beträchtlich. Allein Fensterscheiben im Werte von 10 Millionen Reichsmark gingen zu Bruch, der Gesamtschaden belief sich auf mehrere hundert Millionen. Die Scherben der Fenster und auch wohl der Kronleuchter in den Kaufhäusern führten zu dem Begriff *Reichskristallnacht*, der aber eher verharmlosend als zutreffend ist.

Goebbels musste die brutale und unsinnige Aktion schon am 10. November abblasen. Dafür ging das NS-Regime nun, wie so oft, mit Verordnungen, also scheinbar auf gesetzlicher Grundlage, gegen die Juden vor. Sie selbst, die Opfer, wurden für den Schaden verantwortlich gemacht und dazu gezwungen, sämtliche Schäden zu beseitigen.

Sie durften dafür aber nicht die Versicherungsleistungen in Anspruch nehmen, denn die wurden vom deutschen Staat beschlagnahmt. Außerdem sollten sie als Sühne für den Mord an von Rath über eine Milliarde Mark aufbringen. 30000 vermögende Juden wurden in Schutzhaft genommen, kamen also in Konzentrationslager, konnten sich aber freikaufen. Wenn die Angehörigen Visa und Fahrkarten vorweisen und eine beträchtliche Auswanderungssteuer bezahlten, durften – und sollten – die Betroffenen auswandern. Bei dem Ziel, die Juden loszuwerden, begnügte sich das NS-Regime zunächst noch damit, sie einfach abzuschieben und dabei an ihr Geld für die Rüstung zu kommen.

Das sollte sich aber nach Kriegsbeginn ändern. Nun steigerten sich Diffamierung, Schikanierung, Verhaftung und Vertreibung zur organisierten Vernichtung der Juden. Abgeschottet durch die militärischen Fronten mussten die Nazis nun keine Rücksicht mehr nehmen auf die Weltöffentlichkeit. Vor allem in den eroberten Gebieten im Osten wurde das Morden zur Methode. Der Krieg nach innen und der Krieg nach außen ergänzten sich. Erst der Krieg nach außen ermöglichte die systematische Vernichtung der Juden im Inneren.

Rasse, Rache und Raum waren die drei Themen, auf die sich Hitlers Sinnen und Trachten von Anfang an gerichtet hatten. Im Zweiten Weltkrieg konnte er nun seinen Wahnwitz ausleben, Rache nehmen an den Siegern von Versailles, Lebensraum erobern im Osten und innerhalb seines Machtbereichs die jüdische Rasse restlos vernichten. Wie aber kam es zu diesem Krieg?

22

Der Krieg nach außen

Trotz seines arroganten Versprechens – *Wir wollen gar keine Tschechen* – hatte Hitler die *Erledigung der Rest-Tschechei* in Angriff genommen. Seinen moralischen Anspruch, aufgrund des Selbstbestimmungsrechts die außerhalb Deutschlands lebenden *Volksgenossen* heim ins Reich zu holen, hatte er mit der Bildung des *Protektorats Böhmen und Mähren* als das entlarvt, was es in Wahrheit war, Vorwand und Finte. Wenn er aber Nichtdeutsche eingemeindete, dann war damit zu rechnen, dass er erst recht die immer noch im Ausland lebenden Deutschen samt ihrer Wohngebiete dem Reich anschließen würde, also die Danziger und die Westpreußen. Polen stand also als nächstes Opfer auf der Tagesordnung. Aber um Danzig und den Korridor allein ging es schon gar nicht mehr, sondern um Polen als Ganzes und sogar um die Sowjetunion. Hitler wollte den Bolschewismus vernichten und zugleich Lebensraum im Osten erobern. Einen Krieg gegen die Sowjetunion konnte er aber nicht führen, weil es keine gemeinsame Grenze gab, die seine Truppen hätten überschreiten können.

Zur Lösung dieses Problems gab es zwei Möglichkeiten. Hitler konnte sich entweder das antirussische und antikommunistische Polen zum Verbündeten und damit zum Aufmarschgebiet für seinen Russlandfeldzug machen (und entsprechende Verhandlungen wurden auch geführt, wenn auch mehr zum Schein und letztendlich ohne Ergebnis) oder Hitler konnte mit Stalin, über alle ideologische Feindschaft hinweg, übereinkommen, Polen aufzuteilen und so Deutschland und Russland zu Nachbarn zu machen. Zu gegebener Zeit konnte er dann zum großen Lebensraumkrieg antreten.

Die Westmächte, so hoffte er, würden, wie bisher, immer tatenlos zuschauen und höchstens protestieren, aber mit einem Zweifrontenkrieg wie 1914 rechnete Hitler nicht. Aber er irrte. Für London und Paris war das Maß voll. Schluss mit Appeasement, jetzt redete ein anderer Chamberlain und handelte auch. Er verkündete, *dass kein größerer Fehler begangen werden könnte als der, zu glauben, unsere Nation habe, weil sie den Krieg für eine sinnlose und grausame Sache hält, so sehr ihr Mark verloren, dass sie nicht bis zur Erschöpfung ihrer Kraft einer solchen Herausforderung entgegentreten werde, sollte sie jemals erfolgen.* Und konsequent führte England die allgemeine Wehrpflicht ein. Das war nicht mehr die nachgiebige Handlung der Münchener Konferenz. Das war jetzt eine Bestandsgarantie, mehr noch, es war eine Beistandsgarantie. Wer Polen angreift, muss mit einer englisch-französischen Kriegserklärung rechnen.

Die Westmächte gehen sogar noch weiter. Als Deutschland seine wirtschaftlichen Aktivitäten auf dem Balkan intensiviert und Mussolini Albanien besetzt (schließlich will er auch etwas erobern, wenn Deutschland sich dauernd vergrößert), da schließen England und Frankreich Beistandsverträge mit Griechenland, Rumänien und der Türkei. Daraufhin kündigt Hitler den Nichtangriffspakt mit Polen und das Flottenabkommen mit England. Dafür schließt er am 22. Mai mit Italien den *Stahlpakt*, der im Kriegsfall beide Partner zur Hilfe verpflichtet – auch im Falle eines Angriffskrieges. Für das Reich war der militärische Wert dieses Offensivbündnisses sehr zweifelhaft, da der Duce den Führer schon nach wenigen Tagen wissen ließ, dass Italien noch nicht kriegsbereit sei.

Statt einen zuverlässigen Verbündeten zu gewinnen, hatte er es plötzlich mit zwei zuverlässigen Feinden zu tun. England und Frankreich würden Polen nicht kampflos preisgeben, und sein Todfeind Stalin würde ihnen zu Hilfe kommen. Dann aber träte ein, was er immer vermeiden wollte und worin er den größten Fehler des Kaiserreichs sah: der Zweifrontenkrieg. Es gab nur einen Ausweg. Hitler musste, trotz aller ideologischen Gegensätze und trotz des Fernziels, im Osten Lebensraum zu erobern, Stalin vorübergehend zu seinem Komplizen machen und zwischen ihm und sich Polen einvernehmlich aufteilen.

Um Deutschland in die Zange zu nehmen, waren auch die beiden Westmächte an einem Bündnis mit Stalin interessiert. Bei aller Abneigung gegen den Bolschewismus, die Sowjetunion lag weit entfernt und das aggressive Hitler-Reich gefährlich nahe. Im Übrigen war Polen ohne russische Hilfe kaum zu schützen. Aber den Polen war der Gedanke unbehaglich, dass die Rote Armee sie vor der

Wehrmacht retten sollte. Was aber nützte den Westmächten ein Zweifrontenkrieg, wenn es keine zwei Fronten gab, wenn zwar am Rhein, aber nicht an der Weichsel gekämpft wurde, weil die Polen ihr Land den Russen nicht als Aufmarschgebiet zur Verfügung stellten?

Der Sommer 1939 erlebte zwischen dem Westen und dem Reich einen diplomatischen Wettlauf nach Moskau. Paris, London und Berlin machten dem roten Zaren den Hof, und der konnte in aller Ruhe gemütlich abwarten, welche Seite mehr zu bieten hatte. Der Westen verlangte, dass die Rote Armee die polnische Freiheit gegen Hitler verteidigte, dieser Hitler aber bot ihm halb Polen als Beute an, wenn auch nicht öffentlich und offiziell. Kein Wunder, dass die Sowjets die Verhandlungen mit dem Westen einschlafen ließen und mit dem Reich ins Geschäft kamen. Am 23. August 1939 schlossen Außenminister von Ribbentrop und sein Kollege Molotow einen Nichtangriffspakt, offiziell und für die Weltöffentlichkeit. Darin verpflichteten sich beide Seiten, *sich jeden Gewaltaktes, jeder aggressiven Handlung und jedes Angriffs gegeneinander ... zu enthalten.*

Das hört sich sehr schön friedlich an und schlug doch ein wie eine Bombe. Damit hatte niemand gerechnet, es war eine Weltsensation. Eine englische Karikatur zeigt die beiden Diktatoren, wie sie sich in aller Höflichkeit, die Mütze ziehend, miteinander bekannt machen. Hitler: *Der Abschaum der Menschheit, wenn ich nicht irre.* Stalin: *Der blutige Mörder der Arbeiterklasse, wie ich annehme.* Ein Pakt zwischen den beiden Todfeinden, die sich seit Jahren hasserfüllt beleidigt und bedroht hatten. Die roten Genossen und die braunen Parteigenossen verstanden die Welt und ihre Führer nicht mehr. Tausende von Kommunisten hatte Hitler auf dem Gewissen, und jetzt machte Stalin, ihr Vorbild, ihre Hoffnung, ihr Führer, gemeinsame Sache mit dem Mörder. Ebenso enttäuscht und entsetzt waren die alten Kämpfer, die sich jahrelang mit den Roten geschlagen hatten. Frustriert warfen sie ihre Hakenkreuzbinden über die Mauer um das Braune Haus in München.

Dass der Vertrag nur ein Schachzug war, ein taktisches Manöver und die Voraussetzung für die spätere Endabrechnung, das begriffen weder die einen noch die anderen Genossen. Denn sie wussten ja nicht, dass es ein *Geheimes Zusatzprotokoll* gab. Darin heißt es: *Für den Fall einer territorial-politischen Umgestaltung in den zu den baltischen Staaten (Finnland, Estland, Lettland, Litauen) gehörenden Gebieten bildet die nördliche Grenze Litauens zugleich die Grenze der Interessensphäre Deutschlands und der UdSSR ... Für den Fall einer territorial-politischen Umgestaltung der zum polnischen Staate gehörenden Gebiete werden die Interessensphären Deutschlands und der UdSSR ungefähr durch die Linie der Flüsse Narew, Weichsel und San abgegrenzt. Die Frage, ob die beiderseitigen Interessen die Erhaltung eines unabhängigen polnischen Staates erwünscht erscheinen lassen, und wie dieser Staat abzugrenzen wäre, kann endgültig erst im Laufe der weiteren politischen Entwicklung geklärt werden.*

Man merkt sofort, wie scheinheilig und verlogen dieses Abkommen ist. Der Vertrag spricht von Interessensphären, meint aber Annexion. Ob ein unabhängiges Polen fortbestehen soll, kann, so der Text, *endgültig erst im Laufe der weiteren politischen Entwicklung geklärt werden*. Dabei ist die Teilung Polens schon beschlossene Sache. Schon eine Woche später wird Hitler handeln. Aber die Annexion der beiden polnischen Hälften, von beiden Vertragspartnern als Faustpfand für den unausweichlichen Entscheidungskampf angesehen, ist nur mit Gewalt möglich. Kampflos werden sich die Polen nicht mit ihrem Schicksal abfinden, zumal sie glauben, sich auf die Hilfe Englands und Frankreichs verlassen zu können.

In dieser sich anbahnenden Auseinandersetzung ist Stalin nun so höflich beziehungsweise so clever und listig, Hitler den Vortritt zu lassen. Wer Polen als erster angreift, muss mit der englisch-französischen Kriegserklärung rechnen, wer geduldig warten kann, der eben nicht. Und genauso kommt es. Die beiden Westmächte befinden sich seit Anfang September im Kriegszustand mit Deutschland, nicht aber mit den Sowjets, obgleich Stalin, aber erst zwei Wochen später, das Gleiche tut wie Hitler und sich halb Polen aneignet. Seine Geduld hat ihm nicht nur die Feindschaft des Westens erspart, der ja nicht gegen beide Diktatoren in den Krieg ziehen will, er hat bei seinem Feldzug auch leichtes Spiel, weil er es nur noch mit einem bereits besiegten Land zu tun hat.

Die Sowjetunion hat immer versucht, die Komplizenschaft mit Hitlerdeutschland zu rechtfertigen. Da Stalin Hitlers Lebensraumtheorie kannte, fühlte er sich bedroht. Um Russland zu verteidigen, musste er rüsten, und dazu brauchte er Zeit, und die gewann er durch den Pakt. Aber noch wichtiger als der Zeitgewinn war der Landgewinn. Ende September verschob die Sowjetunion ihre Westgrenze, entsprechend dem geheimen Zusatzprotokoll, 200 Kilometer weiter nach Westen. Um diese Strecke würde Hitlers Weg nach Moskau länger sein, und diese 200 Kilometer waren es, die Hitler fehlten, als seine Front vor Moskau, Leningrad und Stalingrad zum Stehen kam.

Aber so nützlich diese Westexpansion war, das Zusatzabkommen mit der völkerrechtswidrigen vierten Teilung Polens blieb auch nach dem Krieg im gesamten Ostblock geheim. In den Geschichtsbüchern der DDR findet sich nur der Nichtangriffspakt und wird als taktische Maßnahme zwecks Zeitgewinnung gutgeheißen. *Der Abschluss des Vertrags war ein der damaligen Situation entsprechender, kluger und auf weite Sicht berechneter Schritt der Sowjetregierung. Er durchkreuzte die Pläne zur Bildung einer mächtigen antisowjetischen Einheitsfront, sicherte der Sowjetunion für eine bestimmte Zeit den Frieden und schuf Voraussetzungen für den späteren Sieg der UdSSR und der friedliebenden Völker im Zweiten Weltkrieg.* Nur vom Zeitgewinn, nicht vom Landgewinn ist die Rede.

Mein Cousin aus Ostberlin, wo er Geschichte studiert hatte und dann als Museumspädagoge im Museum für Deutsche Geschichte arbeitete, hatte zwar gerüchteweise von dem Moskauer Zusatzprotokoll gehört, kannte aber nicht den Inhalt und erst recht nicht den Wortlaut. Bei einem meiner Besuche teilte er mir freudestrahlend und heimlich mit, dass er das geheime Zusatzabkommen besitze, abgedruckt in einem Buch des Kölner Pahl-Rugenstein-Verlags, der mit der westdeutschen DKP zusammenarbeitete und dessen Veröffentlichungen in der DDR unzensiert vertrieben wurden. Auch die pedantischste Diktatur hat also ihre Schlupflöcher.

Während Stalin also geduldig wartete, bis Hitler Polen überfallen und sich die englisch-französische Kriegserklärung auf den Hals ziehen würde, konnte Hitler seine nächste Aggression kaum abwarten. Immer wieder hatte er im Frühling und Sommer 1939 die Spitzen der Wehrmacht mit seinen Plänen konfrontiert. Jedes Mal sind die Generäle entsetzt, sind sich aber nicht einig und wissen nicht: Sollen sie abwarten, kritisieren oder opponieren? Eine immer größere Zahl ist zum Widerstand bereit, hat aber auch Bedenken. Zu viel spricht gegen ein Attentat: Der klassische preußische Gehorsams- und Treuebegriff, der persönliche Eid auf Hitler, die Anerkennung der Leistungen Hitlers durch die Mehrheit des Volkes, die Scheu vor Landes- und Hochverrat, die Unklarheit über die Folgen und die Angst vor einem Bürgerkrieg sowie der Zweifel am Erfolg des Unternehmens.

Denn inzwischen war Hitler immer misstrauischer geworden, hatte einen Instinkt für Gefahren entwickelt, änderte den Zeitplan, wenn er Veranstaltungen besuchte, und verließ diese vorzeitig. Mehrfach sind deshalb Attentatsversuche einzelner gescheitert. Hinzu kam das Glück des Führers, das ihn unverwundbar erscheinen ließ wie Siegfried in seiner Hornhaut. Als er im Herbst '38 die ČSR überfallen wollte und der militärische Widerstand einen Erfolg versprechenden Staatsstreich vorbereitet hatte und nur noch darauf wartete, den Angriffsbefehl zum Anlass zum Zuschlagen zu nehmen, wurde Hitler durch das Münchener Abkommen, über das er sich eigentlich ärgerte, in letzter Minute gerettet. Wer auf friedlichem Wege drei Millionen Deutsche heim ins Reich holt, den konnte man doch nicht beseitigen. Von Nachteil für den Widerstand war es auch, dass die Engländer ihn unterschätzten und sich einer Zusammenarbeit verweigerten.

Die letzte Gelegenheit, ja Notwendigkeit, Hitler zu entmachten, und zwar durch einen schlichten Tyrannenmord, um so den Zweiten Weltkrieg zu vermeiden, bot sich am 22. August. Hitler hatte alle militärischen Führer auf den Obersalzberg, seine Residenz, geladen und teilte ihnen seinen Entschluss mit, Polen in wenigen Tagen anzugreifen, nämlich am Sonnabend, dem 26. August. Er informierte die Herren über den bevorstehenden Vertragsabschluss mit der Sowjetunion und die sich daraus ergebenden Folgerungen: *Nun ist Polen in der Lage, in der ich es haben wollte. Jetzt ist die Wahrscheinlichkeit noch größer, dass der Westen nicht eingreift ... Unsere Gegner sind kleine Würmchen, ich sah sie in München ... Ich habe nur Angst, dass mir noch in letzter Minute irgendein Schweinehund einen Vermittlungsplan vorlegt.* Er wollte also den Krieg um jeden Preis und so schnell wie möglich. *Ich werde propagandistischen Anlass zur Auslösung des Krieges geben, gleichgültig ob glaubhaft. Der Sieger wird später nicht danach gefragt, ob er die Wahrheit gesagt hat oder nicht. Bei Beginn und Führung des Krieges kommt es nicht auf das Recht an, sondern auf den Sieg. Das Herz verschließen gegen Mitleid. Brutales Vorgehen. Der Stärkere hat das Recht. Größte Härte.* Hier plante ein Teufel und die Generäle hörten sich die Absichten und Methoden ihres obersten Kriegsherrn, wie bezeugt ist, schweigend und in eisiger Atmosphäre an. Nach der Entmachtung der Parteien, Gewerkschaften, Kirchen, der Presse und so weiter, war die Wehrmacht der letzte noch halbwegs selbstständige Machtfaktor. Die hohen Militärs sahen genau, wohin die Reise mit Hitler ging, nämlich in den Weltkrieg und in den Untergang Deutschlands. Die Generäle – oder einige von ihnen – hätten jetzt handeln müssen. *Brutales Vorgehen … größte Härte,* hatte der Führer lauthals propagiert. Genau so hätte man jetzt gegen ihn vorgehen müssen. Hier wäre ein Schuss oder Dolchstoß im wörtlichen Sinne angebracht gewesen. Das Attentat vom 20. Juli 1944 kam viel zu spät, am Ende eines nach fünf Jahren verlorenen Krieges. Jetzt, vor dem Krieg, zu seiner Vermeidung, wäre es nötig gewesen. Ohne Hitler, auf den alles zugeschnitten war, wäre der Nationalsozialismus zusammengebrochen. Die Paladine des Führers hätten sich im Kampf um die Nachfolge gegenseitig zerfleischt, und die Mehrheit der Bevölkerung wäre erleichtert und dankbar gewesen, wenn der Krieg unterblieb. Denn 1939 war die Stimmung ganz anders als 1914. Damals Jubel und Kriegsbegeisterung, jetzt Resignation und Fatalismus.

Hitler wurde plötzlich unsicher. Der englische Botschafter Henderson hatte ihm einen Brief Chamberlains überreicht, der Englands Entschlossenheit, treu zu Polen zu stehen, unmissverständlich zum Ausdruck brachte: *Es ist behauptet worden, dass, wenn Seiner Majestät Regierung ihren Standpunkt 1914 klarer dargelegt hätte, die große Katastrophe vermieden worden wäre. Seiner Majestät Regierung ist entschlossen, dafür zu sorgen, dass im vorliegenden Falle kein solch tragisches Missverständnis entsteht. Zur Bestätigung seiner festen Haltung wandelte England seine Bestandsgarantie für Polen in einen Beistandspakt um.*

Und dann der zweite Schock für Hitler, das Telegramm aus Rom. Mussolini, mehrfach vom Führer schlecht behandelt und zum Beispiel viel zu spät über den Moskauer Vertrag informiert, teilte kurz und bündig mit, *dass ich nicht die Initiative von kriegerischen Handlungen ergreife, war doch der Krieg für nach 1942 vorgesehen, und zu jener Periode wäre ich zu Lande, zur See und in der Luft fertig gewesen*. Hitler musste erkennen, dass die Voraussetzungen, unter denen er seinen Krieg eigentlich führen wollte, alle nicht gegeben waren. England würde nicht neutral bleiben, Italien ihm nicht beistehen, und Volk, Wirtschaft und Wehrmacht (bis auf einige blinde Fanatiker) waren alles andere als kriegsbegeistert.

Am Abend des 25. August, als er die beiden Hiobsbotschaften aus London und Rom erhielt, widerrief Hitler den für den nächsten Tag vorgesehenen Angriff auf Polen. *Führer ziemlich zusammengebrochen,* notierte der Generalstabschef Halder in seinem Tagebuch. Ein Feldherr, der so hin und her schwankt zwischen Befehl und Widerruf, müsste bei seinen Generälen eigentlich jede Autorität verlieren. Jetzt könne er keinen Krieg mehr beginnen, glaubten die Männer des Generalstabs und atmeten auf. Aber an Widerstand war wieder nicht zu denken. Canaris, Chef der Abwehr, vermutete, jetzt sei der Frieden für 20 Jahre gerettet. Wozu da noch Widerstand? Und was, wenn der Spieler Hitler erneut mit dem Feuer spielen würde? Und das tat er natürlich. Von Prestigeangst gepeinigt nach seinem Rückzieher, wollte er jetzt erst recht den Krieg. Wie immer (so damals gegen Österreich, gegen die Tschechen und Litauen) verlangte er von seinem nächsten Opfer zunächst Verhandlungen. *Ich brauche ein Alibi, vor allem dem deutschen Volk gegenüber, um ihm zu zeigen, dass ich alles getan hätte, den Frieden zu erhalten.* Die Verhandlungen führte er nur zum Schein und die Polen ließen sich gar nicht so recht darauf ein.

Am 1. September, in den frühen Morgenstunden, inszenierten SS und Gestapo eine polnische Provokation. In polnische Uniformen gesteckte KZ-Häftlinge wurden bei ihrem angeblichen Überfall auf den deutsche Sender Gleiwitz erschossen und mussten als stumme Zeugen herhalten. Um 10 Uhr meldete sich Hitler im Rundfunk. Polen habe heute zum ersten Mal, so behauptete er, mit regulären Truppen auf unserem Territorium geschossen. Und dann wörtlich: *Seit 5:45 Uhr wird jetzt zurückgeschossen. Und von jetzt ab wird Bombe mit Bombe vergolten.* Feierlich und emotional fährt er fort: *Ich habe damit wieder jenen Rock angezogen, der mir der heiligste und teuerste war. Ich werde ihn nur ausziehen nach dem Sieg oder – ich werde dieses Ende nicht mehr erleben ... Ein Wort habe ich nie kennengelernt, es heißt: »Kapitulation«.* Er war dort angekommen, wo er sich von 1914 bis 1918 am wohlsten gefühlt hatte, im Weltkrieg. Er spielte alles oder nichts, und als die Truppen ohne Kriegserklärung in Polen einfielen, war zu erwarten, dass er nicht alles gewinnt, sondern alles verliert. Canaris, der eben noch vom Frieden geträumt hatte, nach dem Angriffsbefehl: *Das ist das Ende Deutschlands.*

Er sollte recht behalten. Am 3. September überreichte der englische Botschafter Henderson ein auf zwei Stunden befristetes Ultimatum: Rückzug der deutschen Truppen aus Polen oder englische Kriegserklärung. Auf Hitlers mörderischen Mummenschanz von Gleiwitz gingen die Briten überhaupt nicht ein, so wenig ernst nahm man inzwischen die Lügen des Führers. Als der Chefdolmetscher Paul Schmidt erst Hitler und dann die Übrigen in der Reichskanzlei versammelten Nazigrößen mit der Übersetzung des Ultimatums bekannt machte, waren sie durch die Bank am Boden zerstört. Der Führer fragte von Ribbentrop wütend und vorwurfsvoll: *Was nun?* – als hätte sein Außenminister ihm zum Kriege geraten und über die Reaktion der Engländer falsch informiert. Der konnte nichts Besseres erwidern als ihm mit einer weiteren Hiobsbotschaft zu kommen: *Ich nehme an, dass die Franzosen uns in der nächsten Stunde ein gleichlautendes Ultimatum überreichen werden.* Womit er recht behalten sollte. Und Göring, der die Lage nicht anders beurteilte als Canaris, sagte zu Schmidt: *Wenn wir diesen Krieg verlieren, dann möge uns der Himmel gnädig sein.* Womit er ebenfalls recht behalten sollte.

Alle, die in Deutschland Verantwortung trugen, ahnten, ja wussten, welches Schicksal Deutschland bevorstand. Aber keiner der Herren hatte den Mut, dem Leben des Hauptverantwortlichen und dadurch dem Krieg ein Ende zu setzen.

Hitler, der immer schlauer sein wollte als Wilhelm, musste nun genau den gleichen Zweifrontenkrieg führen wie dieser. Allerdings ließ dieser Krieg sich aus Nazisicht sehr gut an.

Strategisch hatte die Wehrmacht alle Vorteile auf ihrer Seite. Da Polen im Norden (Ostpreußen), im Westen (Pommern und Schlesien), im Süden (Slowakei) an Deutschland grenzte beziehungsweise an einen von Deutschland abhängigen Staat, konnte es von drei Seiten zugleich angegriffen werden. Dieser Einkreisungsstrategie entsprach die Taktik im Detail beim deutschen Vormarsch. Mit schnellen motorisierten Vorstößen durchbrachen die deutschen Einheiten, unterstützt von der überlegenen Luftwaffe, die feindliche Front, umfassten von hinten den Gegner und kesselten ihn ein. 700000 polnische Soldaten gerieten im Laufe des Krieges in deutsche Gefangenschaft. Die Wehrmacht war der polnischen Armee zahlenmäßig (circa 60 gegenüber 40 Divisionen) und technisch weit überlegen. Vor allem war sie dank der Motorisierung beweglicher und schneller. Der Angriff ohne Kriegserklärung brachte den deutschen Truppen zusätzlich einen zeitlichen Vorsprung beziehungsweise den Vorteil des Überraschungseffekts.

Die klassische Waffengattung für überraschende Tempogegenstöße war seit eh und je die Kavallerie. Deren Funktion hatten jetzt im modernen Krieg die Panzer übernommen. Und so stießen die deutschen Panzer auf die polnischen Reiter, die sich mit dem Mut der Verzweiflung in die Schlacht warfen.

Schon nach wenigen Wochen war Polen besiegt. Die polnische Regierung floh und am 27. September kapitulierte die bombardierte Stadt Warschau. Am 6. Oktober war der Krieg zu Ende, ohne Waffenstillstand, ohne Kapitulation, ohne Friedensverhandlungen – so wie er ohne Kriegserklärung begonnen hatte. Kurz: Der Sieger machte mit dem besiegten Land kurzen Prozess und was er wollte. Hitler gab sich abermals als der große Triumphator, der in einem Blitzkrieg ohne große Verluste (knapp 15000 Gefallene und Vermisste) einen grandiosen Erfolg erzielt und das Reich erneut vergrößert hatte. Der Ruhm und Ruf, dass dem Führer alles gelingt, war wiederum bestätigt. Dabei war der scheinbar so mühelos zum schnellen Sieg geführte Polenfeldzug mit einem großen Risiko verbunden. Der Vabanquespieler Hitler hatte die Gefahr auf die leichte Schulter genommen, dass ihm 110 britische und französische Divisionen im Rücken saßen und ihnen nur 25 deutsche Divisionen entgegengestellt. Aber die beiden Westmächte nutzten ihre Überlegenheit nicht, ließen Polen im Stich und entlasteten ihren Verbündeten nicht. Sie hatten Deutschland zwar den Krieg erklärt, führten ihn aber nicht. Die Folge: Im Osten Blitzkrieg, im Westen Sitzkrieg. Und nur durch diesen wurde jener möglich. Als der deutsche Sieg feststand, griff Stalin ein und an. Am 17. September fiel die Rote Armee in Ostpolen ein und besetzte das Gebiet bis zu der mit Deutschland ausgehandelten Linie. Stalin konnte sein Vorgehen immerhin damit rechtfertigen, dass er nur bis zu der vom englischen Außenminister Lord Curzon 1920 festgelegten (und nach ihm benannten) Nationalitätengrenze zwischen Weißrussen/Ukrainern und Polen vorstieß. Diese Grenze hatten die Polen Anfang der Zwanzigerjahre nach einem siegreichen Krieg gegen den noch jungen bolschewistischen Staat 200 Kilometer nach Osten verschoben, diese Eroberungen aber jetzt wieder an die weißrussische und ukrainische Sowjetrepublik, also die Sowjetunion, verloren. Darüber hinaus wollte Stalin die einst zum Zarenreich gehörenden baltischen Gebiete zurückgewinnen. Erst zwang er Estland, Lettland und Litauen, auf ihrem Territorium sowjetische Militärstützpunkte zuzulassen, dann annektierte er die drei Staaten und machte sie zu – scheinbar unabhängigen – Sowjetrepubliken. Bei dem Versuch, auch Finnland ins Sowjetimperium einzugliedern, stieß er aber im Winterkrieg 1939/40 auf erheblichen Widerstand und konnte im Frieden von Moskau nur geringe Landgewinne (die Karelische Landenge) verbuchen.

Von gleichem Annexionsehrgeiz wie der Diktator Stalin war auch der Führer Hitler besessen. Der Westen Polens wurde Teil des Großdeutschen Reichs (Bildung der Reichsgaue Danzig-Westpreußen und Wartheland). Das nur von Polen und Juden besiedelte Kernpolen rechts und links der Weichsel von Krakau bis Warschau wurde kein eigener Staat, sondern zum sogenannten Generalgouvernement.

Mit der reinen Schilderung der neuen Grenzen sind die Veränderungen aber viel zu abstrakt dargestellt. Die konkrete Wirklichkeit war viel schlimmer. Millionen unschuldiger Menschen mussten ein tragisches Schicksal erleiden. Die Zivilbevölkerung wurde nicht nur Opfer der Kriegshandlungen, sondern als eine Art Verfügungsmasse beliebig hin- und hergeschoben. Eine Million unter sowjetische Herrschaft geratene Ostpolen wurden nach Sibirien umgesiedelt. Die in den neuen Reichsgauen lebenden Polen wurden entweder zur

Zwangsarbeit verpflichtet oder ins Generalgouvernement abgeschoben. Im Zuge der Russifizierung der baltischen Sowjetrepubliken wurden Esten, Letten und Litauer in großer Zahl deportiert oder liquidiert. Nicht viel besser erging es den Deutschbalten. Nach Verträgen, die das Reich Ende 1939 mit Estland und Lettland schloss, wurden 15000 beziehungsweise 55000 nach Deutschland umgesiedelt, meist in das durch die Abschiebung der Polen noch dünn besiedelte Wartheland.

Schlimmer noch als diese Zwangsumsiedlungen war die von Hitler angeordnete und von willfährigen Schergen ausgeführte Ermordung von sechs Millionen Polen, darunter drei Millionen Juden. Während der Krieg gegen Polen, wenn man so sagen darf, kriegsüblich verlief, im Rahmen des Kriegsrechts sozusagen, war es eine Katastrophe und eine Schande, was hinter der Front geschah. Hier wütete der Rassenwahn eingebildeter Herrenmenschen.

Spezielle Einsatzgruppen (Sicherheitspolizei und Sicherheitsdienst der SS) die dem im September gegründeten Reichssicherheitshauptamt unterstanden, machten Jagd auf Zivilisten. Die Juden wurden in mehrere Ghettostädte im Generalgouvernement gebracht, die Mehrheit der Polen (oft nach Verschleppung ins Reich) zur Zwangsarbeit herangezogen. Einige 10000 Mitglieder der polnischen Intelligenz und Oberschicht (Adlige, Geistliche, Wissenschaftler, Lehrer, Ärzte) wurden ermordet. Reinhard Heydrich, Chef der RSHA, verkündete nach Ende des Polenfeldzuges mit zynischem Stolz, dass von dem polnischen Führertum in den okkupierten Gebieten höchstens noch 30% vorhanden seien. Ziel dieser verbrecherischen Politik war es, die Polen zu ungebildeten Sklaven des deutschen Herrenvolkes herabzudrücken. Der Reichsführer der SS und Chef der deutschen Polizei, der Herr über sämtliche Uniform- und Waffenträger außerhalb der Wehrmacht, also aller in Polen wütenden Mordorganisationen, schrieb im Mai 1940 in einer Denkschrift – ganz im Sinne des von ihm bewunderten Führers Adolf Hitler: *Für die nichtdeutsche Bevölkerung des Ostens darf es keine höhere Schule geben als die vierklassige Volksschule. Das Ziel dieser Volksschule hat lediglich zu sein: Einfaches Rechnen bis höchstens 500, Schreiben des Namens, eine Lehre, dass es ein göttliches Gebot ist, den Deutschen gehorsam zu sein und ehrlich, fleißig und brav zu sein.* Der Verfasser dieses pädagogischen Programms war übrigens Sohn eines Münchener Studienrats.

Sinn dieser Verdummung war es, dass die Bevölkerung des Generalgouvernements Deutschland Arbeiter für besondere Vorhaben (Straßen, Steinbrüche, Großbauten) stellt. Die Wehrmacht war, soweit sie von den Deportationen und Morden Kenntnis erhielt, meist entsetzt – von einfachen Soldaten bis zum kommandierenden General. Viele Offiziere äußerten mehr oder weniger deutlich ihre Bedenken und ihren Protest – was auch Hitler nicht verborgen blieb. So zum Beispiel äußerte sich der General-Oberst Blaskowitz entsetzt *wegen illegaler Erschießungen, Festnahmen und Beschlagnahmungen.* Er sorgte sich um die Disziplin der Truppe, die diese Dinge sehenden Auges erlebte. Darauf reagiert Hitler wie so oft mit einem Wutausbruch und spricht von kindlicher Einstellung in der Führung des Heeres. Wörtlich: *Mit Heilsarmeemethoden führt man keinen Krieg.*

Der Unmenschlichkeit Hitlers stand sein Bündniskomplize Stalin nicht viel nach. Auch er ließ aus seinem Machtbereich die polnische Bevölkerung deportieren und die polnische Führungsschicht liquidieren. So zum Beispiel wurden 1941 über 4000 polnische Offiziere bei Katyn erschossen.

Solange es ihnen zweckmäßig erschien, standen die beiden Tyrannen zu ihrem Bündnis. Hitler wollte erst die Westmächte besiegen und sich dann, wenn er den Rücken frei hatte, auf Russland werfen. Und Stalin wollte den Krieg zwischen dem Reich und dem Westen dazu nutzen, inzwischen seine Aufrüstung voranzutreiben. Beide schließen am 11. Februar 1940 sogar ein Wirtschaftsabkommen. Das hat für Deutschland den Vorteil, dass es mit Nahrungsmitteln, vor allem Getreide, beliefert wird und – anders als im Ersten Weltkrieg – durch – eine englische Seeblockade nicht in Schwierigkeiten kommt.

Im Hochgefühl des schnellen Sieges über Polen wollte Hitler sofort, noch im Herbst '39, Frankreich angreifen. Die im Osten nicht mehr gebrauchten Truppen sollten nach Westen verlegt werden. Zwar machte Hitler England und Frankreich am 6. Oktober ein Friedensangebot unter der Bedingung, dass sie die veränderten Verhältnisse im Osten akzeptierten. Aber noch bevor deren ablehnende Antwort eintraf, rief er Keitel, den Chef des OKW, den Generalstabschef Halder und die Oberbefehlshaber der drei Waffengattungen zu sich, um sie mit seinen ungeduldigen Kriegsplänen vertraut zu machen. Sie sollten die vorsichtige und kritische Mehrheit der Generäle für einen baldigen Angriff, noch im November, begeistern. Aber sogar diese fünf Herren aus Hitler unmittelbarer Umgebung äußerten ihre Bedenken, indem sie auf das schlechte Herbstwetter und die fehlenden Reserven an Waffen, Munition und Mannschaften hinwiesen.

Auch der zwischenzeitlich erlahmte Widerstand fand sich erneut zusammen, um Hitler im Augenblick des Angriffsbefehls zu stürzen. Aber abermals scheiterte der Staatsstreich, weil Hitler den Angriff plötzlich verschob, was er im Laufe des Winters noch mehrmals wiederholte. Insgesamt verlegte er den Beginn des Krieges im Westen sage und schreibe 29 Mal.

Erschwert und verhindert wurde der Sturz des Führers außerdem – paradoxerweise – durch den Attentatsversuch des schwäbischen Schreiners Georg Elser. Der hatte in einer Säule neben dem Rednerpult im Münchener Bürgerbräukeller, wo jedes Jahr am 8. November des Putsches von 1923 gedacht wurde und Hitler eine Rede hielt, eine selbstkonstruierte Zeitbombe installiert. Die ging auch pünktlich hoch. Aber Hitler hatte den Saal zehn Minuten zuvor verlassen. Elser war ein absoluter Einzelkämpfer, Hintermänner hatte er nicht. Beim Versuch, in die Schweiz zu entkommen, wurde er verhaftet und nach seinem Geständnis in Sachsenhausen und Dachau eingesperrt und 20 Tage vor der Befreiung des Lagers Dachau ermordet.

Eine unmittelbare Folge des gescheiterten Elser-Attentats war das vermehrte Misstrauen und die verschärfte Kontrolle der Gestapo, so dass der militärische Widerstand kaum noch konspirative Treffen abhalten und den Staatsstreich nicht mehr planen konnte. Ein konkurrierender Hitler-Gegner hat dem Tyrannen das Leben gerettet.

Der plante weiterhin seinen Krieg, erst im Norden, dann im Westen, zuletzt im Osten. Wesentliche Voraussetzung des Krieges war die ausreichende Versorgung der Rüstungsindustrie mit schwedischem Erz. Das kam üblicherweise über die Ostsee oder, wenn diese vereist war, von Narvik aus die durch den Golfstrom eisfreie Küste Norwegens entlang. England und Deutschland waren sich gleichermaßen über die immense Bedeutung dieses Wasserweges im Klaren. Die Briten wollten ihn verminen und Norwegen besetzen, die Deutschen diesen freihalten und ihrerseits Norwegen erobern. Wie im Sommer '39 der diplomatische Wettlauf nach Moskau, so im April 1940 der militärische Wettlauf nach Norwegen. Die deutsche Flotte war um wenige Stunden schneller. Nach schweren Kämpfen zur See und zu Lande und erheblichen Verlusten brachten die deutschen Kräfte Norwegen in ihre Gewalt. Gleichzeitig wurde Dänemark besetzt, und zwar kampflos, während die Norweger erbitterten Widerstand leisteten. In Dänemark blieb die alte Regierung im Amt und der König im Land, König Haakon von Norwegen und seine Minister flohen dagegen nach London. Von Hitlers Gnaden übernahm der norwegische Nationalist Quisling pro forma die Regierung, die eigentliche Macht lag jedoch bei dem Reichskommissar Terboven. Mit dem Besitz der norwegischen Küste waren durch die gesicherte Erzzufuhr aus dem neutralen Schweden die Voraussetzungen für den Krieg im Westen deutlich besser.

Angesichts der erfolgreichen Norwegen-Aktion hatte der Widerstand noch mehr an Elan und Moral verloren. Die Generalität machte, mehr gehorsam als überzeugt und begeistert, mit, als der Feldzugsplan ausgearbeitet wurde. Das ursprüngliche Konzept war noch sehr konventionell. Man orientierte sich am Schlieffenplan. Die Wehrmacht sollte von Norden in Frankreich einfallen, doch anders als im Ersten Weltkrieg nicht nur durch das neutrale Belgien, sondern auch durch die Niederlande marschieren.

Es gab aber eine Alternative. Der von General von Manstein ausgearbeitete Plan sah vor, mit einem massiven Panzerkeil durch Luxemburg und über die Ardennen vorzustoßen, um dann – im wörtlichen Sinne – Paris links liegen zu lassen und nach Norden zu schwenken und dort die französischen und britischen Divisionen an die Kanalküste zu drängen und einzuschließen. Der Generalstab verwarf diesen Vorschlag und stellte Manstein sogar vorübergehend kalt. Aber Hitler, der Vabanquespieler, war von diesem riskanten Konzept (ohne Flankenschutz!) begeistert. Er erkannte sofort die Vorteile. Der Angriff würde überraschend kommen, denn der Gegner erwartete ihn im Norden und hatte entsprechend disponiert.

Die Ardennen waren aber unzureichend geschützt, weil die Franzosen sie von Natur aus für unwegsam und für einen Angriff ungeeignet hielten.

Auf der Grundlage des Manstein-Plans wurde der Krieg gegen Frankreich am 19. Mai 1940 begonnen, wie üblich ohne Kriegserklärung (schließlich befand man sich ja auch bereits im Kriegszustand). Beide Seiten waren etwa gleich stark, ja zahlenmäßig war der Westen sogar um einiges stärker. 136 deutsche Divisionen standen 137 englischen und französischen gegenüber, dazu kamen noch 34 belgische und holländische. Dennoch verlief der Feldzug aus deutscher Sicht ganz nach Plan. Holland und Belgien waren nach wenigen Tagen besetzt, vor allem dank der technischen Überlegenheit der Wehrmacht. Das Bombardement von Rotterdam und das Absetzen von Fallschirmspringern hinter der Front zwangen Holland und Belgien, schon am 15. beziehungsweise 28. Mai zu kapitulieren. Im Mittelabschnitt kamen die deutschen Panzerdivisionen schneller voran als erwartet. Am 24. Mai, also nach zwei Wochen, war das Gros der englischen Expeditionsarmee und eine große Zahl französischer und belgischer Divisionen an die Kanalküste gedrängt und fast schon gefangengenommen.

Da plötzlich ließ Hitler die Panzerspitzen kurz vor Dünkirchen anhalten und gab dem Gegner Gelegenheit, über das Meer zu entkommen. 220000 Engländer und 120000 Franzosen wurden mithilfe eines improvisierten Fährbetriebs auf die Insel gerettet, wobei nicht nur Kriegsschiffe eingesetzt wurden, sondern auch Ausflugsdampfer, Fischerboote und Privatyachten, insgesamt fast 900 Wasserfahrzeuge. Warum es zu diesem Wunder von Dünkirchen kam und Hitler den Gegner schonte, ist bis heute unklar. Großmut kann man ihm wohl nicht unterstellen. Vielleicht wollte er die Panzerwaffe schonen, um sie für die Eroberung des restlichen Frankreichs zur Verfügung zu haben und möglichst bald Paris zu nehmen und dort als Triumphator einzuziehen. Die französische Metropole war ihm wichtiger als der kleine Hafen am Kanal. Vielleicht auch glaubte er Görings großsprecherischem Versprechen, den eingekreisten Gegner mit seiner Luftwaffe auszuschalten. Vielleicht aber wollte er durch diese gnädige Geste die Engländer dazu veranlassen, auf der Grundlage des Status quo mit dem Reich Frieden zu schließen, damit er dann den Rücken frei hätte für die Endabrechnung mit der Sowjetunion. Aber damit war inzwischen nicht mehr zu rechnen. Am 10. Mai, genau an dem Tag, an dem der Frankreichfeldzug begann, war an Stelle Chamberlains der Hardliner Winston Churchill Ministerpräsident geworden, und der war zu keinem Kompromiss bereit. Der hatte die Appeasement-Politik von Anfang an kritisiert, und jetzt wollte er den Krieg bis zur Entscheidung führen und stimmte sein Volk auf harte Jahre ein, mit *Blut, Schweiß und Tränen.*

Frankreich dagegen, seit Langem kriegsmüde und ohne britische Truppen an seiner Seite endgültig ohne Kampfmoral, leistete kaum noch Widerstand. Der Waffenstillstand und der Friedensschluss mit dem Reich waren nur noch eine Frage der Zeit. Am 14. Juni wird Paris ohne Kampf (und folglich ohne Zerstörungen) eingenommen, in den folgenden Tagen durchbricht die Wehrmacht von hinten, von Westen aus Frankreich vorstoßend, die für unüberwindlich gehaltene Festungskette, die sogenannte Maginotlinie. Am 16. Juni wird Marschall Petain, der Nationalheld des Ersten Weltkrieges, Ministerpräsident und bittet am folgenden Tag die spanische Regierung um Vermittlung eines Waffenstillstandes mit Deutschland. Als Hitler davon erfährt, führt er in seinem Hauptquartier einen Freudentanz auf, der in einem Film festgehalten ist, springt umher und schlägt sich auf die Schenkel.

Die Schmach des Ersten Weltkrieges ist getilgt – dank seiner Feldherrnkunst. Und jetzt, ob von Keitel oder Göring, wird er als der größte Feldherr aller Zeiten tituliert, woraus der Volksmund, ganz im Stil der Abkürzungsmanie der Nazis, den *Gröfaz* macht. Mit seinem Sinn für Symbolik und aus Ruhmsucht und Eitelkeit tut er alles, den Erbfeind zu demütigen. Die Verhandlungen werden in jenem Wald von Compiègne geführt, wo die kaiserliche Armee vor 21 Jahren, am 11. November 1918, bedingungslos kapitulieren musste. Die Unterzeichnung des Vertrags wird am 22. Juni 1940 in dem gleichen Salonwagen wie damals vorgenommen, der eigens für diese Zeremonie aus dem Museum herbeigeschafft wurde. Auch lässt es Hitler sich nicht nehmen, auf dem gleichen Sessel zu sitzen wie seinerzeit Ferdinand Foch, der Oberkommandierende der Truppen der Entente. Der Waffenstillstand ging relativ glimpflich mit Frankreich um. Zwar wurden zwei Drittel des Landes besetzt, vor allem der

Norden mit der französischen Hauptstadt und den wichtigsten Industriegebieten sowie der Westen, um die gesamte Kanal- und Atlantikküste in deutsche Hand zu bringen, aber im Süden und Südosten wurde ein eigenständiger französischer Reststaat gebildet. Nachdem Frankreich gegen Deutschland baden gegangen war, wurde der Badeort Vichy (nahe Lyon) zum Regierungssitz von Petain und Laval. Die besiegte Grande Nation durfte ein 100000-Mann-Heer (wie das Reich laut Versailler Vertrag) sowie seine Kolonien und die im algerischen Oran stationierte Flotte behalten. Hitler wollte durch einen gnädigen Frieden auch England gnädig stimmen. Hitler hoffte auf einen Frieden mit London, zwecks Rückenfreiheit für seinen Russlandfeldzug. Er bremste deshalb auch Mussolini mit seinen überzogenen Kriegszielen. Ähnlich wie Stalin nach dem deutschen Blitzkrieg in Polen griff auch Mussolini nach den schnellen deutschen Erfolgen im Westen in den bereits entschiedenen Krieg ein und erklärte Frankreich und England am 10. Juni seinerseits den Krieg. Zwar erzielte Italien gegen das so gut wie geschlagene französische Heer keine Erfolge, spekulierte aber darauf, als Trittbrettfahrer mit deutscher Hilfe Korsika, Nizza, Tunesien und Syrien zu erhalten, dazu noch das englische Ägypten und den Sudan. Hitler redete seinem faschistischen Kollegen diese Großmachtansprüche aber unter Hinweis auf die psychischen Folgen aus: Engländer und Franzosen würden einen Verzweiflungskampf führen, statt durch maßvolle Bedingungen der Achse eine Neuordnung Europas im Sinne Hitlers zu akzeptieren. Und so musste sich der Duce mit ein paar Kilometern Landgewinn an der französischen Grenze begnügen. Dafür, dass er mit Hitlers Erfolgen nicht mithalten konnte, fand er eine plausible Erklärung: *Mir fehlt das Material. Auch Michelangelo brauchte Marmor, um seine Statuen zu schaffen. Wenn er nur Ton gehabt hätte, wäre er nur ein Töpfer geworden.*

Der Blitzsieg über Frankreich war eine militärische Sensation. Was das Kaiserreich im Ersten Weltkrieg nicht in vier Jahren schaffte, gelang Hitler in gut vier Wochen. Seine bisherigen Erfolge hatte er gegen Gegner erzielt, die sich entweder gar nicht wehrten, wie Österreich, Tschechien oder Dänemark, oder die zahlenmäßig und waffentechnisch weit unterlegen waren, wie Polen und Norwegen. Mit England und Frankreich hatte Hitler es erstmals mit ebenbürtigen Gegnern zu tun – und hatte wieder Erfolg. Allerdings muss man zweierlei bedenken. Erstens hat er England gar nicht endgültig besiegt, sondern nur vom Kontinent vertrieben, und zweitens traf er in Frankreich auf einen Feind, der schwächer war, als es schien. Nur auf dem Papier war Frankreich die stärkste Militärmacht Europas, in Wahrheit war es einfach nur kriegsmüde. Hitler in den Arm zu fallen, als er das Recht wieder und wieder brach, bei der Aufrüstung, dem Einmarsch ins Rheinland, der Annexion Österreichs und der ČSR – dafür war das französische Volk nicht zu begeistern. *Mourir pour Danzig?*, diese Frage zu stellen, hieß schon, sie zu verneinen. Und so ließ man, zumal England es auch tat, Polen im September '39 praktisch im Stich, auch wenn man theoretisch dem Aggressor den Krieg erklärte, es aber eben bei dieser Erklärung beließ. Man war selbstzufrieden und fühlte sich sicher hinter der Maginotlinie, die ein Symbol war, das nicht nur an der Grenze stand, sondern auch in den Köpfen. Die gleiche Lähmung der Vernunft, die beim deutschen Volk zu beobachten war, als es Hitler glaubte, wählte, bejubelte und folgte, findet sich auch im französischen Volk: Verdrängung der Gefahr, Passivität, Resignation. Und so wie die Stimmung in den Dreißigerjahren war, so war dann die Kampfmoral auf den Schlachtfeldern. Ein englischer General kam schon nach zwei Wochen Krieg zu dem vernichtenden Urteil, die französische Armee sei ein *Pöbelhaufen* ohne die geringste Disziplin.

So führt denn Sebastian Haffner Hitlers schnelle Erfolge in erster Linie auf die Schwäche seiner Gegner zurück, Joachim Fest dagegen billigt Hitler durchaus ein gewisses militärisch-strategisches Talent und Geschick zu. Zumindest war er lernfähig. Er hatte 1914/18 den Stellungskrieg erlebt und daraus Konsequenzen gezogen und auf die Bewegungswaffen gesetzt, also Panzer und Flieger. Er hat sofort die Genialität von Mansteins Panzerstrategie erkannt. Auf Hitler persönlich geht der Einsatz von Fallschirmspringern zurück. Insofern sei er – so Fest – doch mehr gewesen als nur der kleine Gefreite, auf den die arrogante Generalität von oben herabsah. Jetzt, nach dem Frankreichfeldzug, schwenkten viele um. Der Führer hat recht, ihm gelingt alles, auf ihn kann man blind vertrauen. Skepsis, Abneigung, Widerstand verschwanden weitgehend, im Militär wie im Volk. So stand er im Sommer '40 auf dem Gipfel seiner Macht, und Volk und Soldaten standen hinter ihm. Er hatte einen Krieg gewonnen, der keine 30000 Gefallenen gefordert hatte – bei 135000 Toten auf der Gegenseite.

Aber wer auf dem Gipfel steht, kann nur noch absteigen. Und irgendwie deutete sich das bereits an, als er auf die so sehr ersehnte Siegesparade in Paris verzichten musste, weil Göring ihm nicht garantieren konnte, diese mit seiner Luftwaffe vor englischen Luftangriffen schützen zu können. Als er dann – ersatzweise – den Invalidendom besuchte und lange vor Napoleons Sarkophag verweilte und sicherlich allerlei Parallelen spürte, da mag ihm klar geworden sein, dass er vor dem genau gleichen Problem stand wie der kleine korsische Emporkömmling. England ist nicht besiegt und Russland erst recht nicht. Nun gut, er hat einen Vorteil, inzwischen gibt es Flugzeuge, jetzt kann man England sturmreif bomben und dann zur Invasion ansetzen. Kann man wirklich? Ist die englische Flotte nicht stärker und die englische Luftwaffe ebenbürtig?

Während Hitler in der Sowjetunion, sowohl rassisch als auch weltanschaulich, seinen Todfeind sah, war sein Hass auf England nur halbherzig und seine Angriffsbereitschaft auch. Die germanische Verwandtschaft hielt ihn zurück. Und Englands sichere Insellage, seine militärische Stärke und Einsatzbereitschaft, die wirtschaftliche Unterstützung durch das Empire und die USA machten Hitler vorsichtig und ließen ihn immer wieder darauf hoffen, mit London einen Deal zu verabreden: Britannia die Weltmeere, Germanien den Kontinent. Wiederholt machte er entsprechende Angebote.

Aber England ging nicht darauf ein. Churchill war nicht Chamberlain. Er ließ nicht mit sich handeln. Vor dem Reichstag bringt Hitler am 19. Juli seine ganze Wut auf Churchill zum Ausdruck: *Mister Churchill hat es soeben wieder erklärt, dass er den Krieg will ... Er sollte mir dieses Mal vielleicht ausnahmsweise glauben, wenn ich als Prophet jetzt folgendes ausspreche: Es wird dadurch ein großes Weltreich zerstört werden. Ein Weltreich, das zu vernichten oder auch nur zu schädigen niemals meine Absicht war. Allein ich bin mir darüber im Klaren, dass die Fortführung dieses Kampfes nur mit der vollständigen Zer-*

trümmerung des einen der beiden Kämpfenden enden wird. Mister Churchill mag glauben, dass dies Deutschland ist. Ich weiß, es wird England sein.

Diese Prophezeiung vom Untergang eines Weltreichs kennen wir aus der Weltgeschichte. Um 550 v. Chr. hatte der mächtige König Krösus in Delphi nachgefragt, ob er Persien angreifen solle und zur Antwort den Orakelspruch erhalten, er werde dann ein großes Reich zerstören. Also griff er an und zerstörte ein großes Reich – nämlich sein eigenes. Mit einer ähnlichen Gefahr spielte Hitler. Es würde um Sein oder Nichtsein gehen. Seit Wilhelm dem Eroberer, 1066, war die Insel nicht mehr erobert worden. Hitler versuchte es. Er gab den Befehl zum *Unternehmen Seelöwe*. Voraussetzung einer Landung an den englischen Küsten war die Beherrschung des Luftraums. Am 13. August flog die deutsche Luftwaffe den ersten großen Angriff. Ziel waren Flugplätze und Industrieanlagen. Aber die Royal Airforce wehrte sich erbittert und hatte strategische Vorteile. Sie hatte quasi Heimspiel mit kürzeren Flugstrecken, ihre Jäger waren zwar nicht besser als die deutschen, aber sie waren schneller und wendiger als die schweren, schwer beladenen deutschen Bomber. Es war wie beim Kampf der beweglichen Kleinschiffe gegen die spanische Armada im Jahre 1588. Beide Luftflotten erlitten große Verluste, die deutschen waren fast doppelt so hoch, nicht zuletzt deshalb, weil England zur Verteidigung Flugabwehrkanonen und das neu entwickelte Radarsystem einsetzte. Das Reich verlor 1733, England 915 Maschinen. Die ohnehin geringeren Verluste der Engländer wogen zudem weniger schwer, weil ihre Piloten, die sich aus ihrem getroffenen Flugzeug mit dem Fallschirm retteten, auf heimischem Boden landeten und alsbald erneut eingesetzt werden konnten, während die überlebenden deutschen Piloten in Gefangenschaft gerieten. Außerdem war die englische Industrie inzwischen in der Lage, monatlich 450 Maschinen zu produzieren, womit die deutschen Werke nicht mithalten konnten. Die Luftschlacht um England war nicht zu gewinnen.

Es war ein Eingeständnis dieser Tatsache, dass die deutsche Luftwaffe zu Nachtflügen überging und statt der strategischen Ziele (Militär- und Fabrikanlagen) Wohnstädte bombardierte, um die Zivilbevölkerung zu zermürben. Als Mitte September das schlechte

Herbstwetter begann, wurden die Flüge unterbrochen, dann abgebrochen und das *Unternehmen Seelöwe* von Hitler bis auf weiteres verschoben.

Aber der Kampf gegen England, da nicht entschieden, musste weitergehen. Wie Napoleon, der in Ägypten gelandet war, um England im Mittelmeer zu treffen, wollte auch Hitler jetzt den Krieg verlagern. Das nächste halbe Jahr wurde das Mittelmeer zum Kriegsschauplatz. Hier hatte zudem Mussolini Ambitionen und zog Hitler in seine Auseinandersetzungen mit England hinein. Mitte September griffen die Truppen des Duce von Libyen aus britische Stützpunkte in Ägypten an, kamen aber nicht sehr weit. Irgendwann würde Deutschlands Hilfe nötig werden. Um England den Zugang zum Mittelmeer zu verwehren, will Hitler Gibraltar in seinen Besitz bringen, wozu er auf Spaniens Hilfe angewiesen ist. Aber ein Treffen mit Franco verläuft ergebnislos. Der spanische Diktator will neutral bleiben, trotz aller faschistischen Freundschaft. Schließlich will er den Risikospieler Hitler überleben, was ihm ja auch gelingen sollte, und das um volle 30 Jahre. Ebensowenig gelingt es dem Führer, Petain zu überreden, dass sein Vichy-Frankreich in den Krieg gegen England eintritt.

Da Mussolini in Nordafrika ohne Sieg bleibt, will er auf dem Balkan militärische Erfolge erringen. Am 28. Oktober überfallen seine Truppen von Albanien aus Griechenland, werden aber zurückgeschlagen. Auch hier wird Deutschland dem Töpfer irgendwann helfen müssen.

Die strategische Lage des Reiches bessert sich, als Ende November Ungarn, Rumänien und die Slowakei dem im September gebildeten Drei-Mächte-Pakt zwischen Deutschland, Italien und Japan beitreten. Nun greift Ende des Jahres das deutsche Afrika-Korps unter General Rommel in den Kampf um Ägypten ein. Da aber alle Beteiligten nur geringe Kräfte einsetzen, ziehen sich die Kämpfe zwei Jahre hin. Am 1. März 1941 tritt Bulgarien dem eben erwähnten Militärpakt bei, was einen deutschen Angriff auf Jugoslawien und Griechenland begünstigt, der dann am 6. April beginnt. Nach anderthalb Wochen kapituliert die jugoslawische, nach zweieinhalb Wochen die griechische Armee. Die englischen Truppen verlassen

Hellas und halten jetzt nur noch Kreta, das aber Ende Mai nach einer verlustreichen Luftlandeaktion von deutschen Fallschirmspringern erobert wird. Dennoch bleibt die englische Seeüberlegenheit im Mittelmeer und Atlantik erhalten.

Im Frühsommer 1941 war noch nichts entschieden, genauer: Der Weltkrieg hatte noch nicht einmal richtig angefangen. Zwar befand sich der europäische Kontinent größtenteils in der Hand Hitlers und Mussolinis, von der Bretagne bis Kreta, vom Nordkap bis Sizilien und weiter bis Nordafrika. Dänemark und Norwegen, Jugoslawien und Griechenland, die Hälfte Polens und Frankreichs waren nach Blitzkriegen besetzt. Dem Pakt zwischen dem Reich, Italien und Japan hatten sich Ungarn, Rumänien, die Slowakei und Bulgarien angeschlossen. Abgesehen von der traditionell neutralen Schweiz gab es nur noch an den vier Ecken Europas neutrale Staaten, nämlich Irland, Schweden-Finnland, die Türkei und Spanien-Portugal. Aber unbesiegt und militärisch und wirtschaftlich stark waren die beiden Flügelmächte England und Russland mit Meer und Land im Rücken, mit dem Atlantischen Ozean und dem asiatischen Kontinent als Voraussetzung für unerschöpfliche Reserven an Menschen und Material. Der Reichtum Sibiriens mit seinen Menschen und Rohstoffen und die wirtschaftliche Stärke des Empires und der USA würden die Sowjetunion und Großbritannien in die Lage versetzen, auch einen langen Krieg durchzuhalten.

Da England nicht zu besiegen war, stürzte Hitler sich in seiner Ungeduld nun auf Russland. Es war paradox. Kann er den einen Gegner nicht bezwingen, dann sucht er sich einen anderen. Denn der Krieg muss weitergehen. Ohne Krieg kann der Führer offenbar nicht leben. Zwar spielt er vor dem großen Finale gegen seinen Lieblingsfeind, den von jüdischer Ideologie beherrschten Bolschewismus, noch kurz mit dem Gedanken, mit Stalin gemeinsam das britische Weltreich zu zerschlagen, um erst ganz zum Schluss den Sowjets den Rest zu geben. Als aber der nach Berlin eingeladene Außenminister Molotow sich auf dieses pikante Spiel und diesen riskanten Deal nicht einlassen will, war für Hitler der Krieg gegen die Sowjetunion zu einer unausweichlichen Notwendigkeit geworden.

EINSCHUB 22A
EIN LOGISCHER DIALOG

Stalin saß im Kreml und transpirierte. Schuld daran waren die Warnungen, die er in der letzten Zeit aus aller Welt erhalten hatte, von übergelaufenen deutschen Soldaten, vom britischen Geheimdienst, von unserem Mann in Japan. Sie alle behaupteten, der deutsche Angriff auf die Sowjetunion stehe unmittelbar bevor. Und nun noch der Funkspruch unseres Agenten Richard Sorge, eines deutschen Kommunisten, aus Tokio, der uns das genaue Datum verriet. Heute in einer Woche, am 22. Juni, wolle Hitler den Krieg beginnen. Stalin ging ans Fenster und öffnete es, um sich Luft zu verschaffen, aber draußen war es noch heißer als hier im Arbeitszimmer, der russische Frühsommer schlug ihm mit einem Schwall Hitze ins Gesicht. Sofort warf er das Fenster wieder zu. *Es ist auch besser, bei geschlossenem Fenster zu sprechen, falls es laut werden sollte,* sagte er leise und setzte sich.

Er hatte Molotow, seinen Außenminister, einbestellt, seinen Liebling, mit dem es sich angenehm verhandeln ließ, weil er nie widersprach, dafür aber meine eigenen Vorstellungen und Vorhaben pointierter zu formulieren versteht als ich selber. Molotow eilte durch die Flure des Kremls, er verspürte eine Mischung aus Stolz und Angst. Er konnte mit Recht stolz sein auf seine Karriere, er war Mitglied des Zentralkomitees geworden, sogar Mitglied des Präsidiums beziehungsweise des Politbüros, und seit 1930 Vorsitzender des Rates der Volkskommissare, im Westen würde man sagen Ministerpräsident. Seit zwei Jahren war er Außenminister und hatte schon gleich sein Meisterstück abgeliefert, den Nichtangriffspakt mit Hitlerdeutschland samt dem geheimen Zusatzprotokoll, das uns 200 Kilometer weiter nach Westen vorangebracht hat. Immer habe ich mich der Gunst des großen Stalin erfreut, weil ich ihm zwar nicht papageienhaft nach dem Munde geredet habe, aber doch nach dem Herzen, indem ich ihm erst so richtig deutlich machte, was er selbst nur dunkel ahnte und wollte. Wenn er mit seinen vermuteten oder wirklichen Gegenspielern abrechnete, war ich nie in Gefahr. Die großen Schauprozesse Mitte der Dreißigerjahre gegen das Offizierskorps der Roten Armee und gegen die Genossen der Parteihierarchie habe ich nicht nur unbeschadet überstanden, ich habe meine eigene Position sogar gefestigt, weil es bald kaum noch Konkurrenten gab. Aber weil Stalin unberechenbar ist, muss man dennoch immer Angst um seine Haut haben. Je weiter oben man steht, desto dünner wird die Luft und desto tiefer und gefährlicher ist der Fall oder Sturz. Warum hat er mir vor Kurzem mein Amt als Vorsitzender des Rates der Volkskommissare genommen, sich selber auf diesen Posten gesetzt und mich zum Stellvertreter gemacht? Will er mich jetzt noch weiter degradieren, ist dies Revirement der Anfang meines Endes, oder hat er sich einfach nur in seinem unersättlichen und misstrauischen Ehrgeiz ein weiteres Amt angemaßt? Misstraut er mir und will er sich von mir trennen, mich gar liquidieren lassen, oder lässt er mich rufen, weil er mir weiterhin vertraut und ich sein engster und bester Berater bin? Wäre er mir böse, würde er mich wohl nicht mehr sprechen wollen, sondern mich, wie sonst auch, durch irgendwelche anonyme Schergen verschwinden lassen. Also kann ich wohl doch guter Dinge und guter Laune sein.

Wie alle Alleinherrscher war STALIN unfähig zum Small Talk und ging nach der kurzen förmlichen Begrüßung in medias res: *Was halten Sie von Sorge?*
– *Er könnte recht haben*, antwortete MOLOTOW im vorsichtigen Konjunktiv.
– *Die Deutschen sind also auf dem Sprung?*
– *Es könnte sein.*
– *Trotz Ihres Nichtangriffspakts mit Hitler?*
MOLOTOW fühlte sich angegriffen und verteidigte sich: *Den Vertrag habe ich in Ihrem Auftrag geschlossen.*
– *Nicht so empfindlich bitte, Herr Außenminister. Der Vertrag ist doch ganz in Ordnung. Er hat seinen Zweck erfüllt. Wir haben 200 Kilometer Schussfeld und zwei Jahre Frist zur Aufrüstung gewonnen.*
MOLOTOW atmete hörbar auf und STALIN fuhr fort: *Glauben Sie wirklich, dass unsere Informanten recht haben und Hitler in einer Woche angreifen wird? Könnte es nicht sein, dass diese Herren nur spekulieren oder sich wichtig tun wollen oder – wie die Briten – einen Keil zwischen die Sowjetunion und das Reich zu treiben versuchen, ganz im Sinne der altenglischen Balance-of-power-Politik? Der Kontinent soll sich schlagen*

oder wenigstens feindschaftlich beargwöhnen, damit die Insel davon profitiert. Was meinen Sie?
MOLOTOW wusste nicht, ob Stalins Zweifel an Hitlers baldigem Angriff echt waren. Waren das alles nur rhetorische Fragen und Stalin sich in Wahrheit seiner Antwort längst sicher? Wenn man nur wüsste, worauf er hinaus will, dann könnte ich ihn in seiner Meinung bestärken. Am besten, ich halte mit meiner eigenen Ansicht hinter dem Berge und zitiere einfach nur die Mutmaßungen anderer. Dann wird Stalin entweder zustimmen oder widersprechen und mir wird klar, welche politische Linie der sowjetische Außenminister zu vertreten hat: *Viele unserer Militärs, ja, die meisten Generäle, so vorsichtig sie im Gespräch zu sein pflegen – ganz anders als auf dem Schlachtfeld – fast alle halten einen deutschen Angriff für unwahrscheinlich. Hitler hat nach wie vor seine Baustelle im Westen, England ist unbesiegt, hat inzwischen mit Churchill einen richtigen Hardliner an der Spitze, ist dem Reich zu Wasser weit überlegen und in der Luft ebenbürtig und kann sich zudem der zunehmenden wirtschaftlichen Unterstützung Amerikas erfreuen. Auch wenn es zur Zeit im Westen keine hart umkämpfte Front gibt, greift Hitler uns an, dann muss er mit einem wilhelminischen Zweifrontenkrieg rechnen, denn die Briten werden irgendwann im militärisch verdünnten Frankreich oder Dänemark landen, genauso wie sie aus Dünkirchen geflohen sind, sie wissen ja, wie man Truppen über das Wasser bringt. Und mit ihrer Luftflotte, die den deutschen Luftraum beherrscht, weil Görings Luftwaffe gegen die Rote Armee im Einsatz ist, werden sie Lübeck und Hamburg, Essen und Köln und später auch Berlin bombardieren und die Zivilbevölkerung demoralisieren.*
– Die Zivilbevölkerung interessiert Hitler nicht, er ist kein Zivilist, er ist Soldat.
– Das ist sicher richtig, stimmte MOLOTOW eilig zu und STALIN fuhr fort: *Außerdem müssen wir uns fragen, warum uns die Briten beispringen sollen, ob sie nicht viel lieber genüsslich zuschauen werden, wie sich die Russen und die Deutschen gegenseitig zerfleischen, um dann später mit den geschwächten Großmächten einen Frieden nach ihrem Geschmack auszuhandeln wie seinerzeit in Versailles.*
– Gehen Sie also davon aus, fragte MOLOTOW vorsichtig, obgleich er als Berater eigentlich dazu verpflichtet war, Antworten zu geben,

gehen Sie davon aus, dass die englische Zurückhaltung Hitler zum Angriff ermuntern wird?
– Ich kann es nicht ausschließen, denn der Kerl in Berlin fühlt sich bestimmt auch deshalb stark und unbesiegbar und vermutet, mit uns ein leichtes Spiel zu haben, weil die Rote Armee im Winterkrieg gegen das kleine Finnland eine so erbärmliche Figur gemacht hat.
– Das ist leider wahr, sagte MOLOTOW kleinlaut und traurig.
– Lassen wir die Emotionen, erwiderte STALIN mit fester Stimme, *und erörtern wir kühl und sachlich das Pro und Contra. Wird Hitler die Sowjetunion in Kürze überfallen oder nicht?*
– Dagegen spricht, dass Hitler nicht hoffen kann, uns in einem Zweifrontenkrieg in Europa und Asien zu verwickeln, seit wir im April einen Neutralitätspakt mit Japan geschlossen haben.
– Das war ein diplomatischer Clou und Coup, Herr Außenminister. Noch einmal herzlichen Glückwunsch. Da reisen die Japsen nach Berlin und schließen mit dem Reich und Italien einen antikommunistischen Drei-Mächte-Pakt, aber auf dem Rückflug machen sie in Moskau Station und verabreden mit uns gegenseitige Neutralität, so dass ihr Pakt mit Berlin und Rom für Hitler absolut wertlos wird. Herrlich, dieses Moskauer Abkommen vom 13. April. April, April, wie die Deutschen sagen, lachte STALIN und setzte sein listiges Fuchslächeln auf, das man von den Fotos kennt, die bei der Unterzeichnung des Hitler-Stalin-Paktes gemacht wurden, der aber nicht von den beiden Diktatoren ausgehandelt und unterschrieben wurde, sondern von ihren Außenministern. Plötzlich jedoch wurde STALIN ernst: *Der Vertrag mit Japan hat aber einen Mangel. Er ist geheim.*
– Na und?, wagte MOLOTOW einzuwenden. *Man kann Hitler doch durch eine gezielte Indiskretion über die veränderte Konstellation in Kenntnis setzen. Dann wird er es sich dreimal überlegen, ob er den Waffengang mit uns wagt.*
– Hitler überlegt nicht. Was er sich in den Kopf gesetzt hat, das setzt er durch, oder versucht es doch, und das um jeden Preis, ohne Rücksicht auf Verluste, auch ohne Rücksicht auf eigene Verluste. Argumente zählen nicht für ihn, erst recht nicht Gegenargumente. Er will den Krieg und er wird ihn beginnen, und zwar schon sehr, sehr bald. Oder sind Sie anderer Meinung?
Natürlich durfte MOLOTOW nicht anderer Meinung sein und war

es folglich auch nicht. Im Gegenteil, jetzt, da er wusste, wie der Chef die Lage beurteilte, bestärkte er ihn mit zusätzlichen Argumenten: *Wir haben doch beide »Mein Kampf« gelesen und wissen, dass Hitler die Bolschewisten hasst wie die Juden und dass er unsere Heimat zum Lebensraum für seine gierigen Germanen machen will und alle Slawen zu Sklaven.*

– *Aber wann?*, fragte STALIN kurz und bündig.

– *Eigentlich ist Hitler leicht auszurechnen. Er bedient sich stets der gleichen Tricks und Methoden. Wen er überfallen will, mit dem schließt er zunächst einmal einen Freundschafts- oder Garantievertrag, wenn nicht gar einen Nichtangriffspakt, um seine Opfer zu beruhigen und einzuschläfern. So hat er es mit Österreich gemacht, mit den Polen, mit den Tschechen, hier allerdings über deren Köpfe hinweg mit den Westmächten. Kurz bevor er angreift, lässt er noch schnell einen Schuschnigg und dann Hacha zu sich kommen, um ihnen unzumutbare Kompromissvorschläge zu machen. Nur Warschau ist darauf gar nicht mehr eingegangen, wohl wissend, dass man mit Hitler nicht vernünftig und in Augenhöhe verhandeln kann. Und jetzt will Hitler mit uns genau das gleiche Spielchen treiben …*

– *Sie haben recht,* unterbrach STALIN ihn und nahm ihm das Argument aus dem Mund, *erst der Nichtangriffspakt mit uns, dann die Zusatzverträge über Fragen des Außenhandels, und zuletzt ruft er Sie nach Berlin, um unzumutbare Zugeständnisse von uns zu erpressen, vor allem in Südosteuropa. Also alles wie gehabt. Der Krieg steht vor der Tür. Er kommt, ohne anzuklopfen, ohne Kriegserklärung – wie immer. Es ist nur noch eine Frage von Tagen. Sonst wird es zu spät für die Wehrmacht, denn die hochentwickelten Kriegsmaschinen sind auf den Sommer angewiesen.*

– *Was tun?*, fragte der Berater einigermaßen hilflos.

– *Was tun? Was tun? Nichts tun. So tun, als ob wir nichts tun. So tun, als ob wir uns sicher wähnen und keinen Angriff erwarten. Treu und brav und blauäugig unsere wirtschaftlichen Verpflichtungen erfüllen, unsere Getreidelieferungen nach Westen rollen lassen, auch wenn die Wehrmacht bereits ihre Waffen an die Grenze schafft. Mögen sich unser Korn und ihre Kanonen auf den Gleisen in Polen begegnen, wir bleiben friedlich. Keine auffällige Verstärkung und Absicherung unserer Grenze. Hitler soll bloß keinen Verdacht schöpfen, im Gegenteil, er soll sich gera-*

dezu eingeladen fühlen. Soll er kommen, auch wenn er nicht willkommen ist. Soll er doch in die Falle laufen wie einst Napoleon.
– Ich glaube auch an unseren Sieg wie 1813. Aber sollten wir nicht doch alles versuchen, um noch etwas Zeit zu gewinnen? Unsere Rüstung ist noch nicht abgeschlossen und unsere Offiziere sind noch nicht ausreichend ausgebildet, seit wir in den Dreißigerjahren (MOLOTOW versuchte, das Wort *Schauprozesse* zu vermeiden), *seit wir in den Dreißigerjahren diese … Verluste hatten.*
– Was schadet das denn? Wenn wir zu Beginn Verluste erleiden, ist das doch nur von Vorteil. Je schwächer wir sind, desto besser.
MOLOTOW war sprachlos und schwieg. Er verstand seinen Chef nicht. Der war doch kein Masochist. Der war doch immer ein Realist gewesen und wusste genau, was er wollte. Und jetzt diese paradoxe Behauptung.
STALIN kam seinem perplexen Berater zu Hilfe: *Sie verstehen mich wohl nicht, also muss ich Sie aufklären. Stellen Sie sich vor, wir siegen. Sofort. Von Anfang an. Die Rote Armee schlägt die Wehrmacht und jagt sie über die Weichsel und über die Oder, erobert Berlin und dann das Ruhrgebiet. Was denn dann?*
– Ich glaube, der Westen wäre nicht glücklich darüber.
– Na also. Der Westen wäre entsetzt. Die New Yorker Wallstreet und die Londoner City zittern, und ihnen wird klar, dass ihnen trotz allem, auch trotz Hitlers Antisemitismus, das braune Hemd der Nazis näher ist als unser roter Rock. Letztendlich sind die Herren in New York, London, Berlin und Essen doch alle kapitalistische Komplizen. Kommt es zum Schwur, dann haben Roosevelt und Churchill eben doch mehr Angst vor der Weltrevolution als vor dem faschistischen Kurzexperiment.
– Aber wenn die Nazis überraschenderweise doch zu mächtig werden und sich mit den Japsen zusammen anschicken, die Welt zu erobern, dann …
– Na eben. Dann werden sie einschreiten und dazu brauchen sie uns, quasi als Juniorpartner. Nur dürfen wir nicht so stark erscheinen, dass sie Angst haben müssten, dass wir nachher den ganzen Globus beherrschen. Mit einem schwachen Russland werden sie sich verbünden, mit einem starken nicht. Also müssen wir schwächer und harmloser erscheinen, als wir sind.
– Sie meinen, wir müssen den Westen an der Nase herumführen wie 1939, als Hitler Polen eroberte und der Böse war und sie ihm den Krieg

erklärten, uns aber nicht zu ihrem Feind erklärten, als wir zwei Wochen später das Gleiche taten und uns unseren Teil Polens nahmen.
– Wir waren eben ein bisschen weniger böse, weil wir nicht angefangen haben.
– Und jetzt müssen wir ein bisschen weniger gefährlich erscheinen …
– … damit sie uns zu Hilfe kommen, mit Waffen beliefern und irgendwann und irgendwo im Westen eine zweite Front eröffnen. Nur muss unsere Schwäche glaubwürdig sein. Wir müssen die Deutschen weit ins Land hereinlassen und bereit zu Opfern sein, zu großen Opfern.
– Es kann uns Hunderttausende von Soldaten kosten, sagte MOLOTOW mit schwacher Stimme, *liebe, treue russische Bauernsöhne.*
– Es geht nicht anders. Große Siege fordern große Opfer. Wenn der Zyniker Hitler das deutsche Volk den britischen Bombenangriffen ausliefert, dann müssen wir wenigstens unsere Soldaten aufs Spiel setzen.

23

Der Krieg in den Abgrund

In der Nacht vom 21. zum 22. Juni 1941 holte Hitler seinen Komplizen Mussolini aus dem Schlaf und überraschte ihn mit der Mitteilung, dass er in wenigen Stunden die Sowjetunion angreifen werde. Am Vormittag erfuhr das deutsche Volk aus dem Rundfunk, dass es seit 3:15 Uhr an der russischen Grenze zu Kampfhandlungen komme. Von Krieg war nicht die Rede, auch war die Bevölkerung nicht durch die sonst übliche Propaganda auf den Konflikt vorbereitet worden, wusste Hitler doch, dass ein Krieg, anders als 1914, alles andere als populär war, trotz einer gewissen Genugtuung und Freude nach dem Sieg über Frankreich. Wie bei den vorangegangenen Angriffen gab es keine Kriegserklärung, aus heiterem Himmel griff die Wehrmacht an und das im wörtlichen Sinne durch die Überfälle der Luftwaffe, die möglichst viele feindliche Maschinen am Boden zerstören sollte. Wieder wollte Hitler die Vorteile der Überraschung nutzen.

Auf den ersten Blick waren die militärischen Voraussetzungen aus deutscher Sicht nicht schlecht. Die Versorgung mit schwedischem Erz und rumänischem Öl war sichergestellt. Die Südflanke war gesichert durch die Bündnisse mit Ungarn, Rumänien und Bulgarien sowie durch den Besitz des Balkans und die Nordflanke durch das gute Verhältnis zu Finnland, das dann ja auch schon bald auf deutscher Seite in den Krieg eintreten sollte. Auch die vielen deutschen Blitzsiege zu Lande machten einen Erfolg wahrscheinlich, die technisch hoch entwickelte und vorzüglich ausgebildete Wehrmacht schien der Roten Armee weit überlegen, die ja im Winterkrieg '39/'40 kaum mit dem kleinen Finnland fertig werden sollte.

Zunächst lief auch wirklich alles nach Plan. Die drei Heeresgruppen Nord, Mitte und Süd stießen ohne nennenswerten Widerstand von Ostpreußen durch das Baltikum Richtung Leningrad vor, im Zentrum Richtung Moskau und im Süden in die Ukraine beziehungsweise in das südrussische Industriegebiet. An den Flanken traten nach wenigen Tagen Rumänien und Finnland als Verbündete in den Krieg ein, ebenso Italien, Ungarn und die Slowakei mit mehr oder weniger starken Truppenkontingenten und dazu noch eine spanische Freiwilligendivision. Nach dem bewährten Prinzip der Kesselschlachten wurden ganze Divisionen gefangen genommen, bei Białystok und Minsk 324000 Mann, bei Smolensk 310000, bei Kiew 665000, bei Uman 110000, zuletzt vor Moskau noch einmal 673000, insgesamt zwei bis drei Millionen Rotarmisten.

Hatten ursprünglich drei Millionen Deutsche fünf Millionen Feinden gegenübergestanden, so war das Zahlenverhältnis im Herbst annähernd ausgeglichen. Schon im Juli hatte Generalstabschef Halder in sein Tagebuch geschrieben: *Es ist nicht zu viel gesagt, wenn ich behaupte, dass der Feldzug gegen Russland innerhalb von 14 Tagen gewonnen wurde.* Es gehe jetzt nur noch darum, den riesigen russischen Raum unter Kontrolle zu bringen. Und Anfang Oktober prahlte Hitler, *dass dieser Gegner bereits gebrochen ist und sich nie mehr erheben wird.*

So beeindruckend die schnellen Anfangserfolge waren, eine endgültige Entscheidung war noch längst nicht gefallen. Im Gegenteil. Vieles sprach gegen einen baldigen Endsieg. Hitler, der Spieler, hatte im Vorfeld des Krieges Raum und Zeit verspielt, Raum, weil die Sowjets durch die polnische Teilung 200 Kilometer weiter nach Westen vorrückten und der Weg nach Moskau, Leningrad und Stalingrad entsprechend länger wurde, und Zeit, weil er durch den Balkanfeldzug wertvolle Wochen verlor und erst Ende Juni seinen Angriff auf die Sowjetunion beginnen konnte. Hinzu kam, dass die scheinbare Übermacht der Wehrmacht Churchill und Roosevelt dazu veranlasste, über ihren ideologischen Schatten zu springen und mit den verhassten Kommunisten nolens volens gemeinsame Sache zu machen. Schon nach drei Kriegswochen, am 12. Juli, schlossen London und Moskau eine Übereinkunft über ein koordiniertes Vorgehen gegen Hitlerdeutschland, und seit dem 2. August liefen die amerikanischen, wie schon vorher britische, Materiallieferungen an die Sowjetunion. Stalins Rechnung war aufgegangen: Hitlers Erfolge hatten zur Anti-Hitler-Koalition geführt. Dagegen hatte Hitler die Rechnung ohne den Westen, ohne die Weite des Raumes und ohne das Wetter gemacht. Im Herbst begannen die schweren Regenfälle und der Vormarsch blieb im Schlamm stecken. Die Lage verbesserte sich vorübergehend, als leichter Frost einsetzte. Jetzt war die russische Erde wieder befahrbar. In zwei riesigen Kesselschlachten wurden auf dem Weg nach Moskau, wie erwähnt, 673 000 Russen gefangen genommen. Die Panzerspitzen erreichten die Vororte der russischen Metropole. Die Regierung verließ die Hauptstadt und große Teile der Bevölkerung ergriffen die Flucht. Nur Stalin verharrte im Kreml und setzte ein Zeichen. Und wartete auf den Winter. Und der kam. Pünktlich und mit aller Härte.

Und darauf war die Wehrmacht überhaupt nicht vorbereitet, hatte Hitler doch mit einem Blitzkrieg – wie sonst immer – gerechnet. Im November war endgültig Schluss mit den Erfolgen. Bei 30, 40, 50 Grad Frost machten Menschen und Motoren einfach nicht mehr mit. Die Motoren sprangen nicht an und die Zahl der erfrorenen Soldaten überstieg die der Gefallenen. Am 1. Dezember, nach knapp einem halben Jahr Krieg, war das deutsche Heer auf drei Viertel seiner Anfangsstärke zurückgegangen. Und in dieser kritischen

Lage beginnt die Rote Armee am 5. Dezember mit ihrer Gegenoffensive. Sibirische Elitedivisionen drängen die deutschen Truppen zurück. Trotz der hohen Verluste verlangt Hitler am 16. Dezember von jedem Soldaten *fanatischen Widerstand* in jeder Stellung, *ohne Rücksicht auf den durchgebrochenen Feind in Flanke und Rücken*. Auf Guderians Kritik an diesem sinnlosen Opfer erwidert der Führer nur: *Sie haben zu viel Mitleid mit den Soldaten.* Als von Brauchitsch den Rückzug in günstige Winterstellungen vorschlägt, muss er gehen und Hitler selbst übernimmt den Oberbefehl über das Heer. Auch andere führende Generäle werden entlassen, Hitler braucht einfach Sündenböcke, denen er die Schuld an dem ausgebliebenen Blitzsieg zuschieben kann. Dabei trug er selbst die Hauptverantwortung. Der Vabanquespieler hatte einfach zu viel auf einmal gewagt. Statt sich auf ein Ziel zu konzentrieren, zum Beispiel auf die Hauptstadt und das Verkehrszentrum Moskau, wollte er alles gleichzeitig erreichen und erreichte nichts.

Die Heeresgruppe Nord kam zwar bis Leningrad, konnte es einschließen, so dass eine Million Menschen dort an Hunger und Kälte zugrunde gingen, aber erobert wurde die Stadt nicht. Die Heeresgruppe Süd stieß weit nach Südosten vor und besetzte die dortigen Industriegebiete, hatte damit jedoch wenig gewonnen, weil die Sowjets die Fabrikanlagen längst nach Osten verlagert hatten. Und die Heeresgruppe Mitte hatte Moskau zwar vor Augen, aber näher als auf Sichtweite kam sie nicht heran. Strategisch höchst problematisch war auch die Tatsache, dass mit dem Vormarsch die Versorgungswege immer länger wurden. Und länger wurde auch die Front, sie glich einer Schlangenlinie, weil durch die wechselnden russischen und deutschen Offensiven immer neue Ausbuchtungen entstanden. Während die Versorgung der Truppe mit zunehmender Entfernung ohnehin schwieriger wird und die Probleme nach Meinung des preußischen Kriegstheoretikers Clausewitz mit dem Quadrat der Entfernung zunehmen, wurde der deutsche Nachschub in der besetzten Sowjetunion zusätzlich dadurch erschwert und gestört, dass Stalin am 14. Juli sein Volk zum Partisanenkrieg hinter der Front aufgerufen hatte. Die Partisanen sprengten Eisenbahnbrücken, überfielen Transporte und banden immer mehr Schutztruppen fern der Front.

Während Hitler sein Volk verlor, gelang es Stalin, sein Volk zu gewinnen. Hitlers Krieg war in Deutschland nicht populär und der Unmut nahm zu mit der wachsenden Zahl der Gefallenen und Vermissten. Dagegen konnte Stalin die Russen motivieren, gerade wegen der vielen Opfer, die nicht umsonst gewesen sein dürfen. So wie Zar Alexander sein Volk mit Erfolg zum *vaterländischen Krieg* gegen Napoleon aufgerufen hatte, so appellierte auch Stalin an so traditionelle Ideale wie Patriotismus und orthodoxe Frömmigkeit. Er versöhnte sich mit der Kirche, er war nicht länger Atheist und Kommunist, sondern führte sein Volk in den *Großen vaterländischen Krieg.* Auch nichtrussische Nationalitäten schlugen sich jetzt auf Stalins Seite, und zwar wegen der menschenverachtenden Behandlung durch die Einsatzgruppen der SS und Gestapo, die hier wüteten und mordeten wie zwei Jahre zuvor in Polen. Waren die deutschen Truppen im Sommer '41 als Befreier vom Bolschewismus begrüßt worden, so war diese Sympathie längst in Hass umgeschlagen. In den ersten Kriegswochen waren 70000 Rotarmisten zu den Deutschen übergelaufen. Seit bekannt wurde, wie die Kriegsgefangenen behandelt wurden, desertierte keiner mehr.

Stalins Aufruf zum Partisanenkrieg hatte Hitler zunächst mit zynischer Freude zur Kenntnis genommen. Was er ohnehin geplant hatte, dazu glaubte er sich jetzt berechtigt, nämlich zum systematischen Genozid. Am 16. Juli sagte er: *Die Russen haben jetzt einen Befehl zum Partisanenkrieg hinter unserer Front gegeben. Dieser Partisanenkrieg hat auch wieder seine Vorteile: Er gibt uns die Möglichkeit auszurotten, was sich gegen uns stellt.*

Schon ein Vierteljahr vor Kriegsbeginn, am 30. März 1941, hatte Hitler vor 250 in die Reichskanzlei einbestellten Generälen dargelegt, wie er sich den Kampf gegen die Sowjetunion vorstellt: ... *Kommunismus ungeheure Gefahr für die Zukunft. Wir müssen von dem Standpunkt des soldatischen Kameradentums abrücken. Der Kommunist ist vorher kein Kamerad und nachher kein Kamerad. Es handelt sich um einen Vernichtungskampf ... Der Kampf wird sich sehr unterscheiden vom Kampf im Westen ... Die Führer müssen von sich das Opfer verlangen, ihre Bedenken zu überwinden.*

Vielleicht sind dem einen oder anderen General Bedenken gekommen, aber Konsequenzen gezogen hat keiner von ihnen. So viel

Mut und Ehre, den wahnsinnigen Völkermörder einfach abzuknallen, hatte keiner ...

Besonders brutal und konsequent wurden die der Roten Armee zugeordneten Funktionäre verfolgt. In den Richtlinien für die Behandlung politischer Kommissare vom 6. Juni 1941 heißt es: *Die Urheber barbarisch asiatischer Kampfmethoden sind die politischen Kommissare. Gegen diese muss daher »sofort« und ohne Weiteres mit aller Schärfe vorgegangen werden. Sie sind daher, wenn im Kampf oder bei Widerstand ergriffen, grundsätzlich sofort mit der Waffe zu erledigen.*

Schon in seinem Erlass über die Kriegsgerichtsbarkeit im Gebiet *Barbarossa* hatte Hitler jeden Mörder von Strafverfolgung freigestellt, schließlich war er selber ja der Anstifter zu diesen Morden: *Für Handlungen, die Angehörige der Wehrmacht und des Gefolges gegen feindliche Zivilpersonen begehen, besteht kein Verfolgungszwang, auch dann nicht, wenn die Tat zugleich ein militärisches Verbrechen oder Vergehen ist.* (13. Mai 1941)

Hitlers Denken und Handeln waren motiviert durch seine Misserfolge und Enttäuschungen. Frust, Neid und Hass bestimmten ihn, so wie er es bei seinem Freund Freud hätte nachlesen können (siehe Kapitel 13A). Ob in Braunau oder Linz, ob in Wien oder München als kümmerlicher Jüngling und Junggeselle, oder dann in Berlin und Berchtesgaden als Führer und Reichskanzler, immer suchte er seinen Ausweg aus seiner Misere, indem er, verführt von Selbstüberschätzung und Größenwahn, irreale Entscheidungen traf. Schuld waren immer die anderen.

Bedroht fühlte er sich und überhaupt die ganze germanische Edelrasse von den Juden, dem angloamerikanischen Kapitalismus, den slawisch-asiatischen Menschenmassen und dem Bolschewismus. Scheiterte ein Vorhaben, dann hatte er nicht den Mut zur Korrektur, sondern suchte seinem Hass ein anderes Ziel. Als der Angriff auf England fehlschlug, stürzte er sich auf die Sowjetunion. Als hier der Blitzkrieg nicht glückte, ließ er seine Wut an der Zivilbevölkerung in den eroberten Gebieten aus, durchgeführt von den willfährigen Schergen der Einsatzgruppen. Und weiter. Da Leningrad, Stalingrad und Moskau nicht zu erobern waren, legte er sich mit den Amerikanern an.

Am 7. Dezember 1941 – einen Tag nach Beginn der sowjetischen Gegenoffensive an der deutschen Ostfront – überfielen japanische Kampfflieger aus heiterem Himmel (Methode Hitler) die in Pearl Harbor (Hawaii) ankernde amerikanische Pazifikflotte und richteten verheerende Zerstörungen, auch unter den Flugzeugen an. 3500 Amerikaner wurden getötet oder verwundet. Die amerikanische und auch die englische Kriegserklärung ließen nicht auf sich warten. Der Pazifik, das *friedliche* Meer, war zu einem zweiten Kriegsschauplatz geworden. *Kriegsschauplatz* – welch furchtbares Wort, als seien Kriege eine Unterhaltungsveranstaltung für die nach Abwechslung gierende Weltbevölkerung.

Hitler hätte zufrieden sein können. Die USA mussten sich jetzt auf Japan konzentrieren und waren folglich gezwungen, die direkte wirtschaftliche und die indirekte militärische Unterstützung Englands einzuschränken. Aber nein! Er lässt es sich nicht nehmen (und mit ihm sein Adlatus Mussolini), eine weitere Großmacht herauszufordern und ihr den Krieg zu erklären. Dazu hätte der Drei-Mächte-Pakt das Reich und Italien vertraglich gar nicht verpflichtet, aber Hitler wollte klare Verhältnisse schaffen, denn die Beziehungen zu Amerika waren ohnehin gespannt. Auch wollte der Führer wohl deutlich machen, dass er Herr über Krieg und Frieden sei und dass er entscheidet, mit wem er sich verträgt und mit wem er sich schlägt. Und ehe Roosevelt ihm, will er dem Präsidenten den Krieg erklären. Man beachte aber bitte den feinen Unterschied. Den Untermenschen Stalin überfällt der Führer ohne jede Vorankündigung, auf dem Papier war man ja sogar befreundet, dem Herrn Roosevelt gegenüber wahrt man aber die Form und fordert ihn offiziell zum Duell. Westliche Zivilisation ist doch schließlich etwas ganz anderes als östliche Primitivität. Der neue Krieg dient aber auch, wie wir sahen, der Ablenkung von den gescheiterten Kriegen gegen England und Russland. Und im Übrigen gilt: Viel Feind – viel Ehr, und je mehr Feinde, desto mehr Ehre, egal, wie das Ganze schließlich ausgeht.

Die USA hatten sich nach dem Ersten Weltkrieg aus der Weltpolitik zurückgezogen und getreu der altehrwürdigen Monroe-Doktrin von 1823 *(Amerika den Amerikanern!)* ihren Isolationismus gepflegt. Als es in den Dreißigerjahren weltweit zu kriegerischen Auseinandersetzungen kam, beteuerten sie ausdrücklich ihre Neutralität und verkündeten ein striktes Waffenembargo. Kriegführende Staaten erhielten von Amerika keinerlei Rüstungsgüter. Als aber die Japaner, Italiener und Deutschen immer dreister und aggressiver agierten, Japan in Südostasien, Italien in Afrika und Deutschland in Osteuropa, da begann Roosevelt – noch nicht sein Volk – die Neutralitätspolitik zu überdenken.

Am 5. September 1939, also kurz nach dem deutschen Angriff auf Polen, wurde unter Einhaltung der formalen Neutralität das Waffenembargo gegenüber den Westmächten gelockert. Das *Cash-and-carry-Gesetz* ist den Briten auf den Leib geschneidert. Es sieht vor, dass sie Waffen erhalten, wenn sie diese bezahlen und selber transportieren. Im Januar '41 verkündet Roosevelt, eindeutig gegen die totalitären Aggressoren gerichtet, die Ideale einer humanen und demokratischen Weltordnung, nämlich die vier Freiheiten, die Freiheit der Meinung und der Rede, die Freiheit des Glaubens, die Freiheit von Not und die Freiheit von Furcht. Als England, das einzige Land, das Hitler noch Widerstand leistet, auf seine angespannte finanzielle Lage hinweist, erklären sich die USA im März '41 bereit, allen Staaten, deren Sicherung in ihrem Interesse liegt, auf Leih- und Pachtbasis, also ohne Bezahlung, Waffen zu überlassen, vor allem England, doch nach dem deutschen Überfall auch der Sowjetunion. Am 14. August treffen sich Roosevelt und Churchill auf dem britischen Schlachtschiff *Prince of Wales* im Atlantik und entwerfen auf der Grundlage der vier Freiheiten, die ja mehr theoretisch waren, das konkrete Konzept einer friedlichen, demokratischen und humanen Welt nach dem Niederringen der Aggressoren. Diese Atlantik-Charta ähnelt in vielem den 14 Punkten Präsident Wilsons aus dem Jahre 1918 und sollte später Grundlage der UNO-Charta werden. Immer deutlicher beziehen die USA Stellung und treten an die Seite Englands, auch wenn sie offiziell noch nicht am Krieg beteiligt sind.

Da die deutschen Überwasserstreitkräfte die überlegene britische Flotte nicht besiegen konnten, hatte man versucht, mithilfe der U-Boote zu Erfolgen zu kommen und durch Versenkung von Handelsschiffen die Versorgung der Insel zu blockieren. Die versenkte Tonnage war beachtlich, aber der Erfolg nicht von Dauer, besonders als die amerikanische Kriegsmarine den Geleitschutz der Konvois übernahm. Wie der Luftkrieg über England konnte der Seekrieg im Atlantik von Hitlerdeutschland nicht gewonnen werden.

Erst 1942 ging der Weltkrieg so richtig los. Jetzt zeigte die Sowjetunion ihre wahre Stärke, jetzt kämpfte Japan mit allem Einsatz um die Vorherrschaft in Südostasien und im Pazifik und nun griffen auch die USA in den Krieg ein. Anders als diese drei Newcomer befand sich Deutschland schon seit mehreren Jahren im Dauerkriegszustand. Für die Deutschen bedeutete das Jahr 1942 die Mitte des Krieges, zweieinhalb Jahre waren bereits verstrichen – vom Sommer '39 bis zum Winter '41/'42 – und zweieinhalb Jahre sollten noch folgen – vom Winter '42/'43 bis zum Mai '45. Als die Wehrmacht 1942 ihre Verzweiflungsoffensiven unternahm, begannen die Sowjetunion und die USA erst, ihre großen Gegenoffensiven in Angriff zu nehmen. Das Jahr '42 war gekennzeichnet durch den Gegensatz von Sein und Schein. Scheinbar befanden sich Deutschland und Japan auf der Siegerstraße. Das von ihnen beherrschte Gebiet in Europa, Nordafrika, Südostasien und im Pazifik erreichte seine größte Ausdehnung. Aber es deutete sich bereits die Wende des Krieges an. Alle militärischen Erfolge waren unvollständig. Die Sommeroffensive brachte die Wehrmacht bis Stalingrad und weit nach Südosten bis an und auf den Kaukasus, wo auf dem Elbrus die Hakenkreuzfahne gehisst wurde. Aber über den Kaukasus hinaus, an die dahinter gelegenen Ölfelder kam man nicht. Und Stalingrad wurde nur zum Teil erobert, im verlustreichen Straßenkampf, Haus um Haus, sollte dies Namenssymbol um jeden Preis gewonnen werden, aber ein knappes Viertel der Stadt blieb in russischer Hand.

In Nordafrika kam Rommel immer weiter nach Osten voran, aber nicht über El Alamein hinaus. Hundert Kilometer vor Alexandria waren die Kräfte erschöpft. Die ägyptischen Filetstücke, die Metropolen Alexandria und Kairo sowie der Nil und der Suezkanal blieben unerreicht. Im Tonnagekrieg im Atlantik können die deutschen U-Boote so viel versenken, wie sie wollen, die alliierten Neubauten sind bald doppelt so hoch, und der Einsatz von amerikanischen Kriegsschiffen, Flugzeugträgern, Jagdmaschinen und Radar schützt die Handelsschiffe immer wirkungsvoller, während die Zahl der deutschen U-Boote, die verloren gehen, immer mehr ansteigt. Nicht besser sieht es für die Japaner im Pazifik aus. Ein halbes Jahr nach ihrem Überfall auf Pearl Harbor erleidet ihre Flotte eine vernichtende Niederlage bei den Midway-Inseln.

Die Rache der Gegner bekommt jetzt auch das deutsche Volk zu spüren. Im März '42, am Sonntag Palmarum, als eigentlich Konfirmation angesagt war, vernichtete ein britischer Luftangriff große Teile der Lübecker Innenstadt und einen Monat später das Rostocker Zentrum. Im Oktober beginnt in Nordafrika die britische Gegenoffensive und im November landen alliierte Truppen in Marokko und Algerien und zwingen Rommel einen Zweifrontenkrieg auf. Zugleich holt die Rote Armee zum Gegenschlag aus. Am 23. November wurde die 6. Armee, die sich in Stalingrad festgebissen hatte, eingeschlossen. Einen Ausbruchversuch verbot Hitler – dem am 31. Januar 1943 zum Generalfeldmarschall beförderten – Friedrich Paulus, denn Rückzug passte nicht in Hitlers Denkschema, jede Stellung war um jeden Preis zu halten. Bedenkenlos setzte er eine Viertelmillion Soldaten aufs Spiel. Wieder, wie beim Kampf um Dünkirchen, versprach Göring mehr, als er halten konnte. Damals war die Luftwaffe nicht in der Lage, die eingeschlossenen Engländer zu vernichten, jetzt konnte sie die eingeschlossenen Deutschen nicht versorgen. 35 000 Verwundete wurden zwar ausgeflogen, aber das war alles. Zwei Monate verteidigte sich die 6. Armee, dann kapitulierte sie. 124 000 Mann hatten ihr Leben verloren, 90 000 gingen am 2. Februar in Gefangenschaft. Lediglich 6000 von ihnen überlebten und kehrten heim.

Eine derartige Katastrophe wie die von Stalingrad konnte dem deutschen Volk nicht verheimlicht werden. Aber Konsequenzen wurden nicht gezogen, der Krieg ging weiter. Nur änderte er jetzt seine Stoßrichtung. Auf den Vormarsch folgte der Rückzug, auf die Siege die Niederlagen. Gab es 1942 noch Scheinerfolge, so wurde es 1943 offensichtlich, dass der Krieg nicht zu gewinnen, sondern nur noch in die Länge zu ziehen war. Und nun wurde das ungeschriebene Gesetz der Kriegsverluste wirksam. Wenn der Krieg eigentlich schon entschieden ist, wenn die Niederlage der einen Seite und der Sieg der Gegenseite feststehen, wenn ein Weiterkämpfen nutzlos und unsinnig ist, weil das Ergebnis so sicher ist wie das Amen in der

Kirche, dann tritt der Krieg in seine verlustreichste Phase. Kriege sind grundsätzlich überflüssig und unmoralisch, aber je unsinniger das Weiterkämpfen ist, desto mehr Opfer sind zu beklagen. Im letzten Jahr des Zweiten Weltkrieges kamen mehr Menschen um und wurden mehr Sachwerte zerstört als in den fünf Jahren zuvor. Jetzt wird immer verbissener und fanatischer gekämpft, jetzt wird die Zivilbevölkerung in den Krieg einbezogen: Die Nazis schicken Knaben und Greise in den Kampf, die deutschen Städte werden zum Ziel alliierter Bombenangriffe, die Wehrmacht hinterlässt auf ihrem Rückzug verbrannte Erde. Der Kriegsverlauf des Jahres 1943, die Verschiebung der Fronten zuungunsten der Achsenmächte, die zur Regel gewordenen Siege der Westalliierten und der Roten Armee hätten eine deutsche Kapitulation zwingend notwendig gemacht, denn zu gewinnen gab es nichts mehr, zu erwarten waren nur noch Blutvergießen und Zerstörung. Aber der Spieler, Masochist und Massenmörder Hitler kennt keine Rücksicht auf sein Volk und andere Völker. Er will den Krieg bis zum absoluten Ende. *Ein Wort habe ich nie kennengelernt,* hatte er zu Beginn des Krieges gesagt, *und das ist das Wort »Kapitulation«.* Stattdessen steht er für die Fortsetzung der Niederlagen und für die deutsche Selbstvernichtung.

Nach der Katastrophe von Stalingrad häufen sich die Fehlschläge. Der Kaukasusraum muss aufgegeben werden, die in Tunesien zusammengedrängten deutsch-italienischen Truppen (eine Viertel Million) müssen kapitulieren (Mai '43), im gleichen Monat wird der erfolglose und opferreiche U-Bootkrieg abgebrochen, im Juli soll bei Kursk durch eine großangelegte Panzeroffensive die Entscheidung erzwungen werden, aber die Rote Armee erweist sich als überlegen. Zugleich landen die Alliierten in Sizilien und erobern die Insel. Die Folge ist der Sturz Mussolinis. Die neue Regierung schließt erst einen Waffenstillstand und dann ein Bündnis gegen das Reich. Nach der Landung in Süditalien zwingen die Alliierten das Reich, auch hier Krieg zu führen und Truppen aus dem Osten abzuziehen.

Bevor die Anti-Hitler-Koalition das Reich erobert, gewinnt sie die Lufthoheit über Deutschland. Nacht für Nacht und Tag für Tag wird Mayer Göring Lügen gestraft, der vollmundig geprahlt hatte, er wolle Mayer heißen, wenn jemals ein feindliches Flugzeug am deutschen Himmel aufkreuzen sollte. Jetzt wimmelt es am deutschen Himmel von britischen und amerikanischen Jägern und Bombern. Ende Juli/Anfang August werden die bisher schwersten Angriffe auf eine deutsche Stadt durchgeführt, bei Tag und bei Nacht fliegen jeweils mehr als 1000 Maschinen die zweitgrößte deutsche Stadt an und legen sie in Schutt und Asche. Über 40 000 Menschen kommen um, drei Viertel des Wohnraums ist zerstört. Hamburg gibt es nicht mehr. Und bald ist auch Berlin dran.

Am 25. August 1940 steuern 81 britische Bomber die Reichshauptstadt an, gedacht ist an eine Vergeltungsantwort auf den Nachtangriff der deutschen Luftwaffe, die am 24. August London heimgesucht hatte. Aber nur 29 Bomber erreichen Berlin, das dichte Sperrfeuer der Flugabwehrkanonen (kurz *Flak*) hat die meisten zum Abdrehen gezwungen. Die Bomben, die auf Berlin fallen, beschränken sich auf 22 Tonnen, 12 Personen finden den Tod. Nur 12 muss man mit dem Wissen dessen, was noch folgen sollte, sagen.

Im Laufe der Zeit häufen sich die Angriffe und die Zahl der Opfer steigt. 1943 begann die Schlacht um Berlin, Ziel der Engländer war die völlige Zerstörung der Stadt. Die Moral der Bevölkerung sollte gebrochen werden. Die Brandbomben richten unermessliche Schäden an, Tausende von Menschen verlieren ihr Leben, 400 000 sind Ende des Jahres '43 ohne Wohnung. Nacht für Nacht, und dann auch bei Tage heulen die Sirenen. Die Menschen flüchten in die Keller, die aber kaum sicheren Schutz bieten, sondern zu Fallen und Schuttgräbern werden. Bald beteiligen sich auch die Amerikaner an den Angriffen.

In der zweiten Jahreshälfte verlassen 700 000 Menschen ihre Stadt, sie werden, wie der Fachausdruck lautet, evakuiert und in vermeintlich bombensicheren Orten im Osten untergebracht. Eine Viertel Million Schulkinder werden zusammen mit ihren Lehrkräften ausgesiedelt, das heißt dann Kinderlandesverschickung, schöne Worte hatten die Nazis ja immer schnell zur Hand. Je kritischer die Lage, desto kreativer die Propaganda.

Aber dennoch! Das Leben geht weiter, trotz und auch wegen der Lebensgefahr und eines Lebens am Rande des Existenzminimums. Im Frühjahr waren die wöchentlichen Fleischrationen für jeden *Normalversorgungsberechtigten* von 700 auf 300 Gramm gesenkt worden. Man hungerte, man arbeitete, freiwillig oder zwangsverpflichtet, man stand Schlange, man hockte im Keller, man vergnügte sich und lenkte sich ab, man ging ins Kino, ins Theater oder in den Zirkus. Im August verfolgen 16000 Zuschauer in der Deutschlandhalle den Kampf um die deutsche Meisterschaft im Schwergewichtsboxen, ein halbes Jahr später wohnen 16000 Besucher einer Vorführung von *Menschen-Tiere-Sensationen* bei, eine Nacht später, nach einem 200-Bomber-Angriff, liegt die Halle in Schutt und Asche.

Das Leben bekommt eine ganz neue Zielrichtung. Sinn des Lebens wird das Überleben.

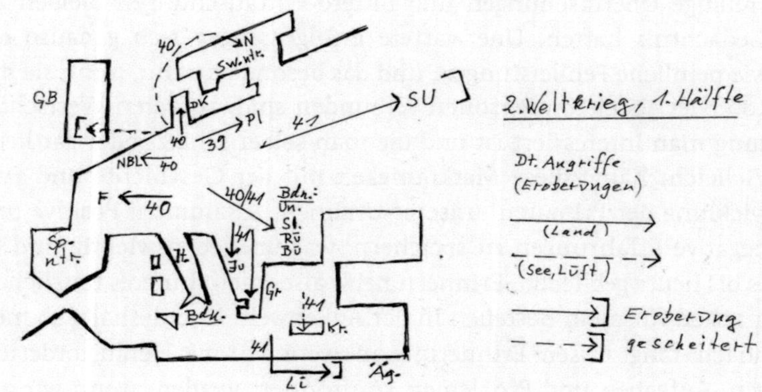

ABBILDUNG 07:

Erste Hälfte des Zweiten Weltkriegs.
Deutsche Angriffe.

24
Unter Bombern und Pommern

Im Laufe meines Lebens habe ich die Erfahrung gemacht, dass es Geschehnisse mit Widerhaken gibt, die sich in der Erinnerung festkrallen. Ich meine damit Erlebnisse und Ereignisse, die mich nicht kalt lassen, sonder mich emotional erregen. Alles, was helle Freude und dunkle Ängste auslöst, wird man so schnell nicht vergessen. Freudige Überraschungen und bittere Enttäuschungen bleiben im Gedächtnis haften. Unerwartete Erfolge prägen sich genauso ein wie peinliche Fehlleistungen, und das besonders dann, wenn sie mit Lob oder Tadel von Personen verbunden sind, an deren Wertschätzung man interessiert ist und die man selber schätzt oder gar liebt. Vielleicht hängt diese Merkfähigkeit mit der Geschichte und Entwicklung der Primaten, unserer Urahnen, zusammen. Positive und negative Erfahrungen zu speichern, war überlebenswichtig und ist es bis heute geblieben. Erinnern heißt also, mein Inneres tauglich zu machen für mein Bestehen in der Außenwelt. Und deshalb, so meine ich, fängt unsere Erinnerung an, wenn wir mit Herausforderungen, Aufgaben und Problemen konfrontiert werden, wenn wir aus dem behüteten Nest hinaus in die Umwelt gestoßen werden und flügge werden, wenn wir unsere Straße kennenlernen und dann unseren Kiez, wenn wir Freunde gewinnen und wohl auch Konkurrenten oder gar Feinde. Und das passiert, wenn wir in den Kindergarten und in die Schule kommen, wo wir unseren Platz finden und uns bewähren müssen, also mit fünf oder sechs Jahren.

Aber für uns Kriegskinder war alles ganz anders. Wir erlebten nicht einfach den Gegensatz von Nest und Welt, von Fürsorge zu Hause und Abenteuern draußen vor der Tür, den Gegensatz von Geborgenheit hier und Gefahren dort. Nein, zu uns kam die Gefahr direkt ins Haus. Das eigene Heim war keine sichere Höhle, sondern das Angriffsziel todbringender Bomber. Von Luftschutz war viel die Rede, aber wirklichen Schutz gab es nicht. Verdunkelung galt als

Allheilmittel und war doch vor allem eine Disziplinierungsmaßnahme. Der braune Blockwart kontrollierte, ob nicht etwa aus irgendeinem Küchenfenster eine Handvoll Licht auf die Straße fiel. Dabei war das Verdunkeln eigentlich nichts anderes als ein Symbol für die Nazimentalität, ihre Verbrechen im Dunkeln zu lassen und das Licht zu scheuen.

Noch heute habe ich die Kakophonie im Ohr, die sich aus dem Heulen der Sirenen, dem Brummen der Flugzeuge und dem Detonieren der Sprengbomben und Flakgranaten zusammensetzte. Am schlimmsten fand ich die Sirenen, obgleich sie es doch eigentlich gut meinten, indem sie uns warnten und folglich schützen sollten und mit dem Entwarnungssignal Erleichterung und dankbares Aufatmen bewirkten. Aber dieses fast schmerzhafte, penetrante Jaulen, dieser anschwellende Ton als Zeichen der herannahenden und folglich immer größer werdenden Gefahr ist mir bis heute ein Gräuel. Wenn in unserer friedlichen Gegenwart Sonnabendmittag die Sirenen getestet werden, haben meine Kinder keine bösen Assoziationen, sie schauen höchstens für einen Augenblick auf ihre Armbanduhr und überprüfen die Pünktlichkeit des Signals, während es mir heiß und kalt über den Rücken läuft. Die Erinnerung an die Todesangst ist nicht totzukriegen.

Als die britischen Bomber Berlin immer häufiger heimsuchten und sich dann auch die Amerikaner beteiligten, da mussten meine Mutter und ich fast jede Nacht unter Tage leben. Der Keller wurde wohnlich ausgestattet und ein kleiner Nahrungsvorrat angelegt, es gab ein paar Sitzmöbel und für mich ein zweites Bett. Ließen die Sirenen sich hören, dann ging meine Mutter mit mir in den Luftschutzraum, wie der Keller nun offiziell hieß. Wenn ich schlief, trug sie mich wie ein Baby auf den Armen die Treppe herunter und legte mich in mein Zweitbett, wo ich meine Nachtruhe fortsetzte, wenn es draußen nicht zu laut wurde. Für den Fall, dass eines der Reihenhäuser getroffen und zerstört wurde und die Kellertreppe verschüttet war, die Kellerbewohner aber mit dem Schrecken davongekommen waren, für diesen Fall war zwischen den Kellerräumen eine Fluchtmöglichkeit geschaffen worden, indem in allen Kellern die Wände zum Nachbarhaus auf einen halben Stein verdünnt worden waren. Mit ein paar Hammerschlägen konnte, wenn nötig, ein

Durchschlupf geschaffen werden, den die Verschütteten zur Flucht oder die unversehrten Nachbarn zur Hilfeleistung nutzen konnten. Aber dazu kam es zum Glück nicht.

Die dünn besiedelten Vororte Berlins waren für die Angreifer kein lohnendes Ziel, hier Bomben abzuwerfen wäre Bombenvergeudung gewesen, es gab ja viel mehr Gärten, Parkanlagen und Straßen als Häuser. Da konnten im dichtbesiedelten Zentrum der Stadt ganz andere Schäden angerichtet werden. Nur wenn die Flak, die deutschen Flugabwehrkanonen, die Bomber zum vorzeitigen Abdrehen und Rückflug zwang, entledigten sie sich über Zehlendorf oder über dem Grunewald ihrer Last, wo dann riesige Bombentrichter entstanden und bis weit in die Fünfzigerjahre als Erinnerung an den Krieg zurückblieben. Zehlendorf war wohl auch deshalb tabu, weil die Westmächte nach ihrem Endsieg hier im vornehmen Westen der Stadt residieren und ihre Soldaten stationieren wollten.

Im Sommer 1943 geschah es dann, dass Tante Lieschen, die ihre Jugend mit meiner Mutter zusammen in der Chodowieckistraße verbracht hatte, nach langer Zeit mal wieder nach Berlin kam. Sie lebte in Hinterpommern, war verheiratet, hatte fünf Kinder und war mit meiner Mutter in brieflichem Kontakt geblieben. Und nun hatte sie in der Reichshauptstadt irgendeine Erbschaftsangelegenheit zu regeln und nutzte die Gelegenheit, ihre alte Freundin und ferne und entfernte Verwandte zu besuchen.

Sie hatte sich den Namen der Straße, nicht aber die Hausnummer gemerkt und den neuen Familiennamen meiner Mutter nur zur Hälfte. So stand sie dann eines Tages in der einsamen Reiherbeize und hielt vergeblich nach meiner Mutter beziehungsweise mir, dem ihr unbekannten Fünfjährigen Ausschau. Was blieb ihr übrig, als irgendwo auf gut Glück zu klingeln? Sie fragte nach einer Frau Lehmann, die es hier aber nicht gab, und nach einem kleinen Jungen. *Ja, klar, natürlich, die wohnen hier, aber nicht Lehmann! Hartmann! Hartmann, Nummer 59!*

Aus der freudigen Begrüßung wurde dann mehr als ein kurzer Besuch, es wurde eine Einladung und ein Gegenbesuch, mehr noch, es wurde ein Dauerbesuch im fernen Pommern und fern der Bomben, eine Art inoffizielle Evakuierung auf private Initiative hin.

Aber es musste Herbst werden, bis meine Mutter mit mir nach Nörenberg fuhr. Und hier nun fing meine kompakte Erinnerung erst richtig an. Das mochte zum Teil an meinem Alter liegen, mit fünf ’rum geht das Erinnern ja los. Es kam aber noch etwas anderes hinzu. Ich lebte plötzlich in einer ganz anderen Welt, wurde mit neuen Eindrücken überschüttet, die mich überraschten, auch wohl verunsicherten und immer von neuem neugierig machten. Getreu meiner These vom Zusammenhang zwischen Emotionen und Erinnerung hielt ich die unerwarteten Erlebnisse und Beobachtungen fest. Alles war anders, alles war ungewohnt und musste verarbeitet und gespeichert werden. Meine Freunde in Berlin, Kalle und Henry, waren Einzelkinder, das hatte ich normal gefunden, und jetzt auf einmal trat mir eine Phalanx von fünf Geschwistern entgegen, zwischen zahn und drei Jahren alt, Marianne, Christa, Max, Renate und Bärbel.

Noch nie hatte ich so deutlich empfunden, dass ich ein Einzelkind war und somit ein Muttersöhnchen. Diese Rolle wollte ich mit meinem Älterwerden langsam ablegen, aber meine Rolle als Einzelkind, als Individuum wollte ich kultivieren. Nicht mit dem Strom schwimmen, nicht machen, was alle machen, nicht *man* sein. Zwar spielte ich oft und gern mit meinen Verwandten, besonders mit der ein Jahr jüngeren Renate und mit dem ein Jahr älteren Max, aber ich war auch gerne alleine. Ich liebte es, einsam durch Nörenberg zu wandern und mich auf eigene Faust mit dem Städtchen vertraut zu machen. Alles war hier anders als zu Hause, die schmalen Straßen, die niedrigen Häuser, der flinke Bach, der zwischen den Häusern in den Enzigsee lief. Nur ein paar Schritte und schon war man am Stadtrand und kam ins freie Gelände mit Wiesen, Weiden und Feldern. Alles befand sich dicht beieinander, die Kirche, das Rathaus, die Schule, der Bahnhof …

Noch heute könnte ich den Stadtplan von Nörenberg zeichnen, so genau habe ich mir alles eingeprägt in den anderthalb Jahren unseres Aufenthalts.

Meine Mutter und ich waren in dem eingeschossigen Altenteilerhaus untergekommen, das zum Hof meiner Tante gehörte und schräg gegenüber stand. Als in diesem Häuschen eine ausgebombte Familie amtlich einquartiert wurde, mussten wir den offiziell Evakuierten aus dem Ruhrgebiet weichen und in einen Gasthof am Ende der Straße umziehen. Den landwirtschaftlichen Betrieb ihres Mannes leitete meine Tante, seit Onkel Max zusammen mit den tauglichen Pferden zum Russlandfeldzug eingezogen worden war. Sie herrschte über alte deutsche Knechte und junge französische Kriegsgefangene, auch über ihre Kinder und über die Evakuierten. Das Wohnhaus stand wie überall im Osten traufenständig zur Straße, nach hinten zum See hin erstreckte sich der Hof mit seinen Ställen, Scheunen und Schuppen an der Seite. Unten befand sich die Ausfahrt zu dem Feldweg, der sich zwischen den Bauernhöfen und dem See hinzog.

Mich faszinierten vor allem die vielen unterschiedlichen Tiere. Die Tiere im Zoo in Berlin waren mir fremd geblieben, einmal besucht und dann nie wieder und bald vergessen. Hier aber gehörten die Tiere zur Familie, die Menschen lebten mit ihnen und sie lebten von ihnen, aber die Tiere lebten auch von den Menschen, sie wurden gefüttert, getränkt, gepflegt und liebevoll behandelt (wenn man vom schlussendlichen Schlachten absieht). Die Ställe wurden regelmäßig ausgemistet, damit das Vieh es wohnlich hatte. Wir Kinder waren dabei, wenn sie ihr Futter und ihr Wasser bekamen und wenn sie, gegebenenfalls, gemolken wurden. Und wir durften oder mussten auch hier und da ein bisschen helfen. Für mich kleinen Großstädter hatten die Ställe den Reiz des Neuen, ich hielt mich dort gerne auf, zumal es hier angenehm warm war. Wenn die Kühe und Pferde mit ihren Schwänzen um sich schlugen, um die Fliegen zu vertreiben, dann kam es schon mal vor, dass sie mir, wenn auch unabsichtlich, einen Schlag ins Gesicht verpassten. Das war höchst unangenehm, und ich musste meine Lehren daraus ziehen. Aus Schaden wird man klug.

Nicht lange und ich wurde in den Kindergarten gesteckt und alsbald – noch schlimmer – in die Schule. Bekanntlich wird der Mensch just in dem Augenblick zur Schule gezwungen (dass er sie besucht, ist eine verlogene Umschreibung der Tatsache, dass er doch hingehen *muss*), wenn er in die Lage kommt, logisch zu denken, zu lernen und Wissen zu speichern. Am Anfang der Erinnerung aller sogenannten Kulturmenschen steht somit die Schule, aber nicht so sehr als Ort, der die kindliche Neugier befriedigt, sondern als Stätte, in der bewährte Lebensformen und Kenntnisse gedrillt werden. Die erste Erfahrung, die Basis aller Erinnerung, soll die Erfahrung der Erziehung als Zucht sein. Das heißt dann Bildung.

Plötzlich, von einem Tag auf den anderen, musste ich gemeinsam mit vielen anderen Kindern etwas Bestimmtes tun, ob ich nun gerade Lust dazu hatte oder nicht. Man kam, man ging, man saß, man sprang auf, man malte, man schrieb, man rechnete (oder musste es doch versuchen), genau wie 50 andere auch. Wie eine Maschine. Wenn es zur Stunde klingelte, sollte mein Hirn Hunger auf Bücher haben, und wenn es zur Pause klingelte, mein Bauch Hunger auf Brot, als ob ich ein Pawlowscher Hund war, der, wenn die Glocke läutet, reflexartig, aber unreflektiert, Speichel und Magensäure produziert. Ein freies Kind dagegen ist daran zu erkennen, dass es in der Schulstunde isst und in der Pause liest. Ich jedenfalls verzehrte in der Pause mein Brot nicht, sondern warf es ohne Appetit über die Schulhofmauer, zwar mit schlechtem Gewissen, aber regelmäßig.

Meine Mutter meinte es gut mit mir, sie hoffte, dass ich durch gute Ernährung genau so kräftig wie Max werden könnte. Vergebliche Liebesmüh. Ich war schließlich ein Leptosomer, schlank und schlaksig und von meinen Verwandten verspottet als *Storch, Storch, Langbein.* Da ich es eigentlich nicht für richtig hielt, wie ich meine Klappstullen entsorgte, und mich schämte, also emotional betroffen war, kann ich mich noch heute an meine Appetitlosigkeit, mein Fehlverhalten und mein schlechtes Gewissen erinnern, mit der Folge, dass ich es bis heute nicht übers Herz bringe, Brot oder andere Nahrungsmittel wegzuwerfen.

Das Schulgebäude zu beschreiben, erübrigt sich. Da die Schule zum Gleichsinn erziehen soll, sind alle Schulen gleich. Und noch gleicher, man verzeihe mir den Komparativ, war all das, was im Inneren der Schule geschah. Der ohnehin übliche Drill war in der Nazizeit noch verschärft worden. Wir mussten zu Beginn der Stunde nicht nur aufspringen und strammstehen, sondern auch unsere Ärmchen zum deutschen Gruß nach oben reißen und dem Führer unter Nennung seines Namens alles Gute wünschen. Wenn das nicht in gebührender Gleichförmigkeit und Lautstärke gelang, dann musste die Prozedur wiederholt werden, bis der Herr Lehrer endlich die angestrebte Perfektion für ausreichend patriotisch hielt. Dass ich mich als mehr oder weniger verzogenes Einzelkind in diesem Massenbetrieb alles andere als wohl fühlte, ist einleuchtend.

Nicht absichtlich, aber unbewusst trat ich in eine Art Leistungsstreik. Ich hatte keine Lust zum Lernen und lernte auch nicht. Die Schrift blieb mir ein Buch mit sieben Siegeln. Ich konnte und wollte mit den Buchstaben nichts anfangen. Es ist paradox, dass ich, der ich im späteren Leben die Literatur leidenschaftlich lieben sollte, in der 1. Klasse über Gebühr lange ein hilfloser Analphabet blieb. Meine Mutter war entsetzt und enttäuscht und trug schwer an ihrem Mitleid und Leid.

Sie setzte meine Tante davon in Kenntnis, welch harter Schicksalsschlag unsere Familie getroffen habe: *Lieschen, der Junge lernt das Lesen nicht.* Diese war aber eine resolute und realistische Frau und hatte an ihren älteren Kindern gesehen, wie unterschiedlich schnell sie in der Schule – je nach Fleiß, Interesse und Begabung – vorankamen, dass Geduld die beste Medizin sei und dass es hier bei Gott überhaupt nichts zu dramatisieren gebe. Aber so richtig getröstet war meine Mutter nicht, bis ich sie irgendwann eines Besseren belehrte.

Schlimmer noch als meine vorübergehende Schreibleseschwäche war es, dass sich die Auswirkungen des Kriegs mehr und mehr nun auch im idyllischen Nörenberg bemerkbar machten.

Plötzlich kreuzte meine Großmutter auf und wollte mit ihrer Schwiegertochter, zu der sie zuvor immer distanzierten Abstand gehalten hatte, zusammenleben. Sie war seit 1942 Witwe und zwei Jahre später auch noch ausgebombt. Das Haus in der Bülowstraße war über Nacht vom Erdboden verschwunden. Wie sie überlebte, ob sie in einem sicheren Bunker Schutz gesucht und gefunden hatte oder aus dem Keller der Ruine befreit wurde, das weiß ich nicht. Noch waren die Erwachsenen ja bemüht, uns Kindern die Grausamkeiten des Krieges vorzuenthalten. Vielleicht war Oma auch schon kurz vor dem vernichtenden Bombenangriff auf ihre Straße aus Berlin verschwunden und uns in den Osten nachgereist, wo sie ja geboren und aufgewachsen war, wenn auch nicht in Hinterpommern, sondern in der Neumark.

Von meiner Mutter verlangten der Krieg und der Führer einen angemessenen Beitrag, sie durfte nicht länger zu Hause sitzen und ihrem Söhnlein Nachhilfeunterricht erteilen, sie wurde zwangsverpflichtet zum Uniformnähen.

Das Kino am Rande der Stadt bot Raum genug für die bis dato unbeschäftigten Frauen, vor allem die evakuierten, auf dass sie in einer Art Manufaktur der Wehrmacht und dem Vaterland mit Nadel und Faden dienten. Wenn ich mich langweilte, weil ich keine Lust und Freude an den Schulaufgaben hatte, holte ich meine Mutter ab und wir schlenderten am Enzigsee entlang zu unserem Hotelzuhause.

Nicht nur der Krieg, auch die Niederlage rückte immer näher. Das zeigte sich daran, dass die kleinen Stadtnazis immer nervöser wurden. Eines Sonntags suchte der Ortsgruppenleiter in irgendeiner amtlichen Angelegenheit meine Tante heim, und da packte ihn das blanke Entsetzen. Wie immer an Feiertagen saßen und aßen wir in großer Zahl nach Rang und Alter geordnet an der riesigen Tafel, oben als Betriebsleiterin meine Tante, dann ihre erwachsenen Gäste aus dem Reich und ein paar Verwandte aus der Stadt, dann die landwirtschaftlichen Hilfskräfte und ganz am Ende wir Kinder. Und was musste der Mann in der braunen Uniform sehen? Mitten unter den Deutschen, neben den pommerschen Knechten, taten es die beiden französischen Kriegsgefangenen sich gütlich. Nicht zu fassen! Das war gegen jede Vorschrift! Die Kerle mussten gefälligst getrennt von den Deutschen an einem Katzentisch in der Ecke des Raumes sitzen. Man kann doch nicht mit den Feinden, noch dazu mit rassisch minderwertigen Romanen an der gleichen Tafel speisen.

Der Ortsgruppenleiter tobte, machte Vorhaltungen, drohte Strafen an, aber meine mutige Tante blieb ganz ruhig, ließ sich nicht auf eine ideologische Grundsatzdebatte ein, sondern verwies auf die nun einmal obwaltenden Sachzwänge, nämlich auf die schlichte Tatsache, dass in dem Raum kein Platz für einen zweiten Tisch sei und die Franzosen deshalb notgedrungen, ob man wolle oder nicht, an dem einzigen vorhandenen Tisch Platz finden müssten. Der Ortsgruppenleiter war wütend, aber ihm fiel nichts ein und so sagte er nur *Heil Hitler!* und ging.

Der baldige Zusammenbruch Deutschlands war nicht mehr zu übersehen. Fast jede Nacht legte der Himmel Zeugnis davon ab. Wenn sich das Abendrot bis in die Morgenstunden fortsetzte, dann sagten die wortkargen Nörenberger nur: *Berlin brennt.*

Wir waren den Bombern nach Pommern entkommen, doch auch hier rückte uns der Krieg auf den Leib, nur kam die Bedrohung statt von oben von Osten. Die Russen waren unaufhaltsam im Vormarsch. Dass die Niederlage immer näher rückte, wurde an der zunehmenden Zahl der Sondermeldungen deutlich. Das waren im staatlichen Rundfunk verbreitete Mitteilungen über vermeintliche Erfolge der deutschen Wehrmacht.

Zu Beginn des Krieges waren wirkliche Triumphe Inhalt einer Sondermeldung, jetzt reichte es schon, dass die deutschen Soldaten an irgendeinem Flüsschen oder Städtchen die Rote Armee für ein paar Tage aufhielten. Das wurde dann als militärischer Erfolg verkauft, um die Bevölkerung siegessicher zu stimmen. In Erinnerung habe ich den Namen Schneidemühl. Der kleine Ort wurde offenbar eine gewisse Zeit hartnäckig verteidigt ... und lag keine 100 Kilometer von Nörenberg entfernt. Manches habe ich nicht so recht verstanden, zum Beispiel wenn stolz verkündet wurde, unsere heroisch kämpfenden Soldaten hätten irgendwo Boden wiedergutgemacht. Hatten sie ihn vorher schlechtgemacht? Ich jedenfalls dachte beim Wort *Bodenwiedergutmachen* immer an Düngen und Pflügen und Eggen, obgleich ich gerade das unseren Soldaten nicht so recht zutraute.

Angekündigt wurden die Sondermeldungen mit einer Erkennungsmelodie, mit dem Prélude von Franz Liszt. Die Propagandaverantwortlichen hatten gar nicht gemerkt, dass ein Prélude ein Vorspiel ist und dass, logischerweise, das dicke Ende dann noch kommen muss. Liszt selbst hatte im Hinblick auf sein Werk gesagt, dass unser ganzes Leben nichts als ein Vorspiel des Todes ist. Welch ungewollte politische Ironie steckt also in dem Prélude.

Ich selbst wurde in einen fast schizophrenen Zustand gestürzt. Ich hörte Liszts markante Melodie und dann die Erfolgsmeldung, sah aber auch, wenn ich einsam durch die Stadt streifte, am Ausgang des Ortes die sogenannten Panzersperren. Die sahen mit ihren dicken Baumstämmen aus wie Blockhäuser ohne Fenster und Türen und ohne Dach und waren mit Findlingen angefüllt oder doch mit großen Feldsteinen und sie sollten die russischen Panzer aufhalten. Also rechnete man doch wohl mit deren baldiger Ankunft. Aber wie geht das zusammen, Sondermeldungen und Panzersperren, deutsche Siege und russischer Vormarsch?

Nie habe ich mich so einsam und verlassen gefühlt wie angesichts dieses unerklärlichen Widerspruchs. Und das Schlimmste: Mit niemandem konnte ich darüber sprechen, nicht einmal mit meiner Mutter.

Hätte sie mir die unverblümte Wahrheit gesagt und ich in der Schule dem Lehrer gegenüber naiv verkündet: *Meine Mutti hat gesagt, wir verlieren den Krieg und die Russen sind nicht nur bald hier, sondern auch in Berlin.* Was denn dann? Meine Mutter wäre in Teufels Küche gekommen, nämlich ins KZ. Der Lehrer hätte sie aufgrund meiner Bemerkung nur zu denunzieren brauchen, und wer denunzierte damals nicht? Oder umgekehrt: Von wem konnte man mit Sicherheit wissen, dass er nicht denunzierte? Jeder konnte doch ein Spitzel sein oder ein brauner Fanatiker. Natürlich war mir nicht klar, was ein Denunziant und was ein Konzentrationslager war, aber ich spürte doch, dass die Erwachsenen nicht unbefangen miteinander redeten. Obgleich der Volksempfänger überquoll von Propagandareden und Militärberichten, waren die Themen Politik und Krieg tabu. Man hörte Radio, aber man kommentierte nicht. Vertrauliche Gespräche gab es nicht, weil keiner dem anderen trauen konnte. Kritische Worte waren lebensgefährlich und unterblieben. Wir lebten in einer Zeit der zerstörten Kommunikation. Schweigen war angesagt, und wenn die Erwachsenen redeten, dann über belanglose Alltäglichkeiten. Und irgendwie bekam ich das mit. Ich war nicht nur Einzelkind, ich war isoliert.

Zugleich aber sollte man aufgehen in der Masse, ein Rädchen in der Maschine Volksgemeinschaft sein, ich in der Schulklasse, meine Mutter in der Uniformfabrik, mein Vater in seinem Regiment. Einer sollte sein wie der andere, und alle sollten am Krieg teilnehmen, direkt oder indirekt. Auch wir Kinder. Eines Sonnabends bat uns der Lehrer, was sage ich, befahl uns der Lehrer, übers Wochenende Alteisen zu sammeln und es Montagfrüh in der Schule abzuliefern. *Daraus werden Kanonen und Panzer hergestellt und mit denen schlagen unsere tapferen Soldaten die Russen in die Flucht.*

Woher sollte ich Eisen nehmen, der Fremdling hier in Nörenberg? Hilflos saß ich in meiner Bank und grübelte. Ein Kind und Eisen, das reimt sich doch nicht zusammen. Ich folgte kaum noch dem Unterricht, sondern träumte unser Haus rauf und runter, die Gassen auf und ab und suchte in Gedanken nach Eisen. Meine Fantasie lief zwischen den Linden die Chaussee entlang, dann quer durch die Feldmark auf den unwegsamen Sandwegen. Und wirklich, ich wurde fündig. Da lag es, das silberne Hufeisen mit den sieben Löchern. Letzten Sonntag jedenfalls lag es da noch, als wir unseren üblichen Spaziergang machten. Also nichts wie hin! Noch ehe ein anderer ... gleich nach dem Läuten. Gar nicht erst nach Hause.

Ich rannte aus der Stadt. Schon war ich auf dem vielversprechenden Feldweg. Es fehlte nicht an Hufspuren, der Sand hielt sie gut fest. Ich folgte ihnen. Wo nur hatte das Hufeisen gelegen? Ich versuchte, mich zu erinnern. Ich sah die Birken fragend an, eine sah aus wie die andere und alle nicht anders als letzten Sonntag. Traurig ließen sie die Zweige hängen, traurig und mitleidig. Ich zog die Schuhe durch den Sand, pflügte den Weg, vielleicht war das Hufeisen nur verschüttet. Da! Etwas Festes! Ach! Nur ein Stein! Ich hatte kein Glück mit dem Hufeisen. Auf dem Heimweg verspätete ich mich, weil ich mich verspätet hatte. Meine Großmutter mochte Unpünktlichkeit nicht und so trödelte ich und zögerte meine Heimkehr hinaus, verschob und vergrößerte ihre Schelte.

Der Sonnabend verlief kläglich, der Sonntag wurde zum traurigsten Tag der Woche. Mir schmeckte kein Essen und es regnete noch dazu. Gegen Abend klarte es auf. Wir gingen spazieren, schließlich war Sonntag. Ich hoffte, dass sich auf den Wegen, die ich gestern in Gedanken gelaufen war, vielleicht doch etwas fand, was meine Gedanken vergessen hatten. An der Kiesgrube hatte ich vorbeigedacht. Dort standen allerlei Maschinen herum, rasteten und rosteten in der Sonntagsruhe. Als wir die Grube verließen, trug ich eine schwere Eisenstange. Wie sie in meinen Besitz gekommen ist, weiß ich nicht mehr. Wahrscheinlich habe ich es verdrängt, weil es dabei nicht ganz mit rechten Dingen zuging. Zu Deutsch: Ich habe gestohlen, gestohlen aber doch für die Schule und für den Endsieg. Ob ich durch meine Demontage der deutschen Volkswirtschaft mehr geschadet, als der deutschen Rüstung genützt habe, sei dahingestellt.

In der Nacht zum Montag konnte ich, genau wie in der Vornacht, kaum schlafen. Erst die Angst vor Tadel und Strafe, und jetzt die Gier nach Lob und Lohn. Ich malte mir aus, wie der Lehrer eine große Waage mit in die Klasse brachte, sie aufs Katheder stellte und uns mit unserer Beute nacheinander nach vorne rief. Das Gewicht wurde an der Tafel notiert, alle verfolgten gespannt den Kampf. Ich gewann. Meine Eisenstange hatte alle anderen in die Flucht geschlagen.

Aber dann kam alles ganz anders. Auf der Straße vor der Schule war ein großer Lastwagen abgestellt, und zwei alte Männer nahmen uns das rostige Eisen ab und warfen es auf den Laster. In einiger Entfernung stand ein Lehrer, den ich nur vom Sehen kannte, und interessierte sich nicht im Geringsten dafür, wie viel jeder mitgebracht hatte. Ich war maßlos enttäuscht und zweifelte an der Gerechtigkeit auf Erden im Allgemeinen und an der Gerechtigkeit der Schule und der Obrigkeit im Besonderen.

Aber ich blieb dennoch der kleine Nazi, zu dem die Schule mich gemacht hatte. Eines Tages ging ich die menschenleere Straße entlang, die zu unserem Hotel führte. Da bog plötzlich ein Soldat um die Ecke und kam mir entgegen. Er ging auf dem Bürgersteig, ich mitten auf dem Damm. Noch heute sehe ich die Szene vor mir. Ich nahm mir vor, dem unbekannten Soldaten eine Freude zu machen, er sollte erkennen, wie gut erzogen und patriotisch die deutsche Jugend ist. Als wir auf einer Höhe waren, streckte ich den rechten Arm schräg nach oben und krähte: *Heil Hitler!*

Er grüßte nicht zurück, er ging einfach weiter und sah mich mit traurigen Augen an. Er blickte auf mich herab und an mir herunter, verständnislos und voller Mitleid. Ich war mal wieder, wie nach der Eisenaktion, tief enttäuscht. Warum nur hatte er so distanziert reagiert, statt sich zu freuen über das vorbildliche Verhalten eines Erstklässlers?

Später wurde mir alles klar. Der traurige Soldat hatte bei Gott keinen Grund zur Freude. Nach einem kurzen Urlaub, vielleicht auch nach einem Genesungsurlaub, den er bekommen hatte, weil er an der Front zusammengeschossen und in der Heimat zusammengeflickt worden war, musste er jetzt wieder, vielleicht schon am nächsten Tag, dorthin zurück, wo gemordet und gestorben wurde. Und dann kommt so ein kleiner Naseweis und Naziweis daher und begeistert sich für den größten Völkermörder aller Zeiten. Wie traurig ist es nur um unsere verbogene und verlogene Jugend bestellt.

Wenige Tage später sah ich den ersten Toten meines Lebens, einen Soldaten, der auf dem Schulhof lag. Ob er ein Russe oder ein Deutscher war, weiß ich nicht. Vielleicht wagte ich nicht, so nahe heranzugehen, dass ich an seiner Uniform hätte erkennen können, welcher Kriegsherr ihm die in eine Eidesformel gekleidete Tötungs- und Todesbereitschaft abverlangt hatte. Vielleicht hat es mich auch gar nicht interessiert. Dass dort ein junger Mensch lag, reglos am Rande unseres Schulhofs, bewegte mich aber.

Warum ließen die Behörden und die Schulleitung ihn dort einfach so liegen? Vielleicht war es eine erzieherische Maßnahme, Erziehung aber wohl kaum zum Unwillen gegen den Krieg, sondern gegen die Niederlage und gegen den Gegner. War der Tote ein Russe, dann sollten wir lernen, wohin es führt, wenn ein Russe nach Deutschland eindringt, nämlich in den Tod. Der tote Russe war ein geschlagenes Beispiel für den deutschen Endsieg. War der Tote aber ein Deutscher, dann sollten wir Kinder aus dem Sterben eines fahnenflüchtigen Verräters – einen ehrbaren Toten mit Heldentod hätte man ja nicht so unbestattet liegen lassen – unsere Schlüsse ziehen.

So oder so, der Tote lehrte mich, wie nahe die Front uns bereits gekommen war. Wieder musste ich den Widerspruch zwischen erhofftem Endsieg und unabwendbarer Niederlage erleben. Einerseits ging das Leben weiter, als werde sich am Rhythmus der Jahreszeiten auch in Zukunft nichts ändern, andererseits wurde die Flucht vorbereitet. Doch davon später.

25
Die anderen Kriege

Friedrich der Große hat einmal geäußert, der Bürger solle gar nicht merken, wenn die Nation sich schlägt. Krieg ist etwas für Spezialisten, die sich im Herbst, nach beendeter Ernte auf den Stoppelfeldern ihre Gefechte liefern. Bauern und Bürger haben damit nichts zu tun. Sie sollen gefälligst ihrer Arbeit nachgehen, Nahrungsmittel erwirtschaften und Steuern aufbringen, damit die Armee ihr Auskommen hat, im Übrigen aber auch im Krieg wie im Frieden leben. Dieses militärtheoretische Ziel wurde zwar nie voll und ganz erreicht, aber man kam ihm doch nahe. Von einer Schlacht bekam die Bevölkerung nur etwas mit, wenn sie in unmittelbarer Nachbarschaft geschlagen wurde. Ansonsten erfuhr der Zivilist einzig und allein aus der Zeitung, wenn irgendwo Blut floss, und er war dann eher neugierig als schockiert. In Goethes *Faust* ist die Einstellung des Normalbürgers treffend wiedergegeben: *Nichts Besseres weiß ich mir an Sonn- und Feiertagen als ein Gespräch von Krieg und Kriegsgeschrei, wenn hinten, weit in der Türkei, die Völker auf einander schlagen.*

Erst durch die Demokratie, die jeden in die Politik hineinzog, durch die allgemeine Wehrpflicht, die jede Familie am Krieg beteiligte, doch vor allem infolge des waffentechnischen Fortschritts, der eine raumgreifende Kriegsführung ermöglichte und dank der Panzer und Flugzeuge die Kampfhandlungen überall hintragen konnte, war jeder betroffen und bedroht, ob er wollte oder nicht, ob er Soldat oder Zivilist war. Und so gibt es nicht nur den Krieger-Krieg, sondern auch die anderen Kriege für die anderen.

Die militärischen Kriege bildeten für Hitler den Rahmen für die anderen Kriege, die er führte. Er begnügte sich nicht mit konventionellen Kriegen, wie Europa sie bisher kannte. Üblicherweise wurde ein Krieg begonnen, um den letzten, den man verloren hatte, zu revidieren und sich im neuen Friedensschluss wiederzuholen, was man im letzten abtreten musste. Aber Hitler wollte von Polen nicht ein bisschen Westpreußen mit Danzig und Korridor, nein, er wollte mehr, er wollte Lebensraum, Versklavung, Vernichtung. Schon drei Tage nach dem Einmarsch in Polen begannen die SS-Eingreifgruppen mit ihrer Menschenjagd, mit der Verfolgung der polnischen Juden und der polnischen Intellektuellen. Im Windschatten des militärischen Krieges, im eroberten Gebiet hinter der Front, führte Hitler seinen anderen Krieg, den gegen die Menschlichkeit.

Hitler wollte sein Volk groß machen, groß in mehrfacher Hinsicht. Er wollte das Staatsvolk vergrößern, indem er die von Deutschen bewohnten Randgebiete heim ins Reich holte, er wollte die Zahl der Deutschen vermehren durch Geburtenansporn (Ehestandsdarlehen mit der Möglichkeit zum Abkindern, Mutterkreuz, Muttertag), er wollte die Deutschen groß machen durch Kriegsruhm, Eroberung und durch Niederwerfung der anderen Völker. Er wollte ein Großdeutsches Reich, das seinen Lebensraum nach Osten ausdehnte und die Slawen zu Sklaven machte, vertrieb oder vernichtete. Dass die Juden erbarmungslos auszumerzen waren, galt als vornehmste Pflicht der großartigen arischen Herrenrasse. Hitler wollte die Deutschen nicht glücklich, sondern groß machen, groß in ihrer Opferbereitschaft, groß in ihrer Kampfbereitschaft, groß auch in ihrer Schuld, die sie durch ihr Mitmachen auf sich luden. Und groß in der Niederlage, der größten Niederlage aller Zeiten, wenn es zum Sieg nicht reichen sollte. Der Führer liebte sein Volk nicht, sondern den Krieg. Als der Russlandfeldzug in eine erste Krise geriet, sagte er: *Wenn das deutsche Volk einmal nicht mehr stark und opferbereit sei, sein eigenes Blut für seine Existenz einzusetzen, so solle es vergehen und von einer anderen, stärkeren Macht vernichtet werden.* Hitlers vulgärdarwinistischer Masochismus sah den Sinn des Lebens im Vernichten des Lebens und letztendlich war es ihm gleichgültig, welche Seite unterlag.

Die von den deutschen Einsatzgruppen im besetzten Polen verübten Verbrechen waren nur die Generalprobe für den Mordkrieg in der Sowjetunion. Der Kampf richtete sich nicht allein gegen die Rote Armee, sondern gegen das Volk als Ganzes. Die Städte im Frontbereich – nicht nur Leningrad – wurden bombardiert und eingeschlossen, der Tod der Menschen durch Verhungern, Erfrieren und Seuchen wurde nicht nur als Kollateralschaden notgedrungen in Kauf genommen, sondern war erklärte Absicht. In dem zukünftigen Lebensraum der arischen Herrenrasse waren die slawischen Untermenschen im Wege, man wollte sie durch Vertreibung oder Vernichtung loswerden. Bestenfalls waren sie als Arbeitskräfte brauchbar, aber auch in diesem Fall gewährte man ihnen nur eine kurze Gnadenfrist, denn das endgültige Ziel war, wie es offiziell hieß, Vernichtung durch Arbeit. Der schon vor dem Angriff auf die Sowjetunion ausgearbeitete *Generalplan Ost* sah vor, den ins Auge gefassten Lebensraum um 30 Millionen Menschen zu dezimieren. Da die Nahrungsmittel im ausgeplünderten Besatzungsgebiet knapp waren, die Wehrmacht aber bevorzugt versorgt werden musste, war die Zivilbevölkerung dem Hunger und dem Hungertod rettungslos ausgeliefert und sollte es auch sein.

Besonders brutal und konsequent jagten die Einsatzgruppen Juden, kommunistische Funktionäre, Partisanen, deren Helfer und auch Verdächtige. Sie wurden ohne Rechtsgrundlage, ohne Prozess einfach erschossen, nachdem sie oftmals zuvor ihre Gräber ausheben mussten. Die vier Einsatzgruppen A, B, C und D – zusammen ein paar Tausend Mann, meist SS-Männer – ermordeten bereits in den ersten Monaten des Russlandfeldzuges eine halbe Million Menschen. Im Kampf gegen die Partisanen wurden zur Strafe und Abschreckung für jeden getöteten deutschen Soldaten 50 unbeteiligte Zivilisten als Geiseln genommen und erschossen.

Ähnlich verfuhren die Nazis auch in anderen besetzten Ländern, wenn sich Widerstand regte. Im Juni 1942 wurde nach dem Attentat auf Reinhard Heydrich, den Reichsprotektor von Böhmen und Mähren, auf bloßen Verdacht hin das Dorf Lidice bei Prag zerstört, fast 200 Männer erschossen und die Frauen und Kinder in Konzentrationslager gebracht. Nachdem einige deutsche Soldaten in Oradour Opfer französischer Widerstandskämpfer geworden waren, wurde im Juni 1944, ohne dass den Bewohnern eine Beteiligung nachgewiesen werden konnte, der Ort zerstört und alle 600 Einwohner ermordet. Die Männer wurden erschossen, Frauen und Kinder verbrannt. Die Soldaten der Panzerdivision *das Reich*, Teil der Waffen-SS, hatten sie in die Kirche getrieben und diese angesteckt. Doch auch die Wehrmacht war an den Morden hinter der Front beteiligt.

Ihr war ausdrücklich befohlen, die Einsatzgruppen bei ihren Bluttaten zu unterstützen. Die Legende von der mordenden SS und der sauber gebliebenen Wehrmacht hatte sich längst als unzutreffend herausgestellt.

Dass die reguläre Truppe, vom kommandierenden General bis zum einfachen Soldaten, mehr oder weniger bedenkenlos mitmachte, hat mehrere, wenn auch nicht moralisch überzeugende Gründe. Da ist der jedem Uniformierten eingefleischte Gehorsam. Befehl ist Befehl, auch der Erschießungsbefehl, und dem leistet man brav Folge, zumal der charismatische und unfehlbare Führer doch am besten weiß, was rechtens und richtig ist. Da ist der den Soldaten immer wieder eingebläute Glaube, dass Deutschland von der asiatisch-barbarischen Russenrasse bedroht sei, man sich also in einer Notwehrsituation der Kulturnation gegen die Untermenschen befinde. Und Not kennt kein Gebot. Gegenüber Partisanen ist folglich alles erlaubt, schließlich halten die sich – als verkappte Soldaten – auch nicht an das geltende Kriegsrecht.

Die Angst vor und der Hass auf Partisanen rechtfertigt dann auch Folter und Geiselerschießungen. Jeder ist sich selbst der Nächste, und die slawischen Untermenschen sind ohnehin nur Menschen zweiter Klasse und haben keinen Anspruch auf europäische Behandlung. Das Verhalten der deutschen Aggressoren ist also eine Mischung aus Angst und Arroganz.

Aus dieser Einstellung erklärt sich auch die Behandlung der russischen Kriegsgefangenen. Eigentlich ist für die in Gefangenschaft geratenen Soldaten der Krieg zu Ende. Sie werden entwaffnet, sie kämpfen nicht mehr, sie gehören nicht mehr zur Armee des Feindes, sie sind quasi, auch wenn sie noch ihre alte Uniform tragen, zu Zivilisten geworden. Das Kriegsrecht verlangt ein Minimum an humaner Behandlung, also zumutbare Unterkunft, angemessene Verpflegung, ärztliche Versorgung.

Nichts von dem leistete die Wehrmacht. Zum einen war sie organisatorisch überfordert mit der Aufgabe, eine halbe Million Menschen zu versorgen, zum anderen aber die notgedrungen erfolgende Vernichtung der minderwertigen Feinde durchaus im Interesse der deutschen Führung. Wenn Nahrungsmittel knapp sind, dann ist es doch wohl sinnvoll und moralisch, dass die Russen verhungern, damit die Deutschen nicht hungern. Im Ersten Weltkrieg waren von den 1,5 Millionen in deutsche Kriegsgefangenschaft geratenen Russen bis Kriegsende 5,4% gestorben. Im Zweiten Weltkrieg kamen von den 5,7 Millionen gefangengenommenen Rotarmisten über 3 Millionen um – mehr als die Hälfte. Die hohe Sterblichkeitsrate war nicht nur die Folge der in jeder Hinsicht unzureichenden Versorgung, sie resultierte auch aus den Massenerschießungen von Gefangenen. Verantwortlich für diese Art *Sonderbehandlung* waren die Einsatzkommandos der Sicherheitspolizei und des Sicherheitsdienstes. Opfer waren transportunfähige Gefangene, jüdische Soldaten und bolschewistische Funktionäre.

Da fast alle deutschen Männer zum Kriegführen abkommandiert waren, fehlte es in der Landwirtschaft und der Industrie, zumal in der Rüstungsindustrie an Arbeitskräften. Die deutschen Frauen konnten diesen Mangel nicht beheben. Folglich mussten ausländische Arbeiter herangezogen werden. In allen von der Wehrmacht besetzten Ländern wurden Land- und Industriearbeiter angeworben, und als die Zahl der Freiwilligen nicht ausreichte, wurden die Menschen zwecks Zwangsarbeit nach Deutschland verschleppt, meist Polen und Russen. Eine größtmögliche Arbeitsleistung sollte bei minimalem Kostenaufwand erreicht werden. Die tägliche Arbeitszeit betrug elf Stunden, die Unterbringung war primitiv, die Nahrung unzureichend.

Für die Russen, ob Verschleppte oder Kriegsgefangene, wurde ein spezielles *Russenbrot* entwickelt, das zu 50% aus Roggenschrot, zu 20% aus Zuckerrübenschnitzeln, zu 20% aus Zellmehl und zu 10% aus Strohmehl oder Laub bestand. Etwas besser als die slawischen Untermenschen wurden die Zwangsarbeiter aus Westeuropa behandelt und die Arbeit in der Landwirtschaft war im Allgemeinen erträglicher als die in der Industrie.

Am 21. März 1942 hatte Hitler den Gauleiter Fritz Sauckel zum *Generalbevollmächtigten für den Arbeitseinsatz* ernannt. Er war verantwortlich für die Beschaffung und den Einsatz der Fremdarbeiter, deren Zahl 1944 fast 7,5 Millionen betrug. Sie wurden in etwa 20000 Zwangsarbeitslagern festgehalten und von den deutschen Konzernen und Betrieben angefordert und als billiger Rohstoff betrachtet, der nach Verschleiß und Verbrauch ersetzt werden konnte. Auch arbeitstaugliche KZ-Häftlinge wurden zur Arbeit gezwungen, im Morgengrauen mussten sie unter strenger Bewachung vom Lager in die Fabriken marschieren und spät abends zurück, ohne dass der Öffentlichkeit dieses Staatsverbrechen verborgen blieb. 1944 gab es neben den 22 Konzentrationslagern 165 Arbeitslager als Außenstellen, die die deutsche Wirtschaft mit Arbeitskräften versorgten. Die Sterblichkeit war extrem hoch, allein von Januar bis August 1942 starben 60000 Häftlinge. Aus einem Briefwechsel zwischen dem IG-Farben-Konzern und dem KZ Auschwitz wird deutlich, dass die Häftlinge in den Augen der verantwortlichen deutschen Herren nichts als preiswertes Menschenmaterial waren:

– Im Hinblick auf Experimente mit einem neuen Schlafmittel wären wir Ihnen dankbar, wenn Sie uns eine Anzahl Frauen besorgen wollten. …

– Wir erhielten Ihre Antwort, sehen jedoch den Preis von 200 Mark pro Frau als übersetzt an. Wir schlagen Ihnen einen Preis von höchstens 170 Mark pro Frau vor. …

– Die bestellten 150 Frauen erhalten. Trotz ihres kümmerlichen Gesundheitszustandes werden sie als genügend erachtet. …

– Die Versuche sind vorgenommen worden. Alle Versuchsobjekte sind gestorben. Wir werden Sie in Kürze betreffend einer neuen Lieferung benachrichtigen …

Die brutalste Form des Krieges gegen die Menschlichkeit war die systematische Vernichtung der europäischen Juden. Noch im Frieden hatte im Deutschen Reich die Diffamierung, Vertreibung, Verfolgung, Verhaftung und Ermordung begonnen. Im Laufe dieser Jahre nahmen die Anfeindungen immer schärfere Formen an.

Wurde zunächst versucht, die Juden durch Benachteiligungen, Einschüchterung und Enteignungen aus Deutschland zu verdrängen (es gab sogar die Idee, sie nach Madagaskar umzusiedeln), so stand nach Beginn des Krieges kaum noch außer Zweifel, dass Hitler und seine Schergen den konsequenten Genozid planten. Das Leben der ursprünglich 500000 deutschen Juden wurde immer schwieriger und würdeloser. Dauernd dachten sich die Nazis neue Gesetze zu ihrer Drangsalierung aus. Die Nürnberger Gesetze von 1935 machten sie zu Menschen zweiter Klasse und beschnitten ihre Rechte.

Von Jahr zu Jahr wurden ihre beruflichen und wirtschaftlichen Möglichkeiten weiter eingeschränkt. Ab Sommer 1938 erhielten sie besondere Ausweise mit dem Zwangsnamen Sara oder Israel, dazu ein gestempeltes *J.* Jüdische Kinder durften keine öffentlichen Schulen mehr besuchen.

Auch auf lokaler Ebene dachte man sich Diskriminierungen aus. Kurorte, Gasthäuser, Parkbänke wurden Ariern vorbehalten. Immer wieder gab es Schilder mit der Aufschrift: *Juden unerwünscht.* Seit 1941 mussten sie an ihrer Kleidung den gelben Judenstern tragen. Kurz nach den Pogromen vom 9. November 1938 wurde die *Verordnung zur Ausschaltung der Juden aus dem deutschen Wirtschaftsleben* erlassen und zwang die 40000 jüdischen Besitzer von Betrieben – es waren ohnehin nur noch 40% der ursprünglichen Eigentümer – das, was ihre Existenzgrundlage war, weit unter Wert zu verkaufen. Die Betriebe gingen an nichtjüdische Besitzer über, wurden also *arisiert.* Der Erlös kam aber nicht dem alten Eigentümer zugute, sondern auf ein Sperrkonto und wurde später vom Reich konfisziert. Auch durften die Juden nicht länger Immobilien, Aktien oder Schmuck besitzen. Nur noch ein Fünftel der Ärzte konnte weiterhin seinen Beruf ausüben, jedoch nur als sogenannte Krankenbehandler zum Wohle jüdischer Patienten.

Mit Kriegsbeginn wurde alles noch viel schlimmer. Die Einsatzgruppen hinter der Front machten Jagd auf Juden, erschossen sie oder sperrten sie in Ghettos ein, wo sie auf engstem Raum unter unmenschlichen Bedingungen zusammengepfercht wurden, so dass viele verhungerten, erfroren oder an Epidemien verstarben. Für die Überlebenden wurden die Ghettos zu Durchgangslagern. Sie wurden in die Vernichtungslager deportiert, die Kräftigeren auf dem Umweg über Zwangsarbeit. Nur 10% der polnischen Juden haben den Weltkrieg überlebt, drei Millionen wurden ermordet. Etwa der Hälfte der deutschen Juden war es gelungen, auszuwandern, die anderen wurden nach Osten deportiert, in die Zwangsarbeit und in den Tod. Eine unsichere Existenz führten die jüdischen Partner in sogenannten Mischehen, von denen etwa 15000 überlebten. 5000 konnten untertauchen, von mutigen deutschen Nachbarn oder Freunden versteckt und versorgt. Nur 6000 überlebten die Konzentrationslager.

Das nationalsozialistische Mordprogramm war bürokratisch organisiert. Im Auftrag Hitlers hatte Göring am 31. Juli 1941, also kurz nach dem Überfall auf Russland, den SS-Gruppenführer Reinhard Heydrich, Chef des Reichssicherheitshauptamts (RSHA). angewiesen, die *Endlösung der Judenfrage* in die Tat umzusetzen. Für den 20. Januar 1942 lud Heydrich etwa 15 zuständige Herren, die meisten SS-Offiziere oder Staatssekretäre, zu einer Besprechung mit einem anschließenden Frühstück in eine vornehme Villa am Wannsee ein. Das Protokoll der Sitzung führte der SS-Sturmbannführer Adolf Eichmann.

Der Mordplan liest sich wie ein einfacher Verwaltungsakt: *Im Zuge der praktischen Durchführung der Endlösung wird Europa von Westen nach Osten durchgekämmt.* Die Sitzung – ohne Diskussion oder gar Kritik – dauerte keine halbe Stunde, dann war das Todesurteil über ein ganzes Volk, die 11 Millionen europäischen Juden gesprochen. Unter den 15 Schreibtischmördern trugen sechs einen Doktortitel ...

1961 in Jerusalem vor Gericht gestellt, sagte Eichmann aus: *Hier war nicht nur eine freudige Zustimmung allerseits festzustellen, sondern darüber hinaus ein gänzlich Unerwartetes, ich möchte sagen Übertreffendes und Überbietendes im Hinblick auf die Forderung zur Endlösung der Judenfrage.* Man wetteiferte also in der Lust am Genozid. Und auf den Plan folgte die Tat. Bis Kriegsende war ein Viertel der sowjetischen Juden getötet, fast eine Million Menschen.

Um die Todesschwadronen zu entlasten, suchte man nach anderen Möglichkeiten zum Massenmord, nach quasi industriellen Methoden. Dazu wurde Gas verwendet, erst Abgase, dann das synthetische Gas Zyklon B, ein von den IG-Farben entwickeltes Blausäurepräparat. Die größte und berüchtigtste Todesfabrik befand sich in der Nähe des südpolnischen Auschwitz. Die von der Wehrmacht in Besitz genommene Kaserne wurde an die SS abgetreten und bildete die Keimzelle des später 40 Quadratkilometer großen Vernichtungslagers. Außer den aus 23 Ländern nach Auschwitz deportierten Juden wurden auch sowjetische Kriegsgefangene hierher gebracht. Im August und September 1941 wurde an 1500 von ihnen die Wirkung von Zyklon B getestet, der Lagerleiter Höß sprach stolz von der gelungenen *Generalprobe* für die geplante Massentötung.

Im Oktober mussten 10000 russische Gefangene das eigentliche Vernichtungslager Auschwitz-Birkenau errichten. In unmittelbarer Nähe des Lagerbereichs entstand das von der IG-Farben-AG betriebene Buna-Werk zur Herstellung von synthetischem Kautschuk, wo die aus dem Nebenlager Monowitz stammenden Häftlinge arbeiten mussten, insgesamt 35000 Menschen. Deren Lebenserwartung betrug nicht mehr als ein halbes Jahr. Die Arbeitsunfähigen wurden sofort in Birkenau vergast.

Täglich trafen Eisenbahnzüge voller Juden aus den polnischen Ghettos und aus Deutschland ein. Von zwei SS-Ärzten wurden sie auf ihre Arbeitstauglichkeit untersucht und dann getrennt und in die etwas verzögerte Vernichtung durch Arbeit oder in den Tod durch Vergasung geschickt.

Im Nürnberger Prozess gab Höß bereitwillig Auskunft. FRAGE: Nach der Ankunft der Transporte mussten die Opfer alles, was sie hatten, ablegen, die Kleider niederlegen, sich völlig ausziehen, ihre Wertsachen abgeben; ist das richtig? ANTWORT: Jawohl. FRAGE: Und gingen dann sofort in den Tod? ANTWORT: Jawohl. FRAGE: Ich frage Sie nach Ihrer Erfahrung, ob diese Menschen wussten, was ihnen bevorstand? ANTWORT: Zum größten Teil nicht. Denn es waren Vorkehrungen getroffen, die sie darüber im Zweifel ließen und bei ihnen nicht den Verdacht erregen konnten, dass sie in den Tod gehen sollten. FRAGE: Und der Tod durch Vergasung trat dann in einem Zeitraum von 3 bis 15 Minuten ein? ANTWORT: Jawohl.

Die Leichname wurden dann in großen Gruben oder in den Krematorien mit Öfen der Firma *Topf und Söhne* verbrannt. Insgesamt kamen in Auschwitz drei bis vier Millionen Menschen um. Bei aller bürokratischen Akribie hat das Hitler-Regime seine Morde nicht exakt erfasst. Neben der Hölle von Auschwitz gab es in Polen noch fünf weitere Lager, in denen die Menschen vergast wurden. Die Zahl der ermordeten Juden nähert sich den sechs Millionen, außerdem starben eine halbe Million nichtjüdische Häftlinge in den Konzentrationslagern. Zu ihnen zählten Kriegsgefangene, Regimegegner, engagierte Christen (Katholiken, Protestanten, Zeugen Jehovas), Sinti und Roma, Homosexuelle, sogenannte Asoziale (angebliche Berufsverbrecher und Arbeitsscheue) sowie unheilbar Kranke, Erbkranke und Geisteskranke. Deren Ermordung geht auf eine ausdrückliche Weisung Hitlers zurück, der schon im Herbst 1939 bestimmte *die Befugnisse namentlich zu bestimmender Ärzte so zu erweitern, dass nach menschlichem Ermessen unheilbar Kranken bei kritischster Beurteilung ihres Krankheitszustandes der Gnadentod gewährt werden kann.* Was hier als Gnadentod bezeichnet wird und dann den beschönigenden Ausdruck *Euthanasie* erhielt, war in Wahrheit staatlicher Mord. Trotz strenger Geheimhaltung erfuhr die Öffentlichkeit davon, und vor allem von Seiten der Kirchen kam es zu Protesten, so dass das Euthanasieprogramm offiziell eingestellt wurde. Bis dahin waren bereits 70000 Kranke getötet worden, doch auch danach wurden noch 50000 ermordet.

Wir kommen nicht um die Frage herum, welches Ausmaß an Schuld die Deutschen auf sich geladen haben – und wie viel Mitschuld. Die Spitzen der Parteihierarchie billigten und betrieben den Mord an den Juden, schließlich standen Hitlers Judenhass und sein Vernichtungswille im Mittelpunkt der NS-Ideologie. Wer in die NSDAP, die SA oder die SS ging, war eo ipso Antisemit und zu allen Konsequenzen bereit. Tausende von Fanatikern gaben sich nur zu gerne dazu her, den parteiamtlichen Judenhass in die mörderische Tat umzusetzen. So die Männer der Einsatzgruppen, so die 40000 SS-Männer, die, statt an der Front ihr Leben zu wagen, als KZ-Schergen Dienst taten. Maßlose Schuld tragen die Männer, die ohne jedes menschliche Gefühl, restlos abgestumpft oder gar lustmörderisch, ihrem brutalen Handwerk nachgingen. Schuld haben die Wirtschaftler, Wissenschaftler und Ärzte auf sich geladen, die in den KZ-Häftlingen nur Menschenmaterial – Versuchsobjekte oder Sklaven – sahen. Schuldig wurden die übereifrigen und übergehorsamen Pg.s, die sich überall im Lande an der Judenjagd beteiligten. Schuldig oder doch mitschuldig müssen sich die Millionen fühlen, die wussten oder doch ahnten, was mit den Juden geschah. Hätten sie es verhindern können, ohne sich selbst in Gefahr zu bringen?

Es gibt Fragen ohne Antwort. Die Bereitschaft zum Massenmord ist nicht zu erklären, und das Wegschauen, die passive Akzeptanz der stummen Mehrheit ebensowenig. Vielleicht liegt es in der Neigung der Menschen zur Verallgemeinerung – *die* Juden, *die* Russen, *die* Polen, aber *die* Deutschen – die aus Menschen Nummern macht, aus den Nächsten die fernen Fremden, aus Individuen Massen und eben aus Freunden Feinde. Und deshalb ist es so schwierig, Wege zu finden, auf denen die Menschheit Unmenschlichkeit für immer und ewig verhindern kann.

Seine gewaltige Schuld wird das deutsche Volk (schon wieder eine Verallgemeinerung) niemals tilgen können, nicht durch materielle Wiedergutmachung, nicht durch Bekehrung zu Demokratie und Rechtsstaatlichkeit, nicht durch Fortschrittsglaube und fleißiges Arbeiten, die uns, den Schuldigen, nur neuen Wohlstand bescheren, erst recht nicht durch den Hinweis auf die Unterlassungsfehler der anderen Nationen. Die jüdischen Emigranten wurden durchaus nicht mit offenen Armen aufgenommen, oft wurde ihnen der Weg ins Exil erschwert oder verwehrt durch Aufnahmebegrenzungen oder durch das verlangte *Vorzeigegeld*. Auch der Weg ins *gelobte Land* war nur wenigen möglich, weil die britische Mandatsmacht unter arabischem Druck die Einwanderungsquote auf wenige Tausend begrenzte. Dennoch waren England und dann auch die USA noch am ehesten zur Aufnahme der Verfolgten bereit.

Zu Hitlers anderen Kriegen zählte auch der gegen sein eigenes Volk. Die Zivilbevölkerung wurde in den Krieg einbezogen, die Heimat wurde zur Heimatfront. Die Menschen mussten für den Krieg arbeiten, vor allem in der Rüstungsindustrie, sie mussten für den Krieg sammeln und spenden, sie mussten in den Lazaretts die Verwundeten pflegen und Jugendliche mussten als Flakhelfer an den Kampfhandlungen teilnehmen. Am schlimmsten war es, dass die Heimat millionenfache Schicksalsschläge ertragen musste. Söhne, Brüder, Gatten, Freunde waren gefallen, waren vermisst oder kehrten als Kriegsversehrte, für den Rest des Lebens gezeichnet, *heim ins Reich*. Die Heimatfront wurde auch deshalb zur realen Front, weil der Krieg ins Land getragen wurde. Nirgends waren die Menschen sicher vor den Bombenangriffen.

Jahr für Jahr fielen mehr Bomben auf deutsche Städte, auf Fabriken und Verkehrsanlagen, 1940 waren es 10000 Tonnen und in den folgenden Jahren 30000, 40000, 120000, 650000 und in den letzten Kriegsmonaten 1945 noch einmal 500000. Schon in den Dreißigerjahren war das deutsche Volk auf den Krieg eingestimmt worden.

Die Zwangsrekrutierung in die Deutsche Arbeitsfront, den Reichsarbeitsdienst und die Hitlerjugend disziplinierte die Menschen. Die Hitlerjungen und die Reichsarbeitsdienstmänner erfuhren bei ihren paramilitärischen Übungen, in Uniformen gesteckt, was Befehl und Gehorsam bedeuten. Schon 1935 soll sich das Volk durch das Luftschutzgesetz auf den Krieg vorbereiten. Auf dem Programm stehen der Ausbau der Keller, Verdunkelung und Luftschutzübungen. Mit dem Beginn des Krieges werden Lebensmittelkarten und Bezugsscheine eingeführt, und für die, die nicht an der Front kämpfen, wird die Arbeitszeit verlängert.

Das alte Frauenbild der Nazis – die deutsche Frau sollte vor allem Mutter und Hausfrau sein, nicht zuletzt, um zukünftige Soldaten zu gebären und Arbeitsplätze für Männer frei zu machen – dies Frauenideal verlor im Krieg seine Gültigkeit. Jetzt wurden die Frauen in den Fabriken gebraucht, die ihre Männer Richtung Front verlassen hatten, jetzt mussten sie die Wirtschaft in Gang halten und die Wehrmacht mit Waffen, Munition und Uniformen versorgen.

Der Krieg bestimmte den Alltag und das Leben. Der Krieg war überall, er war total, und einen solchen Krieg hatte sich der Berufskrieger Hitler auch erträumt. Und Goebbels folgte ihm darin. Der zynische Propagandaminister versuchte sogar, dem leidenden Volk die Zustimmung zu seiner Selbstvernichtung abzuringen. Kurz nach der Katastrophe von Stalingrad rief er die Berliner zu einer Großkundgebung auf. Tausende strömten am 18. Februar 1943 in den Sportpalast, durchaus nicht nur ausgewählte Parteigenossen, und denen stellte der gewiefte Rhetoriker zehn rhetorische Fragen, auf die die aufgehetzten Massen laut schreiend mit *Ja* antworteten: … *Viertens, die Engländer behaupten, das deutsche Volk wehrt sich gegen die totalen Kriegsmaßnahmen der Regierung. Es will nicht den totalen Krieg, sagen die Engländer, sondern die Kapitulation. Ich frage euch, wollt ihr den totalen Krieg? Wollt ihr ihn, wenn nötig, totaler und radikaler, als wir ihn uns heute überhaupt erst vorstellen können?* Die Massen antworten mit bejahendem Jubel und das insgesamt zehnmal auf vergleichbare Fragen. Aus dieser Suggestivshow leitet Goebbels dann die demokratische Legitimierung der Naziführung ab: *Ich habe euch gefragt, ihr habt mir eure Antwort gegeben. Ihr seid ein Stück Volk, durch euren Mund hat sich die Stellungnahme des deutschen Volkes manifestiert ... Und darum lautet jetzt die Parole: Nun, Volk steh auf und Sturm brich los!*

Das ist ein leicht abgewandeltes Zitat des Dichters der Befreiungskriege, Theodor Körner, der 1813 schrieb: *Das Volk steht auf, der Sturm bricht los.* Goebbels maßt sich also an, die Befreiungskriege *gegen* den Tyrann Napoleon mit dem totalen Krieg *für* die Nazidiktatur und ihren Führer gleichzusetzen und den Eindruck zu erwecken, als ob das ganze Volk, die Front und die Heimatfront, diesen totalen Krieg fordern. Die Wahrheit sah anders aus, wie ein Berliner Flüsterwitz zeigt. Da es gefährlich war, Zweifel am Endsieg zu äußern, hielt man lieber den Munde: *Eher det ick mir meene Rübe abhacken lasse, eher jloobe ick am totalen Sieg.*

Wie Hitler wirklich dachte, bekannte er zwei Jahre später, am 18. März 1945, seinem Rüstungsminister Speer gegenüber, nachdem dieser vorgeschlagen hatte, den Krieg zu beenden, um das deutsche Volk vor dem Untergang zu bewahren. Der Führer wusste es besser: *Wenn der Krieg verlorengeht, wird auch das Volk verloren sein. Es ist nicht notwendig, auf die Grundlagen, die das deutsche Volk zu seinem primitivsten Weiterleben braucht, Rücksicht zu nehmen. Im Gegenteil ist es besser, selbst diese Dinge zu zerstören. Denn das Volk hat sich als das schwächere erwiesen und dem stärkeren Ostvolk gehört ausschließlich die Zukunft. Was nach dem Kampf übrigbleibt, sind ohnehin nur die Minderwertigen; denn die Guten sind gefallen.*

Hitlers ehrgeiziger Eroberungskrieg, der Traum vom Lebensraum, war nicht nur gescheitert, er hatte das genaue Gegenteil bewirkt. Hitler gewann kein Land, sonder verspielte ein Drittel des Reiches. 12 Millionen Deutsche mussten ihre Heimat verlassen, flüchteten oder wurden vertrieben, und Millionen kamen dabei ums Leben.

Aber während Hitler das Leid und die Verluste des Volkes ungerührt in Kauf nahm, zielte der Krieg, den er gegen Kritiker und Oppositionelle führte, auf deren vollständige Vernichtung. Opposition hatte es von Anfang an gegeben, und die Attentate auf den Diktator nahmen kein Ende. Sie alle scheiterten. Das umfängliche Sicherheitssystem, von der SA bis zur Gestapo, sein mit den Jahren immer krankhafteres Misstrauen und eine Fülle unwahrscheinlicher Zufälle, bewahrten den Führer immer wieder vor dem Tode – und veranlassten ihn, prahlerisch von der Vorsehung zu sprechen, die ihn schützte, weil sie noch Großes mit ihm vorhatte.

Von Anfang an war der Kampf gegen die Opposition ein Wesenszug der Nazidiktatur. Schon der Ausbau der Macht war verbunden mit brutaler Verfolgung der Regimekritiker und -gegner, erst der Linken und ihrer Organisationen (KPD, SPD, ADGB), dann der Intellektuellen und Künstler sowie der Parteien und Kirchen, zuletzt der militärischen Opposition. Die Taktik der NSDAP-Führung bestand darin, die Gegner einzeln und nacheinander zu bekämpfen und unschädlich zu machen, so dass sich keine solidarische und geschlossene Opposition bildete, zumal gewisse Anfangserfolge (zum Beispiel die langsame Erreichung der Vollbeschäftigung) und die ideologische Beeinflussung der Menschen in den Massenorganisationen wie DAF, KdF, HJ und RAD eine breite Zustimmung und Zufriedenheit bewirkten. Widerstand blieb eine Sache weniger Einzelgänger.

Doch unter dem Eindruck des brutalen Krieges gegen die Menschlichkeit und angesichts der Rückschläge im militärischen Krieg bildeten sich Gruppen von Gleichgesinnten, die gegen Hitler und seine Politik waren und etwas unternehmen wollten. Die Kommunisten waren in ihrer Opposition gegen Hitler nicht mehr blockiert, seit er kein Verbündeter Stalins mehr war. Ihre bekannteste Organisation war die von der Gestapo so genannte Rote Kapelle. Sie befolgte eine Doppelstrategie und leistete Widerstand (Sabotage, Flugblattaktionen) und betrieb Spionage im Dienste der Sowjetunion. Im August 1942 wurde die Gruppe zerschlagen, von den 600 verhafteten Mitgliedern wurden etwa 60 nach Geheimprozessen hingerichtet.

Ganz anders geartet war der Kreisauer Kreis. Zu ihm trafen sich Männer unterschiedlicher sozialer Herkunft und unterschiedlicher politischer Einstellung, einig waren sie sich aber in ihrer Ablehnung der Diktatur und des Krieges: So die Adligen von Moltke, von York, von Einsiedel, so die Sozialdemokraten Leber und Mierendorff, der Pädagoge Reichwein und der Theologe Gerstenmaier. Man traf sich auf dem Gut der Moltkes in Kreisau – daher der Name der Gruppe – oder aus Sicherheitsgründen auch anderenorts. Gedanken machte man sich vor allem über ein neues Deutschland nach Hitler, an seine Beseitigung durch Gewalt dachte man zunächst nicht, suchte dann aber doch Kontakt zum militärischen Widerstand, was zur Folge hatte, dass nach dessen Scheitern auch viele Kreisauer verhaftet und hingerichtet wurden.

Protest artikulierte sich auch bei der Jugend. Sie hatte einfach – modern gesagt – Null Bock auf HJ und wollte eigene Wege gehen und in eigenen Gruppen leben. So bildeten sich die *Edelweißpiraten*, die *Swingjugend* und andere. Ihre Zahl ging in die Tausende, gezielten Widerstand leisteten sie aber kaum. Das war anders bei der Münchener Studentengruppe *Die Weiße Rose*. Zusammen mit ihrem Philosophieprofessor Kurt Huber verfassten Hans und Sophie Scholl, Willi Graf, Christoph Probst und Alexander Schmorell zwischen Juni '42 und Februar '43 insgesamt sechs Flugblätter, in denen sie zum Widerstand gegen die Nazis und ihre Verbrechen aufriefen.

Nach der Katastrophe von Stalingrad forderten sie ein sofortiges Ende des Krieges. Im fünften Flugblatt heißt es: *Hitler kann den Krieg nicht gewinnen, nur noch verlängern. Seine und seiner Helfer Schuld hat jedes Maß unendlich überschritten. Die gerechte Strafe rückt näher und näher. Was aber tut das deutsche Volk? Es sieht nicht und es hört nicht. Blindlings folgt es seinen Verführern ins Verderben ... Deutsche! .... Wollt Ihr mit dem gleichen Maße gemessen werden wie Eure Verführer? Sollen wir auf ewig das von aller Welt gehasste und ausgestoßene Volk sein? Nein! Darum trennt Euch von dem nationalsozialistischen Untermenschentum. Beweist durch die Tat, dass Ihr anders denkt! Ein neuer Befreiungskrieg bricht an. Der bessere Teil des Volkes kämpft auf unserer Seite. Zerreißt den Mantel der Gleichgültigkeit, den Ihr um Euer Herz gelegt! Entscheidet Euch, eh' es zu spät ist!*

Man spürt deutlich, wie erregt diese jungen Idealisten sind, wie sehr sie sich moralisch engagieren – und man spürt den Unterschied zu Goebbels' Propagandageschrei im Sportpalast. Sie sprechen mit Recht vom Befreiungskrieg, während Goebbels in arroganter Geschichtsklitterung die Befreiungskriege von 1813 mit dem selbstmörderischen Kampf für die Nazidiktatur gleichsetzt.

Als die Studenten ihre Flugblätter in den Lichthof der Münchener Universität flattern ließen, wurden sie vom Hausmeister beobachtet und denunziert. Auch sie mussten ihren Mut und ihr Eintreten für ein besseres Deutschland mit dem Leben bezahlen. Ihr Opfer fand kaum Beachtung. Das deutsche Volk war nicht mehr umzustimmen. Man ließ sich einschüchtern oder glaubte der Propaganda und vertraute dem Mythos des Führers und war bereit, die Notwendigkeit des totalen Krieges einzusehen.

Erfolg versprechender Widerstand war allein vom Militär zu erwarten, weniger von der an der Front kämpfenden Truppe durch Meuterei und Desertion, was kaum durchführbar war, als von den höheren Offizieren. Sie saßen an den Schalthebeln der Macht und für sie lag ein Staatsstreich oder ein Attentat auf Hitler durchaus im Bereich des Möglichen.

Aber die Generäle und Offiziere standen vor einem doppelten Dilemma. Einerseits verlangten Hitlers wahnsinniger, opferreicher und aussichtsloser Krieg sowie seine geplanten und systematischen Verbrechen gegen die Menschlichkeit, dass dieser Tyrann beseitigt werden musste. Andererseits waren viele Offiziere in den Dreißigerjahren Anhänger Hitlers gewesen, hatten das Zerreißen des Versailler Vertrags gutgeheißen, hatten die *Wiederherstellung der deutschen Ehre* bejubelt, hatten der Einführung der allgemeinen Wehrpflicht begeistert zugestimmt, nicht zuletzt, weil sie sich dadurch eine glänzende Karriere in der Wehrmacht erhofften.

Auch hatten sie mit Stolz die anfänglichen Blitzsiege mitgemacht und den Glauben an die Unfehlbarkeit des Führers und Gröfaz verinnerlicht. Und sie hatten ihrem obersten Kriegsherren bedingungslose Treue geschworen und sahen als fromme Christen in diesem Eid eine Art Sakrament. Zudem waren sie der militärischen Tradition von Befehl und Gehorsam verpflichtet. *Ich hab hier bloß ein Amt und keine Meinung*, heißt es – ironisch – in Schillers *Wallenstein*, und genau das sagt sich auch der Soldat, ob an der Front oder im Stab. *Ich trage Uniform und habe keine Meinung.*

Der Krieger hat den Krieg zu führen und zu gewinnen, aber sich kein Urteil über seine Berechtigung anzumaßen. Wer den Widerstand wagt, hätte über seinen ideologischen Schatten springen müssen und dazu waren viele nicht beweglich genug. Herkunft, Tradition, Vergangenheit, Religion (*Jedermann sei untertan der Obrigkeit, denn sie ist von Gott,* Römer 13) waren einfach stärker.

Das zweite Dilemma hing mit dem richtigen Termin des Attentats zusammen. Nach militärischen Erfolgen Hitlers wären die

Attentäter beim Volk auf absolutes Unverständnis gestoßen, nach vernichtenden Niederlagen wäre der Widerstand bei den Gegnern nicht glaubwürdig gewesen. *Die wollen vor dem endgültigen Zusammenbruch nur noch schnell ihre Haut retten,* hätten die Alliierten mit Recht vermutet. Der Versuch, mit London ins Gespräch zu kommen, blieb deshalb ergebnislos. Dort sah man in den deutschen Hitler-Gegnern nur Hochverräter, mit denen man nicht zusammenarbeiten wollte und denen man keinen besseren Frieden einräumen würde als den besiegten Nazis. Darf die Wehrmacht dann aber überhaupt gegen Hitler opponieren, wenn auf Gnade bei den Siegern nicht zu hoffen ist? Wenn eine Nach-Hitler-Regierung nicht anders behandelt wird als das Hitler-Regime?

Also geht es überhaupt noch um einen besseren Frieden? Geht es nicht vielmehr darum, den Krieg so schnell wie möglich zu beenden, Millionen weitere Opfer und zusätzliche Zerstörungen zu vermeiden und der Welt zu zeigen, dass es außer dem verbrecherischen Nazideutschland auch ein anderes, ein besseres Deutschland gibt, ein Deutschland der Ehre und der Humanität? Deshalb ist ein Attentat unbedingt notwendig. *Denn es kommt nicht mehr auf den praktischen Zweck an, sondern darauf, dass die deutsche Widerstandsbewegung vor der Welt und vor der Geschichte unter Einsatz des Lebens den entscheidenden Wurf gewagt hat. Alles andere ist daneben gleichgültig.* So Henning von Tresckow an Stauffenberg.

Einige wenige Offiziere hatten Hitler von Anfang an beseitigen wollen, aber alle Staatsstreichpläne hatten sich zerschlagen angesichts der Blitzsiege des Diktators. Alle Versuche, ihn in die Luft zu sprengen, missglückten, so der des Schreinergesellen Johann Georg Elser (am 8. November 1938 im Münchener Bürgerbräukeller), so der des Generalmajors Rudolph-Christoph von Gersdorff (am 21. März 1943 im Berliner Zeughaus).

Hitler hatte sich vorzeitig aus dem Staube gemacht. Sein Misstrauen, sein Instinkt, oder Zufall oder die Vorsehung hatten ihn gerettet. Elsers Bombe detonierte zu spät und traf die Falschen, Gersdorffs kam gar nicht mehr zum Einsatz.

Ende 1943/Anfang 1944 – endlich – glaubte die Opposition der Offiziere sich stark genug, auf ganzer Linie gegen Hitler vorzugehen. Spät kommt ihr, doch ihr kommt! Akribisch und geradezu generalstabsmäßig wird die Aktion geplant. Viele Generale und Offiziere des vor allem in Berlin stationierten Ersatzheeres waren auf Seiten des Widerstandes und in die Pläne eingeweiht. Der in Afrika schwer verwundete Claus Graf Schenk von Stauffenberg hatte als Stabschef beim Ersatzheer sogar Zugang zum Führerhauptquartier, der *Wolfsschanze* in Ostpreußen, und kam mithin direkt an Hitler heran. Zunutze machen wollten sich die Verschwörer – nach erfolgtem Attentat – den längst ausgearbeiteten Aktionsplan *Walküre*, der vorsah, im Falle von Unruhen wichtige Schlüsselpositionen zu besetzen, so zum Beispiel das Regierungsviertel und die Rundfunkhäuser. Eine Übergangsregierung war zusammengestellt, mit dem 1938 aus Protest zurückgetretenen Generalstabschef Beck als Staatsoberhaupt, mit dem ehemaligen Leipziger Sozialdemokraten Goerdeler als Kanzler und dem Lübecker Sozialdemokraten Leber als Innenminister. Der Widerstand setzte sich also nicht nur aus konservativen Militärs zusammen.

Nach der Landung der Alliierten und der Verhaftung wichtiger Männer des Widerstandes (schon im Januar Moltke, Kopf des Kreisauer Kreises, Anfang Juli Leber und Reichwein) war höchste Eile geboten. Jeden Tag konnte die Gestapo das Komplott aufdecken. Schon am 11. und dann am 15. Juli wollte Stauffenberg die Bombe zur Explosion bringen, aber einmal waren Himmler und Göring nicht anwesend, die unbedingt auch beseitigt werden sollten, das andere Mal fand Stauffenberg keine Gelegenheit, den Zeitzünder der Bombe in seiner Aktentasche einzustellen. Am 20. Juli aber, als er an der Lagebesprechung im Führerhauptquartier teilnahm, konnte er seine Tasche mit der präparierten Bombe in Hitlers Nähe abstellen. Unter einem Vorwand entfernte er sich, um in einer bereitgestellten Maschine nach Berlin zu fliegen. Vor dem Start bekam er noch die gewaltige Explosion mit und konnte annehmen, dass Hitler tot sei. Als er in Berlin landete, glaubte er das noch immer. Da er eine Doppelrolle übernommen hatte, nämlich die Durchführung des Attentats und die Leitung des Unternehmens *Walküre*, geschah in den zwei Stunden, während derer er in der Luft war, in Berlin herzlich wenig. Man wartete halt auf Stauffenberg. Inzwischen war das Attentat auf Hitler bekannt geworden, es gab aber auch bereits erste Gerüchte, dass er davongekommen sei. Und dem war auch so.

Wieder hatten ihn, wie schon so oft, Glück und Zufall gerettet. Weil die Besprechung in einer leicht gebauten Baracke stattfand, in der die Detonation nicht ihren vollen Druck entwickeln konnte, sondern die Bretterwände nur wie ein Kartenhaus durcheinander wirbelten, da Hitler zudem im entscheidenden Augenblick sich weit über den Kartentisch beugte, war er von diesem wie von einem Schild geschützt. Seine Hose zerriss, er trug ein paar Schürfwunden davon und sein Trommelfell wurde in Mitleidenschaft gezogen, so dass der rechthaberische Diktator, der ohnehin nie auf andere gehört hatte, plötzlich auch klinisch hörgeschädigt war. Vier Personen sind an den Folgen der Explosion gestorben, aber der, der eigentlich gemeint war, triumphierte und fühlte sich in seinem Glauben an die Vorsehung bestätigt, Und so sah es auch Mussolini, der am Nachmittag zu seinem angekündigten Besuch eintraf: *Das war ein Zeichen des Himmels.*

In Berlin wurde währenddessen wertvolle Zeit vertan. Erst als Stauffenberg gelandet war, löste er die Operation *Walküre* aus. Aber es gab Widerstand. Der Befehlshaber des Ersatzheeres, Friedrich Fromm, Sympathisant und Mitwisser der Konspiration, will sich vor entscheidenden Befehlen erst vom Tode Hitlers überzeugen. Die Verschwörer gewähren ihm ein Telefonat mit der Wolfsschanze, und nun erfährt er von Keitel, dass der Führer lebt. Als er die *Walküre* rückgängig machen will, wird er von seinen ihm untergebenen Offizieren festgenommen, genauer: in seinem Büro eingesperrt. Der Staatsstreich läuft also an, obgleich Hitler lebt. Das Wachregiment riegelt das Regierungsviertel ab; da man es aber versäumt, die Funkhäuser zu besetzen, berichtet der Deutschlandsender vom Scheitern des Attentats und kündigt für die Nacht eine Führerrede an.

Überall herrscht Unsicherheit. Bluffen die Gegner oder die Anhänger Hitlers? Lebt er oder ist er tot? Als Major Remer, der Chef des Wachregiments, Goebbels auf Befehl der Putschisten verhaften soll, überredet dieser ihn zu einem Ferngespräch mit Hitler. Und der, als Oberbefehlshaber der Wehrmacht, befiehlt dem kleinen Major, den Putsch niederzuschlagen. Und nun setzt die Gegenbewegung ein. Fromm, befreit von mehreren regimetreuen Offizieren, dreht den Spieß um und lässt nun seinerseits die führenden Männer des Widerstands festnehmen. Um als Mitwisser des Komplotts seine *Mit-*

schuld zu vertuschen, lässt er sie sofort im Hof des Bendlerblocks als Verräter standrechtlich erschießen. Im Scheinwerferlicht eines Autos sterben gegen Mitternacht Albrecht Mertz von Quirnheim, Friedrich Olbricht, Werner von Haeften, Claus von Stauffenberg.

Viele andere sollten diesen vier folgen, denn nun begann Hitler, rücksichtslos seine Rache auszuleben. Im Rundfunk kündigte er an: *Diesmal wird nun abgerechnet, wie wir das als Nationalsozialisten gewohnt sind.* Sein Hass galt vor allem dem konservativen Adel, der ihn, den österreichischen Parvenu, immer mit Skepsis und wohl auch Arroganz betrachtet hatte. *Es ist mein tiefer Glaube, dass meine Feinde die »vons« sind, die sich Aristokraten nennen.* Eine große Verhaftungswelle setzte ein, immer neue Opfer spürte die Gestapo auf. Die wurden dann vor den *Volksgerichtshof* gestellt, der als Erst- und Letztinstanz allein für politische Delikte zuständig war, vor allem für Hoch- und Landesverrat. Der Präsident Roland Freisler wollte die Angeklagten einschüchtern, er unterbrach sie, schrie sie an, beleidigte sie und verurteilte sie dann zum Tode durch den Strang. Hitler, in seinem sadistischen und pathologischen Rachebedürfnis, ließ sich am Abend die Filme über die Verhöre und die Vollstreckung der Urteile vorführen. Etwa 200 Todesurteile sprach das *Volksgericht* aus. Insgesamt wurden im Zusammenhang mit dem 20. Juli 5000 Hinrichtungen vorgenommen.

Sein Ziel – Sturz und Beseitigung Hitlers, Verkürzung beziehungsweise Beendigung des Krieges – hat der Widerstand vom Sommer 1944 nicht erreicht, wohl aber sein moralisches Ziel, nämlich den Beweis, dass es neben der Nazidiktatur ein anderes Deutschland gibt, das sich an Recht und Gerechtigkeit, Freiheit und Humanität orientiert, an Idealen also, die in der Aufklärung und der 48er-Revolution wurzeln, in der Weimarer Republik erstmals, wenn auch nur vorübergehend, in die Tat umgesetzt wurden und nach dem Kriege zur Basis unseres Grundgesetzes und der Bundesrepublik wurden.

Dass die Männer des militärischen Widerstandes erst so spät zur Tat schritten, hat viele Gründe. Offiziere sind keine Revolutionäre. Konservativ, national, aristokratisch, religiös, treu, gehorsam – das alles sind Eigenschaften, die dem Widerstand im Wege stehen. Dennoch sahen viele sich aus moralischen Gründen gezwungen, am Ende eben doch mit allen Mitteln gegen die Verbrecherdiktatur vorzugehen. Und es waren viele, sehr viele, viel mehr als Hitler und die Gestapo geglaubt hatten. Ihr Entsetzen über die Breite der Opposition erklärt auch ihr hemmungsloses Wüten gegen alle irgendwie Verdächtigen auch außerhalb des eigentlichen militärischen Widerstands. Wie schon erwähnt, es gab 5000 Opfer.

Das deutsche Volk war mehr entsetzt über den Angriff auf Hitlers Leben als über das Scheitern des Attentats auf den Tyrannen enttäuscht. Man sah sich in einer Schicksalsgemeinschaft mit dem Führer, ihm allein traute man zu, das Blatt zu wenden. So wie das Schicksal ihn am 20. Juli gerettet hatte, würde es auch uns retten. Durch ein Wunder, wie es Friedrich der Große am Endes des (fast schon verlorenen) Siebenjährigen Krieges erfahren durfte, oder durch die Wunderwaffe, die V1 oder V2, die Vergeltungswaffe, die England zur Kapitulation zwingen werde. So nahm man dann auch die totale Mobilmachung hin, die ab Herbst '44 zur Einberufung aller Männer zwischen 16 und 60 zum *Deutschen Volkssturm* führte. Knaben und Greise wurden an der Panzerfaust ausgebildet, einer Schulterkanone, mit der man aus Nahdistanz feindliche Panzer abschießen sollte. Das Ergebnis: 175 000 fielen.

Der Krieg war verloren, doch er ging weiter. Wäre das Attentat auf Hitler von Erfolg gekrönt gewesen, dann wäre es zu einem sofortigen Waffenstillstand mit bedingungsloser Kapitulation gekommen. Millionen Menschen wäre das Leben gerettet worden. So aber setzte sich das Sterben noch ein Dreivierteljahr fort, an den Fronten, in den Vernichtungslagern, im Bombenhagel, auf der Flucht. In den letzten Monaten kamen mehr Menschen um als in den fünf Jahren zuvor.

26

Der Sieger und Besiegte

Die Kriege, die Hitler gegen die Großmächte führte, fingen sehr unterschiedlich an. Von England wurde dem Reich der Krieg erklärt, nachdem die Wehrmacht Polen überfallen hatte, aber England begnügte sich mit der puren papierenen Kriegserklärung, blieb militärisch passiv und wartete ab. Der Krieg gegen die Sowjetunion begann ganz ohne Kriegserklärung mit dem Angriff der Wehrmacht auf den sich durch den Nichtangriffspakt sicher wähnenden Verbündeten im Osten. Den USA dagegen erklärte Hitler offiziell den Krieg, nachdem die deutschen U-Boote und die amerikanische Flotte im Atlantik ohnehin bereits aneinander geraten waren. Das Reich hatte es nun mit drei Gegnern zu tun, die notgedrungen – allen ideologischen Gegensätzen zum Trotz – zu engen Verbündeten wurden, von Hitler quasi zu einer militärischen Zweckgemeinschaft zusammengeschweißt.

Die drei Großmächte waren keine klassischen Nationalstaaten, sie umfassten nicht das Wohngebiet eines bestimmten Volkes, nach dem sie sich auch benannt hätten, sondern sie führten einen abstrakten, anonymen Namen, nämlich Vereinigtes Königreich, Vereinigte Staaten und Sowjetunion. Sie waren Weltmächte, und insofern war der Zweite Weltkrieg kein Kampf der Nationen – wie der Erste – sondern ein Weltanschauungskrieg um die Weltherrschaft. Die später sogenannten Großen Drei hatten schon in den Dreißigerjahren ein distanziertes Verhältnis zum nationalsozialistischen Deutschland beziehungsweise zur faschistischen Achse Berlin-Rom, wenn auch aus sehr unterschiedlichen Gründen. Mit Skepsis und Misstrauen beargwöhnten sie Hitler und seine rabiate Politik nach innen und außen. Aber zunächst reagierten sie kaum. London, wohl wissend, dass man Deutschland in Versailles ungerecht behandelt hatte, leistete sich ein schlechtes Gewissen und war zu moderaten Korrekturen und Zugeständnissen bereit. Das Flottenabkommen mit dem Reich und die Hinnahmen der deutschen Aufrüstung und der Rheinlandbesetzung waren Ausdruck der englischen Appeasement-Politik, die auf Frieden durch Befriedigung setzte. Das ferne Amerika kehrte nach dem späten Eingreifen in den Ersten Weltkrieg zurück zu seinem traditionellen Isolationismus und war im Übrigen, bedingt durch die Weltwirtschaftskrise, mit sich selbst beschäftigt. Roosevelt, seit 1933 Präsident, versuchte durch seinen New Deal (=Neuverteilung der Spielkarten) die Krise zu meistern, zum Beispiel durch Staatsaufträge, Arbeitsbeschaffungsmaßnahmen und Versicherungsschutz. Aus den kriegerischen Konflikten hielt er sich heraus und verhängte 1935 ein Waffenembargo. An der Entwicklung in Deutschland war man nur insofern interessiert, als der dort immer deutlicher hervortretende Antisemitismus zu zunehmender Besorgnis führte. Auch die Sowjetunion konzentrierte sich auf die Innenpolitik. Stalin baute seine Diktatur aus, liquidierte die alten Revolutionäre in Partei und Armee, ließ Schauprozesse gegen diese führen und Millionen von wirklichen oder vermeintlichen Gegnern inhaftieren und ermorden. Gleichzeitig führte er eine rücksichtslose Industrialisierung und Kollektivierung der Landwirtschaft durch. Auf die *Vernichtung der Kulaken als Klasse* (der Mittelbauern) erfolgte die Schaffung der Kolchosen.

Ende der Dreißigerjahre änderte sich aber die Weltlage. Die Zeit der außenpolitischen Zurückhaltung war vorbei. Hatten England und Frankreich den Anschluss Österreichs und die Annexion der Tschechei noch hingenommen, so waren sie nun plötzlich nicht mehr bereit, auch noch Polen – um des lieben Friedens willen – zu opfern. Hitlers Vorstellung von einem deutsch-britischen Deal – der Kontinent dem Reich, die Weltmeere der Seemacht England – blieb Illusion. Ganz im Sinne der altehrwürdigen Balance-of-power-Politik wollte London auf dem Kontinent keine Macht zur Vormacht werden lassen. Als das Reich sich anschickte, Polen zu kassieren, war das Gleichgewicht in Gefahr und sogar für den friedfertigen Chamberlain das Maß voll. Und England reagierte.

Jede der drei Supermächte versuchte auf ihre besondere Weise, mit Hitler fertigzuwerden. Stalin schloss mit ihm einen Nichtangriffspakt, um Zeit zur Rüstung zu gewinnen, auch wenn ihm klar war, dass der Pakt nur ein Provisorium darstellte. England erklärte dem Reich nach dem Überfall auf Polen im Bunde mit Frankreich zwar den Krieg, wenn es ihn zunächst auch nicht führte. Präsident Roosevelt machte aus seiner Aversion gegen die unberechenbaren Diktatoren in Berlin, Rom und Tokio keinen Hehl und ließ seiner Sympathie für die demokratischen Staaten, speziell England, auch Taten folgen.

Zwar griffen die USA nirgends militärisch ein, aber sie lockerten das strikte Waffenembargo und unterstützten England mit Kriegsgütern. Gemäß dem Cash-and-carry-Gesetz vom November 1939 musste London diese zwar noch bezahlen (cash) und selber abtransportieren (carry), aber das Leih- und Pachtgesetz (Lend-Lease Act) vom März 1941 geht dann schon wesentlich weiter, nun werden auch Rüstungslieferungen ohne Bezahlung möglich, natürlich nur an Staaten, deren militärische Erfolge im Interesse der USA liegen – also nach Hitlers Überfall auf die Sowjetunion auch an die Rote Armee.

Im Laufe dieser kritischen Jahre waren Amerika und England – nicht zuletzt wegen der gemeinsamen Sprache und Kultur und der gleichen politischen Ideale – immer enger aneinander gerückt. Nachdem Roosevelt im Januar 1941 die vier Freiheit verkündet hatte (die Freiheit der Rede und der Meinung, die Freiheit des Glaubens und die Freiheit von Not und von Furcht), wurden diese mehr allgemeinen und theoretischen Ziele bei einem Treffen zwischen dem amerikanischen Präsidenten und dem englischen Premier Churchill auf hoher See im Atlantik konkretisiert. In der Atlantik-Charta vom August 1941, die in vielem den 14 Punkten Wilsons vom Januar 1918 ähnelte, wurde festgelegt, wie eine gerechte und friedliche Welt nach Ende des Weltkrieges auszusehen habe.

Inzwischen war die Wehrmacht in Russland einmarschiert und die USA und England hatten der Sowjetunion ihre Unterstützung zugesagt. Seit der deutschen Kriegserklärung an die USA im Dezember 1941 kämpften Amerika, England und die Sowjetunion gemeinsam gegen das Dritte Reich. Aber diese unheilige Allianz, ein reines Zweckbündnis, wurde nicht durch gemeinsame moralisch-politische Ideale zusammengehalten, sondern allein durch Hitler, den gemeinsamen Gegner. Man war am Sieg interessiert, aber man misstraute sich auch. Keiner wollte mehr Opfer als der andere bringen und geschwächt aus dem Krieg hervorgehen und dann bei der Verteilung der Beute zu kurz kommen. Stalin fürchtete, dass der Westen sein System (Kapitalismus, Liberalismus, Parlamentarismus) nach dem Sieg weltweit durchsetzen wollte, und der Westen argwöhnte, dass Stalin den Weltkrieg als Sprungbrett zur Weltrevolution benutzen würde, so wie es ja nach dem Ersten Weltkrieg zahlreiche Einzelrevolutionen gegeben hatte. Die Anti-Hitler-Koalition war also vor allem eine Anti-Koalition, die nur so lange halten sollte und konnte, wie es Hitler gab. Es war ein Bündnis auf Zeit zwischen misstrauischen Partnern mit einem eingeschränkten Ziel, dem Sieg. Nach Erreichung dieses Ziels sollte es sehr schnell zerfallen. Hinsichtlich des Krieges war man sich einig, aber was man dann mit dem Frieden anfangen sollte, wusste man nicht so recht und hielt mit den Kriegszielen hinter dem Berge, um den Verbündeten nicht zu verärgern und zu verprellen. So richtig wohl fühlten sich Roosevelt und Churchill in ihrer Komplizenschaft mit dem Diktator Stalin sicher nicht, aber der Zweck heiligt die Mittel, und militärische Not kennt kein moralisches Gebot.

Diese etwas ungemütliche und peinliche Konstellation hatte zur Folge, dass die USA und England erst einmal unter sich Absprachen trafen, ehe sie ihren Partner in die Planungen einbezogen. Schon im August '41 hatten sich Churchill und Roosevelt, wie bereits erwähnt, auf dem Atlantik getroffen, und nach dem Kriegseintritt der USA hatten die beiden Westmächte Ende des Jahres entschieden, dass als erster der Hauptkriegsgegner Deutschland niedergekämpft werden solle *(Germany first)*. Zwecks Koordinierung der militärischen und politischen Maßnahmen kam es zu insgesamt fünf amerikanisch-britischen Konferenzen in Washington. Im Januar '43 verabredeten Roosevelt und Churchill in Casablanca eine baldige Landung auf Sizilien und die systematische Bombardierung Deutschlands. Darüber hinaus forderte der Präsident vom Reich die bedingungslose Kapitulation, was die Nazipropaganda sofort ausschlachtete, indem sie das Volk zum notwendigen Verzweiflungskampf aufrief.

Ohne sowjetische Beteiligung konferierten Ende November 1943 Roosevelt und Churchill in Kairo mit dem nationalchinesischen Führer Tschiang Kai Shek über das Vorgehen gegen Japan. Zwar befand sich die Sowjetunion nicht im Kriegszustand mit Japan, Stalin konnte sich aber dennoch zurückgesetzt fühlen. Enttäuscht war er auch darüber, dass sein Land allein die Last des Landkrieges zu tragen hatte, während die beiden Verbündeten fast nur den längst nicht so verlustreichen See- und Luftkrieg führten. Immer wieder forderte er deshalb die zweite Front in Europa. Die Alliierten sollten endlich auf dem Kontinent landen und durch den Vormarsch gegen das Reich deutsche Streitkräfte binden, die von der russischen Front abgezogen werden müssten und die Rote Armee entlasten würden. Aber die USA und England engagierten sich zunächst nur an der Peripherie des Machtbereichs der Achse. Im November '42 waren sie in Nordafrika gelandet, im Sommer '43 eroberten sie Sizilien, erst im Oktober erreichten sie Neapel. Es sollte bis November '43 dauern, bis Roosevelt, Churchill und Stalin sich persönlich begegneten, und zwar in Teheran.

Man einigte sich in groben Zügen über die Zukunft Deutschlands und Polens (Westverschiebung Polens auf Kosten des Reiches und Teilung Deutschlands zwecks zukünftiger Schwächung). Details werden dann im Sommer von Spezialisten aus der zweiten Reihe in London ausgehandelt und im sogenannten 1. Zonenprotokoll festgehalten. Im Übrigen versprachen Roosevelt und Churchill in Teheran ihrem ungeduldigen Verbündeten, schon bald in Frankreich zu landen, um die Rote Armee endlich zu entlasten. Die Invasion ließ aber noch ein halbes Jahr auf sich warten, denn zunächst konzentrierte man sich auf Italien, und hier blieben die Erfolge nicht aus. Kurz nach der Landung der Alliierten auf Sizilien am 10. Juli 1943 kommt es in Rom zur Palastrevolution. Der faschistische Großrat und der von diesem reaktivierte König Viktor Emmanuel III. setzen Mussolini sowohl ab als auch fest. Die neue Regierung unter dem Faschisten Badoglio hält offiziell am Bündnis mit Deutschland fest, verhandelt aber zugleich mit den Alliierten, kapituliert Anfang September und erklärt dem Reich am 13. Oktober den Krieg. Nun müssen die Deutschen auch in Italien kämpfen gegen die von Süden vorstoßenden Angloamerikaner und gegen den italienischen Widerstand in ihrem Rücken. Stalin, der von seinen Verbündeten immer eine zweite Front in Frankreich gefordert hat, muss sich mit einer kleinen zweiten Front in Italien zufrieden geben, aber immerhin.

Hitler kann noch einen kleinen symbolischen Erfolg verbuchen. Deutsche Fallschirmspringer befreien Mussolini aus seiner Haft auf dem Gran Sasso, und dieser bildet, vom Führer dazu gedrängt, in Norditalien die Republica Sociale Italiana. Adolf Hitler, einst glühender Bewunderer seines Vorbildes und Vorläufers Benito Mussolini, hat angesichts des Endes endlich klargestellt, wer der wirkliche Führer ist und wer nur einen Satellitenstaat von Hitlers Gnaden regieren darf.

Immer öfter bezeichnet der *Größte Feldherr aller Zeiten* seinen Machtbereich als die *Festung Europa* und räumt damit ein, dass aus dem hemmungslosen Aggressor ein bescheidener Verteidiger des schrumpfenden Besitzstandes geworden ist. Was nützt es, dass die gesamte Küste an der Biskaya, dem Ärmelkanal und der Nordsee mit Betonbastionen bestückt wird, um die erwartete Invasion der Alliierten zu unterbinden? Irgendwann, irgendwo und völlig überraschend werden sie mit überlegenen Kräften landen. Und das geschieht am 6. Juni 1944 in der Normandie. 5000 Schiffe bringen fast eine Million Amerikaner, Briten und Kanadier auf französischen Boden, die, unterstützt von 15 000 Flugzeugen (gegenüber 300 deutschen), innerhalb einer Woche einen Brückenkopf von 100 Kilometern Breite und 30 Kilometern Tiefe bilden und sich von hier aus anschicken, Frankreich zurückzuerobern. Die Normandie ist das genaue Gegenteil von Dünkirchen. Vor vier Jahren, ebenfalls Anfang Juni, hektische Flucht über das Wasser, jetzt die gut organisierte Landung unter Leitung des amerikanischen Generals Eisenhower.

Gleichzeitig geht die Rote Armee zu massiven Offensiven über. Im Sommer 1944 zeichnet sich der Zusammenbruch des Dritten Reiches immer deutlicher ab. Wie Dominosteine fallen die von den Deutschen besetzen Städte, am 4. Juni Rom, am 3. Juli Minsk, am 28. Juli Brest-Litowsk, am 25. August Paris, am 31. August Bukarest, am 3. September Brüssel, am 22. September Reval, am 13. Oktober Riga und Athen, am 20. Oktober Belgrad. Warschau versuchte, sich vor dem Anrücken der Roten Armee aus eigener Kraft zu befreien. Am 1. August erhob sich die polnische *Heimatarmee* gegen die deutsche Besatzung. Aber so wie der polnische Widerstand den verzweifelten Aufstand des Warschauer Ghettos im April 1943 nicht unterstützt hatte, so dass 50000 Juden ihr Leben verloren (im Kampf, durch Erschießen oder durch Vergasen), so kam jetzt die Rote Armee der Heimatfront nicht zu Hilfe. Stalin will ein kommunistisches Polen schaffen und deshalb überlässt er die der polnischen Exilregierung in London verpflichtete Heimatarmee ihrem Schicksal, also der deutschen Rache. Eine Viertelmillion Polen kommen ums Leben, Warschau wird auf Befehl Hitlers zerstört.

Brutalität und Zerstörungswut sind die einzigen Reaktionen, zu denen Hitler angesichts der nahenden Niederlage noch in der Lage ist. Dass der Krieg nicht zu gewinnen ist, will er nicht wahrhaben. Er verlangte seinem Volk das Letzte ab, ruft am 18. Oktober 1944 Greise und Knaben zum Volkssturm auf und am 12. Februar '45 sogar Frauen. Eine ähnlich unsinnige, wenn auch unblutige Maßnahme ist die Einführung des verbindlichen *deutschen Grußes* für die gesamte Wehrmacht – als ob der Heil-Hitler-Wunsch dem deutschen Volk noch helfen könnte. Hilfreich wäre nur das Gegenteil, das Ende Hitlers und das Ende des Krieges.

Die *Festung Europa* wird eingeschnürt wie von einem Korsett. Die Fronten kommen Deutschland immer näher. Hitlers Machtbereich wird von Tag zu Tag kleiner und schwächer. Die einstigen Verbündeten, die im Windschatten von Hitlers Blitzsiegen profitiert hatten, fallen ab wie reife Früchte. Sie schließen ihren Waffenstillstand mit den Alliierten, mehr noch, in Südosteuropa wechseln sie schnell noch die Front und erklären dem Reich nach italienischem Vorbild den Krieg, so Rumänien, Bulgarien und Ungarn.

Im November verlässt der Führer sein Führerhauptquartier in Ostpreußen, die Wolfsschanze, und verkriecht sich im Führerbunker unter der Reichskanzlei. Und hier hofft er auf ein Wunder. So wie gegen Ende des Siebenjährigen Krieges der Tod der Zarin Elisabeth dazu geführt hatte, dass Russland aus dem Krieg ausschied und dadurch Preußen vor dem Untergang rettete, so hofft Hitler nun auf ein ähnliches Wunder durch den Tod des schwerkranken amerikanischen Präsidenten. Zwar tritt dessen Tod wirklich ein, aber nicht das Wunder. Die USA denken nicht im Traum daran, den Kampf gegen Deutschland und Japan einzustellen. Genauso illusionär ist Hitlers Glaube an die Wunderwaffe V1 und V2, eigens für den Kampf gegen England entwickelte Raketenbomben, die aber nur von begrenzter Wirkung waren und die Bevölkerung nicht entmutigten, sondern vielmehr die Kampfbereitschaft stärkten. Es war die soundsovielte Lüge des Naziregimes, wenn dem deutschen Volk der Sieg durch die V-Waffen versprochen wurde. Verlogen war auch der Begriff *Vergeltungswaffen* (abgekürzt V), denn wer hatte hier in Europa Vergeltung zu üben, etwa der Kriegstreiber und Massenmörder Hitler?

Mit einer letzten verzweifelten Offensive wollte er anknüpfen an die Blitzsiege des ersten Kriegsjahres. Wie im Mai 1940 sollten deutsche Panzerverbände durch die Ardennen nach Westen vorstoßen, den Feind überraschen, einkreisen und teilweise vernichten. Aber die Geschichte lässt sich nicht einfach wiederholen. Zwar gibt es Anfangserfolge, als die zweite Ardennenoffensive am 16. Dezember beginnt, aber schon nach einer Woche ist der Vorstoß zum Stehen gebracht. Und nun holen die Alliierten zum Gegenschlag aus.

Das Ardennenabenteuer hat auf beiden Seiten 75 000 Tote gefordert, die deutsche Niederlage abgewendet hat es nicht. Nun verzögert sich der Vormarsch der Westalliierten, während umgekehrt die Sowjetunion von der Ardennenoffensive profitiert. Durch die Verlegung starker Verbände von der Ost- an die Westfront und die dann schweren Verluste vor allem an Panzern, die später im Osten fehlen, kommt die Rote Armee schneller als erwartet voran und Stalin kann auf der Konferenz von Jalta Anfang Februar '45 unter Berufung auf die militärische Situation weitergehende Forderungen hinsichtlich der Neugestaltung Europas anmelden und durchsetzen.

Wieder einmal hatte Hitler seinem Ex-Partner und Jetzt-Gegner in die Hände gespielt. Fast mühelos erobern die sowjetischen Truppen den größten Teil Ostdeutschlands und erreichen Anfang Februar in einer Breite von 500 Kilometern die Oder.

Dagegen kommen die Westmächte nur bis zum Rhein voran. Erst am 10. März überqueren die Amerikaner bei Remagen auf der einzigen noch erhaltenen Brücke den großen Strom und bilden am Ostufer einen Brückenkopf. Die für die Verzögerung und Unterlassung der Brückensprengung verantwortlichen Offiziere zieht Hitler zur Rechenschaft und lässt sie zum Tode verurteilen. Nur dazu ist er noch in der Lage.

Zur Vorbereitung der Ardennenoffensive hatte er noch einmal seinen Berliner Bunker verlassen, dann kehrt er endgültig in seinen Komfortsarg unter der Reichskanzlei zurück.

Die Deutschen versuchen nur noch, sich in Sicherheit zu bringen. Die Wehrmacht zieht sich, auch gegen Hitlers wahnwitzige Durchhaltebefehle, geordnet und möglichst unter Vermeidung sinnloser Verluste, Schritt für Schritt zurück. Die deutsche Zivilbevölkerung im Osten begibt sich auf die Flucht, zu groß ist die Angst vor den von ihrer Regierung zu Rachegreueln aufgerufenen sowjetischen Soldaten. In den west- und mitteldeutschen Städten suchen die Menschen vor den pausenlosen Bombenangriffen wie Maulwürfe Schutz unter der Erde und verkriechen sich in Kellern und Bunkern und teilen somit die Lebensweise ihres einst bewunderten, auserwählten und gewählten Führers.

27
Flucht und Flüchtling

Seit Anfang Februar stand der Pferdewagen für die Flucht bereit, ein Leiterwagen, mit dem man in guten und friedlichen Zeiten die Ernte eingebracht hatte. Das Gefährt war mit einem giebelartigen Dach aus Brettern versehen, auf die man zusätzlich Dachpappe genagelt hatte, um die Fahrgäste und das Gepäck vor Schnee und Regen zu schützen.

Da die Wehrmacht einige hinhaltende Erfolge erzielt hatte, verschob sich der Aufbruch von Woche zu Woche. Zwar hatten die Menschen Tag für Tag den Fluchtwagen und die Flucht vor Augen, aber sie lebten ihr gewohntes Leben, als stände ihnen keine einschneidende Veränderung bevor. Sie nutzten den Winter, wie sie ihn immer genutzt hatten, für vorbereitende Arbeiten. Sie begaben sich über das starke Eis des Enzigsees hinüber zur bewaldeten Insel Schulzenwerder, fällten die kräftigsten Bäume, schnitten sie in transportable Stämme und holten das zukünftige Brennholz auf riesigen Lastschlitten in ihre Höfe. Das Eis des Sees zerlegten sie in lange Stangen, die sie einkellerten und mit Stroh isolierten, um dann im nächsten Sommer ihr Obst und Gemüse zu kühlen und frisch zu halten. Als der Tag, genauer: der Abend des Aufbruchs feststand, brachte man noch schnell das Haus auf Vordermann. Es wurde abgewaschen, abgetrocknet und dann alles eingeordnet, denn Unordnung im Haushalt, wenn man nach Hause zurückkehrt, ist immer deprimierend. Und mit baldiger Heimkehr rechnete man ja, das war schließlich die offizielle Lesart aus dem Hause Goebbels. Man machte sich vor, nur einen kurzen Ausflug vor sich zu haben.

Zu Tante Lieschens Fluchtwagen gehörten fast zwei Dutzend Personen. Sie selbst, ihre fünf Kinder, ein Neugeborenes und ihr Schwiegervater. Sodann ein Russe, ein Pole und dessen Frau oder Freundin, die ihr als Arbeitskräfte zugewiesen waren und fast zur Familie gehörten. Die beiden Männer waren zuständig für die Pferde und sollten sich abwechseln beim Kutschieren. Hinzu kamen die Evakuierten aus dem Ruhrgebiet, also zwei Mütter und deren Kinder, außerdem einige verwandte oder befreundete Damen aus Nörenberg, die ohne Hof und ohne Anhang und folglich ohne Pferd und Wagen waren. Und wir, meine Großmutter, die immerhin schon 72 Jahre zählte, meine Mutter und ich.

Jeder Passagier durfte einen Koffer mitnehmen, einen einzigen, mehr nicht, denn der Stauraum war äußerst knapp. Wichtigstes Frachtgut waren die Hafersäcke, die unten im Leiterwagen gelagert waren. Der Treibstoff für die Pferde war schließlich notwendige Voraussetzung für ein zügiges Vorankommen.

Dann, am 1. März, abends nach Einbruch der Dunkelheit, standen wir bereit zum Aufbruch. Offensichtlich hatten die deutschen Panzer, zu deren Bau das von mir beschaffte Alteisen beigetragen hatte, es nicht vermocht, die Russen auf Dauer aufzuhalten. Mochten die Erwachsenen traurig und deprimiert sein, ich sah dem abenteuerlichen Unternehmen Flucht eher erwartungsfroh entgegen. Endlich mal ein bisschen Action und Abwechslung. Mein Holzgewehr geschultert wollte ich mit ruhig festem Schritt neben oder hinter dem Wagen marschieren. Schließlich war ich schon fast sieben und fühlte mich groß.

Doch dann die Enttäuschung, ja Entehrung. Ich wurde mit rüden Worten kurzerhand entwaffnet: *Das Holzgewehr bleibt hier, was soll der sinnlose Ballast?* Doch damit nicht genug, plötzlich hieß es auch noch: *Die Kinder kommen auf den Wagen - auch du!* Und damit war ich gemeint. Ohne jede Rücksicht auf meine patriotischen Gefühle wurde ich zusammen mit den anderen Kindern in die Federbetten gesteckt, die man noch schnell auf die Hafersäcke und die Koffer gelegt hatte. Dort machten wir Kleinen es uns bequem, hatten es angenehm warm, und ich vergaß, leichtlebig wie Kinder nun einmal sind, die erlittene Beleidigung.

Endlich ging es los. Der Nörenberger Treck verließ als langer Konvoi die Stadt. Alles war geordnet und vorbereitet. Unser Wagen hatte für die Dauer der Flucht die Nummer 29 erhalten.

Dass wir uns im Dunkeln auf den Weg machten, hatte gute Gründe, einen quasi militärischen und einen psychischen. Nachts konnten uns die feindlichen Flieger nicht erkennen und deshalb auch nicht angreifen, und nachts konnte auch keiner der Heimatvertriebenen so richtig sehen, was er verließ, so dass der Abschied weniger schmerzlich war. Am nächsten Morgen fuhren wir noch immer, wir wollten uns so weit wie möglich von der Front entfernen und so bald wie möglich die Oder erreichen und überqueren.

Ich habe keine Erinnerung an die Strecke, sondern nur an einzelne Punkte. Mein Gedächtnis hat kaum Episoden gespeichert, sondern nur wenige Schnappschüsse. Ich sehe die Erwachsenen, fast nur Frauen, in langen, dunklen Mänteln hinter dem Wagen durch den Schnee stapfen, darunter meine Mutter und meine rüstige Großmutter. Ich sehe den weißen Atem um die Nüstern der Pferde spielen, die den nachfolgenden Wagen ziehen. Sie nicken bei jedem Schritt mit dem Kopf, obgleich sie ihn eigentlich hätten schütteln müssen über den Unverstand der Menschen mit ihren Feindseligkeiten und deren Folgen.

Am 4. März feierte ich Geburtstag, aber nur kalendarisch, denn zum Feiern gab es nichts, keine Geschenke, keine Gäste, keine Kindergeburtstagsspiele. Dennoch! Auf einmal zauberten meine Mutter und meine Tante eine Torte hervor, die sie noch in Nörenberg gebacken hatten. Alle gratulierten mir, alle hatten zugleich Mitleid mit mir, ich selber aber litt gar nicht, im Gegenteil, ich war stolz, weil ich im Mittelpunkt stand, ich genoss den alternativen und interessanten Festschmaus, als wir uns während eines unvermeidlichen Staus oder einer absichtlichen Pause über die Geburtstagstorte hermachten.

Ich bin ein unbelehrbarer Optimist, ich versuche, aus allem das Beste zu machen und verdränge, was mir nicht in den Kram passt. Ich filtere meine Erinnerungen, und dabei bleibt das Unangenehme und Schreckliche auf der Strecke. Dass die Flucht eine lebensgefährliche Unternehmung war, dass auch ein ziviler Treck von Krieg und Kampfhandlungen tangiert wird, habe ich nicht mitbekommen oder vergessen oder vergessen wollen. Allerdings lebten wir Kinder unter unserem Dachpappendach wie in einer sicheren Höhle und waren von der bedrohlichen Außenwelt abgeschlossen. Viel später, vor wenigen Jahren erst, hat mir Marianne, Tante Lieschens Älteste, die mit ihren zwölf Jahren marschieren durfte (oder musste), ein paar gefahrvolle Einzelheiten erzählt.

Vor allem die Fahrt über die Stettiner Oderbrücke hat sie in grausamster Erinnerung. Wie in einem Trichter strömten die Trecks aus ganz Hinterpommern zu dem einen Engpass, wurden zur Eile angetrieben, stauten sich und kamen nur langsam voran. Weiter vorne, so Marianne, passierte dann das furchtbare Unglück. Auf der vereisten und zur Seite hin etwas abschüssigen Fahrbahn kam ein Wagen ins Rutschen, durchbrach das Geländer und stürzte in die Tiefe, durchschlug das Eis des großen Stroms und versank. Auch uns hätte ein solches Schicksal treffen können. Jedenfalls glaubt Marianne sich zu erinnern, dass auch unser Wagen plötzlich zur Seite zu rutschen begann, dass aber der Pole auf dem Bock und der Russe vorne neben den Pferden so beherzt und gekonnt an den Zügeln und am Geschirr zogen, dass der Wagen wieder auf Spur kam und wir mit dem Leben davon. Vielleicht hat Marianne in ihrer Angst das Ganze etwas dramatisiert, gleichviel, schlimmer, als ich es wahrnehmen und wahrhaben wollte, war die Flucht allemal.

Aber ich erinnere mich eben nur an harmlose Schnappschüsse. Ich sehe riesige Gutshöfe oder Marktplätze, auf denen wir eine Rast einlegten, die Tante Lieschen dazu nutzte, sich in der *Treckleitstelle* Anweisungen zu holen, wohin wir als nächstes fahren sollten. Denn alles war bestens organisiert, das verstanden die Nazis. Sie hatten nicht nur ihre Angriffe genauestens geplant, sondern auch ihre Niederlage. Der Rückzug der Truppen ging (auch gegen Hitlers wahnwitzige Durchhaltebefehle) geordnet und diszipliniert von statten, und Weg und Ziel der Flüchtlinge waren von langer Hand mit strategischer Akribie ausgearbeitet worden. Vor allem hatte man darauf geachtet, dass sich Treck und Nachschub möglichst nicht begegneten und behinderten, damit der Verkehrsfluss von Ost nach West und von West nach Ost nicht ins Stocken kam. Auch sollten Flüchtlinge und Soldaten sich nicht gegenseitig den Mut nehmen, wenn sie sich begegneten, die Soldaten den Flüchtlingen nicht, wenn diese die hoffnungslos dreinschauenden Gesichter der Weißbärte und Milchbärte sahen, die als letztes Aufgebot die verlassene Heimat zurückerobern sollten, und die Flüchtlinge den Soldaten nicht, wenn diese die traurigen, hilflosen Heimatvertriebenen erblickten, die kaum mehr als ihr Leben gerettet hatten, und das vielleicht auch nur auf kurze Zeit.

Es war, wie Tante Lieschen später berichtete, längst festgelegt, in welchen Kreis Schleswig-Holsteins die Ostpreußen, die Westpreußen und die Pommern zu ziehen hätten, große Landkarten in den Treckleitstellen gaben darüber Auskunft, während offiziell die baldige Rückkehr in die Heimat verkündet wurde. Der Fluchtplan gab sich gerecht, alle sollten einen etwa gleich langen Weg haben, die Flüchtlinge aus dem fernen Ostpreußen sollten im Süden Holsteins unterkommen, die Pommern mussten bis an die dänische Grenze fahren. Für uns Nörenberger war Leck oder Kropp oder Niebüll als Endstation vorgesehen.

Wir Kinder hoch auf dem Leiterwagen lagen in den Federbetten und dösten vor uns hin. Wir froren nicht, wir hungerten nicht, auch wenn das Essen bestimmt nicht schmeckte, wir erlebten nichts, denn die Flucht war keine Sightseeingtour, so anregend die Fahrt durch die alten Hansestädte in Friedenszeiten auch gewesen wäre. Wir hatten aber auch keine Angst, wir langweilten uns nur, zumal ja auch kein Spielzeug zum Zeitvertreib zur Verfügung stand. Nichts hat mich angeregt oder aufgeregt, meine Emotionen schlummerten, und folglich ist mir nur sehr wenig in Erinnerung geblieben.

Nur ein Erlebnis ist mir deutlich bis heute gegenwärtig geblieben, als sei es gestern gewesen, und das wohl deshalb, weil ich dabei und danach ein schlechtes Gewissen hatte, so dass ein Stachel mit Widerhaken in meiner Seele steckenblieb und somit die kleine Geschichte nicht verloren ging. Wir rasteten auf einem unermesslich großen Gutshof, riesige Ställe und Scheunen umstanden den Platz, der mir noch größer als die Märkte der reichen Hansestädte erschien, von denen wir so viele durchfuhren – eine Art Umkehr der Ostkolonisation nach einem halben Jahrtausend.

Auf der einen Seite des Hofes parkten – so würden wir heute sagen – die vielen Pferdewagen, allein aus Nörenberg waren es 29. Kurz nach dem Passieren der Stettiner Brücke war unser Treck geteilt worden, die hintere Hälfte ab Wagen Nummer 30 sollte erst einmal in Vorpommern bleiben, die vordere Hälfte, mit unserem Wagen als letztem, wurde weitergeschickt. Das von irgendeiner Behörde verhängte Schicksal hat uns zu Schleswig-Holsteinern gemacht, um Haaresbreite wären wir in der späteren Ostzone geblieben und DDR-Bürger geworden.

Ruhig und leblos lag der Gutshof da. Die Pferde hatte man untergestellt, die Menschen hatten sich in das wärmende Gutshaus geflüchtet. Ich war mutterseelenallein auf dem endlosen Hof und schlenderte, während bereits die Abenddämmerung hereinbrach, neugierig umher. In der einen Ecke des Hofes waren auf dem Kopfsteinpflaster mehrere Wolldecken ausgebreitet und auf diesen sah ich Teller und Tassen und dampfende Kannen, mehr noch, auf den Tellern lagen belegte Brote. Irgendeine Flüchtlingsgruppe hatte hier ihre Abendmahlzeit vorbereitet, aus unerfindlichen Gründen war aber niemand anwesend, alle waren in den Häusern verschwunden. Heute vermute ich, dass es auf dem Rittergut eine Kapelle gab und die Flüchtlinge dort ihr Abendgebet verrichteten. Damals wusste ich nur, dass außer mir niemand auf dem Hof war, dass ich allein mit dem Flüchtlingspicknick war – und ich griff zu. Schnell verschwand ich mit meiner Beute hinter der ersten besten Stalltür und ließ es mir schmecken. Aber mit bösem Beigeschmack. Das Brot, um das wir im Vaterunser bitten, bereitete mir ein zweites Mal ein schlechtes Gewissen, vor wenigen Wochen, als ich es über die Schulhofmauer warf, und nun, weil ich es gestohlen hatte.

Das ist alles, was ich von meiner Flucht noch weiß. Aber viel wichtiger als die vergessenen Episoden sind die Erfahrungen, die sich in den tiefsten Schichten meines Unterbewusstseins ansammelten, später nach oben ins Bewusstsein drängten und meine pazifistische Lebensphilosophie bestimmten. Während des Trecks, so glaube ich, habe ich gelernt, die Flucht als Lebens- und Überlebensform zu schätzen. Dass Laufen besser ist als Raufen. Dass Kampf und Krieg nur dazu da sind, vermieden zu werden. Dass man den Gegnern, mit denen ein Kompromiss nicht möglich ist, so dass es zum gewaltsamen Konflikt zu kommen droht, den Rücken kehren soll und sich zurückzieht. Denn wer das Leben liebt, also der Klügere, gibt nach. Wer dem Kampf ausweicht und flüchtet, vermeidet ja nicht nur den eigenen Tod, sondern auch das Töten. Flüchten hat also eine moralische Qualität und ist so Leben spendend wie Zeugen und Gebären. Flucht ist auch die einzige ehrliche Antwort auf Angst, die Flucht setzt die Angst in die Tat um, man entfernt die Ursache der Angst, indem man sich von der Gefahr entfernt. Dagegen ist der Kampfesmut nichts als Verdrängung. Der Mutige tut so, als habe er keine Angst, er flüchtet nichtsdestoweniger, aber nach vorne und bewaffnet. Wer sich schlägt, verheimlicht seine Angst (und wenn er wirklich keine Angst hat, weil er sich mit einem Schwächeren schlägt, ist er ein jämmerlicher Feigling).

Ganz anders dachte mein Vater. Er war in Polen, Dänemark, Frankreich und Russland eingedrungen, zog sich nun kämpfend zurück und wie den meisten deutschen Männern war ihm der Kampf etwas Selbstverständliches, und das nicht nur, weil er befohlen war. Kämpfen gehörte einfach zum Mannsein dazu. Das Leben hat nur einen Sinn, wenn man es wagt und aufs Spiel setzt. Das Leben gewinnt erst seinen Wert, wenn man ihm keinen Wert beimisst und es wie wertlosen Abfall wegzuwerfen bereit ist. Das heißt dann Heldentum. Der Held ist kein Mensch mehr, er wird umfunktioniert zu einer Kampfmaschine, mit der Uniform als zweiter Haut und der Flinte als einem zusätzlichen Organ.

Wer Courage hat, Zivilcourage, stellt den Krieg in Frage. Er hat den Mut, sich gegen die Meinung der Herrschenden und gegen die herrschende Meinung auf den gesunden Menschenverstand zu berufen und auf die historische Erfahrung. Immer bringt der Krieg zwar einige wenige Kriegsgewinnler hervor (Waffenschmiede, Waffenhändler, Mangelwarenschieber und Finanzspekulanten), aber der Krieg kennt keine Gewinner, denn selbst auf Seiten der Sieger ist der Umfang der Opfer viel größer als der Wert der eroberten Beute. Kurz gesagt: Der kleine Mann zahlt immer drauf.

Das am Ende des Krieges von den Siegern diktierte Ausmaß der Beute deckt zwar nie die Kriegskosten, macht aber die einen stolz, die anderen dagegen unzufrieden. Das Kriegsergebnis, das mit dem verlogenen Ausdruck *Frieden* bezeichnet wird, erkennen die Verlierer zwar notgedrungen mit ihrer Unterschrift an, nicht aber in ihrem Herzen.

Der Frieden reizt die Unterlegenen zu einer baldestmöglichen Korrektur, also einem Rachekrieg – und so wird die Geschichte der Menschheit zu einer kriegerischen Schraube ohne Ende. Da Rache mit Ehre gleichgesetzt wird, loben die Kriegsherren den Krieg als eine Art Veredelungsprozess für Männer. Wenn es an die Front geht, sind plötzlich alle Pannen in Schule und Beruf, in Familie und Privatleben vergessen. Der Krieg ist die große Generalabsolution für alle Misserfolge. An der Front erfüllt sich die Utopie, dass jeder Mensch gebraucht wird, die Dummen und die Nachdenklichen, ja die Dummen sogar noch mehr, weil sie besser gehorchen. Neid, Leid, Eifersucht, Missgunst hören auf, wenn drüben der gemeinsame Feind steht.

Der Krieg wird zum höchsten Lebenssinn hochgejubelt. Aber dann, wenn die Erfolge ausbleiben und die Opfer sich häufen, rufen die Kriegsherren zu Spenden und Kriegsanleihen auf, bewaffnen Knaben, Greise und Frauen – und zwar mit dem Argument, dass nur durch diesen letzten Einsatz der Endsieg errungen und der Krieg zu einem baldigen Abschluss gebracht werden könne.

Was denn nun? Ist der Krieg höchster Lebenssinn oder ist er so abscheulich, dass man ihn schnellstens beenden sollte? Aber warum hat man ihn denn überhaupt angefangen, wenn man will, dass er aufhört? Wie dumm sind die Menschen eigentlich, dass sie im Frieden vom Krieg und im Krieg vom Frieden träumen?

Genauso irrsinnig und unlogisch ist ein zweites Paradoxon. Erst soll die Wehrmacht neuen Lebensraum erobern und dann soll sie dafür kämpfen, dass die deutsche Zivilbevölkerung flüchten kann, und somit ihren angestammten Lebensraum verlässt.

Aber so unsinnig die Kriegsziele (Lebenssinn und Lebensraum) sind, die Notwendigkeit des Krieges wird kaum in Frage gestellt, auch wenn er erfahrungsgemäß die Not nicht wendet, sondern bewirkt. Wie im Ersten, so im Zweiten Weltkrieg führt die zunehmende Zahl der Opfer nicht zu kollektivem Widerstand in der Heimat und an der Front, zu Streik, Protest und Meuterei. Warum wohl? Die kollektive Opfererfahrung hat kollektives Leid zur Folge. Alle erleiden das gleiche Schicksal, Leid und Mitleid ergänzen sich, der einzige, aber sehr zweifelhafte Trost besteht darin, dass es den Verwandten, Nachbarn und Kameraden nicht besser geht. Die von Hitler proklamierte Volksgemeinschaft wird zur Leidens- und Trauergemeinschaft. Doch die Trauer wird glorifiziert. Für die Todesanzeigen gilt die Standardfloskel: *In stolzer Trauer ... Für das Vaterland fiel ...* Und nach den beiden großen Kriegen werden dem Volk Heldengedenktag und Volkstrauertag verordnet. Aber warum passives Gedenken, passive Trauer? Warum kein Volkszornestag, kein Volksprotesttag? Trauer heißt Ergebenheit ins Schicksal, aber Schicksalsergebenheit ist angesichts der sinnlosen Kriegsopfer nicht angebracht. Das Massenmorden hinterlässt Witwen und Waisen, Frauen verlieren ihre Männer, Kinder ihre Väter. Und Eltern verlieren ihre hoffnungsvollen jungen Söhne. Dass die Eltern vor ihren Kindern sterben, dass ein Ehepartner vor dem anderen stirbt, das ist natürlich, das ist von der Natur so vorgesehen. Aber dass die Kinder vor ihren Eltern das Leben verlieren, das ist von der Natur und der Sprache nicht eingeplant. Einen Begriff für die der Kinder beraubten Eltern gibt es nicht, dafür fehlen im wahrsten Sinne des Wortes die Worte. Doch genau das, was wider die Sprache und wider die Natur ist, genau das ist das Wesen des Krieges.

Wie aber sind diese Eltern in ihrer namenlosen Trauer zu trösten? Ist es etwa ein Trost, wenn sie sich klarmachen, dass der Krieg ohne jeden Sinn, ohne jede Moral ist, dass der Führer und seine Komplizen nichts als Verbrecher sind, dass man besser heute als morgen kapituliert, den Krieg zum Fehler erklärt und um jeden Preis abbricht? Das wäre kein Trost, er würde das Blutopfer der Millionen von Gefallenen zu einem Irrtum, zu einem Fehltritt degradieren, ihm jeden, auch den geringsten Sinn nehmen. Nein, unser Sohn darf nicht umsonst gefallen sein. Sein Tod muss doch einen Sinn haben, weil der Krieg einen Sinn hat. Und deshalb muss der Krieg weitergehen. Krieg wird so zu einem grandiosen, blutigen Zirkelschluss. Er rechtfertigt sich aus sich selbst. Weil Krieg ist, muss Krieg sein. Damit der Tod der Gefallenen nicht sinnlos war, müssen immer neue Soldaten eingezogen werden – und fallen.

Dennoch, irgendwann ist Schluss. Die eine Seite kann nicht mehr, beim schlechtesten Willen. Männer, Munition, Waffen, Fourage sind einfach aufgebraucht. Der alte Hochmut wird zum Kleinmut. Was früher als Defätismus diffamiert wurde, eine militärische Todsünde war und mit dem Tode bestraft wurde, wird jetzt zur allgemeinen Stimmung und breitet sich wie ein Modetrend aus. Das heißt dann kriegsmüde. Der frühe Defätismus ist aber nichts anderes als die grundsätzliche Kriegsmüdigkeit der Weisen. Der intellektuelle Mensch wird nicht erst im Kriege kriegsmüde, er fürchtet und hasst den Krieg von Anfang an, auch schon im Frieden. Er braucht den Krieg nicht, um seiner überdrüssig zu werden.

Das war die Lektion, die mich die Flucht lehrte. Natürlich konnte ich als Siebenjähriger nicht zu einem philosophisch geschulten Pazifisten werden, aber es fiel doch ein Samen in meine Seele, ein Samen, der zu meiner Seele passte, ein Samen, der über Jahre schlummerte, aber eben doch da war. Der Frieden wurde zum Traum meines Lebens, und gegen Uniform und Waffen wurde ich geradezu allergisch.

Ich bin lieber im Frieden wach, als im Krieg müde zu werden. Die Flucht hat mich gelehrt, friedenswach zu sein.

Dass ich in Nörenberg mein Holzgewehr zurücklassen musste und nicht marschieren durfte, ging mir damals gegen die Ehre, heute sehe ich darin ein sinnvolles Symbol. Ich war ein Kind, ich war nicht kriegsverwendungsfähig, k.v., und bin es bis heute geblieben, geistig, seelisch, politisch.

Zwischen Nörenberg und Ratzeburg liegen 400 Kilometer und 4 Wochen. So lange waren wir unterwegs. Über Anklam, Greifswald, Stralsund, Rostock und Schwerin hatten wir endlich die Kreisstadt des Herzogtums Lauenburg erreicht und damit Schleswig-Holstein. Aber statt – wie vorgesehen – weiter nach Norden zu fahren, machten wir Schluss mit der Flucht. Denn Bärbel war erkrankt, kam ins Ratzeburger Krankenhaus und Tante Lieschen war nicht bereit, ohne ihre Tochter die Reise fortzusetzen. Sie verlangte von den Behörden, dass sie ihr, ihrer Familie und den vielen Passagieren ihres Wagens in oder nahe Ratzeburg eine Unterkunft anwiesen. Und so kamen wir ins 6 Kilometer entfernte Klein-Disnack, einem Dörfchen, das seinem Attribut alle Ehre machte, denn es war wirklich klein, umfasste lediglich fünf Bauernhöfe und einige Katen, in denen zum Beispiel der Dorfschuster oder eben Kätner wohnten. Wir wurden auf die einzelnen Höfe verteilt, Tante Lieschen und Familie kamen beim Bürgermeister Schwarz unter, meine Mutter, Großmutter und ich beim Bauern Eberhard.

Wieder hatte der Zufall Schicksal gespielt. Damals an der Oder waren wir gerade noch als letzter Nörenberger Wagen weiter nach Westen geschickt worden, jetzt hatte Bärbels Krankheit unsere Weiterfahrt verhindert. Wie anders wäre unser aller Leben verlaufen, wenn Bärbel gesund geblieben wäre und unser Leben von einem anderen geografischen Schicksal bestimmt worden wäre? Wir hätten andere Bekanntschaften gemacht, andere Freundschaften geschlossen, hätten andere Liebschaften begonnen und – last but not least – anders geheiratet.

Es ist kurios. Hitler, der Völkermörder, der den Tod von Millionen Menschen auf dem Gewissen hat, der aber gar kein Gewissen hatte, dieser Hitler hat zugleich Millionen Ehen gestiftet. Die Mehrheit der Deutschen hatte durch Hitlers Krieg ihren angestammten Wohnort verlassen müssen, die Männer wurden eingezogen, die Ostdeutschen flüchteten vor den Russen, die Großstädter vor den Bomben. Als der Krieg zu Ende war, war das deutsche Volk durcheinandergewirbelt wie die Lose in einer Lostrommel, die Hälfte mindestens war ohne Heimat oder ohne Heim oder ohne beides. Die Menschen waren unterwegs, sie wussten nicht, wo sie hingehörten und wo sie hinsollten, sie suchten ihre Angehörigen und sie suchten eine Bleibe. Als man endlich irgendwo und irgendwann heimisch wurde, Arbeit fand und ans Heiraten denken konnte, kam es zu Millionen von landsmannschaftlichen Mischehen. Die Flucht bewirkte das Gegenteil von Inzucht. Ein erbbiologischer Glücksfall. Die fixe Idee der Nazis, blonde, blauäugige Germanen zu züchten, war restlos gescheitert, jetzt liebten die Deutschen nach Lust und Laune, kreuz und quer durcheinander, und sogar die alliierten Besatzer waren gern geduldete Lover. Die neue Generation, die nun geboren wurde, verdankt dem Führer ihr Leben. Der Mörder wurde – indirekt – zum millionenfachen Trauzeugen und Paten.

Liebe Leserinnen, liebe Leser, überprüft einmal, wie viele Kinder in eurer Verwandtschaft aus Ehen stammen, die nur aufgrund der Kriegswirren zustande kommen konnten.

Doch zurück nach Klein-Disnack. Wie wir dort ankamen, wie wir mit unseren Habseligkeiten einzogen, wie wir die erste Nacht verbrachten, weiß ich nicht mehr. Aber der erste Morgen ist mir noch genau in Erinnerung.

Ich machte mich auf den Weg zu meinen verwandten Freunden in der oberen Hälfte des Dorfes. Zwischen den drei Höfen des einen Teils und den zwei Höfen des anderen lagen Wiesen und Felder, die Dorfstraße war hier ein einfacher Feldweg, kaum gepflastert, rechts und links von einem kleinen Graben gesäumt. Ich ging mutterseelenallein meines Weges, es ist nichts Besonderes geschehen, nicht einmal irgendein Mensch ist mir begegnet. Aber in meinem Inneren müssen sich so viele intensive Gefühle entfaltet haben, dass ich diesen Morgenweg bis heute nicht vergessen habe. Ich spürte plötzlich den Frühling, die Sonne strahlte, der Himmel war hell, das erste Grün begann sich zu regen, am Wegesrand leuchteten die weißen Buschwindröschen, und die ersten Himmelsschlüsselchen wollten mir den Himmel auf Erden aufschließen. Die Kälte des Winters war vorüber, das dunkle Dahindämmern auf dem Treckwagen hatte endlich ein Ende gefunden. Wir waren angekommen. Im Winter hatten wir aufbrechen müssen, jetzt im Vorfrühling wurden wir sesshaft. Ein neues Leben tat sich auf. Auch wenn der Krieg noch über einen Monat andauern sollte, für uns war er zu Ende. Ich war dankbar und glücklich, ich genoss den Frieden und den Frühling, ich war regelrecht high, und ich ahnte, dass Glück und Leben und Frieden untrennbar zusammengehören. Ich hätte mit den Frühlingsvögeln singen mögen.

28

Was soll aus Deutschland werden?

Was soll aus den Naziverbrechern werden, was aus dem deutschen Volk, was aus dem deutschen Staat?

Das konnten nur die Großen Drei entscheiden, Roosevelt, Stalin und Churchill, die eigentlichen Sieger, nicht aber die Trittbrettfahrer des alliierten Sieges, die vor Hitler kapituliert hatten (wie Polen und Frankreich), noch weniger Hitlers Verbündete, die kurz vor Schluss die Front wechselten und dem Reich den Krieg erklärten (wie Italien), um auf diese Weise glimpflich davon zu kommen, oder gar die Klein- und Mittelstaaten in der großen weiten Welt, die, als sich Deutschlands Niederlage abzeichnete, lauthals verkündeten, sich mit dem Reich im Kriegszustand zu befinden, ohne jedoch einen einzigen Soldaten nach Europa zu schicken, dafür aber einen Vorwand hatten, sich das deutsche Auslandsvermögen anzueignen (so die lateinamerikanischen Staaten). Die Folge dieser Flut von Kriegserklärungen war, dass am Zweiten Weltkrieg (wenn auch zum Teil nur pro forma) insgesamt 72 Staaten beteiligt waren.

Wie einig waren sich nun die drei kommenden Sieger? Hitler besiegen war das eine, aber schon bei der Frage, wer die Hauptlast des Krieges tragen sollte, erwies sich das Misstrauen als größer als die

Solidarität, und wie Europa nach dem Ende des Krieges gestaltet (sprich: aufgeteilt) werden sollte, blieb zwar nicht völlig im Dunkeln, aber doch im Nebel. Bezeichnend für die von Misstrauen geprägte Anti-Hitler-Koalition war die Tatsache, dass es fast zwei Jahre dauerte, bis sich die drei hohen Herren das erste Mal begegneten. Seit Dezember '41 kämpften die USA als dritte Weltmacht im Weltkrieg mit, doch erst im November '43 trafen sich der Präsident, der Ministerpräsident und der Diktator in Teheran. Im Vordergrund standen militärstrategische Fragen. Man einigte sich darauf, dass die Westmächte im Frühjahr 1944 in Frankreich landen und eine zweite Front zur Entlastung der Roten Armee bilden und dass diese gleichzeitig zur Offensive gegen die Wehrmacht antritt. Die Invasion sollte also die Voraussetzung der Offensive im Osten sein und umgekehrt. Nach dem Sieg in Europa würde die Sowjetunion dann in den Krieg gegen Japan eintreten. Einig war man sich auch darüber, dass Deutschland so geschwächt werden müsste, dass von ihm nie mehr ein Krieg ausgehen könne. Deshalb sollte es geteilt und verkleinert werden. Konkrete Beschlüsse fasste man aber nicht. Da Stalin jedoch zugunsten der Sowjetunion und auf Kosten Deutschlands eine Westverschiebung Polens forderte, kam erstmals, wenn auch nur als unverbindliche Idee, die Oder-Neiße-Grenze ins Gespräch. Die genaue Regelung der Zukunft wurde vertagt beziehungsweise einer in London eingerichteten Europäischen Beratenden Kommission überlassen, wo die Einteilung Deutschlands in drei Besatzungszonen und deren Verwaltung allein durch die Siegermächte beschlossen wurde. Neben der Sicherstellung des Sieges hatten die Alliierten auch die anschließende Sicherung des Friedens im Auge. Vor allem Roosevelt engagierte sich für eine Weltorganisation und so empfahlen die Vertreter Englands, der USA, der Sowjetunion und Chinas im Oktober 1944 auf einer Konferenz in Dumbarton Oaks (bei Washington), den Völkerbund durch die *Vereinten Nationen* zu ersetzen.

Was die Behandlung Deutschlands anbelangt, also die Bestrafung und Schwächung des deutschen Volkes, hatten Roosevelt, Churchill und Stalin recht unterschiedliche Vorstellungen, je nachdem, wo sie die Ursachen der Hitler-Diktatur und ihrer Verbrechen sahen. Churchill gab Preußen und dem preußischen Militarismus die

Schuld und setzte sich deshalb für ein geteiltes Deutschland mit einem Donaustaat im Süden und einem militärisch und wirtschaftlich geschwächten und verkleinerten Rest-Preußen im Norden ein – ganz im Sinne der englischen Balance-of-power-Theorie, nur ging es jetzt nicht nur um ein Kräftegleichgewicht auf dem Kontinent, sondern speziell um Mitteleuropa. Roosevelt sah eine Bedrohung des Friedens vor allem in der deutschen Wirtschaftskraft und wollte Deutschland deshalb nicht nur in fünf Einzelstaaten zersplittern, sondern darüber hinaus das Ruhrgebiet und das Saargebiet den Deutschen ganz nehmen und einer internationalen Kontrolle unterstellen. Ob er auf diese Weise auch den schärfsten Konkurrenten im Welthandel ausschalten wollte, sei dahingestellt. Jedenfalls gehört in diesen Zusammenhang der vom amerikanischen Finanzminister Henry Morgenthau ausgearbeitete Plan, Deutschland wirtschaftlich zu vernichten: Gebietsverluste in Ost und West, Demontage aller Industrieanlagen, Stilllegung der Bergwerke, hohe Reparationen, kurz: Umwandlung Deutschlands in ein reines Agrarland. Allerdings zog Roosevelt seine im September 1944 geleistete Unterschrift sehr schnell wieder zurück, nachdem die Presse, die Öffentlichkeit und die Minister für Äußeres und für Krieg Protest eingelegt hatten. Im langsam anlaufenden Wahlkampf distanzierte er sich immer deutlicher von dem kuriosen Vorhaben. Für Stalin war der Nationalsozialismus nichts anderes als eine besonders aggressive Form des Kapitalismus, den es folglich zu zerschlagen galt. Frieden könne nur durch ein kommunistisches Deutschland garantiert werden und wenn schon nicht ganz Deutschland kommunistisch werden könnte, weil das den Wünschen der Westalliierten widersprach, dann wollte er wenigstens die ihm zufallende Besatzungszone entsprechend beeinflussen. Mit derartigen Vorstellungen (oder Vorurteilen) im Hinterkopf trafen sich die Großen Drei Anfang Februar '44 in Jalta auf der Krim.

Inzwischen war die deutsche Niederlage nur noch eine Frage von Wochen, so dass es höchste Zeit war, sich über die Gestaltung der Nachkriegswelt zu einigen. Dabei hatte Stalin, obgleich er allein gegen zwei stand, eine starke Verhandlungsposition, denn der Westen hatte Wünsche an ihn, nämlich die Teilnahme der Sowjetunion am Krieg gegen Japan und an der neu zu gründenden UNO, und dafür konnte Stalin Gegenleistungen erwarten. Bei diesem Handel ging es weniger um Deutschland als um Polen. Denn hier gab es erhebliche Probleme. Für Polens Unabhängigkeit war England 1939 in den Krieg gezogen, und nun zeichnete sich ab, dass Polen nach dem Krieg von der Sowjetunion abhängen würde, also von der faschistischen Diktatur in die bolschewistische käme. Gleich nach dem deutschen Überfall hatte sich in London eine polnische Exilregierung gebildet, die sich für eine Republik nach westlichem Muster in den Grenzen von 1939 einsetzte. Von Stalin gefördert entstand dagegen das kommunistisch orientierte Lubliner Komitee, das wie Stalin für eine Westverschiebung Polens war. Zwar engagierten sich die Westmächte für die Londoner Exilregierung, aber das Lubliner Komitee hatte quasi einen Heimvorteil, denn in den von der Roten Armee zurückeroberten polnischen Gebieten nahm es von Stalins Gnaden die Regierungsgeschäfte auf und präjudizierte damit eine spätere kommunistische Herrschaft. Vergeblich sprachen sich Roosevelt und Churchill für eine Koalition der beiden polnischen Regierungen aus und für freie Wahlen, Stalins entsprechende Zusagen waren nicht wirklich ernst gemeint.

Durch das Thema polnische Westverschiebung kam aber in Jalta die Deutsche Frage doch auf die Tagesordnung. Um ihren Verbündeten Stalin nicht zu brüskieren und um Deutschland zu schwächen, akzeptierten die Westmächte, dass die Sowjetunion den Norden Ostpreußens und damit den (fast immer) eisfreien Hafen Königsberg erhielt, dass die Curzon-Linie Polens Ostgrenze wurde und es dafür im Westen entschädigt wird und bis an die Oder-Neiße-Linie vorrückt. Zunächst hatte Churchill noch Bedenken geäußert, er befürchtete, dass die polnische Gans sich überfressen und Magenschmerzen bekommen werde. Auch sah er ein Problem in der Umsiedlung beziehungsweise Vertreibung von über 10 Millionen Ostdeutschen. Aber Stalin beruhigte ihn mit dem Hinweis, dass die Deutschen in diesen Gebieten bereits vor der Roten Armee davongelaufen seien, was aber nicht den Tatsachen entsprach. Da man sich nicht einigen konnte, welche der beiden Neißen die deutsch-polnische Grenze bilden sollte, verschob man das Problem auf die endgültige Friedenskonferenz. Einig wurde man sich aber darin, unter

Hinzuziehung Frankreichs, wo es inzwischen eine provisorische Regierung unter General de Gaulle gab, Deutschland in vier Besatzungszonen und Berlin in vier Sektoren aufzuteilen und die Verwaltung einem Alliierten Kontrollrat zu übertragen.

Bevor diese in groben Zügen festgelegten Vereinbarungen in die Tat umgesetzt werden konnten, musste der militärische Sieg errungen werden. Und da überschlugen sich die Ereignisse in den letzten Wochen. Mitte April nahmen die Amerikaner, ohne noch auf ernste Gegenwehr zu treffen, das Ruhrgebiet ein, gleichzeitig stürmte die Rote Armee nach Überwindung der Oder die Seelower Höhen, wo die Wehrmacht ihr den Weg nach Berlin zu verlegen versuchte. In dieser letzten großen Schlacht des Weltkrieges, als alles längst entschieden war, mussten 33 000 Russen, 5000 Polen und 12 000 Deutsche ihr Leben lassen. Bei ihrem Vormarsch wollten die drei Verbündeten möglichst große Gebiete unter ihre Kontrolle bringen, um ein Faustpfand zu haben und sicherzustellen, dass die Partner, denen man nicht so recht über den Weg traute, sich später an die Abmachungen der Zonen- und Sektoreneinteilung halten würden. So drangen die Westmächte weit in die spätere Ostzone vor, und die Sowjets wollten unbedingt – auch aus Prestigegründen – Berlin erobern und nahmen dafür in den letzten Tagen große Verluste in Kauf. Oberbefehlshaber Eisenhower überließ der Roten Armee großzügig diesen opferreichen Triumph.

Am 25. April begegneten sich die siegreichen Russen und Amerikaner in Torgau an der Elbe und spalteten dadurch die deutschen Streitkräfte. Am gleichen Tag schloss die Rote Armee bei Ketzin den Ring um Berlin – in unmittelbarer Nähe des Schlosses Paretz, einst Sommerresidenz der beliebten preußischen Königin Luise. Die deutschen Verteidiger wurden mehr und mehr zurückgedrängt, nun wurde, für wenige Tage, der S-Bahnring zum Festungswall. Das Ende der Ära Hitler stand unmittelbar bevor.

Der von den Naziführern befohlene Durchhaltefanatismus hatte die Niederlage nicht abwenden können, nicht der schwächliche Volkssturm, nicht die wirkungslosen Panzerfäuste, nicht die an den Flugabwehrkanonen, der Flak, eingesetzten Schüler. Die kriegsmüden Soldaten der regulären Truppe sind kaum noch zum Kampf zu motivieren, obgleich ein Sonderstandgericht die Männer durch Todesurteile einzuschüchtern versucht, um auf diese Weise – paradox genug – die Kampfmoral zu heben. Auf über 20000 wird die Zahl der militärgerichtlich hingerichteten Soldaten geschätzt. Je näher der Feind und das Ende kamen, desto wahnwitziger wurden die Maßnahmen und Befehle der Naziführung.

Keine Stadt durfte kampflos aufgegeben werden, so dass die feindlichen Panzer in Trümmer schossen, was die Bombenangriffe noch übrig gelassen hatten. Vor den überlegenen Truppen der Alliierten zu kapitulieren, wurde am 3. April von Himmler unter Androhung der Todesstrafe verboten: *Aus einem Haus, aus dem eine weiße Fahne erscheint, sind alle männlichen Personen zu erschießen.*

Dabei kapitulierten auch die Nazigrößen selber, wenn auch auf ihre jeweils ganz besondere Weise. Der eben erwähnte Durchhaltefanatiker Himmler unternimmt im gleichen Monat April, als er das Hissen der weißen Fahne mit dem Tod bedroht, den Versuch, über den schwedischen Grafen Bernadotte Kontakt mit den Westmächten aufzunehmen und mit ihnen ein Bündnis gegen Stalin zu schließen. Von Hitler wird er wegen seiner eigenmächtigen Verhandlungen als Verräter aller Ämter enthoben und aus der Partei ausgeschlossen. Vergeblich will er als Feldwebel Hitzinger untertauchen, gerät bei Bremervörde in englische Gefangenschaft, wird entlarvt und setzt seinem Leben mit Gift ein Ende. Er wählt also die chemische Variante der Kapitulation.

Ähnlich Göring. Lange Zeit der zweite Mann nach Hitler und von diesem 1939 zu seinem Nachfolger bestimmt, versuchte er gegen Kriegsende durch geheime Verhandlungen mit den Westalliierten die deutsche (und die eigene) Katastrophe abzuwenden und wird daraufhin von Hitler aller Ämter enthoben und in Haft genommen. Von einer Staffel der ihm treu ergebenen Luftwaffe noch einmal befreit, gerät er in alliierte Gefangenschaft und war dann der wichtigste Angeklagte während des Nürnberger Kriegsverbrecherprozesses. Nach dem Todesurteil entzieht er sich dem Strang durch Selbstmord mittels Gift, das er vorsorglich bei sich hatte. Also bringt wiederum die Chemie den Mörder um.

Auch Joseph Goebbels entzieht sich der Todesstrafe durch den Freitod mit Zyankali. Erst ermordet er seine sechs Kinder und nimmt sich dann zusammen mit seiner Frau das Leben, um seinem Führer, nachdem der sich erschossen hatte, ein letztes Mal bedingungslos zu folgen.

Peu à peu nahm die Zahl der Personen, die im Führerbunker unter der Reichskanzlei lebten, ab. Die einen nahmen sich das Leben, die anderen nahmen Reißaus. Jedenfalls wollte keiner der einst so stolzen und mächtigen Herren den Siegern in die Hände fallen, vor Gericht stehen und am Galgen hängen. Macht ausüben ist angenehm, aber die Konsequenzen für die Verbrechen will man doch lieber nicht auf sich nehmen.

Am 20. April, zu Hitlers 56. Geburtstag, hatten sich seine Paladine noch einmal bei ihrem Führer eingefunden und gemeinsam gefeiert. Aber was heißt feiern? Die Gäste mussten sich seine endlosen Monologe anhören, die, bedingt durch die wechselnde Wirkung der von Hitler konsumierten Psychopharmaka, geprägt waren von utopischer Siegeserwartung, stumpfsinniger Resignation und aufbrausender Wut gegen Verräter und Versager. Göring und Goebbels, Himmler und von Ribbentrop, Ley und Speer sowie die Spitzen der Wehrmacht waren erschienen. Aber schon am Abend verschwanden die meisten. Außer Goebbels blieb von den verantwortlichen Bonzen nur Hitlers Büroleiter Bormann im Bunker, aber nach dem Tod seines Chefs versuchte auch er, dem Zugriff der Russen zu entkommen und irgendwo in Berlin unterzutauchen oder sich zu den Resten der deutschen Truppen durchzuschlagen. Der Versuch misslang, er wurde im Chaos der Straßenkämpfe erschossen, seine Leiche Jahrzehnte später gefunden und identifiziert.

Die Nazigrößen waren aus dem Nichts gekommen und sie verschwanden im Nichts oder wollten es doch, indem sie sich feige und inkognito zu verdrücken versuchten. Vor ihrer politischen Laufbahn trugen sie keine Verantwortung, und nach dem Scheitern des NS-Abenteuers wollten sie sich ihrer politischen Verantwortung nicht stellen, indem sie den Freitod suchten oder untertauchten. Wie ihr Führer Adolf Hitler hatten die meisten von ihnen keinen Beruf erlernt oder waren keiner geregelten Arbeit nachgegangen. Sie waren

Spieler- und Abenteurertypen und sahen in der Politik die günstige Gelegenheit, ohne Beruf und Beschäftigung zu Anerkennung und Ansehen, zu Einfluss und Wohlleben zu gelangen. Hitlers bekannter Ausspruch *Und ich beschloss, Politiker zu werden* ist entlarvend. Er erweckt den Eindruck, als wolle er sich nach dem verlorenen Weltkrieg mit aller Kraft für das gedemütigte deutsche Volk engagieren, in Wahrheit versucht er, nach Jahren der Erwerbslosigkeit und Erfolgslosigkeit durch die Eroberung und Ausübung von Macht seinem Leben endlich Sinn und Inhalt zu geben. Unzufriedenheit und Enttäuschung sind die Wurzeln seines Handelns und ähnlich ist es bei seinen engsten Anhängern. Sie waren mehr oder weniger Frustgeschädigte und fanden dann ihre ideologische Heimat in der NSDAP, dem Sammelbecken der Minderwertigkeitskomplexe.

Dass diese Partei und ihre paramilitärische Sturmabteilung Anklang bei den Massen fand, erklärt sich nicht zuletzt daraus, dass die Massen selbst enttäuscht waren vom verlorenen Krieg, von der Inflation, der schwächlichen Regierung, der Weltwirtschaftskrise sowie ihrer persönlichen Not, und dass ihnen Hitler nun mit einer plausiblen Patentlösung kam, mit billigen Schuldzuweisungen und dann Gewaltandrohung und Gewaltanwendung als Mittel einer erfolgreichen Politik. Hitlers Mitstreiter waren aus demselben Holz geschnitzt wie er, indem sie unter dem gleichen Widerspruch von Ehrgeiz und Ergebnis, von Anspruch und Erfolg litten. Sie wollten hoch hinaus, fassten aber nicht Fuß im bürgerlichen und beruflichen Leben. Die Erfahrung des persönlichen Scheiterns als Folge vermeintlichen Unrechts führt zu Rachegefühlen, Gewaltbereitschaft und Brutalität.

So zum Beispiel bei Hermann Göring. Er stammt zwar aus einer angesehenen Familie – sein Vater war Reichskommissar für Deutsch-Südwestafrika – und er selbst war im Ersten Weltkrieg ein erfolgreicher Jagdflieger, er konnte aber nach der deutschen Niederlage nicht länger Flieger sein und versuchte sich als Testpilot in Dänemark und dann als Student in Deutschland, bevor er zur NSDAP stieß, aber nach dem gescheiterten Hitler-Putsch in die Emigration nach Österreich, Italien und Schweden musste. Zurück in Deutschland begann er seine politische Karriere, er erwarb, zumal nach der Machtergreifung, eine Fülle von Ämtern, die er dazu nutzte, seiner Eitelkeit zu frönen und seine Gegner zu verfolgen und dann zu vernichten. Zugleich führte er ein anspruchsvolles und angenehmes Leben und betrieb Kunstraub im großen Stil. Er war ein Genussmensch, er war Morphinist, er war – wie alle Naziführer – gewissenlos und ging über Leichen.

Auf den ersten Blick waren der großbürgerliche Göring und der kleinbürgerliche Goebbels das genaue Gegenteil, dennoch glichen sich der kümmerliche *kleine Doktor* und der korpulente Kraftmensch in ihrer Skrupellosigkeit und in ihrem Buhlen um die Gunst des Führers. Auch Goebbels' Leben war zunächst von Enttäuschungen geprägt. Wegen seines Klumpfußes wurde er 1914 als Kriegsfreiwilliger abgelehnt, nach Studium und Promotion blieb er als Schriftsteller erfolglos. Erst in der NSDAP begann sein Aufstieg. Er wurde Gauleiter von Berlin-Brandenburg, Propagandaminister und Chef der staatlich gelenkten Kultur. Er war der Regisseur der *Reichskristallnacht* und gegen Ende des Krieges der fanatische Agitator für den totalen Krieg und das Durchhalten um jeden Preis. Bis zuletzt verharrte er bei seinem Führer im Bunker unter der Reichskanzlei und sah in seiner Treue bis in den Tod die Erfüllung seines Lebens.

Auch Hitlers Anhimmler Himmler kam als Sohn eines Münchener Gymnasialdirektors aus bürgerlich-ehrgeizigem Milieu. Nach dem Studium der Landwirtschaft betätigte er sich ohne Fortune als Düngemittelvertreter und Hühnerzüchter, so dass er sein Glück zunehmend in der NSDAP suchte und sich am Putsch von 1923 beteiligte. 1929 wurde er von Hitler zum Reichsführer SS ernannt und war nun nur noch politisch tätig, ganz seinem Hobby hingegeben, Macht, Gewalt und Brutalität zu üben und zu genießen. Schon Anfang März '33 errichtete er als kommissarischer Polizeipräsident von München das KZ Dachau. Nach der Entmachtung der SA im Zuge des sogenannten Röhm-Putschs wurde die SS eine eigenständige Gliederung der Partei und weitete unter Himmlers Führung ihre Macht immer mehr aus. Vor allem war sie zuständig für die Errichtung, Verwaltung und Ausbeutung der Konzentrationslager – und dann für die Ermordung der Häftlinge. Als Chef der deutschen Polizei (einschließlich der Gestapo) verfügte Himmler über den gesamten Terrorapparat von Staat und Partei. Er leitete die brutale

Germanisierungspolitik in den besetzten Ostgebieten. Er war ein pedantischer Bürokrat und pathologischer Massenmörder – vom Schreibtisch aus. Sein angehimmeltes Vorbild Hitler wollte er in Rücksichtslosigkeit, Konsequenz und Mordlust noch übertreffen, und Ende des Krieges hinsichtlich eines rücksichtslosen Durchhaltefanatismus. Aber dann, kurz vor der endgültigen Niederlage, sollte alles nicht wahr gewesen sein und die Vergangenheit getilgt werden. Himmler wollte sich nicht nur bei den Westmächten anbiedern und mit ihnen gemeinsam gegen den bösen Bolschewismus zu Felde ziehen, und dann, als das misslang, unter falschem Namen untertauchen, er versuchte auch, die Spuren seiner Verbrechen zu vertuschen. Er befahl, die Vernichtungsanlagen (Gaskammern und Krematorien) zu vernichten und die Häftlinge, bevor die Russen anrückten, in weiter westlich gelegene Lager zu bringen.

Martin Bormann und Adolf Eichmann waren wie Himmler perfekte Mordbürokraten. Bormann, wie Himmler Jahrgang Nullnull, versuchte sich nach dem Weltkrieg als Landwirtschaftseleve und wurde dann Mitglied eines Freikorps. Durch seine Beteiligung an einem Fememord empfahl er sich für die Mitarbeit in der NSDAP, der er 1927 beitrat. Er schaffte es bis zum *Sekretär des Führers*, beherrschte sozusagen das Vorzimmer und schirmte den Führer nach außen ab. Mit Akribie organisierte er kirchenfeindliche Aktionen und illegale Hinrichtungen. Als devoter und brutaler Gefolgsmann war er der typische Karrierenazi. Wie so viele seiner Komplizen und Konkurrenten versuchte er nach Hitlers Tod und angesichts des Zusammenbruchs seiner Vergangenheit und seiner Verantwortung – allerdings vergeblich – zu entkommen.

Adolf Eichmann, geboren 1906, brach die Schule ab, ein typisches Markenzeichen vieler Hitler-Fans, war dann als Handelsvertreter tätig und wurde 1932 Pg. und SS-Mann. Er ist dann durch seine bürokratischen Aktivitäten gegen die Juden hervorgetreten. Seine Dienststelle war das Zentrum für die Deportation von Millionen Juden aus dem Reich und aus den besetzten Gebieten in die Vernichtungslager. Bei Kriegsende konnte er sich verbergen und dann nach Argentinien entkommen, wo er unter anderem Namen lebte, bis der israelische Geheimdienst ihn aufspürte und entführte. Verraten hat sich der ohnehin bereits verdächtige Eichmann, als er seiner Frau zum Hochzeitstag (spießig wie viele der Naziverbrecher im Privatleben waren) rote Rosen schenkte, ein Indiz, das seinen Verfolgern letzte Sicherheit gab. Der Prozess in Israel erregte weltweit Aufsehen und endete 1962 mit Todesurteil und Hinrichtung.

Der Parvenu Joachim von Ribbentrop verdankt seinen Einstieg in die bessere Gesellschaft der Einheirat ins Schaumweinhaus Henkell, seinen Adel einer Adoption und seine Diplomatenkarriere sowie das Amt des Außenministers Hitlers Fehleinschätzung, der ein Faible hatte für alle Ehrgeizlinge und Emporkömmlinge, wie er selbst ja auch einer war. Dass ein Sektvertreter automatisch auch in der Lage ist, die Interessen seines Vaterlandes im Ausland zu vertreten, hat Hitler offenbar angenommen. Immerhin war von Ribbentrop am Zustandekommen des deutsch-englischen Flottenabkommens und des Hitler-Stalin-Paktes beteiligt, verlor aber im Laufe des Krieges mehr und mehr an Bedeutung, was aber kaum überrascht, denn wozu brauchte Deutschland noch einen Außenminister, wenn es fast mit der ganzen Welt im Kriegszustand war? Obgleich von Ribbentrop fast ganz von der Bildfläche verschwand, war er für die Alliierten doch so interessant und verantwortlich, dass sie ihm in Nürnberg als Hauptkriegsverbrecher den Prozess machten. Am 16. Oktober 1946 wurde er hingerichtet.

Neben Adolf Eichmann (geboren 1906) war Albert Speer (geboren 1905) der jüngste von Hitlers Paladinen. Der Architekturstudent war von Hitler fasziniert, ging 1931 in die NSDAP und sah später im Führer eine Art Vaterfigur. Zunächst stellungslos, bekam er von der Partei kleinere Aufträge. Dann durfte er die Massenkundgebungen ausstatten und machte Hitler durch seine Monumentalästhetik auf sich aufmerksam. Das bombastische Bühnenbild, das Fahnenmeer, die Lichteffekte, die Degradierung der uniformierten und in Reih und Glied geordneten Teilnehmer zu geometrischen Figuren – das alles entsprach dem Geschmack des Führers, der, da er sich selber als Architekt empfand, in Speer seinen kongenialen Kollegen sah.

Er übertrug ihm die Planung der neuen Reichskanzlei in Berlin und der Parteitagsbauten in Nürnberg. Speers Vater, selber Architekt, konnte angesichts der Berliner Einschüchterungsarchitektur seinem Sohn gegenüber nur kurz und knapp sagen: *Ihr seid wohl völlig verrückt geworden.* 1937 wurde Speer Junior Generalbauinspektor für die Reichshauptstadt und nun heckten die beiden Größenwahnarchitekten das Konzept für die Welthauptstadt *Germania* aus. Ganze Wohnviertel sollten verschwinden, damit die beiden vielspurigen Achsen (von Nord nach Süd und von Ost nach West) wie Schneisen auf das Zentrum zuführen konnten, wo die größte Versammlungshalle der Welt stehen sollte, ein Kuppelbau von fast 300 Metern Höhe und mit einem Fassungsvermögen für 150000 stehende Menschen. Das Brandenburger Tor sollte erhalten bleiben. Es nimmt sich auf den Bauplänen aus wie eine Streichholzschachtel neben einem Fußball. Zu dieser geplanten Teilzerstörung und Neubebauung Berlins kam es durch den Krieg nicht mehr, aber, so Hitler kurz vor dem Ende mit zynischen Worten, *durch ihre Bombenangriffe nehmen uns die Feinde ja zum Glück die halbe Arbeit ab.* Immerhin bewahrten die mehr zufälligen Zerstörungen der Luftangriffe Berlin vor der systematischen Zerstörung im Dienste von Hitlers Bauwahn.

Dank ihrer gemeinsamen Architekturinteressen kamen Hitler und Speer sich immer näher, so dass dieser immer neue Aufträge und Ämter erhielt. So wurde er 1942 zum Rüstungsminister ernannt und holte durch entsprechende Zwangsmaßnahmen aus dem deutschen Volk und der deutschen Wirtschaft das Letzte heraus.

Ob er die Versklavung der ausländischen Zwangsarbeiter und KZ-Häftlinge ausdrücklich forderte oder nur billigend in Kauf nahm, sei dahingestellt. Jedenfalls hat er während des Nürnberger Hauptkriegsverbrecherprozesses versucht, seine Mitschuld zu verharmlosen und Reue zu zeigen. Im Gegensatz zu den meisten der 24 Angeklagten kam er mit einer relativ glimpflichen Haftstrafe von 20 Jahren davon. 1966 entlassen, lebte er noch bis 1981, also 15 Jahre, mithin länger, als er in der NSDAP war und das Dritte Reich existierte.

Nun endlich zu Hitler! Wie reagierte er auf das drohende Ende? Er wollte es nicht wahrhaben. Er schob auf der Landkarte deutsche Fantasiearmeen hin und her, ließ sie den russischen Ring um Berlin durchbrechen und die Reichshauptstadt befreien. Doch als die Rote Armee den Tiergarten eroberte und der Reichskanzlei und dem Reichstag immer näher kam, musste er irgendeine Entscheidung treffen. Auf keinen Fall wollte er den Sowjets in die Hände fallen, weder tot noch lebendig. Weder wollte er gefangen genommen vor Gericht gestellt und als Kriegsverbrecher erhängt werden, noch wollte er, dass sein Leichnam misshandelt und entstellt oder als Trophäe dem Moskauer Pöbel zur Schau gestellt wird. Am 29. April erfuhr er vom unwürdigen Ende Mussolinis, den Partisanen zusammen mit seiner Geliebten erschossen hatten, so dass die treulosen Italiener ihren einst umjubelten Duce bespucken und mit Steinen bewerfen konnten. Das sollte ihm, dem Führer, nicht passieren. Er wollte einen würdigen Abgang inszenieren und anschließend spurlos verschwinden. Erst noch schnell Eva Braun heiraten, die wenige Tage zuvor nach Berlin gekommen war, um mit ihrem Adolf zu sterben, dann sein Testament und Selbstmord machen.

Die braune Ära ging zu Ende. Zwischen seiner Geburt in Braunau und seiner Vermählung mit Fräulein Braun lagen 56 Jahre. Die Hälfte seines Lebens hatte er der braunen Bewegung gewidmet, irgendeine Farbe mussten die Hemden und Hosen seiner uniformierten Anhänger schließlich haben.

Aber die meisten Farben waren bereits vergeben. Schwarz waren die konservativen und klerikalen Reaktionäre und im Übrigen auch Mussolinis Mannen, Rot die Linken, Weiß die Monarchisten. Die Kirche liebte Lila und Grün war die Farbe des Propheten beziehungsweise des Islam. Da blieb fast nur noch Braun übrig, eine Mischfarbe, die vieles in sich vereinte wie Hitlers sammelsurische Ideologie. Zudem war es die Farbe des fruchtbaren Mutterbodens, Symbol der Erdverbundenheit und der Landwirtschaft und des zukünftigen Lebensraumes. Und zum Zentrum der braunen Bewegung wurde das sogenannte Braune Haus in München.

Zu Ende ging auch die Ära des Wolfs. In privatem Kreis hatte sich Hitler gerne Wolf nennen lassen, er identifizierte sich mit diesem fleischfressenden Jäger (obgleich er Vegetarier war und der Jägerei, anders als Göring, nichts abgewann). Als Wolf sah er sich als streitbarer Einzelgänger und zugleich als Anführer des Rudels. Die Stadt, die aus dem Boden gestampft wurde, um hier die Volkswagen zu bauen (in Wahrheit entstanden in den VW-Werken Militärfahrzeuge), diese Stadt erhielt den Namen Wolfsburg. Das Führerhauptquartier in den ostpreußischen Wäldern hieß Wolfsschanze, und immer hatte Hitler Schäferhunde um sich, diese domestizierten

Wölfe, deren Eigenschaften der Führer auch von seinen Anhängern verlangte: Gehorsam, Schärfe, Kampfbereitschaft. Als die Wolfsära zu Ende ging, versuchte Himmler als letztes Mittel die Aktion Werwolf ins Leben zu rufen, eine Untergrundbewegung, die aus Wolfsmännern oder Mannwölfen bestand (vgl. lat. vir oder german. wer=Mann) und in den von Feinden besetzten Gebieten mit Terror und Sabotage von sich reden machen sollte.

Als Hitlers Selbstmord – in Tateinheit mit seiner Hochzeit – beschlossene Sache war, ließ er, misstrauisch und feige wie er war, die schnelle und perfekte Wirkung der Giftkapseln an seiner Schäferhündin Blondi testen. Die arme Kreatur verendete blitzartig, ohne ihren Herrn hatte das Leben der treuen Hündin ja ohnehin keinen Wert mehr.

Doch vor dem gut organisierten Freitod noch schnell die offizielle Eheschließung. Ordnung muss schließlich sein. In der Heirat sah Hitler das Ende seiner Zeit als Führer. Immer hatte er stolz verkündet, dass er, um mit aller Energie seinem Amt und seinem Volk dienen zu können, ledig bleiben müsse. Jetzt war er nicht länger Führer, jetzt wurde er zur Privatperson, zu einem ganz normalen biederen Bürger und musste nicht länger die Bürde der Verantwortung des größten Politikers und Feldherrn aller Zeiten tragen.

Prompt legte er in seinem Testament alle seine Ämter nieder. Goebbels machte er zum Reichskanzler, Dönitz, der von Flensburg aus noch die letzten Reste Nordeuropas kontrollierte, zum Reichspräsidenten und Oberbefehlshaber der Wehrmacht. Die Einmaligkeit der Ämterhäufung in einer Hand war damit beendet. Der Führer, der gar kein Führer mehr sein wollte, hielt, gleichsam instinktiv an dem bewährten Prinzip des *Teile und herrsche!* fest, auch wenn es nichts mehr zu herrschen gab. Eine Reminiszenz an die gute alte Zeit zeigte sich auch an der personellen Ausstattung der Heiratsprozedur. Goebbels und Bormann durften Trauzeugen sein, und die Eheschließung zwischen Herrn Hitler und Fräulein Braun, die sich beide als reinrassig arisch bezeichneten, vollzog ein Gauamtsleiter mit Namen Wagner. Wagner, ja, Wagner. Ob es Hitler selbst oder der Ironie der Geschichte zu verdanken ist, in der Stunde der *Götterdämmerung* war Wagner dabei.

Hitler, der Freund der Blitzkriege, war auch ein Freund der Blitzehe, sogar im doppelten Sinne. Blitzartig wurde seine Ehe geschlossen, weil die Zeit drängte und Gefahr im Verzug war, und dann hat sie nur wenige Stunden gedauert. Um die Mittagszeit des 30. April nahm das gerade erst vermählte Paar seine Henkersmahlzeit ein, dann zogen sich die beiden in einen Nebenraum zurück. Schon bald fiel ein Schuss. Nur einer. Eva Hitler hatte sich mit einer der an Blondi getesteten Zyankalikapseln vergiftet, Adolf Hitler – soweit sich die Vorgänge rekonstruieren lassen – nicht nur die tödliche Dosis genommen, sondern sich gleich anschließend auch noch in den Kopf geschossen. Sicher ist sicher, und doppelt hält besser.

Kurze Zeit später betrat der SS-Kommandant Rattenhuber das Sterbezimmer. Auch hier ist der Name nicht ohne zynische Symbolik. Wie gerne hatte der Propagandist Goebbels in seinen Hetzfilmen Ratten und Juden gleichgesetzt, und jetzt übernimmt ein Herr Rattenhuber die Entsorgung des Herrenmenschen Hitler. Dieser hatte zu diesem Zweck 200 Liter Benzin bereitstellen lassen. Er wollte sich spurlos in Luft auflösen und hatte somit unbewusst für sich selbst das gleiche Schicksal vorgesehen wie für die Millionen Juden, die in den Krematorien von Auschwitz verbrannt worden waren. Das bisschen, was von Hitler übrig blieb, wurde in einem Granattrichter beerdigt. Als die Russen wenig später die Reichskanzlei eroberten, hatten sie kein Interesse daran, die Reste Hitlers zu Reliquien werden zu lassen und ignorierten sie. Stalin und Hitler waren sich darin einig, dass von Letzterem nichts übrig bleibt.

Sein stolzes Versprechen, dass er die Reichskanzlei nie mehr lebend verlassen werde und dass er das Wort *Kapitulation* nicht kenne, also niemals aufgeben werde, hat er gehalten. Er starb in seinen Amtsräumen und hat vor der Übermacht der Feinde nicht kapituliert. Das überließ er seinen Nachfolgern. Auf dem Papier blieb er unbesiegt.

Gestorben ist er, das muss man zugeben, mit der Waffe in der Hand. Und so konnte die Propagandapresse am nächsten Tag verkünden, dass der Führer gefallen sei. Im Kampf gegen den Bolschewismus, wie es ergänzend hieß. In Wahrheit hatte er die Waffe gegen sich selbst gerichtet und sich dadurch der Verantwortung und Bestrafung entzogen.

Am 2. Mai ergab sich Berlin und wurde von der Roten Armee besetzt. Schon vorher, zeitgleich mit Hitlers Selbstmord, am frühen Nachmittag des 30. April, hissten zwei russische Soldaten auf dem nach den Straßenkämpfen vollends zur Ruine gemachten Reichstag die rote Fahne mit den auf ihr abgebildeten Arbeitsgeräten der werktätigen Bevölkerung. Aber das Foto, das um die Welt ging, war – wie so oft bei politischen Bildern – nachgestellt und nachfotografiert, genau wie das Bild, auf dem Scheidemann, ein paar Meter entfernt, 1918 die Republik ausruft.

Auch hinsichtlich der Gesamtkapitulation galt wie bei Hitlers Selbstmord die Maxime: Doppelt hält besser. Von Dönitz dazu beauftragt, unterschrieben einige Generäle am 7. Mai in Eisenhowers Hauptquartier in Reims in Abwesenheit sowjetischer Vertreter die bedingungslose Kapitulation. Da Stalin aber auch seinen Triumph haben wollte, wurde die Zeremonie in der Nacht vom 8. auf den 9. Mai in Berlin-Karlshorst, dem sowjetischen Hauptquartier, wiederholt.

Der Krieg war zu Ende, das Dritte Reich auch, und das deutsche Volk stand vor einem Abgrund. Seine Zukunft konnte nur Sühne und Strafe heißen. Es hatte Hitler gewählt (wider alle politische Vernunft), es hatte ihm zugejubelt und war ihm gefolgt (wider alle Moral), und es hatte ihm bis zuletzt die Treue gehalten (wider jeden Selbsterhaltungstrieb) – zumindest die abgestumpfte Mehrheit.

Schon am 20. Juni 1940 hatte Thomas Mann im amerikanischen Exil seinem Tagebuch anvertraut: *Mitleid gebe es nicht mehr in Europa, sagen die Deutschen. Auch sie werden es noch zu spüren bekommen. Das Maß ist voll. In Deutschland wurde das Mitleid zuerst abgeschafft. Wer weiß, wie das Elend, das sie jetzt schaffen, auf sie noch zurückschlagen wird.* Der Nobelpreisträger sollte Recht behalten. Aber was jeder Einzelne an mitleidlosen Strafen zu erleiden bekam, hing von seinem jeweiligen Einsatz- beziehungsweise Aufenthaltsort ab. Die Deutschen wurden zu Opfern und Objekten ihres Kriegsherrn und dann der überlegenen Gegner, in Stalingrad und überhaupt an den Fronten, in den Städten bei den nächtlichen und alsbald täglichen Bombenangriffen, und am Ende als Flüchtlinge oder Vertriebene.

Dabei kamen die Ostdeutschen den Plänen der Alliierten entgegen, sie flohen genau aus den Gebieten, die von den Großen Drei für das künftige Polen vorgesehen waren. Sie verließen Ost- und Westpreußen sowie Hinterpommern, aber nicht Vorpommern, obgleich auch hier mit russischer Rache nach erfolgter Eroberung zu rechnen war. Sie verließen die östlich der Oder gelegene Neumark, aber nicht die Mark, sie verließen Schlesien, aber nicht Sachsen. Insgesamt beträgt die Zahl der ins spätere Zonendeutschland gekommenen Ostdeutschen über 14 Millionen. Wer nicht flüchtete, wurde später vertrieben.

7 Millionen aus der Tschechoslowakei, 2 Millionen aus Polen, die Übrigen aus den anderen Staaten Osteuropas. 2 Millionen kamen auf der Flucht oder bei der Vertreibung um. 5 Millionen deutsche Soldaten haben in dem von Deutschland begonnenen Krieg ihr Leben verloren, 13 Millionen gerieten in Gefangenschaft. Die letzten 30000 kehrten 1955 aus den sowjetischen Lagern heim, 2 Millionen haben dort ihr Leben gelassen. 1,5 Millionen Soldaten waren zu Kriegsversehrten geworden. Der Bombenkrieg hat 600000 deutsche Zivilisten das Leben gekostet, allein bei dem Angriff auf Dresden im Februar 1945 starben weit über 100000 Menschen, mehrheitlich Flüchtlinge, die auf dem Weg nach Wesen in der Elbestadt Station gemacht hatten.

Die im Osten eingesetzten deutschen Soldaten hofften einerseits, der Roten Armee nach Westen zu entkommen und in amerikanische oder englische Gefangenschaft zu kommen, die der sowjetischen in jeder Hinsicht (Ernährung, Unterbringung, Behandlung, Arbeitsbedingungen, Dauer) vorzuziehen war.

Andererseits wollten und mussten sie die deutsche Zivilbevölkerung schützen, ihre Flucht decken beziehungsweise die Flucht über die Ostsee ermöglichen. Zwei Millionen Menschen, auch viele verwundete Soldaten, konnten auf dem Wasserwege gerettet werden. Bekannt ist aber auch der Untergang der vollbesetzten *Wilhelm Gustloff*, eines ehemaligen KdF-Dampfers, nach dem Treffer eines von einem sowjetischen U-Boot abgeschossenen Torpedos. Nur die wenigsten Passagiere überlebten.

Die Statistiker setzen uns darüber in Kenntnis, dass jenseits von Oder und Neiße ein Fünftel des deutschen Lebensraumes verloren ging, dass ein Fünftel des deutschen Volkes seiner alten Heimat entsagen musste und nun in Restdeutschland eine neue Heimat finden musste, dort, wo ein Fünftel aller Wohnungen restlos zerstört war. Aber immerhin hielt das Schicksal den zynischen Trost bereit, dass die Wohnungsnot gemildert wurde, weil jeder zehnte Deutsche im Krieg umgekommen war und keinen Wohnraum mehr beanspruchte.

Doch muss jeder Deutsche sich ehrlicherweise immer wieder frei nach Cato sagen: *Im Übrigen bin ich der Meinung, dass Hitler der Zerstörer ist.*

Seit Stalingrad, als sich die militärischen Misserfolge zu häufen begannen, kam in der Wehrmacht zur Kennzeichnung kritischer und bedrohlicher Situationen der Ausdruck *Schlamassel* in Mode, ein jiddisches Wort, das *Unglück* bedeutet. Dass die Deutschen ihre Niederlagen auf diese Weise, auf Jiddisch eben, umschreiben, ist ein Beispiel für den unverwüstlichen Humor und die linguistische Rache der Juden.

29

Zwei Jahre Landleben

In dem kleinen Klein-Disnack lebten vor dem Krieg 50 Menschen und nach dem Krieg 150. Die Flüchtlinge hatten die absolute Mehrheit, aber nicht das Sagen. Sie waren aufgezwungene, nicht eingeladene Gäste und sie wurden bestenfalls kühl und korrekt behandelt. Notgedrungen und behördlich angeordnet räumten die Einheimischen den Heimatlosen ein paar Räume ein, wo diese recht und schlecht unterkamen. Uns drei Berlinern hatte der Bauer Eberhard im ersten Stock zwei Zimmer zugestanden, die ich als sehr weitläufig in Erinnerung habe, wohl weil sie kaum möbliert waren und ich mich dort frei bewegen und ungehindert hin und her laufen konnte.

Wir hatten uns noch gar nicht richtig eingelebt, da wurden wir von den Engländern erobert. Von Süden kommend, hatten sie die Elbe überquert und stießen durch Lauenburg, Holstein und Schleswig in Richtung Flensburg vor, wo Großadmiral Dönitz über den letzten Rest des Dritten Reiches regierte. Um Klein-Disnack wurde nicht gekämpft, denn deutsches Militär gab es hier nicht. Es fiel kein Schuss, erst recht kein Soldat, die Engländer waren eines Tages einfach da und machten ihre Autorität geltend. Ihre erste Amtshandlung bestand darin, dass sie den Bürgermeister Schwarz absetzten, der ein Mitläufer-Nazi war und mit Parteibuch und Bauernschläue Klein-Disnack unbeschadet durch die Hitler-Zeit gesteuert hatte. Als Nachfolger setzten die Sieger den weniger bauernschlauen Bauern Distel ein, der mit den Kulturtechniken des Lesens, Schreibens und Rechnens nur unzulänglich vertraut und mit der Verwaltung eines Minidorfes überfordert war. Folglich regierte der alte Bürgermeister faktisch weiter und der neue pro forma, das heißt, Distel unterschrieb, was Schwarz ihm vorschrieb und aufschrieb.

Die zweite Amtshandlung der Briten war eine statistische Maßnahme. Sie hatten von den Bürgermeistern eine Einwohnerliste angefordert und mit der fuhren sie von Hof zu Hof und überprüften, ob das Papier mit der Wirklichkeit übereinstimmte. Was Ordnung und Pedanterie anbelangt, wollten die Sieger der preußischen Bürokratie in nichts nachstehen.

Wir Hausbewohner, alte und neue, alte und junge, mussten uns in dem langen Hausflur in zwei Reihen aufstellen, vorne an der Haustür der Hausherr Eberhard, seine vier Töchter und seine Enkelin Irene, dann wir Flüchtlinge, meine Großmutter, meine Mutter und ich, sowie das Ehepaar Schneider mit der Tochter Inge, die oben im ersten Stock unsere Nachbarn waren. Von Herrn Schneider heiß es, er sei Offizier, aber warum er als solcher nicht am Krieg teilnahm und in Gefangenschaft kam, blieb unklar. Vielleicht war er Invalide, hatte seinen k.v.-Status verloren und war aus der Armee entlassen worden, wogegen aber sprach, dass man ihm keine Behinderung anmerken konnte. So oder so, in der chaotischen Zeit des

Zusammenbruchs hatte niemand etwas dagegen oder beförderte es gar, wenn aufwertende Gerüchte über ihn kursierten. Jedenfalls gab die Familie Schneider sich vornehm, was dem Offiziersgerücht zusätzlich Nahrung verschaffte. Besonders die theoretische Offiziersgattin wollte etwas Besonderes und Besseres sein und wollte es auch die Engländer merken lassen. Als sie kühl und sachlich gefragt wurde, ob sie die auf der Liste verzeichnete Luise Schneider sei, fühlte sie sich falsch und schlecht behandelt, ja sogar beleidigt, denn sie schrie empört auf *Ich heiße nicht Luise, ich heiße Luzie!* Uns allen fuhr der Schreck in die Glieder, nicht nur wegen des schrillen Keifens, sonder vor allem aus Angst, weil man ja nie wissen konnte, wie empfindlich die Engländer auf eine derart lautstarke Besserwisserei reagieren würden. Aber sie taten nichts anderes, als ihre Liste zu korrigieren und verschwanden, und zwar nicht nur aus Eberhards Haus, sondern auch aus dem Dorf. Und dabei blieb es. Hinfort war es unter ihrer Würde, in einem so kleinen Dorf wie Klein-Disnack militärische Präsenz und Stärke zu demonstrieren.

Damit begann das zivile und friedliche Leben der Nachkriegszeit. Für uns Flüchtlinge hieß Leben Überleben. Man musste mit dem allgemeinen Mangel zurechtkommen und irgendwie den Bedarf an Nahrung, Wohnung, Kleidung und Heizung decken. Untergebracht waren wir, hatten ein Dach über dem Kopf und zu essen gab es bei einem Landwirt natürlich auch, nicht viel und erst recht nicht schmackhaft, also keimende Kartoffeln und Runkelrüben und ab und zu etwas Magermilch. Darüber hinaus waren die Bauern so gnädig, den Flüchtlingen von einem Acker, der an die Dorfstraße grenzte, ein paar Parzellen Gartenland zur Bewirtschaftung zu überlassen, so dass wir im Sommer zu frischem Gemüse kamen. Auch frieren mussten wir nicht, vorerst zumindest, denn vor uns lag die warme Jahreszeit. Auch der Mangel an Kleidungsstücken, aus denen ich zielstrebig herauswuchs und die eh zerschlissen waren, war im Sommer kein sonderliches Problem. Mehr als Hemd und Rock oder Hose zogen wir Kinder nicht an, und barfuß liefen wir sowieso, wenn wir nicht, selten genug, in unsere Notsandalen schlüpften. Hierbei handelt es sich um eine Nachkriegsspezialanfertigung. Dem Bauern Eberhard waren sieben landwirtschaftliche Hilfskräfte, sprich Knechte, zugewiesen worden, die im Sommer bei der Ernte helfen sollten. Das waren Kriegsgefangene, die, da landwirtschaftlich vorgebildet, von den Engländern vorzeitig entlassen worden waren, und einer von denen war so geschickt, aus den Autoreifen eines zerschossenen Militärfahrzeuges Sandalen für die armen Flüchtlingskinder herzustellen. Man kann also sagen, man wusste sich zu helfen. Das Leben normalisierte sich langsam, wenn auch auf unterster Ebene. Man begann sogar schon wieder, auf Schönheit zu achten. Jedenfalls schleppte mich meine Mutter eines Tages nach Ratzeburg zum Haareschneiden. Die sechs Kilometer lief ich, wie gewohnt, mit nackten Füßen, um die wertvollen Sandalen zu schonen, die ich also nicht an den Füßen, sondern in der Hand trug und erst auf einer Parkbank in den Grünanlagen vor der Stadt anzog. Barfuß konnte ich schließlich nicht in den Frisiersalon gehen.

Der Krieg und die Nazizeit gerieten in Vergessenheit, die Vergangenheit wurde verdrängt und regelrecht begraben. Kurz nach, wahrscheinlich aber kurz vor der Eroberung Klein-Disnacks durch die Engländer musste der Bauer Eberhard ein totgeborenes Kalb entsorgen. Auf der Hauskoppel zwischen den Apfelbäumen wurde eine Grube ausgehoben und der Kadaver hineingeworfen, aber nicht nur der. Von dem geplanten Begräbnis hatten mehrere Männer Wind bekommen und sich mit ihren NS-Utensilien eingefunden. Wir Kinder standen etwas abseits und sahen nun, wie Parteiabzeichen, Orden, Ehrenzeichen, Auszeichnungen, gerahmte Zertifikate, verdächtige Kleidungsstücke und Hoheitszeichen dem armen Kälbchen als Beigaben mit auf den Weg ins Jenseits überantwortet wurden. Noch heute, so nehme ich an, ruhen die Kalbsknochen und die Parteisymbole einträchtig in dem schweren Holsteiner Lehm.

Auch wenn Krieg und Nazizeit vorüber waren, die Reichsmark blieb in Umlauf. Aber die Währung war wertlos und keiner wollte sie haben, zumindest wollte niemand Sachwerte für die abgegriffenen Lappen hergeben. Wer irgendetwas besaß, was er erübrigen konnte, tauschte es gegen das, was ihm wichtiger war. Für derartige Geschäfte gab es einen Schwarzen Markt. An die Stelle der Geldwirtschaft trat der Tauschhandel – wie in der Frühgeschichte der Menschheit.

Tante Lieschen hatte ihre zwei Pferde und den Treckwagen durch den Krieg gerettet, hatte aber nun keine Verwendung mehr dafür. Wem sie ihr Gespann überließ und wofür, weiß ich nicht, auf jeden Fall aber kam sie in den Besitz von reichlich Nahrungsmitteln, die sie für ihre große Familie ja auch dringend benötigte, denn inzwischen war Bärbel wieder genesen und in den Schoß der Familie zurückgekehrt. Als Jüngste, das Baby war inzwischen verstorben, wurde sie schnell der Liebling des kinderlosen Ehepaars Schwarz, ihrer Gastgeber. Die Naturalien aus dem Erlös der Veräußerung von Pferd und Wagen wurden nicht nur biologisch verbraucht, also verspeist, sie wurden teilweise auch in den Kreislauf des Tauschhandels eingebracht. An der Chaussee, die an Ratzeburg vorbei nach Lübeck führte, hatten die Engländer ein Gefangenenlager eingerichtet. Hinter einem hohen Stacheldrahtzaun und unter freiem Himmel, der Sonne, dem Regen, der nächtlichen Kälte ausgeliefert, waren hier Hunderte von deutschen Soldaten zusammengepfercht und hungerten. Meine Tante und meine Mutter suchten das Lager auf, einerseits beabsichtigten sie, so der Zufall es wollte, etwas in Erfahrung zu bringen über den vermissten Onkel Max, andererseits wollten sie mit den Soldaten ins Tauschgeschäft kommen. Ob sie durch den Stacheldraht verhandelten oder ob sie, da meine Mutter recht gut Englisch sprach, von dem britischen Wachpersonal die Erlaubnis erwirkten, das Lager zu betreten, kann ich nicht sagen. Doch das Vorhaben der beiden Damen war zumindest zur Hälfte von Erfolg gekrönt, sie brachten nämlich ein Fahrrad mit nach Klein-Disnack. Die Engländer hatten die Deutschen zwar restlos entwaffnet, aber dem internierten Meldefahrer sein friedliches Fahrzeug gelassen, mit dem er in dem engen Lager nichts anfangen konnte, für den aber Brot und Kartoffeln einen überlebenswichtigen Sachwert darstellten. Umgekehrt war für Tante Lieschen das Rad Gold wert, weil mit seiner Hilfe der Weg nach Ratzeburg bequemer und weniger zeitraubend war und eventuelle Transporte erleichtert wurden.

Meine Tante war so selbstlos und wollte meine Mutter an dieser technischen Errungenschaft teilhaben lassen, dem stand aber im Wege, dass sie des Radfahrens nicht mächtig war. Das Erlernen dieser Kunst stieß dann auf erhebliche Schwierigkeiten. Marianne und Christa, die beiden Ältesten meiner Tante, gaben sich als Lehrkräfte alle Mühe, doch die kopfsteingepflasterte Dorfstraße mit ihren Schlaglöchern, Pfützen und Kuhmisthäufchen war derart unwegsam, dass die Fahrversuche mehrfach im Straßengraben endeten und mit Rücksicht auf die Unversehrtheit meiner Mutter und des Rades abgebrochen wurden.

Auf die Nazizeit mit den großen Worten folgte die Zeit der kleinen materiellen Bedürfnisse. Man musste sehen, wie man mit dem Mangel zurechtkam oder irgendwie aus der Not ein Geschäft machte. Der Bauer Eberhard hielt neben seinen *normalen* Schweinen, die sich mit Rüben begnügen mussten, eine Privatsau, die zusätzlich Schrot, also nahrhaftes, grob gemahlenes Getreide bekam. Das gemästete Tier sollte zu gegebener Zeit teils dem Eigenbedarf dienen, teils auf dem Schwarzen Markt gewinnbringend in den Tauschhandel gelangen. Als Gegenleistung für die gastliche Aufnahme verlangte der Bauer Eberhard von meiner Mutter, die in einem Extrakoben gehaltene Sau zu füttern. Dieses Futteramt war für uns ein gefundenes Fressen. Meine Mutter zweigte von dem knapp bemessenen Schrot so einiges für den Familienbedarf ab, so dass die arme Sau, die ich als *mage Sau* titulierte, zur Verwunderung und zum Ärger des Bauern einfach nicht fetter werden wollte (und konnte). Man mag das eigenmächtige und egoistische Vorhaben meiner Mutter als Mundraub entschuldigen, aber einen richtigen, bewaffneten Raubüberfall musste Klein-Disnack in dieser wirren Zeit auch über sich ergehen lassen. In der Nähe von Lübeck befand sich ein Lager für Displaced Persons. Das waren, wie der Name sagt, Menschen, die eigentlich nirgends so richtig hingehörten, die sich in Deutschland nicht wohlfühlten, aber in ihrer Heimat mit größten Schwierigkeiten zu rechnen hatten, zum Beispiel ehemalige sowjetische Kriegsgefangene und osteuropäische Zwangsarbeiter oder *Hilfswillige* (Hiwis), denen die stalinistische Diktatur, weil sie sich hatten gefangen nehmen lassen, Feigheit, und weil sie für die Deutschen gearbeitet hatten, Verrat und Kollaboration vorwarf und sie, wenn sie heimkehrten, sofort nach Sibirien brachten. Fast 10 Millionen DPs lebten zunächst in Deutschland und einige von ihnen in dem Lübecker Lager. Von dort unternahmen sie Streifzüge in die Umgebung. Nach einem Krieg sind Waffen wohlfeil und leicht zu beschaffen, so dass die DPs gut gerüstet auf Plündersafari gehen konnten. Da bei den Flüchtlingen nichts zu holen war, überfielen sie die Bauern, so den uns gegenüber wohnenden Bauern Weitmann. Am nächsten Morgen verbreitete sich das Gerücht darüber, was in der Nacht geschehen war, mit Windeseile von Hof zu Hof. Weil Weitmann sich weigerte, den Räubern zu überlassen, was sie verlangten, egal ob er nichts rausrücken konnte oder wollte, machten die Kerle von der Schusswaffe Gebrauch. Sie verletzten ihn zwar nicht lebensgefährlich, schossen ihm aber durch die Wange, mit dem Ergebnis, dass der bemitleidenswerte Weitmann, der unversehrt durch den Krieg gekommen war, für den Rest seines Lebens gezeichnet blieb.

Wesentlich harmloser gestalteten sich die Eigentumsdelikte, zu denen sich einige Flüchtlinge hinreißen ließen. Als im Sommer das erste Obst an den Chausseebäumen reifte, fuhren sie – immer noch im Besitz ihrer Fluchtkutsche – am helllichten Tage über Land und inspizierten und verteilten die Obstbäume: *Der Kirschbaum hier in der Kurve gehört mir, du kannst dafür dahinten die Augustäpfel haben. – Ich bin auf die Birnen da rechts scharf, wenn du zum Ausgleich mit den Pflaumen an diesem Feldweg zufrieden bist.* Als die Früchte sich endlich der Reife näherten, wurden dann zwischen Mitternacht und Morgengrauen die theoretischen Abmachungen in die praktische Ernte umgesetzt.

Die Nachkriegszeit war eine widersprüchliche Epoche. Lebensgefahr (sei es durch kriminelle Gewalt oder durch Not und Elend, Hunger und Krankheit) stand neben Lebensgier und Lebenslust.

Man wollte endlich wieder richtig leben, etwas erleben und das Versäumte nachholen. Man wollte die Gegenwart genießen, da man die Zukunft nicht kannte. Carpe diem – und erst recht: Carpe noctem. Lebenslust hieß Liebeslust. Als im Nachbardorf Berkenthin ein Tanzvergnügen angekündigt wurde, waren drei der vier Eberhardtöchter nicht zu halten, nur die älteste, die verheiratet war, eine Tochter hatte und auf ihren Mann wartete, blieb zu Hause. Der Bauer Eberhard, der seine Früchtchen kannte, untersagte ihnen den Ballbesuch und sperrte sie im Obergeschoss seines Hauses ein, aus dem sie sich aber, kaum war der Alte eingeschlafen, abseilten und auf den fünf Kilometer langen Weg zum Ziel ihrer Wünsche machten. Welche Rolle dabei die kriegsentlassenen Knechte spielten, ob sie die Flucht unterstützten und auch sonstwie einen Beitrag zum Glück der Mädchen leisteten, weiß ich verständlicherweise nicht. Immerhin jedoch hat eine der drei einen von den sieben später geheiratet und ist mit ihm nach Mecklenburg verzogen, wo sein Vater ihm irgendwann mal einen Hof vererben würde. So hoffte er jedenfalls. Die Kürzel DDR und LPG gab es noch nicht, und was die ihm antun würden, konnte er nicht ahnen. Seine Braut aber konnte sich glücklich schätzen, denn einen Mann abzukriegen, war nach dem Krieg für ein heiratsfähiges Mädchen statistisch gesehen recht unwahrscheinlich. Zu viele junge Männer waren auf dem Felde der Ehre geblieben, wie es so schön und tröstlich heißt, und viele waren für wer weiß wie lange in Gefangenschaft. Auf 37 Millionen Frauen kamen 30 Millionen Männer, und dieses Missverhältnis von 5:4 war bei den 20- bis 30-Jährigen noch schlimmer.

Ich selbst war natürlich viel zu grün und zu unreif für die Liebe, aber ich freundete mich doch an mit der Offizierstochter Inge (wenn sie denn eine solche war). Es war einfach bequemer, mit einer Nachbarin zu spielen, als den langen Weg zu meinen Verwandten am anderen Ende des Dorfes zurückzulegen. Inge stammte aus Königsberg oder Danzig, war also Großstädterin ohne jede Kenntnis vom Landleben, und so konnte ich sie necken, ja in Angst und Schrecken versetzen, wenn ich mich ihr mit einem Büschel Brennnesseln näherte. Sie ergriff die Flucht, ich verfolgte sie mit Taubnesseln in Händen, sie wunderte sich in ihrer Panik nicht darüber, dass mir die Nesseln nicht wehtaten, sie rannte nur, ich rannte schneller, holte sie ein, berührte sie mit dem Corpus delicti und dann lachten wir gemeinsam, als der Schmerz ausblieb, und mochten uns. Aber eine brennende Liebe entwickelte sich aus unserer Taubnesselbeziehung nicht. Wir waren ja schließlich erst sieben.

Mochte für uns Kinder die Liebe zwischen Menschen tabu sein und ein Buch mit sieben Siegeln, so war die Begattung weiblicher Tiere durch männliche Partner ein durchaus vertrauter Vorgang. Aber wir hatten weder den Mut noch die Fantasie, Parallelen zwischen Mensch und Tier zu ziehen. Erotik war ein Geheimnis, doch Bespringen, Decken oder Beschälen eine natürliche und oft auch eine öffentliche Prozedur. Mit Vergnügen erinnere ich mich noch heute daran, wie schwer sich später in Berlin die hilflosen Lehrer taten, uns dem Lehrplan gemäß biologische Aufklärung zu vermitteln. Hier in Klein-Disnack gab es dieses Wissen frei Haus. Je größer die beteiligten Tiere waren, desto beeindruckender fanden wir das Schauspiel.

Der Bauer Weitmann, derselbe, der von den DP-Räubern verletzt worden war, wollte seinen Pferdebestand erweitern und eine Stute decken lassen. Eines Tages erschien folglich ein Hengst auf dem Hof, um seines Amtes zu walten. Der Bauer verjagte die versammelte Kinderschar, weil er verhindern wollte, dass wir sahen, was wir ohnehin wussten. Hinter dem Hof war eine Kiesgrube, in der wir erst einmal verschwanden. Schon bald wagten wir einen neuen Vorstoß. Erst krochen wir im Schutze einer Miete ungesehen vorwärts, bis wir sie erreicht hatten, dann hoben wir langsam den Kopf und legten die Kinnspitze auf den Kamm der Miete.

Was gab es nun nicht alles zu sehen! Der Hengst hatte sein Herrchen oder seinen Knecht – wie man will – mitgebracht und ließ sich von ihm an einer langen Leine im Kreise über den Hof führen. Wie ein Zirkuspferd drehte der stolze Hengst seine Runden. Laut gellte sein Wiehern in den Himmel, aus einer Ecke des Hofes kam eine schüchterne Antwort. Dort stand Weitmanns braune Stute in einem Bretterverschlag, einer regelrechten Sackgasse, so dass sie nicht von der Stelle konnte, wenn es erst einmal losging. Der Bauer und zwei Knechte hielten sie zusätzlich fest, einige andere Männer standen tatenlos herum. Plötzlich kamen sie auf uns zu, wahrscheinlich hatte der Bauer uns entdeckt und sie aufgefordert, uns zu vertreiben. Sie nahmen Steine und verfaulte Kartoffeln auf und warfen nach uns. Wir tauchten hinter der Miete unter, waren scheinbar verschwunden und blieben doch präsent. Wir warteten in unserem Versteck, bis wir das gleichmäßige Hufschlagen des Kreisläufers Hengst nicht mehr hörten, dann tauchten wir wieder auf. Nun schaute sich keiner der Männer mehr nach der Miete um, alle verfolgten gespannt und gebannt das Schauspiel, wie es losging, fortging und ausging.

Details zu beschreiben, erspare ich mir, Wer jemals einem solchen Liebesdrama beigewohnt hat, wird sich genau erinnern, wer nicht, dem sagen auch Worte nichts.

Und ich, der kleine Großstädter aus Berlin, der Kleinstädter aus Nörenberg, war endgültig in Klein-Disnack angekommen und ein Dorfjunge geworden.

Im Hochsommer, an einem sonnigen Nachmittag, war plötzlich mein Vater da. Er trug noch seine Uniform, war aber zum Zivilisten geworden, weil die Schulterstücke mit den Sternen und der Aufnäher mit Adler und Hakenkreuz entfernt worden waren. Für mich war er ein fremder, ja, bedrohlicher Soldat, so dass ich vor Schreck in Tränen ausbrach und dann restlos die Fassung verlor, als meine Mutter und meine Großmutter dem unbekannten Mann um den Hals fielen.

Es war meinem Vater gelungen, aus dem Gefangenenlager bei Lütjenburg entlassen zu werden, weil er die Engländer davon überzeugt hatte, dass er ein gelernter Landmann sei und in der Landwirtschaft nützlicher wäre als in dem überfüllten Lager. Unter seinen amtlichen Papieren, im Arbeitsbuch, Soldbuch oder sonstwo fanden sich Hinweise, dass er früher einmal als landwirtschaftlicher Eleve gearbeitet hatte, und da die britische Lagerverwaltung großen Respekt vor der Exaktheit und Glaubwürdigkeit deutscher Behörden hatte, schickte sie meinen Vater als Landarbeiter zu dem Bauern, bei dem seine Angehörigen, wie er wusste, untergekommen waren, und statteten ihn mit entsprechenden Reisedokumenten aus.

Aber Arbeit gab es beim Bauern Eberhard nicht, an Hilfskräften hatte er bereits mehr als genug. Der entmilitarisierte Stabsgefreite Martin Hartmann war somit ohne Stellung, aber nicht ohne Beschäftigung.

Die ganze Familie zog unter seiner Führung Tag für Tag hinaus in die Natur, um quasi am Rande der professionellen Landwirtschaft Essbares zu suchen und zu sammeln. Himbeeren, später Brombeeren holten wir aus den Knicks, wilde Erdbeeren und Waldpilze aus dem Wald, von den Weiden Champignons und – die fleißigen Kühe zum Vorbild nehmend, Löwenzahn, Schafgarbe, Sauerampfer und junge Brennnesseln, aus denen unsere Frauen einen schmackhaften Gesundheitssalat bereiteten. Darüber hinaus pflückten wir aus den dornigen Hecken die Wollebälle, die von den vorbeigetriebenen Schafherden zurückgeblieben waren.

Abends saß die Familie beisammen, meine Großmutter spann, meine Mutter strickte, mein Vater erzählte vom Krieg und ich hörte zu.

Des Öfteren begab sich meine Großmutter nur mit mir auf Sammelsafari, wahrscheinlich, so nehme ich heute an, um – taktvollerweise – meine Eltern alleine und ungestört zu lassen, schließlich hatten sie von ihren neun Ehejahren über sechs getrennt gelebt, und nun endlich, na ja ... Aber ein Brüderchen oder Schwesterchen haben sie in dieser schlechten Zeit bestimmt nicht geplant und ja auch nicht zustande gebracht.

Die Erinnerung beschönigt und so habe ich den Sommer '45 in bester Erinnerung. Ich verlebte die größten Ferien meines Lebens. Ich hatte keinen Schulunterricht, meine Eltern gingen keiner geregelten Arbeit nach, wir alle erholten uns vom Krieg, den wir glücklich überlebt hatten, und es störte uns nicht, dass wir den Dauerurlaub in einem Null-Sterne-Quartier verbrachten. An sonnigen Tagen wanderten Altdisnacker und Neudisnacker zum zwei Kilometer entfernten Ratzeburger See zum Baden. Auch die Engländer erfrischten sich dort, und einmal hatten sie ein langes starkes Seil, das zwischen den Bäumen gespannt war, zurückgelassen. Wozu sie es verwendet hatten, weiß ich nicht, aber wir hatten Verwendung dafür. Mein Vater nahm es ab, rollte es zusammen, nahm es mit, hatte es also, wie man damals sagte, organisiert. Neben Eberhards Hof, auf einem kleinen Hügel, standen und stehen noch heute zwei kräftige Eichen, aus unerfindlichen Gründen Klostereichen genannt. An einer der beiden brachte mein Vater besagtes Seil an und schuf unter Zuhilfenahme eines Brettes für die vereinigte Dorfjugend eine Schaukel, die sich größter Beliebtheit erfreute. Die Story mit dem englischen Seil zeigt, dass die Besatzungsmächte den besiegten Deutschen in Einzelfällen, wenn auch unabsichtlich, durchaus von Nutzen sein konnten.

Als der Sommer zur Neige ging, war es mit der unbeschwerten Urlaubszeit vorbei und das Leben nahm ernstere Formen an. Mein Vater musste arbeiten und ich zur Schule, zwar noch nicht zur staatlichen Dorfschule in Buchholz, aber zu einer Art Privatschule. Die betrieben zwei arbeitslose Lehrerinnen, Mutter und Tochter, die für ein geringes Entgelt die Kinder aus Groß-Disnack und Klein-Disnack – ihr Reetdachhaus lag genau in der Mitte zwischen den beiden Dörfern – so gut es bei dem Mangel an Büchern und Heften ging, provisorisch unterrichteten. Für meine Eltern war klar, dass ich von diesem Bildungsangebot Gebrauch zu machen hatte, hofften sie doch, so illusorisch das 1945 sein mochte, auf eine schulische, gymnasiale und akademische Karriere ihres Einzigen. Bei Wind und Wetter, Regen und Schnee musste ich den ganzen Herbst und Winter hindurch meiner Pflicht genügen und *zur Schule gehen*. Dass ich den widrigen Weg in Erinnerung behalten habe, nicht aber den Wohnzimmerunterricht bei den beiden Damen, ist sicher ein Zeichen dafür, dass die Schule mich nicht sonderlich interessierte und es weder Enttäuschungen noch beglückende Erfolgserlebnisse gab, die es wert gewesen wären, sie im Gedächtnis zu behalten.

Mit der Arbeit meines Vaters hatte es Folgendes auf sich. Da er unter der Bedingung, land- oder forstwirtschaftlich tätig zu werden, aus der Kriegsgefangenschaft entlassen worden war, musste er irgendwann auf diesem Gebiet etwas tun. Im Herbst war es soweit. Zusammen mit zwei Flüchtlingen aus Ostpreußen wurde er zum Holzmachen im nahen Bartelsbusch abkommandiert. Damit war den alliierten Erwartungen Genüge getan, außerdem bekamen die drei Holzfäller die wertvollste aller Lebensmittelkarten, nämlich die für Schwerarbeiter, die über mehr Coupons zum käuflichen Erwerb (gegen Reichsmark) von Fleisch, Fett, Zucker, Brot und so weiter verfügte als die für Normalverbraucher und Kinder. Diese Vergünstigung, nicht aber die kümmerliche Entlohnung in Form der wertlosen Reichsmark, machte die Waldarbeit zu einem lukrativen Job, den es in die Länge zu ziehen galt. Deshalb beschlossen die drei Männer, höchstens einen Baum pro Tag umzulegen, in Meterstücke zu zersägen und zu entasten. Die freie Zeit, und diese übertraf die eigentliche Arbeitszeit beträchtlich, wurde dazu verwendet, wie auch in den Kampfpausen während des Krieges, Skat zu spielen, was sich auch anbot, weil man zu dritt war. Als Tisch diente ein Baumstumpf, an dem die Schwerarbeiter auch ihre Suppe aßen, die wir Kinder unseren Vätern in ihren Kochgeschirren brachten, die ihnen den ganzen Krieg hindurch treue Dienste geleistet hatten. Einen Anlass, mal wieder zu Axt und Säge zu greifen, war weniger im

Pflichtbewusstsein zu suchen als vielmehr in der Langeweile, weil irgendwann auch das leidenschaftlichste Skatspiel an Reiz verliert, und vor allem in der Kälte. Wer friert, muss sich warmarbeiten. Am Abend kehrten die Männer heim in den Schoß ihrer Familie und zogen einen Wagen voll Reisig hinter sich her, das mitzunehmen ihnen offiziell gestattet war. Die verbotenen Meterkloben waren unter den dünnen Zweigen verborgen und wurden später zu Brennholz zersägt und zerhackt. Mein Vater, auf dessen Affinität zu Kaiser Wilhelm ich zu Beginn des Buches hingewiesen habe, näherte sich somit seinem 1941 verstorbenen Vorbild an und arbeitete sich wie der edle Asylant an widerspenstigen Baumstämmen ab, nur sah er darin kein Hobby, sondern tat, was er tat aus purer Notwendigkeit zur Bekämpfung der Winterkälte.

Das teils rechtmäßig, teils unrechtmäßig erworbene Holz wurde in dem Kochherd, der zugleich als Heizofen diente, verbrannt und bescherte unserer Wohnküche eine erträgliche Temperatur. An den langen Herbst- und Winterabenden versammelte sich die Familie um das Feuer, das Mühe hatte, mit dem noch nicht ausgetrockneten Holz fertigzuwerden. Wir vier setzten unsere arbeitsteilige Beschäftigung des Sommers fort, meine Großmutter betätigte das von Eberhards ausgeliehene Spinnrad, meine Mutter strickte Socken, Handschuhe, Schals und Pullover, vor allem für mich, der ich aus meinen Sachen herausgewachsen war und im Übrigen als tobendes und spielendes Kind den größten Verschleiß hatte. Mein Vater unterhielt uns, indem er von früher berichtete, und ich hörte zu und vergrößerte meine geschichtlichen Kenntnisse. Er erzählte vom Krieg und er erzählte nicht vom Krieg, wie Millionen heimgekehrte Väter, die ihren Kindern verschwiegen, welche Grausamkeiten sie an und hinter der Front erlebt oder begangen hatten. Auch mein Vater hielt mit seinen Erinnerungen und Schuldgefühlen, sofern er überhaupt welche hatte, hinter dem Berg. Nach den schrecklichen Erfahrungen der Bombennächte und der Flucht, angesichts der Not und des Elends, die ja noch anhielten, sollten die lieben Kleinen nicht auch noch mit den entsetzlichen Erinnerungen der Soldaten belastet werden. Das war moralisch und pädagogisch sicher in Ordnung, aber diese verständliche Rücksicht barg die Gefahr in sich, dass die Vergangenheit für immer verschwiegen wurde, dass die heranwachsende Generation, auch als sie die Reife dazu hatte, nicht aufgeklärt wurde über die deutsche Schuld und die deutschen Verbrechen.

Wann war ein Jugendlicher alt genug, ihm die Wahrheit zuzumuten? Da es ein verbindliches Datum nicht gab (Konfirmation oder Schulentlassung oder Volljährigkeit), unterblieb die Bewältigung der Vergangenheit ganz und gar. Ich konnte das Abitur ablegen, Student werden, sogar Geschichte studieren, als Zeitzeuge, als historische Quelle konnte ich meinen Vater nicht heranziehen.

Er erzählte nicht vom Krieg als Krieg, sondern von Randerscheinungen des Krieges, davon, wie er während des Krieges außerhalb des Krieges lebte. Er plauderte, aber er klärte nicht auf. Er erzählte von Biesenthal, einem Ort nördlich von Berlin, wo er in der Hundestaffel Dienst tat. Da er landwirtschaftlich vorgebildet war und etwas von Tieren verstand, wurde er dazu abgeordnet, hier Hunde auszubilden. Das ländliche Leben während dieser Zeit ist sicher recht angenehm, um nicht zu sagen erholsam gewesen, so dass er sich gerne daran erinnerte und davon erzählte.

Was hinter dem ganzen Vorhaben steckte, hat meinen Vater wohl kaum belastet, noch viel weniger hat er davon berichtet. Dass die Hunde dazu abgerichtet wurden, russische Partisanen aufzuspüren und zu jagen, dass die Idylle eines märkischen Dorfes einen blutigen Beigeschmack hatte, das habe ich von meinem Vater nicht zu hören gekriegt, sondern mir später zusammengereimt.

Auch die zweite Kriegsunterbrechung, derer sich mein Vater erfreuen konnte, gehörte in einen militärischen Zusammenhang. Als die Durchhaltefilme *Ohm Krüger* (heldenhafter Kampf der Buren gegen die bösen Briten) und *Kolberg* (heldenhafter Widerstand der Preußen gegen die Belagerung durch Napoleons Truppen) gedreht wurden, haben sie meinen Vater zur Mitarbeit abkommandiert, schließlich hatte er in den Dreißigerjahren bei der Ufa und der Tobis die Kassengeschäfte geführt und sich als Experte für *große Komparserie* bewährt. Er berechnete nicht nur die Gagen der Stars, sondern auch die der Statisten, er behielt die Steuern ein und zahlte den Rest aus, und nun war er als Kassierer mehr von Nutzen denn als Krieger, denn in den beiden Mammutfilmen spielten Tausende von Komparsen Krieg, teilweise beurlaubte Soldaten, und die machten laut

Drehbuch den Engländern und Franzosen das Leben schwer. Dass der Krieg hier verherrlicht wurde und die Deutschen zum Kampf motiviert werden sollten, lag auf der Hand, aber mein Vater genoss seine Freistellung vom Krieg einfach nur als eine Art Heimaturlaub.

Nicht nur er, sondern fast alle Soldaten haben ihren Kindern fast nur periphere Anekdoten aus dem Krieg erzählt, mehr noch, sie haben alles Belastende auch vor sich selbst verheimlicht. Die Männer arbeiteten ihre schweren Erinnerungen nicht auf, sie schleppten sie mit sich herum, tief unten in der Seele deponiert, unzugänglich für jedermann, vor allem für sie selbst. Aber auch ihren Eltern und Ehefrauen haben sie so gut wie nichts berichtet. Was war, war vorbei. Von denen, die die Vergangenheit kannten, wurde sie verdrängt, und denen, die sie nicht kannten, wurde sie verheimlicht. Die Deutschen wurden zu einem Volk ohne Geschichte, zumindest ohne Zeitgeschichte. Zwei Kaiser namens Wilhelm und Bismarck, Goethe und Luther, die alle gab es, auch Friedrich den Großen, Otto den Großen und Karl den Großen, aber Hitler, den gab es nicht. Der war tabu und seine Untaten auch. Das deutsche Volk war gespalten in die, die nichts wissen wollten, und die, die wirklich nichts wussten, nichts zu wissen bekamen, aber auch nicht fragten. Aber Schuld zu verdrängen, macht krank. Das gilt für jeden Einzelnen wie auch für das Volk als Ganzes. Eigentlich hätte das Volk auf die Couch gehört oder in den Beichtstuhl. Die Schuld sich klarzumachen, kennenzulernen, zu bekennen und dann zu bereuen, zu beichten und bereit zu sein zur Buße – das war das Gebot der Stunde. Aber zu dieser seelischen Reinigung kam es nicht und das aus drei Gründen.

• ERSTENS haben die alliierten Sieger dem deutschen Volk in Bausch und Bogen eine Kollektivschuld angelastet, so dass die Deutschen, da von außen angeklagt, der Notwendigkeit enthoben waren, sich selber – also von innen – anzuklagen. Im Gegenteil, sie waren bockig, fühlten sich ungerecht behandelt und drückten sich davor, mit ihrer Vergangenheit abzurechnen.

• ZWEITENS zerbrach, wie nicht anders zu erwarten, mit dem Ende Hitlers die Anti-Hitler-Koalition zwischen den westlichen Demokratien und dem östlichen Bolschewismus, und in diesen Konflikt, der bald Kalter Krieg heißen sollte, wurde das geteilte deutsche Volk einbezogen und so oder so scharf gemacht für den Kampf gegen die stalinistische Diktatur beziehungsweise gegen den Ausbeuterkapitalismus. Damit waren die Deutschen exkulpiert. Sie wurden gebraucht, die Kollektivschuld war vergessen, schließlich kann man angehende Verbündete nicht auf die Anklagebank setzen.

• DRITTENS stürzten sich die Deutschen in die Arbeit. Wiederaufbau war angesagt nach der allgemeinen Zerstörung, die Trümmer waren wegzuräumen, neuer Wohnraum zu schaffen und die teils demolierten, teils demontierten Fabriken wieder in Gang zu bringen. Arbeit ersetzte die Trauerarbeit. Wer schuftet, braucht nicht zu beichten, er bewältigt die Vergangenheit auf praktische und sinnvolle Weise. Was soll ich auf der Couch liegen, wenn ich an der Drehbank stehe? Kein Wunder, dass schon bald das Wirtschaftswunder kam und unseren Fleiß belohnte. Das Wirtschaftswunder heilte die Wunden des Krieges, psychisch und materiell. Die Schuld, auch die nicht eingestandene, wurde durch Arbeit kompensiert.

Auch hier lag mein Vater voll im Trend. Schon Anfang 1946 kehrte er nach Berlin zurück, um richtig, also in seinem Beruf, zu arbeiten (und nicht bloß so zu tun wie im Bartelsbusch). Die Sowjets, die einen so eingespielten und erfolgreichen Unterhaltungs- und Propagandaapparat wie die *Universalfilmaktiengesellschaft* (kurz *Ufa*) nicht ungenutzt lassen wollten, hatten am 17. Mai 1946 als filmischen Neuanfang die *Deutsche Film AG*, also die *DEFA*, gegründet. In den Ateliers in Babelsberg sollten nun nach ihrem Geschmack und in ihrem – politischen – Sinne deutsche Filme gedreht werden. Und so arbeitete mein Vater an alter Stelle für die neuen Herren. Da die Amerikaner die Onkel-Tom-Siedlung für sich vereinnahmt hatten – die Reihenhäuser eigneten sich vorzüglich als Kasernen – , musste mein Vater anderswo unterkommen. Ihm wurde als Untermieter ein Zimmer in der ehemaligen SS-Siedlung angewiesen, deren Bewohner exmittiert, inhaftiert oder untergetaucht waren und von Nichtnazis oder gar *Opfern des Faschismus*, zum Beispiel überlebenden Juden, abgelöst wurden.

Wie mein Vater musste auch ich jetzt einer regelmäßigen Arbeit nachgehen, denn die staatlichen Schulen öffneten nach etwa einem Jahr wieder ihre Pforten. Der gemütliche Wohnzimmerunterricht war damit zu Ende. Wir Kinder mussten in die Dorfschule nach Buchholz am Ratzeburger See. Das Gebäude hatte die Größe einer Scheune. Im Erdgeschoss befanden sich die beiden Klassenräume, in dem einen unterrichtete der Schulleiter die Klassen 5 bis 8, in dem anderen Frau Kiekbusch die Klassen 1 bis 4. Es handelte sich also um eine sogenannte zweiklassige Dorfschule. Jeweils vier Jahrgänge mussten gleichzeitig mit unterschiedlichem Stoff teils mündlich, teils schriftlich beschäftigt werden. An die 100 Mädchen und Jungen, Bauernkinder, Landarbeiterkinder und Flüchtlingskinder kamen hier Tag für Tag zusammen. Jeden Morgen, bei jedem Wetter und im Winter im Dunkeln, gingen wir Disnacker einen zwei Kilometer langen Feldweg zur Schule und mittags hungrig nach Hause.

Wir waren eine unbedeutende Minderheit, die Buchholzer, die Pogeezer und die Großdisnacker kamen aus größeren Dörfern und bildeten stärkere Fraktionen. Und die Flüchtlinge aus Klein-Disnack waren doppelt benachteiligt. Wir stammten aus dem kleinsten Dorf und wir waren arme Heimatlose. Die Folge war, dass wir gehänselt, modern gesagt: gemobbt wurden. Es gab nur zwei Möglichkeiten der Gegenwehr, man musste schneller sein, wenn man verfolgt wurde (wieder lernte ich, welchen Vorteil das Laufen hat) und man musste besser sein in der Schule und die rabiaten Bauernsöhne in den Schatten stellen, was sie trotz ihres Stolzes auf ihre vielen Morgen und Kühe dennoch ärgerte. Gute Schulnoten schützten zwar nicht vor Nachstellungen und Prügel, aber sie steigerten das Selbstwertgefühl.

Sahen die Erwachsenen nach dem verlorenen Krieg in Arbeit und Leistung eine Art Trost, einen neuen Lebenssinn und die Möglichkeit, es wieder zu etwas zu bringen, so kopierte ich Einzelkind, Einzelgänger, Eigenbrötler, Flüchtlingskind, Leptosome und Läufer diese Nachkriegsleistungsphilosophie. Wer schlechte Startbedingungen hat, muss durch Talent und Fleiß zu Erfolgen kommen. Strebsamkeit, Leistungsbereitschaft, Ehrgeiz und wohl auch Eitelkeit kennzeichneten meinen Charakter. Diese Bündel von Eigenschaften und Verhaltensweisen bildete zugleich den Ausgleich für vermeintliche oder wirkliche Defizite. In den Briefen an meinen Vater berichtete ich stolz von meinen guten (Deutsch, Rechnen, Heimatkunde) und befriedigenden (Religion, Zeichnen, Leibeserziehung) Leistungen, die mir im Oktober 1946 auf dem ersten Buchholzer Zeugnis bescheinigt wurden. Mit den schlichten Bildern, die ich malte und nach Berlin schickte, wollte ich nicht nur meinem Vater eine Freude machen, sondern auch mir. Ich wollte gelobt werden und deshalb bat ich ihn, er möge mir für die Bilder eine Zensur geben.

Schulische Strebsamkeit hat immer eine unangenehme Kehrseite. Man kann zum Streber werden, der den Erfolg zum Selbstzweck macht, sich auf Kosten anderer nach vorne drängt und in den Klassenkameraden weniger Kameraden als Konkurrenten sieht. Zwar ließ ich die anderen notgedrungen abschreiben, freute mich aber nicht über meine Hilfsbereitschaft, sondern ärgerte mich über die Ungerechtigkeit, dass die anderen für ihre Nichtleistung den gleichen Lohn erhielten wie ich für meine Leistung. Und so korrigierte ich dieses vermeintliche Unrecht mit einem einfachen Trick.

In einem Diktat schrieb ich ein Wort mit Absicht falsch (nämlich *Mänsch* mit *ä*), ließ meine Nachbarn die fehlerhafte orthografische Lesart übernehmen und verbesserte kurz vor der Abgabe der Klassenarbeit – als Einziger – das Wort *Mänsch*. *Mänsch* statt *Mensch* zu schreiben war sicher unmenschlich, weil unkameradschaftlich, und ich habe mich wohl auch ein wenig geschämt und bis heute niemandem davon erzählt.

Nach den Zeugnissen wurden wir umgesetzt, und zwar entsprechend unserer Leistung. Die Besten erhielten ihren Platz ganz oben, das heißt in diesem Falle: ganz hinten. Und dort saß ich neben dem schnellsten Rechner, den ich beneidete, weil ich nur Zweitbester war.

Ich suchte Bestätigung durch Betätigung. Ich malte nicht nur Bilder für meinen Vater, sondern auch für meine Mutter, auf deren Lob und Dank ich spekulierte. Ich half bei der Arbeit in unserem Flüchtlingsgarten und übernahm die Pflege der Tabakpflanzen. Am 7. Oktober 1946 schrieb mein Vater ungeduldig: *Hast Du meinen Tabak geerntet? Wenn nicht, dann mache es mit Omi oder Mutti zusammen gleich und schicke mir bald welchen her.* Mit solchen Kleinigkeiten wie Tabak Marke *Siedlerstolz* konnte man sich damals gegenseitig eine Freude machen.

Gerade weil wir so ärmlich lebten, strebte ich nach eigenem, wenn auch noch so bescheidenem Eigentum. Ich sammelte Briefmarken und sah in der anwachsenden Kollektion meinen ganzen Besitzerstolz. Erfolge verzeichnen konnte ich auch als kleiner Nimrod. Eines Abends sah ich von meinem Bett aus, wie eine Maus in der Ecke am Fußende die Wand hoch huschte. Dort also befand sich ihr angestammter Lieblingsweg. Stolz stellte ich eine Falle in die Ecke neben dem Bettpfosten und hörte schon bald, wie der tödliche Eisenbügel zuschlug. Und so jeden Abend, und jeden Morgen wurde die Guillotine entsorgt.

Gemütlich war es nicht in unserer Notunterkunft. Mäuse waren unsere Mitbewohner und froren im Winter genauso wie wir. Das nasse Holz verwandelte das Wohnzimmer in eine Räucherkammer, Lüften bedeutete nur eine erneute Abkühlung, also unterließ man es. Der Frost und der Qualm bescherten uns eine doppelte Dekoration. Die Fensterscheiben waren mit Eisblumen geschmückt und die Wände glitzerten vom gefrorenen Kondenswasser.

So mitleidlos ich in unserem Eispalast die Mäuse jagte, so viel Mitgefühl hatte ich für den Hasen *Mümmelmann*, den tragischen Helden in Hermann Löns Erzählung, die wir in der Schule lasen. Mit dem pazifistischen Lauftier konnte ich mich identifizieren, Laufen und Flüchten lagen auch mir mehr als Prügeln und Kämpfen. Für meine Bildergeschichten *(Mümmelmann in seinem Nest. Die Hasen werden geschossen. Mümmelmann stirbt. Mümmelmann ist tot.)* erhielt ich ein *Sehr gut* und fühlte mich in meiner Friedensphilosophie bestätigt.

Anfang 1947 zeichnete sich unsere Rückkehr nach Berlin ab. Aber bevor ich davon in einem neuen Kapitel erzähle, möchte ich noch unserem kauzigen Gastgeber Eberhard meinen literarischen Dank abstatten. Der alte Herr war bei Kriegsende bereits über 70, genau wie meine Großmutter, der gegenüber er sich auch im Rahmen seiner bäurischen Möglichkeiten höflich und galant benahm, während ich vor dem vollbärtigen Kraftmenschen großen Respekt hatte und ihm lieber aus dem Wege ging. Denn ein Kraftmensch war er – und ein Arbeitstier und ein Solist, andere ließ er ungerne ran. Im Laufe seines arbeitsreichen Lebens waren ihm im Umgang mit Maschinen und Tieren mehrere Finger abhanden gekommen, und als wir bei ihm wohnten, verlor er noch einmal zwei. Er arbeitete an der Kreissäge und das reißende Rad machte keinen Unterschied zwischen Holz und Knochen, und plötzlich floss Blut. Der alte Eberhard stellte fluchend die Maschine ab, versetzte den verlorenen Fingern einen Fußtritt, umwickelte die Wunde mit einem Taschentuch, das er für solche Fälle immer bei sich trug, und hielt seinen Knechten (den entlassenen kriegsgefangenen deutschen Soldaten) eine belehrende und fast schon triumphierende Rede: Da könne man sehen, wie gefährlich die Maschine sei und dass er durchaus recht getan habe, wenn er ihnen vorhin verboten habe, an ihr zu arbeiten. Wenn er jetzt zum Arzt fahre, solle sich niemand unterstehen, die Säge anzurühren. *Ihr könnt ja meinetwegen das gesägte Holz wegbringen und neues holen.* Dann stieg er aufs Rad und fuhr die sechs Kilometer zum Arzt nach Ratzeburg, um sich fachmännisch verbinden zu lassen. Nach einer Stunde war er zurück. Währenddessen hatten die sieben Männer, seiner Erlaubnis und seinem Verbot gemäß handelnd, Holz getragen und sich dem reißenden Tier Maschine mit den großen Zähnen ferngehalten. Als der Bauer dann seine Arbeit wieder aufnahm, standen sie im Kreis um die Kreissäge herum und machten Pause.

Allein bestellte Eberhard seine Felder, die Knechte spielten nur die Rolle des Publikums, und im Krieg hatte er ja ohnehin keine. Aber alleine schaffte er die Arbeit nicht. Deshalb half die Natur bei der Feldbestellung aus, so gut es ging, und half auf ihre Art bei der Aussaat. So konnte es vorkommen, dass ein Weizenfeld von weitem wie ein Lavendel- oder Rapsfeld aussah, so blau oder gelb leuchtete es, weil die Natur dort Kornblumen oder wilde Kamille angebaut hatte. Diesem Irrtum jedenfalls war mein Vater erlegen, als er sich nach seiner Entlassung erstmals Klein-Disnack näherte und die Kamille für Raps hielt. Für die Allmacht des Unkrauts hatte der Alte aber eine plausible Erklärung. Da er katholisch und überdies abergläubisch war, hatte er ein tiefes Zutrauen in metaphysisch motivierte Zusammenhänge. Meine Großmutter hielt er für erfahren genug, seine Argumente würdigen zu können. *Auf dem Hof sind Hexen. Schon als ich ihn übernahm, waren sie da. Und erst, wenn der siebente Bauer den Betrieb leitet, müssen sie verschwinden.* Und dann machte er die folgende Rechnung auf. Alle seine Vorgänger waren ihnen hilflos ausgeliefert, seit das Haus steht, denn beim Bau sei ein

Fehler gemacht worden. Er selber sei der Fünfte der Hexenverfolgten, der Sechste werde der Zwangsverwalter sein, der Alte hatte nämlich erfahren, dass die Behörden ihm einen ostpreußischen Gutsherrn als kommissarischen Betriebsleiter vor die Nase setzen wollten. Aber auch der werde scheitern. Doch dann werde Hubert, sein Sohn, der noch in Kriegsgefangenschaft sei, endlich kommen und den Hof übernehmen. Da Hubert der Siebente sei, werde er über die Hexen triumphieren. Nach einigen Jahren, als wir wieder in Berlin lebten, kam Hubert wirklich, übernahm den Hof, richtete ihn vollends zugrunde, veräußerte ihn, erwarb in Lübeck ein Kino und führte ein lustiges Leben.

Vater Eberhard hatte eine kleine Abfindung erhalten und lebte als Untermieter und Junggeselle beziehungsweise Witwer in einem einzigen Raum auf seinem verlorenen Hof. Mit seinem Sohn hatte er sich überworfen, seine Töchter hatten weggeheiratet, Witwer war er seit Langem, wahrscheinlich war der Tod seiner Frau auch auf die Bosheit der Hexen zurückzuführen. Er bekam monatlich in Ratzeburg eine kleine Leibrente ausgezahlt, und die trug er, misstrauisch wie er war, immer bei sich. Das war allgemein bekannt. Als er eines Abends im grauen November von Ratzeburg, wo er zu Mittag zu essen pflegte, mit der Bahn Richtung Oldesloe fuhr und am Behelfshaltepunkt Disnack-Kulpin ausstieg, um von dort durch den Bartelsbusch nach Hause zu humpeln, zu seinem ehemaligen Eigentum, dem stattlichen Holsteiner Bauernhaus aus grünem Fachwerk, roten Ziegeln und graubraunem Reetdach, mit zwei riesigen Kastanien davor, die auch heute noch stehen, auch wenn der stolze Hof längst einem schlichten OKAL-Haus weichen musste, da wurde dem einsamen, armen, alten Mann von zwei jungen Burschen aufgelauert, von denen der eine im Waldarbeiterkaten im Bartelsbusch wohnte und über den Lebensrhythmus des avisierten Opfers genau unterrichtet war. Der Jüngere stand Schmiere, der Ältere erschlug den Rentner. Die paar Mark, die der Raubmord erbrachte, teilten sich die beiden Verbrecher. Das geschah 1954. Seit wir Klein-Disnack verlassen hatten, waren sieben Jahre vergangen, sieben Jahre, die der Bauer Eberhard nach seiner Enteignung noch zu leben hatte.

Die Polizei hatte schon bald den Richtigen in Verdacht, konnte ihn aber nicht belangen, da es an Zeugen und Indizien fehlte und die Täter sich, weil die Beute allzu dürftig war, nicht durch ein aufwendiges Leben quasi selber anzeigten. Aber die Kripo ließ nicht locker. Sie schleuste zwei verdeckte Ermittler in die Gleisbaukolonne ein, in der der Täter tätig war.

Man machte sich bekannt, man freundete sich an, man duzte sich, man trank zusammen und löste dem Verdächtigen Schritt für Schritt die Zunge. Nach gut vier Wochen war es soweit. Man saß nach Feierabend gemütlich zusammen, prahlte mit dem, was man auf dem Kerbholz hatte, es war wie bei einer Versteigerung, erst hatte man kleine Vergehen zu bieten, dann größere Verbrechen, bis sich der junge Mörder seines Mordes rühmte. Damit war der Fall aufgeklärt und Prozess und gerechte Strafe ließen nicht auf sich warten.

Aber was hat der Tote davon, wenn der Täter zur Rechenschaft gezogen wird? Die Frage lässt sich auch verallgemeinern: Was nützt es dem deutschen Volk, wenn die Alliierten mit den Nazis abrechnen?

30

Stunde Null und Zonenzeit

Die Bilanz des Zweiten Weltkrieges ist erschreckend. Zwar gab es viele Kriege, die länger gedauert haben, so der Hundertjährige Krieg, der Dreißigjährige Krieg, auch der Siebenjährige Krieg, der sich ein Jahr länger hinzog. Aber keiner dieser Kriege ist an Umfang, an Opfern, an Zerstörung und Brutalität mit dem Zweiten Weltkrieg zu vergleichen.

Das Ausmaß dieses Weltbrandes wird deutlich, wenn man eine Gegenüberstellung mit dem Ersten Weltkrieg vornimmt, der seinerzeit ja auch bereits als das Schlimmste angesehen wurde, was es bisher gegeben hatte. Zwischen 1914 und 1918 sind knapp 10 Millionen

Menschen umgekommen, im Zweiten Weltkrieg waren es fast 60 Millionen. Während aber damals die meisten Opfer Soldaten waren, waren im Zweiten Weltkrieg über die Hälfte Zivilisten.
Von 110 Millionen Soldaten fielen 27 Millionen, dagegen kamen über 30 Millionen Zivilpersonen ums Leben: Der Rassenwahn der Nazis führte zur Ermordung von 6 Millionen Juden, insgesamt starben in den Konzentrationslagern über 11 Millionen Menschen. Durch Zwangsumsiedlung, Flucht und Vertreibung mussten mehrere Millionen ihr Leben lassen – durch Hunger, Kälte, Krankheiten und feindliche Angriffe und Racheakte. Bei den angloamerikanischen Luftangriffen fanden über 500000 Menschen den Tod, denn bombardiert wurden nicht nur Industrie- und Verkehrsanlagen, sondern gerade auch dicht besiedelte Großstädte wie Lübeck, Köln, Hamburg, Berlin und Dresden (wegen der sich dort befindenden Flüchtlinge). Ein typisches Beispiel für diese Schwerpunktsetzung ist die gezielte Zerstörung Frankfurts und die gezielte Aussparung der Vorstadt Höchst – schließlich wollte man die hochentwickelten Chemiewerke intakt in Besitz nehmen.

Am meisten hatte die Sowjetunion unter dem Krieg gelitten. Insgesamt starben 20 Millionen Menschen, darunter 14 Millionen Soldaten, viele von ihnen in Kriegsgefangenschaft. Über 1700 Städte und über 70000 Dörfer wurden zerstört. China verlor 10 Millionen Menschen, Deutschland 7 Millionen, Polen 4½, Jugoslawien und Japan je 2, Frankreich 1. Die Briten hatten eine Drittel-, die USA eine Viertelmillion Opfer zu beklagen. Wie viel Trauer hinter jedem einzelnen Schicksal steht, ist nicht zu ermessen.

Die direkten Kriegskosten, das heißt, die reinen Rüstungsausgaben, beliefen sich auf 1500 Milliarden US-Dollar, davon entfielen in Prozent auf die USA 21, Großbritannien 20, Deutschland 18, die Sowjetunion 13. Die durch den Krieg verursachten Zerstörungen sind kaum zu schätzen. Ein Drittel des deutschen Volksvermögens, so glaubt man, wurde vernichtet. Da im Reich, anders als im Ersten Weltkrieg, um jeden Quadratkilometer gekämpft wurde, weil die Alliierten ganz Deutschland besetzen wollten, kam kaum eine Stadt ohne Schäden davon. Ein Fünftel der Wohnungen war völlig zerstört, viele kaum bewohnbar und oft nur unter Lebensgefahr in einsturzgefährdeten Ruinen. Die Menge der Trümmer belief sich auf

400 Millionen Kubikmeter, das heißt, statistisch gesehen musste jeder Deutsche 5 Kubikmeter Schutt wegräumen.

Und dieses zerstörte Land sollte für den von ihm verschuldeten Krieg und seine Schäden Reparationen zahlen. Hinzu kam, dass dieses (mit Recht) gestrafte Land auch noch in Zonen geteilt wurde, im Osten ein Fünftel seines Gebietes verlor und über 12 Millionen Flüchtlinge und Vertriebene aufnehmen musste. Die Lage war deprimierend und aussichtslos. Anders als nach dem Ersten Weltkrieg, als das stolze, trotzige und empörte Volk die Energie aufbrachte, gegen das Versailler Diktat zu opponieren, herrschten 1945 Lethargie und Fatalismus. Man wollte nur noch rein biologisch überleben und lebte von Tag zu Tag von der Hand in den Mund. Und dennoch ging es schon bald wieder aufwärts. Die Probleme der Zwanzigerjahre gab es in den Fünfzigerjahren nicht. Aber von diesem Wunder weiter unten.

Nachdem das Reich kapituliert hatte und die Sieger Deutschland flächendeckend besetzt hatten, fielen zwar endlich keine Bomben, Schüsse und Soldaten mehr, aber das Leben war dennoch nicht gesichert, denn es mangelte an allem, an Nahrung, Heizung, Strom, Wasser, Gas, Medikamenten und Wohnraum. Die Lebensmittel wurden – wie im Krieg, so jetzt nach dem Krieg – zugeteilt, doch die auf den Lebensmittelkarten ausgewiesenen Rationen lagen weit unter dem Existenzminimum, und oft waren nicht einmal diese kargen Zuteilungen lieferbar. Man musste also sehen, irgendwo und irgendwie zusätzlich etwas aufzutreiben. Einfach kaufen konnte man nicht, denn die Reichsmark hatte – aufgrund der durch die hohen Rüstungs- und Kriegskosten verursachten Inflation – keinen Wert mehr. Kein Händler oder Bauer wollte sie in Zahlung nehmen. Lediglich die auf den Lebensmittelkarten ausgewiesenen Waren mussten von den Läden zu dem amtlich verordneten Preis verkauft werden. Aber das war zum Leben zu wenig und zum Sterben zu viel.

Dennoch gab es Lebensmittel, und zwar auf dem Lande und auf dem Schwarzen Markt. Hier herrschte (wenn auch offiziell verboten) freie Marktwirtschaft. Man tauschte Sachwerte gegen Nahrung, und der *Preis* wurde auf der Basis von Angebot und Nachfrage ausgehandelt. Wer noch Schmuck besaß, konnte dafür Brot bekommen, wenn auch zu einem Wucherpreis. Die Währungseinheit war nicht die wertlose Reichsmark, sondern die beliebten und gefragten amerikanischen Zigaretten. Für fünf *Amis* erhielt man zum Beispiel ein Ei. Eine wichtige Nahrungsquelle für die unterernährten Stadtbewohner waren die Bauernhöfe der ländlichen Umgebung. Als die Bahnen wieder fuhren, machten sich die Großstädter auf zum Hamstern, schleppten Teppiche oder andere Sachwerte zu den Bauern und waren glücklich, wenn sie mit einem Sack Kartoffeln nach Hause zurückkehrten.

Ich habe aus der Zeit, als wir wieder in Berlin waren, eine Karikatur aus der Zeitschrift *Die Frau von heute* in Erinnerung. Da sieht man im Hintergrund den Bauern mit der Hamsterin verhandeln, während im Vordergrund deren Söhne auf einem Zaun hocken und streiten. Der wohlgenährte Bauernsohn prahlt voller Stolz: *Ätsch, wir haben drei Schweine.* Darauf der ausgemergelte Berliner Junge: *Dit is jarnischt. Wir sind viermal ausjebombt.*

Das Leben geht also weiter, man nimmt sein Schicksal mit Humor und lässt sich nicht unterkriegen. Trotz der katastrophalen Lage. Die Bauern bestellen ihre Felder wie immer und wie es sich gehört. Aber die Ernte reicht nicht, und wie früher für exportierte Industriegüter Agrarprodukte einzuführen, ist eine Illusion, denn die deutsche Industrie, im Krieg auf Rüstung umgestellt, durch den Krieg teilweise demoliert und nach dem Krieg weitgehend demontiert, kann wenig liefern. Im Sommer 1945 erreicht die Produktion gerade einmal 15% des Vorkriegsniveaus. Zu diesem Elend kommt dann noch die Trauer um die Toten und die Unsicherheit über die vermissten oder in Gefangenschaft befindlichen Soldaten. Von den 5 Millionen Russen, die in Gefangenschaft waren, haben 3 Millionen nicht überlebt, und jetzt werden Millionen deutsche Landser in den Lagern der Alliierten festgehalten, am längsten in der Sowjetunion. Nur langsam kehrten sie heim, und nur wenige, die Letzten nach zehn Jahren, 1955.

Der Krieg und die Flucht hatten die Menschen auseinandergerissen, 25 Millionen Deutsche lebten nicht mehr in ihrem Vorkriegsheimatort. Wo sollten sie nach ihren Angehörigen suchen? Zusammenfassend gesagt: Dem deutschen Volk ging es schlecht, sehr schlecht, und von den Siegern waren Gnade und Hilfe kaum zu erwarten. Zwar konnten und wollten sie die Deutschen nicht einfach verhungern lassen, aber sich angesichts der eigenen Not für das Nazivolk in Unkosten zu stürzen, war nicht im Interesse der Alliierten und vor dem eigenen Volk auch nicht zu verantworten. Angesagt war etwas ganz anderes: Vergeltung, Bestrafung, Umerziehung, Schadenersatz (also Reparationen).

In der Direktive ICS 1067 vom 26. April 1945 wird festgelegt, wie sich die amerikanischen Besatzungstruppen der deutschen Bevölkerung gegenüber zu verhalten haben: *Deutschland wird nicht besetzt zum Zwecke seiner Befreiung, sondern als besiegter Feindstaat.* Fraternisieren war untersagt, Kontakte zu Deutschen sollte es nicht geben, obgleich das kaum durchzusetzen war. Die Soldaten waren hinter den deutschen Mädchen her, und nach geraumer Zeit häuften sich dann die sogenannten Besatzungskinder. Wie sehr die USA den Krieg als einen moralisch motivierten Kreuzzug verstanden und führten, wird an dem bereits erwähnten Morgenthau-Plan deutlich. Dieser grüne Plan für Deutschland, der die Wirtschaft auf die Landwirtschaft beschränken sollte, wobei der Großgrundbesitz zerschlagen und unter die Bauern verteilt werden sollte, wurde von Präsident Roosevelt zwar sehr schnell wieder außer Kraft gesetzt, aber die Grundgedanken behielten ihre Gültigkeit. Außer Zweifel standen Ziele wie Reparationen, Entnazifizierung, Bestrafung der Schuldigen, Umerziehung des Volkes zu demokratischen Staatsbürgern. Erst ein gewandeltes Deutschland könne in die Völkerfamilie zurückkehren.

Stalin dagegen war in erster Linie daran gelegen, sein Imperium auszudehnen, also die Sowjetunion bis an die Curzon-Linie und dafür Polen bis an die Oder und die Görlitzer Neiße zu verschieben. Die deutschen Ostgebiete überließ er zur Verwaltung der von ihm geförderten kommunistischen Regierung, die dann auch sofort mit der Vertreibung der dort noch verbliebenen Deutschen begann. Auch in den meisten anderen Staaten Ost-Mittel-Europas, die die Rote Armee erobert hatte, wurden kommunistische Regime an die Macht gebracht. Nur Jugoslawien, das sich unter Tito selbst befreit hatte, konnte sich dem beherrschenden Einfluss Stalins entziehen.

Die sowjetische Expansion diente einerseits dem Ziel, gegen einen Revancheangriff eines irgendwann wiedererstarkten Reiches besser gesichert zu sein, andererseits war die Bildung kommunistischer Satellitenstaaten Stalins spezielle Variante der Weltrevolution. Außerdem wollte er für sein geschundenes Land und Volk so viel wie möglich an Schadenersatz herausschlagen. Deshalb mussten Millionen deutscher Kriegsgefangener Zwangsarbeit verrichten, und deshalb verlangte er von den Verbündeten, der Sowjetunion den Löwenanteil der deutschen Reparationsleistungen zu überlassen.

Aber mit Kriegsende änderte der große Diktator seine Taktik. Hatte er in Teheran und Jalta wie die Westalliierten noch eine Zerstückelung Deutschlands gefordert, so verkündete er am 9. Mai: *Die Sowjetunion feiert den Sieg, wenn sie sich auch nicht anschickt, Deutschland zu zerstückeln oder zu vernichten.* Warum diese Wende? Stalin hoffte offenbar, dass ein einiges Deutschland mehr Vorteile bringen würde als ein geteiltes. Die Ostzone hatte er eh fest im Griff, quasi als Spatz in der Hand, hier konnte er Reparationen abziehen und für kommunistischen Einfluss sorgen, in einem Ganz-Deutschland, also der Taube auf dem Dach, würde er auch noch ein Wörtchen mitzureden haben und vor allem über das Ruhrgebiet mitbestimmen, auf diese Weise seine Reparationen aufstocken und mithilfe einer gesamtdeutschen Kommunistischen Partei seine Macht bis an den Rhein ausdehnen.

Paris dachte, wie Moskau, an seine militärische Sicherheit und an seine wirtschaftlichen Vorteile. Der Erbfeind Deutschland sollte durch Verkleinerung, Zerstückelung und Reparationen auf alle Zeit geschwächt werden. Wie die Polen beanspruchte man deutsche Gebiete, obgleich Frankreich nirgends – anders als Polen – Gebiete verloren hatte. Vor allem schielte Paris auf das Saargebiet. Aber die Franzosen hatten im Konzert der Sieger nur eine schwache Stimme. Zwar hatten die Großen Drei ihnen in Jalta auf Churchills Wunsch eine – allerdings kleinere – Zone und in Berlin einen Sektor zugestanden, und zwar auf Kosten der USA und Englands, aber so ganz für voll nahmen die anderen Frankreich dann doch nicht, so dass man es zur Potsdamer Konferenz einfach nicht einlud. Paris bekam also längst nicht, was es wollte. Da Frankreich aber das einzige Land war, das direkt an seine Zone angrenzte, konnte es dort doch erheblichen Einfluss durchsetzen. Die Annexion des Saarlandes scheiterte aber am Widerstand der Großen Drei, so dass nur der Anschluss an den französischen Wirtschaftsraum gelang.

Die englische Politik war sicher realistischer und durchdachter als die amerikanische. Während die USA in der Sowjetunion noch ihren zuverlässigen Verbündeten sahen und großzügige Zugeständnisse machten, erkannte Churchill schon früh, welche Gefahr in Zukunft von der diktatorischen Supermacht UdSSR ausgehen würde. Er soll schon bald nach dem Sieg geäußert haben: *Ich glaube, wir haben das falsche Schwein geschlachtet.* Bekannt ist auch sein Wort von dem *Eisernen Vorhang,* der in Europa gefallen ist – von Lübeck bis Triest. Die großen Metropolen Berlin, Wien, Prag, Budapest, Warschau waren mehr oder weniger in Stalins Hand. Und wenn die USA sich irgendwann aus Westeuropa zurückziehen, was trennt die Russen dann noch von den Klippen von Dover? Churchill versuchte deshalb immer wieder, Roosevelt und nach dessen Tod Truman, zu einer kritischeren Politik Stalin gegenüber zu veranlassen. So zum Beispiel drängte er Truman, das von den angloamerikanischen Truppen besetzte Thüringen und Anhalt sowie den Westen Sachsens und Mecklenburgs erst zu räumen, wenn sichergestellt ist, dass das Gebiet zwischen den beiden Neißen bei Deutschland bleibt, um so die Umsiedlung, also Vertreibung, von Millionen Schlesiern zu vermeiden. Vergebens. Truman wollte Stalin nicht verärgern, da er – irrtümlich – annahm, die Rote Armee noch im Krieg gegen Japan zu brauchen. So zogen sich also die Westalliierten Anfang Juli (wie im Londoner Protokoll vorgesehen) aus dem Westen der Sowjetischen Besatzungszone zurück und in ihre Sektoren in Westberlin ein.

Churchill war es auch, der vor übertriebenen Reparationen warnte, hatte er doch die Wirtschaftsprobleme als Folge des Versailler Vertrags noch in Erinnerung. Auch fürchtete er, dass die Briten in ihrer Zone, der bei weitem bevölkerungsreichsten, die durch Demontagen und Reparationen verelendeten Menschen ernähren müssten, und zwar auf ihre Kosten.

Die Sieger hatten also, wie man sieht, sehr unterschiedliche Ziele. Zwar verstanden sich die vier Besatzungsmächte noch zu der gemeinsamen Deklaration vom 5. Juni, in der festgelegt wurde, dass der Alliierte Kontrollrat für Deutschland als Ganzes verantwortlich sei, ansonsten aber jede Besatzungsmacht ihre Zone zu verwalten habe. Und so entwickelten sich die vier Zonen recht unterschiedlich. Nicht die einst geplante Zerstückelung, sondern die Aufteilung in Zonen bestimmte jetzt die politische und wirtschaftliche Lage. Von der Potsdamer Konferenz, die für Ende Juli einberufen wurde, erhoffte man sich nun endlich einvernehmliche und klare Entscheidungen.

Die drei Sieger wollten ihre Konferenz über das Schicksal des Verlierers in dessen Hauptstadt abhalten. Aber im zerstörten Berlin fanden sich keine geeigneten Tagungsräume und keine angemessenen Unterkünfte für die Verhandlungsdelegationen. Man wich nach Potsdam aus. Die Teilnehmer wohnten in den Babelsberger Villen und die Verhandlungen wurden im Schloss Cecilienhof geführt, das in dem parkartigen, von Lenné angelegten Neuen Garten steht. Als Residenz für den Kronprinzen Wilhelm, Kaiser Wilhelms ältesten Sohn, und seine Gemahlin Cecilie im englischen Landhausstil geplant, entstand der Prachtbau zwischen 1912 und 1917. Der Weltkrieg hielt die Arbeiten nicht auf, ein Jahr vor der Revolution und der Abdankung des Hohenzollern konnte das Kronprinzenpaar einziehen. Hier, in Preußens Hauptstadt Potsdam und in der Residenz des letzten Hohenzollern-Kronprinzen über Deutschland zu richten, ist nicht ohne Symbolik und Zynismus, vergleichbar der zweimaligen Wahl des Schlosses Versailles (1871 und 1919) zum Verhandlungsort. Im Konferenzraum, der *Halle*, wurde ein extra für dieses Treffen in Moskau angefertigter runder Tisch aufgestellt, an dem die drei mächtigsten Männer der Welt gleichberechtigt Platz nehmen sollten.

Die Konferenz begann am 17. Juli und endete nach zwei Wochen mit der Veröffentlichung der *Mitteilung über die Drei-Mächte-Konferenz von Berlin vom 2. August 1945*. Man stutzt. Der Titel des Dokuments ist verwirrend. Denn weder konferierten die Herren in Berlin, noch ist klar, ob es sich bei dieser Mitteilung um einen völkerrechtlich verbindlichen Vertrag handelt oder nur um ein Sitzungsprotokoll. Ein endgültiger Friedensvertrag ist das Kommuniqué jedenfalls nicht. Viele Entscheidungen werden auf die lange Bank geschoben und ausdrücklich einem späteren Friedensvertrag vorbehalten. Echte Friedensverhandlungen konnten in Potsdam schon deshalb nicht stattfinden, weil der unterlegene Kriegsgegner – mangels einer Regierung – überhaupt nicht zugegen war. Hitler hatte kurz vor seinem Selbstmord den Großadmiral Dönitz zu seinem Nachfolger als Reichspräsident ernannt und dieser hatte den Grafen Schwerin von Krosigk mit der Regierungsbildung beauftragt. Aber diese Regierung ohne jede reale Macht wurde schon am 23. Mai ’45 von den Briten in Flensburg abgesetzt – und auch festgesetzt. Seitdem gibt es für Jahre keine deutsche Zentralgewalt mehr. Verwaltet wurde Deutschland jetzt von den alliierten Oberbefehlshabern, die als Militärgouverneure für ihre Zone zuständig waren. Hätten die Sieger mit Deutschland einen Frieden schließen wollen, dann hätten sie mit ihrem eigenen Kontrollrat, also ihren eigenen Generälen konferieren müssen, was sowohl juristisch als auch logisch paradox gewesen wäre.

Während der Konferenz platzten zwei Bomben. Erstens erhielt Truman die Mitteilung, dass der amerikanische Atombombentest erfolgreich abgeschlossen worden sei (wörtlich lautete der verschlüsselte und nicht unzynische Text: *Geburt des Babys glücklich verlaufen.)* Zweitens verlor Churchill völlig überraschend die britischen Unterhauswahlen. Er musste für den Rest der Konferenz seinen Sitz am runden Tisch von Potsdam dem neuen Labour-Premier Clement Attlee überlassen. Daraus ergab sich für Stalin der Vorteil, dass er, der als Einziger an allen drei Gipfeltreffen (Teheran, Jalta, Potsdam) teilnehmen konnte, zwei relativ unerfahrenen Gesprächspartnern gegenübersaß – und entsprechend routiniert und rücksichtslos seine Ziele verfolgte. Die Erfindung der Atombombe bedeutete, dass, falls man sie gegen Japan einsetzte (und daran bestand kein Zweifel), der Krieg in Ostasien sofort zur japanischen Kapitulation führen und der Westen die sowjetische Hilfe gar nicht mehr brauchen würde. Aber Stalin war schon dabei, Truppen nach Osten zu verlegen. Pünktlich am 8. August, wie vorgesehen genau drei Monate nach der deutschen Kapitulation, erklärte er Japan den Krieg – genau zwischen den beiden Atombombenabwürfen auf Hiroshima am 6. August und auf Nagasaki am 9. August. Die Rote

Armee wurde nicht mehr benötigt, aber am Sieg und an der Beute wollte sich Stalin dann doch noch beteiligen.

Zurück zur Potsdamer Konferenz. Hatten die Sieger seinerzeit mit dem Vertrag von Versailles erhebliche Fehler begangen, so machten sie es ein Vierteljahrhundert später in Potsdam nicht viel besser. Nur waren die Fehler jetzt andere. Was hier herauskam, war häufig unklar, widersprüchlich und nicht endgültig. Offen blieb zum Beispiel, ob die Mitteilung über die Konferenz nur eine Willensbekundung war oder eine verbindliche Regelung. Die Folge war, dass die Sieger später (je nach eigenem Interesse) auf die Einhaltung der Bestimmungen pochten oder eigene Wege gingen. So vor allem Frankreich, das, da in Potsdam nicht beteiligt, den Abkommen nur mit Vorbehalt zugestimmt hatte. Offen blieb auch, ob in Potsdam eine Übergangslösung, ein Provisorium, oder eine endgültige Regelung gefunden wurde. Widersprüchlich waren die Vorstellungen und Pläne, wie man mit Deutschland in Zukunft umgehen sollte. Stand Vergeltung oder Versöhnung im Vordergrund? Einerseits liest man: *Alliierte Armeen führen die Besetzung von ganz Deutschland durch, und das deutsche Volk fängt an, die furchtbaren Verbrechen zu büßen, die unter der Leitung derer, welche es zur Zeit ihrer Erfolge offen gebilligt hat und denen es blind gehorchte, begangen wurden ... Das deutsche Volk muss überzeugt werden, dass es eine totale militärische Niederlage erlitten hat, und dass es sich nicht der Verantwortung entziehen kann für das, was es auf sich geladen hat.*

Andererseits heißt es: *Es ist nicht die Absicht der Alliierten, das deutsche Volk zu vernichten oder zu versklaven. Die Alliierten wollen dem deutschen Volk die Möglichkeit geben, sich vorzubereiten, sein Leben auf einer demokratischen und friedlichen Grundlage von neuem wieder aufzubauen. Wenn die eigenen Anstrengungen des deutschen Volkes unablässig auf die Erreichung dieses Ziels gerichtet sein werden, wird es ihm möglich sein, zu gegebener Zeit einen Platz unter den freien und friedlichen Völkern der Welt einzunehmen.*

Ungeklärt blieb auch, wie das deutsche Volk ohne eigene Regierung von den Siegern regiert werden sollte. Einerseits sollte der Alliierte Kontrollrat mit den vier Oberbefehlshabern an der Spitze *Deutschland als Ganzes* einvernehmlich verwalten, andererseits traf jeder der vier Militärgouverneure in seiner Zone eigene Entscheidungen. Um die Anti-Hitler-Koalition am Leben zu halten, Gegensätze zu vertuschen und Konflikte zu vermeiden, gaben sich die Sieger nach außen als dicke Freunde und verkündeten: *Präsident Truman, Generalissimus Stalin und Premierminister Attlee verlassen diese Konferenz, welche das Band zwischen den drei Regierungen fester geknüpft und die Rahmen ihrer Zusammenarbeit und Verständigung erweitert hat, mit der verstärkten Überzeugung, dass ihre Regierungen und Völker, zusammen mit anderen (Vereinten) Nationen, die Schaffung eines gerechten und dauerhaften Friedens sichern werden.*

In Wahrheit gab es sehr kontroverse Ziele, aber diese Gegensätze versteckte man hinter schönen Worten. Leerformeln ersetzten verbindliche Inhalte. Auf dem Programm standen *De*-Nazifizierung, *De*-Militarisierung, *De*-Montagen und Reparationen, *De*-Zentralisierung in Politik und Wirtschaft und endlich eine grundlegende Demokratisierung. Aber das entscheidende *De* fehlte, nämlich die exakte *De*finition, was unter den schönen Zielbegriffen konkret zu verstehen ist. Wie konsequent und umfassend und auf welche Weise sollte die Entnazifizierung durchgeführt werden? Sollte man alle alten Nazis vor Gericht bringen und verurteilen oder zumindest aus ihren Arbeitsverhältnissen entlassen, obgleich doch zum Wiederaufbau jeder Fachmann gebraucht wurde? Wie weit sollten die Demontagen gehen, wie hoch die Reparationen sein? Die USA und England warnten aus Angst vor einer neuen Weltwirtschaftskrise vor einer Überforderung Deutschlands, während Stalin so viel wie möglich aus Deutschland herausschlagen wollte, auch aus den Westzonen, zumal aus dem Ruhrgebiet. Der Westen versprach ihm denn auch einiges, teilweise im Tausch gegen Rohstoffe und Nahrungsmittel aus der Ostzone, nur um die Sowjets davon abzubringen, im Ruhrgebiet mitzureden und dort zu demontieren. Aber zu einem exakten Reparationsplan kam es in Potsdam nicht, jede Siegermacht hielt sich an ihre eigene Zone. Ob die Dezentralisierung in der Wirtschaft nur zur Entflechtung der großen Konzerne führen soll, wie vom Westen geplant, oder zur Enteignung und Sozialisierung, also Verstaatlichung nach bolschewistischem Muster, das bleibt genauso offen wie die Handhabung der politischen Dezentralisierung. Einig war man sich über die Entfernung der Nazis aus allen Ämtern und über den Aufbau einer demokratischen Verwaltung. Aber Demokratie und Demokratisierung waren für den Westen etwas ganz anderes als für die Sowjets. Stalin hat ganz offen bekannt, dass jede Macht ihr politisches System so weit verbreiten wird, wie ihre Truppen vordringen. Hinter dem Eisernen Vorhang wurden die sogenannten Volksdemokratien installiert und im Westen entstanden parlamentarische Demokratien. Aber den Begriff *Demokratie* reklamierten beide Seiten für sich. Und so sollte es bis 1989/90 bleiben.

Auch was die zukünftigen Grenzen Deutschlands betraf, kam man in Potsdam nur zu widersprüchlichen und provisorischen Vorstellungen. Der Westen war für die östliche Neiße, der Osten für die westliche Neiße als deutsch-polnische Demarkationslinie, Meinung stand gegen Meinung, aber die vollendeten Tatsachen, die Stalin geschaffen hatte, waren stärker als die westlichen Wünsche. Washington und London gaben notgedrungen nach und waren noch froh, dass Stalin im Gegenzug darauf verzichtete, im Ruhrgebiet mitzumischen. So behielt jeder, was er ohnehin hatte. Es war ein Kuhhandel und fauler Kompromiss – Ruhr gegen Neiße. Noch fauler war der Kompromiss, der vorsah, die endgültigen deutschen Grenzen erst in einem Friedensvertrag festzulegen. Da der Westen zugestand, die Ostdeutschen umzusiedeln, um Platz für die ausgesiedelten Ostpolen zu schaffen, war an eine spätere Korrektur nicht mehr zu denken. Wieder wurden vollendete Tatsachen geschaffen. Der Westen sah es sogar noch als einen Verhandlungserfolg an, dass Stalin etwas Selbstverständliches versprach, nämlich die Umsiedlung der Deutschen aus Polen, Ungarn und der Tschechoslowakei *in ordnungsgemäßer und humaner Weise*. In Wirklichkeit geschah das Gegenteil.

Damit waren in Potsdam die Weichen gestellt, und zwar für die Fahrt in den Kalten Krieg.

Seit Bestehen der Anti-Hitler-Koalition ging es den Alliierten darum, nach dem Endsieg mit den Nazis konsequent abzurechnen. Und das geschah dann auch. Zunächst wurde den Hauptkriegsverbrechern der Prozess gemacht, und zwar in Nürnberg. In der Stadt der Reichsparteitage, wo die NSDAP Jahr für Jahr ihre Macht demonstriert hatte, sollten die führenden Bonzen angeklagt, gerichtet und hingerichtet werden. Auf das politische Urteil von Potsdam folgte das juristische Urteil von Nürnberg, in beiden Fällen in Städten mit Tradition und Symbolik. Die Prozedur der Prozesse und die Anklagepunkte sind fixiert im *Statut für den Internationalen Militärgerichtshof in Nürnberg vom 8. August 1945*. Es war noch keine Woche vergangen, seit die Potsdamer Konferenz beendet war.

Juristisch gesehen hat dieses Gerichtsverfahren jedoch seine Probleme, denn zum einen waren die Sieger zugleich Kläger und Richter (deutsche Anwälte waren lediglich als Verteidiger zugelassen), zum anderen verstieß das Tribunal gegen den schon von den Römern beherzigten Rechtsgrundsatz *Nulla poena sine lege* (keine Strafe ohne – zur Zeit der begangenen Tat – gültiges Gesetz).

Geplant war, zur zukünftigen Sicherung des Weltfriedens ein globales Welt- und Völkerrecht aus der Taufe zu heben, nach dem in Zukunft Verbrechen gegen den Frieden und die Menschlichkeit zu ahnden wären. An den deutschen Hauptkriegsverbrechern sollte ein erstes Exempel statuiert werden. Dass die Planung und Durchführung eines Angriffskrieges als Verbrechen gegen den Frieden zu bestrafen sei, sogar mit dem Tode, war etwas völlig Neues. Seit Menschengedenken war ein Krieg, auch ein Angriffskrieg, nichts anderes als *die Fortsetzung der Politik mit anderen Mitteln* (Clausewitz). Gerade die als *Große* in die Geschichte eingegangenen Herrscher haben ihren Ruhm nicht zuletzt durch erfolgreiche Angriffskriege erworben, so Alexander, Theoderich, Karl, Otto, Peter und Friedrich. Natürlich ist ein Angriffskrieg ein Kapitalverbrechen, ihn aber unter Strafe zu stellen, hat zur Folge, dass die Verantwortlichen ihn aus Angst vor eben dieser Strafe bis zum bitteren Ende fortsetzen. Ein vorzeitiger, also rechtzeitiger Waffenstillstand, eine diplomatische Lösung, Politik als Fortsetzung des Krieges mit anderen Mitteln, ist damit ausgeschlossen.

Rein rechtlich wäre es sauberer gewesen, die Angeklagten aufgrund des geltenden Rechts (Verstöße gegen das Kriegsrecht) zu verurteilen. Schon das deutsche Strafrecht hätte im Übrigen ausgereicht, die Naziführer zu belangen. Auch war es ungeschickt, keine deutschen Richter an der Urteilsfindung zu beteiligen, natürlich unbelastete, von denen keine falsche Gnade zu befürchten war. Eine solche deutsche Beteiligung wäre einer deutschen Selbstreinigung förderlicher gewesen als die Bestrafung von außen. Aber die Sieger hatten kein Vertrauen in das andere, das bessere Deutschland, so wie sie ja auch den deutschen Widerstand und eine Zusammenarbeit mit den Offizieren um Stauffenberg verweigerten.

Obgleich das Nürnberger Tribunal offiziell als *Internationaler Militärgerichtshof* bezeichnet wurde, gab es nur amerikanische, britische, französische und russische Richter. Durch die Hinzuziehung von Richtern aus neutralen Ländern hätte man den Eindruck von Siegerjustiz vermeiden können.

Einen Schönheitsfehler hatte das Tribunal auch insofern, als die jetzt zu Gericht sitzenden Sieger das Dritte Reich in den Dreißigerjahren sehr wohlwollend behandelt hatten, Hitlers Vertragsbrüche tatenlos hinnahmen, ja, sogar Verträge mit ihm schlossen, so das Münchener Abkommen, das Hitlers Expansion ausdrücklich legitimierte. Und die Sowjetunion, hier in Nürnberg Kläger und Richter, hatte im Hitler-Stalin-Pakt genau wie das Reich einen Angriffskrieg gegen Polen geplant und dann auch geführt. Aber dieser Pakt durfte während des Prozesses auf russischen Druck nicht zur Sprache kommen. Es bestand also die paradoxe Situation, dass eine *gute Diktatur* über eine *böse Diktatur* mit zu Gericht saß und über Verbrechen urteilte, die sie selbst auch begangen hatte und weiterhin beging.

Nachdem Hitler, Goebbels und Himmler Selbstmord begangen hatten, wurde gegen 24 Hauptkriegsverbrecher Anklage erhoben, es nahmen aber nur 21 auf der Anklagebank Platz. Gegen Bormann wurde in Abwesenheit verhandelt, er war kurz vor Schluss auf der Flucht in den Trümmern Berlins verschütt gegangen. Von seinem Tod war damals noch nichts bekannt. DAF-Chef Ley hatte sich eine Woche nach der in Berlin abgehaltenen Eröffnungssitzung und der Konfrontation mit der Anklageschrift das Leben genommen. Gustav Krupp von Bohlen und Halbach war verhandlungsunfähig.

Trotz aller Kritik an der Zusammensetzung des Tribunals muss doch anerkannt werden, dass der Prozess sorgfältig und korrekt geführt wurde. Immerhin brachte er es auf fast elf Verhandlungsmonate mit 403 öffentlichen Sitzungen und auf 41 dicke Protokollbände. Sämtliche Angeklagten bezeichneten sich als *nicht schuldig*. Die meisten machten eine klägliche Figur, versuchten ihre Mitverantwortung herunterzuspielen, hatten angeblich nur auf Befehl und unter Zwang gehandelt und erwiesen sich als das, was sie immer waren, kleine subalterne Spießer. Nur Göring spielte sich als Abenteurer und Spieler auf, der hoch gepokert und dann Pech hatte. Einige zeigten Ansätze von Reue (ehrlich oder nicht – sei dahingestellt), so Reichsjugendführer Baldur von Schirach und Rüstungsminister Albert Speer.

Mit der Urteilsfindung hat es sich das Gericht nicht leicht gemacht und zu differenzieren versucht. Schacht, von Papen und Fritzsche wurden freigesprochen, sieben erhielten Haftstrafen (zwischen zehn Jahren und lebenslänglich), zwölf (darunter Bormann) wurden zum Tod durch den Strang verurteilt, Göring entging dem Strang durch den Selbstmord mit Gift. Die verbliebenen zehn wurden im Morgengrauen des 16. Oktober 1946 gehenkt.

Die Alliierten hatten Wert darauf gelegt, das deutsche Volk ausführlich über die schrecklichen Naziverbrechen zu informieren. Täglich hatten Presse und Rundfunk ausführlich über den Prozess zu berichten. Die Wirkung war sicher unterschiedlich und reichte von Erschütterung und Schuldgefühl bis hin zu einer gewissen Abstumpfung und dem Bewusstsein, dass in Nürnberg hinsichtlich der Ahndung der Naziverbrechen genug getan geworden sei. Dabei war der Nürnberger Prozess bei der Aufarbeitung der NS-Vergangenheit nur die Spitze des Eisbergs. Schließlich gab es eine große Zahl von Nazis aus der zweiten Reihe, die Schuld auf sich geladen hatten und ihrer Strafe zugeführt werden mussten. Insgesamt gab es acht Millionen Parteigenossen – egal warum. Was sollte mit ihnen geschehen? Acht Millionen Prozesse führen? Acht Millionen Berufsverbote oder Entlassungen aussprechen? Man konnte doch nicht einfach acht Millionen Arbeitskräfte, darunter auch Fachleute, dem Wirtschaftsleben und dem Wiederaufbau entziehen.

Die Amerikaner hatten die Zentralkartei der NSDAP in einer Papierfabrik nahe München entdeckt und da sie von allen Alliierten die Ausmerzung des Faschismus am konsequentesten verfolgten, entwickelte sich in ihrer Zone ein gewaltiger und aufgeblähter Entnazifizierungsmechanismus. Zusätzlich führten sie mit Zustimmung der anderen Besatzungsmächte in Nürnberg, das in ihrer Zone lag, sogenannte Nachfolgeprozesse durch. In zwölf Verfahren, die sich bis Mitte 1949 hinzogen, waren Männer angeklagt, die als

Diplomaten, Wirtschaftsführer (verantwortlich für Zwangsarbeit), Ärzte (verantwortlich für Euthanasie und Menschenversuche) und SA- und SS-Aktivisten (verantwortlich für Morde an Juden und anderen Verfolgten) schuldig geworden waren. Insgesamt wurden 36 Todesurteile ausgesprochen.

Um mit einer gewissen Einheitlichkeit in ihren Zonen vorzugehen, hatten die Militärgouverneure am 20. Dezember 1945 ein *Gesetz zur Bestrafung der Kriegsverbrecher* erlassen.

Doch trotz dieses Kontrollratsgesetzes gestaltete sich die Bestrafung der Naziverbrecher in den einzelnen Zonen recht unterschiedlich. Am eifrigsten gingen, aus einer Art Kreuzzugsmentalität heraus, die Amerikaner zu Werke, und das ohne Rücksicht auf Verluste, ohne Rücksicht auf die wirtschaftlichen Folgen. Briten und Franzosen verfuhren vorsichtiger und waren vor allem an pragmatischen Regelungen interessiert.

Ganz anders die Sowjets. Sie sahen in den Prozessen die Gelegenheit, mit dem Klassenfeind abzurechnen. Aus der Gleichsetzung von Faschismus und Kapitalismus leiteten sie das Recht ab, nicht nur gegen führende Nazis vorzugehen, sondern auch gegen die ökonomische Elite als Klasse, also gegen Großgrundbesitz und Großindustrie, die dann in einem Abwasch auch gleich noch enteignet wurden. Während die Westmächte die Nazis zwar bestrafen und den Faschismus ausmerzen wollten, die freie Marktwirtschaft aber erhalten wollten, ging es in der SBZ um eine Sozialrevolution von oben mit dem Ziel einer sozialistischen Gesellschaftsordnung. Nur zuverlässige Personen durften ihren Beruf und ihre Funktion behalten, bis Anfang '48 waren eine halbe Million Menschen aus ihren Ämtern und Tätigkeiten entlassen. Lehrer, Richter und andere Justizangestellte, die aus Karrieregründen oder Zwang oder aus weltanschaulichen Motiven mehrheitlich Pg.s waren, wurden sämtlich aus dem Dienst entfernt. An ihre Stelle traten schnell und oberflächlich ausgebildete Volksrichter und Neulehrer. Wie im Westen gab es auch in der SBZ Internierungslager (oft ehemalige KZs), in denen die Nazis interniert waren. In der Sowjetzone wurden auch Gegner der gesellschaftlich-politischen Umwälzung in diesen Speziallagern festgehalten. Bis 1950 waren etwa 50000 Menschen hier inhaftiert, 12000 von ihnen sind ums Leben gekommen.

Diesem rücksichtslosen Vorgehen der Sowjets stand das überkorrekte Verhalten der Amerikaner gegenüber. Sie wollten alles so korrekt wie möglich machen, jeden Schuldigen bestrafen und mit jedem Unschuldigen die Demokratie aufbauen. Dabei orientierten sie sich peinlich genau an der *Direktive des Kontrollrats zur Verfolgung von Kriegsverbrechern und Nationalsozialisten,* wo unterschieden wurde zwischen Hauptschuldigen, Belasteten, Minderbelasteten, Mitläufern und Entlasteten. Für sämtliche Einwohner der amerikanischen Zone wurde ein Fragebogen erstellt, der sage und schreibe 131 Fragen umfasste. Jeder über 18 Jahre musste die sechs DIN-A4-Blätter ausfüllen (insgesamt fast 100 Millionen Seiten). Da die Militärbehörden überfordert waren, mussten deutsche Ämter Hilfe leisten, waren dazu aber nicht in der Lage, weil bis Anfang '46 in der US-Zone 300000 Beamte und Angestellte aus dem Dienst entlassen worden waren. In allen Zonen wurden sogenannte Spruchkammern gebildet, das waren mit Deutschen besetzte Laiengerichte unter Besatzungskontrolle. Allein in der US-Zone arbeiteten 545 solcher Kammern. Unerwünschte Nebenwirkungen und Missbräuche blieben nicht aus. Es grassierten Denunziantentum, Scheinheiligkeit und die Jagd nach *Persilscheinen*. Das waren schriftliche Erklärungen, in denen Unbelastete, besser noch NS-Verfolgte oder Juden, die überlebt hatten, ehemaligen Pg.s ihre Harmlosigkeit, Hilfsbereitschaft, Humanität und Religiosität bescheinigten. Insgesamt stand der gewaltige Aufwand in keinem Verhältnis zum Ergebnis. Nur 10% wurden in irgendeiner Weise verurteilt, meist zu einer Geldstrafe. Härtere Strafen beziehungsweise Nachteile von Dauer mussten weniger als 1% auf sich nehmen.

Je mehr sich die Beziehungen zwischen den Westmächten und der UdSSR verschlechterten, desto eifriger buhlten beide Seiten um das Wohlwollen der deutschen Bevölkerung. Die Entnazifizierung passte nun nicht mehr in die politische Landschaft. Ab Anfang '48 wurden anhängige Prozesse überstürzt zu Ende geführt, Prozesse gegen schwerer Belastete, mit denen man eigentlich erst später beginnen wollte, gar nicht erst eingeleitet. Nicht zu Unrecht entstand in der deutschen Öffentlichkeit der Eindruck, dass man wie so oft die Kleinen henkt und die Großen laufen lässt. Den Abbruch der ganzen Unternehmung begründete General Clay, der amerikanische Militärgouverneur, mit den Worten: *Hätten die nominellen Parteimitglieder nicht ihre vollen bürgerlichen Rechte und die Möglichkeit zurückerhalten, wieder ein normales Leben zu führen, dann hätte sich bestimmt früher oder später ein ernsthafter politischer Unruheherd entwickelt.* Kritische Stimmen von deutscher Seite beklagten, dass die Praxis der Entnazifizierung der Demokratisierung oft geschadet habe. Mit der Bestrafung der Nazis waren die meisten Deutschen anfangs durchaus einverstanden (im März 1946 etwa 70%), aber drei Jahre später waren es nur noch 17%. Man bemängelte die Bevormundung und die Ungerechtigkeit, die in den Prozessen deutlich wurde. Unabhängig von der Entnazifizierung entschied sich die Mehrheit der Deutschen – nach der furchtbaren Erfahrung mit der Hitler-Diktatur – ein zweites Mal, und jetzt endgültig, für eine Republik, und nun ohne die Fehler von Weimar. Das politische Problem lag nicht in der Gesinnung der Deutschen, sondern in der unterschiedlichen Entwicklung in Ost und West. Hier sollten die Menschen zu Demokraten erzogen werden, dort zu Kommunisten. Die Abrechnung mit den Nazis gestaltete sich deshalb recht unterschiedlich. Der Westen setzte auf Versöhnung und Zusammenarbeit, die Sowjets wollten ihr Modell durchsetzen, und das nicht zuletzt durch die Entfernung (also Bestrafung) unliebsamer Personen. So nimmt es nicht Wunder, dass 1945-1965 in der SBZ beziehungsweise DDR doppelt so viele Menschen (über 12000 gegenüber 6000 in den Westzonen beziehungsweise der BRD) verurteilt wurden.

So gegensätzlich die Pläne der Sieger waren, einig war man sich, dass die Reformen von unten nach oben zu geschehen hätten, dass also zunächst in den Gemeinden die Naziverwaltung durch zuverlässige Demokraten aus der Weimarer Zeit ersetzt werden müsste. So zum Beispiel setzten die Amerikaner den alten Kölner Oberbürgermeister Adenauer, den die Nazis aus dem Amt gejagt hatten, schon Anfang Mai wieder ein, und die Russen machten auf recht kuriose Weise den Journalisten und Gewerkschaftler Ernst Lemmer zum Bürgermeister von Klein-Machnow, einem Villenvorort südlich von Berlin. Ein russischer Offizier fuhr bei ihm vor, fragte ihn: *Du Lemmer?* und befahl auf dessen bejahende Antwort: *Du Bürgermeister!* Da Lemmer, als Journalist ohne Verwaltungserfahrung, ablehnte, griff der Russe an seine Pistole und drohte: *Du Bürgermeister oder tot!* Da blieb dem späteren Bundesminister nichts übrig, als das Amt anzunehmen.

Obgleich die Sieger laut Potsdamer Abkommen im Alliierten Kontrollrat eigentlich zusammenarbeiten sollten, ging jeder in seiner Zone in den Bereichen Politik, Wirtschaft, Kultur, Bildung und Medien eigene Wege. Am ähnlichsten waren sich noch die Absichten der Amerikaner und der Briten, die ein einiges Deutschland, zumindest ein einiges Westdeutschland anstrebten, das wirtschaftlich auf eigenen Füßen stehen und sich selber ernähren sollte. Das neue Deutschland sollte an die Weimarer Republik anknüpfen mit demokratischer Verfassung, republikanischer Staatsform und marktwirtschaftlicher Ordnung.

Die Franzosen gingen auf Distanz, sie waren gegen ein einiges, gefestigtes oder gar wiedererstarkendes Deutschland, sie wollten auf Kosten des Erbfeindes den großen Reibach machen, möglichst viele Gebiete, zumindest das Saarland annektieren und maximale Reparationen herausschlagen. Damit waren die Großen Drei aber nicht einverstanden, so dass Paris sich bockig stellte und sich der deutschen Einheit strikt widersetzte. Da der Kontrollrat einstimmig beschließen musste, machte Frankreich immer wieder sein Veto geltend, wenn es um gesamtdeutsche Wirtschaft und Politik ging. Der Einheit gegenüber erwies sich Paris als viel widerspenstiger als Moskau. Dennoch unterschieden sich die sowjetischen Absichten und Maßnahmen in vielen Punkten von der Zonenpolitik der drei Westmächte.

Die Russen wollten Gesamtdeutschland beziehungsweise ihre Zone nicht zu einer verbesserten Weimarer Republik machen, sondern zu einem kommunistischen Staat nach eigenem Vorbild. Um die Ostdeutschen für ihre Sache zu begeistern, machten sie in ihrer Zone schneller als der Westen demokratische Zugeständnisse, erlaubten zum Beispiel als Erste die Bildung politischer Parteien. Das war zwar nur Taktik, aber beides, Tempo und Taktik, machten Eindruck. Viele vertrauten Stalin und nahmen den berühmten Propagandaspruch für bare Münze, der auf unzähligen Spruchbändern zu lesen war. *Die Hitler kommen und gehen, aber das deutsche Volk und der deutsche Staat bleiben.*

Die sowjetische Deutschlandpolitik war viel konkreter geplant als die westliche. Schon vor der Kapitulation, am 30. April 1945, zufällig am gleichen Tag, an dem Hitler Selbstmord beging, entstiegen Walter Ulbricht und ein Dutzend Genossen, aus Moskau kommend, in der Nähe Berlins einer russischen Militärmaschine, um die kommunistische Machtergreifung einzuleiten. Dieser nahtlose Machtwechsel von dem einen Führer auf den anderen erinnert an die Umschreibung der Nachfolge im alten Frankreich: *Der König ist tot, es lebe der König.*

Gleichzeitig mit der Gruppe Ulbricht landeten andere in Sachsen und Mecklenburg, um mit sowjetischer Hilfe lokale Verwaltungen aufzubauen. Jahrelang waren sie im Moskauer Exil auf diesen Einsatz vorbereitet worden. Und nun sollte Ulbricht im befreiten Berlin die Demokratie einführen oder doch so tun als ob. Die Schlüsselpositionen mussten sich die Kommunisten sichern, zum Schein waren aber auch andere Antifaschisten an der Verwaltung zu beteiligen. Denn – so Ulbricht wörtlich – *es muss demokratisch aussehen, aber wir müssen alles in der Hand haben.* Genau nach dieser Methode wurde der Berliner Magistrat zusammengestellt. Oberbürgermeister wurde der parteilose Ingenieur Arthur Werner, nur die Hälfte der 18 Stadträte waren Kommunisten, die anderen gehörten anderen politischen Richtungen an oder waren Experten, so der für das Wohnungswesen zuständige Architekt Scharoun und der für Gesundheit zuständige Chirurg Sauerbruch. Die einflussreichsten Posten (Personalfragen, Volksbildung) besetzten Kommunisten. Nach dem gleichen Prinzip wurden die Bezirksverwaltungen eingerichtet. Als die Westmächte dann ihre Sektoren in Besitz nahmen, korrigierten sie sofort die Bezirksämter.

In seiner Deutschlandpolitik sah Stalin sich vor ein unlösbares Problem gestellt. Zum einen musste er sich zum Wiederaufbau seines eigenen Landes so viele deutsche (beziehungsweise ostdeutsche) Reparationen wie möglich sichern, zum anderen wollte er den Deutschen, zumal in der SBZ, den Sozialismus schmackhaft machen. Er machte sich also zugleich unbeliebt (durch die Ausplünderung) und beliebt durch politische und scheindemokratische Zugeständnisse. In Westberlin, das die Rote Armee zwei Monate besetzt hatte, wurden in dieser Zeit 85% der Maschinen demontiert, in ihrem Ostsektor nur 33%. Hinzu kommt, dass die Sowjets der SBZ die Besatzungskosten aufbürdeten, Güter aus der laufenden Produktion entnahmen, Großbetriebe enteigneten und als Sowjetische Aktiengesellschaften (SAG) in Besitz nahmen und für sich arbeiten ließen. Auf fast allen Bahnstrecken wurde das zweite Gleis abgebaut und in die UdSSR geschafft. Mit einem Rest an Galgenhumor spotteten die Deutschen, deutsche Schienen seien aus Kruppstahl, russische aus Diebstahl. Stalin, der sich als Menschenfreund, gerade auch den Deutschen gegenüber, aufspielte, wurde fast zum Totengräber der ostzonalen Wirtschaft.

Dieses Dilemma (Buhlen um Sympathie und Ausplünderung der Deutschen) bestand für die Westmächte nicht. Sie demontierten weniger und ließen sich Zeit mit der Umerziehung der Deutschen und dem demokratischen Aufbau ihrer Zonen. Sie hatten Geduld, während die Sowjets möglichst schnell politische Strukturen in ihrem Sinne schaffen wollten. Das neue Deutschland, zumindest ihre Zone, sollte bolschewistisch werden, aber zunächst nicht so aussehen (wie es ja auch Ulbricht seinen Genossen gegenüber ganz unverblümt gesagt hatte).

Schon am 9. Juni gibt der Oberbefehlshaber der sowjetischen Besatzungstruppen, Schukow, durch den Befehl Nr. 1 die Bildung der Sowjetischen Militäradministration in Deutschland (SMAD) bekannt, deren Chef er selber wird. Er befiehlt sich selber, sich in dieses Amt zu befördern. Schon einen Tag später, mit Befehl Nr. 2, werden in der SBZ Parteien und Gewerkschaften zugelassen. Damit sind die Sowjets großzügiger und auch schneller als die Westmächte. Das gute Verhältnis zwischen SMAD und den deutschen Kommunisten hat zur Folge, dass bereits am 11. Juni die neu gegründete KPD mit ihrem – schon längst ausgearbeiteten – Programm an die Öffentlichkeit tritt. Wie 1939 nach Abschluss des Hitler-Stalin-Paktes sind die Altgenossen verblüfft und enttäuscht darüber, dass die alten Ideale und Prinzipien aufgegeben werden und merken nicht, dass – wie damals – alles nur Taktik ist. Vertraute Begriffe wie *Sozialismus, Kommunismus, Weltrevolution* und *Diktatur des Proletariats* kommen nicht vor. Stattdessen knüpft man an die Tradition der liberalen 48er-Revolution an und bekennt sich zum Parteienpluralismus und will nur eine Partei von vielen sein und nicht die einzige wie die KPdSU in der UdSSR. Der russische Bär kommt im Schafspelz daher. Garantiert wird im KPD-Programm (nach Absprache mit Moskau): *Völlig ungehinderte Entfaltung des freien Handels und der privaten Unternehmerinitiative auf der Grundlage des Privateigentums.*

Ganz anders, viel radikaler, die unter Führung von Otto Grotewohl in Berlin neu gebildete SPD: Im Gründungsaufruf heißt es: *Unser Ziel ist der Sozialismus ... Banken, Versicherungen, Bodenschätze, Bergwerke, Energiewirtschaft sollten verstaatlicht werden.*

Relativ links gibt sich auch die von ehemaligen Zentrumsmitgliedern und konservativen Politikern der Weimarer Zeit gegründete Christliche Demokratische Union. Man engagiert sich für einen demokratischen Staat, der die Rechte und die Entfaltung der Persönlichkeit und den Schutz des Privateigentums garantiert, fordert aber zugleich, dass Bodenschätze, Bergbau und andere monopolartige Schlüsselunternehmungen *der Staatsgewalt unterworfen werden.* Angestrebt wird ein *christlicher Sozialismus.*

Die liberalen Kräfte gründen am 5. Juli die LDPD, die Liberal-Demokratische Partei Deutschlands. Sie sprechen sich ausdrücklich für Privateigentum und freie Wirtschaft aus.

Schon am 15. Juni hatten sich die alten Gewerkschaftler unterschiedlicher Richtungen – links, liberal und christlich – für einen einheitlichen Freien Deutschen Gewerkschaftsbund (FDGB) ausgesprochen, der sich dann im Februar 1946 konstituiert.

Das Gemeinsame all dieser Neugründungen ist das Bemühen, die Zersplitterung der Weimarer Zeit zu überwinden. Hitler hatte seinerzeit nicht zuletzt deshalb die Macht ergreifen können, weil es den Parteien und Gewerkschaften an Geschlossenheit fehlte und damit am Willen zum Widerstand. Die beiden Arbeiterparteien hatten sich gegenseitig als *Knechte Moskaus* und *Sozialfaschisten* diffamiert, die Liberalen lähmten sich durch die Aufspaltung in kleine und kleinste Parteien und Parteichen, und das christliche Zentrum hatte nur katholische Mitglieder und Wähler, aber keine protestantischen. Jetzt endlich will man diese Gegensätze und Streitereien überwinden. Die CDU erklärt sich zur gesamtchristlichen Partei, die liberalen Richtungen bündeln sich in der einen LDPD, die Arbeiter wollen wieder eine gemeinsame politische Heimat und Partei wie vor dem Ersten Weltkrieg. Dabei erweist sich die SPD als viel aktiver als die KPD, die – von der SMAD protegiert – ihre Macht nicht mit der SPD teilen will. Noch glauben Ulbricht und Pieck, die beiden führenden Männer der KPD, dass sie durch populäre und populistische Neuerungen, die sie mithilfe der Sowjets durchsetzen, die Mehrheit der Bevölkerung auf ihre Seite ziehen können. Ihre Macht sicherte die KPD auch dadurch ab, dass – unter dem Druck der SMAD – am 14. Juli die vier Parteien sich in der SBZ zum *Block der antifaschistisch-demokratischen Parteien* zusammenschließen. Hier muss einstimmig entschieden werden, so dass gegen den Willen der Kommunisten nichts geht. Die Blockparteien bilden dann auch auf Befehl der SMAD die Koalitionsregierungen in den fünf ostzonalen Ländern (Mecklenburg, Brandenburg, Anhalt, Thüringen, Sachsen). Hier haben die Kommunisten zwar nicht die meisten, aber die wichtigsten Posten inne. Ende Juli richtet die SMAD Zentralverwaltungen für die SBZ ein, mit deutschen Experten für Verkehr, Wirtschaft, Arbeit, Gesundheit, Volksbildung, Justiz und so weiter. Ein Vierteljahr nach der Kapitulation hatten die Sowjets somit Verwaltungen auf allen Ebenen geschaffen, auf kommunaler und auf Kreisebene, auf Länder- und auf Zonenebene.

Und nun, in der zweiten Jahreshälfte, konnte man sich an die konkreten Maßnahmen zur Beeinflussung der Menschen und zur Veränderung der Gesellschaft machen. Am 3. Juli wird der *Kulturbund zur demokratischen Erneuerung Deutschlands* gegründet, dem Künstler, Wissenschaftler und Lehrer angehören und der die Ideale der Arbeiterbewegung und des Humanismus propagieren soll.

Seit September wird die Bodenreform durchgeführt. Ohne Entschädigung wird über ein Drittel der landwirtschaftlichen Nutzflächen enteignet. Betroffen waren Kriegsverbrecher, aktive Nazis, aber auch alle Betriebe von über 100 Hektar Größe. 600000 Landbewerber werden berücksichtigt, darunter 120000 landlose Bauern (ehemalige Landarbeiter beziehungsweise *Knechte*), 90000 Umsiedler (wie die Flüchtlinge und Vertriebenen offiziell hießen) und 80000 landarme Bauern. Die Bodenreform war sicher populär und wurde von der Mehrheit gutgeheißen. Rührende Szenen spielten sich ab, als ehemalige Gutsknechte plötzlich ein eigenes Stück Land zugelost bekamen. Auch die Blockparteien stimmten zu. Allerdings hatten sich die beiden Vorsitzenden der Ost-CDU dagegen ausgesprochen und wurden prompt abgesetzt. Das Glück der Neubauern und den Schmerz der Altbesitzer kann man sich vorstellen. Auch Banken und Sparkassen wurden ohne Entschädigung enteignet. Mit Befehl 124 vom 30. Oktober beschlagnahmte die SMAD 7000 Betriebe, bezeichnet als *Industriereform*. Weitere einschneidende Maßnahmen gab es im Schulwesen. 80% der Lehrer waren NS-Mitglieder, ebenso Juristen, und die wurden entlassen und durch *Neulehrer* und *Volksrichter* ersetzt.

Die politischen und gesellschaftlichen Veränderungen in den Westzonen vollzogen sich langsamer und weniger radikal. Die Parteien entwickelten sich zunächst in Verbindung mit denen in der SBZ und führten auch den gleichen Namen. Bei der SPD wurde Kurt Schumacher, bei der CDU Konrad Adenauer zur bestimmenden Persönlichkeit. Der von den Amerikanern zum Kölner Oberbürgermeister eingesetzte Adenauer wurde von den Engländern wegen Unfähigkeit (in Wahrheit wegen Unbotmäßigkeit) aus dem Amt entfernt, zugleich wurde ihm jede politische Tätigkeit untersagt. Nach Aufhebung des Verbots konnte er sich dann aber voll und ganz der Parteiarbeit und seiner Karriere widmen. Und das mit inzwischen 69 Jahren. In der französischen Zone wurden Parteien erst Anfang '46 zugelassen und der Begriff *deutsch* untersagt. So mussten sich die badischen Sozialdemokraten *SPB* nennen und die des Saarlandes und knapp *SP*.

1808 – in Erfurt – hatte Napoleon zu Goethe gesagt: *Die Politik ist das Schicksal.* Treffender ist wahrscheinlich der Satz: *Die Wirtschaft ist das Schicksal.* Denn entscheidend für das Wohl oder Werke des Menschen ist, ob die Wirtschaft floriert oder kollabiert. Die Weltwirtschaftskrise um 1930 hat Hitler an die Macht gebracht und damit die Diktatur, den Weltkrieg und den Zusammenbruch indirekt verursacht. Und jetzt, nach dem Krieg, war es eine wirtschaftliche Frage, ob das deutsche Volk endlich wieder ein normales auskömmliches Leben führen kann. In vielen Bereichen gab es nach einem Jahr wieder halbwegs geordnete Zustände. Politik und Verwaltung kamen wieder in Gang, es gab Parteien und erste Wahlen, Schulen und Universitäten öffneten wieder, Presse und Rundfunk begannen, die Menschen zu informieren (wenn auch nur mit alliierten Lizenzen).

Das kulturelle Leben erwachte, man ging – trotz oder wegen der anhaltenden Not – ins Kino, Konzert, Kabarett, Theater, in Opern und Ausstellungen. Bahn und Post arbeiteten wieder, und so langsam gab es Wasser, Strom und Gas.

Aber noch hungerten die Menschen, noch fehlte es an Wohnraum und Kleidung, 1946 war es nicht besser als 1945, ja, im Winter 1946/47 erreichte die Versorgung mit Lebensmitteln erst ihren Tiefpunkt. Die letzte Ernte war schlecht, und dann kam es in Mitteleuropa zu einem der strengsten Winter seit Menschengedenken. Obgleich die Kohleförderung angekurbelt wurde und Kohle inzwischen sogar auf Halde lag, konnten Industrie und Haushalte nicht beliefert werden, weil das Transportsystem zusammengebrochen war.

Die Binnenschifffahrt war durch die Kälte und das Eis lahmgelegt und die Bahn hatte kaum brauchbare Lokomotiven, das Schienennetz war schadhaft und in der SBZ quasi halbiert. Hatten die auf den Lebensmittelkarten bei Kriegsende ausgewiesenen täglichen Kalorien noch eine Größenordnung von 2000, so sanken sie nun zeitweise auf unter 1000. Immer wieder kam es zu Hungerdemonstrationen, so im Mai 1947 in Hamburg, wo an der von der Gewerkschaft durchgeführten Protestversammlung 120 000 Menschen teilnahmen. Eine partielle Linderung des Hungers bedeutete die Schulspeisung in der amerikanischen und britischen Zone. Außerdem kamen aus den USA die von Wohlfahrtsorganisationen zusammengestellten Care-Pakete, die mit hochwertigen Nahrungsmitteln gefüllt waren. Wie groß die Not und wie gefragt diese Pakete waren, zeigt die von einer 28-jährigen Dame in einer Zeitung veröffentlichte Heiratsanzeige: Sie habe, außer sich selbst, eine Zweizimmerwohnung zu bieten und zwei Care-Pakete monatlich. Die Dame erhielt daraufhin 2437 Zuschriften.

Problematisch war die Situation der Menschen besonders in den Ballungsgebieten, zumal dort auch der meiste Wohnraum zerstört worden war. Verschärft wurde die Lage auch durch die ungleiche Verteilung der Vertriebenen. Die französische Zone nahm fast gar keine auf. In den von den Alliierten neu formierten Ländern stieg die Einwohnerzahl durch die Flüchtlinge besonders in Schleswig-Holstein, Mecklenburg-Vorpommern und Niedersachsen. Die Zonen der Großen Drei waren etwa gleich groß, jeweils um die 100 000

Quadratkilometer. Die später geschaffene französische Zone war mit 43 000 Quadratkilometern nur knapp halb so groß. Die meisten Menschen lebten in der britischen Zone (über 22 Millionen), vor allem im Ruhrgebiet und im Großraum Hamburg. Etwa 17 Millionen wohnten in der amerikanischen und in der sowjetischen Zone, in der französischen 6 Millionen und in den vier Sektoren Berlins 3 Millionen. In den folgenden Jahrzehnten kam es aber zu erheblichen Veränderungen, weil bis zum Bau der Mauer 1961 etwa 3 Millionen Menschen die SBZ beziehungsweise DDR in Richtung Westen verließen.

Dass die deutsche Wirtschaft nur langsam wieder auf die Beine kam, hatte zwei Ursachen, erstens die kriegsbedingten Zerstörungen und zweitens die Wiedergutmachungsleistungen, die nicht nur von den vier Siegermächten, sondern auch von 18 weiteren Staaten gefordert wurden. Die Besatzungsmächte, die ja an der Quelle saßen, bedienten sich am ausgiebigsten. Insgesamt gab es drei Formen von Reparationen: Demontagen industrieller Anlagen, Warenlieferungen aus der laufenden Produktion und Zwangsarbeit. Besonders intensiv, wenn nicht exzessiv, suchten Russen und Franzosen in ihren Zonen ihren Vorteil. Die in 1000 Betrieben der SBZ durchgeführten Demontagen (vor allem Eisenindustrie beziehungsweise Maschinenbau, Chemie und Optik) lagen in ihrem Umfang jedenfalls weit über dem von Stalin in Jalta geforderten 10 Milliarden Dollar. Über den rein materiellen Wert hinaus sicherten sich die Sieger auch deutsche Patente, Wissenschaftler und Techniker, die Amerikaner zum Beispiel das gesamte Raketen-Know-how inklusive Personal mit Wernher von Braun an der Spitze. Insgesamt wanderten 6000 deutsche Wissenschaftler und Techniker – mehr oder weniger freiwillig – in die USA ab. Darüber hinaus hatten alle Zonen die Besatzungskosten zu tragen, mussten also aus eigener Tasche ihre uniformierten Gäste (und gegebenenfalls deren Familien) angemessen bewirten. Dass die Sowjets die 200 lukrativsten Betriebe ihrer Zone beschlagnahmten und als Sowjetische Aktiengesellschaften in eigener Regie betrieben (etwa 20% der ostzonalen Industrieproduktion), haben wir schon erwähnt. Übrigens musste die DDR diese ursprünglich deutschen Betriebe 1953 für – umgerechnet – 2,5

Milliarden D-Mark zurückkaufen. Bei der Verrechnung der deutschen Reparationsleistungen (es gab ein sogenanntes Reparationskonto zwecks Erfassung der Lieferungen) mussten die Deutschen weit unter dem Weltmarktpreis liefern, zum Beispiel eine Tonne Ruhrkohle für 10 Dollar statt für 30.

Alles in allem waren die Voraussetzungen für die Gesundung der deutschen Wirtschaft sehr ungünstig. Allerdings gab es auch einige Tatsachen, die hoffen ließen. So waren die Schäden, die der Krieg in den deutschen Fabriken verursacht hatte, wesentlich geringer als allgemein (auch von den Alliierten) angenommen. Die Verluste am Bruttoanlagevermögen beliefen sich *nur* auf 20% des Kapitalstocks. Denn bis weit in den Krieg hinein war im Reich noch intensiv investiert worden und die alliierten Luftangriffe galten mehr den Wohn- als den Industriegebieten. Trotz der Demontagen blieben also immer noch viele Maschinen in den Fabriken übrig. Weiterhin war es von Vorteil, dass trotz der vielen Kriegstoten (vor allem unter den berufsfähigen Männern) nach dem Krieg ein Millionenheer von ausgebildeten Fachkräften zur Verfügung stand. Deutschland war also kein Entwicklungsland. Maschinen, Manpower und die typisch deutsche Arbeitsmoral warteten nur darauf, den Wiederaufbau in Gang zu bringen. Allerdings litt der deutsche Handel darunter, dass die Westmächte ihre Zonen zur Ausfuhr von Rohstoffen und Energie zwangen (Kohle, Holz, Strom, Schrott), während doch die Verarbeitung dieser Güter in Deutschland selbst einen vielfachen Betrag an Exporterlös gebracht hätte. Vor dem Krieg hatte das Reich 77% Fertigwaren ausgeführt, 1947 exportierten die vier Zonen ganze 11% Fertigwaren. Exporterlöse von jährlich 100 Millionen Dollar entgingen der amerikanischen Zone durch die Zwangslieferungen an die PX-Läden, in denen die US-Soldaten sich versorgten. In gewisser Weise wurden damit die Wohltaten der Care-Pakete ausgeglichen. Immerhin aber erhielt die Bevölkerung in den zwei angelsächsischen Zonen Nahrungsmittel im Wert von 2 Milliarden Dollar in drei Jahren, das heißt pro Person 50 Dollar.

Die deutsche Industrieproduktion lief also unter den genannten Bedingungen nur sehr langsam an. Im 4. Quartal 1945 erreichte sie (verglichen mit 1936) etwa 20%, stieg dann in allen Zonen kontinuierlich an, erlitt jedoch durch die Kohlekrise im 1. Quartal '47 einen empfindlichen Rückschlag. Mit dem Ende der Zonenzeit – 1949 – lag der Wert in der britischen-amerikanischen Bizone bei 86%, in der französischen bei 78% und in der SBZ bei 68%.

Nach wie vor waren sich die Sieger nicht darüber im Klaren, auf welches industrielle Niveau Deutschland für alle Zukunft herabgedrückt werden sollte. Der Morgenthau-Plan geisterte noch immer in manchen Köpfen, aber einig wurde man sich nicht. Der sogenannte Niveauplan des Alliierten Kontrollrats am 26. März 1946 blieb reine Theorie und Makulatur. Noch weniger einigte man sich über die Wirtschaftsform. Die Sowjets forderten ein sozialistisches Deutschland und der Westen wollte an der freien Marktwirtschaft festhalten. Relativ einheitlich war dagegen die Stimmung im deutschen Volk.

Da viele Konzernherren Hitler gefördert hatten und von seiner Rüstung und seinem Krieg profitierten (besonders auch durch die Ausbeutung von Zwangsarbeitern), war der Kapitalismus in Misskredit geraten. Viele der verantwortlichen Herren (zum Beispiel Krupp und Flick) hatten vor alliierten Gerichten gestanden und waren verurteilt worden. Für alle Zukunft sollte die Macht der Wirtschaft eingeschränkt werden. Das Bankwesen, der Bergbau, die Großindustrie und die Energiewirtschaft sowie das Verkehrs- und Transportwesen sollten sozialisiert und unter öffentliche beziehungsweise staatliche Kontrolle kommen. Darüber war sich die Mehrheit der Bevölkerung einig, ebenso die Mehrheit der wieder oder neu gegründeten Parteien. Lediglich die Liberalen sperrten sich gegen Enteignung und Sozialisierung, die anderen erhoben mehr oder weniger radikal in ihren Programmen entsprechende Forderungen.

Dass sich die Sozialdemokratie in diesem Sinne artikuliert, erklärt sich schon allein aus ihrer Geschichte. Schon am 27. Oktober 1945 sagte Kurt Schumacher, der tonangebende Politiker der westdeutschen SPD: *Auf der Tagesordnung steht heute als der entscheidende Punkt die Abschaffung der kapitalistischen Ausbeutung und die Überführung der Produktionsmittel aus der Hand der großen Besitzenden in gesellschaftliches Eigentum, die Lenkung der gesamten Wirtschaft nicht nach privaten Profitinteressen, sondern nach den Grundsätzen volkswirtschaftlich notwendiger Planung …* Nicht sehr viel anders liest sich die Programmatische Erklärung des Zonenausschusses der CDU der britischen Zone auf der Tagung vom 1. bis 3. Februar 1947 in Ahlen: *Das kapitalistische Wirtschaftssystem ist den staatlichen und sozialen Lebensinteressen des deutschen Volkes nicht gerecht geworden.* Ziel der wirtschaftlichen Neuordnung könne *nur das Wohlergehen unseres Volkes sein.* Allerdings müsse vermieden werden, *dass der private Kapitalismus durch den Staatskapitalismus ersetzt wird.* Ausdrücklich aber wird gefordert, die Kohlebergwerke *zu vergesellschaften. Auch bei der eisenschaffenden Großindustrie ist der Weg der Vergesellschaftung zu beschreiten.*

Was im Westen theoretisch gefordert wurde, das wurde in der SBZ schon sehr schnell verwirklicht. Von der Bodenreform im September 1945 und vom SMAD-Befehl 124, der die Beschlagnahmung der Bergwerke, Industriebetriebe und anderer großer Unternehmen veranlasste, war schon die Rede. Diese wurden zu Sowjetischen Aktiengesellschaften oder zur treuhänderischen Verwaltung den Länderverwaltungen unterstellt. In Sachsen, wo sich zwei Drittel der Industriebetriebe befanden, wurde ein Jahr später, am 30. Juni 1946, ein Volksentscheid über die Frage durchgeführt, ob die Betriebe von Kriegs- und Naziverbrechern in das Eigentum des Volkes übergehen sollten. Da fast alle Unternehmen für den NS-Staat gearbeitet hatten, also an ihm verdient hatten, waren sie betroffen. Prompt stimmten 77,7% der Sachsen für die Enteignung, und die kahlschlagartige Verstaatlichung hatte somit ihre demokratische Bestätigung gefunden. Die anderen SBZ-Länder folgten dem sächsischen Beispiel, nun aber der Einfachheit halber nur noch auf dem Verordnungswege.

Im Westen dagegen scheiterten die von deutschen Politikern angestrebten Pläne zur Sozialisierung am britischen beziehungsweise amerikanischen Einspruch. Bei den hessischen Landtagswahlen am 1. Dezember 1946 wird zugleich über die neue Verfassung abgestimmt, die mit 77% der Stimmen angenommen wird. Gesondert entschieden wird auf Anweisung der amerikanischen Militärregierung über den Artikel 41 (Überführung der Schlüsselindustrien in Gemeineigentum). 72% der Hessen waren dafür, so dass 169 Unternehmen (Bergbau, Eisenindustrie, Verkehrsbetriebe) sofort sozialisiert werden konnten, was aber nicht geschah. Denn die Amerikaner setzten den Vollzug dieses Artikels aus. Ähnliches geschah in Nordrhein-Westfalen, wo der Landtag am 6. August 1948 die Sozialisierung des Kohlebergbaus beschloss. Aber die britische Militärregierung intervenierte. Eine solche Entscheidung gehöre in die Kompetenz der damals bereits geplanten westdeutschen Bundesrepublik. Die einzige Maßnahme zur Entmachtung der großen Konzerne bestand in ihrer Entflechtung. Vor allem sollten Kohlebergbau und Stahlindustrie getrennt werden und nicht länger in einer Hand sein. Letztlich aber war die Entflechtung den Wirtschaftsbossen sogar von Nutzen. Sie stießen die weniger profitable Kohle ab und konzentrierten sich dafür auf die vielversprechende Stahlindustrie. Es versteht sich von selbst, dass die marktwirtschaftlich ausgerichteten Westmächte die Eigentumsverhältnisse im Wesentlichen nicht antasteten, Aktienbesitzer blieben Aktienbesitzer und konnten geduldig auf Währungsreform und Wirtschaftswunder warten.

Kurzes Resümee der Zonenzeit: Der Sozialisierung im Osten stand die Entflechtung im Westen gegenüber. Die drei Westzonen und die Ostzone lebten sich mehr und mehr auseinander, und es war nur eine Frage der Zeit, wann es zwei Staaten sein würden.

31
Rechtzeitig zurück nach Berlin

Im Frühjahr 1947 räumten die Amerikaner einige Straßen der von ihnen besetzten Onkel-Tom-Siedlung, darunter die Reiherbeize. Für uns bedeutete diese Veränderung, dass wir in unser Haus zurückkehren konnten. Die Besatzungssoldaten hatten sich sehr zivilisiert verhalten, die Möbel pfleglich behandelt und so gut wie nichts als Beute oder Souvenir mitgehen lassen. Der Bücherschrank war außerhalb ihres Interesses geblieben, sonst hätten sie bemerken müssen, welche bibliophilen Schätze er enthielt, so zum Beispiel Hitlers Buch *Mein Kampf*, das meinen Eltern standesamtlich zur Hochzeit verehrt worden war. Da die Soldaten die Bücher ignorierten, konfiszierten sie auch nichts, obgleich Hitlers Biografie schon damals einen gewissen Tausch- und Sammelwert hatte. Kontrolliert haben unsere Gäste auch nicht die Abseite auf dem Boden unter dem Flachdach, wo meine Mutter – kurz vor unserem Aufbruch nach Pommern – die Hakenkreuzfahne, wie sie jeder Haushalt zu besitzen und gegebenenfalls zu hissen hatte, gut verpackt deponiert hatte.

Mein Vater und meine Mutter hatten sich brieflich dahingehend verständigt, dass wir Klein-Disnack so schnell wie möglich verlassen. Er hatte sein Zimmer in der SS-Siedlung bereits aufgegeben und wohnte in der Reiherbeize. Mitte April wollte er kommen und uns nach Berlin holen.

Da meine Großmutter ausgebombt und anschließend in Pommern und Holstein ansässig war, hatte sie kein Anrecht, in Berlin eine Wohnung und eine Rente zu beziehen. Das eine Problem ließ sich lösen, Oma konnte schließlich in der Reiherbeize unterkommen, das andere aber nicht. Über mehrere Jahre erhielt sie überhaupt keine staatliche Unterstützung, so bürokratisch, pedantisch und geizig waren damals die Verordnungen und Behörden.

Mein letztes ländliches Erlebnis war der Kampf der Dorfjugend mit Eberhards Bullen. Das edle Tier war sowohl fruchtbar als auch furchtbar, wurde von Zeit zu Zeit seinem Bullenauftrag gerecht und stand im Übrigen auf einer abgesonderten Koppel und graste. Um das bedrohliche Tier zu domestizieren, hatte der Bauer Eberhard ihm ein doppeltes Handicap verpasst. Zum einen bekam es eine Blechmaske vor die Stirn gebunden, so dass es nur schräg zur Seite gucken konnte, zum anderen hing an einer um den Hals gelegten Kette eine Bohle vor seinen Vorderbeinen, so dass es sich die Schienbeine wundschlug, wenn es sich nicht gemächlich bewegte, sondern wütend auf vermeintliche Feinde losstürmte. Dass diese Schikanen den Bullen umso jähzorniger machten, ist tierpsychologisch gesehen nur logisch. Die Dorfjugend machte sich nun einen Spaß daraus, das behinderte Tier zu quälen. Wenn wir uns ihm von vorne näherten, konnte es uns nicht erkennen und dann warfen wir auf Kommando ein paar Steine an seine Blechmaske und brachten es gegen uns auf – ähnlich wie das rote Tuch des Toreros den Stier in der Arena. Eberhards Bulle drehte den Kopf zur Seite, schielte mit einem Auge an seiner Scheuklappe vorbei, um seine Feinde zu orten, nahm also Maß und rannte mit gesenktem Haupt auf uns los, ohne Rücksicht auf die Schmerzen, die er sich mit der Bohle selber zufügte. Aber aus seiner Rache wurde nichts, seine spitzen Hörner erwischten uns nicht, denn wir waren längst zur Seite gelaufen. Als er an uns vorbeiraste und uns aus dem Augenwinkel erblickte, bremste er abrupt, drehte sich zur Seite, nahm erneut Maß und Anlauf, verfehlte uns abermals und startete einen neuen Versuch. Das grausame Spiel setzte sich fort, bis uns die Sache langweilig wurde oder der Bulle erschöpft war und resignierte.

So grausam können Kinder sein, und dass Grausamkeit sogar Spaß macht, ist das Allergrausamste – als ob wir aus dem grausamen Krieg nichts gelernt hätten.

Der Umzug nach Berlin war kein richtiger Umzug, wir brauchten keinen Möbelwagen, es gab keine Transportprobleme, wir besaßen kaum mehr als das, was wir am Leibe trugen, Besitztümer hatten wir in den beiden Flüchtlingsjahren nicht anhäufen können. Einen Haushalt abzuwickeln gab es nicht. Das Einzige, was wir besaßen, war unser Schatz an Brennholz. Während seiner Zeit als Holzfäller hatte mein Vater einige starke Stämme unrechtmäßig für den Eigenbedarf abgezweigt und, bevor er nach Berlin ging, zu Kleinholz verarbeitet. Fein säuberlich hatte er zwei runde Diemen aufgestapelt, mehr als mannshoch und zwei Meter im Durchmesser, oben spitz zulaufend, damit das Regenwasser wie von einem Dach herunterrieseln konnte. Den einen Diemen hatten wir im Winter 1946/47 aufgebraucht, der andere stand noch in voller Pracht in Sichtweite unserer Wohnung.

Vielleicht ließ sich das Brennholz zu klingender Münze machen oder besser zu haltbaren und nahrhaften Nahrungsmitteln. Meine Eltern traten in Verhandlungen mit einem Ratzeburger Fleischer, aber der Tauschhandel brachte wenig ein, keine Dauerwürste, keinen Schinken, sondern nur zwei kleine Büchsen Leberwurst. Das war alles. Gerade in Zeiten der Not ist das Gesetz von Angebot und Nachfrage besonders brutal. Die Lehre war eindeutig: Unrecht Gut gedeiht nicht und von Arbeit ist noch keiner reich geworden.

Ich glaube, es war der 17. April, als wir unsere Reise nach Berlin antraten. Der Bauer Eberhard war so freundlich, uns in seiner Kutsche in die Nähe der Zonengrenze zu fahren, vielleicht war er auch glücklich, uns loszuwerden.

Die Grenze zwischen Holstein und Mecklenburg bildete ein Bach, der, von Osten kommend, in den Ratzeburger See mündete. Drüben war die sowjetische Zone. Das Überqueren der Grenze war streng verboten, wir mussten also versuchen, schwarz über die grüne Grenze zu gelangen, wie man damals sagte. Im Morgengrauen setzten wir unser Vorhaben in die Tat um. Auf britischer Seite, oberhalb des Baches, befand sich ein dichter Buchenwald, in dem wir erst einmal Schutz suchten und uns versteckten, während unten, den Bach entlang, zwei Rotarmisten – zum Glück – nicht Wache standen, sondern Patrouille gingen. Offenbar hatten sie ein sehr langes Stück zugewiesen bekommen, denn sie gingen und gingen und entfernten sich immer weiter und waren irgendwann hinter einer Bachbiegung verschwunden. Das kam einem Kommando gleich. Also raus aus dem Wald, den Hang hinunter und durch die sumpfige Wiese im Tal auf den Bach zu. Wir waren nicht die Einzigen. Plötzlich wurde der ganze Wald lebendig. Überall lösten sich kleine Gruppen aus dem Unterholz, um die Gunst der Stunde zu nutzen und wie wir den unbewachten Bach zu erreichen. Grenzen haben ja im Allgemeinen die Eigenschaft, dass sie schwer zu überwinden sind. Auch unser Bach hatte eine hinderliche Breite und Tiefe, aber hilfreiche Vorgänger (im wörtlichen Sinne und wahrscheinlich in beiden Richtungen) hatten aus Ästen, Zweigen und Findlingen eine Art Brücke zusammengestellt, die zwar weder trittsicher noch komfortabel war, aber doch immerhin ausreichend. Wir balancierten von einem Ufer zum anderen, nahmen einen beliebigen Knüppel als Spazierstock zur Hilfe, stützten uns gegenseitig, reichten uns hilfreich die Hand, zogen und schoben uns und erreichten trockenen Fußes die Ostzone, auch meine inzwischen 74 Jahre alte Großmutter, die ihre Mut- und Gleichgewichtsprobe mit Bravour bestand. Nun galt es, Strecke zu machen und Land zu gewinnen. Nur schnell weg von der Grenze. Schon bald erwischten wir einen Lastkraftwagen, der mit Holzgas fuhr. Neben dem Ofen auf der Ladefläche fanden wir Platz, erreichten die nächste größere Stadt und fuhren von dort mit der Reichsbahn, wie sie immer noch hieß, nach Berlin und dann mit der U-Bahn nach Zehlendorf. Von der Station Onkel-Toms-Hütte konnten wir nur auf Umwegen unsere Reiherbeize erreichen, denn einige Straßen der Siedlung hielten die Amerikaner immer noch besetzt. Ihr militärisches Hoheitsgebiet hatten sie mit einem drei Meter hohen Stacheldrahtzaun gesichert. Zusätzlich demonstrierten sie ihre Autorität durch ihre mit Streifen und Sternen dekorierte Flagge, die tagsüber an einem Mast je nach Wind und Wetter hing oder flatterte. Der Mast stand an einer Kreuzung keine 100 Meter von unserem Haus entfernt. Jeden Morgen und jeden Abend hörten wir, ob wir wollten oder nicht, schmissige oder getragene Trompetenmusik, und wenn wir neugierig waren und näher – bis an den Zaun – herangingen, sahen wir einen kleinen Zug paradierender Soldaten das farbige und heilige Tuch bringen und hissen oder einholen und wegbringen.

Es war unverkennbar, ich war im amerikanischen Sektor angekommen.

Meine Aufgabe war es nun, mich in der Reiherbeize einzuleben, meine fast vergessene Heimat zu erkunden, alte Freunde in der Straße wieder und neue in der Schule zu finden. In Schleswig-Holstein war ich Ostern versetzt worden und kam nun in die 4. Klasse der Nordschule, ein Dorfschüler in eine Großstadtschule, kein einfaches Unterfangen. Doch schon am ersten Tag wurde ich willkommen geheißen. Als ich in der großen Pause einsam auf dem Hof herumstand, hörte ich plötzlich aus dem Seitenflügel meinen Namen rufen, und im Nu war er unten, Karl-Heinz, den alle Kalle nannten, aus der Reiherbeize. Er hatte mich über drei Jahre nicht gesehen und doch wiedererkannt. Von meiner Rückkehr nach Berlin hatte er noch nichts erfahren, und nun war er überrascht und erfreut, einen weiteren Spiel- und Streichkameraden für seine Straßengang zu bekommen, deren unbestrittener Anführer er war. Die Rolle fiel ihm wie selbstverständlich zu, denn er war der Älteste von uns, zwei Jahre älter als mein Klassenkamerad Jörg, fast auf den Tag drei Jahre älter als ich, vier Jahre älter als Henry, Detlev und Ewald, der aus Danzig stammte. Die Mädchen unserer Clique hatten zwar Kalles Alter, unterwarfen sich aber seinem Kommando, schließlich waren sie Mädchen. Die eine, die trotz der Hungerjahre einiges Fett angesetzt hatte und von uns nur Pudding genannt wurde, war unsportlich und unbeweglich und in unserer Gruppe eher nur geduldet als erwünscht. Monika war ein halber Junge, trotz ihrer langen Haare, sie konnte schneller und besser laufen und klettern als die meisten von uns, hatte zudem viel Fantasie und folglich erheblichen Einfluss auf unsere Freizeitgestaltung. Da er jedoch immer das letzte Wort hatte, akzeptierte Kalle Monikas Mitregierung, und sie gab sich mit ihrer Rolle als Vizeboss zufrieden. Bald bekamen wir weiteren Zuwachs, der aber Kalles Alphastellung nicht in Frage stellte. Direkt neben uns lebte ein älteres Ehepaar, zwei Personen in *einem* Haus, was in den Zeiten der Wohnraumbewirtschaftung ein Unding war. Die Behörden wiesen unseren Nachbarn also eine vierköpfige Familie als Untermieter ein, Vater, Mutter und zwei Söhne, Winfried, drei Jahre älter, und Konrad, drei Jahre jünger als ich. Dass Winne, obgleich gleichaltrig, Kalle nicht ins Handwerk pfuschte, erklärte sich einfach aus den älteren Rechten unseres angestammten Führers. Ich gebrauche mit Absicht das Wort *Führer*, denn wir alle waren seit Jahren daran gewöhnt, dass unser menschliches Zusammenleben aus Befehl und Gehorsam besteht, aus oben und unten, aus Macht und Schwäche. Die Diktatur war zwar abgeschafft, aber die Demokratie noch nicht eingeführt.

Das Revier unserer Clique war das Fischtal. Das war ein Park in Form eines Spermiums. Die eine Hälfte bestand aus einer runden Fläche von einem knappen Kilometer Durchmesser, die andere Hälfte war ein langgestreckter, fast einen Kilometer langer Schwanz. Begrenzt wurde der Park von Villengrundstücken, am Rande standen Bäume, in der Mitte waren Wiesen, im großen Fischtal auch noch ein Teich.

Hier verbrachten wir mehr Zeit als zu Hause und in der Schule, und hier machte ich die Erfahrung, dass der Krieg offiziell beendet, aber noch nicht wirklich abgeschlossen war. Der Kampf ging weiter. Nicht zwischen den Soldaten, die Wehrmacht gab es ja nicht mehr, aber die jungen Burschen der nachwachsenden Generation machten weiter. Die amerikanischen Offiziere hatten ihre Familien mit nach Deutschland gebracht und deren Söhne waren halbe Soldaten. Und die deutschen Jungen, in der HJ gedrillt und als Flakhelfer bewährt, waren alles andere als friedlich – und das zwei Jahre nach der Kapitulation. Die Kombattanten, alle um die 18 Jahre alt, trafen sich fast jeden Nachmittag zur Fortsetzung des Weltkrieges mit reduzierten Mitteln. Die Deutschen hatten sich mit kräftigen Knüppeln ausgerüstet, die Amis waren professioneller bewaffnet, nämlich mit Baseballkeulen. Von zwei Seiten anrückend, gingen die zwei Armeen im langen Fischtal aufeinander zu. Wir Kleineren, also die Kalle-Gang und vergleichbare Straßencliquen, saßen in den Bäumen am Rande des Fischtals und genossen als Schlachtenbummler das schauerlich-schöne Schauspiel. Wir waren nicht entsetzt und abgeschreckt, sondern empfanden den Kampf als normal und natürlich. Dass es bei diesen Prügelszenen keine Toten und Schwerverletzten gab, wundert mich heute mehr als damals.

Der Krieg blieb auch insofern präsent, als wir beim Spielen im Fischtal jeden Tag an ihn erinnert wurden. Am Rande des Parks, unter schattigen Kiefern, befand sich ein provisorischer Soldatenfriedhof. Bei den Kämpfen um Zehlendorf müssen hier einige Soldaten gefallen sein, die dann im Fischtal begraben wurden. Zwischen den Gräbern standen schiefe und schlichte Holzkreuze, denen man die Stahlhelme der Gefallenen aufgesetzt hatte. So nahe, dass ich hätte feststellen können, ob es deutsche oder russische Stahlhelme waren, habe ich mich nie an die Gräber herangetraut. Und nach einiger Zeit wurden die Toten umgebettet.

Hitler und der Krieg hatten uns nicht nur das Führerprinzip gelehrt, sondern auch die Liebe zu Waffen, uns Kindern zumindest die Liebe zu mehr oder weniger effektiven Imitaten. Wir vom Reiherbeizenregiment hatten uns mit Pusterohren ausgerüstet, knapp fingerdicken Messingrohren, die in besseren Zeiten dazu gedient hatten, in Mietshäusern den Treppenteppich an die Stufen zu pressen. War das Haus zur Ruine geworden, so hatten doch die Messingrohre überlebt, ließen sich aus den Trümmern bergen, ausbeulen und dann einer neuen Verwendung zuführen. Um an solchen Bergungsaktionen teilzunehmen, war ich zu spät nach Berlin zurückgekehrt, aber in den Besitz einer solchen sinnreichen Miniwaffe bin ich doch noch gekommen. Als Kugeln dienten Kirschkerne und die etwa gleichgroßen Früchte der japanischen Traubenkirsche, einem Zierbusch, der überall im Fischtal wucherte. Wir hatten stets die Hosentaschen voller Munition und ein paar Beeren zur unverzüglichen Verwendung ohne zeitraubendes Laden im Mund. Wo immer sich ein lohnendes Ziel zeigte, schossen wir unsere Salven ab, seien es Spatzen, Katzen, offene Fenster oder zum Trocknen aufgehängte Wäsche, welch letzteres Zielobjekt besonders lohnend war, wenn die Traubenkirschen bereits ausgereift waren und auf den Laken, Hemden und Schlüpfern violette Ornamente hinterließen.

Eines Tages schlenderten wir die Straße *Am Fischtal* entlang, die parallel zum gleichnamigen Park verlief und von der die Reiherbeize abzweigte. Plötzlich überholte uns ein offener Jeep. Auf unserer Seite saß ein Offizier, sein Kopf war keine zwei Meter von mir entfernt, für einen geübten Pusterohrschützen keine problematische Distanz. Da wir auf alles spuckten und schossen, was sich bewegte, reflexartig und ohne nachzudenken, schoss ich und schoss nicht nur, sondern traf auch. Ich sehe noch heute, wie sich in der Wange des Amerikaners eine kleine Delle bildete, und meine Freunde sahen es auch. Uns allen, auch mir, wurde schlagartig bewusst, was für ein Verbrechen der bewaffnete Angriff auf die Besatzungsmacht darstelle, und wir ergriffen sofort die Flucht. Rum um die Ecke und rein in die Reiherbeize. Da Kalle dem Tatort am nächsten wohnte, verschwanden wir alle im Haus seiner Eltern und waren in Sicherheit, als die Amerikaner die Suche nach den jungen Rebellen aufnahmen.

Der Offizier, wenn nicht verletzt, so doch schmerzhaft getroffen, wird seinen Fahrer sofort über das unerhörte Vorkommnis informiert und die Fahrt in die Reiherbeize befohlen haben. Aber der Jeep war inzwischen über die Ecke hinaus gerollt, der Fahrer musste zurücksetzen, dann in die Reiherbeize abbiegen, und als die beiden Amerikaner, nach rechts und links spähend, unsere Straße entlang fuhren, standen wir längst hinter der Küchengardine und atmeten doppelt auf – nach unserem Sprint und nach der überstandenen Gefahr. Erst jetzt stellte mich Kalle zur Rede und ging mit mir regelrecht ins Gericht, und wir alle begriffen, dass in Zukunft amerikanische Soldaten von Pusterohrattacken auszunehmen waren.

Im Krieg gab es Spielzeugwaffen, nach dem Krieg wurden Waffen zu Spielzeug. Herrenloses Kriegsgerät gab es nach der Kapitulation noch in Massen, man musste nur wissen, wo. Winfried war ein

Technikfan und Waffennarr und hatte es verstanden, einige Pistolen zu erwerben, ja, er verfügte sogar über die passende Munition. An einem schönen Sommerabend saßen seine und meine Eltern, sein kleiner Bruder und die halbe Kalle-Gang vor den beiden Haustüren und unterhielten sich, während Winne, etwas abseits hockend, seine Schusswaffen auseinandernahm, reinigte, ölte, zusammensetzte und lud. Plötzlich löste sich ein Schuss. Ein kurzer Knall und Konrads langer Schrei. Winne hatte seinen Bruder getroffen. In die Wade. Zum Glück war es nur ein harmloser Streifschuss. Der Vater des Schützen reagierte ganz anders, als wir anderen erwartet hatten. Er fuhr nicht aus der Haut, er schrie nicht, er schlug nicht, er sagte nur ruhig und beherrscht: *Gut, dass du Konrad getroffen hast und der Schuss in der Familie bleibt. Wäre jemand anderes verletzt worden, dann hätte es Ärger gegeben.* So aber verlief der Abend friedlich und harmonisch.

Zu den begehrtesten Waffen zählten Panzerfäuste. Die waren mit wertvollem und wirkungsvollem Sprengstoff geladen, kleinen Partikeln von der Größe eines Reiskorns. Damit konnten Feuerzeuge bestückt werden, und so war das explosive Granulat vor allem bei Rauchern beliebt und gefragt. Man konnte mit dem Zeug aber nicht nur gute Geschäfte machen, sondern auch allerlei Knalleffekte bewirken. Und deren Zeuge wurden wir.

Kalle hatte, da er offensichtlich gute diplomatische Beziehungen zu anderen Gangs unterhielt, Wind von dem geplanten Streich bekommen und führte uns zum Ort des Geschehens. Ziel war die Endhaltestelle der Straßenbahnlinie 40, also die Kronprinzenallee, die das Villenquartier Dahlem vom Grunewald trennte und später in Clayallee umbenannt wurde. Wir saßen verborgen am Straßenrand im Unterholz, offiziell wollten wir mit der Sache nichts zu tun haben, und harrten der Dinge, die da kommen sollten. Endlich holperte die Bahn quietschend um die Ecke, bremste und hielt. Die Fahrgäste stiegen aus, auch der Fahrer mit seinen Schaffnerinnen. Sie setzten sich auf eine Bank, aßen ihre Klappstullen und tranken ihren Thermoskannenmuckefuck und warteten auf das Ende der Pause. Das junge Sprengstoffkommando mischte sich unter die herbeiströmenden Fahrgäste und deponierte flink und unauffällig seine Panzerfaustkörnchen – aber sparsam – auf den Schienen.

Das Straßenbahnpersonal erhob sich und nahm seine Arbeitsplätze ein, die Schaffnerinnen klingelten und schon setzte sich der Zug in Bewegung. Er war kaum einen Meter gefahren, da zerriss ein ohrenbetäubender Knall die sommerliche Stille zwischen Wald und Villen.

Die Leute zuckten zusammen, der Fahrer brachte die Bahn zum Stehen. Er blickte verschreckt um sich, wartete vielleicht auch auf eine Wiederholung der Explosion, die aber vorerst ausblieb, so dass der gute Mann sich beruhigte und wieder anfuhr. Aber wieder nur ein kurzes Stück, dann knallte es erneut, denn zwei, drei Meter weiter hatten die jungen Rabauken eine zweite Ladung auf die Schienen gelegt. Jetzt bekam es der Fahrer mit der Angst, stieg aus, suchte nach der Ursache des Knalls, umrundete die Bahn, inspizierte besonders intensiv den Triebwagen, entdeckte weder Flammen noch Rauch, roch auch nichts Verdächtiges, so sehr er auch schnupperte, stieg wieder ein und machte sich erneut auf den Weg, schließlich musste der Fahrplan eingehalten werden.

Streiche darf man nicht übertreiben, eine dritte Explosion gab es also nicht mehr und schon bald entschwand die Bahn unseren Blicken. Wir machten uns auf den Heimweg, sprachen über dies und das, kommentierten aber nicht die Ereignisse, die wir soeben gesehen und gehört hatten. Dass es auch lange nach Kriegsende noch knallte, empfanden wir nicht als ungewöhnlich.

Um nach Hause zu gelangen, wählten wir den Weg durch die Dachsberge. Dort standen auf den höchsten Hügeln die aus Beton gebauten Messtürme, die früher meteorologischen Beobachtungen oder der Luftraumüberwachung gedient hatten, inzwischen aber restlos ausgeplündert waren. Die Türen fehlten, die Holzstufen waren entwendet. Nur die eiserne Wendeltreppe, quasi ein Gerippe, war noch vorhanden. Auf den kleinen Seitenstegen, auf denen einst die Stufen montiert waren, mit den Füßen Halt suchend und mit den Händen das intakte Metallgeländer umklammernd, kletterten wir nach oben. Da die Knallerei an der Haltestelle nicht allzu viel Zeit beansprucht hatte, musste also noch irgendetwas Sinnvolles unternommen werden, und das war eben diese Mutprobe. Mut hatte ja nicht nur der Krieg von unseren Vätern verlangt, Mut forderte auch die Nachkriegszeit von uns Söhnen. Der Lohn für die riskante Kletterei war ein doppelter Stolz, der Stolz auf die bestandene Mutprobe und dann die beeindruckende Aussicht.

Ein Glück, dass meine Eltern von dem leichtsinnigen und gefährlichen Unterfangen nichts wussten, sie wollten keinen mutigen Sohn, sondern einen intelligenten. Sie hatten für mich Abitur, Studium und Karriere eingeplant und nahmen dies Vorhaben zügig in Angriff. Auf die Mutprobe in den Dachsbergen folgte die Aufnahmeprüfung fürs Gymnasium, obgleich ich mit meinen gerade neun Jahren eigentlich zu jung war, zu jung deshalb, weil ich innerhalb eines Vierteljahres zweimal versetzt wurde, im April in Holstein und im Juni hier in Berlin. Nach den großen Ferien würde ich ein Fünftklässler sein und somit ein Sextaner, sofern das Gymnasium mich nehmen würde. Aber es nahm mich nicht. Ich war den Herren zu kindlich, zu verspielt, zu unreif, wahrscheinlich sind meine in vier verschiedenen Schulen (Nörenberg, Klosterberg, Buchholz, Zehlendorf) mehr zufällig als planmäßig angesammelten Kenntnisse und Fähigkeiten zu lückenhaft gewesen.

Meine Eltern waren sicher enttäuscht und hofften für mich auf eine zweite Chance, irgendwann, und sei es auf einer Privatschule. Irgendwie muss der Junge das Abitur doch schaffen! Mich selbst tangierte die Panne weniger, ich blieb eben einfach auf der vertrauten Volksschule und ging wie alle meine Freunde aus der Reiherbeize weiterhin zur Nordschule.

Doch zunächst einmal freute ich mich auf die Ferien. Einen Großteil dieser großen Ferien verlebte ich auf dem Lande, zwar nicht in meinem geliebten Klein-Disnack, aber doch in einem vergleichbaren Bauerndorf. An einem Wochenende im Juli brachte mein Vater mich zur Familie Pusemann nach Buckow, einem Dorf in der Mark am Rande des Fläming. Herr Pusemann war ein *Regimentskamerad* meines Vaters, und die beiden hatten brieflich vereinbart, dass ich auf einem richtigen Bauernhof gemästet werden sollte, was dann auch halbwegs glückte.

Ich erinnere mich noch an das große traufenständige Wohnhaus, ebenso an den geräumigen Hof mit den Ställen für die diversen

Tiere. Unvergessen ist mir jedoch vor allem das Schwimmbad am Rande des Waldes. Von den Briefen, die ich damals nach Hause schrieb, sind einige erhalten geblieben. Sie bezeugen, wie gut mir das Landleben gefiel, wie fleißig ich aß und wie messbar ich zunahm. Das Einbringen der Ernte und einmal ein Waldbrand interessierten mich am meisten. Obgleich ich kein Heimweh verspürte, dachte ich oft an meine Familie, an meine Freunde und an meine Kaninchen, die ich zu gerne mit dem üppigen Buckower Löwenzahn gefüttert hätte und für die ich auf den Stoppelfeldern *Ehren* als Mitbringsel sammelte.

Neben dem Briefeschreiben (einschließlich eines orthografischen Streits über *Ehren* und *Ähren*) war mir auch das Zeichnen wichtig. Als Einzelkind, das ich ja trotz meiner Freunde blieb, habe ich im Anfertigen kleiner Bilder eine Möglichkeit gesehen, mich mit meiner Umgebung auseinanderzusetzen. Vielleicht wollte ich auch – unbewusst – meinem Vater nacheifern, der leidenschaftlich gern fotografierte und vor, in und nach dem Krieg mit seiner kleinen Kamera, die kaum größer als eine Männerfaust war, alles festhielt, was er für wichtig hielt.

Mein wichtigstes und stolzestes Erlebnis war das Schwimmenlernen. Fast jeden Tag ging ich – außer zur Ernte – zum Volksbad. In dem von einem Bach durchflossenen und mit braunen Bohlen eingefassten Becken konnte man sich bestens erfrischen. Ich konnte zwar nicht schwimmen, fühlte mich aber beim Baden wohl wie ein Fisch im Wasser. Von dem Einmetersprungbrett sprang ich dorthin, wo ich Grund hatte, kletterte an Land und wiederholte diese Übung wieder und wieder.

Einmal war ich leichtsinnig, sprang zu weit und war ratlos und hilflos. Was tun?

Grund hatte ich nicht, schwimmen konnte ich nicht, untergehen und umkommen wollte ich nicht. Mir war trotz aller Panik sonnenklar, dass ich mich irgendwie über Wasser halten musste, wollte ich nicht in Buckow enden. Folglich versuchte ich, zu schwimmen, die entsprechenden Bewegungen waren einem ja schon wiederholt gezeigt worden. Und siehe da, es ging. Ich schwamm. Und was man kann, das kann man. Für immer. Von nun an war es mein größtes Vergnügen, kreuz und quer durch das Becken zu schwimmen.

Kurze Zeit später war ich in Berlin und konnte mich meiner neuen Fertigkeit rühmen, sowohl vor meinen Eltern als auch vor meinen Freunden. Den Rest des Sommers badete ich unbeschwert in der Krummen Lanke, die von Kalles Clique, dem Fischtal untreu werdend, zu ihrem neuen Betätigungsgebiet gemacht worden war. Meine Eltern waren erleichtert, dass ich mich aus eigener Kraft über Wasser halten konnte, denn für Nichtschwimmer war der romantische Waldsee lebensgefährlich. Während der Luftangriffe hatten die Bomber die Bomben, die sie in Berlin nicht losgeworden waren, auf dem Rückweg über dem Grunewald fallen lassen, so dass als Folge der Explosion tiefe Bombentrichter entstanden, im Walde sandige Kuhlen, in denen man sich nach dem Baden sonnen und aufwärmen konnte, im See aber tückische Unterwasserkrater. Es konnte vorkommen, dass man bis zum Bauch im Wasser stand und sich sicher wähnte, dann aber, wenn man nur einen Schritt weiterging, plötzlich bis zum Halse im Wasser stand und man den Steilhang des Trichters hinab in die tödliche Tiefe zu rutschen drohte.

Genau das erlebte einmal der kleine Konrad, unser Nachbar.

Eben stand er noch neben mir, und auf einmal war er fast verschwunden. Nur noch seine Haare waren zu sehen. Ich griff in seine dichten Locken, konnte ihn über Wasser halten, hatte aber nicht die Kraft, unseren Freund aus der Gefahrenzone zu ziehen. Ich rief Kalle zu Hilfe, der sofort zur Stelle war und die kritische Situation mit seinen athletischen Kräften mühelos bereinigte. Das Ganze war eine Sache von Sekunden, wir haben die Begebenheit nicht als besonders dramatisch empfunden und uns kaum Gedanken darüber gemacht, wie leicht man, auch noch zwei Jahre nach dem Krieg, zum Kriegsopfer werden konnte.

Trotz der Nachkriegsnot genossen wir unsere Kindheit. Wie liebten unsere Freiheit und unsere Freizeit, ob die langen Ferientage oder doch wenigstens die Nachmittage während der Schulwochen. Die Amerikaner hatten eine jenseits des Fischtals gelegene Prunkvilla mit Beschlag belegt und dort unter anderem einen sogenannten Club ins Leben gerufen. Dort sollte die deutsche Jugend angeleitet werden. Wozu, weiß ich nicht, denn wir waren nie dort. Was man so hörte, schien zwar ganz verlockend, es wurden allerlei Spiele gespielt, es wurden Filme gezeigt, man konnte amerikanische Musik hören, wahrscheinlich Jazz, und Kaugummi kauen. Aber wir liebten unsere Unabhängigkeit viel zu sehr, als dass wir bereit gewesen wären, unter Aufsicht und Anleitung von Erwachsenen zu spielen und überhaupt unsere Nachmittage von anderen bestimmen zu lassen. Das war ja nichts anderes als die Fortsetzung der Schule mit anderen Mitteln. Wir waren uns einig: Club – nein danke.

Im Übrigen hatte ich höllische Angst vor Kaugummi. Ich hatte die Nordschule erst wenige Wochen besucht, als ein Klassenkamerad verstarb. Er habe, so hieß es, die ausgekauten Kaugummis nicht ausgespuckt, sondern runtergeschluckt.

Das habe zu Darmverschlingung und anderen Komplikationen geführt, auf jeden Fall zum Tode. Die ganze Klasse hat an der Beerdigung teilgenommen und ihre Lehren gezogen.

Wenn wir Kinder unsere Freizeit für etwas opferten, dann zum Wohle der eigenen Familie. Wir halfen im Garten, der in der schlechten Zeit längst vom Zier- und Rasengarten zum Gemüseacker umgewandelt worden war. Ich war verantwortlich für das Gedeihen der Tomaten und Gurken, der Radieschen und Salatköpfe und den väterlichen Tabak. Das kostete Zeit, wertvolle Zeit, ebenso wie das langweilige Anstehen. Vor allem Fleisch war eine Rarität, und so stand unsere Clique in der Schlange, bis endlich unsere Mütter kamen und uns ablösten, um das relativ beste Stück Fleisch zu erwerben. Auf Lebensmittelkarte, versteht sich.

Dennoch hielt der Hunger an. Mein Vater opferte seinen goldenen Ehering, um dafür auf dem Schwarzen Markt Brot und Fett und Zucker einzutauschen. Gold gab er fürs Überleben. Wann genau das geschah, weiß ich nicht mehr, jedenfalls war sein Ringfinger ohne Ring, anders als der meiner Mutter. Ob das ein schlechtes Omen für die Ehe meiner Eltern war, vermag ich nicht zu entscheiden. Fleisch in die Pfanne brachten auch unsere Kaninchen. Ich war noch in Klein-Disnack, als mein Vater mir per Post versprach, mich bei meiner Rückkehr nach Berlin mit ein paar jungen Kaninchen zu erfreuen. Und wirklich. Auf der überdachten Veranda stand ein von ihm gezimmerter Kaninchenstall mit mehreren kleinen Boxen. Ich bekam einen schwarzen Rammler und eine weiße Zippe, die ich eifrig fütterte und die sich zum Dank eifrig vermehrten. Als Landkind bewährte ich mich als erfolgreicher Züchter. Tag für Tag ging ich in den Grunewald, ins Fischtal oder auf den Sportplatz, um Gras und Kraut zu beschaffen, ich besorgte Torfmull als Streu, mistete die Boxen fein säuberlich aus, was wiederum unserem Komposthaufen zugutekam.

Dass ich mit meinen Kaninchen ein glückliches Händchen hatte, war in der Straße allgemein bekannt, brachte mir Bewunderung ein und auch Aufträge. Mehrere Anwohner hielten ebenfalls Kaninchen und kamen zu mir und baten mich, die Dienste meines leistungsfähigen Rammlers in Anspruch nehmen zu dürfen. Wir verabredeten ein Date und ich trug Mucki auf dem Arm zum jeweiligen Tatort.

Leider jedoch hatte mein ländliches Hobby eine traurige, wenn auch eingeplante Kehrseite. Zu Weihnachten mussten die lieben Tiere dran glauben. Mein Vater brachte sie zu einem Experten in Sachen Tiertöten, der mit den Fellen der Kaninchen für seine Bemühungen entlohnt wurde. So traurig ich war, den Braten ließ ich mir trotzdem schmecken. In dürftigen Zeiten sind auch die Gefühle etwas dürftiger.

Ich war, wie in der Kapitelüberschrift behauptet, rechtzeitig nach Berlin gekommen, rechtzeitig, um sogleich durch die gymnasiale Aufnahmeprüfung zu fallen, rechtzeitig auch, um alsbald die Blockade und die Luftbrücke mitzukriegen. Während es nach der Währungsreform in Westdeutschland aufwärts ging, mussten wir in Westberlin nach wie vor darben und knapsen.

32
Der Kalte Krieg und der Eiserne Vorhang

Die Siegermächte taten, was Siegermächte immer tun, sie setzten in ihrem Machtbereich ihre politischen und wirtschaftlichen Vorstellungen durch. In den von der Roten Armee befreiten oder genauer: besetzten Ländern Osteuropas schuf Stalin sozialistische Satelliten, in Westeuropa suchten die USA demokratische Verbündete. Deutschland lag in der Mitte und wurde – frei nach König Salomon – geteilt. Der hatte – als weiser Richter – entschieden, dass das Baby, um das sich die wirkliche und die angebliche Mutter stritten, mit dem Schwert gerecht geteilt wird. Mit diesem Spruch entlarvte Salomon die falsche Mutter, die aus Neid der wahren Mutter das Baby nicht gönnte und die folglich der Teilung zustimmte, während die leibliche Mutter, aus Liebe zu ihrem Kind, auf dasselbe verzichtete, damit es als Ganzes unversehrt am Leben blieb. Prompt sprach der weise König und Richter der richtigen Mutter das Kind zu.

Teilen wollten auch die Sieger, nicht nur Deutschland, auch Korea, Vietnam und andere Staaten beziehungsweise Völker. Aber diese Teilungen waren eben gerade nicht weise, sondern egoistisch. Jede Siegerseite wollte wenigstens die eine Hälfte, egal ob das geteilte Volk darunter litt. Die Teilung als politische Patentlösung wurde vorgenommen über die Köpfe der Betroffenen hinweg. Die politische Entwicklung in den Westzonen und in der SBZ ging immer weiter auseinander. In der Ostzone glaubten die deutschen Kommunisten und die russische Besatzung, mithilfe des antifaschistischen Blocks und mit Unterstützung der Roten Armee über die Neugestaltung Ostdeutschlands entscheiden zu können. Sie sperrten sich deshalb zunächst gegen das Bemühen der ostdeutschen Sozialdemokraten, die beiden Arbeiterparteien wieder zu vereinigen – wie vor dem Ersten Weltkrieg – , weil sie, nicht zu Unrecht, der Meinung waren, dass der erbitterte Streit zwischen SPD und KPD Hitler den Aufstieg erleichtert hatte. Als sich abzeichnete, dass die KPD alleine keine

Mehrheit finden würde, als die in Österreich und Ungarn abgehaltenen Wahlen den Kommunisten empfindliche Niederlagen bescherten, da warf man das Ruder herum und versuchte mit allen Mitteln, den Zusammenschluss mit der SPD durchzusetzen, um von deren Popularität zu profitieren, obgleich diese inzwischen skeptisch geworden war. Der sowjetische Druck, die Dominanz der KPD im antifaschistischen Block der vier neuen Parteien, ihre Vormacht in der Verwaltung, die Bevorzugung der KPD durch die SMAD (zum Beispiel bei der Belieferung mit Papier) – das alles ließ die Sozialdemokraten zunehmend auf Distanz gehen. Hinzu kam, dass die SPD in den Westzonen, besonders Kurt Schumacher, ein Zusammengehen mit den Kommunisten strikt ablehnte. Dennoch gelang es Ulbricht und Pieck, den Zentralrat der SPD unter Otto Grotewohl für die Fusion zu gewinnen. Der sowjetische Druck, das Versprechen, dass in der neuen Sozialistischen Einheitspartei Deutschlands (SED) Sozialdemokraten und Kommunisten gleichberechtigt sein würden, dazu die Differenzen zwischen der westdeutschen und der ostdeutschen SPD – beziehungsweise zwischen Schumacher und Grotewohl, die sich im Februar '46 zwar trafen, aber nicht einigen konnten – das alles führte dazu, dass die Fusion in die Wege geleitet wurde.

Die bei einer so wichtigen Entscheidung notwendige Mitgliederbefragung wurde von den Sowjets verboten. Lediglich in den Berliner Westsektoren wurde eine Urabstimmung durchgeführt. Von den 32000 Mitgliedern beantworteten 23000, also etwa drei Viertel, die ihnen vorgelegten Fragen: 1. *Bist du für den sofortigen Zusammenschluss der Arbeiterparteien?*, 2. *Bist du für ein Bündnis beider Parteien, welches gemeinsame Arbeit sichert und den Bruderkampf ausschließt?* Die erste Frage wurde von 82% verneint, die zweite von 62% bejaht. Die Mehrheit war also für proletarische Solidarität und Zusammenarbeit mit der KPD, aber nicht für Unterwerfung, worauf die Vereinigung letztlich hinauslaufen musste.

Das mehr oder weniger repräsentative Abstimmungsergebnis in Westberlin konnte die Entwicklung aber nicht mehr aufhalten. Am 21./22. April 1946 fand der Vereinigungsparteitag im Admiralspalast am Bahnhof Friedrichstraße statt, sehr feierlich und mit dem von über 1000 Delegierten umjubelten Händedruck von Pieck und Grotewohl, den beiden gleichberechtigten Vorsitzenden der SED. Diese verschränkten Hände wurden dann für 43 Jahre das Logo der Einheitspartei. Zunächst wurde rein äußerlich auf Gleichberechtigung geachtet, alle Ämter wurden paritätisch besetzt, aber Schritt für Schritt drängten die Kommunisten ihre sozialdemokratischen Parteifreunde zur Seite.

Etwas anders entwickelte sich die Parteienlandschaft in den drei Westzonen. Zwar hatten sich hier die gleichen vier Parteien wie in der Ostzone gebildet, aber einen antifaschistischen Block gab es nicht. Im Laufe der Zeit kristallisierten sich die führenden Persönlichkeiten heraus, Adenauer bei der CDU, Schumacher bei der SPD, Heuss bei den Liberalen, die ihre Partei alsbald FDP (=Freie Demokratische Partei) nannten.

1946/47 genehmigen alle vier Alliierten in ihren Zonen beziehungsweise Ländern demokratische Wahlen, und zwar erst Kommunal- und dann Landtagswahlen. Dabei sind die Ergebnisse in West und Ost sehr unterschiedlich. In den drei Westzonen erhält die Christunion insgesamt 38%, die SPD 35%, FDP und die KPD je 9%. Unterstützt von den Sowjets wird die SED in allein fünf Ländern der Ostzone zwar stärkste Partei, bleibt aber immer knapp unter 50%. Bezogen auf die ganze SBZ erhält sie 47,5%, die CDU 24,5%, die LDPD 24,6%. Die Macht lag eindeutig bei der SED, sie stellte vier der fünf Ministerpräsidenten und 17 von insgesamt 33 Ministern.

Immer (mit einer einzigen Ausnahme) sicherte sie sich die drei wichtigsten Ressorts, nämlich Inneres (einschließlich der Polizei), Volksbildung und Wirtschaft.

Eine Sonderstellung nahm die Viersektorenstadt Groß-Berlin ein. Noch bevor sich die SED im Osten gegründet hatte, beschloss die Westberliner SPD, deren Mitglieder die sofortige Fusion mit der KPD ja mit großer Mehrheit abgelehnt hatten, in den Westsektoren als eigenständige Partei weiterzubestehen. Man traf sich in der Zehlendorfer Zinnowaldschule, die im Krieg als Lazarett gedient hatte und bis in die Fünfzigerjahre Krankenhaus blieb. Ich selbst bin dort noch gegen Kinderlähmung geimpft worden, und als ich, wie immer barfuß unterwegs, in eine Glasscherbe sprang, wurde dort meine Fußsohle genäht. SED-Funktionäre und SED-Presse verspotteten die quasi neugegründete Westberliner SPD als *Zehlendorfer Krankenhausclub und Splitterpartei.* Der Begriff war gleich dreifach kritisch, er machte die Sozialdemokraten zu einer Zehlendorfer, also bürgerlichen Partei, er machte sie zu einer kranken Partei, die in eine Klinik gehört, und zu einem amerikahörigen, elitären Club.

Und diese dreifach unsozialistische SPD trat nun am 20. Oktober 1946 zur Wahl zum Berliner Abgeordnetenhaus an, und zwar in ganz Berlin, auch im Ostsektor. Dafür stellte sich die SED auch in Westberlin zur Wahl – und musste eine schmähliche Niederlage einstecken, während die angebliche Splitterpartei einen triumphalen Sieg davontrug. Sogar im Ostsektor überflügelte sie die SED (mit 43,6% gegenüber 29,9%). Insgesamt, in ganz Berlin, bekam die SPD 49%, die CDU 22%, die SED 20%, die LDPD 9%. Nach der Urabstimmung der Westberliner Sozialdemokraten zeigte diese Gesamtberliner Oktoberwahl der SED ein zweites Mal, was Berlin von ihr hielt. Nur jeder fünfte Berliner vertraute der SED. Das Abgeordnetenhaus und der von allen Parteien gebildete Magistrat mit einem SPD-Oberbürgermeister an der Spitze hatten ihren Sitz im Bezirk Mitte, also im Ostsektor und damit unter den Fittichen der sowjetischen Besatzungsmacht. Wird das lange gutgehen?

In London und Washington verfolgte man die wirtschaftliche und politische Entwicklung in der Ostzone nicht ohne Besorgnis.

Hatte man über die kommunistische Machtergreifung in den Ländern Osteuropas nur unsichere Informationen, so konnte man das Geschehen in der SBZ live und hautnah miterleben. Durfte man dem tatenlos zusehen? Durfte man die Völker Osteuropas, für deren Befreiung vom Hitlerfaschismus man in den Krieg gezogen war, sich selbst – und damit den Russen – überlassen? Durfte man hinnehmen, dass Stalin seinen Einfluss auf Westberlin und Westdeutschland und dann auf Westeuropa ausdehnte?

Starke kommunistische Parteien gab es ja bereits in Frankreich und Italien (mit 20% Wählerstimmen). Durfte man die aggressive Politik der Sowjets in Griechenland, in der Türkei und im Iran dulden, wo von Moskau unterstützte oder gar gelenkte Revoluzzer zum Umsturz drängten und das nicht ohne Erfolgsaussichten in Ländern mit großer Not, großer Ungerechtigkeit und großen sozialen Unterschieden? Nein, der Westen wollte nicht länger passiver Zuschauer sein, wenn Stalin scheibenweise (später wird man von Salamitaktik sprechen) von Land zu Land die Weltrevolution voran bringt.

Besonders der amerikanische Diplomat George Kennan und der Brite Churchill, inzwischen Oppositionsführer im Unterhaus, erheben warnend ihre Stimme. Wie seinerzeit vor Hitler, so warnt er nun vor Stalin. Er sah das europäische Gleichgewicht in Gefahr angesichts der sowjetischen Expansion. Er sah Großbritannien, das kurz vor dem Staatsbankrott stand, überfordert, wenn es allein mit den Russen über Deutschland entscheiden müsste, denn Roosevelt hatte geplant, die amerikanischen Truppen zwei Jahre nach dem Kriegsende wieder aus Europa abzuziehen. Und Frankreich, das auf Churchills Betreiben vierte Besatzungsmacht geworden war, stellte keine echte Hilfe dar. Nur mit den Amerikanern gemeinsam waren die Sowjets zu stoppen.

Ein Kurswechsel der angloamerikanischen Politik war also notwendig. Die Sowjetunion war nicht mehr der Verbündete, dem man Zugeständnisse machte, weil man ihn brauchte, nein, die UdSSR war zum Konkurrenten, ja Kontrahenten in Europa und auf dem ganzen Globus geworden. Und Truman war nicht Roosevelt. Dessen ganzes Sinnen und Trachten war gegen den Diktator Hitler gerichtet, Truman aber hatte es mit dem Diktator Stalin zu tun. Seit Hitler besiegt war, hatte die Anti-Hitler-Koalition ihren Sinn verloren. Aus dem heißen Krieg an der der Seite Stalins wird der Kalte Krieg gegen Stalin. Mit Nachgiebigkeit und Zugeständnissen ist endgültig Schluss. Truman wörtlich: *Die Zeit der Glacéhandschuhe ist vorbei.*

Welche Folgen hatte der sich verschärfende Kalte Krieg für das deutsche Volk? Neben die ursprünglichen Absichten der Sieger (Militarismus und Nazismus auszurotten, Deutschland zu schwächen und Reparationen zu erzwingen) trat immer deutlicher das Ziel, die Deutschen in das eigene System einzugliedern und entsprechend zu beeinflussen.

Die Alliierten präsentierten sich also einerseits als Sieger, Richter und Gläubiger, andererseits aber als politische Pädagogen und neue Freunde, die in ihrer jeweiligen Zone ihre Form von Demokratie und Wirtschaft durchsetzen wollten. Als Besatzer machten sie sich unbeliebt. Wollten die Deutschen aber zugleich für ihre eigene Sache begeistern. Die Sieger buhlten geradezu um die Sympathie der Besiegten. Eine paradoxe Situation, die der Lage nach dem Ersten Weltkrieg diametral entgegenstand. Damals blieb Deutschland auf Jahre der Kriegsgegner, der Versailler Frieden war eigentlich nur ein aufgezwungener Waffenstillstand. Nach '45 gab es zwar keinen Friedensvertrag, aber die Sieger versöhnten sich sehr schnell mit den Besiegten, zumindest in der eigenen Zone, und bemühten sich um ein Bündnis, wirtschaftlich, politisch, kulturell und bald auch militärisch. Folglich machten sie den Deutschen Zugeständnisse, wobei sie schon fast eine Art Wettlauf veranstalteten. Dass sie deutsche Experten an der Verwaltung ihrer Zone beteiligten (in der SBZ entstehen schon im August '45 *Zentralverwaltungen,* in der amerikanischen Zone im Oktober ein Länderrat, in der britischen im März '46 ein Zonenbeirat), dass sie die Bildung von Parteien und dann Kommunal- und Landtagswahlen zulassen, haben wir schon erwähnt. Die vier Alliierten gestatten es den Ministerpräsidenten der deutschen Länder sogar, sich im Juni '47 in München zu treffen. Der bayerische Ministerpräsident Ehard hatte seine Kollegen zu dieser Konferenz eingeladen – und alle kamen. Aber einige kamen nur halb, nämlich mit eingeschränkten Vollmachten.

Die Teilnehmer aus der französischen Zone hatten von ihrer Militärregierung die Reisegenehmigung nur unter der Bedingung erhalten, dass die deutsche Einheit nicht auf die Tagesordnung käme. Genau darüber wollten aber die ostzonalen Ministerpräsidenten verhandeln und reisten empört ab, als sie sich nicht durchsetzen konnten. Damit war es ihnen aber geglückt, dem Westen die Schuld an der Spaltung in die Schuhe zu schieben. Jedenfalls war zwei Jahre nach Kriegsende klar, dass die deutschen Politiker rechts und links der Elbe nicht mehr miteinander redeten. Sie redeten nur noch über einander und warfen sich gegenseitig die Schuld an der Spaltung vor. Deutsch-deutsche Kommunikation bestand hinfort nur noch in gegenseitigen Beschuldigungen.

Entscheidend für die Vertiefung der deutschen Spaltung war aber nicht, ob die Deutschen selbst sich vertragen oder wechselseitig anklagen, sondern das, was die Alliierten entschieden. Um das Elend der Deutschen zu mildern, auch um eigene Kosten zu sparen, wollten Amerikaner und Briten in ihren Zonen die Wirtschaft ankurbeln und aus ihnen ein Vereinigtes Wirtschafsgebiet bilden, die Bizone. Gleichzeitig (am 6. September 1946) hielt der amerikanische Außenminister Byrnes in Stuttgart vor amerikanischen und deutschen (!) Zuhörern eine viel beachtete Rede, in der er den Deutschen wieder eine langsam voranschreitende Gleichberechtigung zugestand: *Das amerikanische Volk wünscht, dem deutschen Volk die Regierung zurückzugeben. Das amerikanische Volk will dem deutschen Volk helfen, seinen Weg zurückzufinden zu einem ehrenvollen Platz unter den freien und friedlichen Nationen der Welt.*

Ein kleiner Schritt in diese Richtung schien es denn auch zu sein, als am 1. Januar '47 die Bizone aus der Taufe gehoben wurde. Halb Deutschland war jetzt wenigstens vereinigt. In Wahrheit bedeutete die Bildung der Bizone ein Sich-Abfinden mit dem Eisernen Vorhang. Wenn die Russen in ihrer Zone machen, was sie wollen, dann werden wir (Amerikaner und Briten) in unseren Zonen ebenfalls unsere Vorstellungen verwirklichen – und irgendwann wird die französische Zone nicht anders können, als sich anzuschließen *(Ich sei, gewährt mir die Bitte, in eurem Bunde der Dritte!)*. Und dann wird aus dem viergeteilten Deutschland das in Trizonesien und Sowjetzone zweigeteilte Deutschland. Um die Expansion der Sowjets zu stoppen, nahm der Westen die deutsche Teilung in Kauf. Bis an die Elbe und nicht weiter!

Die Deutschen waren sich über den Ernst der Lage gar nicht im Klaren. Stattdessen registrierte man im Westen mit Befriedigung den wirtschaftlichen Aufschwung. In der Bizone sollten die täglichen Kalorienrationen von 1200 auf 1500 steigen, und im letzten Quartal '48 wurden bereits wieder 80% der Industrieleistung von 1936 erreicht.

Aber die sich 1947 in Folge des Kalten Krieges anbahnende deutsche Teilung darf man nicht isoliert sehen. Überall in der Welt standen sich die kommunistische und die westliche Weltanschauung feindlich gegenüber, so im unruhigen Vietnam, im geteilten Korea, in China, wo der Kommunist Mao Tse Tung dabei war, die von den USA halbherzig unterstützten Nationalchinesen unter Tschiang Kai Shek aus dem Lande zu drängen, bis ihnen bloß noch die Insel Formosa (Taiwan) bleiben wird. Im Iran, im Krieg die Brücke, über die die USA die Sowjets mit Waffen versorgten, versuchen die Russen sich festzusetzen, jetzt wegen des lieben Öls. Ähnlich ist es in Griechenland und der Türkei, wo es vor allem um die Meerengen geht. Überall sind die vom Westen protegierten Regierungen von Revolutionen bedroht. Das aber wollen Washington und London nicht länger hinnehmen. Die von Kennan und Churchill schon frühzeitig als Privatmeinung ausgesprochenen Warnungen werden jetzt zum offiziellen Regierungsprogramm. Am 12. März '47, während die Außenminister mal wieder – in Moskau – ergebnislos konferieren, macht Truman in einer Rede vor dem Kongress deutlich, dass er die *kalte Kriegserklärung* der Gegenseite annimmt und konsequent reagieren wird. Also Schluss mit lustig und Tacheles geredet. Der Präsident weist darauf hin, dass in mehreren Ländern Osteuropas den Völkern kürzlich gegen ihren Willen totalitäre Regime aufgezwungen worden seien. Dort entscheide der Wille einer Minderheit, der der Mehrheit aufgezwungen werde, dort herrsche Terror und Unterdrückung. Wörtlich führt Truman aus: *Ich bin der Ansicht, dass es die Politik der Vereinigten Staaten sein muss, die freien Völker zu unterstützen, die sich der Unterwerfung durch bewaffnete Minderheiten oder durch Druck von außen widersetzen. Ich glaube, dass wir den freien Völkern helfen müssen, sich ihr eigenes Geschick nach ihrer eigenen Art zu gestalten. Ich bin der Ansicht, dass unsere Hilfe in erster Linie in Form wirtschaftlicher und finanzieller Unterstützung gegeben werden sollte, die für eine wirtschaftliche Stabilität und geordnete politische Vorgänge wesentlich ist.* Gemeint waren die Griechen und die Türken und die bekommen dann auch gleich 400 Millionen Dollar.

Die klare Sprache der Truman-Doktrin hat zur Folge, dass die Sowjets jetzt wussten, woran sie waren. Eine Doktrin ist eine Wenn-Dann-Drohung. Wenn ihr euch über kleine unabhängige Staaten hermacht, werden wir deren Freiheit verteidigen. Und die Amerikaner gehen noch weiter. General Marshall, den Truman Anfang des Jahres zum Außenminister ernannt hat, verkündet am 5. Juni '47 – als Fortsetzung der Truman-Doktrin mit ökonomischen Mitteln – ein von den USA zu finanzierendes Aufbauprogramm für Europa. Er ging davon aus, dass die wirtschaftliche Stabilität eines Landes das beste Mittel gegen die Verlockungen des Kommunismus sei. Obgleich der Plan sich gegen die Sowjetunion richtet, will Marshall alle europäischen Staaten, wirklich alle, auch die osteuropäischen Staaten, ja sogar die Sowjetunion selber, in das Programm einbeziehen, also alle Völker *westlich des Urals*, wie er sagte. Ob das ganz ernst gemeint war, sei dahingestellt. Dass die Sowjetunion ihre Wirtschaft nicht unter amerikanischen Einfluss geraten lassen würde, war eigentlich logisch, und so hielt sich nicht nur Stalin abseits, sondern zwang auch die unter seinem Einfluss stehenden Satellitenstaaten, auf die amerikanische Hilfe zu verzichten, obgleich einige, zum Beispiel Polen und die Tschechoslowakei bereits Interesse bekundet hatten.

Die Vorverhandlungen des European Recovery Programm (ERP) zogen sich hin. Wirklich in Gang kam das Vorhaben erst 1948. Inzwischen hatte sich die Bizone gefestigt und die beiden ungleichen Hälften Deutschlands waren auf dem Wege zur Bildung zweier separater Staaten.

In der Ostzone wird schon eine Woche nach dem Scheitern der Münchener Ministerpräsidentenkonferenz eine Art SBZ-Regierung gebildet, die Deutsche Wirtschaftskommission (DWK), und zwar am 14. Juni 1947. Auch die Bizone nimmt die Struktur eines Staates an. Sie erhält mit dem Wirtschaftsrat quasi ein Parlament, in dem 54 von den Landtagen gewählte Abgeordnete sitzen, und mit dem Exekutivausschuss und den von ihm vorgeschlagenen Direktoren eine Regierung. Das letzte Wort hatte allerdings wie bisher ein amerikanisch-britisches Kontrollamt.

Bei der Einsetzung der Direktoren gab es Streit, vor allem um den Posten des Wirtschaftsdirektors. Vorgeschlagen wurden die Direktoren vom Exekutivrat (mit SPD-Mehrheit), ernannt vom Wirtschaftsrat (mit Mehrheit der bürgerlichen Parteien). Dieser setzte Ludwig Erhard durch. Die frustrierte SPD verzichtete nun völlig auf Direktorenposten, ging in die Opposition und nahm eine Rolle an, aus der sie dann 20 Jahre nicht herauskam. Der Gegensatz zwischen Christ- und Sozialdemokraten ist kennzeichnend geblieben bis heute.

Parallel zu den staatlichen Strukturen (hier der Wirtschaftsrat, dort die Deutsche Wirtschaftskommission) bilden sich hüben und drüben getrennte Gewerkschaften (Deutscher Gewerkschaftsbund, DGB und Freier Deutscher Gewerkschaftsbund, FDGB) und doppelte Kultur- und Sportverbände. Zwar unternimmt die SED Ende '47 noch einmal einen Einigungsversuch, das aber vor allem aus propagandistischen Motiven. Am 6. und 7. Dezember veranstaltet sie in Berlin einen *Deutschen Volkskongress für Einheit und gerechten Frieden.* Schon das Zahlenverhältnis der einzelnen Delegationen macht deutlich, dass hier kein repräsentativer Querschnitt des deutschen Volkes versammelt war. Die westdeutschen Parteien nahmen nicht teil – bis auf einige KPD-Genossen. Von den 2215 Delegierten kamen überhaupt nur 664 aus den Westzonen, also nicht einmal ein Drittel. Die meisten gehörten den ostzonalen Blockparteien an oder den Massenorganisationen wie FDGB und FDJ. Man fordert Wahlen zu einer deutschen Nationalversammlung, Herstellung der Einheit und einen Friedensvertrag. Man entsendet eine siebzehnköpfige Delegation zu der gerade in London tagenden Außenministerkonferenz. Aber die Gruppe kommt nicht an, weil die britische Regierung sie nicht lässt. Das ganze Volkskongressunternehmen war von vornherein zum Scheitern verurteilt, das wussten die Veranstalter selber auch, aber sie wollten sich von den *Spaltern* im Westen absetzen und als Kämpfer für die deutsche Einheit profilieren.

In Wahrheit war der Zug längst abgefahren – oder genauer: Die beiden Züge waren abgefahren und rasten unaufhaltsam in Richtung DDR und BRD. Alles, was sich 1947 angedeutet und angebahnt hatte, wurde 1948 Realität. Der Ost-West-Gegensatz verschärfte sich. Nachdem in Prag Ende Februar die Kommunisten die Macht an sich gerissen hatten, ist Westeuropa aufgeschreckt und rückt enger zusammen.

England, Frankreich und die Beneluxstaaten schließen im März ein Verteidigungsbündnis, offiziell für den *Fall der Erneuerung einer deutschen Aggressionspolitik,* in Wahrheit aber als Schutz gegen den sich ausbreitenden Kommunismus. Schon vorher (vom 23. Februar bis zum 6. März) hatten sie sich in London mit den USA zu einer Sechs-Mächte-Konferenz getroffen, auf der der amerikanische Botschafter äußert: *Wir leben in einer gefährlichen Welt. Ein Land nach dem anderen fällt dem Kommunismus zum Opfer. Die USA wollen Westeuropa retten.* Vor allem wollen Amerikaner und Briten Westdeutschland stabilisieren. Aber Frankreich hat mehr Angst vor dem benachbarten Deutschland als vor dem fernen Russland. Die französischen Sicherheitsinteressen verlangen ein schwaches und zersplittertes Deutschland. Genau das Gegenteil wollen London und Washington. Und so geht die Sechs-Mächte-Konferenz erst einmal ergebnislos auseinander.

Dann plötzlich ein neuer Paukenschlag. Als der sowjetische Militärgouverneur Sokolowski auf der Sitzung des Alliierten Kontrollrats am 20. März verlangt, über die Sechs-Mächte-Konferenz informiert zu werden, ihm dies aber verweigert wird, verlassen die Sowjets unter Protest die Sitzung. Damit hat der Kontrollrat aufgehört zu bestehen. Das Gremium, das zu dem Zweck geschaffen war, Deutschland als Ganzes zu verwalten, hat damit seine Arbeit eingestellt. Schon zwei Tage vorher, am 18. März, ist in Ostberlin der zweite *Volkskongress für Einheit und gerechten Frieden* zusammengekommen. Nicht ohne Sinn für Symbolik hat man gerade dieses Datum gewählt. Der 18. März ist schließlich der Tag der Berliner Revolution von 1848. Von den 1989 Delegierten kommen 512 aus dem Westen, also ein Viertel. Man wählt einen aus 400 Mitgliedern bestehenden Volksrat und macht sich auf den Weg zur Gründung eines ostzonalen Staates.

Und auch die westdeutsche Staatsgründung nimmt Gestalt an. In der zweiten Phase der Londoner Sechs-Mächte-Konferenz (vom 20. April bis zum 2. Juni) können die französischen Bedenken ausgeräumt werden. Paris ist bereit, die französische Zone der Bizone wirtschaftlich anzugliedern. Auch einigen sich die sechs Mächte auf eine gemeinsame Deutschlandpolitik, die ihren Niederschlag in den Londoner Empfehlungen findet. Westdeutschland soll wirtschaftlich mit Westeuropa verbunden werden. Und was soll politisch geschehen? *Die Delegationen sind daher übereingekommen, ihren Regierungen zu empfehlen, dass die Militärgouverneure eine gemeinsame Sitzung mit den Ministerpräsidenten der Westzonen Deutschlands abhalten sollen. Auf dieser Sitzung werden die Ministerpräsidenten Vollmacht erhalten, eine verfassunggebende Versammlung zur Ausarbeitung einer Verfassung zu berufen ...* Damit war der separate westdeutsche Dreizonenstaat, also *Trizonesien* (wie man im rheinischen Karneval sang) in seine konkrete Planungsphase getreten. Damit ist die Bundesrepublik gezeugt, wenn auch noch nicht geboren.

Aber der politischen Entwicklung gehen die wirtschaftlichen Maßnahmen voran. Am 16. April treffen sich die Vertreter der 16 europäischen Staaten, die an der Marshallplanhilfe interessiert sind, in Paris. Marshall hatte es zur Bedingung der Hilfe gemacht, dass die Europäer selbst sich über die Verteilung einigen und den organisatorischen Rahmen festlegen. Das geschieht durch die Bildung der OEEC (Organisation for European Economic Cooperation). Auch die drei Westzonen sollen in das Programm einbezogen werden und sind in Paris durch die drei Militärgouverneure vertreten.

Der Marshallplan ist ein kluger Schachzug der Amerikaner. Sie schlagen zwei Fliegen mit einer Klappe. Zum einen wurde Westeuropa, das wirtschaftlich erstarkte und enger zusammenrückte, zu einem Bollwerk gegen den Kommunismus, zum anderen konnten die USA etwas für ihre eigene Wirtschaft tun. Nach der Umstellung der Kriegswirtschaft, also der Rüstung, auf zivile Produktion, kam es zu Überangeboten und die konnten nur abgebaut werden durch Lieferungen ins Ausland, vor allem nach Europa. Das aber war durch den Krieg zerstört und verarmt und konnte nicht zahlen. Exporte im Rahmen des Marshallplans mussten also auf Kredit erfolgen – oder als Geschenke. Zu zahlen hatte also der amerikanische Steuerzahler. Dennoch rechnete sich der Marshallplan. Die USA handelten wie ein geschäftstüchtiger Kaufmann, erst investieren – dann profitieren. Das mit amerikanischer Hilfe gesundete Europa würde seinen Konsum erhöhen und in Zukunft für die USA einen lukrativen und attraktiven Absatzmarkt darstellen.

Doch der Marshallplan hatte auch seine Schattenseiten. Da gab es zu Anfang bürokratische Hemmungen, die zu Verzögerungen bei den Lieferungen führten. Auch richtete sich die Warenpalette oft mehr danach, was die US-Wirtschaft loswerden wollte, als danach, was die Empfängerländer benötigten.

Das gilt auch für Westdeutschland. Inwieweit der Aufschwung der Trizone und dann der Bundesrepublik auf die Marshallplanhilfe zurückzuführen ist, inwieweit auf den Fleiß, die Fähigkeiten, die Produktivität und Bescheidenheit (zum Beispiel bei Lohnabschüssen) der Deutschen, darüber streiten bis heute die Gelehrten. Ludwig Erhard, Wirtschaftsdirektor der Bizone und später Bundeswirtschaftsminister, hat jedenfalls unmissverständlich geurteilt: *ERP und Auslandshilfe haben zu diesem Aufschwung nicht das Geringste beigetragen. Sie haben im ersten Jahr den Westberlinern geholfen, nicht zu verhungern, und im zweiten, die Ergänzung von Vorräten und den Aufbau von Fabriken etwas zu erleichtern, ohne dadurch schon das Sozialprodukt erhöhen zu können ... Der Wirtschaftsaufschwung wurde ausschließlich aus eigener Kraft erreicht.*

Wichtiger als die rein materielle Hilfe waren die politischen und psychischen Folgen. Deutschland wurde wieder heimisch in Europa, fand Handelspartner für Import und Export und zugleich Anerkennung. Auch hat die mit dem Marshallplan verbundene Währungsreform der westdeutschen Wirtschaft zu einem großen Schub verholfen. Im Übrigen sind andere Staaten wesentlich großzügiger behandelt worden. Von den 15 Milliarden Dollar US-Hilfe gingen an England fast ein Viertel (3,6 Milliarden), an Frankreich über ein Fünftel (3,1 Milliarden), an Italien und Deutschland je ein Zehntel (1,6 beziehungsweise 1,5 Milliarden). Auch musste nur Deutschland die Hilfeleistungen später zurückzahlen. Da – über die US-Armee – außerdem Lebensmittel, Saatgut, Futter und Dünger im Werte von 1,5 Milliarden geliefert worden waren, hatte die BRD 1952/53 Schulden in Höhe von 3 Milliarden Dollar. Zwei Drittel wurden Deutschland erlassen, die restliche Milliarde bis 1966 zurückgezahlt. Zinsen und Tilgung der von deutschen Betrieben in Anspruch genommenen Kredite flossen zurück in einen ERP-Sonderfond, wurden erneut ausgeliehen und investiert und bewirkten so ein sehr erfolgreiches Schneeballsystem. Insgesamt wurden bis 1996 Kredite in Höhe von 100 Milliarden DM an westdeutsche Unternehmen und nach der Wende 50 Milliarden an die ostdeutsche Wirtschaft vergeben. Paradoxerweise profitierte die westdeutsche Wirtschaft in der Marshallplanzeit (1948-52) davon, dass die Westmächte immer noch demontierten, und zwar veraltete Maschinen, während die deutschen Betriebe modernste Maschinen einbauten.

Eine Gesundung der deutschen Wirtschaft war nur zu erwarten auf der Grundlage einer stabilen Währung. Eine Währungsreform musste die zerrütteten Finanzen wieder sanieren. Der Krieg der Nazis hatte die Staatsschulden auf fast 400 Milliarden Reichsmark anwachsen lassen, und das deutsche Geldvolumen war von 60 Milliarden im Jahre 1933 dank der eifrigen Arbeit der Notenpresse auf 300 Milliarden angestiegen. Dazu kam noch das von den Besatzungsmächten in unkontrollierter Menge gedruckte Besatzungsgeld. Warenangebot und Geldmenge befanden sich in einem katastrophalen Ungleichgewicht. Not, Elend und Schwarzer Markt kennzeichneten die Nachkriegsjahre.

Damit die Marshallplanhilfe nicht in einem Fass ohne Boden verschwand, machten die USA eine Währungsreform zur Bedingung ihrer Hilfe. Schon Mitte 1947 entschlossen sich Amerikaner und Briten zu einem Alleingang – ohne Rücksicht auf den Alliierten Kontrollrat. Im Herbst wurden 5,7 Milliarden *Deutsche Mark* – so sollte die neue Währung heißen – in den USA gedruckt und dann, insgesamt 500 Tonnen, nach Frankfurt gebracht und dort als geheimer Schatz gehütet. Dass die Sowjets am 20. März 1948 den Kontrollrat verließen und damit platzen ließen, enthob die Amerikaner der Notwendigkeit, mit den Russen über die zukünftige deutsche Währung zu verhandeln. Nur einige westdeutsche Experten wurden zur Mitarbeit herangezogen, In einem Bus mit Milchglasscheiben wurden sie wie Gefangene an einen geheimen Ort gebracht, eine abgelegene Kaserne im Norden von Kassel. Dort blieben sie von April bis Juni, zwar bei guter Verfassung, aber ohne jeden Kontakt zur Außenwelt. Einfluss auf die inhaltlichen Planungen hatten sie nicht, sie halfen lediglich beim Übersetzen und Formulieren.

Trotz der Geheimhaltung gab es Gerüchte, dass eine Währungsreform bevorstand. Die Folge war, dass Produzenten, Großhändler und Kleinhändler ihre Waren zurückhielten und es – außer auf Lebensmittelkarte – im Juni nichts zu kaufen gab. Die Waren wurden gehortet. Niemand wollte für wertlose Reichsmark etwas abgeben, wofür er in Kürze gutes Geld bekommen würde.

Am 18. Juni war es dann soweit. An diesem Freitagabend erfuhren die Deutschen über Rundfunk, was ihnen bevorstand. Am Sonntag sollte jeder, vom Baby bis zum Greis, ein Kopfgeld von 40 DM erhalten, später noch einmal 20 DM, und zwar im Verhältnis 1:1. Das übrige Bargeld wurde im Verhältnis 10:1 abgewertet und umgetauscht, das Spargeld auf den Konten im Verhältnis 100:6,50. Wieder, wie 1923 durch die Inflation, waren die Sparer die Verlierer.

Unbehelligt blieb, wer Sachwerte besaß, Immobilien, Fabriken oder Aktien. Wer Haus und Hof durch den Krieg verloren hatte, sei es durch Zerstörung oder weil der Besitz im Osten lag, gehörte auch zu den Losern. Erst Jahre später, durch das Lastenausgleichsgesetz von 1952, wurde diesem Personenkreis ein bescheidener Ersatz gewährt. Schulden wurden im Verhältnis 10:1 abgewertet, laufende Verpflichtungen wie Löhne, Renten und Mieten waren 1:1 zu bezahlen.

Einerseits hat die Währungsreform die Wirtschaft in Schwung gebracht, andererseits war sie ungerecht. Es gab Gewinner und Verlierer – wie 1923. Aber auch die Verlierer profitierten, wenn auch nur begrenzt, von dem nun einsetzenden *Wirtschaftswunder*. Und dieses Wunder begann bereits am Montag, dem 21. Juni. Plötzlich, wie im Schlaraffenland, waren die Schaufenster voll mit den bis dato gehorteten Waren. Für das gute neue Geld gab es nun so gut wie alles. Die Nachfrage trieb die Preise hoch, im ersten halben Jahr um 17%. Ludwig Erhard, inzwischen verantwortlich für die Trizone, war das Risiko eingegangen, die Zwangsbewirtschaftung schrittweise aufzuheben. Die Preise wurden nicht mehr vom Staat festgelegt, sondern vom Markt durch das Wechselspiel von Angebot und Nachfrage. Nur noch in Ausnahmefällen (Grundnahrungsmittel, Rohstoffe wie Kohle und Eisen) kontrollierte und regelte der Staat (also die Trizonenbehörden) die Preise. Und wirklich hat dieses System des freien Marktes nach einigen Anfangsschwierigkeiten bestens funktioniert. Der Aufschwung führte dazu, dass Westdeutschland im Laufe der Fünfzigerjahre mit 10% Anteil am Welthandel zu einer der führenden Wirtschaftsmächte wurde.

Auf die westdeutsche Währungsreform musste die Ostzone reagieren. Auch dort konnte die Wirtschaft nur in Gang kommen, wenn eine stabile Währung geschaffen wurde. Außerdem konnte die Reichsmark nicht länger offizielles Zahlungsmittel sein, denn nachdem sie im Westen keinen Wert mehr hatte, würde sie massenweise in die SBZ verschoben werden und Wirtschaft und Währung noch mehr zerrütten.

Also wurde schon am 24. Juni auch in der Ostzone die Währung umgestellt. Die Sowjets hatten jedoch, anders als die Amerikaner, im Voraus noch keine neuen Banknoten gedruckt. Sie hatten lediglich briefmarkengroße Coupons vorbereitet, die durch Aufkleben aus einem alten Geldschein einen neuen machten. Monate später wurden diese spöttisch als Tapetenmark bezeichneten Scheine in richtige Banknoten umgetauscht. Auch in der SBZ gab es nun als Zahlungsmittel die *Deutsche Mark*.

Im Osten war man bemüht, die Währungsreform als gerechter und sozialer erscheinen zu lassen als den westlichen Währungsschnitt. So gab es nicht 40 plus 20 DM als Kopfgeld, sondern sofort 70 DM auf einen Schlag. Die Abwertung des Altgeldes wurde gestaffelt. Kleine Beträge wurden besser behandelt: Spareinlagen bis 100 RM wurden im Verhältnis 1:1, bis 1000 RM im Verhältnis 5:1 umgetauscht. Bargeld und höhere Einlagen zum Kurs von 10:1. Beträge über 5000 RM verfielen ersatzlos, wenn nicht der Nachweis *nichtspekulativen Erwerbs* erbracht wurde. Die armen Leute sollten also besser wegkommen als die reichen.

Dieses Prinzip zeigt sich auch bei der unterschiedlichen Behandlung der Besitzer von Grundbesitz, Fabriken und Aktien. Während diese im Westen ungeschoren blieben, waren sie im Osten durch die Boden- und Industriereform längst enteignet. Gewinner und Verlierer waren also hüben und drüben ganz unterschiedliche Gruppen. Die SBZ wollte sozial und sozialistisch erscheinen. Während man im Westen versuchte, durch Lockerung der Preisbindung die freie Marktwirtschaft in Schwung zu bringen, diente die Währungsreform in der SBZ der Ausgestaltung der sozialistischen Planwirtschaft. Die staatlich gelenkten volkseigenen Betriebe (VEB) wurden – wie übrigens auch die Sowjetischen Aktiengesellschaften (SAG) – bevorzugt, indem ihre Kapitalbestände nicht abgewertet wurden, sondern 1:1 erhalten blieben.

Ein Abbild des in vier Zonen geteilten Deutschlands und der im Juni '48 vollzogenen finanz- und wirtschaftspolitischen Spaltung war die Viersektorenstadt Berlin. Auch hier wurde die Währungsreform durchgeführt und das gleich doppelt. Um ganz Berlin, zunächst wirtschaftlich, ihrer Zone einzuverleiben, führten die Sowjets die Tapetenmark am 24. Juni in ganz Berlin ein. Die Westmächte machten am gleichen Tag die neue Westmark (versehen mit einem großen *B* für Berlin) in den Westsektoren zum offiziellen, aber nicht alleinigen Zahlungsmittel. Zunächst (bis März '49) war die Ostmark auch in Westberlin im Umlauf. Aber die Kaufleute akzeptierten sie ungern, nur Waren auf Lebensmittelkarte konnte man in Ostmark bezahlen. Die Gesamtberliner Wasser-, Gas-, Elektrizitäts- und Verkehrsgesellschaften nahmen die Ostmark in Zahlung.

Die Einführung der Westmark in Westberlin nahmen die Sowjets zum Anlass, sämtliche Zufahrtswege nach Westberlin zu sperren. Kein Zug, kein Lastwagen, kein Lastkahn kam durch. Da der Anschluss Westberlins an die Ostzone mit der sanften Methode (durch eine gemeinsame Währung) nicht gelang, zogen die Sowjets jetzt andere Saiten auf und machten Westberlin zur Insel im Roten Meer. Rechtlich gesehen war die Lage kompliziert. Zwar hatten sich die Alliierten über die drei Luftkorridore geeinigt (nach Nordwesten Richtung Hamburg, nach Westen Richtung Hannover, nach Süden Richtung Frankfurt), aber die Land- und Wasserwege waren, weil es sich von selbst verstand, nicht ausdrücklich ausgehandelt worden. Und diese Rechtslücke machten sich die Sowjets zunutze.

Was konnte der Westen tun? Drei Möglichkeiten gab es: Klein beigeben und Berlin preisgeben, aber das verbot sich, war es doch gerade erst ein Jahr her, dass Truman in seiner Doktrin den freien Völkern Schutz vor dem Kommunismus versprochen hatte. Und nun, bei der ersten Probe aufs Exempel sollte er in die Knie gehen? Das war unmöglich. Die Glaubwürdigkeit und Autorität der USA standen auf dem Spiel. Also Härte zeigen, die zweite Möglichkeit. Mit gemischten Konvois aus Panzern und Lastern nach Berlin durchbrechen. Aber das hätte womöglich Krieg bedeutet, und das angesichts der weitgehenden Abrüstung der Amerikaner nach Ende des Krieges und der gewaltigen Überlegenheit der Roten Armee hinsichtlich der konventionellen Bewaffnung. Die USA hätten dann auf ihre Kernwaffen zurückgreifen müssen. Also Atombomben auf Moskau, um Berlin zu retten – und das keine drei Jahre nach Hiroshima. Das war moralisch nicht zu verantworten. Aber es gab noch eine dritte Möglichkeit, einen Kompromiss, der die Amerikaner das Gesicht wahren lässt, aber den dritten Weltkrieg vermeidet. Gemeint ist die Versorgung der Insel Westberlin aus der Luft.

Der Vater des Gedankens war General Lucius D. Clay, seit März '47 amerikanischer Militärgouverneur. Er erreicht die Zustimmung seiner Vorgesetzten und überredet die Briten zum Mitmachen. Zwar war noch nie zuvor eine Zwei-Millionen-Stadt aus der Luft versorgt worden. Aber Clay hielt es für möglich, obgleich die Gegenseite die Blockade noch verschärfte. Aus dem märkischen Umland wurde kein Obst, kein Gemüse, keine Milch ausgeliefert und auch die meist außerhalb Westberlins liegenden Gas-, Wasser- und Elektrizitätswerke versorgten die Stadt nicht mehr. Nur eine einzige Verbindung zwischen Westberlin und dem Umland funktionierte weiterhin – und das war die Entwässerung. Zu einer Entsorgungskatastrophe kam es nicht, die Berliner mussten nicht auf ihren Fäkalien sitzenbleiben, die strömten weiterhin auf die Rieselfelder am Rande der Stadt. Ob der Osten hier einen Rest an humaner Rücksicht aufbrachte oder am hochwertigen westlichen Dünger interessiert war, mag offen bleiben.

Offen bleiben auch, wie vertraglich vorgesehen, die Sektorengrenzen. Jeder Berliner konnte jederzeit in jedem Sektor Verwandte und Freunde besuchen. Politisch und wirtschaftlich vertieft sich die Teilung, aber die Menschen wollen es nicht wahrhaben.

Am 25. Juni beginnt die Luftbrücke und soll fast ein Jahr lang die Westberliner Bevölkerung am Leben erhalten.

Die Blockade war sicher Stalins größter Fehler.

Er hatte sich in mehrfacher Hinsicht verrechnet. Seine brutale Blockade wurde weltweit als inhumane Erpressung angesehen, die hungernden Westberliner liefen nicht nach Ostberlin zum Einkauf, sie ließen sich nicht vom östlichen Wirtschaftssystem vereinnahmen, im Gegenteil, durch Blockade und Luftbrücke rückten die Westberliner und die Westalliierten enger zusammen. Aus den Besatzern wurden Schutzmächte, ja Freunde. Und aus den Bombern von 1945 wurden die *Rosinenbomber* von 1948. Dieses typische Berliner Wortspiel drückt nicht nur Dank und Liebe aus, es kennzeichnet auch die Tatsache, dass die Flugzeuge vor allem getrocknete Lebensmittel brachten, schließlich wollte man kein überflüssiges Wasser nach Berlin fliegen. Und so kamen nicht nur Rosinen, sondern auch Trockenkartoffeln, Trockenmilch, Trockenmohrrüben und

Trockenkohl. Erst nach längerem Einweichen – über Nacht – wurde das Zeug halbwegs genießbar. Aber was *genießt* man nicht alles, wenn es der Freiheit dient.

Stalin hatte sich auch geirrt hinsichtlich der Realisierung einer solchen Luftbrücke. Sie erwies sich als tragfähig. Die Luftflotte wurde immer größer, zuletzt 380 Flugzeuge, davon die meisten (225) viermotorige Maschinen vom Typ Skymaster. Die Frachtleistung stieg von Monat zu Monat, selbst im Winter gab es kaum Einbrüche. Die praktische Durchführung wurde immer perfekter. Um Kollisionen in den Luftkorridoren zu vermeiden, wurde auf der Süd- und Nordlinie hingeflogen und in der Mitte leer zurück. Unter französischer Leitung wurde in drei Monaten der Flughafen Tegel gebaut, der nun neben Tempelhof und Gatow und der Havel, auf der britische Flugboote wasserten, zur Verfügung stand. Im Schnitt landete alle anderthalb Minuten eine Maschine in Berlin, am 16. April 1949, als Ostergeschenk, alle 62 Sekunden. Das war der Rekord: 1344 Flüge und 12 940 Tonnen. Die Entbehrungen machten die Berliner nur noch selbstbewusster. Es gab nur 25 Pfund Kohlen pro Haushalt für den ganzen Winter, Strom gab es vier Stunden pro Tag, die Arbeitslosigkeit war hoch, weil es der Berliner Industrie an Rohstoffen und Energie fehlte.

Die Kosten der Luftbrücke waren hoch, 200 Millionen Dollar ließen sich die Angelsachsen ihren Einsatz für die Freiheit Berlins kosten. Ihr Leben ließen 70 Piloten und acht deutsche Transportarbeiter. Insgesamt wurden 1,8 Millionen Tonnen für die 2,1 Millionen Berliner eingeflogen, das heißt, pro Person eine knappe Tonne. Die Güter verteilten sich wie folgt: 63% Kohle, 28% Lebensmittel, 9% Industriegüter, darunter ein komplettes Kraftwerk, das nötig war, weil ja die Gegenseite keinen Strom mehr lieferte.

Der amerikanische Leutnant Edward Tenenbaum, der die Währungsreform organisiert hatte, behauptete, die Auslieferung der 500 Tonnen DM-Banknoten sei die größte logistische Leistung nach der Landung in der Normandie gewesen. Aber eine noch größere logistische Leistung stellte sicher die Luftbrücke dar. Ihr Erfolg blieb nicht aus, weil die Berliner mitspielten und in Kauf nahmen, dass es nur wenig zu kaufen gab. Aber sie hatten ja auch einen Mutmacher, nämlich ihren Bürgermeister, der ihnen aus dem Herzen sprach und der die Welt ansprach. Am 9. September sprach er vor über 350000 Menschen, die sich vor dem zerstörten Reichstag versammelt hatten, die Worte: *Ihr Völker der Welt, ihr Völker in Amerika, in England, in Frankreich, in Italien! Schaut auf diese Stadt und erkennt, dass ihr diese Stadt und dieses Volk nicht preisgeben dürft, nicht preisgeben könnt.*

Ernst Reuter, in Apenrade geboren, als politisch interessierter und aktiver Mensch erst Kommunist, dann Sozialdemokrat, in der Weimarer Zeit Stadtrat für Verkehr in Berlin (Förderung des U-Bahnbaus), während der Nazizeit im türkischen Exil, dann wieder in Berlin, wird er am 24. Juni 1947 zum Oberbürgermeister gewählt. Aber er kann sein Amt nicht antreten, weil die Sowjets gegen den abtrünnigen Ex-Kommunisten ihr Veto einlegen. Dann aber wird er doch Bürgermeister, wenn auch nur für Westberlin. Denn im Laufe des Sommers und Herbstes 1948 spaltete sich die Stadt im Zusammenhang mit Währungsreform und Blockade. Es gab nun nicht nur zwei Sorten Geld (die Deutsche Mark und die Mark der Deutschen Notenbank), es gab auch zwei Stadtverordnetenversammlungen, zwei Magistrate, zwei Bürgermeister – den im Dezember endlich erneut gewählten und anerkannten Ernst Reuter im Westen und den SED-Funktionär Fritz Ebert (Sohn des ersten Reichspräsidenten der Weimarer Republik) im Osten. Es gab zwei Sorten Polizisten und es gab neben der Humboldtuniversität im Osten die von *akademischen Emigranten* begründete und von den USA unterstützte *Freie Universität* in Dahlem.

Die Stimmung der Westberliner Bevölkerung wird deutlich an den Wahlergebnissen vom 5. Dezember. Bei einer Wahlbeteiligung von 86,3% stimmen fast zwei Drittel (64,5%) für die SPD mit ihrem Spitzenkandidaten Reuter, 19,4% für die CDU und 16,1% für die Liberalen. Im Osten wurde übrigens nicht gewählt.

Als die Sowjets einsehen mussten, dass die Westberliner trotz (und wohl auch wegen) aller Entbehrungen zum Westen hielten und nicht klein beigaben, als auch das Unternehmen Luftbrücke sich als technisch durchführbar bewährte, mussten sie die Blockade als gescheitert ansehen. Weltweit war ihr Ansehen auf einen Tiefpunkt gesunken. Sie schickten sich an, zum Rückzug zu blasen. Im

Rahmen der UNO wurden die Modalitäten der Blockadebeendigung und der zukünftigen Versorgung Westberlins ausgehandelt. Am 12. Mai 1949, nach knapp elf Monaten, wurde Berlin wieder auf natürlichem Wege beliefert. Der Jubel war grenzenlos – auch der Dank an Amerikaner und Engländer. Mit Verspätung und unter ungünstigen Standortbedingungen versuchten die Westberliner nun, Anschluss an das in Westdeutschland beginnende Wirtschaftswunder zu finden.

33
Blockadekinder

Blockadezeit war Mangelzeit. Blockadezeit bedeutete politisch verursachte Armut. Man lebte weniger als bescheiden. Man musste nicht hungern, aber was man verzehrte, schmeckte nicht. Die am Vorabend eingeweichten Trockenkartoffeln, die Trockenmohrrüben und der Trockenkohl wurden zu einem Eintopfgericht verkocht, das keinen Appetit anregte. Der Hunger treibt's rein, war die Devise.

Wenn unsere Blockadeclique zum Spielen ins Fischtal oder in den Grunewald zog, nahmen wir eine kleine Packung Dörrmöhren mit, rissen die Zellophanhülle auf und steckten die orangenen Splitter wie Bonbons in den Mund. Das Zeug war steinhart, knochentrocken und absolut geschmacklos. Aber wenn man lange genug darauf herumkaute, dann gelang es den vereinten Kräften von Zähnen und Speichel, das Blockadekonfekt nicht nur aufzuweichen, sondern ihm auch einen süßlichen, entfernt an Karotten erinnernden Geschmack zu entlocken. Kein Vergleich allerdings mit den Schoko- oder Müsliriegeln, mit denen die Kinder heute verwöhnt werden.

Den Amerikanern ging es selbstverständlich viel besser. Die hatten, was wir nicht hatten. An einem sonnigen Sonntag spielten wir im Fischtal in der Nähe einiger amerikanischer Familien, die sich unter den Bäumen gelagert hatten und mit ihrem reichhaltigen Picknick beschäftigt waren. Sie winkten die ausgehungerten Blockadekinder zu sich heran und schenkten uns eine – Apfelsine. Wir bedankten uns und rannten mit unserer wertvollen Beute in die Reiherbeize. Aus irgendeinem Grund zu meiner Mutter. Die schälte die Apfelsine fachmännisch, teilte sie gerecht, und wir Kinder ließen uns die rätselhafte Südfrucht auf der Zunge zergehen.

Die Schale verwandelte meine Mutter in eine Miniration Orangenkonfitüre, die wir, auch sie gerecht verteilt, auf unseren Margarinestullen mehr befremdet als begeistert verkosteten und verspeisten.

In der Schule wurde nicht nur gelernt, sondern auch gegessen. Jeden Tag wurde in der großen Pause aus einem riesigen Kübel Schulspeisung verteilt, meist eine Suppe, die ganz genauso und genauso wenig schmeckte wie die von meiner Mutter zubereitete. Die meisten Kinder ließen sich ihre Portion in das Kochgeschirr füllen, das Vater aus dem Krieg mit nach Hause gebracht hatte, quälten sich ein paar Löffel rein und verschlossen dann das Alugefäß mit dem dazu gehörenden Deckel. Den Rest trug man nach Hause und musste ihn, erneut erwärmt, als Ergänzung des Abendbrots essen.

Einige aus meiner Klasse machten aus ihrem Unmut über die Qualität der Schulspeisung keinen Hehl. Während die meisten in ihren Bänken saßen und in der Suppe stocherten, fischten die Rebellen die längsten Nudeln heraus, deponierten sie auf dem Löffel, zielten auf die Zielscheibe hinter dem Lehrerpult, ein großes Bild von Pestalozzi, und setzten ihre Ladung in Bewegung. Der berühmte Pädagoge wurde mit Schulspeisung bedacht und bedeckt, konnte sich gegen die Angriffe nicht wehren und verlor mit jedem Treffer im wahrsten Sinne des Wortes sein Ansehen. Einmal pro Woche gab es keine Suppe, sondern Kakao und ein weißes Brötchen. Das war ein Freudentag, da kam Appetit auf, und da blieb nichts übrig.

Leider hörte die Schulpflicht in den großen Ferien nicht auf. Zum Wohle der Schuljugend wurden sogenannte Ferienspiele angeboten und da musste man nolens volens hin. Auf dem Sportplatz waren amerikanische Armeezelte aufgestellt, dunkelgrün und stickig. Dort versammelten wir uns jeden Morgen, jetzt nicht klassenweise, sondern cliquenweise. Von pädagogischer und sportlicher Betreuung habe ich nichts in Erinnerung, wir saßen nur, je nach Wetter, vor oder in den Zelten, spielten Karten und warteten auf das Mittagessen, das aber auch nicht viel besser war als die Schulspeisung, und auf den freien Nachmittag.

Die schlechten Zeiten mit der Erfahrung des andauernden Mangels an allem hatten zur Folge, dass alle Welt – Erwachsene wie Kinder – ununterbrochen auf Erwerb aus waren. Als wir mal wieder vollzählig im Fischtal unterwegs waren, sahen wir, wie in einem der an den Park angrenzenden Villengärten zwei Jungen in einem Kirschbaum saßen und sich gütlich taten. Aber sie verspeisten die Kirschen nicht nur, sie pflückten sie auch eifrig in große, eigens für diesen Mundraub mitgebrachte Tüten. Da galt es, einzugreifen, weniger im Interesse des Rechts als in berechtigtem Eigeninteresse. Monika hatte die richtige Idee, Kalle willigte ein und wir anderen mussten uns abseits halten. Unsere beiden Alphatiere schlichen durch den Nachbargarten in Richtung auf die Häuser, kletterten in den Kirschgarten und stürmten, als seien sie gerade aus der Villa gekommen und als seien sie die Kinder der Eigentümer, auf die Diebe zu, gaben sich empört, drohten Gewalt und Strafe an, zogen die beiden Knaben vom Baum herunter, schlugen sie in die Flucht und nahmen ihnen wie selbstverständlich die gefüllten Tüten ab. Wir Kleinen krochen aus unserem Versteck, applaudierten, und wir alle suchten uns ein gemütliches Plätzchen, wo wir uns die ohne mühevolles Pflücken erworbenen Früchte schmecken ließen. Die Kirschkerne spuckten wir aber nicht achtlos in die Gegend, sondern sammelten sie als Munition für unsere Pusterohre.

Denn nichts, was irgendwie brauchbar war, durfte einfach weggeworfen werden. Noch heute, wenn meine Frau mal wieder für Ordnung sorgen und alte Bücher, Textilien oder sonstigen Krimskrams entsorgen will, bringe ich es nicht übers Herz, die Sachen in die Mülltonne zu bringen, irgendwie leide ich noch immer unter meinem Blockadekomplex. Man kann nie wissen, ob man dies oder das vielleicht nicht doch noch mal gebrauchen kann. Ich bin eben kein Kind der Konsumgesellschaft, sondern ein Blockadekind, ich verbrauche und entsorge nicht, ich hebe auf. Und als Historiker habe ich sowieso die Manie, alles Alte aufzubewahren, schließlich ist alles Alte als Quelle anzusehen und darf nicht herzlos der Vergänglichkeit preisgegeben werden. Vielleicht ist es auch umgekehrt: Nicht als Historiker kann ich nichts wegwerfen, sondern weil ich als Blockadekind nichts wegwerfen kann, musste ich Historiker werden.

Wenn wir spielten, ging es uns nie nur um Zeitvertreib, wir schielten auch stets mit einem Auge, ob wir abends nicht irgendetwas Brauchbares mit nach Hause bringen konnten. Heizmaterial war knapp, im Tiergarten stand kaum noch ein Baum, alle waren längst verfeuert und aus dem Waldpark war ein parzelliger Gemüsegarten geworden. Und im Grunewald fand sich auf dem sandigen Boden kein einziger Zweig, der dicker als ein Finger war. Wir aber hatten das Glück, nach einem kräftigen Sturm unter einer üppigen Kiefer Massen von Kienäpfeln zu finden, ideal geeignet zum Anheizen des Küchenherdes. Leider jedoch hatten wir keine Tüten oder Taschen bei uns, in denen wir den wertvollen Fund hätten nach Hause transportieren können. Am nächsten Nachmittag, gleich nach der Schule (oder den Ferienspielen), waren wir, entsprechend ausgestattet, zur Stelle. Aber welche Enttäuschung! Wir waren bestohlen worden. Irgendein Lump hatte die schönen, großen Kienäpfel entwendet. Nur ein paar murklige Dinger lagen noch herum, kaum des Bückens wert. Was für eine dürftige Ausbeute. Wir sammelten die kümmerlichen Reste dennoch ein, die noch dazu pitschnass waren und zum Anheizen vorerst unbrauchbar. Denn über Nacht hatte es geregnet. Doch genau das war der Grund. Die Feuchtigkeit hatte die Kiefernzapfen schrumpfen lassen, sie hatten sich zusammengezogen auf diese erbärmliche Winzigkeit.

Halbwegs getröstet kehrten wir heim, uns hatte kein Konkurrent betrogen, nur der Regen war schuld, und zu Hause auf der Veranda würden sich die feuchten Winzlinge wieder zu ansehnlicher Größe entfalten.

Wir waren also immer auf Beute aus. Zwischen Fischtal und Sportplatz, in einem schmalen Waldstreifen, stand eine im Krieg arg beschädigte Villa, die unbewohnbar und unbewohnt war. Kaum gelitten hatte aber der Keller und wurde von Kaufleuten oder Schiebern als Magazin benutzt. Plötzlich aber war der Keller ausgeräumt, sei es im Zuge eines legalen Umzuges oder nach einem handfesten Einbruch. Jedenfalls standen die Türen offen, und in den Ecken lagen ein paar offensichtlich leere Kartons herum, für die wir uns aber nichtsdestoweniger interessierten und auch wirklich fündig wurden. Denn in einem Päckchen befand sich noch ein kleiner Restbestand von Luftballons.

Wie üblich wurde die Beute gerecht unter uns verteilt. Was die anderen mit ihrem Anteil anstellten, weiß ich nicht. Henry und ich jedenfalls stiegen hoch ins oberste Geschoss unseres Hauses, wo meine Großmutter schlief, die sich tagsüber jedoch immer unten aufhielt. Wir bliesen einen Ballon auf, knoteten ihn zu und begannen, Volleyball zu spielen. Da der Raum außer dem Bett kaum noch Möbel enthielt, hatten wir reichlich Raum, uns sportlich zu betätigen. Wir verfeinerten unsere Technik, verbesserten unsere Schläge, so dass endlich geschah, was geschehen musste, der Ballon flog aus dem offenen Fenster, wurde vom Wind über die Gärten getragen und landete ein paar Grundstücke weiter zwischen Gurken und Salat. Mit einem Ersatzballon setzten wir unser Spiel fort, nun aber bei geschlossenem Fenster, denn einen erneuten Verlust wollten wir nicht riskieren. Wann uns klar wurde, dass die Luftballons keine Luftballons, sondern Präservative waren, die vor längerer Zeit zum Wohle der Wehrmacht oder vor Kurzem zu ungetrübten Nachkriegsfreuden hergestellt worden waren, das habe ich vergessen oder verdrängt. Solange wir unsere unschuldige Naivität bewahrten, spielten wir jedenfalls weiterhin Volleyball.

Während in Westdeutschland mit der Währungsreform der wirtschaftliche Aufstieg begann, brachte sie den Westberlinern die Blockade sowie Not und Mangel. Gleich doppelt getroffen waren wir, die Familie Hartmann aus der Reiherbeize. Denn mein Vater war ein sogenannter Grenzgänger, er wohnte im Westen und arbeitete im Osten. Jeden Morgen fuhr er mit der S-Bahn von Zehlendorf nach Babelsberg, wo sich die Ateliers der DEFA befanden, und am Monatsende bekam er sein Gehalt – in Ostmark. Die aber wurde in den Wechselstuben, die es in Westberlin an jeder Ecke gab, zum Kurs von 5:1 in unsere D-Mark umgetauscht, von seinen 500 Mark Verdienst wären meinem Vater also nur 100 Westmark Netto geblieben. Ein Hungerlohn. Zum Glück war der Westberliner Magistrat so sozial, den Grenzgängern 200 Ostmark im Verhältnis 1:1 in Westmark umzutauschen, so dass wir so einigermaßen zurechtkamen.

Außerdem kaufte mein Vater im Osten von seinem Ostgehalt in Ostmark Ostwaren ein und brachte abends Brot oder Äpfel oder Gemüse mit nach Hause, obgleich das alles auch in der Ostzone knapp und teilweise rationiert war. Aber immerhin hatte unsere Familie weniger unter der Trockenheit der Luftbrückenversorgung zu leiden als die meisten anderen Westberliner.

Noch war die Sowjetzone kein fremdes Land. Noch war es selbstverständlich, dass man ab und zu rüberfuhr. Ich nahm zum Beispiel an der Weihnachtsfeier teil, die für die Kinder der DEFA-Belegschaft ausgerichtet wurde, sah einen Kinderfilm und bekam ein Geschenk. Auch unternahmen meine Eltern mit mir eine kleine Bildungsreise nach Potsdam, zeigten mir die Stadt und die Schlösser und belohnten meine Geduld bei dieser Kultursafari damit, dass ich in einem Café so viele Schweineohren essen durfte, wie ich wollte. An Letzteres erinnere ich mich noch, an die Architektur der alten Preußenmetropole aber nicht.

Ebenso nahm mein Vater mich mit nach Marquardt, einem Ort im Norden von Potsdam, zu den Außenaufnahmen des Films *Der Kahn der fröhlichen Leute*. Auch durfte oder musste ich mit nach Stahnsdorf fahren, wo im Süden von Berlin, nicht weit von den Rieselfeldern, um die Jahrhundertwende ein riesiger Friedhof für mehrere Berliner Gemeinden angelegt worden war, weil der Platz in der dicht besiedelten Stadt für die Bestattungen nicht mehr ausreichte. Hier war mein Großvater im Krieg begraben worden, und nun wollte mein Vater sich um das Grab seines Vaters kümmern. Von diesem Ausflug, wenn ich so sagen darf, habe ich nur noch in Erinnerung, dass mir mein Vater, um mir die Fahrt schmackhaft zu machen, eine Stange Kanold-Sahnebonbons schenkte, damals eine wertvolle Rarität.

Der aufmerksame Leser wird bemerken, wie sehr gerade materielle Werte beziehungsweise schmackhafte Süßigkeiten mein Erinnerungsvermögen beeinflussten. Kein Wunder in Zeiten des Darbens.

In diesen Zusammenhang gehören auch die folgenden Geschehnisse. Mehrere Mal im Blockadewinter fuhr unsere Clique nach Ostberlin, ins Zentrum der Stadt, in den Bezirk Mitte, ohne unsere Eltern allerdings in Kenntnis darüber zu setzen. Wir sagten vielmehr zu unseren Müttern: *Ich glaube, ich muss mal wieder zum Friseur.* Da Mütter sich immer freuen, wenn ihre Söhne sich freiwillig die Haare schneiden lassen, bekamen wir sofort 1,50 Mark, gingen mit dem Westgeld aber nicht zu einem Westfriseur, sondern zur Wechselstube und fuhren mit dem Kapital von 8 Ostmark in den Ostsektor. Vor uns lag ein langer Nachmittag mit Genuss und Vergnügen. Zuerst gingen wir ins Stadtbad Mitte (die Westberliner Hallenbäder waren wegen Kohlemangel geschlossen) und genossen das Schwimmen im warmen Wasser. Dann leisteten wir uns ein paar Stücke Kuchen und – noch viel schmackhafter – jeder ein ganzes Pfund ungarische Weintrauben, während es bei uns im Westen bestenfalls Rosinen zu kaufen gab. Damit die Unterhaltung nicht zu kurz kam, gingen wir ins Kino, nachdem wir zuvor, das war ja leider nicht zu umgehen, einen Friseur aufgesucht hatten.

Mit den letzten Ostgroschen finanzierten wir die Heimfahrt. Das Überwechseln von einem Sektor in den anderen war damals noch kein Problem, man fuhr mit der U-Bahn unter der Grenze hindurch, ohne dass man es merkte.

Bei aller Vertrautheit mit dem Osten hatten wir eine ausgesprochene Abneigung gegen das dortige Regime. Eltern, Lehrer, Presse und Rundfunk haben uns entsprechend beeinflusst. In dem von meinem Vater angelegten Ordner findet sich ein Bild, das ich mit Bleistift vorgezeichnet und mit Wasserfarben ausgemalt habe. Die Szene spielt auf dem Potsdamer Platz, einem der vielen Grenzbahnhöfe. Ein Markgrafpolizist (der Polizeipräsident von Westberlin war damals Johannes Stumm, der von Ostberlin Paul Markgraf) hat einem Mann gerade seinen Rucksack mit Knüppelholz und einen Karton mit Briketts abgenommen. Nun aber empören sich die Leute auf dem Bahnsteig, stürmen und prügeln auf den Polizisten ein, teils mit ihren Gehstöcken, teils mit eben den Knüppeln, die er gerade beschlagnahmt hat. Sogar ein altes Mütterchen humpelt herbei und schwingt den Krückstock. Der Ordnungshüter ergreift die

Flucht, verliert dabei seine Pistole und eilt aus dem Bild, während gleichzeitig eine gelbe U-Bahn, vom Stationsvorsteher mit erhobener Kelle auf die Reise geschickt, den Bahnhof verlässt. Sie gibt den Blick frei auf die Wand im Hintergrund, wo die SED-Parteizeitung mit großen Lettern um Leser wirbt.

Angesichts der Niederlage des Markgrafpolizisten ist der von mir zitierte Slogan, auch wenn von mir nicht beabsichtigt und erkannt, nicht ohne Ironie: *NEUES DEUTSCHLAND zeigt den Weg aufwärts.*

ABBILDUNG 08:

Ein Markgrafpolizist wird im U-Bahnhof Potsdamer Platz von Berliner Bürgern verprügelt.

Alles in allem kamen wir kleinen Leute und auch wir Kinder recht und schlecht mit Humor und Geschick durch die Blockade. Nur wenige Menschen verließen Berlin, trotz der hohen Arbeitslosigkeit (1000 Betriebe mussten wegen Energiemangel dichtmachen), aber die meisten Berliner hielten ihrer Stadt die Treue und hielten die Stellung. Und wir Kinder machten das Beste aus dem Schlechten. Wir heckten Streiche aus, die unter normalen Umständen nicht durchführbar gewesen wären. Wenn es zu dämmern begann, und das war im Winter bereits kurz nach vier, drückten wir die ganze Straße entlang, Haustür um Haustür, die Klingelknöpfe mithilfe kleiner Holzsplitter tief in die Fassung. Da der Strom für die Privathaushalte tagsüber abgeschaltet war, blieben die Klingeln stumm. Punkt 18 Uhr war die Stromsperre zu Ende.

Schlagartig gingen die Straßenlaternen an, in den Küchen und Wohnzimmern flammten die Glühbirnen auf, und sämtliche Klingeln der Reiherbeize ließen sich laut und gleichzeitig hören. Alle Ehefrauen stürzten an die Tür, um ihre Männer zu empfangen, überrascht über deren frühe Heimkehr von der Arbeit, verwundert auch darüber, dass sie allein vor der Tür standen, während die Klingel, offenbar von Geisterhand bedient, weiterhin ungeduldig lärmte. Das Schauspiel wiederholte sich an allen Türen, alle Hausfrauen waren nach draußen geeilt, beschimpften die Kinder, seien es die eigenen oder andere. Wir aber hatten uns längst versteckt und genossen unseren Streich, beobachteten auch aufmerksam, wie die Frauen versuchten, den Splitter aus der Klingel zu entfernen. Das zog sich hin und es dauerte geraume Zeit, bis in der Reiherbeize wieder die gewohnte idyllische Ruhe herrschte.

Auch überall in Westberlin normalisierte sich endlich das allgemeine alltägliche Leben, als die Blockade am 12. Mai 1949 zu Ende war. Man konnte sich wieder alles kaufen, wenn auch nur theoretisch, denn längst nicht alles konnte man sich leisten.

Aber immerhin: Die Zukunft zeigte Perspektive.

34
Kann man mit den Deutschen Staat machen?

Ja, man kann – und sogar zwei. Sowohl die Alliierten als auch die Deutschen selbst waren an der Bildung der zwei Staaten beteiligt. Genauso lange wie Blockade und Luftbrücke dauerte die Entstehung der Bundesrepublik. Ende Juni '48 sperrten die Sowjets die Wege nach Westberlin, und am 1. Juli, noch in der gleichen Woche, übergaben die drei westlichen Militärgouverneure den westdeutschen Ministerpräsidenten die Frankfurter Dokumente zwecks Bildung eines separaten westdeutschen Staates. Am 12. Mai '49 endete die Blockade, und am gleichen Tag genehmigten die drei Militärgouverneure das Grundgesetz, die Verfassung der Bundesrepublik.

Waren für die Sowjets die Einführung der Westmark in Westberlin sowie die Planung eines Weststaates der Anlass für die Berlin-Blockade, so beschleunigte umgekehrt gerade die Blockade die Entstehung der Bundesrepublik. Der Westen merkte, dass er zusammenhalten musste.

Dennoch gab es auch im Westen (nicht nur im Osten) Widerstand gegen ein souveränes oder halbsouveränes Westdeutschland. So Frankreich, so auch in Deutschland selbst. Deutsche Politiker fürchteten die endgültige Trennung der Westzonen von der Ostzone, und Frankreich, das nur an seine Sicherheit dachte, hatte Angst vor einem zu mächtigen deutschen Staat. Nur mit viel Überredungskunst, großzügiger Marshallplanhilfe und verlockenden Versprechungen (Einrichtung einer internationalen Ruhrbehörde, Verfügung der Franzosen über das Saarland) gelang es den Amerikanern, die französischen Einwände zu überwinden. Mit knapper Mehrheit stimmte die französische Nationalversammlung den Londoner Empfehlungen zu, die dann als sogenannte Frankfurter Dokumente den Deutschen präsentiert wurden. Die neun westdeutschen Ministerpräsidenten und die beiden Bürgermeister von Hamburg und Bremen waren zum 1. Juli nach Frankfurt eingeladen (oder einbestellt) worden. Die Übergabe vollzog sich in sachlicher, wenn nicht kühler Atmosphäre. Die Dokumente sollten eher als Weisung denn als Diskussionsgrundlage angesehen werden. Um deutlich zu machen, welche Sprachen hier das Sagen hatten, verlasen Clay und Robertson auf Englisch, der französische Militärgouverneur mit dem schönen deutschen Namen König auf Französisch je einen Teil der Dokumente. Wie bei der Planung der Währungsreform werden die Deutschen nicht als Mitarbeiter herangezogen, ihnen wird vielmehr mitgeteilt: So und so habt ihr euern Staat zu machen, so und nicht anders und damit basta. Im Übrigen bleiben die deutschen Hoheitsrechte eingeschränkt, Außenpolitik und Außenhandel zum Beispiel sollten zunächst nicht Sache der Deutschen sein, sondern unter alliierter Kontrolle stehen.

Die westdeutschen Ministerpräsidenten befanden sich in einem Dilemma. Zum einen mussten sie es begrüßen, dass die Deutschen in diesem neu zu gründenden Staat ihre Souveränität schrittweise zurückerhalten sollten. Zum anderen entstand aber ein Teilstaat, der die Teilung vertiefte und die Ostzone ausschloss. War nicht der Preis für die Souveränität zu hoch? Durfte man, um im Westen besser und geordnet zu leben, den Osten abschreiben? Während Westberlin durch die Luftbrücke gerettet werden sollte, überließ man die Ostzone den Russen. War das zu verantworten?

Um zu einer gemeinsamen und geschlossenen Meinung zu kommen, mit der sie den Alliierten entgegentreten konnten (obgleich sie gar nicht wussten, welchen Spielraum sie hatten), trafen sich die Ministerpräsidenten wenige Tage später im *Hotel Rittersturz* bei Koblenz und artikulierten in ihrer Antwortnote ihre Einwände und Veränderungsvorschläge. Schon an der Art und Weise, wie das neue Staatsgebilde zustande kommen würde, sollte deutlich werden, dass hier nur ein Provisorium geschaffen wurde. Statt einer vom Volk gewählten Nationalversammlung (wie seinerzeit bei der Schaffung der Weimarer Republik) sollte jetzt nur ein aus wenigen Landtagsabgeordneten zusammengesetzter Parlamentarischer Rat die verfassungsrechtlichen Grundlagen erarbeiten, und dies Werk sollte nicht mit dem offiziell klingenden Begriff *Verfassung* bezeichnet werden, was viel zu sehr nach unabänderlicher Endgültigkeit ausgesehen hätte, sondern nur mit dem bescheidenen Wort *Grundgesetz* umschrieben werden. Das sollte dann auch nicht, wie von den Alliierten gewünscht, durch Volksabstimmungen in den Ländern bestätigt werden, sondern durch die einzelnen Landtage. Die Ministerpräsidenten versuchten also alles, um den Eindruck, Deutschland durch die Bildung eines Weststaates offiziell zu teilen, zu vermeiden.

Diese Note wurde von den drei Militärgouverneuren sehr unterschiedlich aufgenommen. Die Franzosen frohlockten. Wenn der von ihnen ungeliebte Weststaat auch bei den Deutschen selbst auf Skepsis stieß, konnte man ihn vielleicht doch noch verhindern. Die Briten blieben kühl und abwartend. General Clay war enttäuscht und erzürnt. Er ließ die Ministerpräsidenten seiner Zone zu sich kommen und warf ihnen Undankbarkeit und das Verspielen einer großen Chance vor. Außerdem würden sie den Franzosen und den Russen in die Hände spielen. Die könnten sich in ihrer Ablehnung eines einigen und starken Weststaates auf das deutsche Desinteresse berufen. Ohne die Ministerpräsidenten direkt zu erpressen, ließ Clay doch durchblicken, dass ihre halb ablehnende Haltung den Marshallplan und die Luftbrücke (und damit Westberlin) in Gefahr bringen würde.

In den folgenden Wochen kam es zu einem hektischen Hin und Her an Besprechungen und Verhandlungen, die die Alliierten ja eigentlich gar nicht wollten. Die Ministerpräsidenten trafen sich zweimal auf dem Jagdschloss Niederwald bei Rüdesheim und mit den Gouverneuren zweimal in Frankfurt. Da es aber mehr um Begriffe (*Verfassung* oder *Grundgesetz*) und um Verfahrensfragen ging (*Nationalversammlung* oder *Parlamentarischer Rat*, *Plebiszit* oder *Zustimmung durch die Landtage*), man sich in der Sache (Gründung des Weststaates) im Prinzip einig war, kam man schon am 26. Juli auf der Schlusskonferenz zu einer Übereinkunft. Aus drei Gründen stimmten die Deutschen dem Teilstaat und damit der Teilung zu. Erstens hatte Ernst Reuter, der Oberbürgermeister von Westberlin, eindringlich vor der Gefahr der sowjetischen Expansion gewarnt und konnte dabei auf eigene Erfahrungen verweisen. Zweitens tröstete man sich mit der Hoffnung, dass ein wirtschaftlich und politisch starkes Westdeutschland auf die Ostzone eine Magnetwirkung ausüben werde und die Teilung folglich nicht lange dauern könne. Und drittens zeigten die Gouverneure Entgegenkommen in den

Formfragen. Sie akzeptierten den Parlamentarischen Rat und verzichteten – vorbehaltlich der Zustimmung ihrer Regierungen – auf das Referendum.

Vor dem Zusammentreten des Parlamentarischen Rates sollte ein Verfassungskonvent aus Experten (11 Bevollmächtigte der Landtage und 18 weitere Sachverständige, alle übrigens Juristen) einen Grundgesetz-Entwurf, gegebenenfalls mit Alternativen, erarbeiten. Ministerpräsident Ehard aus Bayern hatte auf die Herreninsel im Chiemsee geladen, um, wie er später zugab, den bayerischen Einfluss zu sichern. Zwei Inseln, Berlin im *Roten Meer* und die Herreninsel im Chiemsee, beeinflussten nun Deutschlands Zukunft. Unangenehm lebte man in Berlin, und in angenehmer Atmosphäre diskutierte man in Bayern. Nach der Verfassung von 1848, die aber nie in Kraft trat, nach Bismarcks Reichsverfassung, die knapp 50 Jahre Bestand hatte, nach der Weimarer Verfassung, die schon nach einem Dutzend Jahren beschädigt wurde, sollte nun ein provisorisches Grundgesetz entstehen. Aber wie Provisorien es oft an sich haben, war das Grundgesetz von langer Dauer, hat längst seinen 70. Geburtstag gefeiert und ist älter als alle seine Ahnen.

Der Herrenchiemseer Konvent war sich darüber einig, dass das Grundgesetz in der liberalen und sozialen Tradition der Vorgänger-Verfassungen (vor allem denen von 1848 und 1919) stehen müsse, aber die Mängel und Fehler der alten Regelwerke vermeiden müsse. Angestrebt wurde eine bessere Weimarer Verfassung, eine stärkere Republik vor allem, die von ihren Gegnern nicht missbraucht und zerstört werden könnte. Die Zerstrittenheit der vielen Parteien, die Schwierigkeit, ja Unmöglichkeit, stabile Koalitionen zu bilden, die Schwäche der Regierungen und ihr häufiger Wechsel, die Ohnmacht des Kanzlers und die Übermacht des vom Volk auf sieben Jahre gewählten Präsidenten, die übertriebene Toleranz den Feinden der Republik gegenüber, die nicht ausdrücklich garantierten Menschenrechte – all das galt es zu korrigieren.

Zwei Wochen wurde intensiv und kreativ gearbeitet, dann war der 95 Druckseiten umfassende Entwurf fertig und stellte eine ideale Grundlage für die Arbeit des Parlamentarischen Rates dar. Hatte sich der Konvent als eine *mehr wissenschaftliche Studiengesellschaft* verstanden, die theoretische Überlegungen anstellte, so hatte der Parlamentarische Rat für verbindliche Regeln zu sorgen. Dem Gremium gehörten 65 Mitglieder an, je eines auf 75 000 Einwohner, und von den Landtagen entsprechend der Größe ihrer Länder abgeordnet. Aus Berlin kamen fünf Teilnehmer, waren aber ohne Stimmrecht. Je 27 gehörten der Union und der SPD an, die Übrigen der FDP, der KPD, der Deutschen Partei (DP) und dem Zentrum. Vier Väter des Grundgesetzes waren Mütter.

Tagungsort war das idyllische Bonn, wie Weimar eher Symbol des deutschen Geistes als der deutschen Stärke. Verhandelt wurde in der Pädagogischen Akademie, schließlich sollten die Deutschen Zeugnis von ihrer erfolgreichen Re-Education ablegen. Zum Präsidenten des Parlamentarischen Rates wurde Konrad Adenauer gewählt, zum Vorsitzenden des Hauptausschusses (verantwortlich für die Schlussredaktion der Texte) Carlo Schmid. Damit hatten sich die beiden großen Parteien Prestige und Einfluss geteilt. Neun Monate, eine nicht unsymbolische Zeit, von September '48 bis Mai '49, dauerte es, bis das Grundgesetz ins Leben und in Kraft trat.

Wie nicht anders zu erwarten, blieben Konflikte nicht aus, sowohl zwischen den Parteien als auch mit den Militärgouverneuren, die immer wieder in den Gang der Verhandlungen eingriffen. Strittig war vor allem die Machtverteilung zwischen dem Bund und den Ländern, besonders die Verteilung und Verwaltung der Steuern und Finanzen, wobei die Alliierten immer wieder starke Länder und einen schwachen Bund forderten. Hinter der SPD stand der DGB und versuchte, das Streikrecht und das Recht auf Arbeit im Grundgesetz zu verankern, blieb aber ohne Erfolg. Dagegen konnte die katholische Kirche, Partnerin der CDU, einige ihrer Vorstellungen ins Grundgesetz bringen, so den Schutz von Ehe und Familie.

Man hat aus den Fehlern der Weimarer Verfassung gelernt und vieles verbessert. Die von Hitler und seinem Anhang missachteten Menschen- und Grundrechte waren zu schützen und zu sichern. Das Grundgesetz beginnt deshalb mit der Aufzählung dieser Prinzipien und hebt mit deren Spitzenstellung ihre Bedeutung hervor (in der Weimarer Verfassung fanden sie sich unter *Ferner liefen*). Dieser Artikel 1 lautet: *Die Würde des Menschen ist unantastbar. Sie zu achten und zu schützen ist Verpflichtung aller staatlichen Gewalt. Das deutsche Volk bekennt sich darum zu unverletzlichen und unveräußerlichen Menschenrechten als Grundlage jeder menschlichen Gemeinschaft, des Friedens und der Gerechtigkeit in der Welt. Die nachfolgenden Grundrechte binden Gesetzgebung, vollziehende Gewalt und Rechtsprechung als unmittelbar geltendes Recht.* Eine Änderung oder gar Annullierung dieses ersten Artikels ist nicht statthaft. Er hat im Provisorium Grundgesetz ewige Gültigkeit. Als geltendes Recht stehen die Grundrechte über der Gesetzgebung des Parlaments, auch können sie von jedem Staatsindividuum eingeklagt werden. Zu den Grundrechten zählen Meinungs-, Glaubens-, Versammlungs- und Vereinigungsfreiheit. Artikel 3 garantiert die Gleichheit vor dem Gesetz, ausdrücklich hervorgehoben wird, dass Frauen und Männer gleichberechtigt sind. Eigentum und Erbrecht werden gewährleistet (Artikel 14), zugleich aber wird betont: *Eigentum verpflichtet. Sein Gebrauch soll zugleich dem Wohle der Allgemeinheit dienen.* Enteignung zum Wohle der Allgemeinheit ist möglich, in großem Stile aber praktisch nicht durchführbar, weil der Staat die Kosten für die vorgeschriebene Entschädigung kaum aufbringen kann. Eine Sozialisierung hat in der BRD dann auch in größerem Umfang nicht stattgefunden – ganz im Gegensatz zur entschädigungslosen Enteignung (Bodenreform, Industriereform) in der SBZ.

Von besonderer Bedeutung ist der Artikel 18. Wer die Grundfreiheiten *zum Kampfe gegen die freiheitliche demokratische Grundordnung missbraucht, verwirkt diese Grundrechte.* Also keine Freiheit den Feinden der Freiheit! Der Missbrauch der Freiheit, der Weimar zerstörte, ist unterbunden. Die Bundesrepublik ist keine Selbstmorddemokratie, sondern eine wehrhafte Demokratie. Das Grundgesetz schützt die Freiheit vor dem Chaos. Zwar *geht alle Staatsgewalt vom Volke aus* (Artikel 20), aber das Volk erhält keine Narrenfreiheit. Irgendwie misstraute der Parlamentarische Rat dem Volk. Plebiszite, bei denen Manipulation und Emotionen zu unvernünftigen Ergebnissen führen könnten, sind im Grundgesetz (anders als in der Weimarer Verfassung) nicht vorgesehen. Überhaupt hält der Parlamentarische Rat eine repräsentative Demokratie, in der gewählte Volksvertreter entscheiden, für stabiler und besser als eine direkte Demokratie. Allerdings muss man zu bedenken geben, dass das Volk im März '33 klüger war als die Abgeordneten, denn gewählt haben die NSDAP am

5. März nur 44% der Deutschen, drei Wochen später aber haben alle Parteien (außer der SPD und der bereits verbotenen KPD) Hitlers Ermächtigungsgesetz zugestimmt.

Schuld an der Instabilität der Weimarer Republik war auch die Parteienzersplitterung. Die wird nun überwunden durch die – allerdings erst etwas später eingeführte – Fünfprozentklausel. Die Regierung wird gefestigt, indem der Sturz des Kanzlers erschwert wird. Er kann nur abgewählt werden, wenn eine neue Koalition mit Mehrheit einen neuen Kanzler bestimmt. Das konstruktive Misstrauensvotum schließt also eine schreckliche kanzlerlose Zeit, also ein Interregnum aus. Der Stärkung des Kanzlers entspricht die Schwächung des Präsidenten. In Weimar war der Reichspräsident der starke Mann. Vom Volk auf sieben Jahre direkt gewählt, setzte er den Kanzler ein, der auf das Vertrauen des Präsidenten angewiesen war, der zudem (aufgrund des berühmt-berüchtigten Artikels 48) Notverordnungen erlassen konnte. Das hatte in der Spätzeit der Republik zur Präsidialdiktatur geführt und das Ende der Republik eingeleitet. Das wurde nun anders. Der Bundespräsident hat nur noch repräsentative Aufgaben und wird nicht mehr direkt vom Volk gewählt, sondern von der Bundesversammlung, in der alle Bundestagsabgeordneten sitzen und eine gleiche Zahl von Wahlmännern, die von den Landtagen bestimmt werden.

Wie der Artikel 1 ist auch der Artikel 20 *(Die Bundesrepublik Deutschland ist ein demokratischer und sozialer Bundesstaat)* unabänderlich. Damit sind Volkssouveränität, Wohlfahrtsstaat und Föderalismus für alle Zeiten festgeschrieben. Wie von den Alliierten immer wieder gefordert, wirken die Länder an der Gesetzgebung mit, und zwar in dem von den Landesregierungen beschickten Bundesrat. Und dann wacht das Bundesverfassungsgericht – streng genommen das Bundesgrundgesetzgericht – darüber, dass die Gesetze den Normen des Grundgesetzes entsprechen.

Das Doppelziel der Verfassung – Vermeidung von Chaos und von Diktatur – wurde erreicht, wie die über 70 Jahre erfolgreicher Bundespolitik beweisen. Ein Grund für den Erfolg ist auch in der funktionierenden Gewaltenteilung zu sehen: Legislative (die Parlamente), Exekutive (die Regierungen) und eine unabhängige Justiz (die Jurisdiktion) halten sich die Waage. Das Einheitsgebot ist in der Präambel ausdrücklich als Verfassungsziel genannt: *Das gesamte Deutsche Volk bleibt aufgefordert, in freier Selbstbestimmung die Einheit und Freiheit Deutschlands zu vollenden.* Aber darauf mussten wir über 40 Jahre warten.

Nachdem die drei Militärgouverneure das Grundgesetz am 12. Mai 1949 genehmigt hatten, setzte der Parlamentarische Rat es am 23. Mai in Kraft. Damit war die Bundesrepublik Deutschland geschaffen, aber vorerst nur auf dem Papier, als Idee. Nun mussten die einzelnen Verfassungsorgane mit Leben erfüllt, also mit Personen besetzt werden, und zwar den demokratischen Spielregeln entsprechend durch Wahlen.

Zuvor hatte der Parlamentarische Rat aber noch zwei Fragen zu klären: Nach welchem Wahlsystem soll der Bundestag gewählt werden und welche Stadt soll Hauptstadt der neuen Republik werden?

Gut geeignet schien Frankfurt. Die zentrale Lage, die wirtschaftliche Bedeutung (hier standen die meisten Banken, hier hatte der Wirtschaftsrat der Bizone seinen Sitz), der historische Rang (Frankfurt war lange Zeit Reichsstadt gewesen und 1848/49 Sitz der Nationalversammlung und nicht zuletzt die Geburtsstadt Goethes), das alles sprach für die Stadt am Main.

Aber auch Bonn machte sich Hoffnungen. Hier tagte der Parlamentarische Rat, hier hatte man sich neun Monate wohlgefühlt, hier wurde Beethoven geboren, hier wohnte – gleich nebenan in Rhöndorf – der Präsident des Parlamentarischen Rates, plädierte für Bonn und setzte sich mit Geschick und guten Beziehungen durch. Vergeblich hatten sich die Hessen und die SPD für Frankfurt stark gemacht. Zwar war die Hauptstadtentscheidung nicht endgültig und wurde deshalb auch nicht im Grundgesetz verankert, aber es war eine Vorentscheidung des Parlamentarischen Rates, die der Bundestag später bestätigte.

Die beiden möglichen Wahlsysteme haben Vor- und Nachteile. Das Mehrheitswahlsystem, das nur einen Sieger (und Abgeordneten) pro Wahlkreis kennt, führt im Parlament (wie in England und den USA) zu eindeutigen, also stabilen Mehrheiten, benachteiligt aber die kleinen Parteien. Das Verhältniswahlsystem ist gerechter, die prozentuale Verteilung der Parlamentssitze entspricht genau der prozentualen Verteilung der Wählerstimmen. Auch kleine Parteien kommen ins Parlament, aber die Parteienvielfalt führt wie in Weimar zu instabilen Verhältnissen. Deshalb entschied sich der Parlamentarische Rat für einen Kompromiss, für eine Mischung der beiden Wahlsysteme. Leicht variiert wählen wir noch heute so. Zum einen werden die Abgeordneten nach dem Mehrheitssystem in ihrem Wahlkreis direkt gewählt, zum anderen werden die Sitze im Bundestag – mit der Zweitstimme – entsprechend der prozentualen Erfolge der Parteien verteilt. So bekommen kleine Parteien, die zum Beispiel 7% der Stimmen erhielten, auch 7% der Sitze. Die mit dem Verhältniswahlsystem verbundene Gefahr der Parteienzersplitterung wurde später durch die Fünfprozenthürde ausgeschlossen.

Als Wahltermin für den Ersten Deutschen Bundestag wurde der 14. August bestimmt. Die Parteien hatten also nur zweieinhalb Monate Zeit, sich zu profilieren, und das taten sie teilweise über Gebühr. Vor allem die beiden Großen sparten nicht mit Angriffen unter die Gürtellinie.

Die unbestrittene Nummer 1 der SPD war Kurt Schumacher, und bei der CDU hatte sich Konrad Adenauer, Vorsitzender seiner Partei in der britischen Zone und Präsident des Parlamentarischen Rates, in den Vordergrund gespielt. Beide waren Kämpfernaturen und spielten auf Sieg, obgleich nicht wenige Sozial- und Christdemokraten in diesen schwierigen Zeitläufen für eine Große Koalition plädierten, wie sie sich in vielen deutschen Ländern bewährte. Anders der schwer kriegsbeschädigte Schumacher und der Greis Adenauer. Sie stellten die Gegensätze heraus und kannten kein Pardon. Schumacher beleidigte und Adenauer unterstellte. Schumacher warf Adenauer in diffamierender Absicht vor, dass er sich den Alliierten und der katholischen Kirche sowohl an den Hals als auch unterwerfe. Er nannte ihn Handlanger der Alliierten und die Kirche die fünfte Besatzungsmacht. Adenauer bezeichnete die Sozialdemokraten – wider besseres Wissen – als halbe Kommunisten und Steigbügelhalter der Sowjets, obgleich die westdeutsche SPD mit allen Mitteln gegen eine Fusion mit der KPD zur SED gekämpft hatte. Schumachers aggressive Taktik hat der SPD mehr geschadet als genützt und sie viele Stimmen und wahrscheinlich den Wahlsieg gekostet.

Viele Katholiken fühlten sich abgestoßen, vor allem katholische Arbeiter, während Adenauer mit der von ihm geschürten Bolschewismusangst durchaus erfolgreich war.

Dennoch war diese erste Bundestagswahl in erster Linie keine Entscheidung gegen Schumacher und für Adenauer, sondern eine Entscheidung für Erhard. Der Direktor des Frankfurter Wirtschaftsrates, der 1949 noch gar nicht Mitglied der Union war, hat der Union die Wahl gewonnen. Er war nach der Währungsreform das Risiko der freien Marktwirtschaft eingegangen, die sich nach Anfangsproblemen zu bewähren begann. Das Wirtschaftswunder setzte ein und ist mit dem Namen Erhard verbunden. Er strahlte Hoffnung aus, obgleich die Zahl der Arbeitslosen im Jahre 1949 auf fast zwei Millionen anstieg und die Wochenarbeitszeit auf nahezu 50 Stunden. Aber man vertraute ihm. Er wurde zur Wahllokomotive der Union, und diese Lokomotive symbolisierte er durch die dampfende Zigarre, die zugleich an die endlich wieder rauchenden Schlote der Industrie erinnerte. Er warb landauf landab mit dem Begriff der *sozialen Marktwirtschaft*, wobei zunächst offen blieb, inwiefern sie sozial war für die breite Masse der Arbeitnehmer, Arbeitslosen und Rentner. Da die SPD für die Sozialisierung der Schlüsselindustrien und für die Wirtschaftsplanung eintrat, ging es im Wahlkampf vor allem um die wirtschaftlichen Alternativen. Dabei hatten Erhard und die Union den taktischen Vorteil, die SPD in die Nähe der ostzonalen Planwirtschaft rücken zu können, so dass die vom Kalten Krieg bestimmte Stimmung letztlich die Wahl entschied. Die Union erhielt 31%, die SPD 29,2%, die FDP 11,9%, die KPD 5,7%, die Bayernpartei und die Deutsche Partei (BP und DP) je 4%, drei weitere Parteien je 2-3%.

Damit hatte keine Partei die absolute Mehrheit. Es musste also entweder eine Große Koalition aus Union und SPD gebildet werden oder die Union musste mehrere kleine Parteien zur Mitarbeit gewinnen. Eine von der SPD geführte Regierung konnte man ausschließen, da keine andere Partei sich mit ihr verbünden würde. Wie schon im Wahlkampf machten auch jetzt Adenauer und Schumacher aus ihrer Frontstellung keinen Hehl. Für diesen war die Marktwirtschaft nichts anderes als verkappte Ausbeutung, für jenen waren die Sozis verkappte Kommunisten. Zwischen diesen beiden Männern waren ein Kompromiss und eine Koalition nicht möglich, obgleich die schwarzen und roten Ministerpräsidenten genau das anstrebten.

Schon eine Woche nach der Wahl lud Adenauer eine handverlesene Gruppe von 24 Christdemokraten zu sich nach Rhöndorf zu Kaffee, Kuchen und Planung einer bürgerlichen Koalition ein. Anhänger einer großen Koalition wie der NRW-Ministerpräsident Karl Arnold waren nicht eingeladen. Um die FDP zu gewinnen, schlug Adenauer vor, ihren Vorsitzenden Theodor Heuss zum Bundespräsidenten zu wählen, der aber von seinem Glück noch gar nichts wusste. Sich selbst brachte Adenauer als zukünftigen Kanzler ins Spiel und fügte gleich hinzu, dass er trotz seiner 73 Jahre bei bester Gesundheit sei und sein Leibarzt ihm garantiert habe, dass er sein Amt bestimmt zwei Jahre bekleiden könne. Damit waren die Würfel gefallen. Die Mehrheit der Unionsfraktion war dafür, dass Adenauer als Kanzlerkandidat mit FDP und DP Koalitionsverhandlungen führe solle, und die übrigen Abgeordneten beugten sich der Fraktionsdisziplin,

Und so ging dann alles nach Plan. Am 12. September wurde Heuss zum ersten Bundespräsidenten gewählt (wenn auch erst im zweiten Wahlgang) und am 15. September Adenauer zum ersten Bundeskanzler (aber nur mit einer Stimme Mehrheit, nämlich seiner eigenen). Nicht alle Koalitionäre hatten also für ihn votiert. Bei der Bildung des Kabinetts musste der neue Kanzler seinen Partnern erhebliche Zugeständnisse machen, so dass statt der ursprünglich vorgesehenen 8 Ministerien 13 geschaffen wurden, 5 für die CDU, je 3 für CSU und FDP und 2 für die DP.

Eine der ersten Amtshandlungen der neuen Regierung war am 21. September der Antrittsbesuch des Kanzlers und einiger Minister bei den Alliierten. Diese hatten zugleich mit der Gründung der Bundesrepublik die Militärregierung in eine Alliierte Hohe Kommission umgewandelt. Die drei Hohen Kommissare (McCloy, Robertson und François-Poncet), residierten hoch über den Bonner Behörden auf dem Petersberg. Jedermann war deutlich, was oben und was unten war und dass die Bonner Republik noch längst nicht souverän war und unter alliierter Kontrolle blieb. Außenpolitik, Ruhrkontrolle, Sicherheitsfragen waren Sache der Alliierten, die vom Bundestag beschlossenen Gesetze traten erst nach alliierter Genehmigung in Kraft.

Geplant war bei diesem Besuch die Übergabe des Besatzungsstatuts, das die Machtverhältnisse zwischen dem deutschen Staat und den Alliierten regelte. Das Protokoll sah vor, dass die drei Hohen Kommissare bei diesem Staatsakt auf einem Teppich stehen, die Deutschen aber davor auf dem nackten Fußboden verharren sollten. Als François-Poncet (schon in den Dreißigerjahren Botschafter in Berlin), der an diesem Tage den Vorsitz in der Hohen Kommission innehatte, zur Begrüßung auf Adenauer zuging, kam dieser ihm entgegen, was ja auch höflich war, und – betrat den Teppich, wurde aber von niemandem zurückgehalten und hatte einen kleinen symbolischen Erfolg erzielt. Dieser alte Herr von mittlerweile 73 Jahren sollte nun 14 Jahre regieren (bis 1963). Seine Ära währte länger als die Weimarer Republik und als das Tausendjährige Reich. Er war jetzt fast so alt wie Bismarck bei seiner Entlassung und älter als seine Vorgänger Stresemann, Brüning, von Papen, von Schleicher und Hitler.

Der andere deutsche Staat, die DDR, entstand, zumindest dem Scheine nach, als Reaktion auf die Entwicklung im Westen. Man wollte drüben den Eindruck vermeiden, schuld an der Spaltung zu sein, und deshalb überließ man dem Westen den Vortritt. In Wahrheit trat der SED-Vorstand schon am 14. November 1946 mit einem Verfassungsentwurf hervor, der später Grundlage der DDR-Verfassung wurde. Noch aber verheimlichte man das Interesse an einem separaten Oststaat und schrieb in dem Entwurf für eine *Verfassung der deutschen demokratischen Republik* die Adjektive klein, meinte also offiziell einen gesamtdeutschen Staat und keinen Teilstaat mit großgeschriebenen Eigennamen. Die konkreten Vorbereitungen zur Gründung eines eigenen Staates erfolgten dann in den drei *Volkskongressen für Einheit und gerechten Frieden,* man engagierte sich aber zunächst für die Vereinigung der vier Zonen. Die drei Kongresse tagten im Dezember ’47, im März ’48 und im Mai ’49. Der zweite Volkskongress wählte einen 400 Köpfe starken Volksrat, auf den dann die Ausarbeitung der zukünftigen DDR-Verfassung zurückging sowie die Entscheidung für die Farben Schwarz-Rot-Gold für die noch immer kleingeschriebene deutsche demokratische Republik, zu der auch der Westen gehören sollte. Dass es längst um einen separaten SBZ-Staat ging, wird daran deutlich, dass in dem Volkskongress und in dem Volksrat überwiegend Delegierte der Ostzone saßen und nur wenige (jeweils etwa ein Viertel) Alibi-Wessis (meist KPD-Mitglieder). Am 15./16. Mai '49, als das Grundgesetz fertiggestellt und von den drei Westalliierten bereits genehmigt war, wurde in der SBZ der dritte Deutsche Volkskongress gewählt und zwar so, wie es in Zukunft immer geschehen sollte, mithilfe einer Einheitsliste. Hatte man im Westen über Mehrheitswahlsystem und Verhältniswahlsystem gestritten, so galt im Osten jetzt eine Wahlmethode, die sowohl undemokratisch als auch langweilig war, weil das Wahlergebnis schon vor der Wahl feststand. Die 1969 Sitze für die SBZ-Abgeordneten im dritten Volkskongress wurden schon im Voraus nach einem bestimmten Schlüssel zwischen den Blockparteien und den Massenorganisationen verteilt. Gemäß dieser Einheitsliste waren 25% der Mandate für die SED vorgesehen, je 15% für CDU und LPD, 10% für die FDGB, je 5% für FDJ und Kulturbund, und so weiter, und so weiter. Da Wählen Auswählen bedeutet, konnten die Wähler nicht wirklich wählen. Sie konnten nur die Liste als Ganze bestätigen und in einem Kreis mit JA ihr Kreuz machen oder das NEIN ankreuzen. Zwischen mehreren Parteien konnten sie nicht wählen. Über ein Drittel der Bevölkerung hat sich von dieser Pseudowahl distanziert, und das trotz erheblicher Propaganda. Nur 66,1% stimmten nach offizieller Information zu, in Ostberlin sogar nur 51,7%.

Dieser (dritte) Volkskongress nimmt die Verfassung an und bestimmt den zweiten Volksrat. In diesem sitzen jetzt nur noch Abgeordnete aus der SBZ, 330 an der Zahl. Nachdem im Westen die Entscheidung endgültig gefallen war und die Regierungsbildung am 20. September abgeschlossen war, worauf man im Osten nur gewartet hatte, gründete man auch hier nun ganz schnell einen eigenen Staat. Am 7. Oktober konstituierte sich der Volksrat als Provisorische Volkskammer und setzte die DDR-Verfassung in Kraft. Damit ist die DDR geboren. Nun werden – wie im Westen nach Inkrafttreten des Grundgesetzes – die einzelnen Ämter besetzt. Nach Bildung der Länderkammer wählt diese gemeinsam mit der Volkskammer den Altkommunisten Wilhelm Pieck zum Präsidenten. Der Altsozialdemokrat Otto Grotewohl wird von der Volkskammer mit der Regierungsbildung beauftragt. Diese vollzieht sich problemlos – vor allem im Vergleich mit der schwierigen Zusammenstellung des Kabinetts durch Adenauer. Das Blockparteiensystem erleichtert eben die Verteilung der Ministersessel (5 SED, 3 CDU, 3 LDP und so weiter). Schon am 12. Oktober stellt Ministerpräsident Otto Grotewohl seine Regierung vor.

Der Staat der DDR kann seine politische Arbeit beginnen. Drei Wochen nach Adenauers Kabinett steht auch die DDR-Regierung und erhält mehr Befugnisse, als sie zuvor die Deutsche Wirtschaftskommission hatte. So wie im Westen die Alliierte Hohe Kommission entstand, so wird im Osten die SMAD in die Sowjetische Kontrollkommission umgewandelt.

Rein äußerlich sind sich die Verfassungen der beiden deutschen Staaten ähnlich. Beide orientieren sich an der Weimarer Verfassung, stärken aber die Macht der Regierung. Die BRD wird zur sogenannten Kanzler-Demokratie, in der DDR dominiert die SED innerhalb des Systems der Blockparteien. Beide Staaten haben zwei Kammern, Bundestag und Bundesrat beziehungsweise Volkskammer und Länderkammer. Diese wählen (wenn auch mit kleinen Unterschieden) den Präsidenten und den Kanzler (beziehungsweise den Ministerpräsidenten). Beide Verfassungen kennen die bürgerlichen Grundrechte. Diese sind im Westen geltendes und einklagbares Recht, stehen aber im Osten nur auf dem Papier. Viele werden eingeschränkt und praktisch außer Kraft gesetzt durch die im Artikel 6 für strafbar erklärte Boykotthetze. Darunter kann willkürlich jede Form von Kritik verstanden werden und folglich verfolgt werden.

Die ersten Wochen ihres Bestehens nutzen die beiden Staaten dazu, ihre Position auch international zu festigen. Noch im Oktober anerkennen die Sowjetunion und ihre Satelliten (Bulgarien, Polen, die Tschechoslowakei, Ungarn, Rumänien und Rotchina) die frischgebackene DDR, Nordkorea und Albanien folgen im November. Da die bundesdeutsche Außenpolitik laut Besatzungsstatut noch Sache der Hohen Kommissare ist, muss Bonn zunächst auf seine Anerkennung warten. Ein wichtiger Fortschritt ist aber das Petersberger Abkommen vom 22. November. Die drei Hohen Kommissare und der Bundeskanzler einigen sich darauf, dass deutsche Vertreter in der von den drei Alliierten und den Beneluxstaaten geschaffenen Ruhrbehörde über die Produktion und Verteilung von Kohle und Stahl mitentscheiden dürfen. Noch wichtiger war, dass die Demontagen beendet wurden, jedenfalls fast. In der leidenschaftlichen Nachtsitzung des Bundestages vom 24. auf den 25. November kritisierte Schumacher Adenauers Nachgiebigkeit gegenüber den Hohen Kommissaren (Verzicht auf weitere deutsche Souveränitätsrechte) und nannte ihn *Bundeskanzler der Alliierten*, während zugleich Dankestelegramme der Betriebe, sowohl der Bosse als auch der Belegschaften, eintrafen, die von der Demontageliste gestrichen waren. Adenauer war einfach geschickter als die SPD, wenn es darum ging, populäre Politik zu machen.

Zum starken Mann im Hintergrund in Ostberlin wurde Walter Ulbricht, stark vor allem durch seine Parteifunktion.

35
Frühe Pubertät und Hassliebe

Die Pubertät ist kein Problem der Jugend, sondern eine Erfindung der Erwachsenen. Jeder Mensch entwickelt sich von Geburt an, er wächst in die Höhe und in die Breite, er lernt krabbeln, laufen, sprechen, rechnen, lesen, schreiben, schwimmen, Rad fahren, er erwirbt Kenntnisse und Fähigkeiten, kurz: er lernt lernen. Und er lernt – parallel zu seiner Entwicklung – Ansprüche zu stellen. Für Jugendliche ist es ganz natürlich, dass sie sich an dem Machtmonopol der Älteren reiben und ihre Autorität in Frage stellen. Die Diskrepanz zwischen dem Verhalten und den Ansprüchen der Heranwachsenden einerseits und den Erwartungen der Erwachsenen andererseits wird immer größer. Prompt greifen die Erziehungsberechtigten mit negativen und positiven Sanktionen ein, tadeln, drohen, strafen oder stellen Lob und Lohn in Aussicht, falls der Zögling das geforderte Wohlverhalten an den Tag legt. Die Erziehungsmethoden reichen von Arroganz bis Toleranz, Eltern und Lehrer sind streng oder nachgiebig, sie halten Strenge im Interesse des Kindes für unbedingt notwendig *(schade um jeden Schlag, der danebenging),* oder sie haben, wenn sie sich schon mal dazu hinreißen lassen, hart durchzugreifen, ein schlechtes Gewissen, denn sie ahnen, dass ihre Lieblinge durchaus ein Recht dazu haben, ihren Willen durchzusetzen und ihre Grenzen auszutesten. Zur Kennzeichnung dieses berechtigten Dranges zur Selbstständigkeit haben pädagogisch geschulte Eltern einen wissenschaftlichen Begriff zur Hand: *Pubertät.* Pubertierende dürfen nicht nur, sie sollen sogar einen eigenen Kopf haben. Für ihr vermeintlich schlechtes Benehmen gelten mildernde Umstände. Der Pubertätsbegriff rechtfertigt die jugendliche Eigenwilligkeit und nimmt ihr dadurch ihren aggressiven Charakter. Die Gegensätze zwischen Alt und Jung werden nicht ausgekämpft, sondern ignoriert. Eltern und Kinder wetteifern in ihrem Harmoniebedürfnis darin, die Wünsche der Gegenseite ernst zu nehmen und zu beherzigen.

Insofern hatte ich artige Eltern und war selber ein artiges Kind. Gerade weil mir Pubertätsrechte zugestanden wurden, pubertierte ich nicht. Weil mir alles erlaubt war, tat ich nichts Unerlaubtes. Den Reiz, Verbotenes zu tun, habe ich nicht kennengelernt. Als umsorgtes Einzelkind fühlte ich mich zur Dankbarkeit verpflichtet und wollte meinen Eltern Freude machen – und als Jüngster in meiner Klasse wollte ich Anerkennung bei meinen Kameraden nicht durch rabaukenhafte Kraftmeierei erwerben, sondern ich wollte, so wie ich ein guter Sohn war, auch ein guter Schüler sein, indem ich die Hausaufgaben zuverlässig erledigte und im Unterricht eifrig mitarbeitete. Ich gehörte zur Leistungsspitze der Klasse, war bei den Lehrern beliebt, wurde aber dennoch nicht als Streber verachtet, isoliert und gehänselt, weil die älteren Alphatiere es irgendwie unbewusst bewunderten, dass der Jüngste zu den Besten zählte und besser war als sie.

Meinen Eltern gegenüber entwickelte ich eine gerecht verteilte Zuneigung und Liebe. Wir waren nicht Familie Ödipus, in der die einseitige Zuwendung des Sohnes zur Mutter zur tödlichen Feindschaft zwischen Vater und Sohn führt, es war vielmehr so, dass eine Art Arbeitsteilung die wechselseitige Sympathie zwischen den Eltern und ihrem Kind bestimmte. Es bildete sich eine Beziehung heraus, in der meine Mutter meine Muse und mein Vater mein Coach war. Mein Vater weckte und förderte meine sportlichen Interessen und meine Mutter meine literarischen. Schon in Nörenberg hatte sie mit mir gemeinsam zu lesen versucht, auch wenn sie damals noch meine fehlenden Fortschritte beklagte. Aber dann wurde unter ihrer Anleitung das Lesen mehr und mehr zu meiner Lieblingsbeschäftigung – und auch das Schreiben. Ich muss zehn oder elf gewesen sein, als ich ihr zum Geburtstag ein literarisches Geschenk machte: *Gedichte von Bernd Hartmann. Für Lore Hartmann.* In bester Schönschrift. Insgesamt vier Gedichte: *Die Pracht der Natur – Vom Leben – Die Geisterstunde – Vogelstimmen im Walde.* Reim und Metrum waren nicht immer perfekt, die Liebe zur Natur und die Gedanken über das Leben eher konventionell. Das kürzeste der Gedichte, in dem die Philosophie eines Kindes zum Ausdruck kommt, hat folgenden Wortlaut:

VOM LEBEN

Vor mir liegt ein langes Leben,
vor mir liegt die weite Welt.
Ist das Leben nicht ein Segen,
ist der Mensch denn nicht ein Held?

Alle Menschen, die was leisten, alle Menschen, die was schaffen,
haben zum Ende ihres Lebens doch etwas zurückgelassen.
Nicht der tote Leib im Grabe, dessen man nachher gedacht,
sondern was der Mensch geleistet und was er sonst noch hat geschafft.

Nicht zu übersehen sind der Ehrgeiz und der Leistungswille, die mich, und nicht nur mich, sondern das ganze Wirtschaftswundernachkriegsdeutschland damals beflügelten.

Mein Ehrgeiz und meine Eitelkeit gingen so weit, dass ich mir vornahm und zutraute, Deutschlands größter Dichter zu werden. Dieses prognostische Vorhaben formulierte ich feierlich auf einem Blatt Papier, dass ich – gut verpackt – oberhalb der Krummen Lanke in einem Birkenwäldchen unter den Wurzeln eines besonders stattlichen Baumes versteckte. Noch heute weiß ich die Stelle, wo ich mein Geheimnis der Natur anvertraute.

Einen ersten literarischen Erfolg erzielte ich, als wir in der Schule zur Teilnahme an einem von den Amerikanern ausgeschriebenen Preisausschreiben aufgefordert wurden. Das Thema hatte mit Freiheit zu tun, offenbar sollten wir Westberliner Kinder Zeugnis davon ablegen, dass wir das wesentlichste westliche Ideal verinnerlicht hatten. Meine Mutter hatte die taktisch kluge Idee, dem Aufsatz die vier Freiheiten zugrundezulegen, die Präsident Roosevelt in seiner berühmten Rede benannt hatte. Es war klar, dass das den amerikanischen Juroren gefallen würde. Wie viel ich selber schrieb, wie viel meine Mutter, ob sie nur korrigierte oder formulierte, weiß ich nicht mehr. Jedenfalls traf der Aufsatz den Geschmack der Preisrichter, so dass wir – ich sage ausdrücklich *wir* – großzügig honoriert wurden. Wir erhielten zwar nicht den ersten Preis, aber immerhin 20 Deutsche Mark, damals eine stolze Summe, wenn man bedenkt, dass die erste Rate, die am Tage der Währungsreform ausgezahlt wurde, gerade mal 40 Mark betrug.

Hatte meine Mutter mich literarisch betreut und gefördert, so führte mein Vater mich an den Sport heran. An einem Sommersonntag fuhr er mit mir und einigen Freunden aus der Kalle-Clique ins Olympiastadion. Die westalliierten Besatzungs- oder auch Schutzmächte ließen ihre dazu geeigneten Soldaten zu einem Leichtathletikwettkampf antreten und hatten die Berliner eingeladen, als Zuschauer – bei freiem Eintritt – an diesem Sportereignis teilzunehmen. Was wurde damals nicht alles getan, um ein gutes Verhältnis zwischen Westmächten und Westberlinern sicherzustellen. Mein Vater benutzte die Gelegenheit, uns die beeindruckende

Anlage der Spiele von 1936 zu zeigen, wo er seinerzeit Zeuge mehrerer Wettkämpfe gewesen war. Wir umrundeten oben auf dem Umgang das Stadion, schauten auf das Schwimmstadion hinab und auf das große, grüne Maifeld mit dem Glockenturm im Hintergrund. Wir genossen die Aussicht auf das schier endlose Berlin und auf den ausgedehnten Grunewald mit der Havel an seiner Seite, und dann nahmen wir Platz, um die Läufer, Springer und Werfer in Aktion zu sehen.

Aber nur einen einzigen Wettbewerb habe ich noch in Erinnerung, den Langstreckenlauf über 5 oder 10 Kilometer. Gespannt verfolgte ich, wie die Männer ihre Runden drehten, wie das Feld sich in die Länge zog, wie bald nur noch ein Franzose und ein Engländer die Spitze bildeten und sich immer mehr vom Rest der Läufer absetzten. An erster Stelle lief ein athletischer Typ, ihm auf den Fersen, in seinem Windschatten, ein kleiner gedrungener Mann mit Glatze, der, wie ich meinte, eher in ein Büro als auf die Aschenbahn gehörte. *Der kleine Dicke wird gewinnen*, prophezeite mein Vater zu meiner Überraschung, *der läuft taktisch klug, der lässt den anderen die Tempoarbeit machen und wird vorbeispurten.* Ich glaubte meinem Vater nicht, aber er behielt recht, und ich bewunderte seinen sportlichen Sachverstand. Mehr noch, ich verinnerlichte die taktische Lehre meines Vaters, statt unüberlegt vorneweg zu stürmen lieber inmitten des Feldes die Entwicklung des Rennens abzuwarten, Reserven zu speichern und zu schonen und diese erst im Endspurt auszuspielen, um auf diese Weise zu siegen. Und ich träumte davon, einmal in diesem imposanten Olympiastadion zu laufen.

Bei Kalle hatte ich das Radfahren gelernt, und als das Hartmann'sche Familienbudget es zuließ, kaufte mein Vater nicht nur mir, sondern auch sich – allerdings auf Raten – ein Fahrrad. *Komet* und *Siegeslauf* waren die fantasie- und anspruchsvollen Namen der beiden wertvollen Stücke. Während ich während der Woche mit meinen Freunden, je nach Wetterlage, zur Krummen Lanke zum Baden oder kreuz und quer durch den Grunewald fuhr, organisierte mein Vater am Sonntag einen Badeausflug an die Havel, an dem fast zwei Dutzend Personen teilnahmen. Wer kein Rad besaß oder das Radfahren nicht beherrschte (wie meine Mutter und einige Nachbarn und Bekannte), musste sich zu Fuß auf den Weg machen, wir

Radfahrer eilten voraus, transportierten die Decken, das Badezeug, die Sportgeräte und die Fourage und besetzten außerdem unseren Stammplatz an der Lieper Bucht unterhalb des Grunewaldturms.

Mein Vater war der ungekrönte Leitbulle der ganzen Unternehmung. Die Väter meiner Freunde waren alle irgendwie gehandicapt und kamen gar nicht mit und wenn doch, dann waren sie, anders als mein Vater, nicht willens und fähig, an unseren Fußballspielen auf der Badewiese teilzunehmen. Kalles Vater hatte im Ersten Weltkrieg ein Bein verloren und seither ein Holzbein, Henrys Vater war durch einen Arbeitsunfall, einen Starkstromschlag, schwerbeschädigt, der Vater von Winne und Konni stotterte, aber nur wenn er sprach, nicht wenn er sang, da kamen ihm die Worte ungehindert über die Lippen – und er sang gerne und sogar gut, vor allem die Couplets von Otto Reuter und Freddi Sieg (das Lied von der Krummen Lanke). Der alte Herr Wunderlich war fast taub, auch das die Folge einer Kriegsverletzung im Ersten Weltkrieg. Da er dadurch seinem Beruf, er war Sänger, nicht mehr nachgehen konnte, wurde er Komparse, und mein Vater verschaffte ihm ab und zu eine Statistenrolle, so dass die beiden Männer sich anfreundeten und Herr Wunderlich mit Frau und Tochter Inka regelmäßig mit an die Havel kam. Immer dabei war auch eine geschiedene Arbeitskollegin meines Vaters mit ihrer Tochter. Wir waren eine bunt zusammengewürfelte Gesellschaft mit dem einen oder anderen Manko und insofern ein Abbild und repräsentativer Querschnitt der angeschlagenen Nachkriegsgesellschaft. Hier an der Havel versammelten sich Alt und Jung, Gesunde und weniger Gesunde, Radfahrer und Fußgänger, Sportliche und Unsportliche.

Ich war stolz auf meinen Vater, dass er von allen Erwachsenen der einzige Sportliche war und dass er hier an der Lieper Bucht das Sagen hatte. Meine Freunde respektierten ihn, und von seinem Ansehen färbte auch ein bisschen auf mich ab. Ebenso machte es meinen Vater stolz, als ich ihm gestand, dass er mein bester Freund sei. Eine solche Zuneigung ist nicht selbstverständlich und allgemein üblich, der verdrängte Widerspruch und Widerstand sind wohl eher unnatürlich und auf keinen Fall von Dauer. Aber noch war mein Vater der tonangebende große Bruder und ich der folgsame kleine Bruder.

Als der deutsche Sport – wie auch die deutsche Politik – wieder hoffähig wurde, konnten auch wieder Länderspiele ausgetragen werden. Dass wir zu dem Spiel gegen die Türkei ins Olympiastadion gehen würden, war eine ausgemachte Sache. Mein Vater hatte den Einfall, dass die *Josetti Zigarettenfabrik Hamburg* für ihre Orientzigarette Juno mit roten Türkenfezen aus Papier, die ans Publikum zu verteilen wären, werben könnte, und er ließ mich, als wäre ich auf die Idee gekommen, an den Tabakkonzern schreiben. Wieder war ich literarisch aktiv, wie seinerzeit bei dem Aufsatzpreisausschreiben, und wieder reichte es nur zu einem Trostpreis. Die Idee sei gut, lobte man mich in dem Antwortschreiben, aber – so wörtlich – *leider sehen wir in dieser kurzen Zeit – das Länderspiel ist ja bereits für den kommenden Sonntag angesetzt – beim besten Willen keine Möglichkeit, Deine Idee in die Tat umzusetzen.* Anerkennung und Belohnung hielten sich in Grenzen: *Um Dir eine kleine Freude zu bereiten, übersenden wir Dir heute mit separater Post einige Juno-Zigaretten, die Dir als Geschenk für Deinen Vater gewiss willkommen sein werden.* Mir selber brachte die ganze Sache also nichts ein. Ich war enttäuscht, aber noch enttäuschender war es, dass die westdeutsche Fußballnationalmannschaft gegen die Türkei 1:2 verlor.

Wenn mein Vater pünktlich von der Arbeit nach Hause kam, also zwischen sechs und sieben, dann unternahmen wir gerne noch eine abendliche Fahrradtour. Wir fuhren zu einem der vielen Badeseen oder tiefer hinein in den Grunewald, in das Gebiet zwischen Avus und Havel. Dort führten die Amerikaner – zu unserem eigenen Wohl wohlgemerkt – häufig ihre Manöver durch, und dort trafen wir eines Abends auf einen Soldaten, einen großen, kräftigen, tiefschwarzen Mann, der den Weg, den wir entlang kamen, zu bewachen hatte, ihn aber nicht versperrte, sondern uns erlaubte, ja mit einladenden Gesten sogar dazu aufforderte, weiterzufahren, was wir auch taten, mein Vater schräg vor mir, ich folgsam hinterher.

Plötzlich eine ohrenbetäubende Explosion. Unter meinem Hinterrad war eine Übungsmine hochgegangen. Um mich herum eine Wolke wie ein Vorhang. Mein Vater muss einen tödlichen Schreck bekommen haben, aber mir war nicht das Geringste passiert. Nur das Hinterrad hatte gelitten. Reifen und Schlauch waren zerfetzt und die Felge war bis fast an die Achse eingebeult. Mein Vater war überglücklich, als ich unversehrt aus der Explosionswolke auftauchte, er war derart erleichtert, dass ihn der materielle Schaden gar nicht aufregte. Den mitschuldigen Posten zur Rede zu stellen, hatte wenig Aussicht auf Erfolg, und der blieb folglich auch aus. Mein Vater konnte gar kein Englisch und ich gerade so viel, wie man in der Volksschule lernt, so dass der Soldat nur mit den Schultern zuckte und uns durch die Geste die doppelte Information andeutete, dass er uns nämlich erstens nicht verstehe und zweitens an dem Unfall keine Schuld trage.

Mein Vater lud mein defektes Rad auf sein intaktes und wir schoben die fünf Kilometer nach Hause. Es begann bereits zu dämmern, als wir ankamen. Meine Mutter und meine Großmutter waren zugleich entsetzt und erleichtert, und in mir vollzog sich langsam ein Wandel. Zu der Dankbarkeit über mein Überleben und meine Unversehrtheit gesellten sich Ärger und Wut über die Amerikaner, ja sogar Hass. Ich verließ noch einmal das Haus, suchte einen Kalkstein, fand einen und schrieb an die roten Backsteinmauern, die an den Straßenecken die Grundstücke begrenzten, in großen Lettern: AMI GO HOME. Den vom Osten verbreiteten Slogan hatte ich irgendwo aufgeschnappt und hielt ihn für passend.

Vergeblich bemühten sich meine Eltern darum, von den Amerikanern eine Entschädigung zu erhalten. Sie mussten die Reparatur aus eigener Tasche bezahlen. Es handelte sich dabei um genau die 20 D-Mark, die ich bei dem Preisausschreiben gewonnen hatte, Amerika hatte sich quasi zurückgeholt, was es mir geschenkt hatte, und damit waren die USA und ich quitt, quitt auch insofern, als meine Bewunderung und Dankbarkeit zum einen und meine Verärgerung und Abneigung zum anderen sich von nun an die Waage hielten.

Seit der Luftbrücke liebten die Berliner die Amerikaner und zumindest die Jüngeren bewunderten und kopierten zusätzlich den amerikanischen Lebensstil. Das lässige Auftreten der Amis, ihre schlaksigen und sportlichen Bewegungen, ihre schmissige Jazzmusik, die nichts Militärisches an sich hatte wie die deutschen Märsche, ihr Selbstbewusstsein, ihr lautes Reden, als wollten sie fragen: *Was kost' die Welt?* (und das bei ihrem Reichtum ja auch mit einem gewissen Recht) – mit all dem wurden wir, zumal im amerikanischen Sektor, tagtäglich konfrontiert. Und es beeindruckte uns. Viele von uns hielten es für schick und vielleicht auch für eine politische Demonstration, ununterbrochen Kaugummi zu kauen, einige konnten sogar mit einer besonderen Mundstellung und einer speziellen Atemtechnik vor den Lippen Blasen produzieren.

Am Sonnabendnachtmittag pilgerten wir von der Reiherbeize ins nahe Dahlem, wo sich das amerikanische Hauptquartier befand und wo die Sportanlagen waren, die von den Amerikanern genutzt wurden – und zwar für ihre Art Sport. Wir kannten von unserem Sportplatz am Siebenendenweg Fußball, Handball und Hockey, in Dahlem aber spielten die Amis Baseball und Football.

Das Baseballspiel hatte ja noch eine gewisse Ähnlichkeit mit unserem Schlagball- und Brennballspiel, aber *American Football* hatte (trotz der Namensgleichheit) mit Fußball in unserem Sinne nicht das Geringste zu tun. Mit Schutzhelmen und gepolsterten Schultern stürmten die Spieler hinter dem Ball her, aber was heißt Ball, ihr Spielgerät war eher eine langgestreckte Eierpflaume. Um die balgten sie sich, brachten sich gegenseitig zu Fall, und zwar so rabiat, dass sie vier Schiedsrichter brauchten. Ziel war es, mit dem *Ball* möglichst weit in die gegnerische Hälfte einzudringen. Das Ganze war ein reines Kampfspiel und hatte in unseren Augen mehr mit Krieg als mit Fair Play zu tun. Wir fanden die Amerikaner – bei aller Bewunderung – mit ihrem ungezwungenen Benehmen, ihrem Lautsein und ihrem brutalen Kampfsport ein bisschen primitiv und unkultiviert.

Wenn wir am Sonnabend als Schlachtenbummler anrückten, interessierte uns nicht nur das Kampfspiel als solches, die Frage, ob unsere *Berlin Bears,* die Auswahl der Berliner Garnison, gegen die Teams aus München, Nürnberg und Stuttgart, den großen Städten der amerikanischen Zone, gewinnen, sondern wir amüsierten uns auch über die Begleitumstände, über das Gehabe der Cheergirls und über das Lärmen der Militärkapelle. Wurde der *Ball* bei einer Art Freistoß mit dem Fuß über den halben Platz geschlagen, dann begleitete ein anhaltender und vielstimmiger Trompetenton dessen Flug, und wenn er endlich sein Ziel erreichte, also auf dem Rasen aufschlug oder abgefangen wurde, dann ließen die Pauken einen regelrechten Donnerschlag vernehmen.

Aber anders als bei meinen Freunden war meine Einstellung zu den Amerikanern seit der Fahrradepisode eher distanziert. Wenn die G.I.s uns während eines Manövers an der Krummen Lanke zum Bierholen in den nahen Kiosk, die Welsbaude, schickten und mit einem großzügigen Trinkgeld belohnten, machte ich dabei nicht mit, weil es mir mit meiner deutschnationalen Ehre nicht vereinbar schien, Laufbursche für ausländische Soldaten zu sein. Was von den Männern eigentlich einfach nur nett gemeint war, empfand ich als Zumutung.

Überhaupt suchte ich, wenn auch wohl mehr unbewusst, nach Argumenten, um den Amerikanern am Zeuge zu flicken. Ich ahnte, dass ihr Traum von Freiheit und Demokratie auch seine Schattenseiten hatte. Ich fand es unmenschlich, wie sie den Indianern ihren Kontinent wegnahmen und wie sie die Neger zu Sklaven machten. Ich verschlang Steubens Bücher über den Häuptling Tecumseh, der sein Land gegen die Weißen verteidigte, und ich las mit Mitleid *Onkel Toms Hütte*, ein Buch, das für unsere Siedlung ohnehin Pflichtlektüre war. Den Indianern und Negern (wie sie damals noch ohne beleidigenden Unterton genannt wurden) galt meine ganze Sympathie. So richtig klargemacht habe ich mir den Widerspruch zwischen dem amerikanischen Freiheits- und Demokratieideal und ihrer Rassen- und Indianerpolitik sowie ihrem Dollarimperialismus bestimmt nicht, aber ich ergriff Partei für die Schwachen, wenn auch mehr aus menschlichen als aus politischen Gründen. Als das reinrassig schwarze Basketballteam der Harlem Globetrotters aus New York im Olympiastadion ein Gastspiel gab, fuhr ich hin, und zwar ganz alleine, wie ich mich entsinne, und begeisterte mich darin, wie die Farbigen mit der weißen Auswahl der Berliner Garnison Katz und Maus spielten.

Alles in allem schwamm ich zwar im Mainstream der Westberliner Amerikabegeisterung, dennoch entwickelte ich eine gewisse Skepsis und stieß mich an Details, die andere ganz anders einschätzten. Während viele – Klassenkameraden, Freunde, auch Erwachsene – die aufwendigen Prachtlimousinen als Ausdruck des amerikanischen Wohlstandes bewunderten, sah ich in diesen Straßenkreuzern nur Prahlerei und Angeberei. Aber noch war ich zu klein für eine fundierte und durchdachte Kritik. Noch fiel mir der Widerspruch nicht auf, wenn mich das großspurige Auftreten der Amerikaner abstieß, ich aber zugleich auf den Sieg ihrer Waffen im Koreakrieg hoffte. Schließlich war meine Abneigung gegenüber den Sowjets und dem Kommunismus noch wesentlich ausgeprägter.

36
Adenauers erste Halbzeit

Kaum waren die beiden deutschen Staaten gegründet, da orientierten sie sich, wie nicht anders zu erwarten, sei es gewollt oder gemusst, in entgegengesetzte Himmelsrichtungen. Die Herren in Ostberlin sahen in Stalin ihren Herrn und Freund, Adenauer suchte von Anfang an die Anlehnung und Anbindung an den Westen. Die SPD opponierte gegen diese strikte Westpolitik, weil sie darin eine zunehmende und endgültige Spaltung Deutschlands sah. Sie hatte in der Opposition aber keine Möglichkeit zu probieren, ob es einen dritten Weg gäbe, einen Weg zwischen den sich herausbildenden Blöcken, auf dem die beiden neutralen Teile Deutschlands dann wieder zueinander finden könnten. Aber das Misstrauen gegen den Bolschewismus und das Vertrauen in Erhards Marktwirtschaft bestärkten die Mehrheit der Westdeutschen in ihrer Zustimmung zu Adenauers Politik. Der Wohlstand lockte und der Russe schreckte ab. Der Kanzler selbst hatte nicht nur Angst vor den Sowjets, er schürte diese Angst auch bei seinen westdeutschen Landsleuten. Sicherheit schien ihm nur gewährleistet unter dem Schirm der USA und durch einen Zusammenschluss der freien Völker Europas. Die westliche Sicherheit war ihm wichtiger als die unsichere Hoffnung auf die Wiedervereinigung. Nicht dass er die DDR abschrieb, aber er glaubte, dass nur ein wirtschaftlich, politisch, moralisch und militärisch starker Westen die DDR gewinnen könne – durch seine Anziehungskraft und seine Stärke. Erst Westintegration, dann Wiedervereinigung, in der Reihenfolge.

Da plötzlich bekam Adenauer unbeabsichtigt Hilfe von unerwarteter Seite, aus Fernost. Korea, einst von Japan erobert, war nach dem Weltkrieg in Besatzungszonen geteilt worden, eine sowjetische im Norden und eine amerikanische im Süden. Mithilfe der beiden Supermächte waren dann die Volksrepublik Korea und die Republik Korea entstanden, die aber beide eher Diktaturen als Republiken waren. Als die Rote Armee und die amerikanischen Truppen sich verabredungsgemäß zurückzogen (sie waren ja nicht Besatzungstruppen in einem besiegten Land, sondern Befreier), da kam es am 38. Breitengrad erst zu Grenzstreitigkeiten und am 25. Juli 1950 zu einem richtigen Krieg. Nordkoreaner marschierten in Südkorea ein und machten sich daran, die Südhälfte zu erobern. Sofort kehrten die US-Truppen zurück, um ihr Südkorea zu unterstützen. Mehr noch. Der UN-Sicherheitsrat erklärte Nordkorea zu einem Aggressor und forderte die Mitgliedsstaaten auf, dem Angegriffenen zu Hilfe zu kommen. Über 50 Staaten folgten dem Aufruf, 15 Nationen leisteten militärische, 38 wirtschaftliche Hilfe. Es wurde eine der erfolgreichsten Aktionen der Vereinten Nationen. Die völkerrechtliche Grundidee, dass die Völkergemeinschaft jeden Angreifer in Schacht hält, war hier in die Tat umgesetzt. Die Sowjetunion und ihr Satellit hatten sich verrechnet, Stalin glaubte, der Kommunismus sei in einem unaufhaltsamen Vormarsch. Gerade erst (Ende 1949) hatten die Truppen Mao Tse Tungs ihren Gegner Tschiang Kai Shek auf die Insel Formosa vertrieben. Die Weltrevolution schien keinen ebenbürtigen Gegner mehr zu haben. Die Sowjetunion selbst war, an konventionellen Truppen gemessen, den Amerikanern um ein Vielfaches überlegen, und der amerikanische Triumph, die nukleare Überlegenheit, stach nicht mehr, seit auch die Russen eine Atombombe zur Explosion gebracht hatten.

Aber im Zusammenhang mit dem Koreakrieg machten die Sowjets einen großen Fehler. Sie boykottierten den Sicherheitsrat, weil in ihm noch immer der nationalchinesische Vertreter saß und Rotchina nicht anerkannt wurde. Normalerweise hätte im Sicherheitsrat der Antrag, gegen den Aggressor Nordkorea vorzugehen, keine Chance gehabt, denn normalerweise machten die Sowjets hier von ihrem Vetorecht Gebrauch und blockierten alle ihnen unangenehmen Beschlüsse mit ihrem *Njet!*. Aber wenn der russische Vertreter fehlte, konnte er nicht mit seinem Veto votieren.

Der Koreakrieg nahm einen Ziehharmonikaverlauf. Erst stießen die Angreifer weit nach Süden vor und eroberten neun Zehntel des Landes, dann aber drängten die UN-Truppen den Aggressor bis fast an die chinesische Grenze zurück. Nun griff Rotchina an, nicht als Staat, sondern mit 300000 angeblichen Freiwilligen. Die Front verschob sich wieder nach Süden. Als es im Bereich des 38. Breitengrades, der ursprünglichen Grenze, zum Stellungskrieg kam, wurde verhandelt, mit dem Ergebnis, dass die alte Grenze auch die neue sein sollte (27. Juli 1953). Der kommunistische Angriff war also abgewiesen. Stalin war gescheitert wie schon mit seiner Berliner Blockade.

Man muss auf den Krieg im Fernen Osten näher eingehen, weil die Parallelen zwischen Korea und Deutschland offensichtlich sind und weil der Koreakrieg erheblichen Einfluss auf die Geschichte der Bundesrepublik hatte. Beide Länder waren geteilt und in beiden Ländern standen sich die beiden politischen Weltsysteme direkt gegenüber. Als Nordkorea den Süden überfiel, lag es deshalb nahe, einen ähnlichen Angriff auf die Bundesrepublik zu befürchten, obgleich es einen wesentlichen Unterschied gab. Korea war befreit worden und inzwischen ohne Besatzungstruppen, Deutschland war als Feind besiegt, erobert und besetzt worden, und das erwies sich nun als Vorteil, denn aus den alliierten Besatzungstruppen waren im Kalten Krieg alliierte Schutztruppen geworden gegen einen eventuellen Angriff von Seiten der Kommunisten. Eine Gefahr für die Bundesrepublik bestand also nicht. Aber Adenauer benutzte die Situation und die im Volk durchaus vorhandene Besorgnis, um seine Absicht einer Westbindung durchzusetzen – auch im westlichen Ausland. Und das gelang ihm. Der von dem französischen Außenminister Robert Schuman entwickelte Plan einer Europäischen Gemeinschaft für Kohle und Stahl (EGKS) mit deutscher Beteiligung konnte schon am 25. Juli 1951 in Kraft treten. Alle sechs beteiligten Staaten (BRD, Frankreich, Italien, Be-Ne-Lux) profitierten von dieser Montanunion, vor allem Westdeutschland, das endlich wieder frei produzieren konnte. Die gemeinsame übernationale Verwaltung und Planung nahm den Partnern die Angst vor einem deutschen Übergewicht.

Schwieriger war es, die militärischen Probleme zu lösen. Schon vor dem Koreakrieg hielten die Amerikaner wie auch Adenauer einen deutschen Verteidigungsbeitrag zum Schutze Westeuropas für notwendig. Mit einer deutschen Wiederbewaffnung konnte man aber vier, fünf Jahre nach dem Krieg weder dem französischen noch dem deutschen Volk kommen. Dort war die Angst vor deutschen Soldaten vorherrschend, hier die Abneigung gegen jede Art von Aufrüstung, schließlich waren noch Millionen deutsche Soldaten vermisst oder in Gefangenschaft. Aber der Koreakrieg führte hier und da zu einem langsamen Umdenken. In einem geheimen Memorandum ließ Adenauer schon am 30. August 1950 die drei Westalliierten seine Bereitschaft erkennen, *im Falle der Bildung einer internationalen westeuropäischen Armee einen Beitrag in Form eines deutschen Kontingents zu leisten*. Über dieses Papier informierte Adenauer weder den Bundestag noch sein Kabinett, was Innenminister Heinemann (den späteren Bundespräsidenten), als das Ganze dann doch bekannt wurde, veranlasste, die Regierung zu verlassen. Er konnte Adenauer weder in der Sache folgen, noch die Form der Geheimdiplomatie gutheißen. Er wurde zum Vorkämpfer gegen die Remilitarisierung. Das Volk war gespalten: Auf der einen Seite die Ohne-Mich-Bewegung, auf der anderen Seite die von einem deutschen Wehrbeitrag Überzeugten, die sich – wie auch Adenauer – von der Quasiaufrüstung der DDR bedroht fühlten. Immer wieder wies der Kanzler auf den dortigen Aufbau paramilitärischer Verbände hin, der sogenannten kasernierten Volkspolizei.

Am 26. Oktober 1950 legte der französische Ministerpräsident René Pleven einen Plan für eine Europäische Verteidigungsgemeinschaft (EVG) vor, und zwar mit deutscher Beteiligung. Dieser Pleven-Plan war das militärische Pendant zum Schuman-Plan und der Montanunion mit den gleichen sechs Mitgliedern. Die Deutschen sollten hier wie dort, also wirtschaftlich und militärisch, wieder mitmachen dürfen, wenn ihre Industrie und Armee unter internationaler Führung und Kontrolle stehen. Dann, und nur dann, waren die ehemaligen Kriegsgegner bereit, die deutsche Kröte zu schlucken. Adenauer kam seinem Ziel immer näher, und Fuchs, der er war, ließ er sich das, was er ohnehin wollte, obendrein auch noch gut bezahlen. Als Gegenleistung für einen deutschen Wehrbeitrag gewährten die Westalliierten der Bundesrepublik die volle Souveränität. Einen Tag vor der Unterzeichnung des EVG-Vertrags am 27. Mai 1952 wurde der Deutschlandvertrag unterzeichnet, der das Besatzungsstatut außer Kraft setzte und der Bundesrepublik die politische Selbstständigkeit zurückgab.

Als Stalin erfuhr, dass eine westdeutsche Aufrüstung immer näher rückte, packte ihn die blanke Panik. Wie alle Russen hatte er panische Angst vor dem deutschen Militär. Im Ersten Weltkrieg hatte das Kaiserreich Russland besiegt und gedemütigt und im Zweiten rückte die Wehrmacht bis Moskau und Stalingrad vor und schloss Leningrad 900 Tage lang ein, wo über eine Million Menschen verhungerten und erfroren. Die Blockade Berlins war Stalins Rache, er wollte es den Deutschen mit gleicher Münze heimzahlen. Die deutsche Hauptstadt wurde wie Leningrad von der Außenwelt abgeschlossen, aber Stalin scheiterte mit seinem Vorhaben ebenso wie Hitler. Leningrad und Berlin wurden nicht eingenommen.

Jetzt, 1952, da Stalin sich seinem Tode nahe fühlte, der ein Jahr später dann auch eintrat, sah er sein Lebenswerk in Gefahr. Ein starkes Westeuropa mit Amerika im Hintergrund und Westdeutschland als Speerspitze würde zwar keinen Krieg gegen die bolschewistische Weltmacht wagen, aber es kann ihr die unsicheren Satellitenstaaten zwischen Ostsee und Schwarzem Meer abspenstig machen. Die westlichen Rüstungspläne mussten also um jeden Preis verhindert werden, und dieser Preis war die DDR. Wenn Bonn auf seine militärische Westbindung verzichtet, wollte Stalin seine Aufrüstung der DDR unterlassen. Die beiden deutschen Staaten könnten sich unter der Bedingung, neutral zu bleiben, zusammentun und sogar eine kleine reine Verteidigungsarmee unterhalten. Stalin erschien es als gutes Geschäft, wenn er 17 Millionen DDR-Bewohner in die Neutralität entließ, der Westen aber 50 Millionen Bundesbürger verlor. Da für Deutschland als Ganzes die vier Siegermächte zuständig waren, unterbreitete der Kreml seine Vorschläge nicht den Regierungen in Bonn und Ostberlin, sondern Washington, London und Paris. Die Westmächte wie auch Adenauer – und dieser ganz besonders – lehnten die Angebote ab. Man sah in ihnen ein reines Störmanöver angesichts der EVG-Pläne und nichts als eine Mogelpackung. Inwieweit die Chance zu einer deutschen Wiedervereinigung bestand, wurde gar nicht ausgelotet. Pro forma ließ sich der Westen zwischen dem 10. März 1952 und dem 23. September 1952 zwar auf einen vierfachen Notenwechsel ein, aber im Grunde stand das westliche Njet von vornherein fest. Auf die enge Bindung zwischen der starken Bundesrepublik und dem Westen wollte man nicht verzichten, eine Entlassung des deutschen Volkes in die Neutralität war zu riskant. Zu leicht hätte ein isoliertes Deutschland zwischen Oder und Rhein kommunistisch unterwandert und dem Ostblock einverleibt werden können. Misstrauen bestimmte die westliche Politik, und während die Noten noch pingpongartig hin- und herflogen, wurden am 26. Mai der Deutschlandvertrag und am 27. Mai der EVG-Vertrag unterzeichnet. Aber auch die DDR kündigte am 8. Mai die Aufstellung nationaler Streitkräfte an. Kurz: Die deutsche Teilung machte Fortschritte.

Zu den vielen Vorteilen der Demokratie im Vergleich mit Diktaturen gehört die unterschiedliche Stimmung bei einem Regierungswechsel. In einem demokratischen Staat ist am Wahlabend über die Hälfte des Volkes voller Freude und Vorfreude, logischerweise, denn die Mehrheit hat ja für die neue Regierung gesorgt, auf die man vertraut und von der man eine besser Zukunft erwartet. In einer Diktatur kommt es im Allgemeinen aber nur zu einem Wechsel an der Spitze des Staates durch den Tod des alten Alleinherrschers. Und dieses Ereignis darf das Volk, anders als den Wahlsieg in einer Demokratie, natürlich nicht bejubeln. Bestenfalls kann man sich ein bisschen verhohlene Schadenfreude leisten, offiziell jedoch wird Staatstrauer angeordnet und pompös zelebriert. Auch der Machtwechsel selbst ist meist eine wenig erfreuliche Angelegenheit, denn um seine Alleinherrschaft nicht zu gefährden, hat der alte Diktator keinen Kronprinzen aufgebaut, der ihn ja hätte vorzeitig verdrängen können, sondern peinlich darauf geachtet, dass die Männer der zweiten Reihe miteinander konkurrieren und sich gegenseitig in

Schach halten. Diese halten dann auch in scheinbarer Eintracht die Totenwache, wetzen aber hinter ihrem Rücken die Messer und bereiten die Diadochenkämpfe vor.

Diesen Unterschied zwischen Demokratie und Diktatur konnte man auch 1952/53 beobachten. Im November wurde der Republikaner Eisenhower als Nachfolger des Demokraten Truman zum amerikanischen Präsidenten gewählt. Von dem erfolgreichen General, der unter anderem Oberbefehlshaber der alliierten Invasionstruppen, Generalstabschef und NATO-Oberbefehlshaber war, erhoffte sich die Mehrheit der Wähler eine schärfere Gangart gegen den Weltkommunismus, also an Stelle der bloßen Eindämmung (Containment) eine Zurückdrängung (Roll back). Das konnte Adenauer nur recht sein – und der Mehrheit der Bundesbürger auch. Die bestätigten ihren Kanzler dann auch bei der zweiten Bundestagswahl vom 6. September 1953 in seinem Amt. Die Union verbesserte sich von 31% (1949) auf 45% der Wählerstimmen und die SPD stagnierte bei 29%. Zusammen mit der FDP, der Deutschen Partei und dem Block der Heimatvertriebenen und Entrechteten (BHE) verfügte Adenauer im Parlament über eine breite bürgerliche Mehrheit. Er kann im neuen Kabinett seinen alten Kurs fortsetzen. Das Bundesvolk fühlt sich geborgen und zufrieden unter einem Kanzler, der steigenden Wohlstand und Sicherheit vor dem Kommunismus verspricht. Und deshalb wählt man ihn immer wieder.

Ganz anders vollzieht sich der Machtwechsel in der Sowjetunion. Nach Stalins Tod am 5. März 1953 herrschte zunächst eine gewisse Unsicherheit. Keiner der führenden Funktionäre kann sich zum Alleinherrscher aufschwingen, vielmehr einigt man sich erst einmal auf das Prinzip der kollektiven Führung. Der als Favorit für die Nachfolge Stalins angesehene Malenkow wird Ministerpräsident und Chruschtschow (ab September) als Erster Sekretär des Zentralkomitees der starke Mann im Parteiapparat. Über bedeutende Hausmacht verfügen auch Außenminister Molotow, Verteidigungsminister Bulganin, Handelsminister Mikojan und Innenminister Berija, der in dieser Funktion zugleich Chef der Polizei und Geheimpolizei ist. Er wird aber schon bald abgesetzt, angeklagt, zum Tode verurteilt und im Dezember erschossen. Die Gründe sind bis heute nicht ganz klar. Vielleicht fürchtete man eine erneute Säuberungswelle, vor der ja niemand sicher war. Eine solche hatte ja auch kurz vor Stalins Tod auf dem Programm gestanden, war aber durch das Ableben des Diktators abgesagt beziehungsweise verschoben worden. Das Gerücht, dass Stalin gar nicht eines natürlichen, sondern eines forcierten Todes gestorben sei, gehört sicher in diesen Zusammenhang. Dass die neue Führungsspitze Berija beseitigte, kann aber auch darin begründet sein, dass er in Anlehnung an Stalins Deutschlandinitiative (die Noten aus dem Jahre 1952) bereit war, auf die DDR als Teil des Ostblocks zu verzichten. Angeklagt und verurteilt wurde er jedenfalls wegen Hochverrats.

Der Machtwechsel und die Machtkrise in Moskau ließen die Welt hoffen, dass es nach der Stalin-Diktatur zu einer Liberalisierung der sowjetischen Politik kommen würde. Und wirklich äußerte sich Malenkow bereits anlässlich der Trauerfeier in diesem Sinne. Er sprach von einer friedlichen Koexistenz des sozialistischen und des kapitalistischen Lagers und versprach dem eigenen Volk einen höheren Lebensstandard durch Förderung der Konsumtionsgüterindustrie. Offiziell wurde am 10. Juli der sogenannte Neue Kurs verkündet mit Reformen in Staat, Wirtschaft und Verwaltung. Ergebnis dieses neuen Geistes war der erfolgreiche Abschluss der koreanischen Waffenstillstandsverhandlungen, nachdem sich zuvor die amerikanischen und die nordkoreanischen Verhandlungsdelegationen über Monate schweigend gegenübergesessen hatten.

Für Westeuropa hatte der weltpolitische Wandel erhebliche Konsequenzen. Jahre nach Stalins Tod und nach Ende des Koreakrieges erschien der französischen Nationalversammlung die kommunistische Bedrohung nicht mehr allzu groß und sie lehnte am 31. August 1954 die EVG-Verträge ab. Ein Scherbenhaufen nach drei Jahren intensiver Verhandlungen und ein Jahr nach der Unterzeichnung in Paris. Für Deutschland eine Katastrophe. Denn nun war auch der als Junktim an die EVG-Verträge gebundene Deutschlandvertrag hinfällig. Also was nun? Was tun? Zum Glück für Adenauer fand sich aber schon sehr rasch eine Ersatzlösung, geradezu eine Patentlösung. Wenn nicht EVG, dann eben NATO: Nach zähen, aber zügigen Verhandlungen wird in den Pariser Verträgen festgelegt, dass die Bundesrepublik und Italien in den 1949 geschaffenen Nordatlantikpakt und in den Brüsseler Pakt aufgenommen werden. In Letzterem hatten sich England, Frankreich und die Beneluxstaaten 1948 zusammengeschlossen, um jeder zukünftigen deutschen Aggression gemeinsam entgegenzutreten. Jetzt wird die Bundesrepublik Mitglied des ursprünglich gegen sie selbst gerichteten Bündnisses, das in Westeuropäische Union (WEU) umbenannt wird.

Wir sind von misstrauisch beäugten Feinden zu verlässlichen Verbündeten geworden. Der Kalte Krieg hat zu unserer Rehabilitierung, der Koreakrieg zu unserer Remilitarisierung geführt. Anders gesagt: BRD und DDR sind die Kinder des Kalten Krieges, Bundeswehr und Nationale Volksarmee die Kinder des Koreakrieges. Das übernationale Kommando und die Begrenzung der Bundeswehr auf eine halbe Million Mann nehmen den westeuropäischen Nationen die Angst vor einer neuen deutschen Armee. Und so treten die Pariser Verträge bereits am 5. Mai 1955 in Kraft. Ab 9. Mai, genau zehn Jahre nach Kriegsende, ist die BRD Mitglied der NATO.

Teil der Pariser Verträge ist der leicht veränderte Deutschlandvertrag, der das Besatzungsstatut ablöst. Die Alliierte Hohe Kommission beendet damit ihre Arbeit. Die BRD ist, mit wenigen Einschränkungen, souverän. Die drei Westalliierten halten nur noch an ihrer Verantwortung für Berlin und für Deutschland als Ganzes fest, inklusive Wiedervereinigung und Friedensvertrag. In Ergänzung dieser Verträge handeln Paris und Bonn ein Saarabkommen aus, das vorsieht, dem Saarland *im Rahmen der WEU ein europäisches Statut* zu geben.

Das Saargebiet soll eine Art Keimzelle der angestrebten europäischen Gemeinschaft werden, politisch autonom (ähnlich wie die Freie Stadt Danzig nach dem Ersten Weltkrieg) und wirtschaftlich an Frankreich angeschlossen. Mit Deutschland wäre es aber nur noch durch die gemeinsame Sprache verbunden gewesen. Die deutsche Öffentlichkeit und die Opposition im Bundestag waren empört. Die von der Bundesregierung abgeschlossenen Verträge geben sowohl die Ostzone als auch das Saarland preis. Die DDR-Bewohner hatten hinsichtlich ihrer Zukunft gar keine andere Wahl, als Teil des Ostblocks zu werden, und die Saarländer hatten in der für den Herbst vorgesehenen Volksabstimmung nur die Wahl, sich für oder gegen eine Europäisierung ihres Ländchens zu entscheiden – für den Anschluss an Deutschland, konnten sie nicht stimmen, diese Frage wurde ihnen nicht vorgelegt.

Diesem heißen politischen Sommer entzieht sich Adenauer, indem er die Einladung der neuen sowjetischen Führung annimmt und im September 1955 – vom 9. bis zum 13. – mit kleiner Delegation, der auch der Sozialdemokrat Carlo Schmid angehört, in Moskau Verhandlungen pflegt. Er weiß, dass es Chruschtschow und Bulganin, der inzwischen Malenkow als Ministerpräsident abgelöst hat, vor allem darum geht, die DDR aufzuwerten. Die von Moskau angestrebten diplomatischen Beziehungen zu Bonn würden deutlich machen, dass es zwischen BRD und DDR keinen völkerrechtlichen und staatsrechtlichen Unterschied gibt. Indirekt hätte die Bundesrepublik die Ostzone dann als Staat akzeptiert. Dennoch folgt Adenauer der Einladung, denn als Preis für die rechtlichen und diplomatischen Zugeständnisse stellt Moskau die Freilassung der letzten deutschen Kriegsgefangenen in Aussicht. Diesem Angebot kann sich der Kanzler nicht entziehen.

Die Gespräche gestalten sich schwierig und stehen mehrfach vor dem Abbruch. Aber dann ist der Deal unter Dach und Fach, zumal ein zusätzliches Handelsabkommen beiden Seiten Vorteile bringt. Die Aufnahme diplomatischer Beziehungen gegen 9626 Kriegsgefangene und etwa 20000 Zivilinternierte – ein passables Geschäft. Zwar hatte man mit wesentlich mehr Freigelassenen gerechnet, dennoch wird Adenauer von den Angehörigen bei seiner Rückkehr wie ein Held gefeiert, und als die Heimkehrer dann wirklich heimkehren, fließen Freudentränen wie selten in der deutschen Geschichte. Die westlichen Freunde hatten Adenauers Moskaureise mit Argwohn beobachtet und dachten an Rapallo. Aber von geheimen Zusatzabmachungen wie 1922 und 1939 konnte diesmal nun wirklich nicht die Rede sein.

Während des Rückflugs erörterten die deutschen Politiker, wie man eine Anerkennungswelle der DDR unterbinden könne. Denn zu befürchten war, dass, wenn Bonn und Moskau Botschafter austauschen, viele Staaten dieser Erde ebenfalls diplomatische Beziehungen zur DDR aufnehmen und sie damit aufwerten. Man musste also deutlich machen, dass die Beziehungen der BRD zur SU einen diplomatischen Sonderfall darstellten, weil diese zu den vier Siegermächten gehörte und als solche Verantwortung für Deutschland als Ganzes trage. Fortschritte hinsichtlich der Wiedervereinigung waren deshalb ohne die Sowjets nicht möglich. Wer die Einheit anstrebte, musste auch mit Moskau reden und das ginge nur mithilfe diplomatischer Kontakte. Mit dem anderen Ostblockstaat hat Bonn jedoch jede Beziehung vermieden. Die DDR war für die BRD ein Unstaat, undemokratisch entstanden und verwaltet und schuld an der deutschen Spaltung. Denn Ostberlin (wie auch Moskau) weigerten sich ja strikt, gesamtdeutsche Wahlen als Voraussetzung zur Wiedervereinigung zuzulassen. Es musste also alles getan werden, um eine Aufwertung der DDR zu verhindern. Wer sie diplomatisch anerkannte, machte sich eines unfreundlichen Aktes der Bundesrepublik gegenüber schuldig und musste abgestraft werden. Auf besagtem Rückflug von Moskau wurde die Idee geboren, keine diplomatischen Beziehungen zu Staaten zu unterhalten, die Ostberlin anerkennen. Das würde auch die Handelsbeziehungen einschränken und gegebenenfalls die Entwicklungshilfe, so dass fast alle Länder der Dritten Welt sich der Bonner Doktrin, also dieser Wenn-Dann-Drohung unterwarfen. Ende des Jahres wurde die nach Professor Walther Hallstein benannte und von Professor Wilhelm Grewe formulierte Doktrin verkündet und in Kraft gesetzt. Sie hat für einige Jahre die beabsichtigte Wirkung erzielt und die Dritte Welt diplomatisch diszipliniert. Sie hat aber auch zu einer zunehmenden Unbeweglichkeit und mangelnder Flexibilität der Bonner Außenpolitik geführt.

Die Bundesrepublik war – zehn Jahre nach Kriegsende – ein abgespeckter deutscher Reststaat. Die Ostgebiete waren verloren, die DDR ging ihren eigenen Weg, und im Westen war der Verlust des Saarlandes zu befürchten. Aber es kam anders. Bei der Volksabstimmung über die Europäisierung ihres Landes am 23. Oktober 1955 sprechen sich 67,7% der Bevölkerung, also über zwei Drittel, gegen das Saarstatut aus. Bemerkenswert ist die Wahlbeteiligung von 96,7%. Es muss neu verhandelt werden und nach einer Landtagswahl im Dezember, die den Parteien des *Heimatbundes* (CDU, SPD und Liberale) 74% der Stimmen bringt, wird den Franzosen endlich klar, dass die Menschen an der Saar weder nach Frankreich noch nach Europa wollen, sondern nach Deutschland. Paris bleibt nichts übrig, als dem Rechnung zu tragen. Ein neues Saarabkommen wird am 27. Oktober 1956 in Luxemburg unterzeichnet. Seit dem 1. Januar 1957 ist das Saarland ein deutsches Bundesland. An seiner Westgrenze hat Deutschland den Zweiten Weltkrieg unbeschadet überstanden.

EINSCHUB 36A
EIN LOGISCHER MONOLOG

ICH werde mit niemandem darüber sprechen. Ich darf es nicht und ich will es nicht. Auch in meinen Memoiren, die ich irgendwann in ferner Zukunft – zwischen meinem Rücktritt und meinem Tode – veröffentlichen werde, soll mein Geheimnis nicht preisgegeben werden. Ich könnte meinen Ruf und Ruhm als politischer Fuchs noch um einiges fördern, wenn ich meine Tricks nachträglich auf den Tisch lege. Aber warum aus Eitelkeit Porzellan zerschlagen und böses Blut machen? Lieber verzichte ich auf weitere Bewunderung. Man muss sich auch mal in Bescheidenheit üben, obgleich gerade die mir von Gegnern und Anhängern abgesprochen wird, wenn sie entsprechende Anekdoten in die Welt setzen, wie zum Beispiel die folgende:
Sagen Sie mal, Herr Bundeskanzler, fragt ein neugieriger Journalist, *Sie sind seit Jahren Ihr eigener Außenminister und fliegen in diplomatischer Mission pausenlos in der Weltgeschichte herum, haben Sie da nicht Angst, mit einer dieser wackeligen Maschinen abzustürzen?*
– *Wieso Angst?,* lautet meine angebliche Antwort, *et isch doch noch keen Meister vom Himmel jefallen.*
Kein Geheimnis ist es dagegen, dass Deutschland ein geografisches Problem hat. Wir liegen in der Mitte Europas. Kein Volk hat so viele Nachbarn wie wir und folglich Grenzstreitigkeiten und folglich Kriege. Natürlich kann man sich klein machen und für neutral erklären, aber dann ist man von allen Seiten erpressbar. Neutralität ist genauso gefährlich wie Aggression nach allen Seiten, wie das Reich sie in zwei Weltkriegen provoziert hat und teuer bezahlen musste. Aber Einsamkeit in der Mitte garantiert auch keine Sicherheit, sie weckt vielmehr bösnachbarliche Begehrlichkeiten. Man

braucht also Freunde, um nicht isoliert zu sein. Das wusste schon Bismarck, der unter dem Albtraum der Deutschland einkreisenden Verbündeten litt, unter dem *cauchemar des coalitions*. Leider haben das aber Wilhelm II. und Adolf Hitler vergessen und außer Acht gelassen und nach allen Seiten geschlagen – mit den allgemein bekannten Folgen.

Gute Freunde und feste Bündnisse sind das Unterpfand von Frieden und Sicherheit. Da aber die atheistische, bolschewistische, undemokratische, diktatorische, aggressive Sowjetunion als Bündnispartner ideologischer- und logischerweise nicht in Frage kommt, müssen wir uns an Westeuropa und die USA halten, und das in jeder Hinsicht, politisch, kulturell, wirtschaftlich und – last but not least – militärisch. Das war meine Einsicht und Absicht von Anfang an, auch wenn eine solche Politik die deutsche Spaltung vertiefte. Lieber ein sicheres Westdeutschland zwischen Elbe und Rhein als ein unsicheres Neutraldeutschland zwischen Rhein und Oder. In der dritten Strophe des 1841 von Hoffmann von Fallersleben auf Helgoland gedichteten Deutschlandliedes, unserer Hymne, bekennen wir uns zu der Rangordnung *Einigkeit und Recht und Freiheit für das deutsche Vaterland,* eine Reihenfolge, die für das nationalistische 19. Jahrhundert sicher ihre Berechtigung hatte. Aber inzwischen haben sich die Zeiten geändert, und meiner politischen Philosophie liegt eine andere Wertung zugrunde. Am höchsten steht die Freiheit, dann folgt das Recht, also die aus der Freiheit abgeleitete demokratische Grundordnung, und erst als drittes, als fernes Ziel, kommt die Einigkeit. Zwar habe ich selbst mich Anfang der Fünfzigerjahre dafür eingesetzt und mich auch durchgesetzt, die dritte Strophe und nur die dritte Strophe des Hoffmann-Gedichts zu unserer Nationalhymne zu machen, gegen Theodor Heuss übrigens, der sich vergeblich für Rudolf Alexander Schröders allzu hölzerne *Hymne an Deutschland* ausgesprochen hatte. Ich hatte mich also für einen Text engagiert, in dem die nationale Einheit erste Priorität hatte, in Wahrheit zog ich die Freiheit vor, und die war nur im Westen zu haben.

Wichtigste Voraussetzung der Westbindung war ein gutes Verhältnis zu unserem alten Erbfeind Frankreich – bei aller Wertschätzung der den Franzosen in jeder Hinsicht überlegenen Amerikaner und

Briten. Der Schlüssel für die Westbindung lag in Paris. Nur wenn wir uns mit den Franzosen versöhnen und uns mit ihnen auf Dauer gut verstehen, nur dann können wir in Westeuropa heimisch werden und uns vor den Sowjets sicher fühlen. Aber die Liebe der Franzosen war schwer zu erringen. Zu misstrauisch waren unsere westlichen Nachbarn, denn das gebrannte Kind scheut das Feuer. Dreimal in den letzten anderthalb Jahrhunderten hatten deutsche Truppen Paris eingenommen (1814, 1871 und 1940) und einmal (1914) waren sie auf Kanonenschussweite an ihre Metropole herangekommen. Das sollte sich – so das Hauptziel der französischen Nachkriegspolitik – niemals wiederholen. Für alle Zeiten sollte Deutschland wirtschaftlich geschwächt werden und nie wieder aufrüsten.
Aber dann, aus Angst vor der sowjetischen Expansion, denkt Frankreich um. Man ist bereit, mit uns ein Militärbündnis einzugehen. Die französische Regierung spricht sich für eine Europäische Verteidigungsgemeinschaft, die EVG, aus, aber eben nur die Regierung, die Nationalversammlung lehnt den Vertrag ab. Dass wir dann nur wenig später in die NATO aufgenommen werden und aufrüsten dürfen, lag dann einfach daran, dass hinreichend für das französische Sicherheitsbedürfnis gesorgt war. Die Bundeswehr sollte unter internationaler Kontrolle und Führung stehen und auf eine halbe Million Mann beschränkt werden. Hinzu kamen noch einige weitere Einschränkungen. Außerdem wiegten sich die Franzosen in der Hoffnung (und ich wiegte mit), dass sie – als deutsche Gegenleistung – maßgeblichen Einfluss auf das Saarland und seine Kohlegruben erhalten beziehungsweise behalten würden. Die Saar war der Preis, den sie für ihre Bereitschaft, sich mit uns zu versöhnen und zu verbünden, verlangten. Und darauf ließ ich mich ein, musste ich mich einlassen, oder zumindest so tun als ob. Ich musste sie überlisten. Bismarck hatte sie mit List und Tücke – durch die berüchtigte Kürzung und Entstellung der berühmten Emser Depesche – dazu gebracht, gegen uns in den Krieg zu ziehen, der dann zur deutschen Einheit führte. Ich wollte die Franzosen mit List und Tücke dazu bewegen, sich mit uns zu einigen. Und dabei war die Saar der Köder. Ich stellte ihnen das Saargebiet in Aussicht oder doch die wirtschaftliche Nutzung und Ausbeutung, ohne es ihnen aber endgültig zu überlassen. Im Zusammenhang mit den Pariser Verträgen, also

unserem NATO-Beitritt, schlossen wir das deutsch-französische Saarabkommen. Das kleine Ländchen sollte ein europäisches Statut erhalten, das vorsah, die auswärtigen und militärischen Angelegenheiten einem europäischen Kommissar zu übertragen, der dem Rat der WEU verantwortlich sein sollte, *innenpolitisch* wurde dem Saarland Selbstverwaltung zugestanden, und wirtschaftlich war die enge Union mit Frankreich beizubehalten. Eine derart komplizierte Konstruktion war natürlich auf lange Sicht nicht lebensfähig. Das Ganze war ein Mischmasch wie ein Zwitter, teils Selbstverwaltung, teils europäische Verwaltung, teils französische Verwaltung. Wahrscheinlich sahen auch die Amerikaner und Briten voller Skepsis auf diese Pläne und waren genervt von der penetranten Saarbegierde der Franzosen, widersprach es doch eindeutig dem Ideal des Selbstbestimmungsrechts, wenn Frankreich urdeutsches Land annektieren wollte, zumindest teilweise, nämlich wirtschaftlich. Mir war das alles klar. Mir war auch klar, dass die Menschen an der Saar das Saarstatut verwerfen würden und wir dann neu verhandeln müssten. Aber ich tat Paris den Gefallen, zum Saarstatut zu stehen und ihm meinen Segen zu geben, wofür ich mir den Fluch meiner politischen Gegner in Deutschland einhandelte. Vor allem die Sozialdemokraten hielten die Preisgabe des deutschen Landes für nationalen Verrat, schimpften wie die Rohrspatzen und meckerten wie Ziegen. Das kam mir sehr gelegen, diente es doch meinem Doppelspiel, denn die in Deutschland aufbrausende Kritik bestärkte Paris in dem Glauben, gewonnenes Spiel zu haben. Die naiven Sozis begriffen einfach nicht, dass ich der Saarbevölkerung einen Vertrag vorlegte, den sie ablehnen sollte. Weder die Franzosen noch unsere Sozis bemerkten das Augenzwinkern, mit dem ich die Saarländer zum Plebiszit aufforderte. Die Menschen in Saarbrücken haben mich besser verstanden als die Opposition in Bonn und als die Regierung in Paris. Über zwei Drittel stimmten gegen das Saarstatut, die Franzosen waren gescheitert.

Gewiss, ich weiß, so heimtückisch darf man mit Freunden nicht umgehen – einen Bündnisvertrag schließen und dessen unangenehmen Teil von vornherein nicht einhalten wollen und zu Fall zu bringen. Aber im Interesse der deutschen Sache war das in diesem Fall einfach nötig – und Not kennt kein Gebot. Die Franzosen über die

Niederlage hinaus noch zu demütigen, dass ich später offenlege, wie ich sie hinters Licht geführt und um die Saar geprellt habe, das habe ich dann doch nicht getan, anders als Bismarck, der in seinen *Gedanken und Erinnerungen* stolz erzählt, wie er das Ding mit der Depesche gedreht hat. Ich zog es also vor, den Mund zu halten. Nur hier in meinem Rhöndorfer Rosengarten spreche ich manchmal über diese Dinge, aber ganz leise und nur mit mir selber. Nur meinem Beichtvater werde ich mich offenbaren, vielleicht sogar dem Beichtvater aller Beichtväter, dem Heiligen Vater, mit dem ich ja in gutkatholischer Freundschaft verbunden bin. Die Herren in Schwarz werden das Beichtgeheimnis achten so wie ich die diplomatische Verschwiegenheit.

Als das Saarstatut durchgefallen, das Zwitterkind also in den Brunnen gefallen war, da mussten wir mit unseren Verhandlungen ganz von vorne beginnen. Den Franzosen blieb nichts übrig, als das deutsch denkende, deutsch fühlende, Deutsch sprechende Saarvolk der Bundesrepublik Deutschland zu überlassen. Der einzige Trost, den wir den Franzosen schenken konnten, war der, dass wir ihnen zugestanden, das Gesicht zu wahren. Erst 1957 sollte das Saarland an Deutschland fallen und erst 1959 die wirtschaftliche Bindung an Frankreich beendet werden.

Was unsere Verhandlungsposition stärkte, war die Tatsache, dass wir alle, die Völker des Westens, dabei waren, eine nordatlantisch-westeuropäische Wertegemeinschaft aufzubauen, eine moralische und demokratische Alternative zum bolschewistischen Ostblock. Und in dieses Bild hätte es nicht gepasst, wenn Frankreich das Saarland zu seinem Satteliten gemacht hätte wie die Sowjetunion die Ostzone. Der Westen musste glaubwürdig sein und bleiben, und da war die Saar eine Probe aufs Exempel. Die DDR-Bevölkerung durfte sich nicht für den Anschluss an die Bundesrepublik entscheiden, aber die Saarländer hatten hier im Westen und nach westlichen Spielregeln dazu die Möglichkeit und nutzten sie. Und das hatten die Franzosen zu respektieren und haben es respektiert.

Im Juni 1956 traf ich mit dem französischen Ministerpräsidenten Guy Mollet zusammen. Wir mussten nicht lange verhandeln, es war ja völkerrechtlich alles klar. Ich wies auf das Unumgängliche der Situation hin, und er nahm es zur Kenntnis und hin. Wenig später, am 27. Oktober, wurde in den Luxemburger Verträgen die Heimkehr des Saarlandes endgültig festgeschrieben. Ich war's zufrieden. Aber ich verzichtete darauf, die Triumphfahrt kreuz und quer durchs Saargebiet zu unternehmen und mich bejubeln zu lassen (wie Hitler 1935 nach der erfolgreichen Abstimmung). Ich wollte die Franzosen nicht reizen und die nationale Begeisterung der Saarländer nicht zusätzlich anheizen.

Inzwischen war ich sieben Jahre im Amt und hatte mit Ausnahme der Wiedervereinigung alle mir gesteckten Ziele erreicht, weil ich die Wiedervereinigung hintanstellte. Ich habe die Ostzone zwar nicht verkauft, aber ich nahm die Teilung in Kauf. Was haben wir nicht alles geschafft, weil wir die ohnehin unmögliche Wiedervereinigung in die Zukunft verschoben. Wir bauten eine funktionierende, vom Willen des Volkes getragene Demokratie auf, wir ermöglichten das Wirtschaftswunder, wir sind fest in den Westen integriert, auch militärisch, und als angesehener und starker Staat können wir vielleicht einmal durch eine Politik der Stärke die deutsche Einheit erzwingen. Denn irgendwann werden die da drüben, Sowjetunion und Sowjetzone, in eine existenzbedrohende Krise geraten – und das müssen wir dann ausnutzen.

Meine Erfolge verdanke ich ganz einfachen Rezepten. Ich profitierte vom Ost-West-Gegensatz, und ich ließ mir das, was ich ohnehin selber wollte, von meinen jeweiligen Verhandlungspartnern teuer bezahlen.

Nach dem Ersten Weltkrieg einigten sich die Sieger in Versailles darauf, Deutschland zu erniedrigen und am Boden zu halten. Armut und Unmut waren die Folge – und letztlich der Aufstieg Hitlers. Nach dem Zweiten Weltkrieg schlossen die Sieger nicht nur keinen Frieden mit Deutschland, sie hielten auch untereinander keinen Frieden und erklärten sich den Kalten Krieg. Beide Seiten, der Ostblock und der Westblock, wollten Deutschland als Verbündeten haben und buhlten um uns. Da Deutschland aber geteilt war, stärkte die BRD die eine und die DDR die andere Seite, und zwar auch militärisch.

Als der Ost-West-Konflikt 1950 zum Koreakrieg führte, in dem sich im Rahmen der UNO der Westen engagierte, wurde erst der Süden vom Norden erobert, dann der Süden befreit und fast der ganze

Norden eingenommen, schließlich die UNO-Armee von chinesischen *Freiwilligen* bis an die alte Demarkationslinie zurückgedrängt. Und da begann auch die Bundesrepublik, Eroberungen zu machen, und zwar auf dem Weltmarkt. Da die Westmächte, vor allem die USA, ihre Industrie auf Rüstung umstellten, konnten wir uns mit unseren zivilen Exporten die weltweit entstehenden Marktlücken zunutze machen. Wir waren zwar keine Kriegsgewinnler, die direkt an dem Krieg verdienten, aber wir profitierten doch indirekt von diesem Krieg, weil zudem unsere Löhne, bescheiden wie wir nach dem verlorenen Krieg waren, im Vergleich mit anderen Industrienationen sehr niedrig waren, so dass keine andere Volkswirtschaft mit uns konkurrieren konnte. Wir lieferten deutsche Wertarbeit, und das schnell und preiswert. Der Koreakrieg hat unserem Wirtschaftswunder einen entscheidenden Schub verliehen.

Da der Ostblock und der Westblock, vor allem die SU und die USA, um ihren Teil Deutschlands buhlten und diesen hüben und drüben zu ihrem wirtschaftlichen, politischen und militärischen Partner machten, ging es uns nach dem Zweiten Weltkrieg viel besser als nach dem Ersten, auch wenn von dieser Konkurrenzsituation nur die Westdeutschen wirklich profitierten. Immerhin aber sollte die Zonenbevölkerung von allen Ostblockvölkern schon bald den – relativ – höchsten Lebensstandard haben. Fünf Jahre nach dem Ersten Weltkrieg erlebten die Deutschen die verheerende Inflation von 1923, fünf Jahre nach dem Zweiten Weltkrieg kam im Zusammenhang mit dem Koreaboom das Wirtschaftswunder mehr und mehr auf Touren. Wir waren auf dem Wege, Exportweltmeister zu werden, und wir werden alles daran setzen, diese Poleposition zu verteidigen. Die staatliche Souveränität der Bundesrepublik endgültig zu erlangen, verlangte Geduld und diplomatisches Geschick. Über beides verfügte ich. Ich konnte warten und ich verstand es, wie oben schon angedeutet, mir das, was ich unbedingt wollte, von den Vertragspartnern auch noch honorieren zu lassen. Das funktionierte natürlich nur dank des Kalten Krieges. Ich wollte die wirtschaftliche Bindung an den Westen und ließ mir den Eintritt in die Montanunion mit der Mitbestimmung über das Ruhrgebiet bezahlen. Ich wollte die militärische Westbindung und ließ mir den Eintritt in die EVG beziehungsweise die NATO mit dem Deutschlandvertrag, also der staatlichen Souveränität, vergüten. Ich wollte mit der Sowjetunion, der einen der Siegermächte, direkt verhandeln können, was nicht ohne diplomatische Beziehungen möglich gewesen wäre, und ließ mir den Austausch von Botschaften mit der Entlassung der letzten deutschen Kriegsgefangenen bezahlen.

Apropos bezahlen. Wenn ich selber, oder genauer: mein geiziger Finanzminister Fritz Schäffer, aus der Staatskasse zahlen musste, weil es aus Gründen der Moral und der Gerechtigkeit unumgänglich war, so geschah das in aller Sparsamkeit. Wichtiger als die konkrete Höhe der Wiedergutmachtung an den Staat Israel und des Lastenausgleiches an die Vertriebenen war sowieso die Geste. Die Juden und die Flüchtlinge sollten erkennen, dass wir es gut mit ihnen meinen. Auch die Spätheimkehrer sollten sich willkommen geheißen fühlen, wenn sie 150 Mark Begrüßungsgeld erhielten. Das war nicht viel, aber symbolisch wertvoll, und gerade in schwierigen Zeiten sind Symbole gar nicht zu überschätzen. Als frommer Katholik weiß ich, welchen Eindruck symbolische Handlungen auf die Menschen machen.

Vielleicht waren die Flüchtlinge unser größtes inneres Problem. Wir hatten unsere liebe Not mit ihnen, waren sie doch die Ursache für die zweite, die andere Spaltung unseres Volkes. Denn unser Land wurde ja nicht nur an der Elbe geteilt, ein Riss ging auch mitten durch die Bevölkerung der Bundesrepublik. Die Heimatvertriebenen hatten alles verloren, die Heimatverbliebenen alles behalten. Außer ihrer Häuser und Höfe, ihres Landbesitzes, ihrer Betriebe und Arbeitsplätze hatte der Krieg die Ostflüchtlinge auch ihrer Heimat beraubt. Hier in Westdeutschland fühlten sie sich als Fremdlinge, als ungeliebte Gäste, als Besucher auf Zeit. Sie wollten heim und pochten auf das Recht auf Heimat. Der Lastenausgleich war ein schwacher Trost, ja weniger, er erschien vielen ungerecht und das gleich in zweifacher Hinsicht. Zum einen bekamen sie nur einen Bruchteil dessen, was sie im Osten verloren hatten, zum anderen bedeutete diese Abfindung für ihr altes Eigentum, dass man die Oder-Neiße-Grenze hinnahm und anerkannte. Genau das wollten die Flüchtlinge aber nicht, gründeten Vertriebenenverbände und sogar eine politische Partei. Dieser *Block der Heimatvertriebenen und Entrechteten* (BHE) barg in seinem Namen jedoch, ohne dass die

Leute es merkten, einen logisch-linguistischen Fehler. Denn wenn man mit den Vertriebenen und Entrechteten zwei unterschiedliche Gruppen aufzählt, entsteht der Eindruck, als ob die Vertriebenen gerade kein Unrecht erlitten hätten, dass also der Verlust der Ostgebiete eine durchaus korrekte Korrektur der Geschichte sei, nämlich das Rückgängigmachen der aggressiven Ostkolonisation seit dem Mittelalter und die gerechte Strafe für Hitlers mörderische Lebensraumpolitik. Man kann nicht aufzählen *Kinder und Menschen*, denn dann zählen die Kinder nicht zu den Menschen. Ebenso falsch ist die Aufzählung *Vertriebene und Entrechtete*, richtig müsste es heißen *Block der Heimatvertriebenen und anderer Entrechteter*. Der Name BHE und das Lastenausgleichgesetz relativierten also beide das Recht auf die Ostgebiete, auch wenn die Parole *Dreigeteilt – niemals* zum gängigen Slogan wurde.

Aber von der linguistischen Theorie zurück zur politischen Praxis. Mit den Flüchtlingen, sie waren schließlich Bundesbürger und somit Wähler, musste ich mich gutstellen, obgleich sie mir innerlich fremd waren. Sie hatten slawisches Blut in den Adern, sie waren Preußen mit allen ihren guten und schlechten Eigenschaften, die Ostprovinzen gehörten den Hohenzollern, lange bevor das Rheinland an Preußen fiel und von Berlin aus regiert wurde, nämlich erst seit dem Wiener Kongress. Außerdem waren die meisten Ostdeutschen Protestanten und nach meiner Meinung fängt östlich der Elbe und erst recht östlich der Oder so langsam die asiatische Steppe an. Aber ich brauchte die Stimmen und die Zustimmung der Flüchtlinge, und darum holte ich den BHE in mein zweites Kabinett, speiste die beiden Minister aber mit unbedeutenden Ressorts ab. Herr Oberländer durfte sich um seine eigenen Vertriebenen kümmern und Herr Kraft war zuständig für besondere Aufgaben, also ohne Einfluss. Mein Wohlwollen bekundete ich auch dadurch, dass die Flüchtlinge Flüchtlingsausweise erhielten, die ihnen im alltäglichen Leben kleinere Vergünstigungen verschafften und – mehr noch – der Status Flüchtling war erblich und ging auf die Kinder über, auch auf die in der Bundesrepublik geborenen. Darüber hinaus legte meine Regierung fest, dass Kinder, deren Eltern einerseits aus dem Osten, andererseits aus dem Westen stammten, als Flüchtlinge galten. Die Eigenschaft *Vertriebener* war also dominant erblich.

Das heißt, wenn die Deutschen sich konsequent vermischen, dann sind in drei bis vier Generationen alle Flüchtlinge. Ihre Heimat ist dann nicht mehr die Bundesrepublik, sondern sie alle erheben Anspruch auf die Gebiete jenseits von Oder und Neiße. Diesen Trick mit der Mischehe haben wir übrigens von der katholischen Kirche übernommen, die vorschreibt, dass die Kinder aus katholisch-evangelischen Ehen grundsätzlich katholisch getauft werden müssen, anderenfalls wird eine Mischehe gar nicht erst zugelassen. Meine Vertriebenenpolitik hat den Flüchtlingen übrigens so sehr imponiert, dass die meisten ihrem BHE den Rücken kehrten und mich wählten, mit der Folge, dass die meisten BHE-Funktionäre zur CDU überliefen. Der Rest scheiterte bei der Bundestagswahl 1957 an der Fünfprozenthürde, und hinfort war die Union die politische Heimat der Vertriebenen. Mehr und mehr fühlten sie sich in meiner Bundesrepublik zu Hause und engagierten sich. Mochte ihre alte Heimat ihr Fernziel sein, zunächst einmal wollten sie in Westdeutschland Wurzeln schlagen. Da sie nichts hatten, war ihr Ehrgeiz besonders groß. Sie wollten es wieder zu etwas bringen. Dabei halfen ihnen ihre preußischen Tugenden, Pflichtbewusstsein, Arbeitsamkeit, Sparsamkeit, Zuverlässigkeit, und so übertrafen sie in ihrer Strebsamkeit viele der selbstzufriedenen Alteingesessenen. Das Wirtschaftswunder hat viele Ursachen, aber eine von ihnen ist ganz sicher in der Einsatzbereitschaft der Vertriebenen zu sehen.

Wenn ich Mitte der Fünfzigerjahre zurückblicke, dann kann ich stolz darauf sein, dass es mir gelang, die Freundschaft der Flüchtlinge und der Franzosen zu gewinnen, ohne dass sie merkten, wie ich sie manipulierte. Sie taten, was ich wollte. Die Franzosen brachte ich dazu, sich in ein geeintes Westeuropa zu integrieren, und die Flüchtlinge, sich in Westdeutschland heimisch zu fühlen. Die Franzosen machten Schluss mit der Erbfeindschaft, und die Vertriebenen hörten langsam auf, den Polen Angst zu machen. Manchmal muss man die Menschen eben zur Vernunft und zu ihrem Glück manipulieren, und das mit List und Tücke und Samthandschuhen. Und dann muss man das Gold des Schweigens dem geschwätzigen Silber vorziehen.

37
Das andere, das fremde, das ferne Deutschland

Vergleicht man die beiden deutschen Staaten, so fallen vor allem zwei Unterschiede ins Auge. Die garantierten Freiheitsrechte im Westen stehen den zunehmenden Zwängen und der staatlichen Willkür im Osten gegenüber. Und der wachsende Wohlstand der Bundesbürger stellt den östlichen Lebensstandard mehr und mehr in den Schatten. Freiheit und Wirtschaftswunder sind die Markenzeichen der Bundesrepublik und wirken derart anziehend und verlockend, dass Jahr für Jahr zwischen 100000 und 200000, 1953 sogar über 300000 DDR-Bürger ihren Staat verlassen. Diese Abstimmung mit den Füßen bedeutet für den SED-Staat nicht nur eine permanente politisch-moralische Niederlage im Wettbewerb der Systeme, sondern auch einen ununterbrochenen wirtschaftlichen Aderlass, ein regelrechtes Ausbluten. Denn es sind ja vor allem die jungen, mobilen, unternehmungslustigen Menschen, die den Weg in den Westen wählen, also die wirtschaftlich wichtigen Personen, die Facharbeiter, Handwerker, Akademiker sowie Oberschüler und Studenten. Die passiven, bequemen und risikoscheuen Leute, dazu die Masse der unproduktiven Funktionäre sowie die Kranken und Alten bleiben und fallen dem Staatshaushalt zur Last. Bis zum Bau der Mauer im Jahre 1961 werden über drei Millionen Menschen ihrem System den Rücken kehren – und das kann kein Staat aushalten. 40 Jahre hat die DDR bestanden, dann war sie am Ende. Eigentlich war von Anfang an klar, dass sie im Wettstreit mit der BRD keine Chance hatte. Die Startbedingungen waren einfach zu unterschiedlich. Das fängt schon mit den Bodenschätzen an. Die DDR hat nur Braunkohle unter den Füßen, während die Steinkohle des Ruhrgebiets Grundlage der florierenden bundesdeutschen Industrie wird. Und aus diesem ohnehin bessergestellten Land holen die westlichen Siegermächte wesentlich weniger an Reparationen heraus, demontieren auch wesentlich weniger, während die Sowjetunion – verständlicherweise nach all den Verlusten im Weltkrieg – ihre Besatzungszone beziehungsweise ihren Satellitenstaat bis an die Grenze des Möglichen belastet. Kein Land der Welt hat im 20. Jahrhundert so hohe Reparationen zahlen müssen wie die SBZ/DDR. Die Demontagen, die Lieferungen aus der laufenden Produktion, die von der DDR zu tragenden Transportkosten, die Besatzungskosten, die Ausbeutung der in Sowjetische Aktiengesellschaften umgewandelten Spitzenbetriebe – das alles schränkte die ostdeutsche Wirtschaft so sehr ein, dass die Versorgung der Bevölkerung mangelhaft blieb und für die dringend notwendigen Investitionen so gut wie nichts zur Verfügung stand. 50-60 Milliarden Dollar (in Preisen von 1938) holten die Sowjets aus der SBZ/DDR heraus, zwanzigmal so viel wie die Westmächte aus Westdeutschland (etwa 2,5 Milliarden).

Hinzu kommt, dass der ohnehin stärkere Weststaat sich des Marshallplananschubs erfreuen kann, es aber eine vergleichbare Unterstützung der DDR durch die SU nicht gibt. Die Einbindung der bundesdeutschen Wirtschaft in den westeuropäischen Wirtschaftsraum (OEEC, Montanunion, EWG und so weiter) fördert den Aufschwung nachhaltiger, als es der Handel der DDR mit den relativ unterentwickelten osteuropäischen Nachbarn vermag. Zwar gab es mit dem *Rat für gegenseitige Wirtschaftshilfe* (RGW) auch in Osteuropa Ansätze für einen wirtschaftlichen Zusammenschluss, aber während die Montanunion und später die Europäische Wirtschaftsgemeinschaft (EWG) allen Mitgliedsländern gleichermaßen zugutekam, diente der RGW in erster Linie den Interessen der Sowjetunion, die Planung, Vertrieb, Verteilung und Preise in ihrem Sinne diktierte. Auch waren im Verhältnis zum Volkseinkommen die Polizei- und Militärausgaben in der DDR höher als in der BRD. Zusätzliche Kosten verursachten dann Bau, Bewahrung und Unterhaltung der Mauer sowie die sich immer mehr aufblähende *Staatssicherheit* (Stasi).

Unter diesen Voraussetzungen ein neues politisches und wirtschaftliches System aufbauen zu wollen, das bei der Bevölkerung auf Gegenliebe stieß, war kaum möglich. Wie sollte der Sozialismus bei der Mehrheit der Menschen Anklang finden, wenn die Sowjets ihren Zögling DDR schröpften, während umgekehrt die USA ihren Zögling BRD nachhaltig förderten und dadurch Marktwirtschaft und Demokratie zur allgemeinen Anerkennung verhalfen? Sicher gab es unter den alten Genossen (ob Sozis oder Kommunisten), die jetzt in der SED zusammengefasst waren, viele Idealisten und Utopisten. Sie hatten unter Hitler gelitten und träumten davon, nun endlich eine sozialistische Gesellschaft aufzubauen, in der die arme, geplagte Unterschicht, vor allem Land- und Industriearbeiter, Recht und Gerechtigkeit finden würden. Gleichheit war das ersehnte Ideal, die Macht der wirtschaftlich Mächtigen zu brechen, das ersehnte Ziel. Deshalb die Bodenreform mit der Enteignung der Gutsherren, deshalb die Industriereform mit der Enteignung der Konzernherren. Deshalb der Versuch, die Vorherrschaft der bürgerlich-akademischen Elite zu beenden und allen Kindern eine gleiche Bildung zu ermöglichen, indem alle bis zur 10. Klasse in einer Einheitsschule gemeinsam unterrichtet werden und dann, unabhängig von ihrer Herkunft, die wirklich Leistungsstärksten auf der Erweiterten Oberschule (EOS) zum Abitur und Studium geführt werden. Allein Begabung und Fleiß sollten entscheiden. Deshalb wurden befähigte junge Menschen aus der Arbeiterklasse gezielt gefördert und an der Arbeiter- und Bauern-Fakultät (ABF) auf Abitur und Studium vorbereitet. Über 30000 junge Frauen und Männer haben diese Chance genutzt. Anschaulich erzählt Hermann Kant davon in seinem Roman *Die Aula*.

Getreu der Lehre von der Diktatur des Proletariats wurde nun aber eine neue Ungerechtigkeit an die Stelle der alten gesetzt. Machte früher kaum ein Arbeiterkind Abitur, so wurden nun alle Kinder bürgerlicher Herkunft von Abitur und Studium ausgeschlossen.

Getreu dem Gleichheitsideal wurde das Lohngefälle zwischen gut verdienenden Akademikern und schlecht bezahlten Arbeitern zwar nicht gänzlich nivelliert, aber die Gehälter wurden doch einander angeglichen. Das war gut gemeint, hatte aber katastrophale Folgen. Die in der DDR gut ausgebildeten jungen Akademiker, die im Westen ein Vielfaches verdienen konnten, wechselten ihren Wohnsitz und wurden Bundesbürger. Sie wurden vom westdeutschen Arbeitsmarkt mit offenen Armen empfangen. Sie flohen von der einen deutschen Heimat in die andere deutsche Heimat, hatten keine Sprachprobleme beim Wechsel ihrer Staatsbürgerschaft, fanden oft auch Familienanschluss bei Verwandten, lebten sich also sehr schnell ein. So einfach hätte es ein Arzt, der aus Warschau oder Prag nach Köln kam, nicht gehabt.

Diese Fluchtbewegung haben die DDR-Behörden einkalkuliert und 25% der Studenten als Republikflüchtlinge (Kürzel: Rf) abgeschrieben. Der akademische Aderlass hatte zur Folge, dass das sozialistische Ziel einer flächendeckenden, kostenlosen Gesundheitsfürsorge nicht zu erreichen war. Auch sonst waren die Nebenwirkungen der an sich gut gemeinten Regelungen im Alltag höchst fatal. Die Gleichstellung der Geschlechter führte zwar dazu, dass der Anteil der berufstätigen Frauen in der DDR viel höher war als in der BRD, aber mit der Folge, dass sie nun mit Beruf *und* Haushalt doppelt belastet waren, was der später bei der *Distel* erfolgreiche Kabarettist Peter Ensikat in die Worte fasste: *Unsere Gesetze sind auf Seiten der Frau, aber die Gewohnheiten sind älter* – vor allem die Gewohnheiten der Ehemänner. Ein anderes Beispiel dafür, dass *gut gemeint* oft das Gegenteil von *gut gelungen* ist, bildet die radikale Abrechnung mit der Nazivergangenheit. Die Entfernung der Nazis aus Justiz, Schule und Verwaltung war sicher konsequent und moralisch, führte aber zu riesigen Lücken und zweifelhaften Ersatzlösungen (in Form unterqualifizierter Neulehrer und Volksrichter). Da war die BRD mit ihrer Bereitschaft zu Verzeihung, Versöhnung und Wiedereingliederung pragmatischer und erfolgreicher, schoss aber in der anderen Richtung übers Ziel hinaus, indem Altnazis in führende Positionen aufsteigen konnten, auch und sogar in der Politik.

Zu den Flops der radikalen, gut gemeinten Neuerungen zählte drüben auch die Bodenreform. Die Freude der Knechte, Kleinbauern und Umsiedler (so hießen die Vertriebenen aus den Ostgebieten im amtlichen DDR-Jargon) über den Erhalt einer Fünfhektarparzelle (zehn Fußballfelder) währte nicht lange, denn die Ackerflächen waren viel zu klein, um rentabel zu sein. Einziger Ausweg war der erst freiwillige, dann erzwungene Zusammenschluss mehrerer Höfe zu *Landwirtschaftlichen Produktionsgenossenschaften* (LPG) nach Vorbild der sowjetischen Kolchosen. So von oben sicher schon von Anfang an geplant.

Überhaupt spielte Zwang zunehmend eine Rolle, im Alltag, in der Politik, in der Wirtschaft, in der Kultur. Die SED behauptete, besser zu wissen, was dem Volk nützt, als dieses selbst. Also denkt und lenkt die Partei und hat immer recht. Auf ihrem 3. Parteitag im Juli 1950 erklärte sich die SED zur Partei neuen Typs. Das neue Statut verlangt von den Mitgliedern, *unermüdlich für die Verwirklichung der Beschlüsse der Partei und ihrer Organe zu kämpfen, für die Partei und Arbeiterklasse Opfer zu bringen, die Arbeiterklasse im Geiste des proletarischen Internationalismus und besonders zur engen Freundschaft mit der Sowjetunion und den Volksdemokratien zu erziehen.* Die Unfehlbarkeit, wie sie bisher nur der Papst beanspruchte, machte auch die SED für sich geltend. Das wird deutlich in einem Lied, das der kommunistische Dichter Louis Fürnberg eigens für den 3. Parteitag verfasst und komponiert und dort vorgetragen hat: *Die Partei, die Partei, die hat immer recht. Und, Genossen, es bleibe dabei ... So, aus Leninschem Geist, wächst, von Stalin geschweißt, die Partei, die Partei, die Partei.*

Kritik in und an der Partei war nicht länger möglich. Unzuverlässige Genossen, vor allem alte Sozialdemokraten, wurden aus der Einheitspartei herausgedrängt. Allein 1950/51 schlossen spezielle Parteikontrollkommissionen über 150000 Mitglieder aus. Wer eintreten wollte, musste sich erst als Kandidat zwei Jahre bewähren und zwei Bürgen beibringen. Wie gefährlich die Kritik war, zeigt die Tatsache, dass Anfang der Fünfzigerjahre schätzungsweise 20000 politische Häftlinge in Brandenburg oder Bautzen eingekerkert waren. Dass die Partei aber durchaus nicht immer recht hatte, zeigte sich schon sechs Jahre später, als der *Schweißer* Stalin, drei Jahre nach seinem Tode, von Chruschtschow abserviert wurde. Doch davon später.

Befassen wir uns erst einmal mit einer allgemeinen historischen Erfahrung. Es ist geradezu ein Gesetz, dass die Geschichte von den Siegern geschrieben wird. Die Verlierer melden sich nicht oder kommen nicht zu Wort. Die unterdrückte Unterschicht, die unterworfenen Völker und die in heißen oder kalten Kriegen unterlegenen Staaten werden mundtot gemacht und von der Beurteilung der Vergangenheit ausgeschlossen. Wenn Schiller behauptet: *Die Weltgeschichte ist das Weltgericht,* dann kann das doch nichts anderes heißen, als dass Sieger und Richter identisch sind. Hinzu kommt, dass der Unterlegene nicht nur leidet, sondern sich auch schämt und seine Niederlage sowie seine Vergangenheit verdrängt und sich, wenn er kann, auf die Seite der Sieger schlägt. Auf Deutschland bezogen bedeutet das, dass der 1989/90 endgültig gescheiterte Sozialismus und die insolvente DDR noch schlechter gemacht wurden, als sie ohnehin waren. Dass es gleich nach dem Krieg vielversprechende Ansätze, zumindest gut gemeinte Versuche, ein neues, besseres, gerechteres Deutschland aufzubauen, gab, wurde vergessen und aus der Geschichte gestrichen, weil das Experiment Sozialismus schon bald scheiterte und scheitern musste. Die gleichmäßige Verteilung der Produktionsmittel in Industrie und Landwirtschaft, also Enteignung und Verstaatlichung, die Abschreckung und Vertreibung der alten Eliten, die Ersetzung der entlassenen Nazis durch unterqualifizierte Volksrichter und Neulehrer – das alles musste in eine Sackgasse führen. Radikale Reformen waren in einem unter Kriegszerstörung, Demontagen und Reparationen leidenden Land, das noch dazu ein dezimierter Teilstaat war, beim besten Willen nicht durchführbar. Auf Zustimmung der an die alten Eigentums- und Machtverhältnisse gewöhnten Mehrheit der Bevölkerung war nicht zu hoffen. Der Sozialismus stieß nicht auf Gegenliebe und wurde als Mogelpackung empfunden, solange die Sowjets ihn zwar propagandistisch anpriesen, aber den kleinen sozialistischen Bruder mit geradezu kapitalistischen Methoden ausbeuteten. Moskau war in einer Zwickmühle, es musste die gewaltigen Verluste des Weltkrieges ausgleichen und sich dabei an den Schuldigen halten, also an Deutschland beziehungsweise an den ihm zugänglichen Teilstaat, zugleich aber wollte es, im Sinne der Weltrevolution, gerade der ausgepressten DDR den Sozialismus als humane Lebensform schmackhaft machen. Dieser Widerspruch zwischen Siegerdiktatur und Sozialismusmissionierung war nicht zu überbrücken. Die SED, Sprachrohr, Steigbügelhalter, Günstling und Lakai der Sowjets, verlor in der Bevölkerung mehr und mehr an Ansehen. An eine glückliche Zukunft glaubten nur wenige scheuklappenblinde Utopisten. Wer aber nicht mehr hoffte, setzte sich in den Westen ab, und das waren gerade die wirtschaftlich wichtigen Bevölkerungsgruppen. Das wiederum führte zu einem anhaltenden Mangel und zu einem regelrechten Teufelskreis. Das SED-Regime reagierte mit untauglichen Mitteln, mit Zwangsmaßnahmen, Gewalt, Strafen und Arbeitsdruck und das vergrößerte den Unmut und die Flüchtlingszahlen. Das

Scheitern führte zur Diktatur und die Diktatur erst recht zum Scheitern des stolz verkündeten Sozialismus. Eine Schraube ohne Ende. Je schlechter es der DDR ging, desto schlechter wurde das politische System und umgekehrt. Die Propagandaphrasen der Partei wurden mit Ironie beantwortet. Offizielle Parole: *Kapitalismus heißt Ausbeutung des Menschen durch den Menschen.* Verspottete Behauptung: *Bei uns ist es – im Sozialismus – umgekehrt.*

Zu den zweifelhaften Methoden der Wirtschaftsförderung zählten die Versuche, die Arbeiter zu größeren Leistungen anzuspornen. Was im kapitalistischen Westen als Arbeitshetze und Ausbeutung angeprangert und als Akkord diffamiert wurde, rechtfertigte man in der DDR mit der Lehre: *Wie wir heute arbeiten, werden wir morgen leben.* Die Aufgabe des FDGB war es nicht, wie sonst bei Gewerkschaften, die Arbeitsbedingungen zu verbessern und für höhere Löhne einzutreten, sondern die Arbeiter anzutreiben.

Ein bezeichnendes Beispiel für diese Bemühung um Leistungssteigerung ist die sogenannte Hennecke-Bewegung. Der Bergmann Adolf Hennecke hatte am 13. Oktober 1948 sein Arbeitssoll um 387% übererfüllt. Das war nur möglich, weil seine Schicht generalstabsmäßig vorbereitet war, indem in seinem Stollen beste Voraussetzungen geschaffen worden waren. Hennecke wusste natürlich, dass er sich als eine Art Streber bei den Kumpeln unbeliebt machen würde, und wollte das Spiel deshalb nicht mitmachen, ließ sich dann aber doch breitschlagen. Er wurde als Aktivist gefeiert und das ganze Land aufgefordert, ihm nachzueifern. Jeder sollte sich bemühen, Aktivist zu werden und den Plan beziehungsweise das Soll vorzeitig erfüllen. Ein unüberschaubares System von Auszeichnungen, Ehrungen, Orden und so weiter sollte die Menschen aktivieren. Kaum ein Staat der Welt hat so viele (teils hoch dotierte) Belohnungen und Belobigungen gekannt wie die DDR. Im Laufe der Zeit nahmen die Ehrungen inflationäre Ausmaße an. Um dem Gleichheitsprinzip, einem sozialistischen Ideal, zu genügen, wurde fast jeder Werktätige oder jede Arbeitsbrigade irgendwann einmal Aktivist und konnte sich, wenn nicht über den Titel, so doch über die Prämie freuen. Insgesamt unterschied man vier Arten von Auszeichnungen, und zwar 6 Orden, 15 Preise, 69 Verdienstmedaillen und 46 Ehrentitel, also fast 150. Dazu kamen noch über 50 nichtstaatliche Auszeichnungen, die von den Städten, Bezirken, Massenorganisationen und Akademien verliehen wurden. 1977 erhielten 52 Personen den Ehrentitel *Held der Arbeit*, *Verdiente Aktivisten* wurden 3561, *Aktivisten der sozialistischen Arbeit* 277556. Wie der Kabarettist Ensikat sagte: *Der Ehrung konnte man nicht entgehen.* Als der bekannte Schauspieler und Sänger Ernst Busch in einem Fragebogen darüber Auskunft geben sollte, zu welcher Massenorganisation er gehöre, antwortete er: *Nationalpreisträger*.

Diese Ehrungen sollten die dankbaren Bürger an das System binden, man sollte sich mit dem SED-Staat identifizieren. Dazu wurde schon die Jugend angehalten, nicht nur in der Schule, auch durch die Mitgliedschaft bei den Thälmann-Pionieren, den Jungen Pionieren und in der FDJ. Die anfängliche Freiwilligkeit wurde mehr und mehr zum Zwang. Wer nicht in der FDJ war, kam nicht auf die EOS und folglich auch nicht auf die Uni. Als Alternative und Konkurrenz zur Konfirmation wurde die Jugendweihe eingeführt mit ähnlichen ideologischen Zielen wie bei der Erziehung in der Schule und FDJ. Die Erfassung und Vermassung der Erwachsenen oblag dem FDGB, der damit köderte, dass er die Urlaubsplätze vergab. Wer zwischen FDJ und FDGB einerseits und HJ, DAF und KdF andererseits Ähnlichkeiten erkennen will, ist sicher nicht im Unrecht. Auch die FDJ war uniformiert, trug jedoch nicht braune, sondern blaue Hemden und wurde schon bald, wie die HJ, zur Wehrertüchtigung angehalten, allerdings in der unverdächtig und friedlich klingenden *Gesellschaft für Sport und Technik* (GST). Wichtigste Maßnahme zur Festigung ihrer Macht war jedoch die Umwandlung der SED von einer Massenpartei zu einer Kaderpartei. Man wollte nur noch gehorsame und zuverlässige Mitglieder haben. Von dem 3. Parteitag im Juli 1950, der die *Partei neuen Typs* kreierte, war schon die Rede, ebenso von der *Säuberung* der alten Partei. In der neuen Partei wurde zwar auch noch gewählt – ein bisschen Demokratie muss sein – , aber doch nach dem Vorbild der KPdSU, also nach dem Prinzip des *demokratischen Zentralismus*. Darunter verstand man, dass nur die von oben präsentierten Kandidaten zur Wahl standen. Die Parteibasis wählt, was die Parteielite vorschlägt, also das Zentralkomitee beziehungsweise das Politbüro. Und die haben bekanntlich immer recht.

Die erweiterte Macht lässt die Parteispitze schon bald ihre Untertanen spüren. Sie will sich als Musterschüler Moskaus hervortun. Im Juli 1952 wird der planmäßige Ausbau des Sozialismus beschlossen. Konkret bedeutete das die Kollektivierung der Landwirtschaft, also den erzwungenen Eintritt der bislang noch selbstständigen Bauern in die landwirtschaftlichen Produktionsgenossenschaften (LPG), die Verstaatlichung der Industrie, die Bildung der Produktionsgenossenschaften des Handwerks (PGH), die Zentralisierung der Verwaltung durch Umwandlung der fünf Länder in 14 Bezirke (also Zentralismus statt Föderalismus), die Bekämpfung der Kirchen (vor allem der evangelischen *Jungen Gemeinde*), die Abriegelung der Grenze zur Bundesrepublik, den Aufbau der Streitkräfte, der *Nationalen Volksarmee* (NVA), und den Ausbau der Schwerindustrie und der Rüstung.

Die logische Folge kam einer Katastrophe gleich. Die staatlichen Zwangsmaßnahmen, die anschwellende Fluchtbewegung und der zunehmende Unmut führten zu Krisen in der Produktion und zur Verschlechterung der Versorgung. Das Hilfegesuch an Moskau wird abschlägig beschieden. Stattdessen rät das nach Stalins Tod etwas liberalere Politbüro der KPdSU dem ZK der SED, den scharfen Kurs zu mildern (am 15. April 1953). Denn die Herren im Kreml ahnen, welche bedrohlichen Folgen der sozialistische Übereifer Ulbrichts haben müsse. Die DDR ist unbelehrbar. Wie vom ZK der SED beschlossen, ordnet die Regierung eine Erhöhung der Arbeitsnormen in den Volkseigenen Betrieben (VEB) um mindestens 10% an. Für das gleiche Geld muss man also 10% mehr arbeiten. Am 3. Juni wiederholt der Kreml seine Forderung, die Wirtschaftspolitik zu revidieren und den Lebensstandard anzuheben. Der SED-Führung bleibt nichts übrig, als zu gehorchen und nach sowjetischem Vorbild einen *neuen Kurs* anzukündigen. Ausdrücklich gestand man Fehler ein und zeigte so etwas wie Reue (um einmal den für die SED ungewohnten Begriff aus der christlichen Vorstellungswelt zu gebrauchen): *Das Politbüro des Zentralkomitees der SED hat in seiner Sitzung vom 9. Juni 1953 beschlossen, der Regierung der DDR die Durchführung einer Reihe von Maßnahmen zu empfehlen, die der entschiedenen Verbesserung der Lebenshaltung aller Teile der Bevölkerung ... dienen. Das*

Politbüro des ZK der SED ging davon aus, dass seitens der SED und der Regierung der DDR in der Vergangenheit eine Reihe von Fehlern begangen wurden ... Die Interessen solcher Bevölkerungsteile wie der Einzelbauern, der Einzelhändler, der Handwerker, der Intelligenz wurden vernachlässigt ... Eine Folge war, dass zahlreiche Personen die Republik verlassen haben. Abgedruckt wurde dieses Kommuniqué mit seiner typischen Parteisprache in der Parteizeitung *Neues Deutschland* vom 11. Juni 1953.

Dieser Kurswechsel bedeutete, Handwerker, Einzelhändler und Einzelbauern nicht länger durch Steuerdruck und Enteignung zu bedrängen, sondern die beschlagnahmten Betriebe zurückzugeben. Die Beziehungen zwischen Staat und Kirche sollten normalisiert werden, die Mitglieder der *Jungen Gemeinde* an ihre Schulen und Hochschulen zurückkehren dürfen. Aber die Normerhöhungen wurden nicht zurückgenommen. Gerade die Arbeiter, angeblich die Elite des SED-Staates, sollten vom neuen Kurs nicht profitieren. Immerhin aber kritisierte das *Neue Deutschland* (das Zentralorgan der SED) die Normerhöhungen: *Es wird Zeit, den Holzhammer beiseite zu legen.* Zwei Tage später jedoch, am 16. Juni, hieß das FDGB-Organ *Tribüne* die Normerhöhungen ausdrücklich gut. Dieser ungeschickte Artikel löste die Arbeiterrevolte aus. Es war ja auch paradox, ausgerechnet die Gewerkschaftszeitung befürwortete den Lohnraub, ausgerechnet die Arbeiter erhoben sich gegen *ihren* Arbeiter- und Bauernstaat und das ausgerechnet auf den Baustellen in der Stalinallee, wo die erste sozialistische Straße Deutschlands entstehen sollte. Die 80 Bauarbeiter des Blocks 40 waren nach der Lektüre der *Tribüne* derart empört, dass sie die Arbeit niederlegten, um zu demonstrieren. Die Kollegen anderer Baustellen schlossen sich an, mitgerissen von der Parole: *Kollegen reiht euch ein, wir wollen freie Menschen sein!* Auf dem Weg zur Gewerkschaftszentrale schwoll der Zug auf 2000 Menschen an. Die Gewerkschaftsfunktionäre ließen sich aber nicht blicken, die Arbeiter standen vor verschlossenen Türen. Daraufhin zogen die Demonstranten zum Haus der Ministerien – einst Görings Luftfahrtministerium, heute Bundesfinanzministerium. Inzwischen hatte sich der Zug durch den Anschluss weiterer Arbeiter auf etwa 10000 Mann vergrößert, und das trotz strömenden Regens. Die großen Drei der DDR, Ulbricht der

Parteichef, Pieck der Präsident, und Grotewohl der Ministerpräsident, kniffen genauso wie die FDGB-Bonzen. Nur Minister Selbmann und Professor Havemann zeigten sich, wollten beschwichtigen und wurden ausgepfiffen.

Mit dem Anwachsen der Menge veränderten sich auch die Forderungen. Jetzt hieß es nicht mehr nur *Nieder mit den Normen!*, sondern *Nieder mit der Regierung!* Als Selbmann die Rücknahme der Normen ansprach, unterbrach ihn ein Arbeiter und rief: *Kollegen, es geht hier nicht mehr um die Normen und um die Preise. Es geht hier um mehr. Wir kommen nicht nur von der Stalinallee, sondern aus ganz Berlin. Das hier ist eine Volkserhebung. Wir wollen frei sein. Die Regierung muss aus ihren Fehlern die Konsequenzen ziehen. Wir fordern freie und geheime Wahlen!*

Innerhalb weniger Stunden war aus einem Streik eine politische Demonstration geworden. Die Forderungen gingen immer weiter und wurden immer aggressiver: *Wir wollen Freiheit, Recht und Brot, sonst schlagen wir die Bonzen tot. – Wir brauchen eine Volksarmee. – Spitzbart, Bauch und Brille sind nicht des Volkes Wille,* (gemeint waren der bärtige Ulbricht, der dicke Pieck und der kurzsichtige Grotewohl). Dabei steht quasi in intuitiver Symbolik – der Bart seit Wilhelm und Hitler für Diktatur, der Bauch für das Wohlleben der Bonzen auf Kosten des Volkes und die Brille für die fehlende Übersicht der Regierung. Für den nächsten Tag, das ist dann der 17. Juni, wird ein Generalstreik angesetzt. Inzwischen fahren Lautsprecherwagen durch die Stadt und verkünden die Rücknahme der Normen. Einen dieser Wagen kapern die Arbeiter und rufen ihrerseits zum Generalstreik auf.

Die Westalliierten und auch die Bundesregierung respektieren den Eisernen Vorhang: Was drüben passiert, das geht uns nichts an. Eine Unterstützung des Aufstandes steht nicht zur Diskussion. Ruhe ist die erste Bürgerpflicht. Der von den Amerikanern kontrollierte RIAS darf zwar über die Ereignisse im Ostteil der Stadt berichten, sich aber nicht einmischen. Das Wort *Generalstreik* darf nicht erwähnt werden. Oberbürgermeister Ernst Reuter, der sich gerade in Wien aufhält, bittet die Amerikaner, ihn in einer Militärmaschine nach Berlin zu bringen – vergeblich. Die Alliierten wollen nicht auf- sondern abwiegeln. Dennoch erfährt die ganze DDR, was sich in

Berlin tut und was für den 17. Juni geplant ist. Als sich am frühen Morgen die Berliner Arbeiter in ihren Betrieben versammeln und zum Protestmarsch aufmachen, kommt es in Hunderten von Städten zu ähnlichen Demonstrationen. Aber die Erfolge bleiben aus und müssen ausbleiben. Es fehlt an einer Führung und die Forderungen sind eher spontan und zufällig. Es gibt kein konkretes Programm, sondern nur allgemeine Ziele: Löhne nach den alten Normen, Senkung der Lebenserhaltungskosten, freie Wahlen (aber wen kann man überhaupt wählen?), keine Maßregelung der Streikenden, wobei diese letzte Forderung eigentlich schon die Niederlage einkalkuliert. Es fehlen die Ansprechpartner, mit denen man verhandeln oder die man absetzen könnte wie bei einer richtigen Revolution. Denn die führenden Funktionäre sind längst untergetaucht und überlassen den Sowjets das Feld und die Verantwortung. Im Nu tauchen Panzerspähwagen auf und schon bald auch Panzer, während Zehntausende von Demonstranten ziellos durch die Innenstadt irren, sich an prominenten Plätzen versammeln und Reden anhören. Vom Brandenburger Tor können Jugendliche sogar die rote Fahne herunterholen und zerreißen, ohne dass die Rote Armee eingreift. Aber was bringt das? Der Frust ohne konkretes Ziel, ohne organisatorische und programmatische Struktur führt zu keinem Ergebnis, schlimmstenfalls zu Ausschreitungen, zur Zerstörung von Transparenten und – sehr selten – zu Plünderungen und Brandstiftungen.

Die Rote Armee begnügt sich zunächst mit ihrer puren Anwesenheit und ein bisschen Imponiergehabe. Noch hält sie sich zurück, auch wenn die Panzer mit Steinen beworfen werden. Aber was können Steine den Panzern anhaben?

Doch dann fallen Schüsse, erst nur als Warnung in die Luft abgegeben, dann auch auf Menschen. Der Konflikt eskaliert. Opfer gibt es auf beiden Seiten. Der sowjetische Stadtkommandant verhängt um 13:00 Uhr den Ausnahmezustand. Menschenansammlungen sind ab sofort verboten, nachts darf sich niemand mehr im Freien aufhalten. Die Arbeiter ziehen sich langsam zurück, was sollen sie auch anderes tun? Um 21:00 Uhr sind die Straßen wie leergefegt.

Die Zahl der Opfer ist unbekannt. Um die Bedeutung des Aufstandes herunterzuspielen, sind die offiziellen DDR-Zahlen viel zu niedrig (21 getötete Zivilisten, 4 getötete Volkspolizisten). Der Wahrheit näher kommen sicher die lange geheim gehaltenen Zahlen für den sowjetischen Sicherheitsdienst, dass 267 demonstrierende Arbeiter, 116 Volkspolizisten und SED-Funktionäre sowie 18 sowjetische Soldaten den Tod fanden. Darüber hinaus, so schätzen westdeutsche Stellen, sollen knapp 100 Personen standrechtlich erschossen worden sein und von den über 5000 Verhafteten durch DDR-Gerichte 14 zum Tode und über 1000 zu Zuchthausstrafen verurteilt worden sein. Dass mehrere Volkspolizisten und Rotarmisten wegen Befehlsverweigerung standrechtlich erschossen wurden, ist lange behauptet worden, wird aber inzwischen von der historischen Forschung bezweifelt. Gesichert ist die Angabe, dass in der gesamten DDR eine halbe Million Menschen auf die Straße gingen, vorwiegend Arbeiter, aber auch andere soziale Gruppen, besonders Jugendliche, zum Teil auch Bauern und Intellektuelle, und zwar, als der Tarifkonflikt zu einem allgemeinpolitischen Protest wurde. Nun wurden auch politische Häftlinge, etwa 1300 an der Zahl, befreit. Dennoch demonstrierten insgesamt nur 5 % der Arbeiterschaft; und die breite Mehrheit der Bevölkerung, zumal das Bürgertum, verhielt sich – trotz aller Abneigung gegen das Regime – abwartend, schließlich waren die meisten Systemkritiker längst in den Westen geflohen, mindestens dreimal so viele, wie am 17. Juni demonstrierten.

Die Folgen des gescheiterten Aufstandes sind vielfältig. Die Menschen in der DDR mussten die schmerzliche Erfahrung machen, dass gegen ein von den Sowjets gestütztes System kaum etwas durchzusetzen und erst recht dieses nicht abzusetzen war. Sie mussten auch zur Kenntnis nehmen, dass der Westen um des lieben Friedens willen, also um einen dritten Weltkrieg zu vermeiden, den Menschen auf der anderen Seite des Eisernen Vorhangs nicht helfen konnte und wollte, nicht im Sommer 1953, nicht im Herbst 1956, als die Ungarn sich erhoben, und nicht im Prager Frühling 1968. Der Eiserne Vorhang war ein sakrosanktes Tabu, an dem man nicht rüttelte. Die amerikanische Parole vom *Roll back* war nur eine Phrase, denn auch ein vorübergehend zerstrittener Kreml war nicht so schwach, dass er sich die im und kurz nach dem Zweiten Weltkrieg unterworfenen Gebiete wieder entreißen lassen würde, erst recht nicht, seit er ab 1953 im Besitz der Wasserstoffbombe war. Auch Adenauer begnügte sich mit beschwichtigenden und tröstenden Worten und mit einer Teilnahme an der Trauerfeier, die am 23. Juni vor dem Rathaus Schöneberg, dem Westberliner Regierungssitz, durchgeführt wurde. Das Einzige, was der Bundestag zuwege brachte, war, dass er wenig später den 17. Juni zum *Tag der Deutschen Einheit* erklärte, obgleich die Wiedervereinigung gar nicht das primäre Ziel der Aufständischen gewesen war. Dafür, dass die DDR-Arbeiter sich gegen den verschärften Arbeitsdruck erhoben hatten, bekamen wir im Westen einen arbeitsfreien (und auch schulfreien) Tag geschenkt. So ungerecht kann Geschichte sein.

Eine andere historische Ungerechtigkeit ist die, dass der größte Nutznießer des Aufstandes – Walter Ulbricht war. Nachdem der von ihm brutal forcierte Sozialismus zu Versorgungskrisen und allgemeinem Unmut geführt hatte, wollte das Politbüro ihn eigentlich stürzen. Nur zwei Genossen (von 15) hielten zu ihm, darunter der FDJ-Chef Erich Honecker. Auch die neue Kremlführung wollte den Hardliner, der ihrem nach Stalins Tod eingeschlagenen *Neuen Kurs* entgegenstand, fallen lassen. Aber dann hat ausgerechnet der 17. Juni Ulbricht gerettet. Geschickt taktierte er, nachdem er wie andere Spitzenfunktionäre wieder aus der Obhut beziehungsweise Schutzhaft der Roten Armee entlassen war. Er passte sich der neuen Moskauer Linie an und kombinierte Nachgiebigkeit, Schuldzuweisung und Härte. Die Normen wurden zurückgeschraubt, die Renten erhöht, die Preise gesenkt, der Konsum gefördert. Der Aufstand wurde westlichen Agenten angelastet. Vom Wespennest Westberlin aus hätten die amerikanische und die Bonner Regierung einen faschistischen Putsch geplant, obgleich der Westen von den Ereignissen genauso überrascht worden war wie die SED und obgleich die angeblichen Putschisten weder einen taktischen Plan noch Waffen hatten und obgleich die paar Teilnehmer aus Westberlin meist nur jugendliche Mitläufer waren. Sodann setzte Ulbricht eine harte Abrechnung mit sogenannten Rädelsführers und mit seinen Kritikern durch, von der SED-Spitze bis hinunter in die Bezirke und Kreise. In den nächsten Monaten wurden zwei Drittel der führenden Funktionäre in den Bezirken und Kreisen ausgetauscht. Der tolerante Justizminister Fechner, der am 17. Juni das Streikrecht befürwortet hatte, wurde abgesetzt und zu acht Jahren Zuchthaus verurteilt (aber nach zwei Jahren entlassen). Nachfolgerin wurde Hilde Benjamin, die *rote Hilde*, die sich zuvor in zahlreichen Schauprozessen einen zweifelhaften Ruf erworben hatte.

Dem Kreml blieb nichts übrig, als den ungeliebten SED-Chef zu stützen. Ihn zu stürzen, wäre als Nachgiebigkeit und Schwäche angesehen worden und hätte andere Völker des Ostblocks womöglich zur Nachahmung des Berliner Aufstandes ermuntert. Moskau behielt also Ulbricht und stärkte ihn zudem durch Gewährung eines Kredites, Rückgabe der SAG, (allerdings gegen Bezahlung) und Beendigung der Reparationen zum 1. Januar 1954.

Profitiert vom Berliner Juniaufstand hat auch Adenauer. Bei den Wahlen vom 6. September verbesserte sich die Union, wie bereits erwähnt, von 31% auf 45%. Entscheidend für seinen Erfolg war neben der Zustimmung zu seiner West- und Wirtschaftspolitik die damit zusammenhängende Frontstellung gegenüber der Sowjetunion und der DDR. Die Angst vor der roten Gefahr wurde geschürt und genutzt und – terrible simplification – Bolschewismus und Sozialdemokratie in einen Topf geworfen. Von den Wahlplakaten starrt ein martialisch und asiatisch aussehender Rotarmist den Wähler feindselig an, und der Begleittext verkündet: *Alle Wege des Marxismus führen nach Moskau* – also auch die Politik der SPD. Gestärkt geht Adenauer in die zweite Legislaturperiode und wird seine Politik fortsetzen. BRD und DDR leben sich mehr und mehr auseinander, und Adenauer und Ulbricht sind die Gallionsfiguren der beiden Staatsschiffe mit so unterschiedlichen Kursen. Auch kulturell leben sich Deutschland und Deutschland auseinander. Hier die Tendenz zur abstrakten Malerei, zu unkonventionellen Experimenten, zur Hochschätzung all dessen, was in der Nazizeit als entartet galt – drüben die zur Doktrin erhobene Kunstrichtung des *sozialistischen Realismus*.

Auch sind die von der westdeutschen Literatur behandelten Themen ganz andere als die östlich der Elbe. Dort wurde, wenn auch mit aller Vorsicht, der 17. Juni thematisiert, so in dem Roman *Fünf Tage im Juni* von Stefan Heym, der sich zwar für den Sozialismus engagiert, aber die engstirnigen Bonzen kritisiert. Eine ähnliche Position nimmt Bert Brecht ein, der zwar Kommunist, aber kein SED-Mitglied ist und erst recht kein Parteigänger Ulbrichts. Immer wieder hat er die Politik des von ihm zu seiner Heimat gewählten Staates kritisiert, wenn auch zurückhaltend und mehr oder weniger verschlüsselt. Mit dem 17. Juni setzt er sich satirisch in dem Gedicht DIE LÖSUNG (aus den *Buckower Elegien*) auseinander.

Nach dem Aufstand des 17. Juni
Ließ der Sekretär des Schriftstellerverbandes
In der Stalinallee Flugblätter verteilen
Auf denen zu lesen war, dass das Volk
Das Vertrauen der Regierung verscherzt habe
Und es nur durch verdoppelte Arbeit
Zurückerobern könne. Wäre es da
Nicht doch einfacher, die Regierung
Löste das Volk auf und
Wählte ein anderes?

Die westdeutsche Literatur beschäftigt sich mit anderen Problemen. Das kleinere Deutschland hinter der Elbe verschwindet aus dem Blickfeld. Wer nicht gerade in unmittelbarer Nähe der DDR lebt, in Lübeck, Helmstedt, Hof oder in Westberlin, nimmt das Geschehen in Transelbien kaum zur Kenntnis, es sei denn, er hat drüben Verwandte und steht in brieflichem Kontakt mit ihnen. Je weiter die Zeit fortschreitet, desto weniger Westdeutsche wissen, warum sie jedes Jahr Mitte Juni einen freien Tag für Ausflüge und Besuche zur Verfügung haben.

Nach Stalins Tod am 5. März 1953 hatte die Welt gehofft, dass es zwischen Ost und West zu einer Entspannung kommen würde. Und wirklich setzte im Osten eine gewisse Liberalisierung, ein sogenanntes Tauwetter, ein. Aber es war nicht von langer Dauer. Und der Eiserne Vorhang öffnete sich nicht, sondern wurde immer undurchlässiger. Der 17. Juni war ein Lehrstück, das zeigte, dass man hüben und drüben hinfort seinen eigenen Weg ging. Und die Menschen – denn was blieb ihnen anderes übrig – richteten sich in ihrem jeweiligen Teilstaat ein. Grundlegende Veränderungen oder gar Grenzveränderungen hätten Krieg bedeutet, und zwar Weltkrieg und sogar Atomkrieg – und den wollte natürlich niemand. Insofern waren der Eiserne Vorhang und seine Respektierung, dieser Ausdruck des Kalten Krieges – so paradox es erscheinen mag – die Friedensgarantie der Nachkriegszeit.

38

Ich Gymnasiast

Was geschah in der kleinen Reiherbeize, während die große Politik ihren Kalten Krieg führte? Nicht viel. Wir Jungen vertrugen uns, spielten Fußball im Fischtal und badeten in der Krummen Lanke, und das jeden Tag, bei Wind und Wetter, immer ein halbes Jahr lang, auf den Tag genau. Wenn wir am 30. September das letzte Mal im Wasser waren, mussten wir im nächsten Jahr am 1. April anbaden. Das war Ehrensache. Auch wenn der Kontakt mit dem Wasser nur Sekunden dauerte, bis zum Hals musste man hinein. Da wir uns anschließend akkurat abtrockneten und dann wie wild herumtobten, haben wir uns nach unserer wassersportlichen Pflichtübung niemals erkältet.

Falls im Hochsommer der sonntägliche Badeausflug an die Havel ausfiel und wir Kinder uns nur in der Krummen Lanke erfrischten, ärgerten wir uns über die Menschenmassen, die am Wochenende unseren See samt Umgebung mit Beschlag belegten. Überall im Walde lagerten die Zillemodelle aus Kreuzberg, Neukölln und vom Wedding, es war ja die einzige Erholungsmöglichkeit der armen Berliner, eine richtige Urlaubsreise war einfach nicht drin. Die Ausflügler machten es sich im Halbschatten bequem und lagen unter den Kiefern auf ihren Decken zwischen Bierflaschen, Kartoffelsalat und Klappstullen, die Frauen in rosa Unterröcken, die Männer in weißen

Unterhosen. War ihnen nach Abkühlung zumute, stürzten sie sich in mehr oder weniger gewagtem Outfit in die Fluten unserer Krummen Lanke. Nicht dass wir uns moralisch entrüsteten, aber wir kamen doch zu dem einhelligen Urteil: *Am Sonntag ist es hier nicht schön, da kommen die aus Berlin.*

Zwar waren auch wir Berliner, aber doch nur im politischen Sinne, eigentlich waren wir Zehlendorfer. Zu Zehlendorf gehört der Grunewald, ist also *unser* Grunewald. Die aus anderen Bezirken sind Fremdlinge und Eindringlinge.

Der klassische Berliner empfindet nicht die große anonyme Millionenstadt als seine Heimat, sondern seinen Wohnbezirk. Man ist Kreuzberger oder Zehlendorfer, und bekanntlich gibt es massenweise Schlager oder Gassenhauer, die die einzelnen Dörfer preisen, aus denen Berlin zusammengewachsen ist. In seinem Kiez hat der Mensch alles, was er braucht, seine angestammte Wohnung, seine Nachbarn und Freunde, seine Stammkneipe und – damals noch – seinen Tante-Emma-Laden. Auch sein Sportverein, sein Volkspark, sein Kino und oft auch der Arbeitsplatz befinden sich in nachbarlicher Nähe. Ohne dieses soziale Umfeld hätten die Berliner kaum die vielen Krisen, denen sie ausgesetzt waren – Hitler-Diktatur, Bombenterror, Wohnungsnot, Hunger, Kälte, Blockade und Insulanerschicksal – überstehen können.

Zurück in die Reiherbeize. Mit den Fünfzigerjahren änderte sich einiges. Meine Freunde, zuerst Kalle, kamen in die Lehre, und ich kam auf die Oberschule. Für die Kinder, die das Zeug zum Gymnasiasten hatten, aber in den Wirren der Nachkriegsjahre auf der Volksschule hängengeblieben waren, wurde in jedem Bezirk eine Aufbauklasse eingerichtet. Die Volksschullehrer empfahlen uns, und der Schulleiter der Schadowschule kam und inspizierte uns. Der kleine, aber furchterregende Herr stellte uns allerlei Fragen, zuletzt auch die nach unserem Berufswunsch. Das war von einem 13-jährigen Jungen etwas viel verlangt, so dass ich nur sehr allgemein antworten konnte, dass ich einen geistigen Beruf ergreifen wolle – was zur Folge hatte, dass meine Klassenkameraden sich darüber lustig machten, dass ich angeblich Pastor werden wollte. Der Unterschied zwischen *geistig* und *geistlich* war meinen Mitschülern offensichtlich nicht so recht klar.

Überhaupt hatte ich in der Klasse keinen leichten Stand. Dass ich der jüngste und beste Schüler war, hat meine Position nicht verbessert. Tonangebend waren die Mädchen, die – zwei, drei Jahre älter als ich – sich schon für Jungen interessierten so wie diese für sie. Tonangebend waren die Jungen, die über Körperkräfte verfügten und diese ausspielten. Sie prügelten sich in der Pause auf dem Schulhof, und diese Schlägereien verliefen immer nach dem gleichen Muster. Es war ein regelrechtes Ritual. Zu Beginn der großen Pause begann aus unerfindlicher Ursache in einer Ecke des Hofes das Duell, eine Mischung aus Ringkampf und Faustkampf. Im Nu waren die beiden Kämpfer umringt von Schlachtenbummlern, das Anfeuerungsgeschrei lockte immer neue Neugierige an. Die Masse der Fans wurde immer größer, das Geschrei immer lauter. Endlich fühlte der aufsichtführende Lehrer sich bemüßigt, einzuschreiten, schritt gemessenen Schrittes quer über den Hof auf den Kampfplatz zu, verschaffte sich mit kräftigen Schwimmbewegungen, mit denen er die Zuschauer zur Seite drängte, Zutritt zur Ringmitte und trennte allein durch seine Anwesenheit die beiden Kampfhähne, so wie ein richtiger Ringrichter einen richtigen Boxkampf durch seine Anweisung *Break!* unterbricht. Um seiner Autorität Nachdruck zu verleihen, verpasste der Pädagoge jedem der beiden Kontrahenten eine kräftige Maulschelle, als ob sie bis dahin nicht schon genügend Schläge eingesteckt hätten, stellte Namen und Klasse der Übeltäter fest und schickte sie zum Rektor. Das Ende des Kampfes fiel mit dem Läuten zur Stunde zusammen, als seien die Länge des Kampfes und der Pause aufeinander abgestimmt. Ich selbst habe diese Vorgänge mit interessiertem Grauen beobachtet, fand das Ganze aber auch normal, denn warum sollten, solange die Lehrer noch schlugen, obgleich es nach dem Kriege schulgesetzlich verboten war, nicht auch die Schüler sich prügeln? Vorbilder zeigen Wirkung, im Guten wie im Bösen.

Einmal, es muss schon in der 8. Klasse gewesen sein, forderte unser Sport- und Musiklehrer, ein amusischer, vierschrötiger Kraftmensch und Choleriker, der nichtsdestoweniger den schönen Namen Freudenreich führte, einen von uns, der in der Musikstunde lautstark und ausdauernd gestört hatte, dazu auf, mit ihm auf den Flur zu gehen, wo er den armen Sünder unter Ausschluss von Zeugen tüchtig züchtigen wollte, also im Stile manueller Pädagogik, womit er, kaum dass er die Tür geschlossen hatte, auch sofort begann. Aber Hans-Jürgen, wie er in der anschließenden Pause stolz und übertreibend zu berichten wusste, schlug zurück, und zwar, da er erheblich kleiner war, unter die Gürtellinie. Freudenreich war perplex, war sich aber auch im Klaren darüber, dass er den impertinenten jungen Schläger nicht zwecks Bestrafung zum Rektor melden konnte, da er selbst ja gegen geltendes Schulrecht verstoßen hatte und folglich ebenfalls mit Unannehmlichkeiten rechnen musste. Also beendete er den Kampf, kehrte mit seinem glimpflich davongekommenen Opfer in die Klasse zurück und setzte das Singen mit gespielter Ruhe fort.

Viele aus meiner Klasse hatten im Kriege derart schlimme Grausamkeiten erlebt, dass sie vor nichts mehr Angst und Respekt hatten, am wenigsten vor strafenden und schlagenden Lehrern. Einer hatte bei einem Bombenangriff fast seine ganze Familie verloren und fast alle Finger der rechten Hand. Er war verschüttet gewesen, und ihm war seitdem alles egal. Er war für jeden Streich zu haben, und wo Gewalt und Zerstörung auf der Tagesordnung standen, da war er dabei. Einmal steckte er den Fischtalteich an, das heißt, er ging eines Winterabends aufs Eis und setzte das ausgetrocknete Schilf in Brand, so dass ein riesiges Feuer entstand. Wahrscheinlich hatte der junge Feuerteufel irgendwo Benzin aufgetrieben und unter Verwendung desselben seinem Vorhaben nachgeholfen. Ich jedenfalls wurde Zeuge des faszinierendsten Feuerwerks, das ich je gesehen habe. Wieso ich dem Spektakel – aus gemessener Entfernung – beiwohnte, weiß ich nicht; ich nehme an, dass unser Mitschüler uns am Vormittag sein geplantes Event angekündigt hatte.

In sehr unangenehmer Erinnerung habe ich die Erpressung, mit der ein Klassenkamerad, der unpassenderweise Richter hieß, mich über Wochen malträtierte.

Er war einer der Ältesten und auch Dümmsten der Klasse, weshalb er mehrfach sitzengeblieben war. Seine mangelnden Schulerfolge kompensierte er durch ein angeberisches, herrisches und brutales Verhalten außerhalb des Unterrichts, in dem er ja nur eine klägliche Rolle spielte. Der Kerl hatte einmal in der großen Pause mitbekommen, wie ich, der harmlose Knabe, um groß zu tun und Kenntnisse im Bereich des Geschlechtlichen vorzutäuschen, einen umgangs-, ja gassensprachlichen Ausdruck zur Kennzeichnung des weiblichen Geschlechtsorgans gebrauchte. Der Erpresser Richter gab sich moralisch, tat empört und drohte, meine sprachliche Versündigung der Klassenlehrerin zu melden, es sei denn, ich würde ihm hinfort – quasi als gerechte Strafe – meine tägliche Schulspeisung abtreten, was ich dann notgedrungen auch tat. Ich litt, natürlich litt ich. Aber dann endlich machte ich mich frei und hatte den Mut, nicht länger mein Schweigeentgelt zu entrichten. Vielleicht würde Richter es gar nicht wagen, so hoffte ich, mit dieser delikaten Thematik der Klassenlehrerin unter die Augen zu treten. Aber er tat es, und Fräulein Mayer musste reagieren und rief mich nach Schulschluss zu sich, um mir dann lediglich zu sagen: *Aber das sagt man doch nicht.* Damit war die Sache abgetan. Ich war schließlich einer ihrer Lieblinge. An Strafe war nicht zu denken, mir war die ganze Angelegenheit nur etwas peinlich. Angst hatte ich aber davor, dass Richter sich zum Scharfrichter aufwerfen könnte und mich aus Wut über den Suppenverlust auf dem Heimweg verprügeln würde. Ich verließ das Schulgelände deshalb in größter Eile durch einen Nebenausgang, so dass Richter, sofern er mir beim Hauptausgang auflauerte, vergeblich lauerte. Jahre später, als ich längst das Gymnasium besuchte, sah ich ihn in einer Kolonne von Kollegen mit professioneller Geschicklichkeit die Straße fegen und empfand eine gewisse Genugtuung. Heute frage ich mich, in welch kümmerlichen häuslichen Verhältnissen Richter gelebt und vielleicht gar gehungert haben muss, wenn er so scharf auf meine Wassersuppe war. Und an die Stelle meiner gehässigen Genugtuung ist ein anderes Gefühl getreten, nämlich die Anerkennung der Tatsache, dass es einem von Krieg und Nachkriegskrisen gebeutelten Jungen gelungen ist, dank einer auskömmlichen Profession ein bürgerliches Leben zu leben.

Die angenehmen Erinnerungen an meine Volksschulzeit hängen mit meinen Erfolgen im Unterricht zusammen. Meine letzte Lehrerin in der Nordschule war Fräulein Mayer, unter deren Anleitung ich fleißig arbeitete, weshalb ich – wie schon gesagt – zu ihren Lieblingen zählte. Aus einem zufälligen Anlass – auf dem Lehrplan stand es nicht – fragte sie einmal, was der Nürburgring sei. Drei oder vier meldeten sich. Wir wurden einzeln nach vorne gerufen und mussten Fräulein Mayer die Antwort ins Ohr flüstern. Die anderen lagen mit ihrer Vermutung falsch, weil sie einfach nur geraten hatten, meine Antwort dagegen – *eine Autorennstrecke bei Nürnberg* – war immerhin zur Hälfte zutreffend. *Richtig! Gut!,* lobte Fräulein Mayer, schränkte das Lob aber ein, indem sie sagte, wo genau die Rennstrecke liege, habe sie nicht genau verstanden, nannte selber die Eifel und lastete mir meinen Fehler nicht an, sondern ignorierte ihn. Die Klasse und ich glaubten ihr ihre Hörschwäche, heute aber bin ich überzeugt, dass sie meinen Irrtum durchaus bemerkt hat, den Erfolg ihres Lieblings aber nicht beeinträchtigen wollte.

Mathematik, wenn man das Rechnen in der Volksschule so bezeichnen darf, hatten wir bei Dr. Polmeyer, einem Studienrat, der aber als ehemaliger Nationalsozialist vorübergehend zum Volksschullehrer degradiert worden war. Für die besseren Schüler aller 8. Klassen leitete er am Nachmittag eine freiwillige Geometrie-Arbeitsgemeinschaft. Da galt es, Dreiecke zu konstruieren, allein mithilfe von Lineal und Zirkel und Winkelmesser. Gegeben waren drei Größen, zum Beispiel eine Seite, ein Winkel und eine Höhe. Aber einmal kamen wir zu keiner Lösung, weil die Aufgabe zu schwierig war. Die Grundlinie und den spitz anliegenden Winkel hatten alle gezeichnet, aber mit der Höhe konnte keiner etwas anfangen, bis ich den Einfall hatte, in der gegebenen Höhe eine Parallele zur Grundlinie zu ziehen. Wo diese von dem schräg nach oben verlaufenden Schenkel geschnitten wurde, da war die Spitze des Dreiecks – und das Dreieck war fertig. Dr. Polmeyer hatte bemerkt, dass ich auf dem richtigen Wege war, rief die anderen Schüler herbei, und die standen nun im Kreise um mich herum, so wie in der Pause um die Prügelknaben. Ich konstruierte, wurde gelobt und bewundert und sonnte mich in meinem Erfolg.

Noch stolzer war ich auf die fünf Tore, die ich während eines Fußballspiels erzielte, als die eine Hälfte der Klasse gegen die andere 9:3 gewann. Sportlehrer Freudenreich stand wie ein Denkmal in der Mitte des Schulhofs, bewegte sich nicht von der Stelle und drehte höchstens den Kopf in Richtung Ball. Wenn von dem einen Ende des Spielfeldes ein lautes *Tor!*-Geschrei ertönte, pfiff er und verschaffte dem Treffer damit seine offizielle Anerkennung. Wie fair oder wie unfair es bei dem Spiel zuging, entging ihm und interessierte ihn auch nicht. Hauptsache, wir tobten uns im Sportunterricht aus, und er hatte seine Ruhe.

Dann das Gymnasium. Nach den großen Ferien 1951 besuchte ich die Schadowschule. Aus meiner alten Klasse hatten sieben den Sprung auf die Oberschule geschafft, Jutta, Anita, Christel, August Wilhelm, Rolf, Werner und ich. Insgesamt waren wir 42, von denen genau die Hälfte fünf Jahre später das Zeugnis der Reife erhielt. Werner und ich verabredeten, nebeneinander zu sitzen. Da er in der Volksschule ein recht guter und ich ein sehr guter Schüler war, hegten wir die nicht unbegründete Hoffnung, als Banknachbarn – besonders bei Klassenarbeiten – voneinander zu profitieren.

Eigentlich war Werner mir nicht sonderlich sympathisch, dennoch waren wir 15 Jahre lang befreundet, genau genommen bildeten wir zunächst nur eine Zweckgemeinschaft, und später hielten wir an unserer Bekanntschaft aus vertrauter Gewohnheit fest. Was uns von Anfang an trennte, war der soziale Unterschied. Ich kam aus einer gutbürgerlichen Familie, Werner hingegen stammte aus einem großbürgerlichen, ja aristokratischen Haus. Sein Vater war Dipl. Ing., wie er immer wieder stolz betonte, und überhaupt war die Familie erzkonservativ und pflegte seit Generationen die verpflichtende Tradition, dass der Erstgeborene auf den Namen Werner getauft wurde. Die Mutter hatte eine Villa, gelegen auf der vornehmen, nämlich der südlichen Seite des Fischtals, mit in die Ehe gebracht. Der mütterliche Zweig der Familie war zwar nicht von Adel, führte aber ein Wappen, das in den bleiverglasten Flurfenstern, an den Treppengeländern und an den ererbten Schränken zur Schau gestellt wurde. Werner lebte anders und wurde anders erzogen. Im Sommer 1954 wurde er nach London geschickt, damit er dort seine Englischkenntnisse aufbesserte, während ich die großen Ferien bei meinen Verwandten in Ratzeburg verbrachte, wohin sie von Klein-Disnack umgezogen waren.

Nicht nur Werner und ich waren durch Standesschranken getrennt, auch in der Klasse herrschte ein soziales Gefälle. Drei Väter waren Unternehmer, vier waren Ingenieure, einer Jurist, einer Journalist und einer ein berühmter Grafiker. Von dem stammte das Plakat, mit dem für die Berliner Industrieausstellung geworben wurde. Es zeigte drei rauchende Schlote in den patriotischen Farben Schwarz-Rot-Gold. Die meisten von uns kamen aus Angestelltenfamilien. Ob wir auch Arbeiterkinder hatten, weiß ich nicht und glaube ich nicht. Einige wuchsen ohne Vater auf und waren nicht auf Rosen gebettet. Die sozialen Unterschiede haben wir jedoch ignoriert, denn die Wertschätzung eines jeden hing davon ab, ob er sympathisch, kommunikativ, kameradschaftlich und hilfsbereit war, ein bisschen auch von seinen schulischen Leistungen im Allgemeinen und seinen sportlichen Leistungen im Besonderen sowie mit zunehmendem Alter auch davon, welches Interesse man beim anderen Geschlecht erweckte.

Bei unserem Klassenlehrer hatten wir Englisch, Erdkunde und Leibesübungen. Er stellte sich uns in der ersten Stunde vor, indem er seinen Namen an die Tafel schrieb: *Carl Berthold Friedrich.* Dass er uns seinen Vornamen offenbarte, sollte uns wahrscheinlich Einblick in sein privates Menschsein ermöglichen und so Schüler und Lehrer einander näherbringen. Diesem Ziel diente auch seine Angewohnheit, den größten Teil der Stunde mit der Erörterung gemeinsamer Vorhaben wie Klassenfeste, Klassenausflüge, Klassenreisen und so weiter zu vertun. Kurz vor dem Läuten überfiel ihn sein schlechtes Gewissen und er rief: *Fünf Minuten Englisch.* Und dann fügte er leise hinzu: *Fürs Klassenbuch.* Er gab sich als pädagogischer Pädagoge, pflegte das Menschliche und gab seinen Stunden einen fast familiären Charakter. Er spielte den Klassenvater und redete uns, was damals durchaus noch nicht allgemein üblich war, mit Vornamen an. Von seinem Bemühen um menschliche Annäherung zeugt auch die Episode seiner Studienzeit in England, wo er einmal den berühmten Gandhi höflich und sprachlich korrekt fragte: *May I join you?*

Sehr fortschrittlich schien es, uns nach zwei, drei Wochen selbst entscheiden zu lassen, mit wem wir zusammen sitzen wollten. Jeder sollte diejenigen, die er am liebsten zum Nachbarn hätte, auf einem Zettel notieren. Mit diesem liberalen Angebot verband Friedrich jedoch, wie mir heute klar ist, vor allem die Absicht, ein Soziogramm zu erstellen, das ihn darüber informierte, wer beliebt, wer unbeliebt, wer Leitbulle und wer Außenseiter war. Da unsere Klasse ein zusammengewürfelter Haufen aus mehreren Zehlendorfer Schulen war, bemühte Friedrich sich darum, uns möglichst schnell zu einer Klassengemeinschaft zusammenzuschweißen. Er unternahm deshalb mit uns im Oktober eine kurze Klassenreise in den äußersten Norden Berlins, nach Frohnau, wo neben ordentlichem Unterricht auch Sport, Spiele und andere den Gemeinschaftsgeist fördernde Aktivitäten auf dem Programm standen. An jedem Abend mussten wir uns im Nachthemd oder Schlafanzug versammeln und Volkslieder singen. Die Mädchen, die ihre Zimmer im Obergeschoss hatten, standen auf der Treppe, wir Jungen unten in der Diele. Friedrich genoss den Anblick der leicht bekleideten Schülerinnen, die in ihre Entwicklung begriffenen plastischen Details zwar nicht gezielt zur Schau stellten, aber doch notgedrungen andeuteten. Diese ästhetischen Freuden steigerte unser Klassenlehrer später im Turnunterricht, wenn er die Hilfestellung dazu benutzte, die optischen Genüsse von Frohnau zu manuellen zu erweitern.

Als Begleiter hatte er einen Primaner mitgenommen, der zuständig war für die Tischtennis- und Skatturniere, für den Frühsport und für den Küchendienst. Kurt Paravicini gab sich uns ungebildeten Nichtlateinern als *Nebennachbar* zu erkennen und verhielt sich auch wirklich nachbarlich freundschaftlich. Schon bald nach dem Abitur ging er als Freiwilliger zur Bundeswehr (Berliner mussten ja an sich nicht dienen), wurde zum Pilot ausgebildet und stürzte in Arizona ab. Mit tödlichem Ausgang. Als ich davon hörte, wurde ich in meiner Abneigung gegen alles Militärische bestärkt und hielt damit auch meinem Vater gegenüber nicht hinter dem Berg. Er hatte zwei Weltkriege verloren, ich wollte, dass es zu einem dritten gar nicht erst kommt. Ich kleidete meine pazifistische Position in den knappen Satz: *Ich bin stolz darauf, dass ich feige bin.* Das empfand mein Vater als einen Schlag ins Gesicht, Enttäuschung und Entsetzen standen ihm in dasselbe geschrieben. Sein Sohn und feige, absichtlich feige sogar! Ein Weichei, ein Weib – welche Schande.

Zurück von dem Landschulaufenthalt ging es in der Oberschule jetzt richtig zur Sache. Wir wussten, dass uns ein Kampf ums gymnasiale Dasein bevorstand, die Letzten würden auf der Strecke bleiben und gnadenlos aussortiert werden. In Deutsch und Geschichte unterrichtete uns Dr. Arndt, ein schlanker, großer, herrischer Herr, anspruchsvoll und streng. Bei den Klassenarbeiten kam niemand über die Note *Drei* hinaus, gute Aufsätze waren ein Ding der Unmöglichkeit. Umso zahlreicher waren die Fünfen, so dass die halbe Klasse Nachhilfe bei einem Germanistikstudenten der Freien Universität nahm.

Mathematik, Physik und Chemie hatten wir bei Herrn Albrecht, einem Kriegsversehrten mit Holzbein. Sein Schicksal hatte ihn nicht umgeworfen, im Gegenteil, er war immer freundlich und hatte ein jungenhaftes Gesicht, was ihm den Spitznamen Bubi eintrug. Er verlangte Leistungen, war aber nicht autoritär. In den ersten beiden Mathearbeiten schrieb ich eine Vier, in der dritten eine Eins. Ich hatte erkannt, wie der Hase in der Mathematik läuft und worauf es ankommt. Mit Ausdauer, Fleiß und der richtigen Taktik gelang es mir, hinfort nur noch Einsen und Zweien zu schreiben und das bis zum Abitur. Gerhard war ein Mathegenie, ich ein Mathearbeiter, er war *sehr gut*, ich war gut, und das reichte mir. In der Physik fühlte sich Werner, der Dipl.-Ing.-Sohn, zu Hause, war folglich erfolgreich, und ich hatte Mühe, mit ihm mitzuhalten. Da aber Physik viel mit Mathe zu tun hatte, konnte ich mir eine Dauerzwei sichern. War Werner der führende Physiker, so warf ich mich auf die Chemie. Diese Alternative, das Spiel mit Formeln, also mit Buchstaben und Zahlen, reizte mich und kam meiner Begabung für pure Theorie und abstrakte Modelle entgegen. Bubi führte in jeder Stunde Experimente vor und wir waren mehr oder weniger aufmerksame Zuschauer. Aber niemals habe ich im Chemieunterricht ein Reagenzglas, einen Erlenmeyerkolben oder einen Bunsenbrenner in der Hand gehabt. Praktische Arbeit im Labor war im Lehrplan nicht vorgesehen.

Großes Interesse brachte ich auch dem Fach Biologie entgegen. Aufgewachsen auf dem Lande und am Rande des Grunewalds liebte ich Pflanzen und Tiere. Als Naturfreund war ich ganz anders orientiert als der Physik- und Technikfreak Werner. Er war ein glühender Verehrer seines Namensvetters Wernher von Braun, der aus NS-deutschen in US-amerikanische Dienste übergewechselt war und nun für seine neuen Herren Raketen baute. Mit deren Hilfe ließ sich sowohl der Weltraum als auch der Erdkreis erobern. Werner glaubte an den Segen des technischen Fortschritts, ich war für die Bewahrung der Natur. Lange bevor es die Grünen gab, hatte ich ein grünes Herz. Ich liebte es, durch den Grunewald zu wandern, zu rennen oder zu radeln, auch alleine, während Werner in seiner Kellerwerkstatt baute und bastelte. Was das Interesse an Handwerk und Technik, den Umgang mit Geräten und Maschinen anbelangt, bin ich mein Leben lang, bis heute, Analphabet geblieben. Natürlich profitiere ich wie alle von den technologischen Errungenschaften, aber vor Hebeln, Knöpfen, Schaltern, Tastaturen und Armaturen habe ich eine geradezu panische Angst. Ich traue mich nicht, die rätselhaften Geräte zu bedienen, von denen ich nicht weiß, wie sie in ihrem Inneren funktionieren. Meine Abneigung gegen die Bedienung der Maschinen ist emotional und irrational, ich weiß, es ist eine Art Allergie, und ich bin in dieser Hinsicht ein ausgesprochener Außenseiter, eine männliche Kassandra. Ich finde es entlarvend, dass wir im Umgang mit der Technik, die unser Leben eigentlich erleichtern und verbessern soll, davon sprechen, dass wir die diversen Apparate bedienen, wir also ihnen und sie nicht uns dienen, wir also nicht Herren, sondern Knechte des Fortschritts sind. Die Überbürdung unseres Planeten mit Verkehrswegen, Verkehrsmitteln, Maschinen, Geräten, dazu die exponentiell ansteigenden Produktions- und Konsumabfälle halte ich für lebensfeindlich und lebensgefährlich. Was man als Verbesserung der Infrastruktur anpreist und anstrebt, ist in Wahrheit eine Verschlechterung, ja Vernichtung unseres natürlichen Lebensraums Erde.

Diese Distanz zum technischen Fortschritt verdanke ich meiner Freundschaft oder Bekanntschaft mit Werner, den konsequenten und kritiklosen *Homo Faber*. Ihn vor Augen, in der Schul- und erst recht in der Studienzeit, schärften sich meine Sinne für Natur und Ökologie. Ich begann, zu ahnen und dann zu erkennen, dass der technische Fortschritt zunehmend mehr schädliche Nebenwirkungen produziert als erwünschte heilsame Wirkungen.

Zurück in die Schule und ins Jahr 1951. Mit der französischen Sprache versuchte uns Dr. Thiemke vertraut zu machen. Der hatte ein Jahr zuvor seinen großen Auftritt in der Nordschule, wo er uns Volksschülern etwas über die Franzosen und ihre Sprache erzählte.

Die Klasse verhielt sich vorbildlich und war mucksmäuschenstill. Dr. Thiemke muss diese Aufmerksamkeit und Ruhe wie eine Gnade genossen haben. Denn in der Schadowschule war er ein Lehrer ohne Autorität, die Schüler machten, was sie, nicht aber, was er wollte. Der Lärm in den Stunden war größer als in den Pausen und der Luftraum über den Bänken war angefüllt mit Flugkörpern und Wurfgeschossen aller Art. Unsere Klasse hatte es sehr schnell heraus, was in Dr. Thiemkes Unterricht alles möglich war. Unter diesen Voraussetzungen Lernfortschritte zu erzielen, war nicht zu erwarten, dennoch schrieben wir ganz passable Klassenarbeiten, da wir hemmungslos aus dem Lehrbuch und voneinander abschrieben. Eigentlich war ich, aus Angst, erwischt zu werden, kein Abschreibertyp, ich ging lieber auf Nummer sicher und lernte. Aber bei Dr. Thiemke glaubte ich, es mir leisten zu können, aus dem auf den Oberschenkeln liegenden Buch zu kopieren. Doch ungeübt und ungeschickt, wie ich mein Plagiat bewerkstelligte, merkte sogar Dr. Thiemke etwas, eilte auf mich zu, griff über den Tisch hinweg und versuchte, das Corpus Delicti sicherzustellen. Ich wollte das Buch zuschlagen und unter den Tisch schieben, dort aber lag dummerweise mein Kochgeschirr (wir erhielten auch in der Oberschule immer noch unsere Schulspeisung). Es kam zu einem lauten, unüberhörbaren Geklapper, das Buch ließ sich nicht verbergen und Dr. Thiemke zog es triumphierend hervor. Er hatte endlich mal einen Sünder erwischt, dem er eine Fünf verpassen konnte, und hatte doch nur den ertappt, der eigentlich der Harmloseste war. Die Moral meines Betruges war, dass ich hinfort, da erwiesenermaßen untauglich zu unrechtem Tun, es vorzog, ehrlich zu sein und mich zu Hause vorzubereiten. Meinem Leistungsstreben hat Dr. Thiemke also, ohne dass er es wusste, ausgesprochen gut getan.

Natürlich wusste der Schulleiter um Dr. Thiemkes Durchsetzungsdefizit und um unsere sich daraus ergebenden Lücken im Französischen.

Er wurde also abgelöst durch das gestrenge Fräulein Besser, die ohnehin leistungsschwache Aufbauklasse konnte man nicht länger einem schwachen Lehrer überlassen. Uns ahnte Schlimmes. Und deshalb verabredeten wir, dass die beiden Vertretungsschüler gleich in der ersten Stunde ein Bekenntnis unserer Unkenntnis ablegen sollten, verbunden mit Reue und Bußfertigkeit, sprich mit dem Versprechen, hinfort Fleiß und wieder Fleiß an den Tag zu legen. Die autoritäre Dame nahm das Bekenntnis zur Kenntnis, und nun herrschten Zucht und Ordnung, wir mussten quasi bei null anfangen und in drei Jahren lernen, wofür ursprünglich fünf vorgesehen waren. Da mir das Geschick abging, einen perfekten französischen Nasal zu intonieren, und ich folglich den Ansprüchen der anspruchsvollen Lehrerin nicht genügte, kam ich trotz allen Fleißes nie über eine Drei hinaus. Ähnliche Schwierigkeiten wie der französische Nasal bereitete mir das englische *Tie-ätsch* (th...), aber unser lieber Klassenlehrer hörte großzügig darüber hinweg und gewährte mir meine – aufgrund der schriftlichen Arbeiten berechtigte – Dauerzwei. Schließlich war er glücklich über jede gute Note, die er in seinen Fächern an die Schüler seiner Klasse vergeben konnte. Wir waren die Parvenus des Gymnasiums, die klassischen Oberschüler, die schon seit Sexta die Schadowschule besuchten, sahen auf uns herab. Friedrich aber hatte den pädagogischen Ehrgeiz, unsere gymnasiale Daseinsberechtigung unter Beweis zu stellen. Wir Aufbauklässler befanden uns in der gleichen Lage wie die jungen Emporkömmlinge der ABF in der DDR, ohne dass uns damals aber die Parallele zwischen Arbeiter- und Bauernfakultät und Westberliner Aufbauklasse bewusst war.

Aber so richtig reif für das Gymnasium waren wir dennoch nicht, an der notwendigen Ehrfurcht vor den geistigen Werten des Abendlandes fehlte es uns. Die musischen Fächer nahmen wir nicht ernst. Musik und Kunst, das war etwas für Mädchen. Jungen hatten sportlich zu sein, aber doch bitte nicht musikalisch oder kunstinteressiert. In diesen Fächern eine Zwei zu bekommen, war weichlich und weibisch. Wir Jungen sperrten uns also dagegen, hier Kenntnisse oder gar Fähigkeiten zu erwerben. Da aber eine Fünf, auch in einem nicht versetzungsrelevanten Fach, zu Hause Ärger gemacht hätte, versuchten wir es mit dem goldenen Mittelweg und strebten eine Vier an. Den einzigen Impuls in Sachen Kunst verdanke ich unserem Direktor Jauernig. Der versammelte eines Tages die ganze Schülerschaft in der Aula, zwecks feierlicher Enthüllung eines Schadowporträts. Das Gemälde hing an der Stirnseite des Saals, schräg hinter dem Rednerpult, von welchem aus der Chef erzählte, wie ihm ein Schadowbild angeboten worden sei, wie er seine Schule gerne mit einem Porträt des Namensgebers ausgestattet hätte, aber befürchtete, auf ein wertloses Werk zu stoßen, dass er den Bieter aber dennoch aufgesucht hätte – und dann sofort begeistert war. Das Gemälde übertraf hinsichtlich des Erhaltungszustandes und der künstlerischen Qualität alle Erwartungen. Und da hing es nun, das gute Stück, wie ein Heiligenbild in der Kirche. Und wir waren aufgefordert, das Bild genauso zu bewundern wie unser Schulleiter. Mir aber war es ein Rätsel, wie man ein Kunstwerk so selbstsicher bewerten könne. Welche Kriterien gab es denn da? Was zwar Dutzendware, was war Kitsch, was war Kunst? Ich empfand es als eine Herausforderung, Kunstwerke zu beurteilen und zu interpretieren – nicht in der Schule, aber zu Hause zusammen mit meiner Mutter, die sich sehr für Kunst interessierte, viele großformatige Kunstbände besaß und sich in ihrer Liebe zu Literatur und Kunst von meinem Vater unterschied, der mehr der Musik zuneigte, auch wenn er auf der Geige, die er noch immer besaß, überhaupt nicht mehr spielte. Besonders beeindruckte mich das dickleibige grüne Buch mit dem Titel *Du und die Kunst,* das hinter den Glasscheiben unseres Bücherschrankes stand und mich sozusagen mit der zweiten Person Singular persönlich anredete. Irgendwann einmal würde ich vielleicht Ausstellungen und Galerien mit Neugier aufsuchen, angeregt von meiner Mutter und von Jauernig.

Der Schulsport, genauer: Die im Lehrplan vorgesehen Disziplinen waren nicht nach meinem Geschmack. Was meine Freizeit bisher ausgefüllt hatte – Fußball, Schwimmen, Dauerlaufen, Radfahren – spielte im Fach Leibesübungen kaum eine Rolle. Dem Fußballsport haftete noch immer der Ruch des Proletarischen an, deshalb wurde auf den Gymnasien das bürgerliche Handballspiel, das zudem eine deutsche Erfindung war, monopolartig bevorzugt. Da auch der schweißtreibende Ausdauersport nach Unterschicht roch, hatte das flotte Sprinten einen ganz anderen Stellenwert als der strapaziöse Langstreckenlauf. Auch wurde der Weitsprung, der den Sprintern wegen ihres schnellen Anlaufs entgegenkam, dem Hochsprung vorgezogen, der uns lang aufgeschossenen Leptosomen viel mehr gelegen hätte. Im Winter wurde geturnt und geturnt und geturnt, wieder und wieder, und dieser Sport war mir geradezu zuwider, meinen langen Gliedmaßen fehlte die notwendige Kraft, Geschicklichkeit und Eleganz, meinem Herz und Hirn der notwendige Mut. Ich war, wie schon erwähnt, kein Draufgänger, kein Kämpfer, kein Abenteurer, der die Gefahr liebte und suchte. Nicht ein einziges Mal in meinem Leben habe ich mich geprügelt. Ich mied handgreifliche Konflikte und im Übrigen war ich ein Wegläufer und Dauerläufer, ein Hasenfuß, der bedrohlichen Situationen auswich, statt sie bestehen zu wollen. Mein Wappentier, wenn ich mir eins hätte aussuchen wollen, wäre nicht der Löwe oder Adler gewesen, der Jäger, sondern der ängstliche, laufstarke, pazifistische und vegetarisch lebende Hase. Ich liebte Hermann Löns‘ Mümmelmann und meine eigenen Kaninchen, auch wenn ich sie inkonsequenterweise ans Messer lieferte und genüsslich verspeiste.

Kurz gesagt: Der Schulsport missfiel mir, weil ich ihn als ungerecht empfand. Warum wurden Kraft und Mut höher bewertet als Ausdauer, Durchhaltevermögen und die Fähigkeit, Strapazen zu ertragen? Warum wurde das belobigt und belohnt, was die Athleten gut konnten, und nicht das, was den Leptosomen lag (im Sinne von Kretschmers Typenlehre)? Verbarg sich hinter dieser Bewertung noch immer (auch nach zwei verlorenen Weltkriegen) die Hochschätzung militärischer Tauglichkeit?

Vielleicht sollte ich zugeben, dass es mich auch ärgerte, dass der Schulsport Werner bevorzugte und mich benachteiligte, ihn, den athletischen Sprinter, höher bewertete als mich, den langbeinigen Langläufer. Und da geschah plötzlich etwas Überraschendes. Anfang Oktober 1953 fragte Werner mich: *Wollen wir bei Z88 eintreten?* Gemeint war der Turn- und Sportverein Zehlendorf von 1888. Als ich verdutzt guckte, schob er seine Begründung nach und verkündete: *Ich will Berliner Jugendmeister über 100 Meter werden. – Und ich über 1000 Meter,* erwiderte ich zum Spaß und hatte damit indirekt seinem Vorschlag, Mitglied bei Z88 zu werden, zugestimmt. Er sollte mit seiner vermessenen Prognose recht behalten und ich mit meinem Scherz übrigens auch.

Was Werner zu seinem ehrgeizigen Traum veranlasste, war die Tatsache, dass er im Sommer ’53 den bis dahin schnellsten Sprinter der Klasse erstmals geschlagen hatte und nun hoffte, dass er auch weiterhin, erst auf Zehlendorfer und dann auf Berliner Ebene im Sprint gewinnt. Auch mir war das Laufen wichtig, Wenn ich aber mein Talent ausbauen wollte, dann musste es außerhalb der Schule geschehen, im Verein und unter fachmännischer Anleitung.

An meiner läuferischen Begabung zweifelte ich nicht im Geringsten, denn als die Reiherbeizengang um die Wette ums Fischtal lief – wahrscheinlich hatten wir keinen Ball zum Fußballspielen zur Verfügung – wurde ich mit großem Vorsprung Erster; Kalle, der beste Schwimmer, und Henry, der beste Fußballer, und alle anderen sahen mich nur von hinten. Wenn wir zum Baden die Krumme Lanke aufsuchten, legte ich zwischendurch gerne mal schnell einen Lauf um den See ein und brauchte für die zweieinhalb Kilometer 1952 gut neun und 1953 nur noch knapp acht Minuten.

Als das Bezirksamt im Sommer 1953 so etwas wie Zehlendorfer Meisterschaften veranstaltete, machte ich natürlich mit. An die 30 15-Jährigen hatten sich zum 1000-Meter-Lauf gemeldet. Es gab zwei Vorläufe und ich musste mich mit echten Könnern messen, mit austrainierten Vereinssportlern, die im Vereinsdress antraten, während ich ein kariertes Cowboyhemd anhatte. Die vermeintlichen Asse liefen sich im schmucken Trainingsanzug warm, ich dagegen hielt das für unnötig, ja für unsinnig, wieso sollte man schon vor dem Wettkampf seine Kräfte vergeuden, lieber schonte ich mich und beobachtete, bequem auf einer Bank sitzend, meine Gegner bei ihrem angeberischen Gehabe. Einer der angemaßten Favoriten trat zum ersten Vorlauf in Trainingshosen an und machte dadurch deutlich, dass er diesen Lauf noch gar nicht so recht ernst nahm und seine Mitläufer auch nicht. Selbstverständlich gewann er.

Zum zweiten Vorlauf musste ich ran. An den Rennverlauf erinnere ich mich nicht mehr. Ich weiß nur noch, dass meine Freunde mich unter rhythmischem Schreien meines damaligen Spitznamens anfeuerten und dass ich gewann. Am nächsten Tag zum Endlauf trat der große Favorit, der mühelose Sieger des ersten Vorlaufs, perfekt ausgestattet an, in kurzer Laufhose, Vereinshemd und sogar mit Spikes. Er strahlte Siegesgewissheit aus und setzte sich nach dem Startschuss sofort an die Spitze, die er bis im Ziel nicht wieder abgeben wollte, und gab sich als Chef im Läuferfeld. Ich ordnete mich in der Mitte ein und wartete ab, wie ich es bei dem Alliierten-Sportfest im Olympiastadion vor Jahren gelernt hatte. Kurz vor Schluss gewann ich den Eindruck, dass den Favoriten die Kräfte verließen, er wurde langsamer, guckte sich nach hinten um – immer ein schlechtes Zeichen – und machte überhaupt keine Anstalten, zum Endspurt anzusetzen. Da ich mich aber noch frisch und munter fühlte, lief ich respektlos und unbekümmert an allen, die vor mir lagen, vorbei, auch an dem verdutzten Favoriten, und erreichte mit ansehnlichem Vorsprung das Ziel. Meine Zeit: Drei Minuten, siebzehn Sekunden (3:17). Zur Belohnung gab es eine beeindruckende Urkunde mit einem bierdeckelgroßen, goldleuchtenden Profilporträt eines griechischen Sportsiegers mit einem Lorbeerkranz.

Trotz meines Triumphes und der schriftlichen Ehrung kam ich nicht auf den Gedanken, in einen Leichtathletikverein einzutreten, auf die Idee kam, wie schon gesagt, Werner, mein Konkurrenzkumpel. Genau am 16. Oktober 1953 wurden wir Mitglied. Zeitgleich mit unserem Eintritt übernahm ein neuer Trainer die sportliche Betreuung der Zehlendorfer Jungen und war genauso ehrgeizig und leistungssportorientiert wie Werner und ich. Er war Medizinstudent und stammte aus Sachsen. Wir trainierten zweimal in der Woche, am Dienstagabend in der Sporthalle der Zinnowaldschule und am Sonntagvormittag im Grunewald, wo Kurt Maidorn, so hieß der neue Übungsleiter, vor allem die Läufer scharf herannahm. Nach dem zweiten Hallenabend in der Umkleidekabine deutete er auf mich: *Über ihn habe ich gestaunt.* Er gab damit seiner Verwunderung Ausdruck, mit welcher Leichtigkeit, Ausdauer und Geschwindigkeit ich am vergangenen Sonntag durch den Wald gerannt war. Wie sehr er verblüfft war, hat er mir einige Wochen später verraten, als wir etwas vertrauter waren: *Als ich dich am ersten Abend in der Halle sah, habe ich gedacht: Was will der denn hier, der sollte doch lieber zum orthopädischen Turnen gehen. Und dann im Wald das Gegenteil von der Halle!*

Es ging also aufwärts mit mir. Im Februar bestritt ich das erste Mal im schwarzen Dress mit gelben *Z* auf der Brust einen Wettkampf für meinen neuen Verein. Es war ein Staffellauf im Stadtpark Schöneberg, dort, wo mein Vater in der Straße *Am Park* einige Jahre seiner Kindheit verbracht hatte. Drei Jungen pro Mannschaft mussten eine 1600-Meter-Runde drehen. Ich war als zweiter Läufer eingeteilt, und als ich den Staffelstab von unserem Startläufer erhielt, lag Z88 an neunter Stelle. Wir waren zwar nicht die Letzten, aber doch abgeschlagen in der zweiten Hälfte des Feldes. Nun tobte ich los, überholte Läufer um Läufer, und als ich unserem Schlussläufer den Stab in die Hand drückte, waren wir Dritter. Sechs Plätze hatte ich gutgemacht und unsere Betreuer waren bass erstaunt, als Z88 plötzlich in der Spitzengruppe mitmischte. Unser dritter Mann verlor dann zwar wieder zwei Plätze, aber Fünfter zu werden unter so vielen Berliner Vereinen, war doch aller Ehren wert. Drei Wochen später bei einem ähnlichen Staffelrennen, diesmal im Grunewald, musste ich zum Schluss laufen, und nun wurden wir Dritter, hinter Tegeler Forst und Nordort I und vor Lokomotive I. Unmittelbar vor und hinter uns kamen also zwei Ostberliner Mannschaften ins Ziel. Das ist mir damals gar nicht aufgefallen, so selbstverständlich war es 1954 noch, dass Ost und West sich im gleichen Wettbewerb maßen.

Im Frühling wurde das Laufen in Wald und Park auf die Aschenbahn verlagert, und da waren Spikes vonnöten. Von meinen Vereinskameraden erfuhr ich, dass die preiswertesten Angebote ein Etagenladen in Steglitz machte, der noch dazu jedem Käufer sein Fahrgeld bezahlte. Also nichts wie hin. In der geräumigen Vier- oder Fünfzimmerwohnung war jeder Raum bis an die Decke mit Sportbekleidung und Schuhkartons vollgestopft. Ich wurde fachkundig bedient, bezahlte und erhielt im Gegenzug gegen Vorlage meines Fahrscheins die paar Groschen für die Hin- und Rückfahrt erstattet. Aber zurück nahm ich nicht den Bus, sondern marschierte und trabte die lächerlichen fünf Kilometer nach Hause, verband also den Heimweg mit einem lockeren Training. Leichter, angenehmer und sinnvoller kann man sein Geld gar nicht verdienen.

Kurze Zeit später, am 23. Mai 1954 – dem fünften Geburtstag der Bundesrepublik – , bestritt ich meinen ersten Wettkampf in Spikes, noch dazu in Zehlendorf auf dem heimischen Sportplatz am Siebenendenweg, wurde über 1000 Meter zwar nur Zweiter, blieb aber erstmals unter drei Minuten (2:59,2). Anfang Juni, bei einem Sportfest in Lichtenrade, steigerte ich mich erheblich und siegte in 2:50,3 Minuten, eine Zeit, mit der ich Ende des Jahres in der vom (West-)Berliner Leichtathletikverband herausgegebenen Bestenliste in meiner Altersklasse (der 15- und 16-Jährigen) an 4. Stelle stand. Exakter gesagt: Ich war viertbester Westberliner, denn in Ostberlin wurde eine gesonderte Liste geführt. Werner wurde in Lichtenrade übrigens Zweiter in der Jugend A (17 und 18 Jahre). Wir zählten also beide zu den schnellsten unseres Jahrgangs

Aber noch mehr als unsere eigene Leistung interessierten uns die Erfolge der auch im Sport nach dem verlorenen Krieg wieder nach oben strebenden *erwachsenen* Deutschen. Nicht schon 1948 in London, aber 1952 in Helsinki durften deutsche Athleten wieder an Olympischen Spielen teilnehmen.

Werner und ich waren mit ganzem Herzen dabei, fieberten, hofften, jubelten und waren enttäuscht. Schon lange vorher rätselten wir, wie viele Goldmedaillen die Unsrigen erringen würden. Im Grunewald, nahe der Saubucht, veranstalteten wir ein Orakel. Mit unseren Taschenmessern wollten wir der dunklen Zukunft zu Leibe rücken. Unser Delphi war ein dicker Baumstumpf. Wir waren an sich geübt und geschickt darin, das Messer von oben mit Schwung in einen solchen Stubben zu jagen. So viele Male, wie wir unsere Messer hintereinander, also ohne Unterbrechung durch einen Fehlwurf zum Stechen und Stehen bringen würden, so viele erste Plätze würde es für die damals noch vereint antretende deutsche Olympiamannschaft geben. Wir warfen und wir scheiterten beide. Unsere Messer lagen trostlos am Boden. Null Goldmedaillen für Deutschland. Und genauso kam es. Die in die Völkerfamilie zurückgekehrten Deutschen hinterließen in Helsinki einen guten Eindruck, waren in vielen Disziplinen vorne mit dabei, errangen zahlreiche Medaillen, aber keine einzige goldene.

Genauso erregt wie die Olympischen Spiele verfolgte ich die Fußballweltmeisterschaft, an der der Aristokrat Werner aber weniger interessiert war. Am Tag des Endspiels mussten wir Zehlendorfer – leider, möchte ich sagen – in Neukölln gegen die dortigen *Sportfreunde* zu einem Vergleichskampf antreten. ich gewann meinen Lauf und erreichte fast auf die Zehntelsekunde meine Zeit von Lichtenrade (2:50,8), kam aber erst gegen Ende des großen Endspiels nach Hause. Als ich durch unseren Vorgarten hetzte, öffnete sich nebenan die Haustür und Konni schrie begeistert: *Zwei zu zwei, es steht zwei zu zwei!* Ich konnte seine Begeisterung nicht recht verstehen. Warum freute er sich über ein Unentschieden, dass doch kein Sieg war? Erst als ich erfuhr, dass die Unsrigen anfangs zwei zu null zurückgelegen hatten, wurde mir Konnis Jubel verständlich.

Ich eilte ins Haus, setzte mich im Wohnzimmer vor unser Radio (ich glaube, es war noch immer der alte Volksempfänger) und lauschte gebannt, während meine Eltern und sogar meine Großmutter auf der Veranda am geöffneten Fenster die Reportage verfolgten. Ich war gerade rechtzeitig gekommen, um die Entscheidung mitzukriegen, den zweimaligen Jubelschrei, erst die mehrfache Erfolgsmeldung: *Tor, Tor, Tor ...!* und dann die wiederholte Bestätigung des endgültigen Triumphes: *Aus, aus, aus, das Spiel ist aus!*

Ohne verabredet zu sein, trafen wir Jungen uns auf der Straße und spielten den Sieg unserer Mannschaft nach. Dabei verspürten wir keine deutschnationalen Gefühle, sondern identifizierten uns mit den siegreichen Individuen, mit Fritz Walter, Helmut Rahn und den neun anderen.

Im gleichen Sommer glückte es Werner wirklich, wie ein knappes Jahr vorhergesagt, Berliner Jugendmeister über 100 Meter zu werden. Ohne ihm am Zeuge flicken zu wollen, muss ich dennoch objektiv anmerken, dass er das Glück hatte, nicht auf den Sieger von Lichtenrade zu treffen, der wegen einer Erkrankung nicht starten konnte.

So viel über die Schadowschule und Zehlendorf 88. Beide Institutionen nahmen mich ausgiebig in Anspruch, so dass ich weniger Zeit mit der Reiherbeizenclique verbrachte, zumal die anderen ihre Lehre begannen und nur noch abends und sonntags zur Verfügung standen. Wir unternahmen zwar nach wie vor im Sommer die großen Badeausflüge an die Havel unter Führung meines Vaters, aber wir begannen doch, unsere eigenen und getrennten Wege zu gehen. Dabei hatten wir uns doch am 4. Juni 1952 zu einem richtigen Verein mit mehrheitlich beschlossener Satzung und gewählten Funktionsträgern zusammengeschlossen. Angefangen hatte es damit, dass bei uns eine Redewendung im Schwange war, die wir gebrauchten, wenn einer von uns etwas getan hatte, was alle anderen beanstandeten. *Du hast wohl ein Horn!,* schrien wir bei einer groben Ungeschicklichkeit oder Unschicklichkeit, bei einer unhaltbaren Behauptung oder einem Eigentor. Um dieser Kritik aber den Eindruck von blinder Willkür zu nehmen, versuchten wir, der Be- und Verurteilung eine gesetzliche Grundlage zu geben, indem wir exakt definierten, welche Vergehen mit einem Horn zu ahnden waren. Fast genau drei Jahre nach Verabschiedung des Grundgesetzes gaben auch wir uns eine Verfassung. In dem bis heute erhaltenen Protokollheft steht geschrieben: *Am 4.6. um 12 Uhr wurden die Gesetze aufgesetzt und um 12 ½ Uhr von fünf Jungen unterschrieben. Das Unterschreiben bedeutet Eintritt in die Hörnerfamilie. Um 13 Uhr traten die Gesetze in Kraft. 13 ½ Uhr: Ein neues Mitglied wird aufgenommen. 19 Uhr: Beitritt zweier neuer Mitglieder. Wahl des ersten Vorsitzenden: Ewald. Bernd wird zum Buchführer ernannt. 19 ½ Uhr: Die Sitzung wird geschlossen. Am 11.6. fand die zweite Sitzung statt. Es wurden verschiedene Anträge gestellt, angenommen wurden folgende: Beim Nichtbezahlen der Schulden durch Wetten nach einer Woche als Strafe jeden Tag bis zum Bezahlen 1 Pf. in die Kasse. Beitrag soll erhoben werden: wöchentlich 5 Pfennig. Montag werden auch Sitzungen abgehalten. Am 16.6. fand die dritte Sitzung statt. Kalle wurde zum Kassenverwalter gewählt.*

Auf ihrem Höhepunkt im Sommer und Herbst gehörten der Hörnerfamilie zehn Jungen zwischen 11 und 17 Jahren an. Sie war Ausdruck unseres Cliquenbewusstseins, unserer Jugendfreundschaft, aber auch ein Abbild der Welt der Erwachsenen. Wir spielten Politik im Kleinen. Wir gaben uns Gesetze, protokollierten unsere Sitzungen und verfügten über eine Finanzverwaltung. Warum wir das Bedürfnis hatten, uns durch Gesetze und Strafen zu erziehen und zu disziplinieren, ist mir ein Rätsel, denn eigentlich neigen Jungen in dem Alter, in dem wir damals waren, doch eher zu Eigenwilligkeit und Ungehorsam. Aber vielleicht verspürten wir unseren Freiheitsdrang und unser Unabhängigkeitsstreben nur den Erwachsenen gegenüber, während wir uns unter uns um eine geregelte Solidarität bemühten. In Familie, Schule und Verein gaben die Erwachsenen den Ton an, in der Hörnerfamilie waren wir selber Herr im Haus.

Als Kopie und Parodie der gesellschaftlichen Wirklichkeit bestand unser Regelwerk aus einer Verfassung und einem Strafgesetzbuch. Die Verfassung regelte organisatorische Einzelheiten (§1: *Sitzungen Montag und Mittwoch 6-6 ½ Uhr, außer bei Regen*), Modalitäten der Mitgliedschaft (§2: *Aus- und Eintreten ist gestattet. Austreten darf man nur nach dem Bezahlen aller Schulden. Beamte dürfen erst nach 1 Monat zurücktreten, §7: Neue Mitglieder dürfen nur am Tag der Sitzung beitreten.).* Da wir alle wenig Taschengeld erhielten, war das Borgen und Verborgen kleinerer Beträge gang und gäbe, was immer wieder zu Streitigkeiten führte, so dass die Hörnerfamilie rigoros eingriff und durchgriff *(§4: Für Schulden werden vom nächsten Tag an Zinsen erhoben – pro Tag die Hälfte der Schulden – für Gegenstände nach einer Woche. Es dürfen keine Zinseszinsen erhoben werden.).* Von der Handhabung der Wettschulden war schon die Rede. Der letzte Paragraf lautete: *Wer die Gesetze nicht befolgt, darf nicht mehr mitspielen.* Offenbar erschien uns die Sanktion aber zu naiv, so dass sie gestrichen wurde. Der geänderte Paragraf lautete nun: *Wer die Gesetze nicht befolgt, wird 10 Minuten unter die Pumpe gehalten.*

Da die Hörnerfamilie aus dem Bemühen um größere Rechtssicherheit hervorgegangen war, also um eine genaue Festlegung der hornwürdigen Delikte, verabschiedeten wir ein detailliertes Strafgesetzbuch, in dem es heißt: *Hörner gibt es, wenn man beim Spielen Witze macht, schläft, brüllt, unnötig hampelt, meckert, albert, lügt, wenn man nicht pünktlich zur Sitzung kommt, unüberlegt redet, prahlt, wenn man prügelt, vergisst, Fratzen schneidet, tierische Laute ausstößt … Beleidigung und Körperbeschädigung (auch der Versuch) werden mit einem Horn bestraft. Horn auch für mutwillige Sachbeschädigung, Durcheinanderreden, wehrlose Leute Ärgern, unanständiges Benehmen auf der Straße, Tauschen beim Spielen, Betrug, für Essen in der Sitzung, für Abhauen während der Sitzung:* Im Übrigen ist es nicht statthaft, sich der Gemeinschaft zu entziehen, um dadurch keine Hörner zu riskieren. Dem beugt §6 vor: *Drei Jungen müssen dreimal in der Woche zusammen gebadet, gespielt und so weiter haben. Wenn nicht, 1 Horn.*

Problematisch war der §5: *Wer 50 Hörner hat, muss außer an einem Feiertag zwischen 15 und 17 Uhr durch die Landesstraße laufen mit einem Schild auf Brust und Rücken (20 x 30 cm), auf dem steht: »Ich habe 50 Hörner.« Die Schrift muss sichtbar sein.*

Obgleich drei beamtete Schiedsrichter für die korrekte Auslegung und Anwendung der Gesetze verantwortlich waren, blieb es nicht aus, dass die älteren und geschickteren Vereinsmitglieder auch nach Monaten noch eine fast weiße Weste hatten (Kalle und ich zum Beispiel hatten lediglich vier Hörner), während die jüngeren und wehrlosen mit Hörnern geradezu gespickt waren. Als Konni sich der kritischen Zahl 50 näherte, war es um die Hörnerfamilie geschehen. Seine Mutter hatte Wind davon bekommen, was ihrem Liebling drohte, prangerte das Anprangern ihres gehörnten Kindes an, mobilisierte die anderen Mütter und erreichte es, dass die Hörnerfamilie kraft kollektiver Elternautorität verboten und aufgelöst wurde. Wir zehn Freunde blieben Freunde, spielten aber seltener zusammen, da der Winter nahte und die Tage kürzer und kälter wurden und wir weniger auf der Straße waren. Was aus unser ohnehin kargen Kasse wurde, weiß ich nicht, die schriftlichen Unterlagen jedoch verwahrte der Buchführer, also ich, bis in das 3. Jahrtausend.

So beglückend die kurze Zeit im Schoß der Hörnerfamilie war, wichtiger war uns allen die wirkliche, die eigentliche Familie, die aus mehreren Generationen bestehende biologische Gemeinschaft.

Meine Eltern versuchten, mit meiner Großmutter und mir – nach all den politischen Katastrophen der letzten Jahrzehnte – ein unpolitisches und privates Leben zu führen. Aber das war kaum möglich, die Politik war immer präsent und saß mit am Tisch. Die Politik war dafür verantwortlich, dass mein Vater, so wie früher, bei der Tobis und Ufa, nun bei der DEFA arbeitete, dass er sein Gehalt in Ostmark erhielt und der Westberliner Magistrat ihm gnädigerweise 200 DM zum Kurs von 1:1 in Westmark umtauschte, dass unsere Familie also, wenn nicht hungern, so doch zu knapsen hatte. Politisch war das Ostbrot, das er in Babelsberg für sein Ostgeld erstand – erstand im wörtlichen Sinne, denn anstehen musste er schon. Politisch waren der billige Kunsthonig, die Äpfel und Kohlköpfe und erst recht die Jugendbücher, die er mir mitbrachte. Die lehrreichen Hefte des Ostberliner Volk und Wissen Verlags haben mich mehr fasziniert als das, was im Westen auf den Markt kam und im Übrigen viel zu teuer war.

Besonders beeindruckt hat mich eine kleine Episode, ausgewählt aus dem riesigen Erzählwerk des großen Lew Tolstoi, eine Geschichte, die mich auch deshalb faszinierte, weil es eine Laufgeschichte war: *Wie viel Erde braucht der Mensch?*, war der Titel des etwa 20 Seiten umfassenden Ausschnitts aus einem größeren Werk. Darin verspricht ein reicher Gutsbesitzer einem armen Bauern, ihm werde alles Land gehören, was er innerhalb eines Tages, von Sonnenaufgang bis Sonnenuntergang, umrunden könne. Auf einem kleinen Hügel startet der Bauer, rennt, keucht, will möglichst viel fruchtbares Ackerland in seine zukünftige Feldmark einbeziehen, legt keine Rast ein, um nur kein Land zu verschenken. Der Abend naht, der Bauer nähert sich dem Hügel, von dem er gestartet ist, den muss er unbedingt erreichen, er muss den Kreis schließen und an seinen Ausgangspunkt zurückkehren, bevor die Sonne hinter dem Horizont versinkt, sonst waren alle Qualen umsonst. Er ist kein trainierter Läufer, er ist ein alter Bauer, er muss dennoch zum Endspurt ansetzen, schon ist die Sonne zur Hälfte verschwunden. Der Gutsbesitzer steht auf der Hügelkuppe und amüsiert sich, er nimmt mit Schadenfreude wahr, wie der Bauer zu rennen versucht, noch dazu bergauf, wie er nur noch humpelt, auf die Knie fällt, wie ein Tier auf allen Vieren kriecht und sein Ziel nicht rechtzeitig erreicht, kein Land gewinnt und sein Leben verliert.

So, in dieser Weise, hat sich die Geschichte in meiner Erinnerung festgesetzt. Als ich sie später im Zusammenhang las, las sie sich etwas anders, aber gleichviel, mich hatte die Erinnerung an den von mir erinnerten Handlungsverlauf geprägt, an den Gegensatz von Reich und Arm, Oben und Unten, an den Gutsherrn auf dem Gipfel und den kriechenden Bauern am Abhang. Ich habe die Moral der Geschichte verinnerlicht, eine quasi klassenkämpferische Moral, die mich zu einem frühen *Jungsozialisten* machte. Ich hatte Mitleid mit den Armen und ging auf Distanz zu den Reichen – und das im aufblühenden kapitalistischen Westen.

Zurück zur Politik, zum Einfluss der Politik auf unser privates Leben. Politisch war es, dass mein Vater für seine emsige Arbeit in der DEFA den Ehrentitel *Bestarbeiter* und eine kleine Gratifikation erhielt. Politisch war es, was ihm das Schicksal im Mai 1951 bescherte. Ich zitiere aus der ihm überreichten Urkunde: *Das fünfjährige Bestehen der DEFA gibt uns Veranlassung, Ihnen, Herrn Martin Hartmann, in Anbetracht Ihrer verdienten Mitarbeit um die Schaffung einer fortschrittlichen deutschen Filmkunst den ganz besonderen Dank des Vorstandes und der Betriebsgewerkschaftsleitung auszusprechen. Wir überreichen Ihnen als Zeichen der Anerkennung die Ehrennadel der*

DEFA in Gold. Der Film der Deutschen Demokratischen Republik ist ein wichtiger Beitrag für den kulturellen Aufstieg unseres Volkes, für die Erziehung aller Deutschen im Geiste einer wahren Humanität, des Friedens, des Fortschritts und seiner nationalen Einheit … Hört, hört! Noch fordert die DDR die nationale Einheit, schon bald wird sie darauf pochen, ein eigener und unabhängiger deutscher Staat zu sein.

Trotz dieser Ehrung hat die DEFA meinen Vater schon bald entlassen, in führender Position wollte sie nicht länger einen Mann haben, der Einblick in ihr Finanzgebaren hatte und aus dem feindlichen Westen kam. Seine Mitarbeiterin aus dem Westberliner Schöneberg dagegen durfte, weil sie nur eine schlichte Schreibkraft war, noch einige Monate in Ostlohn und Ostbrot bleiben,

Politisch war es auch, wenn unsere an sich unpolitische Familie – wie alle anderen Familien auch – Sonntag für Sonntag vor dem Radio saß, um im RIAS die *Insulaner* zu hören, das legendäre Funkkabarett aus der Zeit des Kalten Krieges, das eigentlich gar kein richtiges Kabarett war, weil richtiges Kabarett Selbstkritik übt, die eigene Gesellschaft und Politik attackiert, sich an die eigene Nase fasst und das eigene Nest beschmutzt. Aber genau das taten die Insulaner nicht, sie fielen über die andere Seite her und machten den Osten mies, während der Westen tabu und unantastbar war, geradezu sakrosankt. Aber die Insulaner sangen uns aus dem Herzen, ihr Opening war quasi die inoffizielle Westberliner Nationalhymne und ihr Traum dem der amtlichen bundesdeutschen Hymne *(Einigkeit und Recht und Freiheit für das deutsche Vaterland)* nicht unähnlich: *Der Insulaner hofft unbeirrt, dass seine Insel wieder'n schönes Festland wird! Ach, wär das schön …*

Politisch war es auch, dass mein Vater mir am 17. Juni '53 verbot, dem bedrohlichen Osten zu nahe zu kommen, denn den Brüdern sei schließlich alles zuzutrauen. Ich war seit letztem Herbst in unserer Schülerruderriege, den ganzen Winter durch hatte man uns mit Kastenrudern traktiert, um uns auf die großen Fahrten draußen im Freien vorzubereiten. Und solche Touren hatten wir dann auch schon mehrfach unternommen. Am Kleinen Wannsee, direkt neben dem Kleistgrab, befand sich unser Bootshaus, und von dort waren wir nach links in die langgezogene Seenkette gerudert, durch den Pohlesee und den Stölpchensee in den Griebnitzsee, durch den der Länge nach die Grenze zwischen Ost und West verlief, zwischen der DDR und Westberlin, und der kurz vor der Glienicker Brücke, der *Brücke der Einheit* als politisch-topografische Sackgasse endete. Oder wir fuhren nach rechts in den Großen Wannsee und dann in die breite Havel hinein nach Schwanenwerder, Lindwerder und Schildhorn oder auch mal zur Pfaueninsel, die wir umrundeten und dabei an der Nordspitze auf 50 Meter an die Grenzbojen der DDR herankamen.

Der Mittwoch war der Rudertag der Schadowschule und auf einen Mittwoch fiel auch der 17. Juni. Die Eltern meiner Bootskameraden hatten nicht anders reagiert als mein Vater. Wir sollten höchstens bis in den Stölpchensee rudern oder in dem Teil der Havel bleiben, der ungeteilt von Ufer zu Ufer zu Westberlin gehörte. Wir gehorchten und begnügten uns mit einer abgespeckten Tour, das allerdings auch deshalb, weil der 17. Juni ein verregneter Tag war und das Rudern in durchnässtem Zustand keinen Spaß macht. Und so haben sich die hochpolitischen Geschehnisse dieser Tage zunächst auf unser naives Privatleben ausgewirkt, bevor wir mitbekamen, was das Ganze in Wahrheit zu bedeuten hatte.

Wenige Wochen später, am 29. September, starb unser Oberbürgermeister Ernst Reuter. Meine konservativ-bürgerlichen Eltern hatten immer eine gespaltene Einstellung zu ihm gehabt, einerseits bewunderten und teilten sie seinen konsequent antikommunistischen Kurs, andererseits hatte er den Makel, Sozialdemokrat zu sein. Aber seinen Tod empfanden sie als einen großen Verlust für die Stadt.

Am Tag seiner Beisetzung war halb Westberlin auf den Beinen, eine Million Menschen säumten die Straßen, durch die sich der Trauerzug bewegte, vom Rathaus Schöneberg zum Waldfriedhof an der Potsdamer Chaussee. Auch mein Vater radelte mit mir zu der breiten Ausfallstraße, und wir standen dann ehrerbietig und ernst unter den von ihrem Ernst Reuter Abschied nehmenden Menschen. Ob mein Vater mit mir die Fahrt unternahm, um dadurch seinen Respekt vor dem großen Politiker zum Ausdruck zu bringen, oder ob er seinen Jungen zum Zeugen eines wichtigen Ereignisses der politischen Gegenwart machen wollte, wage ich nicht zu entscheiden.

Auch die politische Vergangenheit brachte sich bei uns zu Hause immer mal wieder in Erinnerung, zum Beispiel in Form unserer alten Hakenkreuzfahne, die zwar nicht als solche erneut zu Ehren kam, aber einem neuen Verwendungszweck zugeführt wurde. Das gute Stück hatte den Führer unbeschadet überlebt. Denn kurz bevor meine Mutter sich mit mir im Herbst '43 nach Hinterpommern absetzte, hatte sie die Fahne noch schnell gut verpackt auf den Hängeboden unter dem Flachdach versteckt oder gar entsorgt, und die amerikanischen Besatzungssoldaten haben Hitlers Flagge dann genauso wenig entdeckt wie sein Buch *Mein Kampf.* Nun aber stand der schöne farbige Stoff uns zur Verfügung, und wie üblich in der Mangelzeit nach dem Kriege, in der man alles irgendwie gebrauchen konnte, musste auch die Fahne zu einem sinnvollen Gebrauchsgegenstand umgearbeitet werden.

Meine Großmutter, die im Wohnzimmer ihren Stammplatz am Ofen hatte, pflegte, wenn sie sich in der Küche nützlich machen wollte und Gemüse putzte oder Kartoffeln schälte, auf einem unbequemen Hocker zu sitzen. Als ranke und schlanke vornehme Dame oder auch als ausgehungerte dünne Greisin empfand sie den Hocker als höchst unangenehm und fertigte sich zwecks gesteigerten Sitzkomforts ein passendes Kissen an. Ins Innere desselben kam die mehrfach gefaltete Hitlerfahne und als Bezug diente eine von Oma aus bunten Wollresten gehäkelte Schutz- und Zierhülle. Wenn man genau hinsah, konnte man zwischen der weitmaschigen Häkelarbeit die schwarzen Balken des Hakenkreuzes auf weißem Grund im roten Feld deutlich erkennen.

Was diesen Sachverhalt so richtig makaber machte, war die Tatsache, dass die Hitlerfahne, die statt zum Hissen nun als Kissen diente, auf genau dem Hocker lag, den Großvater in der *Reichskristallnacht* am Straßenrand aufgelesen und mit nach Hause in die Bülowstraße genommen hatte. Auch das ist deutsche Geschichte: Das Hakenkreuz auf dem Judenhocker.

Über Jahre hat diese unbewusst zynische Symbiose in unserer Küche unbemerkt fortbestanden, bis ich sie eines Tages bemerkte und fragte: *Ist euch eigentlich nie aufgefallen, was ihr hier miteinander in Verbindung bringt?* Es wurde schallend gelacht, denn es ist ja auch komisch, wenn Unpassendes zusammentrifft. Aber aus dem Verkehr gezogen wurde das inkriminierte Kissen nicht, das hätte man Omas zartem Gesäß nicht zumuten können.

Eine irgendwo oben getroffene politische Entscheidung stellte meine Eltern plötzlich vor gewaltige Probleme. Eines Tages wurde ihnen ein Brief von der jüdischen Wiedergutmachungsorganisation IRSO zugestellt, und die stellte Forderungen. Obgleich das jüdische Ehepaar, von dem meine Eltern 1936 das Haus in der Reiherbeize erworben hatten, den geforderten Kaufpreis erhalten hatte, ohne dass zuvor gefeilscht wurde, verlangte die IRSO, dass das Haus noch einmal bezahlt werden müsse, weil die jüdischen Eigentümer es seinerzeit gegen ihren Willen unter dem Druck der politischen Verhältnisse verkaufen mussten. Von dieser erneuten Zahlung, so der Brief, könne nur abgesehen werden, wenn die Käufer nachweisen könnten, dass die Verkäufer den Erlös aus der Veräußerung der Immobilie ungeschmälert ins Ausland gerettet und darüber hinaus dort ein vergleichbares Anwesen erworben hätten und überhaupt sich in ihrer neuen Heimat eines ähnlichen Lebensstandards wie vorher in Deutschland erfreuten. Diesen Nachweis konnten meine Eltern logischerweise nicht erbringen, konnten aber immerhin nach längerer Korrespondenz einen bescheidenen Preisnachlass erreichen. Aber um eine beträchtliche Zahlung kamen meine Eltern nicht herum, und das in einer Zeit, in der unsere finanzielle Lage ohnehin sehr beengt war.

Nachdem die DEFA meinen Vater entlassen hatte, fand er zwar bei westlichen Filmgesellschaften immer mal wieder Arbeit, aber stets nur so lange, wie der Film gedreht wurde. Dann war er erneut arbeitslos und musste auf ein neues Angebot warten. Es gab nur einen Ausweg aus unserer Notlage: Meine Mutter musste wieder berufstätig werden. Von Stund an arbeitete sie bei einem Eiermakler namens Rettich, der sein Büro in Zehlendorf hatte. Das Kochen an den Wochentagen übernahm meine Großmutter, und den Nachmittag über war sie oft das einzige Familienmitglied, mit dem ich reden konnte. Da sie zu den Zeugen Jehovas gehörte, brachte sie das Gespräch oft auf religiöse Fragen, sprach vom nahen Weltuntergang, von der finalen Schlacht von Harmagedon und belehrte mich darüber, dass nur 144000 Auserwählte und nicht einer mehr den

Weg ins Himmelreich finden würden. Ich verunsicherte die arme 80-jährige Dame mit der moralischen Maxime, dass ein ernsthafter Christ sich nicht unter die Auserwählten drängen dürfe, sondern in selbstloser Nächstenliebe Verzicht üben und den anderen Mitmenschen den Vortritt lassen müsse. Das wäre vorbildlich im Geiste des opferbereiten Jesus Christus und ebenso im Sinne von Kants Kategorischem Imperativ.

Obgleich ich mit meiner Mutter wesentlich weniger gemeinsame Zeit verbringen konnte, kamen wir uns näher. Das lag vor allem daran, dass ich sie abends, wenn es frühzeitig dämmerte, von der Arbeit abholte und wir uns dann ausgiebig unterhielten, über Gott und die Welt, über Kunst und Literatur und – dem Bedürfnis nach Klatsch und Tratsch nachgebend – über Nachbarn und Bekannte. Überhaupt kam es in den Fünfzigerjahren, während ich vom Jungen zum Jüngling wurde, hinsichtlich der Einstellung zu meinem Vater und zu meiner Mutter zu einer deutlichen Akzentverlagerung.

Meine Gunst, wenn man die Beziehung des Sohnes zu seinen Eltern mit diesem Wort umschreiben darf, meine Gunst hatte ich ohnehin in meinem bisherigen Leben ungleich verteilt oder verteilen müssen. Während des Krieges, als mein Vater außer Haus und sogar außer Landes war, hat meine Mutter mich erzogen, will sagen: mir die Freiheit gelassen, mich nach Belieben und Begabung zu entwickeln, und zugleich geistige Interessen geweckt und gefördert. Ich war also, kriegsbedingt und fluchtbedingt, ein Muttersöhnchen.

Aber als wir alle wieder in Berlin lebten, wurde mein Vater mein Star und Vorbild, und das umso mehr, als er, wie schon erwähnt, auch von meinen Freunden aus der Clique bewundert wurde. Er unternahm mit uns Radtouren, spielte mit uns Fußball und fuhr mit uns zum Baden, er ging mit uns zu den großen Fußballspielen im Olympiastadion und zu den kleinen der kleinen Hertha am Siebenendenweg, und er begeisterte uns für das Skatspiel. Er machte viel mit uns, was meine Mutter nicht konnte oder nicht wollte. Ein Rad hatte sie nicht und hätte es auch nicht fahren können, Sport und Skat langweilten sie – und genau das waren unsere liebsten Hobbys. Vielleicht war es etwas ungewöhnlich und psychologisch problematisch, dass ich meinen Vater als meinen besten Freund bezeichnete, aber so war es in der Tat, und ihn hatte dann auch mein Kompliment mit größtem Stolz erfüllt. In den Jahren zwischen meiner Rückkehr nach Berlin und meiner Konfirmation, also zwischen 1947 und 1953, war er wirklich der ideale Vater, und ich war vom Muttersöhnchen zum Vatersohn geworden.

Dann aber ging ich, wenn auch nicht mit fliegenden Fahnen, so doch Schritt für Schritt von meinem Vater zu meiner Mutter über. Dafür gab es Gründe. Mein Vatter hatte sich früher für Musik interessiert und meine Mutter für Kunst und Literatur, aber dann war sein Interesse eingeschlafen, er ging nicht in die Oper oder in Konzerte und holte auch nicht mehr seine Geige hervor, um zu spielen, während meine Mutter, bald auch mit mir gemeinsam, ins Theater ging, außerdem las sie gerne und viel, Klassisches und Modernes, auf jeden Fall Anspruchsvolles. Sie kaufte preiswerte Bücher oder sie holte sich Bücher aus der Volksbücherei. Ich erinner mich noch genau, wie Hemingways *Wenn die Stunde schlägt* im Wohnzimmer lag, wie ich neugierig darin zu lesen begann, wie mich der lapidare Umgangssprachenstil beeindruckte, wie ich nicht aufhören konnte, wie mich das gemeinsame Übernachten des Helden und der Heldin in ihrem engen Schlafsack neugierig auf die Liebe machte, ohne dass ich genau wusste, was die beiden da trieben, denn aufgeklärt wurde die Jugend in den Fünfzigerjahren noch nicht. Meine Mutter sprach mit mir über alles, was in dem Roman passierte, aber *darüber* eben nicht. Sie beteiligte sich indirekt an unserem Deutschunterricht, schließlich kannte sie die Werke, die auf dem Lehrplan standen, und gemeinsam interpretierten wir – um einmal dieses damals aufkommende Modewort zu gebrauchen. Nachhilfe hatte ich nicht nötig, in den Naturwissenschaften verfügten meine Eltern sowieso nicht über die notwendigen Kenntnisse, aber in den Sprachen, ob Deutsch, Englisch oder Französisch, zog ich meine Mutter mehrfach zu Rate. Sie nahm Anteil an meiner gymnasialen Laufbahn und freute sich *auch* über meine guten und sehr guten Noten. Ganz anders mein Vater, er freute sich *nur* über die Noten. Wie sie zustande gekommen waren, interessierte ihn nicht, ihm waren allein die Einsen und Zweien auf dem Zeugnis wichtig. Ihm ging es lediglich ums Prestige. Dass sein Sohn dem Abitur zustrebte, dass er studieren würde, es zum Akademiker bringen würde, damit konnte man den Leuten, wer immer *die Leute* waren, imponieren. Der Schein war entscheidend, das Sein war nur von Bedeutung, wenn es dem Schein diente.

Es war klar, dass mein Vater mitbekam, wie meine Mutter und ich zusammenkluckten und über Dinge sprachen, die ihn nicht interessierten. Wir hatten keine Geheimnisse, wir schlossen ihn nicht aus, aber er wollte, konnte und sollte nicht mitreden. Er fühlte sich wie das dritte Rad am Fahrrad, ein bisschen nebensächlich und überflüssig. In unserer Dreiecksfamilie empfand er sich als der am wenigsten Wichtige, er war der Haushaltungsvorstand im rechtlichen Sinne, aber im menschlichen Sinne war er es nicht oder nicht mehr. Das Familienleben ging an ihm vorbei. Durch die zeitliche und geistige Inanspruchnahme meiner Mutter machte ich ihm wie weiland Ödipus die Ehefrau abspenstig.

Zu dieser Zeit nun kam seine Kollegin aus der DEFA so langsam ins Spiel. Wie mein Vater war sie in Westberlin wohnhaft, und so hatten die beiden nicht nur während der Arbeit miteinander zu tun, sie fuhren auch jeden Morgen in der gleichen S-Bahn, sie aus Schöneberg kommend, er in Zehlendorf zusteigend, nach Babelsberg in die Filmstudios und abends gemeinsam zurück. Wenn man nur die Stunden des Wachseins zählt, waren die beiden also länger zusammen als meine Eltern. Da mein Vater ihr Chef war, blickte sie zu ihm auf, und auch er fand Gefallen an ihr. Denn sie hatte einiges, was meine Mutter nicht hatte, und solche Unterschiede mögen ja die auf Abwechslung bedachten Männer.

Meine Mutter war natürlich und bescheiden, die Kollegin tat vornehm. Sie war zwar keine Schönheit, spielte aber die elegante Dame, war von Kopf bis Fuß auf Eindruck eingestellt, legte sich geblondete Dauerwellen zu, erhöhte durch hohe Absätze ihre ganze Erscheinung, schminkte sich, puderte sich, parfümierte sich und trug auch bei der Arbeit und während der Freizeit stets Kleider oder Kostüme, die eigentlich nur zu besonderen Anlässen angebracht gewesen wären. Sie war immer und ewig overdressed und übertrieb ihre Outfitmanie. Man sah ihr an, dass sie geschieden war, denn geschiedene Frauen pflegen, wenn sie sich nicht aus Enttäuschung gehen lassen, größten Wert auf ihr Äußeres zu legen, um einerseits deutlich zu machen, wie geschmacklos und ungerecht der Mann gewesen sein musste, der sich von ihr trennte, und um andererseits Eindruck auf Männer zu machen und so zu einer zweiten Chance zu kommen. Geistige Interessen waren bei der Kollegin meines Vaters nicht sonderlich ausgeprägt, ihr ging es in erster Linie um Äußerlichkeiten, und diese Mentalität entsprach genau der meines Vaters.

Bequem und praktisch, wie die Männer sind, wenn es komplizierte Beziehungen zu regeln gibt, versuchen sie die *Andere* am eigenen Familienleben teilhaben zu lassen, ganz naiv und unverdächtig, also freundschaftlich-kollegial-kameradschaftlich. So auch mein Vater. Er lud die Kollegin und ihre Tochter ein, statt ihre Sonntage einsam und verlassen in der Steinwüste Berlins zu verbringen, uns auf den Badeausflügen an die Havel zu begleiten, was dann auch regelmäßig geschah. Die Kollegin machte nicht gerade Furore am Strand, aber der Unterschied zwischen dem modischen, modernen, grellbunten, trägerlosen Badeanzug einer Fünfzigjährigen und dem dunkelblauen, selbstgestrickten meiner Mutter war nicht zu übersehen.

Um den Kontakt zu seiner Kollegin zu festigen und ihm zugleich einen unverdächtigen und quasi neutralen Anschein zu verleihen, wurde die Tochter in dieses Beziehungsgeflecht einbezogen. In den Sommerferien 1952, als die Ost-West-Beziehungen noch halbwegs normal waren und die Ostzone für Westberliner noch offenstand, kam mein Vater auf die Idee, mit der Tochter und mir nach Lehnin zu radeln, einem Städtchen in der Mittelmark, bekannt auch durch sein gut erhaltenes Zisterzienserkloster. Wir fuhren durch die einsamen märkischen Wälder, badeten in dem menschenleeren Seddiner See, übernachteten in einem schlichten Gasthof, besichtigten am nächsten Vormittag die ausgedehnte sakrale Anlage mit ihren ziegelroten Backsteinbauten und fuhren über Babelsberg zurück nach Berlin, nicht ohne den Filmstudios und der Finanzabteilung einen Besuch abzustatten, wo die Kollegin, während mein Vater Urlaub hatte, die Stellung hielt.

Ob mein Vater zwischen mir und der Tochter eine Annäherung anstrebte, weiß ich nicht und glaube ich nicht, obgleich es aus seiner Sicht natürlich praktisch gewesen wäre. Aber ich war erst 14 und die theoretische Kandidatin fast drei Jahre älter und im Übrigen, wenngleich nicht unsympathisch, nicht im Entferntesten nach meinem Geschmack.

Als die DEFA im folgenden Jahr meinem Vater kündigte, die Kollegin also zur ehemaligen Kollegin wurde, schlief die Beziehung nicht etwa ein, denn es gab einen guten Grund, sie fortzusetzen. Da die Ex-Kollegin als untergeordnete Kraft noch etwas länger in der DEFA beschäftigt blieb, übernahm sie nun die Aufgabe, die Familie Hartmann mit preiswerten Agrarprodukten aus der Ostzone zu versorgen. Aus der beruflichen Zusammenarbeit zwischen meinem Vater und seiner Kollegin war eine geschäftliche geworden. Zwei-, dreimal die Woche hatten die beiden ein ökonomisches Rendezvous am S-Bahnhof Schlachtensee, wo die Ex-Kollegin ihre Heimfahrt unterbrach und meinem Vater das für Ostgeld erworbene Obst, Gemüse und Brot aushändigte, das aber nicht auf dem Bahnsteig in unpersönlich-geschäftsmäßiger Eile. Vielmehr spazierten die beiden in den zwischen S-Bahn und Schlachtensee gelegenen Park, machten es sich auf einer Bank bequem und plauderten, bevor er mit dem Rad in die Reiherbeize und sie mit der S-Bahn nach Schöneberg fuhr. Die große Politik, die deutsche Spaltung in zwei Wirtschafts- und Währungsgebiete, förderte also eine Beziehung, die normalerweise gar nicht so leicht zustande gekommen wäre.

Ob mein Vater zu seiner Mitarbeiterin nur ein gutes Verhältnis hatte oder mit ihr ein Verhältnis, weiß ich bis heute nicht und werde es wohl nie erfahren. Es ist allerdings auch nicht von primärer Bedeutung. Entscheidend und schlimmer war, dass der Terminplan meiner Eltern sich veränderte und ihr Freundeskreis verkümmerte. Bald kam nur noch, und das an jedem Sonntagnachmittag, die Ex-Kollegin zu Besuch, erst um vier zum Kaffee, dann immer früher, also gleich nach dem Mittagessen. Mein Vater hatte es erreicht, dass er immer öfter und immer länger mit seiner Ex-Kollegin zusammen war, wenn auch in Gegenwart meiner Mutter. Man hatte kaum gemeinsame geistige Interessen, tauschte deshalb meist nur Altberliner Erinnerungen aus und spielte vor allem Stunde um Stunde Skat. Daran hatte meine Mutter nun gar keinen Spaß, aber irgendwie musste man sich ja die Zeit vertreiben, um nicht zu sagen: die Zeit vernichten. Es war ein völlig sinnloses, weil ergebnisloses Tun, es kam nicht das Geringste bei diesem Mischen, Austeilen, Reizen, Ausspielen und Bedienen heraus, nach fünf, sechs Stunden Spiel war alles ganz genau wie vorher, nur dass es inzwischen draußen dunkel geworden war. Man hatte ja nicht einmal um einen Zehntel Pfennig gespielt, das Ganze war also sogar ohne den geringsten finanziellen Reiz. Spätabends brachte mein Vater die Ex-Kollegin zum U-Bahnhof und dann war der Sonntag vorüber und vergeudet.

Meine Mutter ging erschöpft ins Bett, und am nächsten Morgen musste sie sich in aller Frühe zu ihrem Eiermakler auf den Weg machen. Vor ihr lag eine Woche mehr oder weniger eintöniger Arbeit, und dann kam der freie Sonntag, der aber nicht wirklich ein freier Tag war, denn der Vormittag war ausgefüllt mit Mittagkochen und der Nachmittag und Abend mit Skat. Wie gerne hätte meine Mutter am Wochenende etwas anderes unternommen, wäre in den Berliner Wäldern gewandert, wäre in Museen oder Galerien gegangen, noch lieber ins Theater oder ins Kino, hätte sich mal mit anderen Menschen getroffen und unterhalten oder sich auch nur in aller Ruhe einer geistvollen Lektüre gewidmet. Aber nein, Sonntag für Sonntag stand der geistlose Skat auf dem Programm. Meine Mutter war eine Gefangene in ihrem eigenen Haus, nie kam sie heraus, außer wenn sie zur Arbeit ging oder wenn wir einer Einladung aus Schöneberg folgten, falls die Ex-Kollegin zu einem Geburtstags- oder Weihnachtsessen gebeten hatte.

Selten genug und immer aus dem gleichen Anlass, nämlich einer Geburtstagsfeier, fuhren wir nach Oberschöneweide zum Bruder meiner Mutter und seiner Familie. Zu anderen Menschen hatten meine Eltern kaum noch Kontakt. Es war deprimierend und meine Mutter litt. Aber sie nahm es hin, dass ihre Freizeit zur Unfrei-Zeit wurde. Warum sie sich nicht wehrte und aufbegehrte, ist mir nicht klar. Mit welchen Druckmitteln mein Vater sie erpresste – anders kann man es kaum nennen – , weiß ich nicht. Irgendwann habe ich mitbekommen, dass meine Großmutter das Verhalten ihres Sohnes nicht verstand und nicht guthieß, aber geholfen hat ihre Kritik nicht. Ich selber konnte am wenigsten tun, schließlich hat der Sohn kein Recht, das Tun und Lassen seines Vaters zu kritisieren und zu korrigieren. Immerhin jedoch machte ich meiner Mutter eine

Freude, wenn ich Freunde mit nach Hause brachte, die für etwas Abwechslung sorgten und am Sonntag sogar das Skatspiel unterbrachen.

Das Leben meiner Mutter war ohne Perspektive. So hatte sie sich ihre Ehe nicht vorgestellt. Ihr einziger Trost, ohne dass ich eitel sein will, bestand darin, dass ich ein guter Schüler war, Einsen und Zweien nach Hause brachte und in nicht allzu ferner Zeit studieren würde, vielleicht sogar ein Fach, das auch sie interessieren würde.

BAND 1: Kindheit und Jugend im Weltkrieg und im Kalten Krieg

Bernd Hartmann. Die da und wir hier.
BAND 2: Politische Allmacht und privater Alltag. ISBN 978 3 941936 32 4
erscheint im Frühjahr 2021.